아이 앰 댓

옮긴이 ● **대성**(大晟)

선불교와 비이원적 베단타의 내적 동질성에 관심을 가지고 라마나 마하르쉬의 '아루나찰라 총서'와 마하라지 계열의 '마하라지 전서'를 집중 번역하면서, 성엄선사의 『마음의 노래』, 『지혜의 검』, 『선의 지혜』, 『대의단의 타파』, 『무방법의 방법』, 『부처 마음 얻기』, 『비추는 침묵』 등 '성엄선서' 시리즈와 『눈 속의 발자국』, 『바른 믿음의 불교』를 번역했다. 그 밖에도 중국 허운선사의 『참선요지』와 『방편개시』, 감산대사의 『감산자전』, 혜능대사의 『그대가 부처다: 영어와 함께 보는 육조단경, 금강경구결』 등을 옮겼다.

마하라지 전서 ❶

아이 앰 댓 - 스리 니사르가닷따 마하라지와의 대담

지은이 | 스리 니사르가닷따 마하라지
영역자 | 모리스 프리드먼
편집자 | 수다까르 S. 딕쉬뜨
옮긴이 | 대성(大晟)
펴낸이 | 이효정
펴낸곳 | 도서출판 탐구사

초판 발행일   2002년 7월 15일
개정판 3쇄 발행일 2025년 12월 19일

등록 | 2007년 5월 25일(제208-90-12722호)
주소 | 04097 서울 마포구 광성로 28, 102동 703호(신수동, 마포벽산 e솔렌스힐)
전화 | 02-702-3557 Fax | 02-702-3558
e-mail | tamgusa@naver.com

잘못된 책은 바꾸어 드립니다.

ISBN 978-89-89942-54-2 03270

이 도서의 국립중앙도서관 출판예정도서목록(CIP)은 서지정보유통지원시스템 홈페이지(http://seoji.nl.go.kr)와 국가자료종합목록 구축시스템(http://kolis-net.nl.go.kr)에서 이용하실 수 있습니다. (CIP제어번호 : CIP2020023822)

마하라지 전서 **1**

아이 앰 댓

스리 니사르가닷따 마하라지와의 대담

스리 니사르가닷따 마하라지 말씀
모리스 프리드먼 영역 | 수다까르 S. 딕쉬뜨 편집
대성(大晟) 옮김

탐구사

I Am That : Talks with Sri Nisargadatta Maharaj

Translated from the Marathi tape-recordings by Maurice Frydman
Revised and edited by Sudhakar S. Dikshit

First edition, 1973
Second edition, revised and enlarged 1976
Third edition, revised and re-typeset 1981
Fourth edition, revised and re-typeset 1999

Published by Kavi Arya, D. Phil. (Oxon), for
Chetana (P.) Ltd., 34, K. Dubash Marg, Mumbai 400 023, India

Copyright © 1973 by Nisargadatta Maharaj
Korean translation copyright © 2002, 2020 Tamgusa Publishing

Printed in Korea.
This Korean edition is published by agreement with Chetana (P.) Ltd.

이 책의 한국어판 저작권은 Chetana (P.) Ltd. 맺은 계약에 의해 탐구사에 있습니다. 저작권법에 의해 보호받는 저작물이므로 이 책의 내용 전부나 일부를 무단 전재하거나 복사하는 것은 허용되지 않습니다.

스리 니사르가닷따 마하라지

그의 안에 모든 존재들이 거주하고
그도 모든 존재들 안에 살고 있는 자,
모두에게 은총을 베푸는 자, 우주의 지고한 영靈인
무한한 존재—내가 그것이다(I Am That).

— 『암리뜨빈두 우파니샤드(*Amritbindu Upanishad*)』

모든 것에 편재하고, 어떤 것도 그것을
넘어서지 못하며, 우리 주위에 편만한 허공처럼
일체를 안팎에서 완전히 채우고 있는 것, 저 지고의
비이원적 브라만—그대가 그것이다(That thou art).

— 샹까라짜리야(Sankaracharya)

서언

『아이 앰 댓』의 판본이 또 하나 나온다는 것은 놀라운 일이 아니다. 왜냐하면 스리 니사르가닷따 마하라지님이 하신 말씀들의 고준함과, 이 말씀들이 **지고자**至高者를 가리킬 때의 그 직접성과 명료성은 이미 이 책을 최고의 중요성을 갖는 문헌으로 만들어 버렸기 때문이다. 사실 많은 사람들은 이것을 정말로 공부해 볼 가치가 있는 영적 가르침을 담은 유일한 책으로 간주한다.

인간의 삶에 의미를 부여한다고 주장하는 다양한 종교와 철학 체계들이 있다. 그러나 그것들은 어떤 내재적 한계로 인해 고전한다. 그것들은 그들의 전통적 신념과 이데올로기들을—그것이 신학적이든 철학적이든—멋진 말로 표현한다. 그러나 그 신봉자들은 조만간 그런 말들의 의미와 적용 가능성이 어떤 범위에 한정되어 있다는 것을 발견한다. 그래서 환멸을 느끼고, 마치 과학 이론들이 그와 상반되는 너무나 많은 경험적 자료들에 의해 의문시되어 버려질 때처럼, 그 체계들을 버리곤 한다.

영적인 해석의 한 체계가 설득력이 없는 것으로 드러나고 합리적으로 정당화될 수 없을 때, 많은 사람들은 다른 어떤 체계로 개종한다. 그러나 얼마 후에는 그 다른 체계에서도 한계와 모순점들을 발견한다. 이처럼 아무 보람 없이 수용하고 배척하다 보면 그들에게 남는 것은 회의주의와 불가지론不可知論뿐이며, 결국 그들은 거친 삶의 실용품에 불과한 것들에 몰두하여 물질적 재화만 소비하는 얼빠진 생활 방식에 이르게 된다. 그러나 드물기는 하지만 가끔은, 회의주의가 언어, 종교 혹은 철학 체계의 그것보다 더 근본적인 어떤 기본적 **실재**에 대한 직관을 낳기도 한다. 묘하게도 그것은 회의주의의 한 긍정적 측면이다. 그런 회의주의 상태에 있으면서 기본적 실재에 대한 어떤 직관을 가지고 있을 때, 우연히 스리 니사르가닷따 마하라지의 『아이 앰 댓』을 읽게 되었다. 나는 당신의 말씀이 갖는 궁극성과 논박할 수 없는 확실함에 즉시 충격을 받았다. 말이란 그 본질상 한계가 있기는 하나, 마하라지의 말씀들은 말하자면 투명하고 말끔한 유리창같이 느껴졌다.

그러나 어떤 영적인 가르침의 책도 그 스승 자신의 친존親存(presence)을 대신할 수는 없다. 스승(Guru)이 우리에게 직접 해주는 말씀만이 그런 가르침의 불명료함을 완전히 떨쳐버린다. 스승의 친존에서는 마음이 그은 마지막 경계선들이 사라진다. 스리 니사르가닷따 마하라지가 실로 그러한 스승이다. 당신은 설교자가 아니지만, 구도자가 필요로 하는 지침들을 정확히 제공한다. 당신에게서 방사되는 실재(reality)는 양도 불가능하며 절대적이다. 그것은 진짜배기이다. 『아이 앰 댓』의 지면에 실린 그 말씀들의 진리성을 경험하고 거기서 영감을 얻은 많은 서양인들이 깨달음을 구해 마하라지를 찾아갔다.

진리에 대한 마하라지의 해석은 지知 요가(Jnana Yoga)/아드와이따 베단타(Advaita Vedanta)[1])의 그것과 다르지 않다. 그러나 당신은 나름의 방식을 가지고 있다. 우리 주위의 다양한 형상들은 5대 원소(공空·지地·수水·화火·풍風)로 이루어져 있다고 당신은 말한다. 그것들은 무상無常하며 부단한 변천의 상태에 있다. 또 그것들은 인과법칙에 지배된다. 이 모든 것은 몸과 마음에도 적용되는데, 이 둘 다 무상하고 탄생과 죽음에 매여 있다. 우리는 신체적 감각기관과 마음에 의해서만 우리가 세계를 알 수 있다는 것을 안다. 칸트적 견해에서와 같이 세계는 인간이라는 아는 주체와 상관되는 것이며, 따라서 그것은 우리의 아는 방식이라는 근본 구조를 가지고 있다. 이것은 시간·공간과 인과성이 '객관적인', 곧 외재적인 실체가 아니라 정신적 범주들이고, 일체가 그 안에서 형성된다는 것을 뜻한다. 만물의 존재와 형상은

---

1) *T*. '지知 요가'는 자아와 실재에 대한 탐구와 이해를 통해 깨달음에 이르는 인도의 전통적 수행 노선의 하나이고, '아드와이따(비이원적) 베단타'는 베단타 철학의 가장 중요한 유파이다.

마음에 의존하고 있다. 인식은 하나의 정신적 산물이다. 그리고 마음이 보는 세계는 하나의 주관적이고 사적인 세계이며, 그것은 마음 자체가 요동함에 따라 끊임없이 변한다.

한계 있는 범주들—의도성·주관성·이원성(duality) 등—을 가진 이 요동하는 마음의 반대편에, "내가 있다(I am)"라는 무한한 느낌이 드높이 서 있다. 내가 확신할 수 있는 단 한 가지는 "내가 있다"는 것이다. 데카르트적인 의미에서의 생각하는 "내가 있다"가 아닌, 아무 술어가 없는 것으로서 말이다. **마하라지**는 우리가 자신의 '내가 있음(I am-ness)'을 깨닫고, 그리하여 자신이 만든 모든 감옥을 없애도록 하기 위하여 거듭거듭 우리의 주의를 이 기본적인 사실로 이끈다. 당신은 말한다. 유일하게 참된 진술은 "내가 있다"라고. 그 밖의 모든 것은 추론에 불과하다. 아무리 애를 써도 이 "내가 있다"를 "나는 없다"로 바꿀 수 없다.

보라, 진정한 경험자는 마음이 아니라 **나 자신**, 즉 일체가 그 안에서 나타나는 **빛**이다. 자아가 모든 경험의 근저에 있는 공통 인자, 곧 일체가 그 안에서 일어나는 **자각**自覺(awareness)이다. **의식**意識의 전 영역은 "내가 있다" 안에 있는 하나의 얇은 막, 혹은 하나의 점으로서만 있다. 이 '내가 있음'은 의식을 의식하고, 그 자신을 자각하면서 있다. 그런데 그것을 묘사할 수는 없다. 왜냐하면 그것은 속성이 없기 때문이다. 그것은 나 자신으로 있음일 뿐이며, 나 자신으로 있음이 '존재하는 모든 것'이다. 존재하는 모든 것은 나의 **자아**로서 존재한다. 나와 다른 것은 아무것도 없다. 이원성이란 없고, 따라서 고통도 없다. 어떤 문제도 없다. 그것은 **사랑**의 영역이고, 그 안에서는 일체가 완전하다. 일어나는 일은 의도 없이 자연발생적으로 일어난다—마치 음식이 소화되고 모발이 자라듯이. 이것을 깨닫고 마음의 한계들에서 벗어나라.

보라, 자신이 이것이나 저것이라는 관념이 없는 깊은 잠을. 하지만 "내가 있다"는 남는다. 그리고 영원한 **지금**(now)을 보라. 기억은 과거에서 현재로 사물들을 가져오는 듯이 보이지만, 일어나는 모든 일은 현재에서만 일어난다. 현상들이 스스로를 현현하는 것은 무無시간의 지금에서일 뿐이다. 그래서 실재 안에서는 시간과 인과성이 해당되지 않는다. 나는 세계, 몸, 마음 이전이다. 나는 그것들이 그 안에서 나타나고 사라지는 영역이다. 나는 그것들 모두의 근원이며, 갈피를 못 잡을 만큼 다양한 이 세계가 그에 의해 나타나는 보편적(universal) 힘이다.

그러나 그 원초성에도 불구하고 "내가 있다"는 느낌은 지고자가 아니다. 그것은 절대자가 아니다. '내가 있음'의 느낌 혹은 맛은 시간을 절대적으로 넘어서 있지 않다. 5대 원소의 정수인 그것은 어느 면에서 세계에 의존해 있다. 그것은 몸에서 일어나는데, 이 몸은 5대 원소로 구성된 음식에 의해 건립된다. 몸이 죽으면, 그것은 마치 선향이 다 타고 나면 불꽃이 꺼지듯이 그렇게 사라진다. 순수한 자각을 성취하면 더 이상 어떤 필요도 존재하지 않으며, "내가 있다"조차도 존재할 필요가 없다. 그것은 하나의 유용한 지시물, 곧 절대자를 가리키는 방향 지시기에 불과하다. 그때는 "내가 있다"는 자각이 쉽게 사라진다. 그리고 온통 지배하는 것은 '묘사할 수 없는 것', '언어를 넘어선 것'이다. 더없이 실재적인 것이 이 '상태', 곧 순수한 잠재성의 상태이며, 그것은 일체의 이전이다. "내가 있다"와 우주는 그것이 반사된 모습에 지나지 않는다. 진인眞人(jnani)이 깨달은 것이 이 실재이다.

우리가 할 수 있는 최선은 진인의 말씀을 주의 깊게 경청하면서 그를 신뢰하고 믿는 것인데, 스리 니사르가닷따 마하라지가 현존하는 그런 진인의 한 실례이다. 그렇게 경청하면, 그의 실재가 바로 우리의 실재임을 깨닫게 될 것이다. 그는 우리가 세계와 "내가 있다"의 본질을 볼 수 있게 도와준다. 마하라지는 우리에게, 몸과 마음의 작용을 엄숙하고도 강렬한 집중으로 연구하여, 우리가 그 어느 것도 아님을 자각하고 그것들을 떨쳐 버리라고 촉구한다. 그는 우리가 "내가 있다"로 거듭거듭 돌아와서, 결국 그것이 우리의 거주처가 되고 그 바깥에 어떤 것도 존재하지 않도록 하여, "내가 있다"의 한 한계로서의 에고가 사라져 버릴 때까지 하라고 권유한다. 그러고 나면 지고의 깨달음이 애씀 없이 그냥 일어나게 될 것이다.

모든 개념과 도그마를 관통하는 진인의 말씀에 주목하라. 마하라지는 말한다. "그대가 진아를 깨닫고, 진아지眞我知를 성취하고, 자아를 초월할 때까지는, 이런 모든 믿기 어려운 이야기, 이런 모든 개념들을 듣게 됩니다."[2]
그렇다. 그것들은 개념이고, "내가 있다"조차도 개념이다. 그러나 확실히 이 보다 더 소중한 개념은 없다. 구도자들은 이런 개념들을 가장 진지한 자세로 바라보아야 한다. 왜냐하면 그 개념들이 **최고의 실재**를 가리켜 보이기 때문이다. 모든 개념을 떨쳐버리는 데는 이런 개념들만 한 것이 없다.

나에게 『아이 앰 댓』의 이 신판에 서문을 써 달라고 하여, **지고의 지**知**를** 가장 단순명료하고 가장 설득력 있는 말씀으로 설하신 **스리 니사르가닷따 마하라지**님께 존경을 표할 기회를 준 편집자 수다까르 S. 딕쉬뜨 님에게 감사드린다.

1981년 6월
네덜란드 로테르담
에라스무스대학교 철학부 교수
다우웨 티머스마(Douwe Tiemersma)

---

[2] 1979년 10월 2일 저녁 대담. 벨기에 안트워프의 요제프 나우웰래르츠(Jozef Nauwelaerts)가 기록.

니사르가닷따 마하라지는 누구인가?

당신의 출생일에 대해 여쭤자 스승님은 자신이 결코 태어나지 않았다고 담백하게 대답하셨다!

스리 니사르가닷따 마하라지의 일대기를 쓴다는 것은 난감하고 성과 없는 작업이다. 왜냐하면 당신의 정확한 출생일이 알려져 있지 않을 뿐더러, 당신의 초년 시절에 대해 검증된 사실들이 없기 때문이다. 그렇기는 하나 당신의 몇몇 손위 친척과 친구들은 당신이 1897년 3월 보름날에 태어났다고 말한다. 이날은 **하누만 자얀띠**(Jayanti-탄신일)로, 힌두교도들이 『라마야나』의 유명한 원숭이-신 **하누만**, 일명 **마루띠**(Maruti)에게 경의를 표하는 날이었다. 그래서 부모님은 그가 이 길일에 태어난 것을 기념하여 그에게 마루띠라는 이름을 지어주었다.

당신의 유년기와 소년 시절에 대해 얻을 수 있는 정보들은 단편적인데다 서로 잘 연결되지도 않는다. 우리가 알기로 당신의 부친은 쉬브람빤뜨라는 가난한 사람으로, 한동안 봄베이(뭄바이)에서 남의 집 하인으로 일하다가 나중에 마하라슈트라 주州 라뜨나기리(Ratnagiri) 군郡의 산간 지방에 있는 작은 마을 깐달가온(Kandalgaon)에서 소농小農으로 근근이 생계를 이어갔다. 마루띠는 거의 교육을 받지 못한 채 성장했다. 어려서는 자신의 힘으로 할 수 있는 일들, 예컨대 소들을 돌보고, 황소를 몰고, 들에서 일을 하고, 심부름을 하는 것으로 부친을 도왔다. 그의 오락거리들도 그가 하던 일 만큼이나 단순했으나, 그는 온갖 종류의 의문들로 들끓는 탐구심을 타고났다.

부친에게는 비슈누 하리바우 고레라는 브라민(브라만 계급자) 친구가 있었다. 그는 신앙심이 깊은 사람이었고, 시골 수준에서는 학식도 있었다. 고레는 곧잘 종교적 주제들에 대한 이야기를 했는데, 소년 마루띠는 주의 깊게 경청한 뒤에 그런 주제에 관해 누구도 생각할 수 없을 만큼 깊이 사색했다. 그에게 고레는 진지하고 친절하며 지혜로운, 이상적 인간이었다.

마루띠가 열여덟 살이 되자, 부친이 부인과 4남 2녀를 남겨두고 세상을 떠났다. 노인이 죽고 나자 작은 농토에서 나오던 보잘것없는 수입도 더 줄어들어 많은 식구가 먹고살기에 충분치 않았다. 마루띠의 형은 일거리를 찾아 봄베이로 갔고, 마루띠도 그 직후 형의 뒤를 따랐다. 봄베이에서 그는 몇 달간 한 사무소에서 적은 월급을 받는 하급서기로 일했으나, 염증이 나서 그만두었다고 한다. 그런 다음 잡화상으로서 작은 장사를 벌여 아동복, 담배, 손으로 만 시골 궐련(인도식 저가 담배인 비디) 등을 파는 가게를 열었다. 이 사업은 세월이 가면서 번창하여 그에게 얼마간 재정적 안정을 안겨주었다. 이 시기에 그는 결혼을 하여 아들 하나와 딸 셋을 두었다.

유년기·청년기·결혼·자식 보기 등 마루띠는 중년에 이르기까지 보통 사람의 평범하고 별 사건 없는 삶을 살았으며, 훗날 성자가 될 만한 징후를 전혀 보이지 않았다. 이 시기에 그의 친구들 가운데 야쉬완뜨라오 바아그까르라는 사람이 있었다. 그는 힌두교의 한 종파인 **나바나트 삼쁘라다야**(Navnath Sampradaya)의 한 영적 스승인 스리 싯다라메쉬와르 마하라지의 헌신자였다. 어느 날 저녁 바아그까르가 마루띠를 자기 스승에게 데려갔는데, 그날 저녁은 마루띠의 삶에서 일대 전환점이 되었다. 스승은 그에게 만트라(mantra)를 주고 명상하는 법을 일러주었다. 그는 수행을 시작한 초기에 환영幻影들을 보기 시작했고, 때로는 황홀경에 떨어지기도 했다. 그러다가 그의 내면에서 말하자면 뭔가가 폭발하면서, 하나의 우주 의식, 어떤 **영원한 삶**의 느낌을 탄생시켰다. 작은 가게 주인 마루띠의 정체성이 해체되고 빛나는 인격 스리 **니사르가닷따 마하라지**가 등장한 것이다.

대다수 사람들은 자아의식의 세계 안에 살면서 그것을 떠날 욕망이나 힘이 없다. 그들은 자기 자신만을 위해 존재하며, 그들의 모든 노력은 자기만족과 자기영예의 성취를 지향한다. 그러나 외관상 같은 세계 안에 살면서도 동시에 다른 세계—즉, 무한한 지知로 빛나는 우주 의식의 세계 안에서 살고 있는 예지자叡智者들, 스승들, 계시자들도 있다. 그 깨침의 체험을 한 이후 스리 니사르가닷따 마하라지는 그런 이중적 삶을 살기 시작했다. 가게를 운영했지만, 더 이상 영리를 추구하는 상인이 아니었다. 나중에는 가족과 사업을 버리고 탁발수행자가 되어, 광대하고 다양한 인도의 종교적 성지들을 순례했다. 그리고 히말라야를 향해 맨발로 걸어갔다. 그곳에서 영원한 삶을 추구하며 여생을 보낼 계획이었다. 그러나 곧 그러한 추구가 부질없음을 이해하고 발길을 돌려 집으로 돌아왔다. 영원한 삶은 자신이 추구할 것이 아니라고 본 것이다. 그는 이미 그것을 가지고 있었기 때문이다. "나는 몸이다"라는 관념을 넘어서서 너무나 환희롭고 평화로우며 찬연한 심적 상태를 얻었기에, 그에 비하면 일체가 무가치하게 보였다. 당신은 진아 깨달음을 성취했던 것이다.

스승님은 교육을 받지 못했으나, 당신의 대화는 비상할 정도로 각성되어 있다. 가난한 집안에서 태어나 성장했지만 당신은 부자 중의 부자이다. 당신은 영원한 지知라는 한량없는 부富, 가장 어마어마한 보배도 그에 비하면 번쩍이는 금속편 장식밖에 되지 않는 그런 부를 가지고 있기 때문이다. 당신은 따뜻한 가슴을 지녔고, 부드럽고, 명민하게 유머러스하며, 절대적으로 두려움이 없고, 절대적으로 참되다. 그러면서 자신을 찾아오는 모든 사람에게 영감을 주고, 그들을 인도하고, 떠받쳐 준다.

그런 분에 대해 일대기를 서술하려는 어떤 시도도 경솔하고 쓸데없는 짓이다. 당신은 과거나 미래를 가진 인간이 아니기 때문이다. 당신은 살아 있는 **현재이다**—영원불변의. 당신은 만물이 되어 버린 **진아**이다.

영역자의 말

나는 몇 년 전 스리 니사르가닷따 마하라지를 만나 뵙고, 당신의 풍모와 행동의 자연발로적(spontaneous) 단순함과, 당신의 체험을 설할 때의 깊고 진정한 성실성에 감명 받았다.

봄베이 뒷골목에 있는 당신의 작은 아파트가 아무리 볼품없고 찾기 어려워도, 많은 사람들이 그곳을 찾아가고 있다. 그들 대부분은 자신의 모국어로 자유롭게 대화할 수 있는 인도인들이었지만, 통역자가 필요한 외국인들도 많이 있었다. 내가 거기 있을 때마다 통역하는 역할이 나에게 떨어지곤 했다. 주고받은 많은 질문과 답변들이 워낙 흥미롭고 중요한 내용이어서 녹음기도 한 대 들여왔다. 테이프들 대부분은 정규적인 마라티어-영어 대화이지만, 어떤 것들은 몇 가지 인도 언어와 유럽 언어가 한데 뒤섞인 것이었다. 나중에 테이프마다 그것을 해독하여 영어로 번역했다.

문자 그대로 번역한다면 같은 말을 지루하게 반복하는 것을 피하기 어려웠다. 테이프 녹음 내용에 대한 본 번역이, 이 명석하고 관대하며 여러 면에서 비범한 인간의 충력衝力(impact)을 감소시키지 않기를 바란다.

이 대담에 대한 마라티어판은 스리 니사르가닷따 마하라지 자신이 검증했으며, 따로 출판되었다.

1973년 10월 16일
봄베이에서, 영역자
모리스 프리드먼(Maurice Frydman)

편집자의 말

『아이 앰 댓』의 이번 판은 이전 판에서 두 권에 나뉘어 수록된 101개의 대담들을 개정하고 재편집한 것이다. 이제 본문이 더 읽기 편한 활자로 바뀌고 각 장에 제목이 붙었을 뿐 아니라, 스리 니사르가닷따 마하라지의 새 사진들도 들어갔다. 그리고 부록에는 지금까지 출판되지 않은 얼마간의 귀중한 자료가 들어 있다.

나는 '니사르가 요가'[부록 1]라는 제목의 글에 독자들이 특별히 주목해 주기 바라는데, 거기서 나의 존경하는 벗 고故 모리스 프리드먼이 마하라지의 가르침을 간결하게 제시하고 있다. 모리스가 말하듯이, 당신의 가르침은 단순함과 겸허함을 주조主調로 한다. 스승님은 어떤 지적 개념이나 교의敎義도 설하지 않는다. 당신은 구도자들 앞에 어떤 전제조건도 제시하지 않고, 있는 그대로의 그들에게 만족한다. 사실 스리 니사르가닷따 마하라지는 모든 비방과 비난에서 특이하게 벗어나 있다. 죄인과 성자는 단지 호환되는 음조音調일 뿐이다. 성자도 죄를 지었고, 죄인도 성스럽게 될 수 있다. 시간이 그들을 구분하지만, 시간이 그들을 한데 모이게도 할 것이다. 스승님은 평가하지 않는다. 당신의 유일한 관심은 '괴로움과, 괴로움의 종식'이다. 당신은 자신의 개인적이면서도 항상적인 체험을 통해, 슬픔의 뿌리는 마음속에 있고, 이 마음이 '실상을 왜곡하는 파괴적 습쩝'에서 벗어나야 한다는 것을 안다. 이러한 습쩝 중에서도 자기를 자신의 투사물投射物(projections)[1]과 동일시하는 것이야말로 더없이 치명적이다. 스리 니사르가닷따 마하라지는 가르

---

[1] T. '투사물'이란, 의식이 자신을 대상화하면서 바깥으로 현현한 것들이다. 세계 자체가 투사물이지만, 여기서는 개아로서의 한 '사람'과 동일시되는 우리의 '몸, 마음, 감각기관' 등을 가리킨다.

침과 모범으로, 무無논리적이되 경험적으로 견실한 하나의 지름길을 보여준다. 그것이 이해될 때, 그것은 효과를 발휘한다.

『아이 앰 댓』을 개정하고 편집하는 일이 나에게는 내면의 **진아**를 향한 순례였다―사람을 숭고하게 만들기도 하고 깨우쳐 주기도 하는. 나는 봉헌의 정신으로, 아주 성실하게 이 일을 했다. 모든 질문자의 질문을 나 자신의 질문으로 취급했고, 내가 알던 모든 것이 비워진 마음으로 **스승님**의 답변들을 흡수했다. 그러나 두 목소리 명상이라고 할 수도 있을 이 과정에서, 곳에 따라 문장 표현과 구두점에 대해 편집자에게서 기대되는 냉정한 엄밀성을 내가 견지하지 못했을 수도 있다. 그런 과오들에 대해서는 독자들의 용서를 구한다.

마무리하기 전에, 네덜란드 로테르담 에라스무스대학교 철학부의 다우웨 티머스마 교수님께, 이번 판에 새 **서언**을 써 주신 데 대해 마음에서 우러난 감사를 표하고 싶다. 나의 청탁을 금방 들어주신 것에 대해 한층 더 고마움을 느낀다.

1981년 7월
봄베이에서, 편집자
수다까르 S. 딕쉬뜨(Sudhakar S. Dikshit)

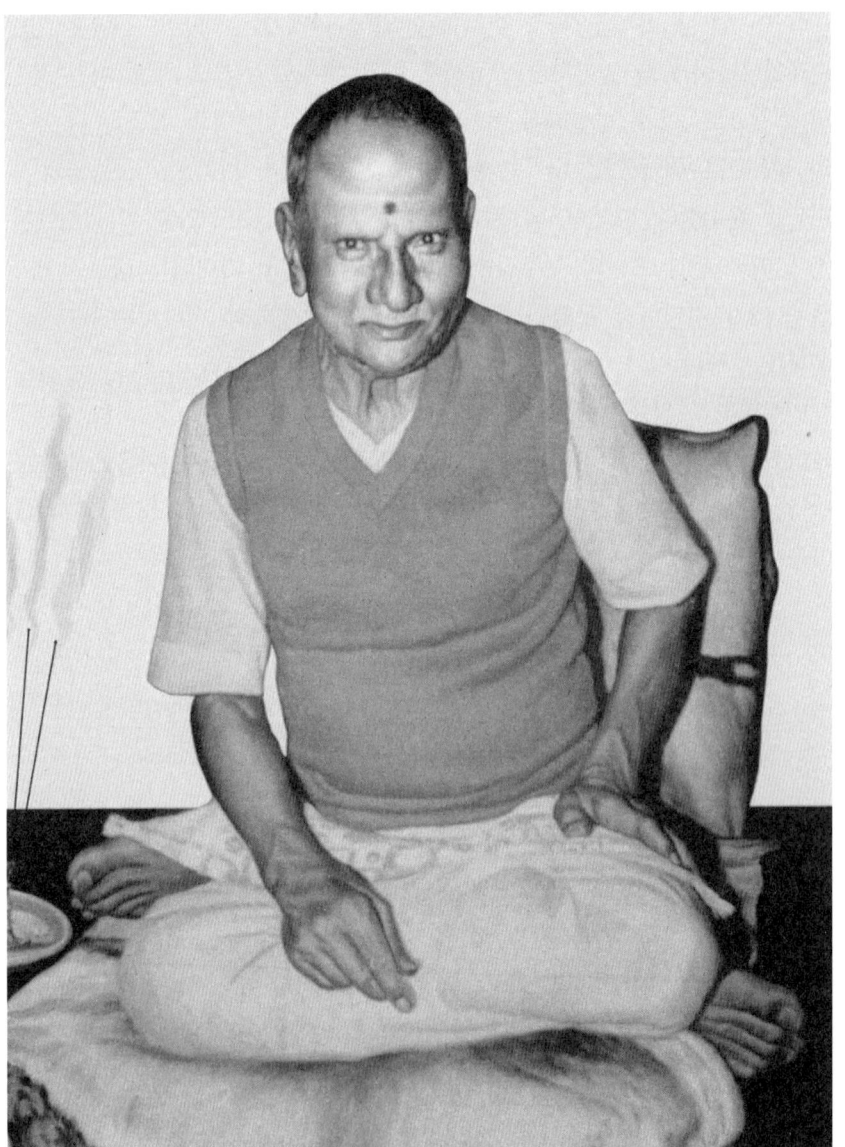

차례

서언 · 7
니사르가닷따 마하라지는 누구인가? · 12
영역자의 말 · 15
편집자의 말 · 16

1. "내가 있다"는 느낌 · 25
2. 몸에 대한 집착 · 28
3. 살아 있는 현재 · 30
4. 실재하는 세계는 마음을 넘어서 있다 · 34
5. 태어나는 것은 죽을 수밖에 없다 · 36
6. 명상 · 39
7. 마음 · 41
8. 진아는 마음을 넘어선 곳에 있다 · 44
9. 기억의 반응들 · 50
10. 주시하기 · 52
11. 자각과 의식 · 56
12. 사람은 실재가 아니다 · 58
13. 지고자, 마음 그리고 몸 · 62
14. 겉모습과 실재 · 69
15. 진인眞人 · 74
16. 무욕, 최상의 지복 · 78
17. 항상 존재하는 것 · 85
18. 그대가 자신이라고 여기는 것은 그대가 아니다 · 88
19. 실재는 객관성에 자리 잡고 있다 · 93

20. 지고자는 일체를 넘어서 있다 · 97
21. 나는 누구인가? · 103
22. 삶이 사랑이고, 사랑이 삶이다 · 110
23. 분별이 무집착으로 이어진다 · 115
24. 신은 일체의 행위자, 진인은 비非행위자이다 · 123
25. "내가 있다"를 꽉 붙들라 · 130
26. 인격, 하나의 장애 · 137
27. 시작 없는 것이 영원히 시작한다 · 143
28. 모든 고통은 욕망에서 생긴다 · 150
29. 사는 것이 삶의 유일한 목적 · 154
30. 그대는 '지금' 자유롭다 · 162
31. 주의注意를 과소평가하지 말라 · 166
32. 삶은 지고의 스승이다 · 172
33. 모든 일은 스스로 일어난다 · 179
34. 마음은 요동搖動 그 자체이다 · 189
35. 최고의 스승은 그대 내면의 진아이다 · 197
36. 살해는 피살자가 아니라 살해자를 상하게 한다 · 205
37. 고통과 쾌락 너머에 지복이 있다 · 212
38. 수행은 발동되고 또 발동되는 의지이다 · 220
39. 그 자체로는 어떤 것도 존재성이 없다 · 229
40. 진아만이 실재한다 · 234
41. 주시자의 태도를 계발하라 · 239
42. 실재는 표현될 수 없다 · 244
43. 무지는 인지할 수 있어도 진지는 인지할 수 없다 · 251
44. "내가 있다"는 참되고, 다른 모든 것은 추론이다 · 258
45. 오고 가는 것은 존재성이 없다 · 263
46. 존재의 자각이 지복이다 · 270
47. 마음을 지켜보라 · 275
48. 자각은 자유롭다 · 280

49. 마음은 불안정을 야기한다 · 291
50. 자기자각이 주시자이다 · 297
51. 고통과 쾌락에 무관심하라 · 301
52. 자기가 행복하고, 남을 행복하게 하는 것 · 311
53. 충족된 욕망은 더 많은 욕망을 낳는다 · 315
54. 몸과 마음은 무지의 징후이다 · 321
55. 일체를 포기하면 일체를 얻는다 · 327
56. 의식이 일어나면 세계가 일어난다 · 334
57. 마음을 넘어선 곳에는 괴로움이 없다 · 340
58. 완성, 모두의 운명 · 346
59. 욕망과 두려움: 자기중심적인 상태들 · 351
60. 공상이 아닌, 사실을 살라 · 356
61. 물질은 의식 그 자체이다 · 361
62. 지고자 안에서 주시자가 나타난다 · 368
63. 행위자 관념이 속박이다 · 375
64. 그대를 즐겁게 하는 모든 것은 그대를 저지한다 · 379
65. 고요한 마음이 그대에게 필요한 전부이다 · 387
66. 행복에 대한 모든 추구는 불행이다 · 393
67. 체험은 진짜가 아니다 · 403
68. 의식의 근원을 추구하라 · 409
69. 무상함은 비실재의 증거다 · 413
70. 신은 모든 욕망과 지식의 끝이다 · 420
71. 자기자각 안에서 그대 자신에 대해 배운다 · 427
72. 순수하고 순일純一하고 초연한 것은 실재한다 · 435
73. 마음의 죽음이 지혜의 탄생이다 · 446
74. 진리는 지금 여기에 있다 · 455
75. 평안과 침묵 안에서 그대는 성장한다 · 465
76. 자신이 모른다는 것을 아는 것이 참된 지知이다 · 472
77. '나'와 '내 것'은 거짓된 관념이다 · 481

78. 모든 앎은 무지이다 · 487
79. 사람, 주시자, 지고자 · 494
80. 자각 · 501
81. 두려움의 근본 원인 · 509
82. 절대적 완전함은 지금 여기에 있다 · 516
83. 참된 스승 · 524
84. 그대의 목표가 그대의 스승이다 · 532
85. "내가 있다": 모든 체험의 토대 · 541
86. 알려지지 않는 것이 실재의 집이다 · 548
87. 마음을 고요히 하라, 그러면 발견할 것이다 · 557
88. 마음에 의한 앎은 참된 앎이 아니다 · 563
89. 영적인 삶에서의 진보 · 570
90. 그대 자신의 진아에 내맡겨라 · 575
91. 쾌락과 행복 · 584
92. "나는 몸이다"라는 관념을 넘어서라 · 588
93. 인간은 행위자가 아니다 · 594
94. 그대는 공간과 시간을 넘어서 있다 · 599
95. 삶을 오는 대로 받아들여라 · 606
96. 기억과 기대를 내버려라 · 612
97. 마음과 세계는 별개가 아니다 · 618
98. 자기 동일시에서 벗어나기 · 628
99. 지각되는 것은 지각하는 자일 수 없다 · 637
100. 이해는 자유로 이끈다 · 645
101. 진인은 취하지도 않고 지니지도 않는다 · 651

부록 1 니사르가 요가 · 661
부록 2 아홉 스승의 전통 · 666
용어 해설 · 670
옮긴이의 말 · 678

아이 앰 댓
I AM THAT

일러두기

1. 본서는 영어판 원서들 중 편자 수다까르 딕쉬뜨의 최종 편집본인 제3판(1981)의 Reprint 인 1997년판과, 제4판(1999)을 번역 대본으로 하였다.
2. 본문의 꺽쇠표 안에 있는 말과 본문과 비슷한 크기의 괄호에 든 말은 원문에 있는 것이 고, 본문보다 작은 괄호 안에 든 것은 옮긴이가 문맥을 보충한 문구이다.
3. 본문에서 **돋움체**로 표시된 말은 원문에서 대문자로 시작하는 중요 단어들과, **실재 혹은 깨달음**과 관련되는 주요 단어로서 옮긴이가 선별하여 부각한 것이고, **굵은 글씨**로 표시된 말은 전문용어 외에 원문에서 이탤릭체로 표시된 단어이다.
4. '용어해설'은 원서에 있는 것을 바탕으로, 옮긴이가 내용을 대폭 수정·보완한 것이다.
5. 각주들 중 옮긴이의 역주는 *T*.(Translator의 약자)로 표시하였다.

1
"내가 있다"는 느낌

질문자: 잠에서 깨어나면 세계가 갑자기 나타난다는 것은 우리가 매일 경험하는 일입니다. 세계는 어디서 옵니까?

마하라지: 어떤 것이 생겨날 수 있으려면 그 전에, 그것이 그에게 생겨나는 누군가가 있어야 합니다. 모든 나타남과 사라짐은 어떤 불변의 배경에 견주어 변화가 있다는 것을 전제합니다.

질: 잠에서 깨어나기 전에는 제가 의식하지 못했습니다.

마: 어떤 의미에서 말입니까? 잊어버린 것입니까, 아니면 경험하지 못한 것입니까? 의식하지 못할 때도 경험을 하지 않습니까? 앎이 없이 그대가 존재할 수 있습니까? 기억이 나지 않는 것, 그것이 (그대가) 존재하지 않는다는 증거입니까? 그리고 그대가 자신이 존재하지 않음을 실제로 경험한다고 이야기하면 말이 되겠습니까? 그대는 자신의 마음이 존재하지 않았다는 말조차도 할 수 없습니다. 누가 부르면 그대가 깨어나지 않았습니까? 그리고 깨어났을 때, 처음 다가온 것은 "내가 있다"는 느낌 아니었습니까? 잠을 잘 때나 기절했을 때에도 어떤 종자種子 의식(seed consciousness)이 존재하고 있을 것이 분명합니다. 깨어나면 "내가—몸이—세계 안에 있다"고 하는 경험이 흘러갑니다. 그것은 연달아 일어나는 것처럼 보일지 모르지만 실은 모두 동시에 일어나는, 한 세계 안에 하나의 몸을 가지고 있다는 단 하나의 관념입니다. 어떤 누군가가 아니고서 "내가 있다"는 느낌이 있을 수 있습니까?

질: 저는 늘 자신의 기억과 습관을 가진 어떤 사람입니다. 다른 어떤 "내가 있다"도 알지 못합니다.

마: 어쩌면 그대가 알지 못하게 뭔가가 가로막는군요? 남들이 아는 것을 모를 때 그대는 어떻게 합니까?

질: 그들의 지시에 따라, 그들이 그것을 알게 된 원천을 추구합니다.

마: 자신이 하나의 몸일 뿐인지, 다른 어떤 것인지, 혹은 어쩌면 전혀 아무 것도 아닌지를 아는 것이 그대에게 중요하지 않습니까? 그대의 모든 문제는 몸의 문제라는 것을 모르겠습니까? 음식·의복·주거·가족·친구·이름·명예·안전·생존—이 모든 것은 그대가 단지 하나의 몸만은 아닐 수도 있다는 것을 깨닫는 순간, 의미를 상실합니다.

질: 제가 몸이 아니라는 것을 아는 것은 어떤 이익이 있습니까?

마: 그대가 몸이 아니라고 하는 것도 그다지 맞는 말은 아닙니다. 어느 면에서 그대는 모든 몸들이고, 심장들이고, 마음들이기도 하며, 그 훨씬 이상이기도 합니다. "내가 있다"는 느낌 속으로 깊이 들어가십시오. 그러면 알게 됩니다. 어디에 잘못 두었거나 잊어버린 물건을 그대는 어떻게 찾습니까? 그것을 계속 염두에 두고 있다 보면 기억이 나지요. 존재의 느낌, "내가 있다"는 느낌은 가장 먼저 떠오르는 것입니다. 그것이 어디서 오는지 자신에게 묻거나, 아니면 그것을 그저 고요히 지켜보십시오. 마음이 움직이지 않고 "내가 있다" 안에 머무르면, 말로 표현할 수는 없지만 체험할 수 있는 어떤 상태로 들어갑니다. 거듭 시도하고 또 시도하기만 하면 됩니다. 어쨌든 "내가 있다"는 느낌은 늘 그대와 함께하지만, 단지 그대가 거기에 온갖 것들—몸, 느낌, 생각, 관념, 소유물 등을 덧붙여 두고 있습니다. 이런 모든 자기 동일시물(self-identifications)들이 그대를 오도誤導합니다. 그런 것들 때문에 그대가 아닌 것을 그대 자신으로 착각합니다.

질: 그러면 저는 무엇입니까?

마: 그대가 무엇이 아닌지를 아는 것으로 족합니다. 그대가 무엇인지는 알 필요가 없습니다. 왜냐하면 앎이, 지각으로 알든 개념적으로 알든 이미 알고 있는 것을 가지고 하는 묘사를 의미하는 한, **자기앎**(self-knowledge) 같은 것은 있을 수 없기 때문입니다. 그대가 무엇이다라는 것은, 전적인 부정否定으로서 묘사하는 것을 제외하고는 묘사할 수 없으니까요. 그대가 할 수 있는 말은 "나는 이것이 아니다, 저것이 아니다"가 전부입니다. "이것이 나의 실체다"라고 말해봤자 의미가 없습니다. 그것은 그냥 말이 안 됩니다. '이것'이나 '저것'이라고 그대가 내세울 수 있는 것은 그대 자신일 수 없습니

다. 확실히 그대는 다른 '어떤 것'일 수 없습니다. 그대는 지각할 수 있거나 상상할 수 있는 그 무엇도 아닙니다. 하지만 그대 없이는 어떤 지각이나 상상도 있을 수 없습니다. 그대는 가슴이 느끼고, 마음이 생각하고, 몸이 행위하는 것을 봅니다. 지각하는 행위 자체가, 그대는 자신이 지각하는 그것이 아니라는 것을 보여줍니다. 그대 없이 지각이나 경험이 있을 수 있습니까? 경험은 (누구에게) '속해야' 합니다. 누군가가 나와서 그것을 자신의 경험이라고 선언해야 합니다. 경험하는 자가 없으면 경험은 실재하지 않습니다. 경험에 실재성을 부여하는 것은 경험자입니다. 그대가 가질 수 없는 경험, 그것이 그대에게 무슨 가치가 있습니까?

질: 경험자라는 느낌, "내가 있다"는 느낌, 그것도 하나의 경험 아닙니까?

마: 분명, 경험되는 모든 것은 하나의 경험입니다. 그리고 모든 경험에서는 그것을 경험하는 자가 일어납니다. 기억은 연속성의 환상을 창조합니다. 실제로 각 경험마다 그 나름의 경험자가 있고, 정체성(identity)[1)의 느낌은 모든 경험자-경험 관계의 뿌리에 있는 공통 인자에 기인합니다. 정체성(동일성)과 연속성은 같은 것이 아닙니다. 꽃 하나하나가 자신의 색상을 가지고 있지만 모든 색상은 같은 빛에 의해 나타나듯이, 많은 경험자들도 나뉘어 있지 않고 나눌 수도 없는 **자각**(awareness) 안에서 나타나는데, 각기 기억 안에서는 별개이지만 **본질**에서는 동일합니다. 이 **본질**이 모든 경험의 뿌리요 토대이며, 무시간적·무공간적 '가능성'입니다.

질: 어떻게 하면 제가 그것에 도달합니까?

마: 도달할 필요가 없습니다. 그대가 그것이니까요. 그것에게 기회를 주면 그것이 그대에게 도달하겠지요. 비실재에 대한 집착을 놓으십시오. 그러면 **실재**가 신속하고 부드럽게 자신의 것 속으로 발을 들여놓을 것입니다. 그대 자신이 이것이나 저것이라고, 혹은 이것이나 저것을 한다고 생각하지 마십시오. 그러면 그대가 일체의 **근원**이자 **핵심**(중심)이라는 **깨달음**이 밝아올 것입니다. 이와 함께 선택이나 편애가 아니고 집착도 아닌 큰 **사랑**, 모든 것

---

1) T. 다양한 경험과 기억들을 포괄하는 주체의 동일성, 즉 '동일한(identical) 나'라는 느낌. 문맥에 따라 '동일성'으로도 번역된다.

을 사랑받을 가치가 있게 하고 사랑스럽게 만드는 어떤 **힘**이 올 것입니다.

2
몸에 대한 집착

질문자: 마하라지님, 당신께서는 제 앞에 앉아 계시고 저는 여기 당신의 발 앞에 있습니다. 우리 사이의 기본적인 차이는 무엇입니까?
마하라지: 어떤 기본적인 차이도 없습니다.
질: 그래도 어떤 실제적 차이가 있는 것이 분명합니다. 제가 당신께 오지 당신께서 저에게 오시지는 않습니다.
마: 그대는 차이점들을 상상하기 때문에, '우월한' 사람들을 찾아 여기저기 다니는 것입니다.
질: 당신 역시 우월하신 분입니다. 당신께서는 **실재**를 안다고 주장하시지만, 저는 모릅니다.
마: 제가 언제 그대는 모른다고, 따라서 '열등한' 사람이라고 말했습니까? 그런 구분을 만들어낸 사람들에게 그것을 증명하라 하십시오. 저는 그대가 모르는 것을 안다고 주장하지 않습니다. 사실 저는 그대가 아는 것보다 훨씬 아는 것이 적습니다.
질: 당신의 말씀은 지혜롭고, 당신의 행동은 고상하고, 당신의 **은총**은 전능합니다.
마: 저는 그런 것은 도무지 알지 못하고, 그대와 저 사이에 어떤 차이도 보지 않습니다. 제 삶은 그대의 삶과 같이 사건들의 연속입니다. 다만 저는 초연하고, 그래서 지나가는 연극을 하나의 지나가는 연극으로 보지만, 그대는 사물들에 집착하고 그것들과 함께 움직입니다.
질: 어떻게 그렇게 담담해지셨습니까?

마: 특별한 것은 없지요. 저는 어쩌다가 제 **스승님**을 신뢰했다는 것입니다. 그분은 제가 저의 **진아**일 뿐이라고 말씀하셨고, 저는 그분을 믿었습니다. 그분을 믿고 그에 따라 행동했고, 제가 아닌 것, 제 것이 아닌 것에 더 이상 신경 쓰지 않았습니다.

질: 왜 당신께서는 당신의 **스승님**을 완전히 신뢰할 만큼 복이 있었고, 저희들의 신뢰는 이름뿐이고 말뿐입니까?

마: 누가 알겠습니까? 그냥 그렇게 된 거지요. 원인과 이유 없이 일들이 일어나는데, 어쨌든 그것이 뭐가 중요하며, 누가 누구입니까? 그대가 저를 높이 평가하는 것은 그대의 견해일 뿐입니다. 언제라도 그대는 그 견해를 바꿀지 모릅니다. 견해에 왜 중요성을 부여합니까? 그대 자신의 견해라 해도 말입니다.

질: 그래도 당신께서는 다릅니다. 당신의 마음은 늘 고요하고 즐거워 보입니다. 그리고 당신 주위에서 기적들이 일어납니다.

마: 저는 기적에 대해 전혀 알지 못하고, 만일 모든 일이 하나의 기적이라는 사실에 우리가 동의하지 않는다면, **자연**이 자신의 법칙에 예외를 인정할지도 의문입니다. 저의 마음으로 말하면, 그런 것은 없습니다. 일체가 그 안에서 일어나는 **의식**(consciousness)이 있습니다. 그것은 아주 명백한 것이고, 모든 사람의 경험 범위 안에 있습니다. 그대가 충분히 주의 깊게 살펴보지 않을 뿐입니다. 잘 보고, 제가 보는 것을 보십시오.

질: 무엇을 보십니까?

마: 저는 그대도 지금 여기서 볼 수 있는 것을 봅니다. 주의의 초점만 잘못되지 않으면 그대도 보겠지만, 그대는 자신의 **자아**에 주의를 기울이지 않습니다. 그대의 마음은 온통 사물과 사람들, 관념들에 가 있어서 결코 그대의 **자아**와 함께하지 않습니다. 그대의 **자아**를 초점 안으로 가져와 그대 자신의 **존재**(existence)를 자각해 보십시오. 그대가 어떻게 움직이는지를 보고, 그대의 행위들이 갖는 동기와 결과를 지켜보십시오. 그대가 무심코 자신의 주위에 건립해 온 감옥을 연구하십시오. 그대가 아닌 것을 알면 그대의 (참된) **자아**를 알게 됩니다. 그대의 **자아**로 돌아가는 길은 거부와 배제를 통해서입

니다. 한 가지는 확실합니다. 즉, **실재**는 상상적인 것이 아니고, 마음의 산물이 아니라는 것입니다. "내가 있다"는 느낌조차도 지속적이지 않습니다. 유용한 지침이기는 하지만 말입니다. 그것은 어디서 찾아야 하는지를 보여주지만, 무엇을 찾아야 하는지는 보여주지 않습니다. 부디 그것을 잘 바라보십시오. "내가 있다" 외에는 그대의 **자아**에 대해 어떤 것도 진실되게 말할 수 없다는 것, 그리고 그대가 가리킬 수 있는 그 무엇도 그대의 **자아**일 수 없다는 것을 납득하고 나면, "내가 있다"의 필요성은 끝납니다. 더 이상은 그대가 무엇인지 말로 표현해 보려는 마음이 없습니다. 그대의 **자아**를 규정하려 드는 성향을 없애기만 하면 됩니다. 모든 규정은 그대의 몸에만, 그리고 몸의 표현들에만 해당됩니다. 몸에 대한 이 집착이 일단 사라지면, 자연발로적으로 그리고 애씀 없이, 그대의 **본연적 상태**(natural state)로 돌아갈 것입니다. 우리 사이의 유일한 차이는, 저는 저의 **본연적 상태**를 자각하고 있는 반면, 그대는 어리둥절해하고 있다는 것입니다. 마음이 그렇게 만들 때를 제외하고는 장신구로 만들어진 금이 사금砂金에 대해 아무 우위가 없듯이, 우리도 **존재**(being) 안에서 하나입니다―겉모습만 다르지요. 우리는 진지해짐으로써, 매일 그리고 매시간 탐색하고, 탐구하고, 질문함으로써, 우리의 삶을 이 발견에 바침으로써, 그것을 발견합니다.

3
살아 있는 현재

질문자: 제가 보기에, 저의 몸이나 저의 진정한 **존재**에는 아무 잘못된 것이 없습니다. 둘 다 제가 만든 것이 아니고, 개선할 필요도 없습니다. 잘못된 것은 '내적인 몸(inner body)'입니다. 그것을 마음이라 하든, **의식**이라 하든, **내적기관**(antahkarana)이라 하든, 명칭이 무엇이든 간에 말입니다.

마하라지: 그대의 마음이 뭐가 잘못되었다고 생각합니까?

질: 가만히 있지 못하고, 즐거운 것을 탐하고, 불쾌한 것을 두려워합니다.

마: 그것이 즐거운 것을 추구하고 불쾌한 것을 피하는 것이 뭐가 잘못입니까? 고통과 쾌락의 두 언덕 사이에서 삶이란 강이 흘러갑니다. 마음이 문제가 되는 것은 그것이 삶과 함께 흐르기를 거부하고 강둑에 들러붙을 때입니다. 삶과 함께 흐른다는 것은 받아들임을 의미합니다. 오는 것은 오고 가는 것은 가게 하는 것입니다. 욕망하지 말고, 두려워하지 말고, 실제 현실을 그것이 일어날 그때 관찰하십시오. 왜냐하면 그대는 일어나는 그 일이 아니고, 그 일이 자신에게 일어나는 사람이기 때문입니다. 궁극적으로 그대는 그 관찰자도 아닙니다. 그대는 일체를 포용하는 **의식**이 그것의 현현(manifestation)이자 표현인, **궁극의 잠재성**입니다.

질: 하지만 몸과 **자아** 사이에는 생각과 감정들의 구름이 가로놓여 있는데, 이것은 몸이나 **자아** 어느 것도 섬기지 않습니다. 이 생각과 감정들은 변덕스럽고 찰나적이며 무의미한, 우리의 눈을 가리고 숨 막히게 하는 마음의 티끌에 불과합니다. 하지만 그것이 시야를 흐리게 하고 우리를 파괴하면서 엄연히 존재하고 있습니다.

마: 물론 어떤 사건에 대한 기억이 그 사건 자체로 간주될 수는 없습니다. (미래에 대한) 예상도 마찬가지입니다. 현재의 사건에는 이전 사건이나 앞으로 올 사건에 없는 뭔가 예외적이고 독특한 것이 있습니다. 여기에는 어떤 생동감, 어떤 실제감이 있고, 그것은 마치 조명을 받듯 두드러집니다. 현실에는 '실재성의 도장'이 찍혀 있는데, 과거와 미래에는 그것이 없습니다.

질: 현재에 '실재성의 도장'을 부여하는 것은 무엇입니까?

마: 현재의 사건에는 그것을 과거나 미래와 다르게 만드는 아무 특이점이 없습니다. 한 순간 동안은 과거도 실제적이었고, 미래도 그렇게 되겠지요. 무엇이 현재를 그토록 다르게 만듭니까? 명백히 '나'의 현존(presence)입니다. '나'는 늘 **지금**(now), 곧 현재에 있기 때문에 실재하며, 지금 나와 함께하는 것은 나의 실재성을 공유합니다. 과거는 기억 속에, 미래는 상상 속에 있습니다. 현재의 사건 자체에는 그것을 실재하는 것으로 돋보이게 하는 것이

아무것도 없습니다. 그것은 시계가 종을 치는 것처럼 어떤 단순하고 늘 반복되는 사건일 수도 있습니다. 연속적으로 치는 종소리가 모두 똑같다는 것을 우리가 알지만, 현재의 종소리는 먼저 친 종소리와 나중에 칠 종소리, 즉 기억되는 종소리나 기대되는 종소리와는 사뭇 다릅니다. 지금에 초점이 맞춰져 있는 것은 '나'와 함께합니다. 왜냐하면 '나'는 늘 존재하기 때문입니다. 내가 현재의 사건에 부여하는 것은 바로 나 자신의 실재성입니다.

질: 그러나 우리는 기억되는 사물들을 마치 실재하는 것처럼 취급합니다.

마: 우리가 기억을 고려하는 것은 그것이 현재 속으로 들어올 때뿐입니다. 잊혀진 것은 우리가 그것을 상기하기 전까지는 중요하지 않습니다. 상기한다는 것은 지금 속으로 가지고 온다는 의미입니다.

질: 예, '지금' 속에는 찰나적 현실에 시시각각 실재성을 부여하는 어떤 미지의 요소가 있다는 것을 알겠습니다.

마: 그것을 미지의 것이라고 말할 필요는 없습니다. 그것이 부단히 작용하는 것을 그대가 보니까요. 그대가 태어난 이후로 그것이 변한 적이 있습니까? 사물과 생각들은 항상 변해 왔습니다. 그러나 '지금 있는 것은 실재한다'는 느낌은 결코 변하지 않았습니다. 꿈속에서조차도.

질: 깊은 잠 속에서는 현재의 실재성을 전혀 경험하지 못합니다.

마: 깊은 잠의 공백 상태는 전적으로, (잠 속에서는) 특정한 기억들이 없다는 데 기인합니다. 그러나 행복했다는 일반적 기억은 있습니다. 우리가 "나는 깊이 잠들어 있었다"고 말할 때와 "나는 없었다"고 말할 때, 느낌에 어떤 차이가 있습니다.

질: 저희가 처음 시작한 질문을 반복하겠습니다. 생명의 근원과 생명의 표현[몸] 사이에는 마음과, 그것의 늘 변화무쌍한 상태가 있습니다. 마음 상태들의 흐름은 끝이 없고, 무의미하고, 고통스럽습니다. 고통이 상수인자입니다. 이른바 쾌락은 고통스런 두 상태 사이의 한 틈새, 간극에 불과합니다. 욕망과 두려움은 삶의 씨줄이자 날줄이며, 둘 다 고통으로 이루어져 있습니다. 저희들의 질문은, 과연 행복한 마음이 있을 수 있느냐는 것입니다.

마: 욕망은 즐거움의 기억이고 두려움은 고통의 기억입니다. 둘 다 마음을

요동하게 합니다. 즐거움의 순간들은 고통의 흐름 속에 있는 틈새에 불과합니다. 마음이 어떻게 행복할 수 있겠습니까?

질: 우리가 즐거움을 바라거나 고통을 예상할 때는 그 말씀이 맞습니다. 그러나 뜻밖의, 예기치 않은 기쁨의 순간들도 있습니다. 욕망으로 오염되지 않은 순수한 기쁨―구하지 않았고 받을 자격도 없는데 하느님이 주신 그런 기쁨 말입니다.

마: 그래도 기쁨은 고통이라는 배경에 대해서만 기쁨입니다.

질: 고통은 하나의 우주적 사실입니까, 아니면 순전히 정신적인 것입니까?

마: 우주는 완전합니다. 완전함이 있는 곳에, 부족한 것이 없는 곳에, 무엇이 고통을 줄 수 있습니까?

질: 우주는 전체적으로는 완전할지 모르지만 세부적으로는 불완전합니다.

마: 전체와 관련해서 보면 전체의 일부 역시 완전합니다. 단지 고립시켜 볼 때만 그것이 결함이 있게 되고, 그래서 고통이 있는 자리가 됩니다. 무엇이 고립을 조장합니까?

질: 물론 마음의 한계들입니다. 마음은 부분 때문에 전체를 보지 못합니다.

마: 좋습니다. 마음은 바로 그 본성상 나누고, 대립시킵니다. 통일하고, 조화시키고, 부분 속에서 전체를 보고, 부분을 전체와 전적으로 연관되어 있는 것으로 보는 다른 어떤 마음이 있을 수 있습니까?

질: 다른 마음이라고요―그것을 어디서 찾습니까?

마: 한계 짓고, 나누고, 대립시키는 마음을 넘어서는 가운데서지요. 우리가 아는 마음의 과정을 끝내는 가운데서입니다. 이것이 끝이 날 때, 그 마음이 태어납니다.

질: 그 마음 안에서는 기쁨과 슬픔의 문제가 더 이상 존재하지 않는군요?

마: 우리가 기쁨과 슬픔이라고 아는 것으로는, 즉 바람직하거나 혐오스러운 것으로서는 존재하지 않지요. 오히려 그것은 (삶 속에서 자신의) 표현을 찾고 장애들을 겪는 사랑의 문제가 됩니다. 포용적인 마음은 환경과 싸우는 '행동하는 사랑(love in action)'입니다. 처음에는 좌절해도 결국에는 승리합니다.

질: 영혼과 몸 사이에서 가교가 되어 주는 것은 사랑입니까?

마: 달리 무엇이겠습니까? 마음은 심연을 만들어내고, 가슴(심장)은 그것을 건너갑니다.

4
실재하는 세계는 마음을 넘어서 있다

질문자: 우주는 인과因果(causation)의 법칙에 지배되는지, 아니면 우주는 그 법칙의 밖에서 존재하고 작용하는지에 관한 질문이 몇 번 제기되었습니다. 당신께서는 우주가 무無원인이라는 견해, 즉 일체가—아무리 작은 것도— 무無원인(uncaused)이어서, 일어나고 사라짐에 우리가 아는 어떤 이유도 없다는 견해를 가지고 계신 것 같습니다.

마하라지: 인과란 공간 속 사건들의 시간 속의 연속을 뜻하는데, 그 공간은 물리적이거나 정신적인 것입니다. 시간·공간·인과는 마음과 함께 일어나고 가라앉는 정신적 범주들입니다.

질: 마음이 작용하는 한, 인과는 유효한 법칙입니다.

마: 정신적인 모든 것과 마찬가지로 소위 인과법칙도 스스로 모순됩니다. 존재하는 어떤 사물도 특정한 원인을 갖지 않습니다. 전 우주가 가장 작은 사물의 존재에도 기여하고 있습니다. 우주가 지금 이대로 있지 않고는 어떤 것도 지금 이대로 있을 수 없을 것입니다. 만물의 **근원**이자 터전인 것(실재)이 만물의 유일한 원인인데, 인과성을 우주적 법칙이라고 말하는 것은 잘못입니다. 우주는 그 안에 있는 것들에 의해 구속받지 않습니다. 왜냐하면 우주의 **잠재성**은 무한하기 때문입니다. 게다가 우주는, 근본적으로 그리고 전적으로 자유로운 어떤 **원리**의 현현 혹은 표현입니다.

질: 예, 궁극적으로 한 사물이 다른 사물의 유일한 원인이라고 말하는 것은 전적으로 틀린 거라는 것을 알겠습니다. 하지만 실제 생활에서는 우리가

어김없이 어떤 결과를 염두에 두고 행위를 시작합니다.

마: 그렇지요. 그런 많은 활동이 무지로 인해 진행되고 있습니다. 전 우주가 그것을 일어나게 하지 않으면 어떤 일도 일어날 수 없다는 것을 안다면, 사람들이 기력을 덜 쓰고도 훨씬 더 많은 것을 성취할 것입니다.

질: 일체가 (무수한) 원인들의 총합의 한 표현이라면, 어떻게 우리가 어떤 성취를 향한 목적성 있는 행위를 이야기할 수 있겠습니까?

마: 성취하려는 충동 자체도 전체 우주의 한 표현입니다. 그것은 단지 그 잠재적 에너지가 어느 특정한 시점에 일어났다는 것을 보여줄 뿐입니다. 시간이라는 환상이 그대에게 인과성을 이야기하도록 만듭니다. 무無시간의 지금 안에서, 과거와 미래를 하나의 공통된 패턴의 부분들로 보게 되면, 원인-결과의 관념은 타당성을 잃고, **창조적 자유**가 그 자리를 대신합니다.

질: 하지만 어떤 사물이 어떻게 하나의 원인 없이 있을 수 있게 되는지 모르겠습니다.

마: 제가 한 사물이 원인이 없다고 할 때, 그것은 그 사물이 어떤 특정한 원인은 없을 수 있다는 뜻입니다. 그대의 어머니는 그대를 꼭 낳을 필요는 없었고, 그대는 다른 여자에게서 태어날 수도 있었습니다. 그러나 해와 지구 없이는 그대가 태어날 수 없었겠지요. 그 해와 지구조차도 가장 중요한 요인 없이는 그대를 태어나게 하지 못했을 것입니다. 그 요인은, 태어나고자 하는 그대의 욕망이었습니다. 욕망이 그대를 태어나게 하고, 이름과 형상을 부여합니다. 우리가 바람직한 어떤 것을 상상하고 그것을 원하면, 그것이 구체적인 혹은 생각할 수 있는 어떤 것으로서 모습을 나타냅니다. 그리하여 우리가 사는 세계, 우리의 개인적 세계가 창조됩니다. 실재하는 세계는 마음의 범위를 넘어서 있는데, 우리는 욕망이라는 그물을 통해서 그것을 봅니다. 쾌락과 고통, 옳고 그름, 안과 밖으로 나누어진 욕망들 말입니다. 우주를 있는 그대로 보려면 그 그물을 넘어가야 합니다. 그렇게 하기는 어렵지 않습니다. 그 그물은 구멍이 숭숭 뚫려 있으니까요.

질: 구멍이라는 것은 무엇을 두고 하시는 말씀입니까? 그리고 그것을 어떻게 발견합니까?

마:: 그물과 그 그물의 많은 모순들을 보십시오. 사람들은 매 단계에서 뭔가를 하고 나서 원상으로 돌려버립니다. 평안·사랑·행복을 바라고 열심히 노력해서는 고통·적의敵意·전쟁을 야기합니다. 오래 살기를 바라면서 과식하고, 우정을 원하면서 (남들을) 착취합니다. 그런 모순들로 만들어진 그대의 그물을 살펴보고 그 모순들을 제거하십시오. 살펴보기만 해도 그것들은 사라질 것입니다.

질: 제가 모순들을 살펴보아 그것이 사라진다면, 그 보는 것과 사라지는 것 사이에 인과적 연관은 없습니까?

마: 혼돈 상태에는 인과성이—하나의 개념으로서도—해당되지 않습니다.

질: 욕망은 어느 정도까지 원인 요소입니까?

마: 많은 원인 요소 중 하나지요. 왜냐하면 모든 것에는 무수한 원인 요소가 있기 때문입니다. 그러나 존재하는 모든 것의 근원은 **무한한 가능성**, 곧 지고의 실재인데, 그것은 그대의 안에 있으면서 그 **힘**과 **빛**과 **사랑**을 모든 경험에 던져줍니다. 그러나 이 근원은 하나의 원인이 아니고, 어떤 원인도 근원은 아닙니다. 그 때문에, 저는 일체가 무無원인이라고 말하는 것입니다. 그대는 한 사물이 어떻게 일어나는지 추적해 보려 할지 모르지만, 한 사물이 왜 지금 그렇게 있는지는 그대가 알아낼 수 없습니다. 한 사물이 지금 그렇게 있는 것은, 우주가 지금 그렇게 있기 때문입니다.

5
태어나는 것은 죽을 수밖에 없다

질문자: 주시자-의식(witness-consciousness)은 영구적입니까, 아닙니까?

마하라지: 그것은 영구적이지 않습니다. '아는 자'는 '알려지는 것'과 함께 일어나고 스러집니다. '아는 자'와 '알려지는 것' 둘 다 그 안에서 일어나고

스러지는 그것은 시간을 넘어서 있습니다. 영구적이니 영원하니 하는 말들이 해당되지 않습니다.

질: 잠 속에서는 알려지는 것도 없고 아는 자도 없습니다. 몸을 민감하고 수용력 있게 유지해 주는 것은 무엇입니까?

마: 분명히, (잠 속에서는) '아는 자'가 없었다고 말 못합니다. 사물과 생각들에 대한 경험이 없었다, 그뿐입니다. 그러나 경험이 없다는 것도 경험입니다. 그것은 어두운 방에 들어가서 "아무것도 안 보인다"고 말하는 것과 같습니다. 태어나면서부터 장님인 사람은 어둠이 뭔지 모릅니다. 마찬가지로, '아는 자'만이 자신이 모른다는 것을 압니다. 잠은 기억이 없는 것에 불과합니다. 삶은 계속됩니다.

질: 그러면 죽음은 무엇입니까?

마: 그것은 특정한 몸이 살아가는 과정에서의 변화입니다. 통합이 끝나고 해체가 시작되는 것입니다.

질: 그럼 '아는 자'는 어떻습니까? 몸이 사라지면 '아는 자'도 사라집니까?

마: 태어날 때 몸을 '아는 자'가 나타나듯이, 죽을 때는 그가 사라집니다.

질: 그러면 아무것도 남지 않습니까?

마: **생명**은 남지요. 의식이 현현하기 위해서는 하나의 탈것(몸)과 하나의 도구(내적기관, 곧 마음)가 필요합니다. **생명**이 다른 몸을 산출하면, 다른 '아는 자'가 생겨납니다.

질: (죽음을 넘어서) 연속되는 몸을 '아는 자'들, 혹은 몸-마음들 간에 어떤 인과적 연결이 있습니까?

마: 예. 기억신記憶身(memory body) 혹은 원인신原因身(causal body)이라고 부를 수 있는 어떤 것, 즉 생각했거나 바랐거나 행한 모든 것의 어떤 기록이 있습니다. 그것은 이미지들을 한데 합쳐놓은 어떤 구름과 비슷합니다.

질: 별개의 한 존재라는 이 느낌은 무엇입니까?

마: 그것은 **하나인 실재**가 별개의 한 몸 안에서 반사되는 것입니다. 이 반사 속에서 무한한 것과 유한한 것이 혼동되어 같은 것으로 여겨집니다. 이 혼동을 바로잡는 것이 **요가**(수행)의 목적입니다.

질: 죽음이 이 혼동을 되돌려 놓지 않습니까?

마: 죽음에서는 몸만 죽습니다. **생명**은 죽지 않고, **의식**은 죽지 않고, **실재**는 죽지 않습니다. 그리고 죽음 이후만큼 **생명**이 활발한 때는 없습니다.

질: 그럼 우리는 다시 태어납니까?

마: 태어난 것은 죽을 수밖에 없습니다. 태어나지 않는 것만이 불멸입니다. 결코 잠을 자지 않고 결코 깨어 있지도 않은 것, 그리고 그것의 희미한 반사가 우리의 '나'라는 느낌인 그것이 무엇인지 찾아내십시오.

질: 그 찾아내기를 어떻게 시작해야 합니까?

마: 무엇을 찾을 때 그대는 어떻게 합니까? 온 마음을 거기에 집중합니다. 관심이 있어야 하고 꾸준히 기억해야 합니다. 기억할 필요가 있는 것을 기억하는 것이 성공의 비결입니다. 열심히 하면 거기에 도달합니다.

질: 찾아내려고 바라기만 해도 충분하다는 말씀이십니까? 분명히 자질도 갖추고 기회도 와야 합니다.

마: 열심히 하면 그런 것들이 오겠지요. 모순들에서 벗어나는 것이 굉장히 중요합니다. 목표와 길이 서로 다른 수준에 있으면 안 되고, **생명**(에너지)과 **빛**(의식)이 다투면 안 되며, 행동이 신념을 배반하면 안 됩니다. 그것을 정직성이라 하든 올곧음(integrity)이라 하든 전일성全一性(wholeness)이라 하든, 되돌아가거나, 원상태로 돌리거나, 내린 뿌리를 뽑거나, 정복한 땅을 버려서는 안 됩니다. 끈질긴 목적의식과 정직성을 가지고 추구하면 그대의 목표에 도달할 것입니다.

질: 끈질김과 정직성은 분명히 타고나는 겁니다! 저는 그런 것이 조금도 없습니다.

마: 계속 해 나가면 모든 것이 올 것입니다. 먼저 첫걸음을 내디디십시오. 모든 축복은 내면에서 옵니다. 내면으로 향하십시오. "내가 있다"는 것은 그대도 압니다. 여분의 모든 시간을 그것과 함께하십시오. 그러다 보면 자연히 그것에게 되돌아갑니다. 이보다 더 간단하고 쉬운 길은 없습니다.

6
명상

질문자: 모든 스승들이 명상하라고 조언합니다. **명상의 목적은 무엇입니까?**
마하라지: 우리는 감각과 행위들의 외부세계는 알지만, 생각과 감정들의 내면세계에 대해서는 별로 아는 것이 없습니다. **명상의 1차적 목적**은 우리 내면의 삶을 의식하고 그것에 친숙해지는 것입니다. 궁극의 목적은 **생명과 의식의 근원**에 도달하는 것이지요.

그건 그렇고, **명상 수행**은 우리의 인격에 깊이 영향을 미칩니다. 우리는 우리가 모르는 것의 노예이고, 우리가 아는 것의 주인입니다. (명상 수행을 통해서) 우리는 우리 자신 안에 있는 어떤 악한 면이나 약한 면도 그 원인과 작용을 찾아내어 이해하고, 그 아는 것 자체로 그것을 극복합니다. '무의식 영역(the unconscious)'을 '의식 영역(the conscious)' 속으로 가져가면 그것이 해소됩니다.[2] '무의식 영역'이 해소되면 **에너지가** 방출됩니다. 그러면 마음이 (명상에) 적합한 느낌이 들고 고요해집니다.

질: 고요한 마음의 쓸모는 무엇입니까?
마: 마음이 고요할 때 우리는 자신이 순수한 **주시자**(witness)임을 알게 됩니다. 우리는 경험과 그것의 경험자로부터 물러나 **순수한 자각** 안에 저만치 위치하는데, 그것은 경험과 경험자 사이이자 그 둘을 넘어서 있는 것이기도 합니다. 자기 동일시(self-identification), 곧 "나는 이것이다, 나는 저것이다"라고 자기 자신을 어떤 것으로 상상하는 것에 기초한 인격은 지속되지만, 대상 세계의 일부로서만 그렇습니다. 그 인격의 '주시자와의 동일성'은 끊어집니다.

질: 제가 이해하기로 저는 여러 수준에서 살고 있고, 각 수준에서의 삶은 에너지를 필요로 합니다. 진아는 바로 그 본성상 일체를 즐겁게 여기는데,

---

[2] *T.* '무의식 영역'은 잘 의식되지 않는 내면의 기억이나 성향 등을 가리키고, '의식 영역'은 일상적 주의가 미치는 영역, 곧 '의식하는 마음'이다. **명상**을 통해 후자가 전자에까지 확장된다.

그 에너지들이 밖으로 흐릅니다. **명상**의 목적은 그 에너지를 더 높은 수준(차원)에 가둬 놓거나, 아니면 그것을 되돌리고 밀어 올려서 더 높은 수준들이 번영할 수 있게 하기 위한 것이기도 하지 않습니까?

마: 그것은 수준들의 문제라기보다 **구나**(*gunas*)[성질들]의 문제입니다. **명상**은 **사뜨와**적 활동이고, **따마스**(*tamas*)[불활성]와 **라자스**(*rajas*)[활동성]를 완전히 제거하는 것을 목표로 합니다. 순수한 **사뜨와**(*sattva*)[조화성]는 나태(따마스)와 들뜸(라자스)에서 완전히 벗어나는 것입니다.

질: **사뜨와**를 어떻게 강화하고 정화합니까?

마: **사뜨와**는 늘 순수하고 강합니다. 그것은 해와 같습니다. 그것이 구름과 먼지에 가려질지 모르나, 그것은 지각하는 자의 견지에서만 그렇습니다. 해가 아니라, 해를 가리는 원인들을 상대하십시오.

질: **사뜨와**의 용도는 무엇입니까?

마: **진眞·선善·조화·미美**의 용도는 무엇입니까? 그것이 곧 그 자체의 목표입니다. 그런 것들은 사물들을 스스로 알아서 있게 내버려두었을 때, 즉 누가 간섭하지 않고, 그것을 피하거나 원하거나 개념화하지 않아서 그것이 그저 온전한 **자각** 속에서 경험될 때, 자연발생적으로 애씀 없이 나타납니다. 그러한 **자각** 자체가 **사뜨와**입니다. 그것은 사물과 사람들을 이용하지 않습니다. 오히려 그들을 충족시켜 줍니다.

질: 저는 **사뜨와**를 향상시킬 수 없으니, **따마스**와 **라자스**만 상대해야 합니까? 그것들을 제가 어떻게 상대합니까?

마: 그대 안에서, 그리고 그대에게 그 두 가지가 미치는 영향을 지켜보면 됩니다. 그것들이 작용하는 것을 자각하고, 그대의 생각과 말과 행동에서 그것들이 표현되는 것을 지켜보십시오. 그러면 그대에 대한 그것들의 장악력이 점차 느슨해지고, **사뜨와**의 맑은 빛이 나타날 것입니다. 이것은 어려운 일도 아니고 시간이 오래 걸리는 일도 아닙니다. **성실성**(earnestness)이 성공의 유일한 조건입니다.

7
마음

질문자: 아주 유능해 보이는 사람들이 쓴 무척 흥미로운 책들이 있는데, 거기서는 (세계의 찰나성은 아니어도) 세계의 환적幻的인 성질이 부정됩니다. 그들에 따르면, 가장 낮은 수준에서 가장 높은 수준까지 존재들의 어떤 위계질서가 있고, 각 수준에서는 그 유기체의 복잡성이 의식의 깊이와 넓이 그리고 밀도를 가능케 하고 반영하며, 그 정점은 볼 수도 없고 알 수도 없다고 합니다. 하나의 지고한 법칙이 전체를 지배합니다. 즉, 형상들(몸들)이 진화하면서 의식이 성장하고 풍요로워지며, 의식의 무한한 잠재성이 현현한다는 것입니다.

마하라지: 그럴 수도 있고 그렇지 않을 수도 있지요. 설사 그렇다 해도 그것은 마음의 견지에서 그러할 뿐입니다. 그러나 사실 전 우주(mahadakash)는 **의식**(chidakash) 안에서만 존재하지만, 저는 **절대자**(paramakash) 안에 자리 잡고 있습니다. 순수한 존재 안에서 의식이 일어나며, 의식 안에서 세계가 나타나고 사라집니다. 존재하는 모든 것이 나이고, 존재하는 모든 것이 내 것입니다. 모든 시작의 앞에, 모든 끝의 뒤에―내가 있습니다. 모든 것이 내 안에서, 곧 모든 살아 있는 존재 안에서 빛나는 "내가 있다" 안에서 존재성을 갖습니다. 비존재조차도 나 없이는 생각할 수 없습니다. 무슨 일이 일어나든, 그것을 목격하는 나가 있어야 합니다.

질: 왜 당신께서는 세계에 대해 존재성을 부인하십니까?

마: 저는 세계를 부정하지 않습니다. 저는 그것을 의식 안에서 나타나는 것으로 보는데, 이 의식은 '알려지지 않는 것'(미지자)의 광대무변함 안에 있는 '알려지는 것'의 총합입니다.

   시작되고 끝나는 것은 겉모습일 뿐입니다. 세계는 나타난다고 할 수는 있으나 **존재한다**고 할 수는 없습니다. 그 나타남은 어떤 시간 규모에서는 아주 오래일 수도 있고, 또 다른 시간 규모에서는 아주 짧을 수도 있지만,

결국에는 같은 것으로 귀착됩니다. 시간에 속박된 것은 뭐든 일시적이며, 아무 실재성이 없습니다.

질: 분명히 당신께서는 당신 주위의 현실 세계를 보십니다. 당신께서는 아주 정상적으로 행동하시는 것같이 보입니다!

마: 그것은 그대에게 보이는 방식이지요. 그대의 경우에 **의식**의 전 영역을 점하는 것이, 제 경우에는 하나의 작은 점에 불과합니다. 세계는 지속되지만 한 순간 동안입니다. 그대의 기억이 그대에게 세계가 지속된다고 생각하게 만듭니다. 저 자신은 기억으로 살아가지 않습니다. 저는 세계를 있는 그대로, **의식** 안의 한 일시적 겉모습으로 봅니다.

질: 당신의 의식 안에서 말입니까?

마: '나'와 '내 것'이라는 모든 관념, 심지어 "내가 있다"는 관념조차도 의식 안에 있습니다.

질: 그러면 당신의 '절대적 존재(*paramakash*)'는 무의식입니까?

마: 무의식이라는 관념은 의식 안에서만 존재합니다.

질: 그렇다면 당신께서 지고의 상태에 있다는 것을 어떻게 아십니까?

마: 제가 그 안에 있기 때문입니다. 그것은 단 하나의 **본연적 상태**입니다.

질: 그것을 묘사하실 수 있습니까?

마: 부정하는 것으로써만 묘사할 수 있습니다. 무원인이고, 비의존적이고, 관계되어 있지 않고, 나뉘어 있지 않고, 구성되어 있지 않고, 흔들릴 수 없고, 물을 수 없고, 노력으로 도달할 수 없다고 말입니다. 긍정적인 모든 규정은 기억에서 나오고, 따라서 (여기에) 해당될 수 없습니다. 그럼에도 저의 **상태**는 최고로 실제적이고, 따라서 그것은 가능하고, 깨달을 수 있고, 성취할 수 있는 것입니다.

질: 당신께서는 어떤 공허 상태에 무시간적으로 잠겨 계시지 않습니까?

마: 공허 상태란 정신적·언어적인 것이고, 잠이나 기절 상태에서는 사라집니다. 그것은 시간 속에서 다시 나타납니다. 저는 지금 안에서 무시간적으로 저 자신의 **상태**(*swarupa*)에 있습니다. 과거와 미래는 마음속에 있을 뿐이고, 저는 **지금** 있습니다.

질: 세계도 지금 있습니다.

마: 어느 세계 말입니까?

질: 우리 주위의 세계 말입니다.

마: 그것은 그대가 마음속에 가지고 있는 그대의 세계이지, 저의 세계가 아닙니다. 그대와 나누는 저의 이야기조차 그대의 세계 안에 있는데, 그대가 저에 대해 무엇을 압니까? 그대는 저의 세계가 그대의 세계와 동일할 거라고 믿을 근거가 없습니다. 저의 세계는 실재하고, 참되고, 지각되는 그대로인 반면, 그대의 세계는 그대의 마음 상태에 따라 나타나고 사라집니다. 그대의 세계는 뭔가 낯선 것이고, 그대는 그것을 두려워합니다. 저의 세계는 저 자신입니다. 저는 집에 있습니다.

질: 만약 당신께서 곧 세계라면, 어떻게 그것을 의식하실 수 있습니까? 의식의 주체는 그 대상과 다르지 않습니까?

마: 의식과 세계는 함께 나타나고 사라집니다. 따라서 그것은 같은 상태의 두 측면입니다.

질: 잠 속에서는 제가 없지만 세계는 지속됩니다.

마: 그대가 어떻게 압니까?

질: 잠에서 깨어나면 알게 됩니다. 제 기억이 저에게 말해줍니다.

마: 기억은 마음 속에 있습니다. 마음은 잠 속에서도 지속됩니다.

질: 그것은 부분적으로 정지 상태에 있습니다.

마: 그러나 그것의 세계상世界像(world picture)은 영향을 받지 않지요. 마음이 있는 한 그대의 몸과 그대의 세계가 있습니다. 그대의 세계는 마음이 만든 것이고, 주관적이고, 마음 안에 갇혀 있으며, 파편적이고, 일시적이고, 개인적이고, 기억이라는 실에 매달려 있습니다.

질: 당신의 세계도 그렇습니까?

마: 오, 아니지요. 저는 실재물들의 세계에 살고 있는 반면, 그대의 세계는 상상물들의 세계입니다. 그대의 세계는 개인적이고, 사적이며, 공유할 수 없고, 내밀하게 그대 자신의 것입니다. 누구도 그 안에 들어갈 수 없고, 그대가 보듯이 볼 수 없고, 그대가 듣듯이 들을 수 없고, 그대의 감정을 느끼

고 그대의 생각을 사유할 수 없습니다. 그대의 세계 안에서 그대는 진실로 혼자이고, 그대가 삶이라고 착각하는 늘 변해가는 꿈 안에 갇혀 있습니다. 저의 세계는 하나의 **열린** 세계로서, 모두에게 공통되고 모두가 접근할 수 있습니다. 저의 세계 안에는 공동체·직관·사랑·진정한 자질이 있습니다. 개인이 전체이고, 전체성이 개인 안에 있습니다. 모두가 **하나**이고 하나가 모두입니다.

질: 당신의 세계는 저의 세계처럼 사물과 사람들로 가득 차 있습니까?
마: 아니지요. 그것은 저 자신으로 가득 차 있습니다.
질: 그러면 당신께서도 저희들처럼 보고 들으십니까?
마: 예, 저도 듣고, 보고, 말하고, 행위하는 것처럼 보입니다. 그러나 저에게는 그것이 그냥 일어날 뿐입니다. 마치 그대에게 소화와 호흡이 일어나듯이 말입니다. 몸-마음이라는 기계가 그것을 돌보지만, 저를 거기서 제외시켜 둡니다. 그대가 머리카락 자라는 것을 걱정할 필요가 없듯이, 저도 말과 행위들을 걱정할 필요가 없습니다. 그것들은 그냥 일어나며, 저는 상관하지 않아도 됩니다. 저의 세계에서는 아무것도 결코 잘못되지 않기 때문입니다.

8
진아는 마음을 넘어선 곳에 있다

질문자: 저는 어릴 때 꽤 자주 완전한 행복의 상태를 체험했는데, 황홀경에 가까운 것이었습니다. 나중에는 그쳤지만요. 그러나 인도에 온 뒤로, 특히 당신을 뵙고 나서 그것이 다시 나타났습니다. 하지만 그것이 아무리 근사해도, 이런 상태들은 지속되지 않습니다. 왔다가 사라지고, 언제 다시 올지 알 수 없습니다.

마하라지: 그 자체 안정되어 있지 않은 마음 속의 어떤 것이 안정적일 수 있습니까?

질: 어떻게 하면 제 마음을 안정시킬 수 있습니까?

마: 불안정한 마음이 어떻게 자신을 안정시킬 수 있습니까? 물론 그럴 수 없지요. 돌아다니는 것이 마음의 본성입니다. 그대가 할 수 있는 것은 의식의 초점을 마음 너머로 옮기는 것뿐입니다.

질: 그것을 어떻게 합니까?

마: 한 생각, 즉 "내가 있다"는 생각 외의 모든 생각을 거부하십시오. 처음에는 마음이 반발하겠지요. 그러나 인내심을 가지고 꾸준히 해나가면 마음이 항복하고 침묵을 지킵니다. 일단 그대가 고요하면, 그대의 어떤 관여 없이도 일들이 자발적으로, 아주 자연스럽게 일어나기 시작할 것입니다.

질: 제 마음과의 이 오랜 싸움을 피할 수 있습니까?

마: 예, 그럴 수 있지요. 삶을 그냥 그것이 다가오는 대로 살아가되, 경각심을 가지고 예의 주시하며, 일체를 일어나는 대로 일어나게 하십시오. 자연스러운 일을 자연스럽게 하면서, 삶이 안겨주는 대로 괴로워하고 즐거워하십시오. 이것도 하나의 길입니다.

질: 뭐 그렇다면 저는 결혼도 하고, 자녀도 갖고, 사업도 하고··· 그러면서도 행복할 수 있겠군요.

마: 물론이지요. 행복할 수도 있고 행복하지 않을 수도 있지만, 그것을 잘 헤쳐 나가십시오.

질: 하지만 저는 행복을 원합니다.

마: 참된 행복은 변하고 사라지는 것들 안에서 찾을 수 없습니다. 쾌락과 고통은 사정없이 번갈아듭니다. 행복은 **진아**에서 오고, **진아**에서만 찾을 수 있습니다. 그대의 **진정한 자아**(*swarupa*)를 발견하십시오. 그러면 다른 모든 것이 거기에 따라올 것입니다.

질: 저의 **진정한 자아**가 평안과 사랑이라면, 왜 그것이 그렇게 요동합니까?

마: 요동하는 것은 그대의 **진정한 존재**가 아니지만, 마음 안에서 그것이 반사될 때는 요동하는 것처럼 보입니다. 왜냐하면 마음이 요동하기 때문입니

다. 그것은 바람에 흔들리는 수면에서 반사되는 달의 모습과 같습니다. 욕망의 바람이 마음을 흔들면, 진아가 마음 안에서 반사되는 것에 불과한 '나'가 이리저리 변하는 것처럼 보입니다. 그러나 이러한 움직임, 요동搖動, 쾌락과 고통의 관념은 모두 마음 안에 있습니다. 진아는 마음을 넘어서 있고, 자각하고 있지만, 상관하지 않습니다.

질: 그것에 어떻게 도달합니까?

마: 그대가 지금 여기에서 진아입니다. 마음은 내버려두고, 자각하면서 상관하지 마십시오. 그러면, 경각警覺해 있으면서 초연하게 사건들이 오고 가는 것을 지켜보는 것(주시하기)이 그대의 진정한 성품의 한 측면이라는 것을 깨닫게 될 것입니다.

질: 다른 측면들은 무엇입니까?

마: 그 측면들의 수는 무한합니다. 하나를 깨달으십시오. 그러면 일체를 깨닫게 됩니다.

질: 저에게 도움이 될 만한 것을 말씀해 주십시오.

마: 그대에게 무엇이 필요한지는 그대가 가장 잘 알지요!

질: 저는 가만히 있지를 못합니다. 평안을 어떻게 얻을 수 있습니까?

마: 그대는 왜 평안이 필요합니까?

질: 행복하기 위해서입니다.

마: 지금은 행복하지 않습니까?

질: 예, 행복하지 않습니다.

마: 무엇이 그대를 불행하게 만듭니까?

질: 저는 원치 않는 것을 가지고 있고, 가지고 있지 않은 것을 원합니다.

마: 왜 그 반대로 하지 않습니까? 가지고 있는 것을 원하고, 가지고 있지 않은 것은 신경 쓰지 않으면 되는 데 말입니다.

질: 저는 즐거운 것을 원하고 고통스러운 것은 원치 않습니다.

마: 무엇이 즐겁고 무엇이 고통스러운지 어떻게 압니까?

질: 물론 과거의 경험으로 압니다.

마: 그대는 기억에 이끌려, 즐거운 것을 추구하고 불쾌한 것을 회피해 왔습

니다. 과연 성공했습니까?

질: 아니요, 성공하지 못했습니다. 즐거운 것은 지속되지 않습니다. 고통이 다시 찾아듭니다.

마: 어떤 고통 말입니까?

질: 쾌락에 대한 욕망, 고통에 대한 두려움, 둘 다 고뇌의 상태입니다. 순수한 쾌락의 상태가 있습니까?

마: 육체적이든 정신적이든 모든 쾌락은 어떤 도구를 필요로 합니다. 육체적 도구(몸)와 정신적 도구(마음) 모두 물질적이며, 피로해지고 닳아집니다. 그것들이 산출하는 쾌락은 밀도와 지속시간에서 반드시 한계가 있습니다. 고통이 그대의 모든 쾌락의 배경입니다. 그대가 쾌락을 원하는 것은 괴롭기 때문입니다. 한편으로는, 쾌락의 추구 자체가 고통의 원인입니다. 하나의 악순환이지요.

질: 제 미혹(무지)의 메커니즘은 알겠습니다만, 거기서 제가 빠져나갈 길을 모르겠습니다.

마: 그 메커니즘을 살펴보는 것 자체가 그 길을 보여줍니다. 어쨌든 미혹은 그대의 마음 안에 있을 뿐인데, 그 마음은 아직까지 미혹에 대항해서 반란을 일으켜 본 적이 없고, 그것과 맞붙어 싸워 본 적이 없습니다. 고통에 대해서만 반란을 일으켰지요.

질: 그러면 제가 할 수 있는 것은 계속 미혹되어 있는 것뿐이군요?

마: 경각하고 있으십시오(Be alert). 그대가 할 수 있는 한 미혹(confusion)에 대한 모든 것을 묻고, 관찰하고, 탐구하고, 배우십시오. 그것이 어떻게 작동하는지, 그것이 그대와 남들에게 무슨 짓을 하는지 등을 말입니다. 미혹에 대해 명료히 인식하고 있으면 미혹에서 벗어나게 됩니다.

질: 저 자신을 들여다보면, 저의 가장 강한 욕망은 어떤 기념물을 만들어내는 것, 저보다 오래갈 어떤 것을 건립하는 거라는 것을 발견합니다. 제가 하나의 가정을, 처자식을 생각할 때조차도 이는 그것이 저 자신에게 하나의 지속적이고 확고한 증거물이기 때문입니다.

마: 좋습니다. 기념물을 지어 보십시오. 그것을 어떻게 지을 작정입니까?

질: 무엇을 지을 것이냐는 별로 중요하지 않습니다. 그것이 영구적이기만 하다면 말입니다.

마: 분명히, 아무것도 영구적이지 않다는 것은 그대 스스로가 알겠지요. 모든 것이 닳아지고, 고장 나고, 해체됩니다. 그대가 무엇을 짓는 땅 자체도 무너집니다. 모든 것보다 더 오래가는 무엇을 그대가 지을 수 있습니까?

질: 지적으로, 언어적으로는 모든 것이 찰나적이라는 것을 알고 있습니다. 하지만 왜 그런지 저의 가슴은 영구적인 것을 원합니다. 오래가는 어떤 것을 만들어내고 싶습니다.

마: 그렇다면 오래가는 뭔가로 그것을 지어야겠지요. 그대는 오래가는 어떤 것을 가지고 있습니까? 그대의 몸도 마음도 오래가지 않을 것입니다. 다른 데서 찾아봐야 합니다.

질: 저는 영구적인 것을 바랍니다만, 그런 것은 어디서도 못 찾겠습니다.

마: 그대가, 바로 그대 자신이 영구적이지 않습니까?

질: 저는 태어났고, 죽을 것입니다.

마: 태어나기 전에는 그대가 없었다고 참으로 말할 수 있습니까? 그리고 그대가 죽었을 때, "이제 나는 더 이상 없다"고 과연 말할 수 있습니까? 그대 자신의 경험상, 그대는 **자기**가 없다고 말하지 못합니다. "내가 있다"고 말할 수 있을 뿐입니다. 남들도 "너는 없다"고 그대에게 말할 수 없습니다.

질: 잠들어서는 "내가 있다"가 없습니다.

마: 그렇게 포괄적인 말을 하기 전에 그대의 생시 상태를 주의 깊게 살펴보십시오. 그러면 이내 그것이 틈새들, 즉 마음이 공백이 되는 때로 가득차 있다는 것을 발견할 것입니다. 완전히 깨어 있을 때조차 그대가 얼마나 기억을 못하는지 보십시오. 잠자는 동안 그대가 의식이 없었다고도 말할 수 없습니다. 기억을 하지 못할 뿐이지요. 기억에 단절이 있다고 해서 반드시 의식에 단절이 있는 것은 아닙니다.

질: 제가 저 자신에게 깊은 잠의 상태를 기억하게 할 수 있습니까?

마: 물론이지요! 깨어 있는 시간에 부주의한 시간 간격들을 없애면, 점차 이른바 잠이라고 하는 긴 망각 상태의 시간 간격들을 없애게 될 것입니다.

질: 하지만 영구성, 즉 존재의 연속성이라는 문제는 해결되지 않습니다.
마: 영구성이란 시간의 작용에서 생겨난 하나의 관념일 뿐입니다. 시간은 다시 기억에 의존합니다. 그대가 영구성이라고 하는 것은, 끝없는 시간 동안 사라지지 않는 기억을 의미합니다. 그대는 마음을 영원한 것으로 만들고 싶어 하지만 그것은 가능하지 않습니다.
질: 그러면 무엇이 영원합니까?
마: 시간과 더불어 변하지 않는 것입니다. 찰나적인 것을 영원한 것으로 만들 수는 없습니다. 변함없는 것만이 영원합니다.
질: 저는 당신께서 하시는 말씀의 일반적 의미에는 친숙합니다. 더 이상의 지식은 갈망하지 않습니다. 제가 원하는 것은 **평안**이 전부입니다.
마: 구하기만 하면 그대가 원하는 **평안**을 모두 얻을 수 있습니다.
질: 저는 구합니다.
마: 오롯한 가슴으로 구하고, (안팎이 하나인) 통합된 삶을 살아야 합니다.
질: 어떻게 말입니까?
마: 그대의 마음을 요동시키는 모든 것에서 초연하십시오. 마음의 평안을 어지럽히는 모든 것을 포기하십시오. 만일 **평안**을 원한다면 그럴 만한 자격을 갖추십시오.
질: 분명히 누구나 **평안**을 얻을 자격이 있습니다.
마: 그것을 어지럽히지 않는 사람들만이 그것을 얻을 자격이 있습니다.
질: 저는 어떤 식으로 **평안**을 어지럽힙니까?
마: 그대의 욕망과 두려움에 노예가 되면서 어지럽힙니다.
질: 그것이 정당화될 수 있을 때도 말입니까?
마: 무지와 부주의함에서 생겨난 감정적 반응들은 결코 정당화될 수 없습니다. 깨끗한 마음과 깨끗한 가슴을 추구하십시오. 그대에게 필요한 것은, 고요히 경각해 있으면서 그대 자신의 **진정한 성품**을 탐구하는 것뿐입니다. 이것이 **평안**에 이르는 유일한 길입니다.

9
기억의 반응들

질문자: 어떤 사람들은 우주가 창조되었다 하고, 어떤 사람들은 우주가 항상 존재했으며 영원히 변모를 겪고 있다고 말합니다. 어떤 사람들은 우주가 영원한 법칙에 지배되고 있다 하고, 어떤 사람들은 인과성조차 부인합니다. 어떤 사람들은 세계가 실재한다고 말합니다. 또 어떤 사람들은 세계가 전혀 어떤 존재성도 없다고 합니다.

마하라지: 어떤 세계에 대해 묻는 것입니까?

질: 물론 제가 지각하는 세계입니다.

마: 그대가 지각할 수 있는 세계는 실로 아주 작은 세계입니다. 그리고 그 세계는 전적으로 사적입니다. 그것을 하나의 꿈으로 여기고 그것을 끝내버리십시오.

질: 어떻게 제가 그것을 하나의 꿈이라고 할 수 있겠습니까? (세계는 지속되지만) 꿈은 지속되지 않습니다.

마: 그대 자신의 작은 세계는 얼마나 오래 지속되겠습니까?

질: 어쨌든 저의 작은 세계는 전체의 한 부분일 뿐입니다.

마: 전체 세계라는 그 관념은 그대의 개인적 세계의 일부 아닙니까? 우주는 그대에게 다가와서 그대가 자신의 일부라고 말하지 않습니다. 그대를 일부분으로 포함하는 하나의 전체성을 만들어낸 것은 그대입니다. 사실 그대가 아는 모든 것은 그대 자신의 사적인 세계입니다. 그대의 상상과 기대로 그것을 아무리 잘 치장했다 해도 말입니다.

질: 분명, 지각은 상상이 아닙니다!

마: 달리 무엇입니까? 지각은 인식입니다. 그렇지 않습니까? 전적으로 낯선 것은 우리가 감지할 수는 있어도 지각하지는 못합니다. 지각은 기억과 관계됩니다.

질: 그렇다 해도, 기억이 그것을 환상으로 만들지는 않습니다.

마: 지각·상상·기대·예상·환상―모두 기억에 기초하고 있습니다. 그것들 사이에 거의 어떤 경계선도 없습니다. 그냥 서로에게 합일됩니다. 모두 기억의 반응들입니다.

질: 그래도 기억이 있어서 저의 세계의 실재성을 증명해 줍니다.

마: 그대는 얼마나 많이 기억합니까? 그대가 지난달 30일에 생각하고, 말하고, 행위한 것을 기억나는 대로 한 번 적어보십시오.

질: 예, 어떤 공백이 있습니다.

마: 그것은 그렇게 나쁘지 않지요. 그대는 사실 많은 것을 기억하고 있습니다. 무의식적인 기억이 그대가 그토록 친숙하게 살고 있는 세계를 만듭니다.

질: 제가 살고 있는 세계가 주관적이고 부분적이라는 것은 인정한다고 하십시다. 당신께서는 어떻습니까? 당신께서는 어떤 종류의 세계에서 살고 계십니까?

마: 저의 세계도 그대의 세계와 꼭 마찬가지입니다. 저도 그대와 같이, 제가 지각하는 세계 안에서 보고, 듣고, 느끼고, 생각하고, 말하고, 행위합니다. 그러나 그대에게는 그것이 전부이지만 저에게는 그것이 거의 아무것도 아닙니다. 저는 세계가 저 자신의 일부라는 것을 알기에, 그에 대해서는 그대가 자신이 먹은 음식에 대해 신경 쓰지 않는 것만큼이나 신경을 쓰지 않습니다. 음식을 요리할 때와 먹을 때는 그것이 그대와 별개여서 마음이 음식에 가 있지만, 일단 삼키고 나면 그것을 전혀 의식하지 않게 됩니다. 저는 세계를 먹어 버렸으니 그것을 더 이상 생각할 필요가 없습니다.

질: 완전히 무책임해지지는 않으십니까?

마: 제가 어떻게 그럴 수 있습니까? 저와 하나인 것을 어떻게 다치게 할 수 있습니까? 오히려 세계에 대해 생각하지 않아도, 제가 무엇을 하든 그것은 세계에 이익이 될 것입니다. 몸이 무의식적으로 스스로를 바로잡듯이, 저도 세계를 바로잡기 위해 끊임없이 활동하고 있습니다.

질: 그런데도 불구하고, 세상 사람들의 엄청난 괴로움을 자각하고 계시군요?

마: 물론 자각하지요. 그대보다 훨씬 더 많이.
질: 그러면 당신께서는 무엇을 하십니까?
마: 저는 신의 눈을 통해서 그것을 바라보고, 모든 것이 잘 되고 있다는 것을 확인합니다.
질: 어떻게 모든 것이 잘 되고 있다고 말씀하실 수 있습니까? 전쟁·착취, 시민과 국가 간의 잔혹한 투쟁을 보십시오.
마: 이 모든 고통은 인간이 만든 것이고, 그것을 종식시키는 것도 인간의 능력 범위 내에 있습니다. 신은 인간으로 하여금 자기 행위의 결과(업보)와 대면하게 하고, 균형을 회복하도록 요구함으로써 도와줍니다. 카르마(karma-업業)는 올바름을 위해 작용하는 법칙입니다. 그것은 신이 베푸는 치유의 손길입니다.

10
주시하기

질문자: 저는 욕망으로 가득 차 있고, 그것을 충족시키고 싶어 합니다. 제가 원하는 것을 어떻게 얻을 수 있습니까?
마하라지: 그대가 원하는 것을 얻을 자격은 있습니까? 그대의 욕망을 충족하려면 어떤 식으로든 일을 해야 합니다. 에너지를 투입하고 그 결과를 기다리십시오.
질: 그 에너지는 어디서 얻을 수 있습니까?
마: 욕망 자체가 에너지입니다.
질: 그러면 왜 모든 욕망이 충족되지는 않는 것입니까?
마: 아마 그것이 충분히 강하고 지속적이지 않았겠지요.
질: 예, 그것이 저의 문제입니다. 저는 원하는 것들이 있지만 행동 면에서

는 게으릅니다.

마: 그대의 욕망이 분명하지 않고 강하지도 않으면 그것은 형태를 취할 수 없습니다. 게다가 만약 그 욕망들이 그대 자신의 쾌락을 위한 사적인 것이면, 그대가 거기에 들이는 에너지는 반드시 한정되어 있습니다. 그대가 가지고 있는 에너지 이상일 수 없습니다.

질: 하지만 보통 사람들도 그들이 욕망하는 것을 종종 성취합니다.

마: 그것을 아주 많이, 오랫동안 욕망하고 나서지요. 그렇다고 해도 그들의 성취는 한정되어 있습니다.

질: 그러면 비이기적 욕망은 어떻습니까?

마: 그대가 공동선共同善을 욕망하면 전 세계가 그대와 함께 욕망하는 것입니다. 인류의 욕망을 그대 자신의 욕망으로 삼아 그것을 위해 일하십시오. 거기서는 실패할 수가 없습니다.

질: 인류는 하느님의 작품이지 저의 작품이 아닙니다. 저는 저 자신에게 관심이 있습니다. 저에게도 저의 정당한 욕망들을 성취할 권리가 있지 않습니까? 그런 욕망은 누구에게도 상처를 주지 않을 것입니다. 저의 욕망들은 정당합니다. 그것은 올바른 욕망인데, 왜 실현되지 않습니까?

마: 욕망은 상황에 따라 옳기도 하고 그르기도 합니다. 그것은 그대가 그것을 어떻게 보느냐에 달렸습니다. 옳고 그름의 구분이 타당한 것은 그 개인에게만 그러할 뿐입니다.

질: 그러한 구분의 기준선은 무엇입니까? 제 욕망들 중의 어느 것이 옳고 어느 것이 그른지 어떻게 알 수 있습니까?

마: 그대의 경우, 슬픔으로 이끄는 욕망은 그릇된 것이고 행복으로 이끄는 욕망은 옳은 것입니다. 그러나 남들을 잊어버리면 안 됩니다. 그들의 슬픔과 행복도 중요합니다.

질: 결과는 미래에 있습니다. 그 결과가 어떤 것일지 제가 어떻게 알 수 있습니까?

마: 마음을 사용하십시오. 기억하십시오. 관찰하십시오. 그대는 남들과 다르지 않습니다. 그들의 경험 대부분은 그대에게도 유효합니다. 분명하게,

깊이 사고하고, 그대의 욕망과 그 파급효과의 전체 구조 속으로 들어가십시오. 그것들은 그대의 정신적·정서적 구조의 더없이 중요한 일부이며, 그대의 행위에 강력한 영향을 미칩니다. 기억하십시오―그대가 모르는 것은 버릴 수 없다는 것을 말입니다. 그대 자신을 넘어서려면 그대 자신을 알아야 합니다.

질: 저 자신을 안다는 것은 무슨 뜻입니까? 저 자신을 알면 제가 정확히 무엇을 알게 됩니까?

마: 그대가 아닌 모든 것을 알게 됩니다.

질: 그러면 '본래의 저'는 모르고요?

마: '본래의 그대(what you are)', 그대는 이미 그것입니다. '그대가 아닌 것'을 알게 되면, 거기서 벗어나 그대 자신의 **본연적 상태**에 머무르게 됩니다. 그것은 모두 아주 자연발로적으로(spontaneously), 애씀 없이 일어납니다.

질: 그러면 제가 무엇을 발견합니까?

마: 발견할 것이 아무것도 없다는 것을 발견합니다. 그대는 '본래의 그대'라는 것, 그뿐입니다.

질: 그러나 궁극적으로 저는 무엇입니까?

마: 그대가 아닌 모든 것을 궁극적으로 부정한 것입니다.

질: 이해가 되지 않습니다!

마: 자신이 어떤 무엇이어야 한다는 것은 그대의 고정 관념인데, 그것이 그대의 눈을 가립니다.

질: 이 관념을 어떻게 제거할 수 있습니까?

마: 만일 저를 신뢰한다면, 그대는 **의식**을 비추는 **순수한 자각**이며 그것의 무한한 내용이라고 제가 말할 때 믿으십시오. 그것을 깨닫고 그에 따라 살아가십시오. 만일 저를 믿지 않는다면, 내면으로 들어가서 "나는 무엇인가?"를 탐구하거나, 순수하고 단순한 **존재**(being)인 "내가 있다"에 마음을 집중하십시오.

질: 당신에 대한 저의 믿음은 무엇에 의존합니까?

마: 다른 사람들의 가슴에 대한 그대의 통찰에 의존합니다. 만약 저의 가

슴을 들여다볼 수 없다면 그대 자신의 가슴을 들여다보십시오.

질: 저는 어느 쪽도 못합니다.

마: 잘 정돈되고 쓸모 있는 삶으로 그대 자신을 정화하십시오. 자신의 생각·감정·말·행위들을 지켜보십시오. 그러면 시야가 맑아질 것입니다.

질: 먼저 제가 일체를 포기하고 집 없는 삶을 살아야 하지 않습니까?

마: 포기하지 못하지요. 집을 떠나 가족들에게 고통을 줄 수는 있겠지만, 자신의 마음을 속속들이 알기 전에는 마음속의 집착들이 그대를 떠나지 않을 것입니다. 먼저 해야 할 일이 먼저입니다—그대 자신을 아십시오. 그 밖의 모든 것은 그에 따라올 것입니다.

질: 그러나 당신께서 이미 제가 **지고의 실재**라고 말씀하셨습니다. 그것은 **진아지**(self-knowledge) 아닙니까?

마: 물론 그대는 **지고의 실재**지요! 그러나 그게 어떻단 말입니까? 모래 한 알 한 알이 신입니다. 그것을 아는 것은 중요하지만 그건 시작일 뿐입니다.

질: 어쨌든 당신께서 제가 **지고의 실재**라고 말씀하셨습니다. 저는 당신의 말씀을 믿습니다. 그 다음에 제가 해야 할 일은 무엇입니까?

마: 제가 이미 말했습니다. 그대가 아닌 모든 것을 발견하십시오. 몸·감정·생각·관념·시간·공간·존재와 비존재, 이것이나 저것—그대가 지적할 수 있는 구체적이거나 추상적인 그 어떤 것도 그대가 아닙니다. 단순히 말로 표현하는 것으로는 안 됩니다. 어떤 언구를 끝없이 염한다 해도 전혀 아무런 결과가 나오지 않을 수도 있습니다. 그대 자신을—특히 그대의 마음을—순간순간 끊임없이 지켜보아야 합니다. 하나도 놓치지 않고 말입니다. 이런 **주시하기**(witnessing)는 **자아**를 **비아**非我(not-self)에서 떼어놓는 데 필수적입니다.

질: 그 **주시하기**—그것은 저의 **진정한 성품**(real nature) 아닙니까?

마: 주시하기 위해서는 주시할 대상인 다른 뭔가가 있어야 합니다. 우리는 여전히 이원성 안에 있지요!

질: 주시자를 주시하는 것은 어떻습니까? 자각에 대한 자각은 어떻습니까?

마: 말을 합쳐 본다고 해서 별로 멀리 가지 못합니다. 내면으로 들어가서

'그대가 아닌 것'을 발견하십시오. 달리 아무것도 중요하지 않습니다.

11
자각과 의식

질문자: 당신께서 잠들어 계실 때는 무엇을 하십니까?
마하라지: 저는 제가 잠들어 있다는 것을 자각합니다.
질: 잠은 무의식의 상태 아닙니까?
마: 그렇지요. 저는 제가 의식하지 못한다는 것을 자각합니다.
질: 그러면 깨어 있을 때나 꿈을 꾸실 때는 어떻습니까?
마: 깨어 있거나 꿈을 꾸고 있다는 것을 자각합니다.
질: 잘 이해가 안 됩니다. 정확히 무슨 의미로 하시는 말씀입니까? 제 용어들을 분명히 하겠습니다. 제가 '잠들어 있다'고 하는 것은 의식하지 못하고 있다는 뜻이고, '깨어 있다'고 하는 것은 의식하고 있다는 뜻이며, '꿈을 꾸고 있다'는 것은 자기 마음을 의식하고 있지만 주위 환경을 의식하지는 못한다는 뜻입니다.
마: 뭐, 그것은 저도 거의 비슷합니다. 하지만 한 가지 차이점이 있는 것 같군요. 그대는 각 상태에 있을 때 다른 두 가지 상태를 잊어버리지만, 저에게는 생시·꿈·잠의 '세 가지 상태'를 포함하면서도 초월하는 단 하나의 **존재의 상태**만 있습니다.
질: 당신께서는 세계 안에서 어떤 방향과 목적을 보십니까?
마: 세계는 저의 상상이 반영된 것일 뿐입니다. 제가 보고 싶은 것은 뭐든지 볼 수 있습니다. 그러나 제가 왜 군이 창조·진화·파괴의 패턴들을 고안해야 합니까? 저에게는 그런 것이 필요 없습니다. 세계는 저의 안에 있고, 세계가 저 **자신**입니다. 저는 세계를 두려워하지 않으며, 그것을 하나의

심적인 상(像) 안에 가두고 싶은 마음이 없습니다.

질: 잠으로 돌아가겠습니다. 당신께서는 꿈을 꾸십니까?

마: 물론입니다.

질: 당신의 꿈들은 어떤 것입니까?

마: 생시 상태의 메아리들이지요.

질: 그러면 당신의 깊은 잠은 어떻습니까?

마: 뇌 의식이 정지됩니다.

질: 그때는 의식하지 못하십니까?

마: 주위 환경에 대해서는 의식하지 못하니까, 그렇지요.

질: 그다지 무의식인 것은 아니시군요?

마: 저는 제가 의식하지 못한다는 것을 자각하고 있습니다.

질: 당신께서는 '자각하고(aware)'와 '의식하고(conscious)'라는 말을 사용하십니다. 그것은 같은 말 아닙니까?

마: **자각**(awareness)은 원초적입니다. 그것은 원래의 상태(original state)이고, 시작이 없고, 끝이 없고, 무(無)원인이고, 지지물이 없고, 부분이 없고, 변화가 없습니다. **의식**(consciousness)은 접촉 위에 존재하고, 어떤 표면에서 일어나는 반사이며, 이원성의 한 상태입니다. **자각** 없이는 어떤 **의식**도 있을 수 없지만, **의식** 없이도 **자각**은 있을 수 있습니다. 깊은 잠 속에서 그렇듯이 말입니다. 자각은 절대적이고 의식은 그것의 내용에 대해 상대적입니다. 즉, 의식은 늘 무언가에 대한 의식입니다. 의식은 부분적이고 변화무쌍하지만, **자각**은 전체적이고 불변이며, 고요하고 묵연합니다. 그리고 그것은 모든 경험의 공통 기반입니다.

질: 어떻게 하면 제가 **의식**을 넘어서 **자각** 속으로 들어갑니까?

마: **의식**을 가능케 하는 것이 **자각**이기에, 모든 **의식**의 상태 안에는 **자각**이 있습니다. 따라서 의식하고 있다는 바로 그 **의식**이 이미 **자각** 안에서의 한 운동입니다. 그대의 **의식**의 흐름에 대한 관심이 그대를 **자각**으로 데려다줍니다. 그것은 새로운 상태가 아닙니다. 그것이 (우리의) 본래적이고 기초적인 존재(original, basic existence)라는 것이 즉시 인식되는데, 그것은 **생명** 자체이

고, 또한 사랑이자 기쁨입니다.

질: 실재가 늘 우리에게 있다면, 진아 깨달음(self-realization)은 무엇으로 이루어집니까?

마: 깨달음이란 무지의 상대물일 뿐입니다. 세계를 실재한다고 여기고 자신의 진아를 실재하지 않는다고 여기는 것이 무지이고, 슬픔의 원인입니다. 진아가 유일한 실재이고 다른 모든 것은 일시적이고 찰나적이라는 것을 아는 것이, 자유이고 평안이며 기쁨입니다. 모두 아주 단순한 것입니다. 사물들을 상상한 대로 보지 말고, 있는 그대로 보는 법을 배우십시오. 모든 것을 있는 그대로 볼 수 있을 때, 그대 자신도 있는 그대로 보게 됩니다. 그것은 거울을 깨끗이 닦는 것과 같습니다. 세계를 있는 그대로 그대에게 보여주는 바로 그 거울이 그대 자신의 얼굴도 보여줄 것입니다. "내가 있다"는 생각이 거울을 닦는 천입니다. 그것을 사용하십시오.

12
사람은 실재가 아니다

질문자: 당신께서 어떻게 깨달으셨는지 부디 말씀해 주십시오.

마하라지: 저는 34살에 제 스승님을 만났고 37살에는 깨달았습니다.

질: 어떤 일이 일어났습니까? 무슨 변화가 있었습니까?

마: 쾌락과 고통이 저에 대한 지배를 상실했습니다. 제가 욕망과 두려움에서 벗어났습니다. 저 자신이 충만해 있고, 아무것도 필요로 하지 않는다는 것을 발견했습니다. 순수한 자각의 대양에서, 보편적 의식의 표면에서, 현상 세계들의 무수한 파도가 시작도 끝도 없이 일어나고 가라앉는 것을 보았습니다. 의식으로서, 그것들은 모두 저입니다. 사건들로서, 그것들은 모두 저의 것입니다. 그것들을 돌보는 하나의 불가사의한 힘이 있습니다. 그 힘이

곧 **자각**이고, **진아**이고, **생명**이고, **신**인데, 거기에 어떤 이름을 붙여도 좋습니다. 그것은 존재하는 모든 것의 **토대**이자 궁극적 **지지물**입니다. 마치 금이 모든 금 장신구의 기반이듯이 말입니다. 그리고 그것은 너무나 친근하게 우리의 것입니다! 장신구에서 이름과 모양을 빼면 금이라는 것이 분명해집니다. 이름과 형상에서 벗어나고, 그것들이 만들어내는 욕망과 공포에서 벗어나십시오. 그러면 무엇이 남습니까?

질: 무無입니다.

마: 그렇지요. 공空이 남습니다. 그러나 그 공空은 넘칠 만큼 충만해 있습니다. 의식이 영원한 현실성이듯이, 그것은 영원한 **잠재성**입니다.

질: 잠재성이라고 하신 것은 미래를 뜻합니까?

마: 과거·현재·미래—다 있지요. 그리고 무한히 더 많이 있습니다.

질: 그러나 공空은 빈 것이어서 우리에게 거의 소용이 없습니다.

마: 어떻게 그렇게 말할 수 있습니까? 연속성의 단절 없이 어떻게 환생이 있을 수 있습니까? 죽음 없이 새로워짐이 있을 수 있습니까? 잠의 어둠조차도 신선함과 활력을 줍니다. 죽음이 없다면 우리는 영원한 늙음에 영구히 빠져서 헤어나지 못했을 것입니다.

질: 불멸성(immortality) 같은 것은 없습니까?

마: 삶과 죽음이 '하나인 **존재**'의 양 측면으로서 서로 불가결한 것임을 보게 되면, 그것이 불멸성입니다. 시작에서 끝을 보고 끝에서 시작을 본다는 것은 영원성을 말해줍니다. 분명히 불멸성은 연속성이 아닙니다. 변화의 과정만이 연속됩니다. 어떤 것도 지속되지 않습니다.

질: 자각은 지속됩니까?

마: **자각**은 시간에 속하지 않습니다. 시간은 **의식** 안에서만 존재합니다. 의식을 넘어서 시간과 공간이 어디 있습니까?

질: 당신의 **의식**의 장場 안에 당신의 몸도 있습니다.

마: 물론이지요. 그러나 다른 몸들과 다른 '내 몸'이라는 관념은 없습니다. 저에게 그것은 '한 몸'이지 '내 몸'이 아니고, '한 마음'이지 '내 마음'이 아닙니다. 마음이 몸을 문제없이 돌보고 있으니 저는 간섭할 필요가 없습니다.

12. 사람은 실재가 아니다

(이 몸이) 해야 할 일들은 정상적으로 자연스럽게 이루어지고 있습니다.

그대는 자신의 생리적 기능들을 그다지 의식하지 못할지 모르나, 생각과 감정, 욕망과 공포의 면에서는 예리하게 자의식적으로 됩니다. 저에게는 그런 것들도 대체로 의식되지 않습니다. 저는 사람들에게 이야기를 하거나 일을 할 때 제가 상당히 정확하고 적절하게 하고 있다는 것을 알지만, 그것을 별로 의식하지 못합니다. 마치 제가 신체적인 생시의 삶을 자동적으로 사는 것처럼 보입니다. 자연발로적으로 정확히 반응하면서 말입니다.

질: 그 자연발로적 반응은 **깨달음**의 결과로서 옵니까, 아니면 훈련에 의해서 되는 것입니까?

마: 둘 다지요. 그대가 목표에 전념하면, **진리**를 탐색하고 사람들을 돕는 데 매진하는 깨끗하고 질서 있는 삶을 살 수 있게 됩니다. 그리고 깨달음은 욕망과 두려움, 그릇된 관념이라는 형태의 장애들을 영구히 제거함으로써, 고귀한 덕을 쉽고도 자연발로적인 것으로 만들어 줍니다.

질: 더 이상은 욕망과 두려움이 없으십니까?

마: 저의 운명은 단순한 사람, 서민으로 태어나서 공식 교육을 거의 받지 못한 채 보잘것없는 장사꾼으로 살아가는 것이었지요. 저의 삶은 평범한 욕망과 두려움을 가진 평범한 부류의 것이었습니다. 그러나 스승님에 대한 믿음과 당신의 말씀에 대한 복종을 통해서 저의 **참된 존재**를 깨닫게 되자, 저의 인간적 성품을 뒤에 남겨 그것이 자신의 운명이 소진될 때까지 자신을 돌보게 했습니다. 가끔 예전의 정서적 혹은 정신적 반응이 마음속에서 일어나기도 하지만, 즉시 그것을 알아차리고 내버립니다. 어쨌든 우리가 한 '사람'이라는 짐을 지고 있는 동안은 그 개인적 특성과 습관에 노출됩니다.

질: 죽음은 두렵지 않으십니까?

마: 저는 이미 죽어 있습니다.

질: 어떤 의미에서 말입니까?

마: 저는 이중으로 죽어 있습니다. 저의 몸에 대해서뿐만 아니라 마음에 대해서도 죽어 있습니다.

질: 글쎄요, 전혀 죽은 것처럼 보이지 않는데요!

마: 그것은 그대가 하는 말이지요! 그대는 저보다 저의 상태를 더 잘 아는 것 같군요!

질: 죄송합니다. 그러나 도무지 이해가 되지 않습니다. 당신께는 몸도 없고 마음도 없다고 말씀하시지만, 제가 볼 때 당신은 대단히 활기차고 언어 표현이 분명하십니다.

마: 그대의 뇌와 몸 안에서는 언제나 엄청나게 복잡한 작업이 진행되고 있는데, 그대는 그것을 의식합니까? 전혀 의식 못하지요. 하지만 외부인에게는 모든 것이 지성적으로 목적성 있게 진행되는 것같이 보입니다. 우리의 개인적 삶 전반이 대체로 의식의 경계선 아래로 가라앉을지 모르지만, 그럼에도 온전한 정신으로 원활하게 진행된다는 것을 왜 인정하지 않습니까?

질: 그것이 정상적입니까?

마: 정상적이란 것은 무엇입니까? 그대의 삶―욕망과 두려움에 사로잡혀 있고, 갈등과 투쟁으로 가득 차 있고, 의미 없고 기쁨도 없는 그 삶이 정상적입니까? 그대의 몸을 예민하게 의식하는 것, 그것이 정상적입니까? 감정들로 찢기고 생각들로 고문당하는 것, 그것이 정상적입니까? 건강한 몸, 건강한 마음은 대체로 그 소유자에 의해 인식되지도 않은 채 살아갑니다. 어쩌다 가끔 고통이나 괴로움을 통해서만 그것들이 소유자의 주의(attention)와 통찰을 요구합니다. 왜 개인적 삶 전반에 대해 그렇게 하지 않습니까? (그런 주의와 통찰이 있으면) 우리는 올바르게 행동하면서, 어떤 일이 일어나든 그것을 **자각**의 초점 안으로 끌고 올 것도 없이, 모든 일에 온전히 잘 반응하면서 살아갈 수 있습니다. 자기제어가 제2의 천성이 되면, 존재와 행위의 더 깊은 수준들로 **자각**의 초점이 옮겨갑니다.

질: 그러면 우리는 로봇이 되는 것 아닙니까?

마: 습관적이고 반복적인 것이 자동적으로 이루어지게 한다고 해서 무슨 해害가 있습니까? 어쨌든 그것은 자동적입니다. 그러나 그것이 혼란스러울 수도 있는데, 그럴 때는 그것이 고통과 괴로움을 야기하고, 주의를 기울여 달라고 요구합니다. 깨끗하고 잘 정돈된 삶의 전반적 목적은 혼란의 질곡桎梏(속박)과 슬픔의 부담에서 인간을 해방하기 위한 것입니다.

질: 어떤 컴퓨터화된 삶을 선호하시는 것 같습니다.
마: 문제들에서 벗어난 삶이 뭐가 잘못입니까? 인격은 **실재**의 한 반영에 지나지 않습니다. 왜 반영反影(반사된 모습)이 당연히, 자동적으로, 그 원물原物에 충실하면 안 됩니까? '사람'이 그 자신의 어떤 구상을 가지고 있어야 할 필요가 있습니까? 그것의 한 표현이 삶인 그것(실재)이 삶을 인도하겠지요. '사람'이란 실재의 한 그림자일 뿐 **실재** 자체가 아니라는 것을 그대가 일단 깨달으면, 안달하고 걱정하기를 그칩니다. 내면의 인도引導를 받기로 동의하면 삶은 '알려지지 않는 것' 속으로의 한 여정이 됩니다.

13
지고자, 마음 그리고 몸

질문자: 저희에게 하신 말씀에 비추어 볼 때, 당신께서는 주위 환경을 그다지 의식하지 못하시는 것 같습니다. 저희가 보기에는 극도로 예리하게 깨어 있고 활동적이신데 말입니다. 당신께서 어떤 기억도 뒤에 남기지 않는 일종의 최면 상태에 계시다고는 저희가 도저히 믿을 수 없습니다. 그러기는커녕 당신의 기억력은 탁월한 것 같습니다. 당신의 입장에서 세계와 그 안에 있는 모든 것이 존재하지 않는다고 하시는 당신의 말씀을, 우리가 어떻게 이해해야 합니까?

마하라지: 그것은 모두 초점의 문제입니다. 그대의 마음은 세계에 초점이 맞춰져 있고, 저의 마음은 **실재**에 맞춰져 있습니다. 그것은 한낮의 달과 같습니다. 해가 빛날 때는 달이 잘 보이지 않습니다. 아니면 그대가 음식을 어떻게 먹는지 관찰해 보십시오. 음식이 입 안에 있는 동안은 그것을 의식하지만, 일단 삼키고 나면 더 이상 그것에 관심이 없습니다. 음식이 소멸할 때까지 그것을 부단히 마음속에 두고 있다면 문제가 되겠지요. 평상시에는

마음이 정지 상태에 있어야 합니다. 마음이 부단히 활동한다는 것은 병적인 상태입니다. 우주는 제 스스로 돌아갑니다―그것은 제가 압니다. 달리 무엇을 알 필요가 있습니까?

질: 그러니까 **진인**(gnani)은 마음을 거기로 돌릴 때만 자신이 무엇을 하고 있는지 아는군요. 그렇지 않으면 상관하지 않고 그저 행위할 뿐입니다.

마: 평균적인 사람은 자기 몸을 몸으로 의식하지 못합니다. 그는 자신의 감각·감정·생각들을 의식합니다. 이런 것들조차도 일단 무집착이 자리 잡기 시작하면 **의식의 중심**에서 밀려나, 자연발로적으로 애씀 없이 일어납니다.

질: 그럴 때 **의식의 중심**에는 무엇이 있습니까?

마: 이름과 형상을 부여할 수 없는 것입니다. 그것은 성질이 없고 **의식**을 넘어서 있기 때문입니다. 그것을 **의식** 안의 한 **점**이라고 해도 좋은데, 그것은 의식을 넘어서 있습니다. 종이에 뚫린 구멍이 종이 안에 있으면서도 종이에 속하지 않듯이, **의식의** 바로 중심에 있으면서도 **의식**을 넘어서 있는 **지고**의 **상태**도 그와 같습니다. 그것은 마치 마음 안에 구멍이 하나 있어, 그 구멍을 통해 마음이 빛에 가득 휩싸이는 것과 같습니다. 그 구멍은 그 빛도 아닙니다. 하나의 구멍일 뿐입니다.

질: 구멍이란 것은 그냥 **공**空이고, 없음입니다.

마: 정말 그렇지요. 마음의 관점에서 보면 그것은 자각의 **빛**이 그것을 통해 마음의 공간으로 들어오는 하나의 구멍일 뿐입니다. 그 빛은 그 자체로, 단단하고, 조밀하고, 바위 같고, 동질적이고, 불변인, 이름과 형상이라는 심적 패턴들에서 벗어나 있는 **순수한 자각**의 덩어리에 비유될 수 있을 뿐입니다.

질: 마음의 공간과 그 **지고의 거주처** 간에 어떤 연관이 있습니까?

마: 지고자가 마음에 존재성(existence)을 부여합니다. 마음은 몸에 존재성을 부여하지요.

질: 그러면 그 너머에는 무엇이 있습니까?

마: 예를 들어봅시다. 불로장생의 기술에 통달했고 그 자신도 천 살이 넘은 어떤 존경받는 **요기**가 자신의 기술을 저에게 가르쳐주려고 옵니다. 저는 그가 성취한 것을 십분 존경하고 진지하게 우러러 보겠지만, 제가 그에게 할

수 있는 말은 "불로장생이 저에게 무슨 소용 있습니까?"라는 것뿐입니다. 저는 시간을 넘어서 있습니다. 목숨이 아무리 길다 해도 그것은 한 순간이고 하나의 꿈일 뿐입니다. 마찬가지로, 저는 모든 속성을 넘어서 있습니다. 속성들은 저의 **빛** 안에서 나타나고 사라지지만, 저를 묘사하지 못합니다. 우주는 온통 성질과 그 차별상差別相(서로 다른 점들)에 기초한 이름과 형상들인 반면, 저는 그 **너머**입니다. 세계가 있는 것은 제가 있기 때문이지만, 저는 세계가 아닙니다.

질: 그러나 세계 안에 살고 계십니다!

마: 그것은 그대가 하는 말이지요! 저는 이 몸과 이 마음을 포함하는 하나의 세계가 있다는 것을 알지만, 다른 몸과 마음들을 '내 것'이라고 생각하지 않는 것만큼이나 이 몸과 마음을 '내 것'으로 여기지 않습니다. 그것들은 시간과 공간 안에 있으나, 저는 무시간적이고 무공간적입니다.

질: 그런데 모든 것이 당신의 **빛**에 의해 존재하니, 당신은 세계의 창조자 아니십니까?

마: 저는 **잠재성**도 아니고 그 현실화도 아니며, 사물들의 현실성도 아닙니다. 저의 **빛** 안에서 그것들이 마치 햇빛 속에 떠다니는 먼지 알갱이들처럼 오고 갑니다. 빛은 그 알갱이들을 비추지만 그것들에 의존하지 않습니다. 또 빛이 그것들을 창조한다고 말할 수도 없습니다. 심지어 그것들을 안다고도 할 수 없습니다.

질: 저는 당신께 질문을 드리고 당신께서는 답변을 하십니다. 그 질문과 답변을 의식하십니까?

마: 실은 저는 듣지도 않고 답변하지도 않습니다. 사건들의 세계 안에서 질문이 일어나고 답변이 일어납니다. 저에게는 아무 일도 일어나지 않습니다. 일체가 그냥 일어날 뿐입니다.

질: 그러면 당신께서는 **주시자**이십니까?

마: **주시자**(witness)란 무엇을 뜻합니까? 앎에 불과합니다. 비가 내렸고 이제 비가 그쳤습니다. 저는 비에 젖지 않았습니다. 비가 내렸다는 것을 알지만 저는 영향을 받지 않습니다. 그저 비를 주시했을 뿐이지요.

질: 지고의 상태에 자연발로적으로 안주安住하고 있는 완전히 깨달은 사람도 먹고 마시는 등의 행위를 하는 것처럼 보입니다. 그는 그것을 자각합니까, 하지 않습니까?

마: 그 안에서 의식이 일어나는 그것, 곧 보편적 의식 혹은 마음을 우리는 의식의 영기靈氣(ether)라고 부릅니다. 의식의 모든 대상들이 우주를 형성합니다. 그 둘을 넘어서 있으면서 그 둘을 받쳐주고 있는 것이 지고의 상태, 즉 완전한 고요와 침묵의 상태입니다. 누구든지 거기로 가면 사라집니다. 그것에는 말이나 마음으로 도달할 수 없습니다. 그것을 신이라 해도 되고, 빠라브라만(Parabrahman)이라 해도 되고, 지고의 실재라고 해도 되지만, 이런 것들은 마음이 붙여준 이름입니다. 그것은 이름이 없고 내용이 없는, 애씀 없는 자연발로적 상태로서, 존재와 비존재를 넘어서 있습니다.

질: 그러나 (그 상태에서) 우리가 의식하고 있습니까?

마: 우주가 마음의 몸이듯이 의식은 지고자의 몸입니다. 그것은 의식하지 않지만, 의식을 일으킵니다.

질: 저의 일상 행위에서는 많은 일이 습관에 의해 자동적으로 진행됩니다. 일반적 목적은 제가 자각하지만 세부적인 각 움직임은 자각하지 못합니다. 저의 의식이 넓어지고 깊어짐에 따라 세부적인 것들은 뒤로 물러나는 경향이 있고, 저는 그 일반적 추세에 대해 자유로운 상태로 남습니다. 진인에게도 그와 같은 일이 일어나지 않습니까? 아니면 더 그렇습니까?

마: 의식의 수준에서는, 그렇지요. 지고의 상태에서는, 그렇지 않습니다. 이 상태는 전적으로 하나이고 불가분인, 단일한 실재의 견고한 덩어리입니다. 그것을 아는 유일한 방도는 그것이 되는 것입니다. 마음은 거기에 도달할 수 없습니다. 그것을 지각하는 것은 감각기관을 요하지 않고, 그것을 아는 것은 마음을 요하지 않습니다.

질: 그것이 신이 세계를 운영하는 방식이군요.

마: 신은 세계를 운영하고 있지 않습니다.

질: 그러면 누가 그 일을 합니까?

마: 아무도 없습니다. 모든 일은 스스로 일어납니다. 그대가 질문을 하고

그대가 답변을 내놓고 있습니다. 그리고 질문을 할 때 그대는 그 답을 알고 있습니다. 모든 것이 의식 안에서의 한 유희입니다. 모든 구분들은 환幻입니다. 그대는 거짓인 것만 알 수 있습니다. 참된 것(진리)은, 그대 자신이 그것이 되어야 합니다.

질: 주시되는 의식이 있고 주시하는 의식이 있습니다. 후자가 지고자입니까?

마: 그 둘이 있지요—'사람'과 주시자, 곧 관찰자 말입니다. 그것들을 하나로 보고 그것을 넘어서면 그대가 지고의 상태에 있습니다. 그것은 지각 불가능합니다. 왜냐하면 그것이 지각을 가능케 하기 때문입니다. 그것은 존재와 비존재를 넘어서 있습니다. 그것은 거울도 아니고 거울 안의 상像도 아닙니다. 그것은 '있는 것'—즉, 무시간의 실재이며, 믿을 수 없을 정도로 단단하고 견고합니다.

질: 진인은 주시자입니까, 지고자입니까?

마: 물론 지고자입니다. 그러나 보편적인 주시자로 볼 수도 있습니다.

질: 그런데도 한 '사람'으로 남아 있군요?

마: 그대가 자신을 한 '사람'이라고 믿으면 도처에서 '사람'들을 보게 됩니다. 실은 어떤 '사람'도 없고, 단지 기억과 습관의 가닥들만 있습니다. 깨달음의 순간에는 그 '사람'이 사라집니다. 정체성은 남지만 정체성은 한 '사람'이 아니고, 그것은 실재 자체에 내재해 있습니다. '사람'은 그 자체로 아무 존재성이 없습니다. 그것은 주시자, 곧 "내가 있다"가 마음 안에서 반사되는 것인데, 이 주시자 역시 하나의 존재 양식입니다.

질: 지고자는 의식합니까?

마: 의식하지도 않고 의식하지 않지도 않습니다. 이것은 제가 체험해 보고 하는 말입니다.

질: "완전의식이 브라만이다(Pragnanam Brahma)."[3] 이 완전의식(Pragna)이란 무엇입니까?

마: 그것은 생명 그 자체의 비非자기의식적인 지知입니다.

---

3) T. 『아이따레야 우파니샤드』에 나오는 문구. 실재의 본질을 진술하는 네 가지 '큰 말씀' 중 하나이다.

질: 그것은 활력, 생명의 에너지, 살아 있음입니까?
마: 에너지가 먼저입니다. 일체가 에너지의 한 형태니까요. 의식은 생시의 상태에서 더없이 다양하게 분화됩니다. 꿈 속에서는 그보다 덜하고 잠 속에서는 훨씬 덜합니다. 동질적인 것은 '네 번째 상태'(뚜리야)에서입니다. 그 너머는 표현할 수 없는 한 덩어리의 실재, 곧 진인의 거주처입니다.
질: 저는 손을 베였습니다. 이제 아물었습니다. 그것은 어떤 힘으로 아물었습니까?
마: 생명의 힘입니다.
질: 그 힘이 무엇입니까?
마: 의식이지요. 모든 것이 의식하고 있습니다.
질: 의식의 근원은 무엇입니까?
마: 의식 그 자체가 일체의 근원입니다.
질: 의식 없는 생명이 있을 수 있습니까?
마: 없습니다. 또한 생명 없는 의식도 있을 수 없습니다. 그 둘은 하나입니다. 그러나 실제로는 궁극자(궁극적 실재)만 있습니다. 그 나머지는 이름과 형상의 문제입니다. 그리고 그대가 이름과 형상이 있는 것만이 존재한다는 관념에 집착하는 한, 지고자는 그대에게 존재하지 않는 것으로 보일 것입니다. 이름과 형상들은 전혀 어떤 내용물도 없는 빈 껍질이고, 실재하는 것은 이름도 없고 형상도 없는 순수한 생명의 에너지이자 의식의 빛이라는 것을 이해할 때, 그대가 평화롭게 있게 될 것입니다―실재의 깊은 침묵 속에 잠겨서 말입니다.
질: 만약 시간과 공간이 환幻에 불과하고 당신께서는 그 너머에 계시다면, 뉴욕의 날씨가 어떤지 부디 말씀해 주십시오. 거기는 덥습니까, 아니면 비가 내립니까?
마: 제가 어떻게 이야기하겠습니까? 그런 것들은 특별한 수련을 요합니다. 아니면 뉴욕에 그냥 가보면 되겠지요. 제가 시간과 공간을 넘어서 있다는 것을 분명하게 확신한다 해도, 시간과 공간의 어떤 지점에 저 자신을 마음대로 가져가지는 못합니다. 저는 별로 관심이 없습니다. (그런 것을 알려고) 특

별한 요가적 수련을 하는 것이 무슨 의미가 있을지 모르겠군요. 방금 뉴욕에 대해서 들었습니다. 저에게는 그것이 하나의 단어입니다. 그 단어가 전달하는 의미 이상을 제가 왜 알아야 합니까? 원자 하나마다 우리의 우주만큼이나 복잡한 하나의 우주일 수도 있습니다. 제가 그것들을 다 알아야 합니까? 수련한다면 알 수는 있지요.

질: 뉴욕의 날씨에 관한 질문을 드릴 때, 제가 어디서 잘못했습니까?

마: 세계와 마음은 존재의 상태들입니다. 지고자는 하나의 상태가 아닙니다. 그것은 모든 상태에 편재하지만 다른 어떤 것의 한 상태가 아닙니다. 그것은 전적으로 무無원인이고, 독립적이며, 그 자체로 완전하고, 시간과 공간, 마음과 물질을 넘어서 있습니다.

질: 어떤 표지標識로써 그것을 인지하십니까?

마: 그것은 아무 흔적을 남기지 않는다는 것이 핵심입니다. 그것을 인지할 수 있는 수단이 전혀 없습니다. 표지와 접근법들에 대한 모든 탐색을 포기하고, 그것을 직접 보아야 합니다. 모든 이름과 형상을 포기했을 때 **실재가** 그대와 함께합니다. 그것을 추구할 필요가 없습니다. 다수성과 다양성은 마음의 유희일 뿐입니다. 실재는 하나입니다.

질: 만약 실재가 아무 증거를 남기지 않는다면, 그에 대해 이야기할 수 있는 것이 없습니다.

마: 그것은 있습니다. 그것을 (없다고) 부인할 수는 없습니다. 그것은 깊고 어두우며, 신비를 넘어선 신비입니다. 그러나 그것은 엄연히 있고, 반면에 모든 일은 그저 일어날 뿐입니다.

질: 그것은 **알려지지 않는 것**(the Unknown-미지자)입니까?

마: 그것은 '알려지는 것'과 '알려지지 않는 것' 둘 다를 넘어서 있습니다. 그러나 저는 차라리 그것을 '알려지지 않는 것'이라기보다 '알려지는 것'이라고 부르겠습니다. 왜냐하면 우리가 어떤 것을 알 때마다 알려지는 것은 **실재이**기 때문입니다.

질: 침묵은 실재의 한 속성입니까?

마: 이 또한 마음에 속합니다. 모든 상태와 조건들은 마음의 것입니다.

질: 삼매三昧(*samadhi*)의 장소란 무엇입니까?
마: 자신의 의식을 사용하지 않는 것이 삼매입니다. (삼매에서는) 그대가 마음을 그냥 내버려둡니다. 아무것도 원치 않습니다. 그대의 몸에게서도, 마음에게서도.

14
겉모습과 실재

질문자: 사건들은 원인이 없고, 무슨 일이든 그냥 일어날 뿐 어떤 원인도 그에 귀속시킬 수 없다고 누차 말씀하셨습니다. 분명 모든 일은 하나의 원인 아니면 몇 가지 원인들을 가지고 있습니다. 사물들의 원인 없음을 제가 어떻게 이해해야 합니까?
마하라지: 최고의 견지에서 보자면 세계에는 아무 원인이 없습니다.
질: 그러나 당신 자신의 체험은 어떻습니까?
마: 일체가 무無원인입니다. 세계에는 아무 원인이 없습니다.
질: 저는 세계의 창조를 가져온 원인을 여쭈는 것이 아닙니다. 세계가 창조되는 것을 누가 본 적이 있습니까? 그것은 시작조차 없이 늘 존재할지도 모릅니다. 그러나 저는 세계를 이야기하는 것이 아닙니다. 저는 세계가 어떤 식으로든 존재한다는 것을 받아들입니다. 세계는 너무나 많은 것들을 포함하고 있습니다. 분명, 그 하나하나는 한 가지 원인, 혹은 몇 가지 원인을 가지고 있을 것이 분명합니다.
마: 일단 그대가 자신을 위해 시간과 공간 안에서 인과성에 의해 지배되는 하나의 세계를 창조하면, 일체의 원인을 탐색하고 발견하게 되어 있습니다. 그대는 질문을 던져놓고 답변을 강제합니다.
질: 제 질문은 아주 간단합니다. 저는 온갖 종류의 사물들을 보는데, 그 각

각은 하나의 원인, 혹은 다수의 원인을 가질 수밖에 없다고 알고 있습니다. 당신께서는 그것들이 무無원인이라고 말씀하십니다—당신의 견지에서는요. 그러나 당신께는 아무것도 존재성이 없고, 따라서 인과의 문제는 일어나지 않습니다. 하지만 당신께서는 사물들의 존재를 인정하면서도 그것들의 인과성은 부인하시는 것 같습니다. 그것이 제가 이해할 수 없는 점입니다. 사물들의 존재는 받아들이면서 왜 그것들의 원인을 배척하십니까?

마: 저는 의식만을 보며, 일체가 의식일 뿐이라는 것을 압니다. 그대가 영화 스크린 위의 화면이 빛에 지나지 않음을 알듯이 말입니다.

질: 그래도 그 빛의 움직임에는 하나의 원인이 있습니다.

마: 빛은 전혀 움직이지 않습니다. 그대는 그 움직임이 환幻임을, 즉 필름 안에서 일어나는 일련의 차단과 채색(빛의 차단과 투과)이라는 것을 아주 잘 알고 있습니다. 움직이는 것은 필름입니다. 즉, 마음이지요.

질: 그렇다고 해서 그 화면이 원인이 없는 것으로 되지는 않습니다. 필름이 있고, 배우들과 기술자들, 감독, 제작자, 여러 제조업자들이 있습니다. 세계는 인과성에 의해 지배됩니다. 일체가 상호 연관되어 있습니다.

마: 물론 일체가 상호 연관되어 있지요. 또 그래서 일체가 무수한 원인을 가지고 있습니다. 전체 우주가 가장 작은 것에까지 기여합니다. 한 사물이 있는 그대로 존재하는 것은, 세계가 있는 그대로 존재하기 때문입니다. 보세요, 그대는 금 장신구들을 취급하고 저는 금을 취급합니다. 여러 가지 장신구들 간에는 아무 인과관계가 없습니다. 한 장신구를 녹여서 다른 것을 만들 때, 그 두 가지 사이에 아무 인과관계가 없습니다. 공통 요소는 금입니다. 그러나 금을 (장신구들의) 원인이라고 말할 수는 없습니다. 그것을 원인이라고 부를 수 없는 것은, 그 자체로는 그것이 아무것도 야기하지 않기 때문입니다. 그것은 마음 안에서 "내가 있다"로서, 그 장신구의 특정한 이름과 형상으로서 반사됩니다. 하지만 모두 금일 뿐입니다. 마찬가지로, **실재가 일체를 가능하게 하지만, 그럼에도 한 사물을 그러한 것으로—즉, 그 이름과 형상으로—만드는 그 무엇도 실재에서 나오지 않습니다.**

그런데 인과성에 대해 왜 그렇게 많이 걱정합니까? 사물들 자체가 무상한데 원인들이 뭐가 중요합니까? 오는 것은 오게, 가는 것은 가게 내버려 두십시오. 왜 사물들을 붙들고 그것들의 원인에 대해서 묻습니까?

질: 상대적인 관점에서는, 모든 것에 하나의 원인이 있습니다.

마: 상대적인 관점이 그대에게 무슨 소용 있습니까? 절대적 관점에서 볼 수 있습니다. 왜 상대적인 데로 돌아갑니까? 절대가 두렵습니까?

질: 두렵습니다. 저의 소위 절대적 확실성 위에서 잠들어 버리는 것이 두렵습니다. 삶을 품위 있게 살기 위해서는 절대가 도움이 안 됩니다. 셔츠가 필요하면 천을 사고 양복장이를 부르는 등의 일을 해야 합니다.

마: 그런 모든 이야기는 무지를 드러냅니다.

질: 그러면 아시는 분의 견해는 무엇입니까?

마: 빛만이 있고, 그 빛이 전부입니다. 다른 모든 것은 빛으로 만들어진 하나의 그림에 불과합니다. 그 그림은 빛 안에 있고, 빛은 그림 안에 있습니다. 삶과 죽음, 아我와 비아非我―이런 모든 관념을 버리십시오. 그런 것들은 그대에게 아무 쓸모가 없습니다.

질: 어떤 관점에서 인과관계를 부인하십니까? 상대적 관점에서는 우주가 만물의 원인입니다. 절대적 관점에서는 전혀 아무것도 존재하지 않습니다.

마: 어떤 상태에서 그대는 질문을 하고 있습니까?

질: 매일의 생시 상태에서입니다. 이 상태에서만 이런 모든 논의가 일어납니다.

마: 생시의 상태에서 이 모든 문제가 일어나는데, 이는 그 상태의 본질이 그러하기 때문입니다. 그러나 그대는 늘 그 상태에 있지는 않습니다. 그대가 도리 없이 그 속으로 떨어졌다가 다시 거기서 나오는 그 상태에서 그대가 무슨 좋은 일을 할 수 있습니까? 사물들이 인과적으로 연관되어 있다는 것을 아는 것이 그대에게 어떤 식으로 도움이 됩니까? 그대의 생시 상태에서는 그렇게 보이겠지만 말입니다.

질: 세계와 생시 상태는 함께 일어나고 가라앉습니다.

마: 마음이 고요할 때, 절대적으로 침묵할 때는 생시 상태가 더 이상 존재하지 않습니다.

질: '신, 우주, 전체, 절대적인, 지고의' 같은 말들은 공기 중의 소음일 뿐입니다. 왜냐하면 그것들에 대해 아무런 조치도 취할 수 없기 때문입니다.

마: 그대는 자신만이 답변할 수 있는 질문들을 제기하고 있습니다.

질: 그렇게 저를 묵살해 버리지 마십시오! 당신께서는 전체성, 우주 등의 상상적인 것들을 너무 빨리 대변하십니다! 그것들은 여기 와서 당신께서 자기들을 대변해 말씀하시지 못하도록 막지 못합니다. 저는 그런 무책임한 일반화가 싫습니다! 그리고 당신께서는 걸핏하면 그것들을 인격화하십니다. 인과성 없이는 아무 질서가 없을 것이고, 목적성 있는 행위도 불가능할 것입니다.

마: 그대는 각 사건의 모든 원인을 알고 싶습니까? 그것이 가능합니까?

질: 그것이 가능하지 않다는 것은 압니다! 제가 알고 싶은 것은 모든 것에는 원인이 있느냐, 그리고 그 원인들에 영향을 미쳐서 사건들에 영향을 줄 수 있느냐 하는 것뿐입니다.

마: 사건들에 영향을 미치기 위해 그 원인들을 알 필요는 없습니다. 일을 하는 방식치고 얼마나 둘러가는 길입니까! 그대는 모든 사건의 근원이자 목적 아닙니까? 그 근원 자체에서 사건을 통제하십시오.

질: 매일 아침 저는 신문을 집어 들어, 세계의 불행들이—빈곤·증오·전쟁들이—줄어들지 않고 계속되고 있는 것을 읽고 당혹해합니다. 제 질문들은 불행이 있다는 사실, 그 원인, 그 치유책과 관계됩니다. 그것을 불교라고 규정하고 저를 묵살해 버리지 마십시오! 저에게 어떤 딱지를 붙이지 마십시오. 당신께서 무無원인성을 고수하시는 것은 세계가 변할 수 있다는 모든 희망을 없애버리는 것입니다.

마: 그대는 뭘 혼동하는데, 왜냐하면 세계가 그대 안에 있는 것이 아니라 그대가 세계 안에 있다고 믿기 때문입니다. 누가 먼저입니까—그대입니까, 그대의 부모입니까? 그대는 자신이 어떤 시간과 장소에서 태어났고, 한 아버지와 한 어머니가 있고, 한 몸뚱이와 한 이름을 가지고 있다고 상상합니다. 이것이 그대의 죄이며 그대의 재앙이지요! 분명히, 그대가 노력하면 그대의 세계를 바꿀 수 있습니다. 얼마든지 일하십시오. 누가 말립니까? 저는

그대를 만류한 적이 없습니다. 원인이 있든 없든, 그대가 이 세계를 만들었고, 그대가 그것을 바꿀 수 있습니다.

질: 원인 없는 세계는 전적으로 저의 통제 범위를 넘어서 있습니다.

마: 반대로, 그대가 그 유일한 **근원**이고 **토대**인 세계는, 그것을 변화시키는 그대의 힘 안에 완전히 들어 있습니다. 창조되는 것은 늘 해체되고 재창조될 수 있습니다. 그대가 정말 그렇게 원한다면, 모든 것이 그대가 원하는 대로 일어날 것입니다.

질: 제가 알고 싶은 것은 세계의 불행들에 어떻게 대처할 수 있느냐 하는 것이 전부입니다.

마: 그대가 자신의 욕망과 두려움에서 그것들을 창조했으니, 그대가 그에 대처하십시오. 모든 것이 그대가 자신의 **존재**를 망각한 데 기인합니다. 그대는 스크린 위의 화면에 실재성을 부여했기에, 그 사람들을 사랑하고 그들을 위해서 고생하며, 그들을 구해내려는 것입니다. 그래서 될 일이 아닙니다. 그대 자신과 먼저 씨름해야 합니다. 다른 방도가 없습니다. 물론, 일을 하십시오. 일하는 거야 아무 해로울 것이 없지요.

질: 당신의 우주는 있을 수 있는 모든 경험을 포함하고 있는 것 같습니다. 개인은 그 속으로 하나의 노선을 따라가면서 즐겁거나 괴로운 상태들을 경험합니다. 그러다 보니 질문하고 추구하게 되고, 그것이 시야를 넓혀주어, 그 개인이 자신이 창조한 좁은 세계, 제한된 자기중심적 세계를 넘어설 수 있게 됩니다. 이 개인적 세계는 변화될 수 있습니다—시간 속에서요. 우주는 무無시간적이고 완전합니다.

마: 겉모습을 **실재**로 착각하는 것은 통탄할 만한 죄이고, 모든 재앙의 원인입니다. 그대는 일체에 편재하고, 영원하며, 무한히 창조적인 **자각**—즉, **의식**입니다. 기타 모든 것은 국지적이고 일시적입니다. 본래의 그대를 잊지 마십시오. 그러는 가운데 실컷 일을 하십시오. 일과 앎은 나란히 함께 가야 합니다.

질: 저 자신의 느낌은 저의 영적 발전이 제 손 안에 있지 않다는 것입니다. 저 자신의 계획을 세우고 그것을 실행해 봐도 아무것도 이루지 못합니다.

14. 겉모습과 실재

저는 저 자신의 주위만 뱅뱅 돌고 있습니다. 신이 열매를 익었다고 보시면 그분이 그것을 따서 드시겠지요. 신에게 설익은 어느 열매든, 그것은 훗날을 위해 세계라는 나무 위에 남아 있을 것입니다.

마: 신이 그대를 안다고 생각합니까? 그는 세계조차도 모릅니다.

질: 당신의 신은 다른 신입니다. 저의 신은 다릅니다. 저의 신은 자비롭습니다. 그분은 우리와 함께 고통 받습니다.

마: 수천 명이 죽어갈 때, 그대는 한 명을 구해달라고 기도합니다. 그러나 만약 모두가 죽지 않게 되면 지구상에는 발 디딜 틈도 없겠지요.

질: 저는 죽음이 두렵지 않습니다. 제 관심사는 불행과 괴로움입니다. 저의 신은 단순한 신이고 다소 무력합니다. 그분은 우리가 지혜롭게 되도록 강제할 힘이 없습니다. 그냥 서서 기다릴 수 있을 뿐입니다.

마: 만약 그대와 그대의 신 둘 다 무력하다면, 그것은 세계가 우연적이라는 것을 뜻하지 않습니까? 그리고 만약 그렇다면, 그대가 할 수 있는 일은 그것을 넘어서는 것뿐입니다.

15
진인眞人

질문자: 신의 힘이 없이는 어떤 일도 이루어질 수 없습니다. 그분이 없다면 당신조차도 이곳에 앉아서 저희들에게 말씀을 하실 수 없었을 겁니다.

마하라지: 모든 것이 그가 하는 일임은 의심할 바 없습니다. 그러나 제가 아무것도 원치 않는데, 그것이 저에게 뭐란 말입니까? 신이 저에게 무엇을 주거나, 저에게서 무엇을 가져갈 수 있습니까? 신이 없을 때에도, 제 것은 제 것이고, (과거에도) 제 것이었습니다. 물론 그것은 아주 작디작은 것, 하나의 점—"내가 있다"는 느낌, 곧 존재한다는 사실입니다. 여기는 제 집이고,

누구도 그것을 저에게 주지 않았습니다. 지구가 제 것인데, 그 위에서 자라는 것은 신의 것이지요.

질: 신이 지구를 당신에게서 세내어 가져갔습니까?

마: 신은 저의 헌신자이고, 저를 위해 이 모든 일을 해주었습니다.

질: 당신과 별개의 신은 없습니까?

마: 어떻게 있을 수 있지요? "내가 있다"가 뿌리이고, 신은 나무입니다. 제가 누구를 숭배해야 하며, 무엇 때문에 숭배합니까?

질: 당신께서는 헌신자이십니까, 아니면 헌신의 대상이십니까?

마: 저는 그 어느 것도 아니고, 헌신(devotion) 그 자체입니다.

질: 세상에는 충분한 헌신이 없습니다.

마: 그대는 늘 세상의 진보를 추구하고 있습니다. 그대는 세계가 구원받으려고 그대를 기다리고 있다고 정말로 믿습니까?

질: 제가 세상을 위해 얼마나 많은 일을 할 수 있을지는 모르겠습니다. 제가 할 수 있는 일은, 노력하는 것뿐입니다. 제가 해주기를 바라시는 다른 어떤 일이 있습니까?

마: 그대 없이 세계가 있습니까? 그대는 세계에 대해 모르는 것이 없지만, 그대 자신에 대해서는 아무것도 모릅니다. 그대 자신이 그대가 하는 일의 도구이고, 다른 어떤 도구도 그대는 가지고 있지 않습니다. 왜 일을 생각하기 전에 도구들을 돌보지 않습니까?

질: 저는 기다릴 수 있지만, 세계는 그럴 수 없습니다.

마: 그대가 탐구를 하지 않아서 세계를 기다리게 만듭니다.

질: 무엇을 기다린다는 것입니까?

마: 자신을 구해줄 수 있는 누군가를 말입니다.

질: 신이 세계를 운영하니까, 신이 세계를 구하겠지요.

마: 그것은 그대가 하는 말이지요! 신이 와서 그대에게, 세계가 그의 창조물이고 그의 관심사이니 그대가 상관할 바 아니라고 했습니까?

질: 왜 그것이 저의 유일한 관심사여야 합니까?

마: 생각해 보십시오. 그대가 살고 있는 세계라면, 달리 누가 그에 대해서

압니까?

질: 당신께서 아시고, 모두가 압니다.

마: 그대의 세계 바깥에서 누가 와서 그렇게 말했습니까? 저 자신과 기타 모든 사람은 그대의 세계 안에서 나타나고 사라집니다. 우리는 모두 그대의 처분에 달려 있습니다.

질: 그렇게 나쁠 리가 없지요! 당신께서 저의 세계 안에 존재하시듯이 저도 당신의 세계 안에 존재합니다.

마: 그대는 저의 세계에 대한 아무 증거도 가지고 있지 않습니다. 그대는 그대 자신이 만든 세계 안에 완전히 감싸여 있습니다.

질: 알겠습니다. 완전히, 그러나―희망 없이 말입니까?

마: 그대의 세계라는 감옥 안에 한 인간이 나타나서, 그대가 창조한 고통스런 모순들의 세계는 지속적이지도 않고 영구적이지도 않으며, 하나의 착각에 기초해 있다고 그대에게 말해줍니다. 그는 그대에게, 그 세계에 들어갈 때와 같은 방식으로 거기서 나오라고 간청합니다. 그대는 본래의 그대를 망각하여 거기에 들어갔고, 있는 그대로의 그대 자신을 알면 거기서 나오게 될 것입니다.

질: 그것은 어떤 식으로 세계에 영향을 미칩니까?

마: 그대가 세계에서 벗어날 때, 세계에 대해 뭔가를 할 수 있습니다. 그대가 세계의 한 죄수인 한, 세계를 변화시킬 힘이 없습니다. 오히려 그대가 무슨 일을 해도 상황을 악화시킬 것입니다.

질: 올바름이 저를 해방하겠지요.

마: 올바름은 분명히 그대와 그대의 세계를 안락하게 해주고, 행복한 곳으로까지 만들어 주겠지요. 그러나 무슨 소용 있습니까? 거기에는 아무 실재성이 없습니다. 그것은 지속될 수 없습니다.

질: 신이 도와주겠지요.

마: 그대를 도와주려면 신이 그대가 존재함을 알아야 합니다. 그러나 그대와 그대의 세계는 꿈의 상태들입니다. 꿈속에서 그대가 고뇌를 겪을지는 모르지만, 아무도 그것을 모르고, 아무도 그대를 도와줄 수 없습니다.

질: 그러니까 저의 모든 질문, 저의 탐색과 공부가 아무 소용이 없군요?

마: 그런 것들은 잠자는 데 지친 한 인간의 뒤척임일 뿐입니다. 그런 것은 깨어날 수 있는 원인이 아니라 그 초기의 징후들입니다. 그렇지만, 그대가 이미 그 답을 알고 있는 안이한 질문들을 해서는 안 됩니다.

질: 어떻게 하면 제가 참된 답변을 얻을 수 있습니까?

마: 참된 질문을 해서입니다. 말로써가 아니라, 그대의 빛에 따라 용감하게 살아감으로써 말입니다. 진리를 위해 기꺼이 죽을 수 있는 사람은 그것을 얻을 것입니다.

질: 다른 질문입니다. '사람'이 있습니다. 그 '사람'을 아는 자가 있습니다. 주시자가 있습니다. '아는 자'와 주시자는 같습니까, 아니면 별개의 상태들입니까?

마: '아는 자'와 주시자가 둘입니까, 하나입니까? '아는 자'를 '알려지는 것'과 별개로 볼 때는 주시자가 홀로 있습니다. '알려지는 것'과 '아는 자'를 하나로 볼 때, 주시자는 그것들과 하나가 됩니다.

질: 진인은 누구입니까? 주시자입니까, 지고자입니까?

마: 진인은 지고자이고, 또한 주시자입니다. 그는 존재이자 자각입니다. 의식과 관련해서는 자각이고, 우주와 관련해서는 순수한 존재입니다.

질: 그러면 '사람'은 어떻습니까? '사람'과 '아는 자', 어느 것이 먼저입니까?

마: '사람'이란, 아주 작은 것입니다. 실제로 그것은 하나의 복합물이고, 그 자체로는 존재한다고 말할 수 없습니다. 지각되지 않기에, 그것은 아예 있지도 않습니다. 그것은 마음의 그림자, 기억들의 합계에 지나지 않습니다. 순수한 존재가 마음이라는 거울 안에서 앎(knowing)으로서 반사됩니다. 이때 '알려지는 것'이, 기억과 습관에 기초하여 한 '사람'의 형태를 취합니다. 그것은 마음이라는 스크린에 비친 '아는 자'의 한 그림자, 곧 하나의 투사물일 뿐입니다.

질: 거울이 있고 반사가 있습니다. 그러나 해는 어디 있습니까?

마: 지고자가 해입니다.

질: 그것은 의식할 것이 분명합니다.

마: 그것은 의식하지도 않고 의식 못하지도 않습니다. 그것을 의식이나 무의식의 견지에서 생각하지 마십시오. 그것은 둘 다를 포함하고 둘 다를 넘어서 있는 **생명**입니다.

질: 생명은 아주 지성적입니다. 어떻게 그것이 의식하지 못할 수 있습니까?

마: 그대는 기억에 누락이 있을 때 '무의식 영역'을 이야기합니다. 실제로는 의식밖에 없습니다. 모든 **생명**은 의식하고, 모든 **의식**은 — 살아 있지요.

질: 바위들도 말입니까?

마: 바위들도 의식하고, 살아 있습니다.

질: 제가 가진 걱정은, 제가 상상할 수 없는 것에 대해서는 그 존재성을 제가 곧잘 부정한다는 것입니다.

마: 그대가 상상하는 것들의 존재성을 부정하는 것이 더 현명하겠지요. 실재하지 않는 것은 상상된 것들입니다.

질: 상상할 수 있는 모든 것은 실재하지 않는군요?

마: 기억에 기초한 상상(과거)은 실재하지 않습니다. 미래는 전적으로 실재하지 않는 것은 아닙니다.

질: 미래의 어떤 부분이 실재하고, 어떤 부분이 실재하지 않습니까?

마: 예상하지 못하고 예측할 수 없는 것은 실재합니다.

16
무욕, 최상의 지복

질문자: 저는 깨달은 분들을 많이 만났습니다만, 해탈한 사람은 한 번도 만나지 못했습니다. 당신께서는 해탈한 사람을 만나보셨는지, 아니면 해탈이란 무엇보다도 몸을 버린다는 의미이기도 한지요?

마하라지: 그대가 깨달음이나 해탈이라고 하는 것은 무슨 뜻입니까?

질: 제가 깨달음이라고 하는 것은, 세계가 이해되고, (세계의) 바탕과 본질에 '일체에 편재하는 단일성'이 있을 때의 **평안·선善·미美**의 경이로운 체험을 뜻합니다. 그런 체험이 지속되지는 않지만, 그것은 잊힐 수 없습니다. 그것은 기억으로서, 또 열망으로서 마음속에서 빛납니다. 이것은 제가 분명히 알고 하는 말입니다. 왜냐하면 그런 체험을 해 보았으니까요.

제가 해탈이라고 할 때 그것은, 그 경이로운 상태 안에 영구적으로 있는 것을 뜻합니다. 제가 여쭈려는 것은 해탈이 몸의 생존과 양립할 수 있는지 여부입니다.

마: 몸에 무슨 문제가 있습니까?

질: 몸은 너무 약하고 단명합니다. 몸은 욕구와 갈망을 야기합니다. 몸은 우리를 참담하게 한계 지웁니다.

마: 그래서 어떻다는 겁니까? 신체적 표현들은 한계가 있으라지요. 그러나 해탈은 **자아**가 스스로 부과한 거짓된 관념들에서 벗어나는 것입니다. 해탈은 어떤 특정한 체험 안에 들어 있지 않습니다. 그것이 아무리 찬연한 체험이라 해도 말입니다.

질: 그것은 영원히 지속됩니까?

마: 모든 체험은 시간에 속박됩니다. 시작이 있는 그 무엇도 끝이 있을 수 밖에 없습니다.

질: 그러니까 제가 말하는 의미에서의 **해탈**은 존재하지 않는군요?

마: 반대로, 그대는 늘 자유롭습니다. 그대는 의식하고 있기도 하고, 자유롭게 의식할 수도 있습니다. 누구도 이것을 그대에게서 빼앗아 갈 수 없습니다. 그대는 자신이 존재하지 않거나 의식하지 못하는 것을 안 적이 한 번이라도 있습니까?

질: 저는 기억하지 못할지 모르지만, 저의 존재가 가끔씩 무의식 상태가 되지 않는다고 할 수는 없습니다.

마: 왜 경험을 떠나 경험자로 가서, 그대가 할 수 있는 유일하게 참된 진술인 "내가 있다"의 완전한 의미를 깨달아 보지 않습니까?

질: 그것은 어떻게 합니까?

마: 여기에 '어떻게'는 없습니다. 그저 마음속에 "내가 있다"는 느낌을 간직하고, 그대의 마음과 느낌이 하나가 될 때까지 그 안에 합일되십시오. 거듭 시도하다 보면 주의(attention)와 애정(affection)의 올바른 균형을 만나게 되고, 그러면 마음이 "내가 있다"는 생각-느낌 안에 확고히 자리 잡을 것입니다. 그대가 무슨 생각이나 말이나 일을 하든, 이 불변의 애정 어린 '있음(being)'의 느낌은 마음의 항존하는 배경으로 남습니다.

질: 그러면 그것을 해탈이라고 하십니까?

마: 저는 그것을 평상적平常的(normal)이라고 합니다. 아무 애씀 없이 그리고 행복하게 존재하고, 알고, 행위하는 것이 무슨 문제가 있습니까? 왜 해탈을 그렇게 특이한 것으로 생각하여 몸이 즉각 소멸될 거라고 예상합니까? 몸에 무슨 문제가 있기에 그것이 죽어야 합니까? 몸에 대한 그대의 태도를 바로잡고 몸은 내버려두십시오. (몸에게) 비위를 맞추지 말고 고통을 가하지도 마십시오. 그저 그것이 대부분의 시간 동안 의식적 주의가 미치는 경계선 아래서 계속 움직이게 하십시오.

질: 경이로운 체험에 대한 기억이 저를 늘 따라다닙니다. 저는 그 체험들을 다시 갖고 싶습니다.

마: 다시 갖고 싶어 하기 때문에 그것을 갖지 못하는 것입니다. 어떤 것을 갈망하는 상태는 더 깊은 모든 체험을 가로막습니다. 자기가 무엇을 원하는지 정확히 알고 있는 마음(특정한 대상이나 목표를 원하는 마음)에게는 가치 있는 어떤 일도 일어날 수 없습니다. 마음이 상상하고 원하는 그 무엇도 별 가치가 없기 때문입니다.

질: 그러면 원할 만한 가치가 있는 것은 무엇입니까?

마: 최선의 것을 원하십시오. 최상의 **행복**, 최대의 **자유** 말입니다. **무욕**이 최상의 **지복**至福입니다.

질: 욕망에서 벗어나는 것은 제가 원하는 자유가 아닙니다. 저는 저의 열망들을 충족시킬 자유를 원합니다.

마: 마음대로 그대의 열망들을 충족하십시오. 사실상 그대는 달리 어떤 일도 하지 않고 있습니다.

질: 애를 쓰지만, 장애들이 있어서 제가 좌절하게 됩니다.
마: 그것을 극복하십시오.
질: 그게 안 됩니다. 저는 너무 약합니다.
마: 무엇이 그대를 약하게 합니까? 약함이 무엇입니까? 남들은 자신의 욕망을 충족하는데, 그대는 왜 못합니까?
질: 저는 에너지가 부족한 게 분명합니다.
마: 그대의 에너지에 무슨 일이 생겼습니까? 어디로 가버렸습니까? 그대는 서로 모순되는 너무나 많은 것을 욕망하고 추구하면서 에너지를 낭비한 것 아닙니까? 에너지를 무한정 공급받을 수는 없습니다.
질: 왜 안 됩니까?
마: 그대의 목표들이 사소하고 비천하기 때문입니다. 그런 목표들은 더 이상을 요구하지 않습니다. 신의 에너지만이 무한합니다. 왜냐하면 그는 그 자신을 위해 아무것도 원치 않기 때문입니다. 신처럼 되십시오. 그러면 그대의 모든 욕망이 충족될 것입니다. 그대의 목표가 고원高遠하면 할수록, 욕망이 원대하면 할수록, 그것을 충족하기 위한 에너지를 더 많이 갖게 될 것입니다. 모두의 이익(공동선)을 욕망하십시오. 그러면 우주가 그대와 함께 일할 것입니다. 그러나 그대 자신만의 쾌락을 원한다면 그것을 힘들게 얻어야 합니다. 욕망하기 전에 그럴 만한 자격을 갖추십시오.
질: 저는 철학과 사회학, 그리고 교육에 대한 연구를 하고 있습니다. 저는 마음을 더 많이 발전시켜 두어야 진아 깨달음을 꿈꿀 수 있을 거라고 생각합니다. 저는 올바른 길을 가고 있습니까?
마: 생계를 유지하려면 어떤 전문화된 지식이 필요합니다. 일반적인 지식이 마음을 발전시킨다는 것은 의심할 바 없습니다. 그러나 지식을 축적하는 데 인생을 소비하려고 하면, 주위에 하나의 벽을 구축하게 됩니다. 마음을 넘어서기 위해서는 지식이 풍부한 마음이 필요치 않습니다.
질: 그러면 무엇이 필요합니까?
마: 자신의 마음을 믿지 말고 그것을 넘어서십시오.
질: 마음 너머에서는 제가 무엇을 발견하게 됩니까?

마: 있음(being), 앎(knowing), 사랑하기(loving)에 대한 직접적 체험입니다.

질: 어떻게 하면 우리가 마음을 넘어섭니까?

마: 출발점은 많은데 모두 같은 목표에 이릅니다. 사심 없이 일하면서 행위의 열매를 포기하는 것(행위의 결과에 집착하지 않는 것)으로 시작해도 됩니다. 그러면 생각하는 것을 놓아버리게 되고, 결국 모든 욕망을 놓아 버리게 될지 모릅니다. 여기서 **놓아버리기**(*tyaga*)가 운용적 요소(operational factor-자기 의지로 좌우할 수 있는 요소)입니다. 아니면 그대가 원하거나 생각하거나 행하는 그 어떤 것에 대해서도 개의치 말고 "내가 있다"는 생각과 느낌 안에 그냥 머무르면서, "내가 있다"가 마음 속에 확고히 자리 잡게 해도 됩니다. 온갖 체험이 다가올 수 있지만, 지각할 수 있는 모든 것은 무상하며 "내가 있다"만이 지속된다는 것을 알고, 동요됨 없이 머무르십시오.

질: 저는 그런 **수행**에 제 모든 삶을 바칠 수 없습니다. 제가 해야 할 일들이 있습니다.

마: 얼마든지 해야 할 일들을 돌보십시오. 그대가 감정적으로 개입하지 않고, (남들에게) 이익이 되지 고통을 야기하지 않는 행위는 그대를 속박하지 않을 것입니다. 몇 가지 방향에서 엄청난 열의를 가지고 일하면서도, 내면적으로는 자유롭고 고요할 수 있습니다. 모든 것을 반사하면서도 영향을 받지 않는 거울 같은 마음을 가지고 말입니다.

질: 그런 상태를 깨달을 수 있습니까?

마: 만일 그렇지 않다면 제가 그런 이야기를 하지 않겠지요. 제가 왜 공상을 하겠습니까?

질: 누구나 경전을 인용합니다.

마: 경전만 아는 사람들은 아무것도 모릅니다. 안다는 것은 (그 상태로) **있다**(*be*)는 것입니다. 저는 분명히 아는 것을 이야기합니다. 책을 읽어서 알거나 남에게서 들은 이야기가 아닙니다.

질: 저는 한 교수님 밑에서 산스크리트어를 공부하고 있지만, 실은 경전을 읽고 있을 뿐입니다. 저는 **진아** 깨달음을 추구하고 있고, 그에 필요한 가르침을 얻으러 왔습니다. 제가 무엇을 해야 할지 부디 말씀해 주시겠습니까?

마: 경전을 읽었다면서 왜 저에게 묻습니까?

질: 경전들은 일반적인 방향을 제시해 주지만, 사람마다 개인적인 가르침이 필요합니다.

마: 그대 자신의 **진아**가 그대의 **궁극적 스승**(sadguru-참스승)입니다. 외적인 스승(Guru)은 하나의 이정표에 불과합니다. 내적인 스승(진아)만이 그대와 함께 목표 지점까지 걸어가 줄 것입니다. 그가 곧 (그대의) 목표이기 때문입니다.

질: 내적인 스승에 도달하기가 쉽지 않습니다.

마: 그는 그대의 안에, 그대와 함께 있기 때문에, 그 어려움은 심각한 것일 수 없습니다. 내면을 보십시오. 그러면 그를 발견할 것입니다.

질: 제가 내면을 바라보면 감각과 지각, 생각과 감정, 욕망과 공포, 기억과 기대가 있습니다. 저는 이 구름에 잠겨서 달리 아무것도 보지 못합니다.

마: 이 모든 것을 보는 것이—그리고 그 아무것도 아닌 것도—내적인 스승입니다. 그만이 있고, 다른 모든 것은 있는 것처럼 보일 뿐입니다. 그는 그대 자신의 **진아**(swarupa)이고, 그대의 희망이며, **자유**의 보증입니다. 그를 발견하고 그에게 매달리십시오. 그러면 안전하게 구원될 것입니다.

질: 당신을 믿습니다만, 이 내면의 **진아**를 실제로 발견하는 문제에 이르면 그것이 저를 피해가 버립니다.

마: "그것이 나를 피해 간다"라는 관념, 그것은 어디서 일어납니까?

질: 마음 안에서요.

마: 그러면 마음을 아는 자는 누구입니까?

질: 마음의 **주시자**가 마음을 압니다.

마: 누군가가 와서 그대에게 "나는 네 마음의 **주시자**다"라고 이야기합니까?

질: 물론 그렇지 않습니다. 그런 주시자라면 마음속의 또 다른 관념일 뿐이 겠지요.

마: 그러면 누가 **주시자**입니까?

질: 저입니다.

마: 그래서, 그대가 **주시자**를 아는 것은 그대가 **주시자**이기 때문입니다. 그 대 목전의 **주시자**를 그대가 볼 필요는 없습니다. 여기서도, (주시자로) 있는

것이 (주시자를) 아는 것입니다.

질: 예, 제가 주시자, 곧 **자각** 그 자체라는 것을 알겠습니다. 그러나 어떤 면에서 그것이 저에게 이익이 되겠습니까?

마: 무슨 그런 질문을! 어떤 종류의 이익을 기대합니까? 그대가 무엇인지를 아는 것, 그것으로 족하지 않습니까?

질: **자기앎**(self-knowledge-진아지)은 어떤 쓸모가 있습니까?

마: 그것은 무엇이 그대가 아닌지를 이해하게 도와주고, 그대가 거짓된 관념, 욕망과 행위에서 벗어나 있게 해줍니다.

질: 만일 제가 주시자일 뿐이라면, 옳고 그름이 뭐가 중요합니까?

마: 그대가 자신을 알도록 돕는 것들은 옳습니다. 그것을 가로막는 것들은 그릅니다. 자신의 **진정한 자아**(real Self)를 아는 것은 **지복**이고, 그것을 잊어버리는 것은 슬픔입니다.

질: 주시자-의식이 **진아**(Self)입니까?

마: 그것은 **실재**가 마음(*buddhi*) 안에서 반사되는 것입니다. 실재는 그 너머에 있습니다. 주시자는 그것을 통해 그대가 (실재로) 넘어가는 문입니다.

질: 명상의 목적은 무엇입니까?

마: 거짓을 거짓으로 보는 것이 **명상**입니다. 명상은 늘 해 나가야 합니다.

질: 명상은 규칙적으로 해야 한다고 합니다.

마: 참된 것과 거짓된 것을 분별하여 거짓된 것을 포기하는 수련을 의도적으로 매일 하는 것이 **명상**입니다. 시작 단계에서는 여러 종류의 **명상**이 있지만, 결국에는 모두 하나로 합일됩니다.

질: **진아 깨달음**으로 가는 길 중 어느 것이 가장 **짧은**지 부디 말씀해 주십시오.

마: 짧은 길도 긴 길도 없으나, 어떤 사람들은 더 진지하고 어떤 사람들은 덜 진지합니다. 저 자신에 대해서 이야기해 드릴 수 있지요. 저는 단순한 사람이었지만, 제 **스승님**을 믿었습니다. 그분이 저에게 하라고 말씀하신 것을 저는 했습니다. 그분은 저에게 "내가 있다"에 집중하라고 했고, 저는 그렇게 했습니다. 그분은 제가 '지각할 수 있고 생각할 수 있는' 모든 것을

넘어서 있다고 말씀하셨고, 저는 믿었습니다. 저는 제 마음과 영혼, 모든 주의력과 여분의 시간 모두를(왜냐하면 가족이 생존할 수 있도록 일을 해야 했으니까) 그분께 드렸습니다. 믿음과 성실한 실천의 결과로 저는 3년 안에 저의 **진아**(*swarupa*)를 깨달았습니다.

그대에게 맞는 어떤 길을 선택해도 됩니다. **성실성**이 진보의 정도를 좌우합니다.

질: 저에게 아무 힌트도 주지 않으십니까?

마: "내가 있다"는 **자각** 안에 그대 자신을 확고히 자리 잡게 하십시오. 이것은 모든 노력의 시작이자 끝이기도 합니다.

17
항상 존재하는 것

질문자: 마음이 가진 최고의 능력은 이해, 지성, 직관입니다. 인간은 세 가지 몸—즉, 물리적 몸, 정신적 몸, 원인적 몸을 가지고 있습니다. 물리적 몸(조대신粗大身)은 그의 존재를 반영하고, 정신적 몸(미세신微細身)은 그의 앎을, 원인적 몸(원인신原因身)은 그의 발랄한 창조력을 반영합니다. 물론 이 몸들은 모두 **의식** 안의 형상들이지만, 각기 그 나름의 성질을 가진 별개의 것들로 보입니다. 지성(*buddhi*)은 아는 힘(*chit*-의식)이 마음 안에서 반사되는 것입니다. 그 힘은 마음이 많은 것을 알 수 있게 해줍니다. 지성이 밝으면 밝을수록 앎은 더 넓고, 더 깊고, 더 참됩니다. 사물을 알고, 사람들을 알고, 자기 자신을 아는 것은 모두 지성의 기능인데, 그 중 마지막 것이 가장 중요하며, 앞의 두 가지를 포함합니다. 자기 자신과 세계를 잘못 이해하면 거짓된 관념과 욕망들을 갖게 되고, 그것은 다시 속박을 가져옵니다. 환幻의 속박에서 벗어나기 위해서는 자기 자신에 대한 올바른 이해가 필요합니다. 저

는 이 모든 것을 이론상으로는 이해합니다만, 실천의 문제에 이르러서는 상황과 사람들에 대응하는 면에서 딱하게도 실패하고, 부적절한 반응으로 인해서 저의 속박을 가중할 뿐입니다. 삶은 저의 아둔하고 느린 마음에게 너무나 신속합니다. 예전의 실수를 이미 되풀이하고 난 뒤에야 이해하지만, 때가 너무 늦습니다.

마하라지: 그러면 그대의 문제는 무엇입니까?

질: 저에게는 삶에 대한 총명하면서도 신속한 반응이 필요합니다. 그런데 그것이 완벽하게 자연발로적이지 않으면 신속할 수 없습니다. 어떻게 하면 제가 그런 자연발로성(spontaneity)을 얻을 수 있습니까?

마: 거울은 태양을 끌어들이는 어떤 일도 할 수 없습니다. 단지 밝게 빛날 수 있을 뿐이지요. 마음이 준비가 갖추어지면 태양이 그 안에서 빛납니다.

질: 그 빛은 **진아**의 빛입니까, 마음의 빛입니까?

마: 둘 다지요. 그것은 무無원인이고 그 자체로 불변인데, 마음에 의해 채색됩니다. 왜냐하면 마음은 움직이고 변하기 때문입니다. 그것은 영화와 아주 흡사합니다. 빛은 필름 안에 있지 않은데, 필름이 빛을 물들이고, 그 빛을 가로채어 빛이 움직이는 것처럼 보이게 만듭니다.

질: 당신께서는 지금 완전한 상태에 계십니까?

마: 완전함은 마음이 순수할 때의 마음의 한 상태입니다. 저는 마음의 상태가 어떠하든, 순수하든 않든, 마음을 넘어서 있습니다. **자각**이 저의 성품이고, 궁극적으로 저는 존재와 비존재를 넘어서 있습니다.

질: 제가 당신의 상태에 도달하는 데 **명상**이 도움이 되겠습니까?

마: **명상**은 그대가 자신의 속박을 발견하여 그것을 느슨하게 하고, 그것을 풀고, 그대를 묶어두던 장치를 던져버리게 하는 데 도움이 되겠지요. 그대가 더 이상 어떤 것에도 집착하지 않을 때, 그대가 할 몫은 다한 것입니다. 그 나머지는 그대를 위해 (저절로) 이루어질 것입니다.

질: 누구에 의해서 말입니까?

마: 그대를 지금까지 데려왔고, 그대의 가슴이 **진리**를 열망하고 그대의 마음이 그것을 추구하도록 촉구해 온 바로 그 힘에 의해서지요. 그것은 그대

를 살아 있게 하는 바로 그 **힘**입니다. 그것을 **생명**이라 해도 되고, **지고자**라고 해도 됩니다.

질: 같은 **힘**이 때가 되면 저를 죽입니다.

마: 그대는 태어날 때 존재하지 않았습니까? 또 죽을 때도 존재하지 않겠습니까? 늘 존재하는 자가 누군지를 발견하십시오. 그러면 자연발로적이고 완전한 반응이라는 그대의 문제는 해결될 것입니다.

질: 영원한 것을 깨닫는 것과, 항상 변화하는 일시적 사건들에 애씀 없이 적합하게 반응하는 것은 서로 별개의 문제입니다. 당신께서는 그 두 가지를 하나로 뭉뚱그리시는 것 같습니다. 왜 그렇게 하십니까?

마: **영원자**(영원한 실재)를 깨닫는다는 것은 **영원자, 전체,** 곧 그 안의 모든 것을 포함하는 **우주**가 되는 것입니다. 각 사건은 그 **전체**의 결과이자 표현이며, **전체**와 근본적 조화를 이루고 있습니다. **전체**에서 나오는 모든 반응은 올바르고, 애씀 없고, 순간적일 수밖에 없습니다.

만약 그것이 올바르다면, 달리 그러지 않을 수 없지요. 지체된 반응은 그릇된 반응입니다. 생각·감정·행위는 그것을 요구하는 상황과 하나이면서 동시여야 합니다.

질: 그것은 어떻게 옵니까?

마: 이미 그대에게 말했습니다. 그대가 태어날 때 존재했고, 그대의 죽음을 지켜볼 그를 발견하십시오.

질: 제 아버지와 어머니 말씀입니까?

마: 그렇지요. 그대의 아버지이자 어머니이며, 그대가 나온 **근원**입니다. 어떤 문제를 풀려면 그대가 그 **근원**으로 소급해야 합니다. **탐구**(enquiry)와 **무욕**(dispassion)이라는 보편적 용제溶劑 안에서 그 문제가 녹아 버려야만, 올바른 답이 나올 수 있습니다.

17. 항상 존재하는 것

18
그대가 자신이라고 여기는 것은 그대가 아니다

질문자: 당신께서 우주가 물질, 마음 그리고 영혼으로 이루어져 있다고 하시는 것은 우주를 묘사하는 많은 방식 중 하나입니다. 우주가 따를 것으로 기대되는 다른 패턴들도 있는데, 저는 어느 것이 참되고 어느 것이 참되지 않은지 갈피를 못 잡겠습니다. 결국 모든 패턴들은 말일 뿐이고, 어느 패턴도 실재를 내포할 수 없지 않나 하는 의심을 하게 됩니다. 당신에 따르면, **실재**는 세 가지 **무변제**無邊際(expanse-광대무변한 영역)로 이루어집니다. 즉, 물질-에너지의 **무변제**(mahadakash), 의식의 **무변제**(chidakash), 순수한 영靈의 **무변제**(paramakash)입니다. 첫째 것은 **라자스**와 **따마스** 둘 다를 가지고 있는 어떤 것입니다. 그것은 우리가 지각합니다. 우리는 또한 우리가 지각한다는 것을 압니다. 즉, 우리는 의식하고 있고, 의식하고 있다는 것도 자각합니다. 그리하여 우리는 두 가지, 즉 **물질-에너지**와 **의식**을 갖습니다. 물질은 공간 안에 있는 것처럼 보이는 반면, 에너지는 변화와 연관되고 변화율에 의해 측정되기에 늘 시간 속에 있습니다. 의식은 어떻든 지금 여기, 시간과 공간 속의 단일한 한 점 안에 있는 것처럼 보입니다. 그러나 당신께서는, 의식도 무소부재하고(universal), 그래서 그것은 무시간적·무공간적·비인격적인 것이 된다고 말씀하시는 것 같습니다. 저는 무시간적이고 무공간적인 것과 '지금 여기' 사이에 아무 모순이 없다는 것을 어떻게든 이해할 수 있지만, 비인격적 **의식**이라는 것은 가늠할 수 없습니다. 저에게 의식은, 늘 초점이 있고, 중심이 있고, 개인화되어 있는 한 '사람'입니다. 당신께서는 지각하는 자 없이도 지각이, 아는 자 없이도 앎이 있을 수 있고, 사랑하는 자 없이도 사랑이, 행위하는 자 없이도 행위가 있을 수 있다고 말씀하시는 것 같습니다. 저는 '앎, 아는 자, 알려지는 것'의 3요소가 삶의 각 움직임 속에서 보일 수 있다고 생각합니다. 의식은 의식하는 한 존재, 의식의 대상, 그리고 의식한다는 사실이 있다는 의미를 내포합니다. 의식하는 그것(존재)을 저는

한 '사람'이라고 부릅니다. '사람'은 세계 안에서 살고 있고, 세계의 일부이며, 세계에 영향을 주고, 세계에 의해 영향을 받습니다.

마하라지: 왜 세계와 그 '사람'이 어떻게 실재하는지 탐구하지 않습니까?

질: 오, 아닙니다! 탐구할 필요가 없습니다. 만일 그 '사람'이 그가 존재하는 세계 못지않게 실재한다면, 그걸로 족합니다.

마: 그러면 질문은 무엇입니까?

질: '사람들'은 실재하고 **보편자들**(universals-물질·마음·영혼·의식 등)은 개념적입니까, 아니면 **보편자들**은 실재하고 '사람'들은 실재하지 않습니까?

마: 어느 것도 실재하지 않습니다.

질: 분명히 저는 당신의 답변을 좋게 평가할 만큼 충분히 실재하는데, 저는 한 '사람'입니다.

마: 잠들었을 때는 그렇지 않지요.

질: 가라앉아 있다고 해서 존재하지 않는 것이 아닙니다. 비록 잠들었어도, 저는 있습니다.

마: 한 '사람'이기 위해서는 그대가 자기를 의식해야 합니다. 늘 그렇게 의식합니까?

질: 잠들었을 때는 물론 그렇지 않고, 기절을 했거나 약에 마취되었을 때도 그렇지 않습니다.

마: 그대가 깨어 있는 시간에는 지속적으로 자기를 의식합니까?

질: 아니요. 때로는 멍하게 있거나, 그냥 (어떤 대상에) 몰두해 있습니다.

마: 자기의식이 없는 그 틈새 시간에도 그대는 한 '사람'입니까?

질: 물론 저는 내내 같은 '사람'입니다. 저는 어제와 작년의 저 자신의 모습을 기억합니다. 분명히, 저는 같은 '사람'입니다.

마: 그러니까, 그대가 한 '사람'이기 위해서는 기억이 필요하군요?

질: 물론입니다.

마: 그러면 기억이 없으면 그대는 무엇입니까?

질: 불완전한 기억은 불완전한 인격을 수반합니다. 기억이 없다면 저는 한 '사람'으로서 존재할 수 없습니다.

마: 분명히 그대는 기억 없이도 존재합니다. 실제 그렇지요—잠 속에서.

질: 살아남아 있다는 의미에서만 그렇습니다. 한 '사람'으로서가 아니라.

마: 한 '사람'으로서의 그대는 간헐적 존재성만 가지고 있다고 그대가 시인하니, 그대 자신을 한 '사람'으로 경험하는 시간들 사이의 간기間期(intervals)에는 그대가 무엇인지 말해줄 수 있습니까?

질: 제가 있지만, 한 '사람'으로서는 아닙니다. 그 간기間期에는 저 자신을 의식하지 못하기 때문에, 제가 존재하기는 하지만 한 '사람'으로서 존재하는 것은 아니라는 말씀만 드릴 수 있습니다.

마: 그것을 비인격적 존재(impersonal existence)라고 불러볼까요?

질: 저는 차라리 그것을 무의식적 존재라고 부르겠습니다. 제가 있지만, 제가 있다는 것을 모릅니다.

마: 그대는 방금 "제가 있지만, 제가 있다는 것을 모릅니다"라고 했습니다. 어떤 무의식 상태에서도 그대의 존재에 대해 과연 그렇게 말할 수 있었을까요?

질: 아니요, 그럴 수 없었을 것입니다.

마: 과거 시제로만 그것을 묘사할 수 있지요. "저는 몰랐습니다. 의식이 없었습니다"라고, 기억하지 못한다는 의미로 말입니다.

질: 의식이 없었는데 어떻게 기억을 하며, 무엇을 기억할 수 있겠습니까?

마: 정말 의식이 없었습니까, 아니면 그냥 기억을 못하는 것입니까?

질: 어떻게 이해해야 합니까?

마: 생각해 보십시오. 그대는 어제의 매초每秒를 기억합니까?

질: 물론 기억 못합니다.

마: 그때는 의식이 없었습니까?

질: 물론 아닙니다.

마: 그러니까, 의식이 있는데도 기억을 못하는 거로군요?

질: 그렇습니다.

마: 어쩌면 그대는 잠 속에서도 의식하고 있었지만, 단지 기억을 못하는 거겠지요.

질: 아니요, 저는 의식이 없었습니다. 잠들어 있었습니다. 저는 의식 있는 사람처럼 행동하지 않았습니다.

마: 그러면 그것을 어떻게 압니까?

질: 제가 잠들어 있는 것을 본 사람들이 그렇게 말해주었습니다.

마: 그들이 증언할 수 있는 것은, 그대가 눈을 감고 규칙적으로 숨을 쉬며 가만히 누워 있는 것을 보았다는 것뿐입니다. 그들은 그대가 의식이 있었는지 없었는지 알 수 없었습니다. 그대의 유일한 증거는 그대 자신의 기억입니다. 아주 불확실한 증거지요!

질: 예, 저는 저 나름의 방식으로, 제가 깨어 있는 시간에만 한 '사람'이라는 것을 시인합니다. 그 사이에는 제가 무엇인지 모릅니다.

마: 최소한 그대는 자신이 모른다는 것은 알지요! 그대는 깨어 있는 시간들 사이의 간기間期에는 의식이 없는 척하니까, 그 간기들은 내버려두고 깨어 있는 시간만 생각해 봅시다.

질: 저는 꿈속에서도 똑같은 '사람'입니다.

마: 동의합니다. 그 두 가지—생시와 꿈을 같이 생각해 봅시다. 차이는 단지 연속성에 있을 뿐입니다. 만약 그대의 꿈들이 일관되게 지속되어 밤이면 밤마다 같은 환경과 같은 사람들이 나타난다면, 어느 것이 생시고 어느 것이 꿈인지 갈피를 못 잡겠지요. 이제부터는 우리가 생시의 상태를 이야기할 때 꿈의 상태도 포함시키기로 하지요.

질: 동의합니다. 저는 한 세계와 의식적 관계를 맺고 있는 한 '사람'입니다.

마: 그 세계와, 그 세계와의 의식적 관계는 한 '사람'으로서의 그대의 존재에 필수적입니까?

질: 비록 동굴에 감금되어 있다 해도, 저는 한 '사람'으로 남아 있습니다.

마: 그것은 하나의 몸과 하나의 동굴이 있다는 것을 뜻합니다. 그리고 그것들이 존재하는 하나의 세계가 있음을 뜻하지요.

질: 예, 알겠습니다. 세계와 그 세계에 대한 의식은 '사람'으로서의 저의 존재에 필수적입니다.

마: 그렇다면 그 '사람'은 세계의 중요한 부분이 되고, 그 반대도 마찬가지

입니다. 그 둘은 하나입니다.

질: 의식은 홀로 존립합니다. '사람'과 세계는 의식 안에서 나타납니다.

마: 그대는 '나타난다'고 말했습니다. '사라진다'도 덧붙일 수 있었을까요?

질: 아니요, 그럴 수 없습니다. 저는 저와 세계의 출현만을 자각할 수 있을 뿐입니다. 한 '사람'으로서, 제가 "세계는 없다"고 말할 수는 없습니다. 한 세계가 없이는 그런 말을 할 제가 없을 것입니다. 한 세계가 있기 때문에, "한 세계가 있다"고 말하는 제가 있습니다.

마: 어쩌면 그 반대일 수도 있지요. 그대가 있기 때문에 한 세계가 있다고 말입니다.

질: 저에게 그런 진술은 의미가 없는 것처럼 보입니다.

마: 탐구해 보면 그것의 의미 없음이 사라질지 모르지요.

질: 우리는 어디서 시작합니까?

마: 제가 아는 것은, (다른 것에) 의존하는 그 무엇도 실재하지 않는다는 것뿐입니다. 실재하는 것은 참으로 독립적입니다. 그 '사람'의 존재성은 세계의 존재성에 의존해 있고, 세계에 의해 제한되고 규정되기 때문에, 그것은 실재할 수 없습니다.

질: 그것이 하나의 꿈일 수는 없습니다, 분명히.

마: 꿈조차도 우리가 그것을 인식하고 즐기거나 감내할 때, 존재성을 갖습니다. 그대가 생각하고 느끼는 것은 뭐든 존재성을 갖습니다. 그러나 그것은 그대가 그러리라고 생각하는 것은 아닐 수도 있습니다. 그대가 한 '사람'이라고 생각하는 것이, 전혀 다른 어떤 것일 수 있습니다.

질: 저는 제가 저 자신이라고 아는 그것입니다.

마: 그대가 자신이라고 여기는 것이 그대라고는 도저히 말할 수 없지요! 그대 자신에 대한 그대의 관념은 나날이 변하고 순간순간 변합니다. 그대의 자기상自己像(self-image)은 그대가 가지고 있는 것 중에서 가장 변화무쌍한 것입니다. 그것은 전적으로 취약하고, 그대 곁을 지나가는 사람에 의해 좌지우지됩니다. 가족을 잃거나, 실직하거나, 모욕을 당하면, 그대가 자신의 '사람'이라고 하는 그대 자신에 대한 상像이 깊숙이 변합니다. 그대가 무엇

인지를 알려면, 먼저 (그대 자신을) 탐구하여 그대가 무엇이 아닌지를 알아야 합니다. 그리고 그대가 무엇이 아닌지를 알려면, "내가 있다"는 기본적 사실과 반드시 부합하지는 않는 모든 것을 배제하고 그대 자신을 주의 깊게 관찰해야 합니다. '나는 언제 어디서 내 부모님에게서 태어났고, 지금은 이러이러한 사람인데, 누구와 결혼하여, 어디에 살고 있고, 누구의 아버지이며, 누구에게 고용되어 있다'는 등의 관념들은 "내가 있다"는 느낌에 내재하지 않습니다. 우리가 취하는 보통의 태도는 "나는 이것이다"입니다. "내가 있다"를 '이것'이나 '저것'으로부터 일관되게 꾸준히 분리하고, '있다'는 것, '이것'이나 '저것'이 아니면서 그저 있다는 것이 의미하는 바를 느끼려고 애쓰십시오. 우리의 모든 습관은 그것을 거역합니다. 이 습관들과 싸우는 것은 때로는 오래 걸리고 힘든 과정이지만, 분명한 이해가 있으면 많은 도움이 됩니다. 마음의 수준에서는 그대가 ("나는 무엇이 아니다"라는) 부정적 용어로만 묘사될 수 있다는 것을 분명히 이해하면 할수록, 더 빨리 **탐구**의 끝에 이르러 그대의 무한한 **존재**를 깨닫게 될 것입니다.

19
실재는 객관성에 자리 잡고 있다

질문자: 저는 화가이고 그림을 그려 돈을 법니다. 영적인 견지에서 볼 때 그것이 어떤 가치가 있기는 합니까?

마하라지: 그림을 그릴 때 그대는 무엇을 생각합니까?

질: 그림을 그릴 때는 그 그리는 것과 저 자신만 생각합니다.

마: 거기서 그대는 무엇을 합니까?

질: 그림을 그립니다.

마: 아니지요, 그리지 않습니다. 그대는 그림이 그려지고 있는 것을 봅니다.

그대는 지켜볼 뿐이고, 다른 모든 일은 일어납니다.

질: 그림이 스스로를 그립니까? 아니면 그림을 그리는 더 깊은 어떤 '저'나 어떤 신이 있습니까?

마: 의식 자체가 가장 위대한 화가입니다. 전 세계가 하나의 그림이지요.

질: 세계라는 그림은 누가 그렸습니까?

마: 그 화가는 그 그림 안에 있습니다.

질: 그 그림은 화가의 마음 안에 있고, 화가는 그 그림 안에 있는데, 그 그림은 그 그림 안에 있는 화가의 마음 안에 있다는 거로군요! 상태와 차원들이 이렇게 무한하다는 것은 말이 안 되지 않습니까? 우리가 마음 안에 있는 그림에 대해 이야기하는 순간, 그 마음 자체는 그림 안에 있기 때문에, 낮은 **주시자**를 그보다 높은 **주시자**가 보게 되는 끝없는 **주시자**의 연쇄에 봉착합니다. 그것은 두 개의 거울 가운데 서서 무수히 나타나는 사람들을 보고 놀라는 것과 같습니다!

마: 정말 그렇지요. 그대 혼자와 이중 거울만 있습니다. 두 거울 사이에서는 그대의 형상과 이름들이 무수히 많습니다.

질: 당신께서는 세계를 어떻게 보십니까?

마: 저는 그림을 그리는 한 화가를 봅니다. 그 그림을 저는 세계라 하고, 그 화가를 저는 신이라고 합니다. 저는 그 어느 것도 아닙니다. 저는 창조하지도 않고 창조되지도 않습니다. 저는 모든 것을 포함하지만 그 무엇도 저를 포함하지 않습니다.

질: 제가 한 그루의 나무, 하나의 얼굴, 한 번의 해넘이를 볼 때, 그 그림은 완전합니다. 그런데 눈을 감으면 마음속의 그 이미지는 희미하고 어렴풋합니다. 만약 그 그림을 투사하는 것이 저라면, 왜 제가 눈을 떠야 아름다운 꽃이 보이고, 눈을 감으면 그것이 막연하게 보입니까?

마: 그것은 그대의 외적인 눈이 내적인 눈보다 더 낫기 때문입니다. 그대의 마음은 모두 바깥으로 향해 있습니다. 그대가 마음의 세계를 지켜보는 법을 알게 되면, 그 세계가 몸이 제공할 수 있는 것보다 훨씬 더 화려하고 완전하다는 것을 발견할 것입니다. 물론 얼마간의 훈련이 필요하겠지요. 그

러나 왜 따집니까? 그대는 그림이, 그것을 실제로 그리는 화가에게서 나온다고 상상합니다. 그대는 언제나 기원과 원인들을 찾습니다. 인과성은 마음 속에 있을 뿐입니다. 기억이 연속성의 환상을 제공하고, 반복이 인과성의 관념을 만들어냅니다. 일들이 함께 되풀이해서 일어나면 우리는 그 일들 사이에 어떤 인과적 연관이 있다고 보는 경향이 있습니다. 그것이 어떤 마음의 습習을 만들어내지만, 습이란 필요한 것이 아닙니다.

질: 당신께서 방금 세계는 신이 만드는 거라고 말씀하셨습니다.

마: 언어는 마음의 한 도구임을 기억하십시오. 그것은 마음에 의해, 마음을 위해 만들어집니다. 그대가 일단 하나의 원인을 인정하면, 신이 궁극적 원인이고 세계는 결과입니다. 그 둘은 서로 다르지만 별개가 아닙니다.

질: 사람들은 신을 본다는 이야기를 합니다.

마: 세계를 볼 때 그대는 신을 봅니다. 세계와 별개의 신을 보는 일은 없습니다. 세계를 넘어서 신을 본다는 것은 신이 되는 것입니다. 그대가 세계를, 즉 신을 보는 빛은 "내가 있다"는 아주 작은 섬광인데, 외관상으로는 아주 작지만 모든 **앎**과 **사랑하기** 행위에서 처음이자 마지막인 빛입니다.

질: 신을 보려면 세계를 보아야 합니까?

마: 달리 어떻게 합니까? 세계가 없으면 신도 없습니다.

질: 무엇이 남습니까?

마: 그대가 **순수한 존재**(pure being)로 남습니다.

질: 그러면 세계와 신은 어떻게 됩니까?

마: **순수한 존재**(avyakta)지요.

질: 그것은 **큰 무변제**(paramakash)와 같습니까?

마: 그렇게 불러도 되겠지요. 단어들은 중요하지 않습니다. 그것들은 거기 도달할 수 없기 때문입니다. 단어들은 아예 부정否定으로 돌아 나옵니다.

질: 신으로서의 세계를 제가 어떻게 볼 수 있습니까? 신으로서의 세계를 본다는 것은 무슨 의미입니까?

마: 그것은 어두운 방 안에 들어가는 것과 같습니다. 아무것도 볼 수 없지요. 만질 수는 있어도 볼 수는 없습니다—아무 색깔, 아무 윤곽도 말입

니다. 그러나 창문을 열면 방에 빛이 가득 찹니다. 색깔과 형태들이 존재하게 됩니다. 창문은 빛을 제공해 주지만 빛의 근원은 아닙니다. 해가 근원입니다. 마찬가지로, 물질은 어두운 방과 같고, **의식은**—창문은—감각과 지각으로 물질을 가득 채우며, **지고자**는 해, 즉 물질과 빛 둘 다의 **근원**입니다. 창문이야 닫을 수도 있고 열 수도 있지만 해는 항상 빛납니다. 해가 그 방에 모든 차이를 만들어내지만, 그 무엇도 해에 영향을 주지 못합니다. 하지만 이 모든 것은 "내가 있다"는 저 작디작은 것에 대해 2차적입니다. "내가 있다" 없이는 아무것도 없습니다. 모든 앎은 "내가 있다"에 대한 것입니다. 이 "내가 있다"에 대한 그릇된 관념들이 그대를 속박으로 이끌고, 올바른 앎이 **자유**와 **행복**으로 이끕니다.

질: "내가 있다(I am)"와 "-이 있다(there is)"는 같습니까?

마: "내가 있다"는 내적인 것이고, "-이 있다"는 외적인 것입니다. 둘 다 있음의 느낌에 기초해 있습니다.

질: 그것은 존재(existence)의 체험과 같습니까?

마: 존재한다(exist)는 것은 어떤 것, 즉 어떤 사물, 어떤 느낌, 어떤 생각, 어떤 관념이 되는 것을 의미합니다. 모든 존재(existence-개별적 삶)는 특수적입니다. **있음**(being)만이 보편적인데, 모든 **있음**은 다른 모든 **있음**과 양립될 수 있다는 의미에서 그렇습니다. 존재들(existences)은 충돌하지만, **있음**은 결코 그렇지 않습니다. 존재는 생성, 변화, 탄생과 죽음 그리고 또 다른 탄생을 의미하는 반면, **있음** 안에는 침묵하는 **평안**이 있습니다.

질: 만약 제가 세계를 창조한다면, 왜 그것을 나쁘게 만들었습니까?

마: 누구나 그 자신의 세계 안에 살고 있습니다. 모든 세계가 똑같이 좋거나 나쁘지는 않습니다.

질: 무엇이 그 차이를 좌우합니까?

마: 세계를 투사하고 그것을 자기 나름대로 채색하는 마음이지요. 그대가 한 남자를 만날 때, 그는 낯선 사람입니다. 그와 결혼하면 그는 바로 그대 자신의 자아가 됩니다. 그대가 말다툼을 하면 그는 그대의 적이 됩니다. 그가 그대에게 어떤 사람이 되느냐는, 그대의 마음의 태도가 좌우합니다.

질: 저의 세계가 주관적이라는 것은 알겠습니다. 그러면 세계는 환적幻的인 것으로도 됩니까?

마: 세계는 그것이 주관적인 한, 그리고 그 한도까지만 환적입니다. 실재성은 객관성에 있습니다.

질: 객관성이란 무엇을 뜻합니까? 세계가 주관적이라고 말씀하셨는데, 이제는 객관성을 이야기하시는군요. 일체가 주관적이지 않습니까?

마: 일체가 주관적이지만 **실재**는 객관적입니다.

질: 어떤 의미에서 말입니까?

마: 그것은 기억과 기대, 욕망과 두려움, 좋아함과 싫어함에 의존하지 않습니다. 모든 것이 있는 그대로 보입니다.

질: 그것이 이른바 **뚜리야**(*turiya*)[네 번째 상태]입니까?

마: 뭐라고 해도 무방하지요. 그것은 견고하고, 안정되어 있으며, 불변이고, 시작도 끝도 없고, 늘 새롭고, 늘 싱그럽습니다.

질: 그것에는 어떻게 도달합니까?

마: **무욕과 무외**無畏(두려움 없음)가 그대를 거기로 데려다줄 것입니다.

20
지고자는 일체를 넘어서 있다

질문자: 당신의 말씀인즉, 실재는 하나입니다. 하나인 것(oneness), 단일성은 사람의 속성입니다. 그러면 **실재**는 우주를 그 몸으로 하는 한 '사람'입니까?

마하라지: 그대가 무슨 말을 하든, 그것은 맞기도 하고 틀리기도 할 것입니다. 말은 마음 너머에 도달하지 못합니다.

질: 저는 이해하려고 애쓸 뿐입니다. 당신께서는 '사람', 진아, 지고자(*vyakti, vyakta, avyakta*)를 말씀하십니다. 진아 안에 "내가 있다(*jivatma*)"로서 집중되

어 있는 순수한 자각(pragna)의 빛은, 의식(chetana)으로서 마음(antahkarana)을 비추고 생명(prana-생기)으로서 몸(deha)을 살아 움직이게 합니다. 이 모두가 말로는 그런대로 문제가 없습니다. 그러나 저 자신 안에서 '사람'을 진아와 구분하고 진아를 지고자와 구분하는 문제에 이르면, 제가 혼란에 빠집니다.

마: '사람'은 결코 주체가 아닙니다. 그대가 한 '사람'(자기 자신)을 볼 수는 있지만, 그대는 그 '사람'이 아닙니다. 그대는 늘 지고자인데, 그것이 어느 주어진 시간과 공간의 점에서는 주시자로서 나타납니다. 지고자의 순수한 자각과 사람의 다양한 의식 사이의 가교로서 말입니다.

질: 제가 저 자신을 바라보면, 저는 이 몸뚱이를 사용하는 것을 두고 자기들끼리 서로 싸우는 몇 명의 '사람'들입니다.

마: 그들은 마음의 여러 가지 상습常習(samskara)에 상응합니다.

질: 그들 간에 제가 화해를 시킬 수 있습니까?

마: 어떻게 그럴 수 있습니까? 그들은 서로 너무나 모순되지요! 그들을 있는 그대로 보십시오—생각과 감정들의 습관, 기억과 충동의 다발에 불과한 것으로 말입니다.

질: 하지만 그들은 모두 "내가 있다"고 말합니다.

마: 그것은 단지 그대가 자신을 그들과 동일시하기 때문입니다. 그대 앞에 나타나는 그 무엇도 그대 자신일 수 없고 "내가 있다"라고 말할 수 없다는 것을 그대가 일단 깨달으면, 모든 '사람'들과 그들의 요구에서 벗어납니다. "내가 있다"는 느낌은 그대 자신의 것입니다. 그대는 그것과 떨어질 수 없지만, "나는 젊다. 나는 부자다."라는 식으로 말할 때처럼, 그것을 어떤 것에도 부여해 줄 수 있습니다. 그러나 그런 자기 동일시들은 명백히 거짓된 것이고, 속박의 원인입니다.

질: 이제 저는 '사람'이 아니라, 그 '사람' 안에서 반사될 때 그에게 존재의 느낌을 주는 그것(진아)이라는 것을 이해할 수 있겠습니다. 그러면 지고자는 어떻습니까? 저는 어떤 식으로 저 자신을 지고자로 압니까?

마: 의식의 근원은 의식 안의 한 대상이 될 수 없습니다. 그 근원을 안다는 것은 그 근원이 되는 것입니다. 그대는 그 '사람'이 아니라 순수하고 고요한

주시자라는 것, 그리고 두려움 없는 **자각**이 바로 그대의 **존재**라는 것을 깨달을 때, 그대가 그 **존재**입니다. 그것이 근원, 곧 다함없는 가능성입니다.

질: 다수의 근원이 있습니까, 아니면 모두에게 하나의 근원입니까?

마: 그대가 그것을 어떻게 보느냐, 어느 쪽에서 보느냐에 달렸습니다. 세계 안의 대상들은 많지만 그것을 보는 눈은 하나입니다. 높은 것은 낮은 것에게 늘 하나로 보이고, 낮은 것은 높은 것에게 다수로 보입니다.

질: 형태와 이름들은 모두, 같은 하나인 신의 것입니까?

마: 그 역시 모두 그대가 그것을 어떻게 바라보느냐에 달렸습니다. 말의 수준에서는 일체가 상대적입니다. 절대적인 것들은 논의할 것이 아니라 체험해 봐야 합니다.

질: 절대자는 어떻게 체험됩니까?

마: 그것은 인식하고 기억에 저장할 수 있는 하나의 대상이 아닙니다. 그것은 현재 안에 있고, 오히려 느낌 안에 있습니다. 그것은 '무엇'보다는 '어떻게'와 더 많이 관계됩니다. 그것은 성질 안에, 가치 안에 있습니다. 또한 그것은 일체의 **근원**이기에, 일체의 안에 있습니다.

질: 만약 그것이 **근원**이라면 왜, 어떻게 그것이 자신을 현현합니까?

마: 그것이 **의식**을 낳습니다. 다른 모든 것은 **의식** 안에 있습니다.

질: 왜 그렇게 많은 의식의 중심들(개아들)이 있습니까?

마: 대상적 우주(*mahadakash*)는 부단한 움직임 속에 있으면서 무수한 형상들을 투사하고 해체합니다. 한 형상에 **생명**(*prana*)이 주입될 때마다, 물질 안에서 **자각**의 반사에 의해 **의식**(*chetana*)이 나타납니다.

질: 지고자는 어떻게 영향을 받습니까?

마: 무엇이 그것에 영향을 주며, 어떻게 주겠습니까? (강의) 원천은 강의 변덕으로 영향을 받지 않고, 금속도 (그 금속으로 만들어진) 장신구들의 형태에 의해 영향을 받지 않습니다. 빛이 스크린 위의 화면에 의해 영향을 받습니까? **지고자**가 일체를 가능하게 한다, 그게 전부입니다.

질: 왜 어떤 일은 일어나고 어떤 일은 일어나지 않습니까?

마: 원인을 찾는 것은 마음의 심심풀이입니다. 원인과 결과라는 이원성은

없습니다. 일체가 그 자신의 원인입니다.

질: 그러면 어떤 목적성 있는 행위도 가능하지 않군요?

마: 제가 하는 말은 의식이 모든 것을 포함하고 있다는 것뿐입니다. 의식 안에서는 모든 것이 가능합니다. 만일 그대가 원하면 그대의 세계 안에서 원인을 가질 수도 있겠지요. 다른 사람은 단 하나의 원인, 곧 신의 의지로 만족할 수도 있습니다. 근본 원인은 하나, 즉 "내가 있다"는 느낌입니다.

질: 진아(Vyakta)와 지고자(Avyakta) 간의 연관은 무엇입니까?

마: 자아의 견지에서 보자면 세계는 '알려지는 것'이고, 지고자는 '알려지지 않는 것(미지자)'입니다. '알려지지 않는 것'이 '알려지는 것'을 낳지만, 그러면서도 알려지지 않은 채로 있습니다. '알려지는 것'은 무한하지만 '알려지지 않는 것'은 무한한 것들의 무한성입니다. 한 줄기 빛은 먼지 알갱이들에 의해 방해받지 않으면 결코 보이지 않듯이, 지고자도 일체를 알려지게 하지만 그 자체는 알려지지 않고 남습니다.

질: 알려지지 않는 것(미지자)에는 접근할 수 없다는 뜻입니까?

마: 오, 아니지요. 지고자는 가장 도달하기 쉬운 것입니다. 그것은 바로 그대의 존재이기 때문입니다. 지고자 외에는 어떤 것도 생각하거나 욕망하지 않는 것으로 충분합니다.

질: 만약 제가 아무것도, 지고자조차도 욕망하지 않는다면요?

마: 그러면 그대는 죽은 것과 매일반이거나, 아니면 지고자이겠지요.

질: 세계는 욕망들로 가득 차 있습니다. 모두가 이런저런 것을 원합니다. 욕망하는 자는 누구입니까? '사람'입니까, 자아입니까?

마: 자아입니다. 모든 욕망은 그것이 성스럽든 성스럽지 않든, 자아에서 옵니다. 그 욕망들은 모두 "내가 있다"는 느낌에 매달려 있습니다.

질: 성스러운 욕망들(satyakama)이 자아에서 방사된다는 것은 이해할 수 있습니다. 그것은 진아의 삿찌따난다(Sacchitananda)[존재-자각-지복]에서 지복 측면의 표현일지도 모릅니다. 그러나 성스럽지 않은 욕망들은 왜 나옵니까?

마: 모든 욕망은 행복을 목표로 합니다. 욕망의 형태와 성질은 정신(antahkarana) 나름입니다. 따마스(tamas)[비활동성]가 지배하는 곳에서 우리는 도착

증倒錯症들을 발견합니다. 라자스(*rajas*)[에너지]에서는 정념情念이 일어납니다. 사뜨와(*sattva*)[명징함]에서는 욕망 이면의 동기가 선의, 자비심(compassion), 자신이 행복하기보다 남을 행복하게 해주고 싶다는 충동입니다. 지고자는 모든 것을 넘어서 있지만, 그것은 무한히 편재하는 것이기 때문에 (그 나름대로) 타당한 모든 욕망들은 성취될 수 있습니다.

질: 어떤 욕망들이 타당합니까?

마: 그 주체나 대상들을 파괴하는 욕망이나, 충족되었는데도 가라앉지 않는 욕망은 자기모순적이며 성취될 수 없습니다. 사랑·선의·자비심에서 비롯되는 욕망만이 그 주체와 대상에게 공히 이익이 되며, 완전히 충족될 수 있습니다.

질: 모든 욕망은 고통스럽습니다. 성스러운 욕망도 성스럽지 않은 욕망만큼이나 말입니다.

마: 욕망이라고 해도 같지는 않고, 고통도 같지 않습니다. 정념은 고통스럽지만 **자비심**은 결코 그렇지 않지요. 전 우주는 **자비심**에서 나온 하나의 욕망을 성취하기 위해 애쓰고 있습니다.

질: 지고자는 그 자신을 압니까? 비인격체도 의식합니까?

마: 모든 것의 근원은 모든 것을 가지고 있습니다. 거기서 흘러나오는 무엇이든 이미 씨앗 형태로 존재할 수밖에 없습니다. 그리고 하나의 씨앗이 무수한 씨앗들의 최후이고, 무수한 숲들의 경험과 가능성을 내포하고 있듯이, '알려지지 않는 것'도 존재했거나 존재할 수 있었던 모든 것, 그리고 존재할 것이거나 존재할 수 있을 모든 것을 내포하고 있습니다. '됨(becoming)'4)의 전 영역이 열려 있고 접근 가능하며, 과거와 미래는 영원한 지금 안에서 공존하고 있습니다.

질: 당신께서는 **지고의 미지자**('알려지지 않는 지고자') 안에 살고 계십니까?

마: 달리 어디이겠습니까?

질: 어째서 그렇게 말씀하십니까?

---

4) T. 생성, 변화, 소멸을 포함하는 모든 과정. '있음'이 존재 자체를 가리키는 데 반해, '됨'은 현상들의 다양한 변천을 가리킨다.

마: 제 마음 안에서는 어떤 욕망도 결코 일어나지 않습니다.

질: 그럴 때는 의식하지 못하십니까?

마: 물론 그렇지 않지요! 저는 완전히 의식하지만, 아무 욕망이나 두려움이 제 마음 속에 들어오지 않기에, 완전한 **침묵**이 있습니다.

질: 누가 그 **침묵**을 압니까?

마: **침묵**이 스스로를 압니다. 그것은 정념과 욕망들이 침묵할 때의 그 고요한 마음의 **침묵**입니다.

질: 가끔씩 욕망을 경험하십니까?

마: 욕망이란 마음속의 물결들일 뿐입니다. 한 물결을 볼 때 우리는 한 물결을 압니다. 한 욕망은 많은 욕망 중의 한 가지일 뿐입니다. 저는 그것을 충족시키려는 어떤 충동도 느끼지 않고, 그에 대해 어떤 행동도 취할 필요가 없습니다. 욕망에서 벗어남이란 바로 이것을 뜻합니다. 즉, (욕망을) 충족시키려는 충동이 없는 것입니다.

질: 욕망들은 대체 왜 일어납니까?

마: 그대가 자신을 태어났다고 생각하고, 그 몸을 돌보지 않으면 죽을 거라고 생각하기 때문입니다. 몸을 가지고 존재하려는 욕망이 문제의 근본 원인입니다.

질: 하지만 수많은 개아들(jivas)이 몸 속으로 들어갑니다. 분명 그것이 어떤 판단착오일 리는 없습니다. 어떤 목적이 있을 것이 분명합니다. 그것이 무엇일까요?

마: 자아가 그 자신을 알기 위해서는 그 반대물인 비아非我와 마주해야 합니다. 욕망은 경험으로 이끕니다. 경험은 분별, 무집착, **진아지**(self-knowledge) ─즉, 해탈로 이끌어줍니다. 그런데 결국 해탈이란 무엇입니까? 자신이 탄생과 죽음을 넘어서 있다는 것을 아는 것입니다. 그대는 자신이 누구인지를 잊어버리고 자신을 필멸必滅의 한 존재라고 상상함으로써 그대 자신에게 너무나 많은 문제를 만들어냈기 때문에, 마치 악몽에서 깨어나듯 깨어나야 합니다.

　탐구도 그대를 깨워줍니다. 괴로움을 기다릴 필요는 없습니다. 행복을 탐구하는 것이 더 낫습니다. 그런 마음은 조화와 평안 속에 있기 때문입니다.

질: 궁극의 체험자는 정확히 누구입니까? 진아입니까, 아니면 미지자未知者입니까?

마: 물론 진아입니다.

질: 그러면 왜 지고의 미지자라는 개념을 도입하십니까?

마: 진아를 설명하기 위해서입니다.

질: 그런데 진아를 넘어선 어떤 것이 있기는 합니까?

마: 진아 바깥에는 아무것도 없습니다. 모두가 하나이고, 모두가 "내가 있다" 안에 들어 있습니다. 생시와 꿈의 상태에서는 그것("내가 있다")이 그 '사람'입니다. 깊은 잠과 뚜리야(turiya)에서는 그것이 진아입니다. 뚜리야의 경각한 집중성(alert intentness) 너머에 지고자의 위대한, 침묵하는 평안이 있습니다. 그러나 사실 본질에서는 모두가 하나인데 외관상 연관되어 있는 것입니다. 무지 속에서는 '보는 자'가 '보이는 것'이 되고, 지혜 속에서는 '보는 자'가 곧 '봄'[見]입니다.

그러나 왜 지고자에 신경 씁니까? '아는 자'들을 아십시오. 그러면 모든 것을 알게 될 것입니다.

21
나는 누구인가?

질문자: 우리가 듣는 조언은 신으로, 혹은 완전한 인간으로 인격화된 실재를 숭배하라는 것입니다. 우리는 (비인격적인) 절대자를 숭배하려고 하지 말라는 이야기를 듣는데, 왜냐하면 그것이 두뇌 중심의 의식에게 너무 어렵기 때문이라는 것입니다.

마하라지: 진리는 단순하고 모두에게 열려 있습니다. 왜 복잡하게 합니까?

진리(진아)는 자애롭고 사랑스럽습니다. 그것은 모든 것을 포함하고, 모든 것을 수용하며, 모든 것을 정화합니다. 어렵고 문제의 근원이 되는 것은 비非진리(에고)입니다. 그것은 늘 바라고, 기대하고, 요구합니다. 그것은 거짓이어서 공허한데, 항상 확인과 재보증을 받으려고 합니다. 그것은 **탐구**(enquiry)를 겁내고 회피합니다. 비진리는 자신을 어떤 지지물과도 동일시합니다. 그것이 아무리 약하고 일시적인 것이라 해도 말입니다. 비진리는 무엇을 얻어도 그것을 잃어버리고 더 달라고 합니다. 따라서 '의식 영역(의식하는 마음)'에 믿음을 두지 마십시오. 그대가 보고 느끼고 생각할 수 있는 그 무엇도 그대로가 아닙니다. 죄와 덕, 선행과 비행非行조차도 겉으로 보이는 대로가 아닙니다. 보통 선과 악은 전통과 관습의 문제인데, 그 말들이 어떻게 사용되느냐에 따라 사람들은 그것을 기피하거나 환영합니다.

질: 좋은 욕망과 나쁜 욕망, 높은 욕망과 낮은 욕망이 있지 않습니까?

마: 모든 욕망은 나쁘지만 어떤 욕망은 다른 욕망들보다 더 나쁩니다. 어떤 욕망을 추구하든 그것은 늘 그대에게 문제를 안겨줄 것입니다.

질: 욕망에서 자유롭고 싶은 욕망도 말입니까?

마: 도대체 왜 욕망합니까? 욕망에서 벗어난 어떤 상태를 욕망한다고 해서 그대가 자유로워지지는 않을 것입니다. 그 무엇도 그대를 자유롭게 해줄 수 없습니다. 왜냐하면 그대는 **자유롭기** 때문입니다. 욕망 없는 **명료함**으로 그대 자신을 보십시오. 그거면 됩니다.

질: 자기 자신을 아는 데는 시간이 걸립니다.

마: 시간이 어떻게 그대를 도울 수 있습니까? 시간이란 순간들의 연속인데, 매순간은 무無에서 나타나 무無 속으로 사라지고 다시는 나타나지 않습니다. 그렇게 찰나적인 것 위에 그대가 무엇을 건립할 수 있습니까?

질: 무엇이 영구적입니까?

마: 그대 자신에게서 영구적인 것을 찾으십시오. 내면으로 깊이 뛰어들어 그대 안에서 **실재하는** 것을 발견하십시오.

질: 저 자신을 어떻게 찾습니까?

마: 어떤 일이 일어나든 그것은 그대에게 일어납니다. 그대가 하는 일에서

그 행위자(doer)는 그대 안에 있습니다. 그대가 한 '사람'으로서 하고 있는 모든 것의 주체(모든 행위의 진정한 주체)를 발견하십시오.

질: 제가 달리 무엇일 수 있습니까?

마: 알아내십시오. 설사 제가 그대는 **주시자**, 즉 말없는 **관찰자**라고 일러드린다 해도, 그대가 자신의 **존재**에 이르는 길을 발견하지 않으면 그것이 그대에게 아무 의미가 없겠지요.

질: 제 질문은, 저 자신의 **존재**에 이르는 길을 어떻게 찾느냐는 것입니다.

마: "나는 누구인가?"라는 한 가지 외의 모든 질문을 포기하십시오. 결국 그대가 확신하는 단 하나의 사실은 그대가 있다는 것입니다. "내가 있다"는 확실합니다. "나는 이것이다"는 그렇지 않습니다. 그대가 실제로 무엇인지를 발견하려고 분투하십시오.

질: 저는 지난 60년간 달리 아무것도 하지 않고 있습니다.

마: 노력하는 것이 뭐가 잘못입니까? 왜 결과를 찾습니까? 노력하는 것 자체가 그대의 **진정한 성품**입니다.

질: 노력하는 것은 고통스럽습니다.

마: 결과를 구하다 보니 노력이 고통스러워집니다. 구함이 없이 노력하고, 욕심 없이 분투하십시오.

질: 왜 신은 저를 이런 사람으로 만들었습니까?

마: 어떤 신을 이야기하는 것입니까? 신이 무엇입니까? 그는 그대가 그 질문을 하게 하는 바로 그 빛 아닙니까? "내가 있다" 자체가 신입니다. 그 추구 자체가 신입니다. 추구해 보면 그대는 자신이 몸도 아니고 마음도 아니며, 그대 안의 **진아**에 대한 사랑이 모두 안의 **진아**에 대한 사랑이라는 것을 발견합니다. 그 둘은 하나입니다. 그대 안의 **의식**과 제 안의 **의식**이—외관상 둘이지만 실은 하나인데—합일을 추구하며, 그것이 **사랑**입니다.

질: 그 **사랑**을 어떻게 찾아야 합니까?

마: 그대는 지금 무엇을 사랑합니까? "내가 있다"입니다. 그대의 가슴과 마음을 거기에 쏟고, 달리 아무것도 생각하지 마십시오. 이것이 애씀 없고 자연스러울 때, 그것이 최고의 상태입니다. 그 안에서는 **사랑** 자체가 사랑하

는 자이고, 사랑받는 자입니다.

질: 모든 사람은 살고 싶어 하고, 존재하고 싶어 합니다. 그것은 **자기사랑**(self-love) 아닙니까?

마: 모든 욕망은 **자아**(자기)에 그 근원을 두고 있습니다. 그것은 모두 올바른 욕망을 선택하는 문제입니다.

질: 무엇이 옳고 그른지는 습관과 관습에 따라서 다릅니다. 사회에 따라 기준이 다릅니다.

마: 모든 전통적 기준을 내버리십시오. 그런 것은 위선자들에게 맡겨두십시오. 그대를 욕망과 두려움과 그릇된 관념에서 해방하는 것만이 **선**善입니다. 죄와 덕에 대해 걱정하는 한, 그대에게 **평안**은 없을 것입니다.

질: 죄와 덕이 사회 규범이라는 것은 인정합니다. 그러나 영적인 죄와 영적인 덕도 있을 수 있습니다. 제가 영적이라고 하는 것은 절대적이라는 뜻입니다. 절대적인 죄나 절대적인 덕 같은 것이 있습니까?

마: 죄와 덕은 한 '사람'을 가리킬 뿐입니다. 죄 있는, 혹은 덕 있는 '사람'이 없다면 죄나 덕이 무엇입니까? **절대자**의 수준에서는 어떤 '사람'도 없습니다. 순수한 **자각**의 대양은 덕스럽지도 않고 죄스럽지도 않습니다. 죄와 덕은 늘 상대적이지요.

질: 그런 불필요한 관념들을 제가 없애 버릴 수 있습니까?

마: 그대 자신을 한 '사람'이라고 생각하는 한 그럴 수 없겠지요.

질: 제가 죄와 덕을 넘어서 있다는 것을 어떤 표지標識로 알게 됩니까?

마: 모든 욕망과 두려움에서 벗어나고, 한 '사람'이라는 관념 자체에서 벗어나면 알게 됩니다. "나는 죄인이다", "나는 죄인이 아니다"라는 관념을 키우는 것이 죄입니다. 자기 자신을 특수자(특정한 개체)와 동일시하는 것이 존재하는 죄의 전부입니다. **비인격체**는 실재하고, 인격체는 나타나고 사라집니다. "내가 있다"는 비인격적 **존재**입니다. "나는 이것이다"는 '사람'입니다. 사람은 상대적이고, **순수한 존재**는—근본적이지요.

질: 분명 순수한 존재는 의식하지 않는 것이 아니고, 분별이 없는 것도 아닙니다. 그것이 어떻게 죄와 덕을 넘어설 수 있습니까? 부디 말씀해 주십

시오, 그것은 지성을 가지고 있습니까, 가지고 있지 않습니까?

마: 이런 모든 질문은 그대가 자신을 한 '사람'이라고 믿는 데서 일어납니다. 인격체를 넘어서서 보십시오.

질: 저에게 한 '사람'이기를 그만두라고 말씀하실 때, 그것은 정확히 무슨 의미입니까?

마: 존재하기를 그만두라고 하지는 않습니다—그것을 그만둘 수는 없으니까요. 단지 그대에게, 자신이 태어났고, 부모가 있고, 하나의 몸이고, 죽을 것이라는 등으로 상상하기를 그만두라는 것입니다. 그냥 시도하고, 시작해 보십시오. 그것은 그대가 생각하는 것만큼 어렵지 않습니다.

질: 자기 자신을 인격체로 생각하는 것은 **비인격체**의 죄입니다.

마: 또 다시 인격적 관점이군요! 왜 비인격체를 죄와 덕이라는 그대의 관념들로 굳이 오염시키려 합니까? 그것은 그냥 해당되지 않습니다. 비인격체는 선과 악의 견지에서 묘사할 수 없습니다. 그것은 **존재-지혜-사랑**이며, 모두 절대적입니다. 거기에 죄가 들어설 여지가 어디 있습니까? 그리고 덕은 죄의 상대물일 뿐입니다.

질: 우리는 신적인 덕을 이야기하고 있습니다.

마: 참된 덕은 **신적 성품**(*swarupa*)입니다. 그대의 진정한 실체가 그대의 덕입니다. 그러나 소위 덕이라는 죄의 상대물은 두려움에서 나온 복종일 뿐입니다.

질: 그러면 왜 선하게 살려고 온갖 노력을 합니까?

마: 그래야 계속 움직여 나갈 수 있습니다. 그대는 나아가고 나아가서 결국 신을 발견합니다. 그러면 신이 그대를 그 자신 속으로 데려가서 그대를 자신과 같이 만들어 줍니다.

질: 같은 행위가 어느 시점에서는 자연스러운 행위로 간주되고, 다른 시점에서는 죄로 간주됩니다. 무엇이 그것을 죄스럽게 만듭니까?

마: 해서는 안 되는 줄 알면서 하는 모든 행위는 **죄**입니다.

질: 앎은 기억에 의존합니다.

마: 그대 자신을 기억하는 것이 덕이고, 그대 자신을 잊어버리는 것이 죄입

니다. 그것은 모두 영혼과 물질 간의 정신적 혹은 심리적 연결로 요약됩니다. 우리는 그 연결을 **정신**(*psyche*)[내적기관]이라고도 부를 수 있습니다. 정신이 미숙하고, 발전되어 있지 않고, 아주 원시적이면 거친 환幻에 빠집니다. 그것의 폭과 감수성이 성장함에 따라 그것은 순수한 **물질**과 순수한 **정신** 사이의 완벽한 연계가 되어, 물질에 의미를 부여하고 정신에 표현을 부여합니다. 물질적 세계(*mahadakash*)와 영적인 세계(*paramakash*)가 있습니다. 그 사이에 **보편적 마음**(*chidakash*)이 있는데, 이것은 **보편적 심장**(*premakash*)이기도 합니다. 그것은 그 두 세계를 하나로 만드는 **지혜로운 사랑**입니다.

질: 어떤 사람들은 어리석고 어떤 사람들은 영리합니다. 그 차이는 그들의 정신입니다. 성숙된 사람들은 더 많은 경험을 가지고 있습니다. 어린아이가 먹고 마시고, 잠자고 놀면서 자라듯이, 인간의 **정신**도 그가 생각하고 느끼고 행위하는 모든 것에 의해 형성되다가, 마침내 **정신**과 육체 간의 가교 역할을 할 만큼 완전해집니다. 교량이 두 언덕 사이의 왕래를 가능하게 하듯이, 정신도 근원과 그것의 표현을 연결해 줍니다.

마: 그것을 **사랑**이라고 하십시오. 그 가교는 **사랑**입니다.

질: 궁극적으로 모든 것은 경험입니다. 우리가 무엇을 생각하고 느끼고 행위하든, 모두 경험입니다. 그 이면에는 경험하는 자가 있습니다. 그래서 우리가 아는 모든 것은 이 두 가지, 즉 경험자와 경험으로 이루어져 있습니다. 그러나 그 둘은 실제로는 하나입니다. 경험자야말로 경험인 것입니다. 하지만 경험자는 경험이 외부에 있다고 여깁니다. 마찬가지로, 영靈과 몸은 하나인데 둘로 보일 뿐입니다.

마: 영(Spirit)에게는 두 번째가 없지요.

질: 그러면 누구에게 그 두 번째가 나타납니까? 이원성은 정신의 불완전성에 의해 야기되는 하나의 환幻인 것 같습니다. 정신이 완전하면 이원성은 더 이상 보이지 않습니다.

마: 그 말이 맞습니다.

질: 그러나 저는 아주 단순한 질문을 되풀이할 수밖에 없습니다. 즉, 죄와 덕의 구분은 누가 합니까?

마: 몸을 가진 사람은 그 몸으로 죄를 짓고, 마음을 가진 사람은 그 마음으로 죄를 짓습니다.

질: 분명, 마음과 몸을 가지고 있다는 것만으로 반드시 죄를 짓게 되지는 않습니다. 그 근저에 제3의 요인이 있어야 합니다. 저는 죄와 덕이라는 이 물음으로 자꾸만 되돌아옵니다. 왜냐하면 요즘 젊은 사람들은 "죄 같은 것은 없다. 결벽증 티를 낼 필요가 없고 기꺼이 순간의 욕망을 따라야 한다"고 계속 말하고 있기 때문입니다. 그들은 전통도 권위도 받아들이지 않을 것이고, 확실하고 솔직한 사상에 의해서만 영향을 받을 수 있습니다.

그들이 어떤 행위를 삼간다면, 그것은 확신 때문이라기보다 경찰을 두려워해서입니다. 분명히 그들이 하는 말에도 일리는 있습니다. 우리는 시간과 장소에 따라 우리의 가치들이 어떻게 변하는지 알기 때문입니다. 예컨대 전쟁에서 사람을 죽이는 것은 오늘날 큰 미덕이지만, 다음 세기에는 끔찍한 죄악으로 간주될 수도 있습니다.

마: 지구와 함께 움직이는 인간은 반드시 낮과 밤을 경험하겠지요. 해와 함께 머무르는 사람은 어떤 어둠도 모릅니다. 저의 세계는 그대의 세계가 아닙니다. 제가 보기에 여러분은 모두 무대 위에서 연기를 하고 있습니다. 여러분이 오고 가는 것에는 아무 실재성이 없습니다. 그리고 여러분의 문제들은 너무나 비실재적입니다!

질: 저희는 몽유병자들이거나, 악몽을 꾸고 있을지도 모릅니다. 당신께서 하실 수 있는 일은 전혀 없습니까?

마: 하고 있습니다. 저는 그대의 꿈같은 상태 속에 들어가서 그대에게 말했습니다. "그대 자신과 남들을 다치게 하는 것을 멈추고, 괴로워하기를 멈추고, 깨어나라"고 말입니다.

질: 그렇다면 왜 저희가 깨어나지 않습니까?

마: 깨어나겠지요. 저는 굴하지 않을 것입니다. 시간은 좀 걸릴지 모릅니다. 여러분이 자신의 꿈에 대해 의문을 갖기 시작하면, 깨어남이 멀지 않을 것입니다.

22
삶이 사랑이고, 사랑이 삶이다

질문자: 요가 수행은 늘 의식적입니까? 아니면 그것은 자각의 경계선 아래에서 다분히 무의식적일 수도 있습니까?

마하라지: 초심자의 경우 요가 수행은 의도적일 경우가 많고, 대단한 결의를 요합니다. 그러나 다년간 진지하게 수행해 온 사람들은, 그것을 의식하든 않든 언제나 진아 깨달음에 몰두해 있습니다. 무의식적 수행이 더없이 효과적입니다. 왜냐하면 그것은 자발적이고 안정되어 있기 때문입니다.

질: 한동안 진지한 요가 학도였다가 나중에 실망하여 모든 노력을 내팽개친 사람(요가 낙오자)의 입장은 어떻습니까?

마: 사람이 무엇을 하거나 하지 않는 것처럼 보이는 것은 겉보기와 다를 때가 많습니다. 겉으로 게을러 보여도 그것은 그냥 힘을 끌어 모으는 과정일 수도 있습니다. 우리가 행동하는 원인들은 아주 미묘합니다. (남의 행동을) 성급하게 비난하면 안 되고, 대뜸 칭찬해서도 안 됩니다. 요가는 내적 자아(*vyakta*)가 외적 자아(*vyakti*)에 대해서 하는 일이라는 것을 기억하십시오. 외적 자아가 하는 모든 일은 내적 자아에 반응하는 것일 뿐입니다.

질: 그래도 외적 자아는 도움이 됩니다.

마: 그것이 얼마나 도움이 될 수 있고, 어떤 식으로 도움이 되겠습니까? 외적 자아는 몸에 대해 다소 통제력을 갖고 있어 자세와 호흡을 개선할 수 있겠지요. 마음의 생각과 감정들에 대해서는 그것이 거의 통제하지 못합니다. 그것 자체가 마음이니까요. 외적 자아를 통제할 수 있는 것은 내적 자아입니다. 외적 자아는 복종하는 것이 현명할 것입니다.

질: 인간의 영적 발전을 궁극적으로 책임지는 것이 내적 자아라면, 왜 외적 자아를 그토록 훈계하고 격려합니까?

마: 외적 자아가 침묵을 지키고 욕망과 두려움에서 벗어나면, (내적 자아에게) 도움이 될 수 있습니다. 외적 자아에 대한 모든 조언이 부정否定의 형식으

로 되어 있다는 것을 그대는 알아차렸을 것입니다. "하지 마라, 그만두라, 삼가라, 없이 견디라, 포기하라, 희생하라, 순복順服하라, 거짓을 거짓으로 보라"는 식으로 말입니다. 실재에 대해 말해지는 얼마 되지 않는 묘사조차도 부정을 통해 이루어집니다—"이건 아니다, 이건 아니다(neti, neti)"라고 말입니다. 긍정적인 모든 것은 내적 자아에 속합니다. 절대적인 모든 것이 실재에 속하듯이 말입니다.

질: 실제 경험에서는 내적 자아를 외적 자아와 어떻게 구분해야 합니까?

마: 내적 자아는 영감의 원천이고, 외적 자아는 기억에 의해서 움직입니다. 그 원천은 추적할 수 없는 반면, 모든 기억은 어디에선가 시작됩니다. 이와 같이 외적 자아는 늘 판정되지만, 내적 자아는 말로 붙들어둘 수 없습니다. 배우는 이들이 실수하는 점은, 내적 자아를 붙들 수 있는 어떤 것으로 상상한다는 것과, 지각 가능한 모든 것은 무상하고, 따라서 실재하지 않는다는 것을 망각한다는 것입니다. 지각을 가능케 하는 것만이 실재합니다. 그것을 **생명**이라 하든 **브라만**(*Brahman*)이라 하든, 뭐라 하든 간에 말입니다.

질: 생명은 자기표현을 위해 하나의 몸을 가지고 있어야 합니까?

마: 몸은 살려고 합니다. 생명에 몸이 필요한 것이 아니라, 몸에게 생명이 필요하지요.

질: 생명은 의도적으로 그렇게 합니까?

마: 사랑은 의도적으로 작용합니까? 그렇기도 하고, 그렇지 않기도 합니다. **생명**이 **사랑**이고 **사랑**이 **생명**입니다. 몸을 유지시켜 주는 것이 **사랑** 아니고 무엇입니까? 욕망이 **자아**에 대한 **사랑** 아니고 무엇입니까? 두려움이 (자신을) 보호하려는 충동 아니고 무엇입니까? 그리고 **지**知가 진리에 대한 **사랑** 아니고 무엇입니까? 수단과 형식은 잘못될 수도 있지만, 이면의 동기는 늘 **사랑**입니다—'나'에 대한 **사랑**과 '내 것'에 대한 **사랑** 말입니다. '나'와 '내 것'은 작을 수도 있고 폭발해서 우주를 포용할 수도 있지만, **사랑**은 그대로 남습니다.

질: 신의 이름을 염念하는 것은 인도에서 아주 흔한 일입니다. 거기에 어떤 미덕이 있습니까?

마: 어떤 사물이나 사람의 이름을 알면 그것을 쉽게 발견할 수 있지요. 그의 이름으로 신을 부르면 그를 그대에게 오게 만듭니다.

질: 그는 어떤 형상으로 옵니까?

마: 그대가 기대하는 바에 따라서지요. 그대가 어쩌다 불운할 때 어떤 성스러운 영혼(마하트마)이 그대에게 행운을 위한 만트라(mantra)를 하나 주고, 그대는 그것을 신심과 헌신으로 계속 염합니다. 그러면 불운이 (행운으로) 바뀌게 되어 있습니다. 꾸준한 신심은 운명보다 강합니다. 운명은 대개 우발적인 원인들의 결과이며, 따라서 느슨하게 짜여 있습니다. 확신과 좋은 희망이 그것을 쉽게 극복해줄 것입니다.

질: 만트라를 염하면 정확히 어떤 일이 일어납니까?

마: 만트라의 소리는 **진아**를 구현하게 될 형상을 창조합니다. **진아**는 어떤 형상도 구현할 수 있고, 그 형상을 통해서 작용합니다. 어쨌든 **진아**는 활동 속에서 스스로를 표현하는데, 만트라는 1차적으로, 활동하는 에너지입니다. 그것은 그대에게 작용하고, 그대의 환경에 작용합니다.

질: 만트라는 전통을 따릅니다. 꼭 그래야 합니까?

마: 아득한 옛적부터 어떤 단어들과 그에 상응하는 에너지들 사이에 어떤 연결이 이루어져 무수한 염송念誦에 의해 강화되었습니다. 그것은 그냥 우리가 걷는 하나의 길과 같습니다. 쉬운 길이지요. 믿음만 있으면 됩니다. 그 길이 그대를 목적지에 데려다준다는 것을 믿으십시오.

질: 유럽에는 몇몇 명상적 교단敎團에 그런 것이 있는 것 외에는 만트라의 전통이 없습니다. 현대의 젊은 서양인들에게 그것은 어떤 쓸모가 있습니까?

마: 그 사람이 (만트라에) 아주 많이 끌리지 않는 한 아무 쓸모가 없습니다. 그런 서양인에게는, 자신이 모든 지知의 기반, 곧 감각기관과 마음에 일어나는 모든 것에 대한 불변하고 영원한 **자각**이라는 생각을 고수하는 것이 올바른 길입니다. 언제나 그것을 염두에 두어서 자각하고 경각警覺하면, 반드시 무無자각의 속박을 깨뜨리고 순수한 **생명**, **빛**, **사랑** 속으로 합일하게 되어 있습니다. "나는 **주시자**일 뿐이다"라는 관념은 몸과 마음을 정화하고 지혜의 눈을 열어줄 것입니다. 그럴 때 인간은 환幻을 넘어서고, 그의 가슴

은 모든 욕망에서 벗어납니다. 얼음은 물이 되고, 물은 수증기가 되고, 수증기는 공기 속으로 해소되어 허공 속에서 사라지듯이, 몸은 **순수한 자각**(chidakash) 속으로 해소되고 그런 다음 **순수한 존재**(paramakash) 속으로 해소되는데, 이 **순수한 존재**는 모든 존재와 비존재를 넘어섭니다.

질: 깨달은 사람도 먹고 마시고 잠을 잡니다. 왜 그렇게 합니까?

마: 우주를 움직이는 것과 똑같은 **힘**이 그를 움직이게 합니다.

질: 모든 것이 바로 그 힘에 의해 움직입니다. 차이점은 무엇입니까?

마: 깨달은 사람은 남들이 듣기만 했지 체험하지 못하는 것을 안다는 것, 이것뿐입니다. 지적으로는 그들이 납득하는 것처럼 보일지 모르나 행동에서는 그들의 속박을 드러내는 반면, 깨달은 사람은 늘 올바릅니다.

질: 누구나 "내가 있다"고 말합니다. 깨달은 사람도 "내가 있다"고 말합니다. 차이점은 어디에 있습니까?

마: 차이점은 "내가 있다"는 말에 수반되는 의미에 있습니다. 깨달은 사람에게는 "내가 세계이고, 세계가 나다"라는 체험이 지극히 타당하기 때문에, 그는 통합적으로, 그리고 살아 있는 모든 것과 하나가 되어 생각하고, 느끼고, 행위합니다. 그는 **진아 깨달음**의 이론과 실제에 대해서는 모를 수도 있고, 종교적·형이상학적 관념들 없이 태어나서 자랄 수도 있습니다. 그러나 그 **이해**(깨달음)와 **자비심**에는 조금도 결함이 없을 것입니다.

질: 제가 벌거벗고 굶주린 거지를 만나서 "당신은 누구요?" 하고 물으면, 그는 "나는 **지고의 진아**입니다."라고 대답할지 모릅니다. 저는 "그러면, 당신은 **지고자**이니 현재 상태를 한 번 바꾸어 보시오."라고 말합니다. 그는 어떻게 하겠습니까?

마: 그대에게 이렇게 묻겠지요. "어떤 상태 말입니까? 바꾸어야 할 무엇이 있습니까? 저에게 무슨 문제가 있습니까?"

질: 왜 그렇게 대답하게 됩니까?

마: 그는 더 이상 겉모습에 구애되지 않기 때문에, 자신을 그 이름이나 형상과 동일시하지 않습니다. 그가 기억을 사용하지, 기억은 그를 사용할 수 없습니다.

질: 모든 지식은 기억에 기초하지 않습니까?

마: 낮은 지식은 그렇지요. 높은 지식, 즉 **실재지**實在知는 인간의 **참된 성품**(true nature) 안에 내재하고 있습니다.

질: 저는 제가 의식하는 그것(대상)이 아니고 의식 자체도 아니라고 말할 수 있겠습니까?

마: 그대가 구도자인 한, 자신이 모든 내용에서 벗어난 **순수한 의식**이라는 관념을 고수하는 것이 낫습니다. 의식을 넘어선 것이 **지고의 상태**입니다.

질: 깨달음에 대한 욕망은 의식 안에서 시발합니까, 아니면 그 너머에서입니까?

마: 물론 의식 안에서지요. 모든 욕망은 기억에서 생겨나고 의식의 영역 안에 있습니다. 그 너머에 있는 것은 모든 노력을 벗어나 있습니다. 의식을 넘어서려는 욕망 자체는 여전히 의식 안에 있습니다.

질: 그 너머의 어떤 흔적이나 자국이 의식 위에 있습니까?

마: 아니지요. 있을 수 없습니다.

질: 그러면 그 둘의 연관은 무엇입니까? 아무 공통점이 없는 두 상태 사이에서 어떻게 통로가 발견될 수 있습니까? 순수한 자각이 그 둘의 연관 아닙니까?

마: 순수한 자각조차도 의식의 한 형태입니다.

질: 그러면 그 너머는 무엇입니까? **공**空입니까?

마: 공空이라 해도 역시 의식을 가리킬 뿐입니다. 충만과 빔은 상대적 용어입니다. 실재는 진정으로 넘어서 있습니다. 의식과 관련해서 넘어서 있는 것이 아니라, 어떤 종류의 모든 관계도 다 넘어서 있습니다. 어려움은 '상태'라는 말에서 옵니다. 실재는 다른 어떤 것의 한 상태가 아니고—즉, 마음이나 의식이나 정신의 한 상태가 아니고—시작과 끝, 존재와 비존재를 가진 어떤 것이 아닙니다. 모든 상대물들(opposites)이 그 안에 들어 있지만, 그것은 상대물들의 유희 안에 있지 않습니다. 그것을 어떤 변천의 끝이라고 보면 안 됩니다. 그것은 그 자체이고, 의식이 의식으로서 더 이상 존재하지 않는 뒤입니다. 그럴 때 "나는 인간이다"나 "나는 신이다"라는 말들은 아무

의미가 없습니다. 침묵과 어둠 속에서만 그것을 들을 수 있고, 볼 수 있습니다.

23
분별이 무집착으로 이어진다

마하라지: 비가 억수같이 오니 그대는 흠뻑 젖었군요. 저의 세계에서는 늘 날씨가 청명합니다. 밤도 낮도 없고 더위도 추위도 없습니다. 거기서는 어떤 걱정도 저를 괴롭히지 않고, 후회도 없습니다. 제 마음은 생각에서 벗어나 있습니다. 어떤 것에 노예가 될 아무 욕망이 없기 때문입니다.

질문자: 두 개의 세계가 있습니까?

마: 그대의 세계는 찰나적이고 변화무쌍합니다. 저의 세계는 완벽하고 불변입니다. 그대의 세계는 어떤 면이 좋은지 저에게 말해줄 수 있겠지요. 저는 주의 깊게, 심지어 관심을 가지고 귀를 기울이겠지만, 그대의 세계는 없다는 것, 그대는 꿈을 꾸고 있다는 것을 한 순간도 잊지 않을 것입니다.

질: 무엇이 당신의 세계를 저의 세계와 구분해 줍니까?

마: 저의 세계는 식별의 기준이 될 수 있는 아무 특징이 없습니다. 그대는 저의 세계에 대해 아무 말도 할 수 없습니다. 제가 곧 저의 세계입니다. 저의 세계는 저 자신입니다. 그것은 완전하고 완벽합니다. 모든 인상이 지워지고, 모든 경험이 배제됩니다. 저는 아무것도, 저 자신조차도 필요로 하지 않습니다. 저 자신은, 제가 잃어버릴 수 없으니까요.

질: 신조차도 말입니까?

마: 그런 모든 관념과 구분들은 그대의 세계 안에 존재합니다. 저의 세계 안에는 그런 것이 아무것도 없습니다. 저의 세계는 단일하고 아주 단순합니다.

질: 거기서는 아무 일도 일어나지 않습니까?

마: 그대의 세계에서 무슨 일이 일어나든, 그것은 거기서만 타당성이 있고 (그에 대한) 반응을 불러일으킵니다. 저의 세계에서는 아무 일도 일어나지 않습니다.

질: 당신께서 당신의 세계를 경험하신다는 사실 자체가, 모든 경험 안에는 이원성이 내재되어 있다는 의미를 내포합니다.

마: 언어상으로는 그렇지요. 그러나 그대의 말은 저에게 도달하지 못합니다. 저의 세계는 비언어적 세계입니다. 그대의 세계에서는 '말해지지 않는 것'은 존재성이 없습니다. 저의 세계에서는 말과 그 내용이 아무 존재성이 없습니다. 그대의 세계에서는 아무것도 머무르지 않지만, 저의 세계에서는 아무것도 변하지 않습니다. 저의 세계는 실재하는 반면, 그대의 세계는 꿈들로 이루어져 있습니다.

질: 하지만 우리는 이야기를 하고 있습니다.

마: 그 이야기는 그대의 세계 안에 있습니다. 저의 세계에는 영원한 **침묵**이 있습니다. 저의 **침묵**은 노래하고, 저의 **공**空은 충만해 있으며, 저는 아무것도 부족하지 않습니다. 그대는 자신이 거기 있게 될 때까지는 저의 세계를 알지 못합니다.

질: 마치 당신 혼자만 당신의 세계에 계신 것 같습니다.

마: (여기에는) 말이 해당될 수 없는데, 어떻게 혼자니 혼자가 아니니 하고 말할 수 있습니까? 물론 저 혼자지요. 저는 모든 것이니까요.

질: 당신께서 저희들의 세계 안으로 들어오실 때도 있습니까?

마: 무엇이 저에게 오고 갑니까? 이런 것들 역시 '말'입니다. 저는 있습니다 (I am). 제가 어디서 오고 어디로 가겠습니까?

질: 당신의 세계가 저에게 무슨 소용 있습니까?

마: 그대는 자신의 세계를 더 면밀히 고려해 보고, 그것을 비판적으로 조사해 보아야 합니다. 그러면 문득, 어느 날 저의 세계 안에서 그대 자신을 발견할 것입니다.

질: 그것으로 우리가 무엇을 얻습니까?

마: 아무것도 얻지 않습니다. 그대 자신의 것이 아닌 것을 뒤로하고, 그대가 결코 잃어버린 적이 없는 것—그대 자신의 **존재**를 발견합니다.

질: 당신의 세계에서는 누가 지배자입니까?

마: 여기에는 지배자도 없고 피지배자도 없습니다. 아예 어떤 이원성도 없습니다. 그대는 자신의 관념을 투사하고 있을 뿐입니다. 그대의 경전과 그대의 신들은 여기서 아무 의미가 없습니다.

질: 그래도 당신께서는 하나의 이름과 형상을 가지셨고, **의식과 활동을** 보여주십니다.

마: 그대의 세계에서는 제가 그렇게 보입니다. 저의 세계에서는 제가 **존재**만 가지고 있습니다. 달리 아무것도 없습니다. 여러분은 소유와, 양과 질에 대한 관념들을 잔뜩 가지고 있습니다. 저는 관념이 아예 없습니다.

질: 저의 세계에는 번뇌, 괴로움, 절망이 있습니다. 당신께서는 어떤 숨겨진 수입으로 살아가시는 것처럼 보이는 반면, 저는 생계를 위해 힘들게 일을 해야 합니다.

마: 그대 좋을 대로 하십시오. 그대는 저의 세계를 향해 그대의 세계를 자유롭게 떠날 수 있습니다.

질: 어떻게 건너가야 합니까?

마: 그대의 세계를 그대가 상상하는 대로 보지 말고, 있는 그대로 보십시오. (지혜로운) **분별**이 **무집착**으로 이어질 것이고, **무집착**은 올바른 **행위**를 보장해 줄 것이며, 올바른 **행위**는 그대의 **진정한 존재**에게로 나아가는 내적인 가교를 건립해줄 것입니다. **행위**(action)가 성실성의 한 증거입니다. 그대에게 하라고 한 것을 부지런히, 충실하게 하십시오. 그러면 모든 장애가 해소될 것입니다.

질: 당신께서는 행복하십니까?

마: 그대의 세계에서는 제가 더없이 불행하겠지요. 일어나는 것, 먹는 것, 말하는 것, 다시 잠자는 것—얼마나 번거로운 일입니까!

질: 그러니까 당신께서는 사시는 것조차도 원치 않으시는군요?

마: 산다, 죽는다—이런 것이 얼마나 무의미한 말인지 모르겠군요! 그대가

저를 살아 있다고 볼 때, 저는 죽어 있습니다. 그대가 저를 죽었다고 생각할 때, 저는 살아 있습니다. 그대가 얼마나 뒤죽박죽인지 모릅니다!

질: 당신께서 얼마나 무관심하십니까? 우리 세계의 모든 불행이 당신께는 아무것도 아닌 것과 같으니 말입니다.

마: 저는 여러분의 문제들을 잘 의식하고 있습니다.

질: 그러면 그에 대해서 무엇을 하고 계십니까?

마: 제가 해야 할 것이 아무것도 없습니다. 그 문제들은 오고 갑니다.

질: 당신께서 그 문제들에 주의를 기울이시는 행위 자체만으로 그것이 사라집니까?

마: 그렇지요. 그 어려움(문제들)은 신체적이거나 정서적이거나 정신적인 것일 수 있지만, 그것은 늘 개인적입니다. 대규모 재앙들은 무수한 개인적 운명들의 총합이고, 정리되는 데 시간이 걸립니다. 그러나 죽음은 결코 재앙이 아니지요.

질: 어떤 사람이 살해당할 때도 말입니까?

마: 그 재앙은 살해자의 것입니다.

질: 하지만 두 세계, 즉 저의 세계와 당신의 세계가 있는 것 같습니다.

마: 저의 세계는 실재하지만 그대의 세계는 마음의 세계입니다.

질: 바위가 하나 있는데, 그 바위에 구멍이 하나 뚫려 있고 그 구멍 안에 개구리가 한 마리 있다고 상상해 보십시오. 개구리는 신경 쓸 것도 없고 방해도 받지 않은 채 완벽한 행복 속에서 자신의 생애를 보낼지 모릅니다. 바위 밖에서는 세계가 돌아갑니다. 만약 구멍 안의 개구리가 바깥세상 이야기를 듣는다면, 개구리는 이렇게 말할 것입니다. "그런 것은 없다. 나의 세계는 평안과 지복의 세계이다. 당신의 세계는 말로 지어낸 것일 뿐이다. 그것은 아무 존재성이 없다."고 말입니다. 당신께서도 마찬가지이십니다. 당신께서 저희들의 세계는 아예 존재하지 않는다고 말씀하시면, 논의를 위한 어떤 공통 기반도 없습니다. 아니면 다른 비유를 들어보겠습니다. 제가 한 의사를 찾아가서 복통을 호소합니다. 그는 저를 진찰한 다음 "당신은 이상이 없습니다."라고 말합니다. "하지만 아픕니다"라고 저는 말합니다. 의사는

"당신의 고통은 심적인 것입니다"라고 주장합니다. 저는 이렇게 말합니다. "제 고통이 심적이라는 것을 알아도 저에게는 도움이 되지 않습니다. 당신은 의사이시고, 저의 고통을 치료해 주십니다. 만약 저를 치료해 주실 수 없다면 당신은 저의 의사가 아닙니다."

마: 물론 맞습니다.

질: 당신께서는 철로를 건설하셨지만, 다리가 없어 어떤 기차도 지나갈 수 없습니다. 다리를 건설하십시오.

마: 다리가 있을 필요가 없지요.

질: 당신의 세계와 저의 세계 간에 어떤 연결고리가 있어야 합니다.

마: 실재하는 세계와 상상적인 세계 사이에는 연결고리가 있을 필요가 없습니다. 그런 것은 있을 수 없으니 말입니다.

질: 그러면 우리는 어떻게 해야 합니까?

마: 그대의 세계를 탐구하고, 거기에 마음을 쏟고, 그것을 비판적으로 조사하고, 그에 관한 모든 관념을 정밀하게 살펴보십시오. 그거면 됩니다.

질: 탐구하기에는 세계가 너무 큽니다. 제가 아는 것은 제가 있다는 것, 세계가 있다는 것, 세계가 저를 괴롭게 하고 제가 세계를 괴롭게 한다는 것이 전부입니다.

마: 저의 체험은, 일체가 **지복**이라는 것입니다. 그러나 **지복**을 얻겠다는 욕망이 고통을 만들어냅니다. 그래서 **지복**이 고통의 씨앗이 됩니다. 고통 받는 전 우주는 욕망에서 나옵니다. 쾌락에 대한 욕망을 포기하십시오. 그러면 고통이 무엇인지도 모르게 될 것입니다.

질: 왜 쾌락이 고통의 씨앗이 되어야 합니까?

마: 쾌락을 위해서 그대가 많은 죄를 짓고 있기 때문입니다. 그리고 죄의 열매는 고통과 죽음입니다.

질: 당신께서는 세계가 우리에게 아무 소용이 없다고, 하나의 시련일 뿐이라고 말씀하십니다. 저는 그럴 리가 없다고 느낍니다. 신은 그런 바보가 아닙니다. 세계는 저에게, 잠재적인 것을 현실적인 것으로, 물질을 **생명**으로, 무의식적인 것을 온전한 **자각**으로 바꾸어 내는 하나의 큰 사업으로 보입니

다. 우리가 **지고자**를 깨달으려면 상대물들을 경험해 보아야 합니다. 우리가 사원 하나를 짓는 데도 돌과 회반죽, 나무와 쇠, 유리와 기와가 필요하듯이, 한 인간을 신적인 **현자**, 곧 생사에 통달한 자로 만들려면 모든 경험의 자료가 필요합니다. 마치 여자가 시장에 가서 온갖 식료품을 사 가지고 집으로 와서, 요리를 하고 빵을 구워 자기 주인이 들게 하듯이, 우리도 삶이라는 불 속에서 우리 자신을 멋지게 구워내어 **신**이 드시게 합니다.

마: 좋습니다. 만약 그렇게 생각한다면, 그에 따라 행동하십시오. 그대의 신이 드시게 하십시오, 얼마든지.

질: 어린아이는 학교에 가서 많은 것을 배우는데, 그것이 나중에는 아이에게 아무 쓸모가 없게 됩니다. 그러나 배우는 과정에서 아이는 성장합니다. 그처럼 우리도 무수한 경험들을 통과하지만 그것을 모두 잊어버립니다. 그러나 그러는 동안 우리는 계속 성장합니다. 그리고 **진인**이란 **실재**에 대한 천재성을 가진 사람 아니고 무엇입니까! 저의 이 세계가 우발적인 사건일 수는 없습니다. 그것은 사리에 맞고, 그 이면에 어떤 계획이 있을 것이 분명합니다. 저의 신에게는 **계획**이 있습니다.

마: 만약 세계가 거짓이라면, 그 계획과 그 창조주도 거짓입니다.

질: 또다시 세계를 부인하시는군요. 우리 사이에는 아무 가교가 없습니다.

마: 가교가 있을 필요가 없지요. 그대의 오류는 자신이 태어났다고 믿는 데 있습니다. 그대는 결코 태어나지 않았고, 결코 죽지도 않을 것입니다. 그러나 그대는 자신이 어느 일시 어느 장소에서 태어났다고, 그리고 특정한 몸이 자기 것이라고 믿고 있습니다.

질: 세계가 있고, 제가 있습니다. 이것은 사실입니다.

마: 왜 그대 자신을 돌보기 전에 세계에 대해 걱정합니까? 그대는 세계를 구하고 싶군요, 그렇지 않습니까? 그대 자신을 구하기 전에 세계를 구할 수 있습니까? 그리고 어떤 것이 '구원받음'을 의미합니까? 무엇으로부터 구원받습니까? **환幻**(illusion)으로부터지요. 구원이란 사물들을 있는 그대로 보는 것입니다. 저는 실제로 저 자신을 어떤 사람이나 어떤 사물과도 관계된다고 보지 않습니다. 심지어 한 자아와도 관계된다고 보지 않습니다. 그 자

아가 무엇이든 관계없이 말입니다. 저는 영원히 남아 있습니다—규정되지 않은 채로. 저는 내면에 있으면서도 넘어서 있습니다—친숙하면서도 접근할 수 없이.

질: 어떻게 거기에 도달하셨습니까?

마: 저의 스승님을 신뢰해서입니다. 그분이 저에게 "그대만이 있다"고 말씀하셨고, 저는 그분을 의심하지 않았습니다. 저는 그 말씀만 참구參究했을 뿐이고, 그러다가 그것이 절대적으로 참되다는 것을 깨달았습니다.

질: 반복에 의한 확신입니까?

마: 진아 깨달음에 의해서지요. 저는 제가 의식하고 있고, 절대적으로 행복하다는 것, 단지 실수로 제가 존재-의식-지복을 이 몸과, 몸들의 세계에서 오는 것으로 생각했다는 것을 발견했습니다.

질: 당신께서는 학식 있는 분이 아닙니다. 책을 많이 읽지 않으셨고, 당신께서 읽거나 들으신 것은 아마 서로 모순되지 않았을 것입니다. 저는 상당히 교육을 잘 받았고 많은 책을 읽었지만, 책과 선생들은 딱하게도 서로 모순된다는 것을 알았습니다. 그래서 무엇을 읽거나 들어도 저는 그것을 어떤 의심의 상태에서 받아들입니다. "그럴 수도 있고, 그렇지 않을 수도 있다"는 것이 저의 최초의 반응입니다. 그리고 제 마음은 무엇이 참이고 무엇이 거짓인지 판단할 수 없기 때문에, 저는 의심을 지닌 채 곤경에 빠지게 됩니다. 요가에서 의심하는 마음은 엄청나게 불리한 것입니다.

마: 그 말을 들으니 기쁩니다. 그러나 저의 스승님도 저에게 의심하라고 가르쳤습니다—일체를 절대적으로 의심하라고 말입니다. 그분이 말했습니다. "그대 자신 외에는 모든 것의 존재성을 부인하라." 욕망을 통해서 그대는 고통과 쾌락이 있는 세계를 창조했습니다.

질: 그것은 또한 고통스러울 수밖에 없습니까?

마: 달리 어떠하겠습니까? 바로 그 본질상 쾌락은 한계가 있고 무상합니다. 고통에서 욕망이 태어나는데, 고통 속에서 그것은 충족되기를 원하다가 좌절과 절망의 고통으로 끝납니다. 고통이 쾌락의 배경이어서, 모든 쾌락의 추구는 고통에서 태어나고 고통 속에서 끝납니다.

질: 당신께서 하시는 모든 말씀이 분명하게 이해됩니다. 그러나 어떤 신체적 혹은 정신적 문제가 다가오면 제 마음은 둔해지고 모호해지거나, 아니면 미친 듯이 안식을 구합니다.

마: 그게 무슨 상관입니까? 둔하거나 요동하는 것은 마음이지 그대가 아닙니다. 보세요, 이 방 안에서 온갖 일들이 일어납니다. 제가 그 일들을 일어나게 합니까? 그것은 그냥 일어납니다. 그대도 마찬가지입니다. 운명의 두루마리가 펼쳐지면서 불가피한 것을 현실화합니다. 그대는 사건들의 흐름을 바꿀 수 없지만, 그대의 마음가짐을 바꿀 수는 있습니다. 정말 중요한 것은 마음가짐이지 그 사건 자체가 아닙니다. 세계는 욕망과 두려움의 거주처입니다. 그 안에서는 **평안**을 발견하지 못합니다. **평안**을 얻으려면 세계를 넘어서야 합니다. 세계의 근본 원인은 **자기사랑**(self-love)입니다. 그것 때문에 우리는 쾌락을 추구하고 고통을 회피합니다. **자기사랑을 진아에 대한 사랑**으로 교체하십시오. 그러면 그림이 바뀝니다. 창조주 **브라마**(Brahma)는 모든 욕망의 총합입니다. 세계는 그 욕망들의 충족을 위한 도구입니다. 영혼들은 자신이 욕망하는 어떤 쾌락이든 취하고, 눈물을 흘리며 대가를 치릅니다. 시간이 모든 셈을 청산합니다. 균형의 법칙이 일체를 지배합니다.

질: 초인이 되려면 먼저 인간이 되어야 합니다. 인간의 지위는 무수한 경험들의 결실입니다. 욕망은 경험을 하도록 몰아갑니다. 따라서 그 나름의 시간과 수준에서 욕망은 올바릅니다.

마: 그 모든 것은 어느 면에서 참됩니다. 그러나 (경험을) 충분히 축적했기 때문에 (깨달음의 건물을) 짓기 시작해야 하는 날이 옵니다. 그때는 가려내고 버리는 것[분별-무욕]이 절대적으로 필요합니다. 모든 것을 면밀히 검토하여 불필요한 것은 가차 없이 파괴해야 합니다. 정말이지, 아무리 많이 파괴해도 지나치지 않습니다. **실재** 안에는 가치 있는 것이 아무것도 없기 때문입니다. 열정적으로 무욕이 되십시오. 그거면 됩니다.

24
신은 일체의 행위자, 진인은 비非행위자이다

질문자: 어떤 **마하트마**[깨달은 존재]들은 세계가 우발적 사건도 아니고 신의 유희도 아니며, 우주 전반에 걸쳐 의식을 각성시키고 계발하는 것을 목표로 하는 어떤 강력한 작업 계획의 결과이자 표현이라고 주장합니다. 무無생명에서 **생명**으로, 무의식에서 **의식**으로, 아둔함에서 밝은 **지성**으로, 오해에서 **명료함**(명료한 이해)으로ㅡ그것이 세계가 끊임없이 그리고 가차 없이 움직이는 방향이라는 것입니다. 물론 휴식과 외관상의 어둠이 있는 순간들, 우주가 잠들어 있는 것처럼 보일 때도 있지만, 그 휴식은 끝나고 의식에 대한 작업이 재개됩니다. 저희들의 관점에서 보자면 세계는 눈물의 골짜기이고, 가능한 한 빨리, 가능한 모든 수단을 써서 도피해야 할 곳입니다. 깨달은 존재들에게는 세계가 훌륭하고, 훌륭한 목적에 이바지합니다. 그들은 세계가 하나의 정신적 구성물이라는 것과 궁극적으로 모두가 하나라는 것을 부인하지 않지만, 그 구성물이 의미를 가지고 있고 지극히 바람직한 목적에 이바지하고 있다고 보며, 또 그렇게 말합니다. 이른바 '신의 의지'란 것은 장난스러운 어떤 신의 종잡을 수 없는 변덕이 아니라, **사랑과 지혜와 힘**이 성장하기 위한, 그리고 **생명**과 **의식**의 무한한 잠재력을 구현하기 위한 절대적 필요성의 표현인 것입니다.

정원사가 작은 씨앗으로 꽃을 길러내어 멋진 완성을 가져오듯이, 신도 그의 정원에서 다른 존재들 중에서도 누구보다 인간들을 길러내어, 그를 알고 사랑하며 그와 함께 일하는 초인들로 만듭니다.

신이 휴식할 때(*pralaya*-우주의 해체기) 성장이 완료되지 않은 존재들은 한동안 무의식 상태가 되지만, 의식의 모든 형상과 내용을 넘어선 **완성된 존재**들은 **보편적 침묵**을 자각하고 있습니다. 새로운 우주가 나타날 때가 되면, 잠자던 존재들이 깨어나고 그들이 하던 일도 다시 시작됩니다. 더 진보한 존재들이 먼저 깨어나서 덜 진보한 존재들을 위한 토대를 닦습니다. 그리하여 덜 진보한 존재들은 자신들이 계속 성장하는 데 적합한 행동의 형식과 패턴들을 발견합니다.

그 이야기는 이런 식입니다. 당신의 가르침과 다른 점은 이렇습니다. 즉, 당신께서는 세계가 전혀 좋은 점이 없고, 우리가 그것을 회피해야 한다고 주장하십니다. 그분들은 세계에 대한 혐오는 하나의 통과 단계로서, 필요하기는 해도 일시적이며, 곧 일체에 편재한 **사랑**, 그리고 **신**과 함께 일하려는 꾸준한 의지에 의해 대체된다고 말합니다.

마하라지: 그대가 말하는 것은 '밖으로 나가는(pravritti-有爲) 길'에서는 모두 맞습니다. '되돌아오는(nivritti-無爲) 길'에서는 그 자신을 무화無化하는 것이 필요합니다. 저는 아무것도 없는 곳(paramakash)에 자리 잡고 있는데, 언어도 생각도 거기에는 도달하지 못합니다. 마음에게는 그것이 온통 어둠이고 침묵입니다. 그러다가 의식이 움직이기 시작하여 **마음**(chidakash)을 깨우면, **마음**은 기억과 상상으로 건립된 이 **세계**(mahadakash)를 투사합니다. 일단 세계가 생겨나면 그대가 말하는 것이 다 그럴 수도 있습니다. 목표를 상상하고 그것을 향해 노력하며, 수단과 방법을 모색하고 비전(vision)과 에너지와 용기를 드러내는 것은 마음의 본성에 속합니다. 이런 것들은 신적인 속성이고, 저는 그것을 부정하지 않습니다. 그러나 저는 어떤 차별상差別相도 존재하지 않는 곳, 사물들이 없고 마음이 사물을 창조하지도 않는 곳에 자리 잡고 있습니다. 거기서 저는 편안합니다. 어떤 일이 일어나든 저에게는 영향이 없습니다―사물들이 사물들에 작용한다, 그뿐입니다. 저는 기억과 기대에서 벗어나 있기에 싱그럽고, 무구無垢하고, 정성스럽습니다. 마음은 **큰 일꾼**(mahakarta)이어서 휴식이 필요합니다. 저는 아무것도 필요하지 않기 때문에 두려워하지 않습니다. 누구를 두려워하겠습니까? 어떤 분리도 없고, 우리는 별개의 자아들이 아닙니다. 오직 하나의 **진아**, 즉 인격체와 **비인격체**가 그 안에서 하나인, **지고의 실재**가 있을 뿐입니다.

질: 제가 원하는 것은 세상을 도울 수 있었으면 하는 것뿐입니다.

마: 누가 도울 수 없다고 합니까? 그대는 도움이 무엇이며 무엇을 필요로 하는지에 대해 결론을 내렸고, 그대가 해야 할 일과 할 수 있는 일, 필요성

과 (그것을 할 수 있는) 능력 사이의 갈등에 스스로 빠졌습니다.

질: 그러나 우리는 왜 그렇게 합니까?

마: 그대의 마음이 하나의 구성물을 투사하고, 그대 자신을 그것과 동일시합니다. 자신의 충족을 위해 마음에게 하나의 세계를 창조하도록 부추기는 것은 욕망의 본성에 속합니다. 하나의 작은 욕망조차도 오래 이어지는 행위를 일으킬 수 있는데, 강한 욕망이라면 어떻겠습니까? 욕망은 하나의 우주를 산출할 수 있습니다. 그 힘은 불가사의합니다. 작은 성냥개비 하나가 거대한 숲에 불을 지를 수 있듯이, 하나의 욕망이 **현현**(manifestation-세계창조)의 불길을 댕깁니다. **창조**의 목적 자체가 욕망을 충족하기 위한 것입니다. 그 욕망은 고귀할 수도 있고 비천할 수도 있지만, **허공**(akash)은 중립적입니다—우리는 자신이 좋아하는 것으로 그것을 채울 수 있지요. 그러나 무엇을 욕망할지 아주 조심해야 합니다. 그리고 그대가 돕고 싶어 하는 사람들에 대해서 보자면, 그들은 자신의 욕망을 충족하기 위한 그들 각자의 세계 안에 있습니다. 그들의 욕망을 통하지 않고는 그들을 도울 길이 없습니다. 그대가 가르쳐 줄 수 있는 것은, 그들이 올바른 욕망을 가짐으로써 그들 자신을 넘어서고, 욕망의 세계들을—즉, 고통과 쾌락의 거주처들을—창조하고 또 창조하고 싶은 충동에서 벗어날 수 있도록 해주는 것뿐입니다.

질: 연극이 마무리되는 날이 와야 합니다. 한 인간이 죽어야 우주가 끝이 납니다.

마: 잠자는 사람이 모든 것을 잊었다가 다음날 깨어나거나, 그가 죽어서 또 다른 생을 받아 오듯이, 욕망과 두려움의 세계들도 해체되고 다시 나타납니다. 그러나 **보편적 주시자**(universal witness), 곧 **지고아**는 결코 잠들지 않고 결코 죽지 않습니다. 영원히, 큰 **심장**(Great Heart)이 뛰고 있는데, 그것이 한 번 뛸 때마다 새로운 우주 하나가 생겨납니다.

질: 그는 의식하고 있습니까?

마: 그는 마음이 생각하는 모든 것을 넘어서 있습니다. 그는 존재와 비존재를 넘어서 있습니다. 그는 일체에 대한 **긍정**이자 **부정**이고, '너머'이자 '안'이며, 창조하고 파괴하고, 상상할 수 없을 만큼 실재합니다.

질: 신과 마하트마는 하나입니까, 둘입니까?

마: 그들은 하나입니다.

질: 어떤 차이점이 있을 것이 분명합니다.

마: 신은 일체의 행위자(All-Doer)이고 진인은 비非행위자(non-doer)입니다. 신 자신은 "내가 모든 것을 한다"고 말하지 않습니다. 신에게는 일들이 그것들 자체의 성품에 의해 일어납니다. 진인에게는 모든 것이 신에 의해 이루어집니다. 그는 신과 (사물의) 성품 사이에서 어떤 차이점도 보지 않습니다. 신과 진인은 공히 그들 자신이 움직일 수 있는 것들의 움직일 수 없는 중심이며, 찰나적인 것을 주시하는 영원한 주시자임을 알고 있습니다. 그 중심은 공空의 한 점이고, 그 주시자는 순수한 자각의 점입니다. 그들은 자신을 '아무것도 아닌 것(nothing)'으로 알고 있고, 따라서 아무것도 그들에게 저항할 수 없습니다.

질: 그것이 당신의 개인적 체험 안에서는 어떻게 보이고 느껴집니까?

마: 저는 아무것도 아닌 것이기에, 모든 것입니다. 일체가 저이고 일체가 저의 것입니다. 움직이는 것을 생각하기만 해도 제 몸이 움직이듯이, 일들도 제가 그것을 생각하는 대로 일어납니다. 유념하십시오 — 저는 아무것도 하지 않습니다. 저는 그냥 그것들이 일어나는 것을 볼 뿐입니다.

질: 일들은 그 일들이 일어나기를 당신께서 원하시는 대로 일어납니까, 아니면 당신께서 그 일들이 일어나는 대로 일어나기를 원하십니까?

마: 둘 다입니다. 저는 받아들이고 받아들여집니다. 저는 모든 것이고 모든 것이 저입니다. 제가 세계이므로 저는 세계를 두려워하지 않습니다. 제가 모든 것인데 무엇을 두려워하겠습니까? 물은 물을 두려워하지 않고 불은 불을 두려워하지 않습니다. 저 역시 두려워하지 않습니다. 왜냐하면 저는 두려움을 경험할 수 있거나 위험에 처할 수 있는 그 무엇도 아니기 때문입니다. 저는 아무 형상도 이름도 없습니다. 이름과 형상에 대한 집착이 두려움을 낳습니다. 저는 집착하지 않습니다. 저는 아무것도 아닌 것이고, 아무것도 아닌 것은 어떤 사물도 두려워하지 않습니다. 반면에 일체가 아무것도 아닌 것을 두려워합니다. 한 사물이 아무것도 아닌 것에 접촉하면 그것이 아

무엇도 아닌 것으로 되기 때문입니다. 그것은 바닥이 없는 우물과 같아서, 그 속에 빠진 것은 모두 사라지고 맙니다.

질: 신은 한 '사람' 아닙니까?

마: 그대가 자신을 한 '사람'이라고 생각하는 한, 그도 한 '사람'입니다. 그대가 모든 것일 때는, 그를 모든 것으로 보게 됩니다.

질: 제가 마음가짐을 바꾸면 사실들을 바꿀 수 있습니까?

마: 그 마음가짐이 그 사실입니다. 분노를 예로 들어봅시다. 저는 화를 내고 방 안을 왔다 갔다 할 수 있습니다. 그러면서도 저는 저의 본래 모습, 즉 제가 **지혜**와 **사랑**의 중심이며 **순수한 존재**의 한 원자라는 것을 압니다. 그러면 모든 것이 가라앉고 마음은 **침묵** 속으로 합일됩니다.

질: 하지만 당신께서도 가끔 화를 내십니다.

마: 제가 누구에게 화를 내며 무엇 때문에 화를 내겠습니까? 화가 다가왔다가, 제가 저 자신을 기억하자 해소되었습니다. 그것은 모두 **구나**(gunas)[우주적 물질의 성질들]의 한 유희입니다. 저 자신을 **구나**들과 동일시할 때는 제가 그것들의 노예입니다. 제가 (그것들과) 떨어져 있을 때는 제가 그것들의 주인입니다.

질: 당신의 태도로써 세계에 영향을 주실 수 있습니까? 당신 자신을 세계로부터 떼어 놓으시면, 당신께서 세계를 도울 수 있을 모든 희망을 상실하시게 됩니다.

마: 어떻게 그럴 수 있습니까? 모든 것이 저 자신인데, 제가 저 자신을 도울 수 없단 말입니까? 저는 자신을 특정한 누구와도 동일시하지 않습니다. 저는 모두이기 때문입니다─특수자와 **보편자** 둘 다 말입니다.

질: 그렇다면 특정한 사람인 저를 도와주실 수 있습니까?

마: 그런데 저는 늘 그대를 돕고 있지요─내면에서 말입니다. 저의 **자아**와 그대의 **자아**는 하나입니다. 저는 그것을 알지만 그대는 모릅니다. 차이라면 그것이 전부지요. 그리고 그 차이도 오래 갈 수 없습니다.

질: 그러면 당신께서는 전 세계를 어떻게 도우십니까?

마: 간디는 죽었지만 그의 마음은 지구상에 퍼져 있습니다. 한 **진인**의 사상

은 인류에 퍼지며 끊임없이 영구히 작용합니다. 그것은 익명으로 내면에서 나오기에, 더 강력하고 설득력 있습니다. 그렇게 해서 세계가 개선됩니다― 내적 자아가 외적 자아를 돕고 축복하는 거지요. 한 **진인**이 죽으면 그는 더 이상 존재하지 않지만, 그것은 강이 바다로 들어가면 더 이상 존재하지 않는다는 것과 같은 의미에서입니다. (강으로서의) 그 이름, 그 형상은 더 이상 존재하지 않지만, 그 물은 남아 있고 바다와 하나가 됩니다. 진인이 **보편적인 마음**과 결합하면, 그의 모든 선함과 지혜는 인류의 유산이 되어 모든 인간을 향상시킵니다.

질: 우리는 우리의 인격(personality)에 집착합니다. 우리의 개인성, 우리가 남들과 다른 점에 우리는 아주 많은 가치를 둡니다. 당신께서는 둘 다 쓸모없다고 비난하시는 듯합니다. 당신의 **미현현자**未顯現者(the unmanifested), 그것이 저희들에게 무슨 소용 있습니까?

마: 미현현, 현현, 개인성, 인격(*nirguna, saguna, vyakta, vyakti*)―이런 것은 모두 말이고, 관점이고, 심적인 태도에 불과합니다. 그런 것에는 아무 실재성이 없습니다. 실재하는 것은 **침묵** 속에서 체험됩니다. 그대는 인격에 집착하지만, 그대에게 문제가 있을 때만 자신이 한 '사람'이라는 것을 의식하고, 문제가 없을 때는 그대 자신에 대해 생각하지 않습니다.

질: 미현현자의 쓸모에 대해서는 저에게 말씀해 주시지 않았습니다.

마: 분명, 깨어나기 위해서는 그대가 잠을 자야 합니다. 살기 위해서는 그대가 죽어야 하고, 새로 형상을 만들려면 녹여야 합니다. 건설하려면 파괴해야 하고, 창조하기 전에 절멸시켜야 합니다. **지고자**는 보편적 용제溶劑여서, 모든 용기容器를 부식腐蝕하고 모든 장애를 불태우며 나갑니다. 일체를 절대적으로 부정하지 않으면 사물들의 횡포가 절대적일 것입니다. 지고자는 위대한 **조화가**調和家(harmonizer), 곧 궁극적이고 완벽한 균형의―자유로운 삶의―보증자입니다. 그것은 그대를 해체하고, 그리하여 그대의 **참된 존재**를 다시 드러냅니다.

질: 그것은 그 나름의 수준에서는 모두 좋습니다. 그러나 일상생활에서는 그것이 어떻게 작용합니까?

마: 일상생활은 행위의 삶입니다. 좋든 싫든 그대는 활동해야 합니다. 그대가 자신을 위해서 하는 일은 뭐든지 축적되어 폭발적으로 됩니다. 어느 날 그것이 폭발하면 그대와 그대의 세계를 망가뜨립니다. 그대가 모두의 이익을 위해서 일하고 있다고 스스로를 속이면, 그것이 사태를 악화시킵니다. 왜냐하면 무엇이 남들을 위해 좋은 일이라는 그대 자신의 관념을 따라서는 안 되기 때문입니다. 무엇이 남들을 위해 좋은 일인지 알고 있다고 주장하는 사람은 위험합니다.

질: 그러면 우리는 어떻게 일해야 합니까?

마: 그대 자신을 위해서도 말고 남들을 위해서도 말고, 일 자체를 위해서 일하십시오. 할 가치가 있는 일은 그 자체의 목적과 의미를 가지고 있습니다. 그 무엇도 다른 어떤 것을 위한 수단으로 삼지 마십시오. 속박하지 마십시오. 신은 다른 것에 봉사하라고 어떤 것을 창조하지 않습니다. 각기 그 자체를 위해 만들어집니다. 그것은 그 자체를 위해 만들어지기 때문에 (다른 것에) 간섭하지 않습니다. 그대는 사물과 사람들을 그들에게 낯선 목적에 이용하고 있고, 그러면서 세상과 그대 자신을 망가뜨리고 있습니다.

질: 우리의 **진정한 존재**가 항상 우리와 함께 한다고 당신께서 말씀하십니다. 어떻게 저희들은 그것을 알아차리지 못합니까?

마: 예, 그대는 늘 **지고자**입니다. 그러나 그대의 주의는 물리적이거나 정신적 사물들에 고정됩니다. 그대의 주의가 한 사물에서 벗어나 아직 다른 사물에 고정되지 않았을 때, 그 틈새에서 그대는 **순수한 존재**입니다. **분별과 무욕**(viveka-vairagya)의 수행을 통해 그대가 감각적·심적 상태들을 볼 수 없게 되면, **순수한 존재**가 **본연적 상태**로서 등장합니다.

질: 이 별개성의 느낌을 우리가 어떻게 종식시킵니까?

마: 마음을 "내가 있다"에, 존재의 느낌(sense of being)에 고정하면 "나는 이러이러한 사람이다"가 해소됩니다. "나는 **주시자**일 뿐이다"가 남는데, 그것도 "나는 모든 것이다" 안으로 가라앉습니다. 그러면 그 모든 것이 **하나**(the One)가 되고, 그 **하나**는 그대 자신이 되어, 저와 별개가 아니게 됩니다. 별개의 '나'라는 관념을 버리십시오. 그러면 "누구의 체험인가?"라는 질문이

일어나지 않을 것입니다.

질: 당신께서는 당신 자신의 체험을 근거로 말씀하십니다. 어떻게 그것을 저의 것으로 만들 수 있습니까?

마: 그대는 저의 체험을 그대의 체험과 다른 것으로 이야기합니다. 왜냐하면 그대는 우리가 별개라고 믿기 때문입니다. 그러나 우리는 별개가 아닙니다. 더 깊은 수준에서는 저의 체험이 곧 그대의 체험입니다. 그대 자신의 안으로 깊이 뛰어드십시오. 그러면 그것을 쉽고도 간단하게 발견할 것입니다. "내가 있다"의 방향으로 나아가십시오.

25
"내가 있다"를 꽉 붙들라

질문자: 당신께서 기쁘거나 슬프실 때도 있습니까? 기쁨과 슬픔을 아십니까?

마하라지: 그런 것을 그대 좋을 대로 뭐라고 불러도 됩니다. 저에게는 그런 것이 마음의 상태일 뿐인데, 저는 마음이 아닙니다.

질: 사랑은 마음의 한 상태입니까?

마: 그 역시, 그대가 사랑을 뭐라고 하느냐에 달렸습니다. 욕망은 물론 마음의 한 상태입니다. 그러나 **단일성**(unity)의 깨달음은 마음을 넘어서 있습니다. 저에게는 어떤 것도 그 자체로는 존재하지 않습니다. 모든 것이 **진아**이고, 모든 것이 저 자신입니다. 모두에게서 저 자신을 보고 저 자신에게서 모두를 보는 것이야말로 더없이 확실하게 **사랑**입니다.

질: 어떤 즐거운 것을 보면 저는 그것을 원합니다. 정확히 누가 그것을 원합니까? 자아입니까, 마음입니까?

마: 그 질문은 잘못 제기한 것입니다. 어떤 '누구'도 없습니다. 욕망, 공포,

분노가 있는데, 마음이 "이것은 나다, 이것은 내 것이다"라고 말합니다. '나'
라거나 '내 것'이라고 할 수 있는 어떤 것도 없습니다. 욕망은 마음에 의해
지각되고 이름이 붙는 마음의 한 상태입니다. 지각하고 이름 붙이는 마음
이 없다면 욕망이 어디 있습니까?

질: 그러나 이름 붙이기(naming)가 없는 지각하기 같은 것도 있습니까?

마: 물론입니다. 이름 붙이기는 마음을 넘어설 수 없지만, **지각하기는 의식**
그 자체입니다.

질: 어떤 사람이 죽을 때 정확히 어떤 일이 일어납니까?

마: 아무 일도 일어나지 않습니다. 유有가 무無로 됩니다. 무無가 있었고,
무無가 남습니다.

질: 분명히 산 자와 죽은 자 간에는 차이가 있습니다. 당신께서는 산 자를
죽은 것으로, 그리고 죽은 자를 살아 있는 것으로 말씀하십니다.

마: 왜 그대는 한 사람이 죽어가는 것에 안달하면서 매일 죽어가는 수백만
명에 대해서는 별 관심이 없습니까? 전체 우주들이 매순간 안팎으로 폭발
하고 있습니다. 제가 그에 대해 울어야 합니까? 저에게는 한 가지가 아주
분명합니다. 즉, 존재하는 모든 것은 **의식** 안에서 살아 있고, 움직이고, 그
존재를 갖는다는 것과, 제가 그 **의식** 안에 그리고 너머에 있다는 것입니다.
저는 **주시자**로서 그 안에 있고, **존재**(Being)로서 그 너머에 있습니다.

질: 분명 당신의 자식이 아프면 당신께서 돌봐주십니다. 그렇지 않습니까?

마: (그럴 때도) 저는 당황하지 않습니다. 그저 필요한 일을 합니다. 저는 미
래에 대해 걱정하지 않습니다. 모든 상황에 올바르게 반응하는 것은 저의
본성에 속합니다. 저는 멈추어서 무엇을 할 것인가를 생각하지 않습니다.
저는 행동하고 움직여 나갑니다. 결과들은 저에게 영향을 미치지 않습니다.
그 결과가 좋을지 나쁠지, 저는 신경조차 쓰지 않습니다. 결과가 어찌 되었
든 그것은 존재하며, 만약 그 결과가 저에게 돌아오면 저는 그에 새로이
대처합니다. 더 정확히는, 어쩌다 보니 새로이 대처하게 됩니다. 제가 무엇
을 할 때는 어떤 목적의식이 없습니다. 일들은 일어나는 대로 일어납니다.
제가 그것을 일어나게 하기 때문이 아니라, 제가 있기 때문에 그 일들이

일어납니다. 실제로는 어떤 일도 결코 일어나지 않습니다. 마음이 요동하고 있을 때는 그것이 **시바**(Shiva-실재로서의 신)를 춤추게 합니다. 마치 호수의 일렁이는 물결이 달을 춤추게 하듯이 말입니다. 그것은 모두 그릇된 관념에 기인한 겉모습입니다.

질: 분명히 당신께서는 많은 것들을 자각하시고 그것들의 본성에 따라 행동하십니다. 어린이를 어린이로 취급하고 어른을 어른으로 취급하십니다.

마: 짠맛은 대양에 편재하고 바닷물 한 방울 한 방울이 같은 맛이 나듯이, 모든 경험은 저에게 **실재의 감촉**, 저 자신의 **존재**에 대한 늘 싱그러운 **깨달음**을 선사합니다.

질: 당신께서 저의 세계 안에 존재하시듯이, 제가 당신의 세계 안에 존재합니까?

마: 물론 그대가 있고 제가 있습니다. 그러나 **의식** 안의 점들로서만 존재합니다. 의식과 별개로는 우리가 아무것도 아닙니다. 이것을 잘 이해해야 합니다. 즉, 세계는 **의식**이라는 실에 매달려 있고, **의식** 없이는 세계도 없다는 것입니다.

질: 의식 안에는 많은 점들이 있습니다. 그만큼 많은 세계들이 있습니까?

마: 꿈을 한 예로 들어봅시다. 어느 병원에 많은 환자들이 있는데, 모두 잠을 자면서 꿈을 꾸고 있고, 각자 자기 자신의 사적이고 개인적인 꿈, 서로 아무 관련이 없고 서로 영향을 받지도 않는, 단 하나 공통점이 있다면 자기들이 모두 병에 걸려 있는 그런 꿈들을 꿀 수가 있습니다. 마찬가지로, 우리는 상상 속에서, 우리가 공통적으로 경험하는 **실재의 세계**에서 우리 자신들을 분리시켰고, 개인적 욕망과 공포, 상상과 생각, 관념과 개념들의 구름 속에 우리 자신을 가두어 버렸습니다.

질: 그것은 이해할 수 있습니다. 그러나 개인적 세계들의 엄청난 다양성의 원인은 무엇이겠습니까?

마: 그 다양성은 그렇게 대단하지 않습니다. 그 모든 꿈들은 하나의 공통된 세계(실재의 세계) 위에 덧씌워집니다. 어느 정도는 그 꿈들이 서로를 형성하고 서로 영향을 줍니다. 어찌 되었든 기본적인 **단일성**이 작용합니다. 그 모

든 것의 뿌리에는 자기망각(self-forgetfulness)이 있습니다. 즉, '내가 누구인지'를 모르는 거지요.

질: 잊으려면 (먼저 무엇을) 알아야 합니다. 제가 그것을 잊기 전에, 제가 누구인지 알고 있었습니까?

마: 물론이지요. 자기잊기(self-forgetting)는 자기알기(self-knowing) 안에 내재해 있습니다. 의식과 무의식은 한 생명의 두 측면입니다. 그들은 공존합니다. 세계를 알려면 그대가 자기를 잊습니다. 자기를 알려면 그대가 세계를 잊습니다. 세계란 결국 무엇입니까? 기억들의 한 집합입니다. 중요한 한 가지에 매달리십시오. "내가 있다"를 꽉 붙들어 다른 모든 것을 사라지게 하십시오. 이것이 수행(sadhana)입니다. 깨달음 속에서는 붙들 것이 아무것도 없고 잊어버릴 것이 아무것도 없습니다. 일체가 알려지며, 아무것도 기억되지 않습니다.

질: 자기잊기의 원인은 무엇입니까?

마: 아무 원인이 없습니다. 왜냐하면 어떤 잊기도 없기 때문입니다. 마음의 상태들이 서로 이어지면서, 각 상태가 그 앞의 상태를 지워버립니다. 자기기억하기는 하나의 마음 상태이고 자기잊기는 또 다른 마음 상태입니다. 그것들이 낮과 밤처럼 번갈아듭니다. 실재는 그 둘 다를 넘어서 있습니다.

질: 분명히, 잊기와 모르기 사이에는 어떤 차이가 있을 것이 틀림없습니다. 모르기는 어떤 원인도 필요로 하지 않습니다. 잊기는 먼저 (무엇을) 알고 있었다는 것과, 잘 잊어버리는 경향 혹은 그럴 수 있는 능력을 전제합니다. 제가 모르기의 이유를 탐색할 수 없다는 것은 인정하지만, 잊기는 어떤 근거가 있어야 합니다.

마: 모르기 같은 것은 없습니다. 잊기가 있을 뿐입니다. 잊기에 무슨 문제가 있습니까? 잊기는 기억하기만큼이나 간단합니다.

질: 자기 자신을 잊는다는 것은 재앙 아닙니까?

마: 자기 자신을 계속 기억하기만큼이나 나쁘지요. 잊기와 잊지 않기를 넘어서는 상태가 있습니다─본연적 상태(natural state)라는. 기억하는 것, 잊어버리는 것─이런 것들은 모두 마음의 상태들이며, 생각에 구속되고 말

구속됩니다. 예를 들어, 태어난다는 관념이 있습니다. 저는 제가 태어났다는 말을 듣습니다. 저는 기억하지 못합니다. 저는 죽을 거라는 말을 듣습니다. 저는 그것을 예상하지 않습니다. 그대는 제가 잊어버렸다거나 상상력이 부족하다고 말합니다. 그러나 저는 그냥 결코 일어난 적이 없는 일(탄생)을 기억할 수 없고, 명백히 불가능한 일(죽음)을 예상하지도 않는 것뿐입니다. 몸들이 태어나고 몸들이 죽지만 그것이 저에게 뭐란 말입니까? 몸들은 의식 안에서 오고 가는데 의식 그 자체는 저의 안에 그 뿌리를 두고 있습니다. 저는 **생명**이며, 제가 가진 것이 마음과 몸입니다.

질: 당신께서는 세계의 뿌리에 **자기망각**이 있다고 말씀하십니다. 잊어버리기 위해서는 제가 기억을 해야 합니다. 기억해야 할 무엇을 제가 잊어버렸습니까? 저는 제가 있다는 것을 잊어버리지 않았습니다.

마: 그 "내가 있다"도 환幻의 일부일 수 있지요.

질: 어떻게 그럴 수 있습니까? 당신께서는 제가 없다는 것을 증명하실 수 없습니다. "나는 없다"고 제가 확신할 때조차도, 저는 있습니다.

마: 실재는 증명할 수도 없고 부정할 수도 없습니다. 마음 안에서는 증명할 수 없고, 마음 너머에서는 그럴 필요가 없습니다. 실재 안에서는 "무엇이 실재하는가?"라는 질문이 일어나지 않습니다. 현현자(saguna-현상계)와 미현현자(nirguna-실재)는 다르지 않습니다.

질: 그렇다면 모든 것이 실재합니다.

마: 제가 모든 것입니다. 저 자신으로서는, 모든 것이 실재합니다. 저와 별개로는, 아무것도 실재하지 않습니다.

질: 저는 세계가 어떤 실수(자기망각, 무지)의 결과라고는 느끼지 못합니다.

마: 충분히 탐구해 본 뒤라야 그렇게 말할 수 있지 그 전에는 그럴 수 없습니다. 물론 그대가 분별하여, 실재하지 않는 모든 것을 놓아버리고 나면, 그때 남아 있는 것은 실재합니다.

질: 어떤 것이 남기는 합니까?

마: 실재가 남습니다. 그러나 단어들에 오도誤導되지는 마십시오!

질: 아득한 옛적부터 무수한 생 동안, 저는 저의 세계를 건설하고, 개선하

고, 아름답게 만듭니다. 그것은 완벽하지 않지만 실재하지 않는 것도 아닙니다. 그것은 하나의 과정입니다.

마: 그건 잘못 생각한 것입니다. 세계는 그대와 별개로는 어떤 존재성도 없습니다. 매순간 그것은 그대 자신의 한 반사물에 불과합니다. 그대가 그것을 창조하고, 그대가 그것을 파괴합니다.

질: 그리고 다시 건립합니다. 개선해서 말입니다.

마: 개선하려면 그것을 부정해야 합니다. 그대가 살려면 죽어야 합니다. 죽음을 통하지 않고는 어떤 환생도 없습니다.

질: 당신의 우주는 완전할지 모릅니다. 저의 개인적 우주는 개선되고 있습니다.

마: 그대의 개인적 우주는 그 자체로는 존재하지 않습니다. 그것은 **실재**에 대한 하나의 제한되고 왜곡된 견해일 뿐입니다. 개선할 필요가 있는 것은 우주가 아니라 그대가 (그것을) 바라보는 방식입니다.

질: 당신께서는 그것을 어떻게 보십니까?

마: 그것은 그 위에서 세계라는 드라마가 진행되고 있는 하나의 무대입니다. 중요한 것은 오로지 그 공연의 질입니다. 배우가 무엇을 말하고 행위하느냐가 아니라, 어떻게 말하고 행위하느냐지요.

질: 저는 이 **유희**(lila)라는 관념을 좋아하지 않습니다. 저는 차라리 세계를 하나의 작업장—우리가 건축가로 일하는 작업장에 비유하겠습니다.

마: 그대는 그것을 너무 심각하게 받아들입니다. 연극에 무슨 문제가 있습니까? 그대가 완전하지(purna) 않은 한에서만 그대가 어떤 목적을 갖습니다. 완전해질 때까지는 **완전함, 완성**이 목적입니다. 그러나 그대가 자신 안에서 완전하여 안팎으로 온전히 통합되면, 우주를 즐기게 됩니다. 우주를 가지고 일하는 것이 아닙니다. 통합되어 있지 않는 이들에게는 그대가 열심히 일을 하고 있는 것처럼 보일지 모르나, 그것은 그들의 환상입니다. 운동선수들은 엄청난 노력을 하고 있는 것처럼 보이지만, 그들의 유일한 동기는 경기하고 보여주는 것입니다.

질: 신은 그저 즐기고 있을 뿐이다, 그는 목적 없는 행위에 몰두해 있다,

그런 뜻으로 하시는 말씀입니까?

마: 신은 참되고 선할 뿐 아니라 아름답기까지(satyam-shivam-sundaram) 합니다. 그는 아름다움을 창조합니다—그것의 기쁨을 위해서 말입니다.

질: 뭐, 그렇다면 아름다움이 그의 목적이군요!

마: 왜 목적을 도입합니까? 목적은 운동, 변화, 불완전하다는 느낌을 함축합니다. 신은 아름다움을 목표하지 않습니다. 그가 하는 무엇이든 다 아름다우니까요. 그대는 한 송이 꽃이 아름다워지려고 애쓴다고 말하겠습니까? 꽃은 그 성품 자체로 아름답습니다. 마찬가지로, 신은 그 자체로 **완전함**이지, 완전해지려는 노력이 아닙니다.

질: 목적이 아름다움 속에서 스스로를 성취합니다.

마: 무엇이 아름답습니까? 지복스럽게 지각되는 것은 뭐든지 아름답습니다. **지복**이 아름다움의 본질입니다.

질: 당신께서는 **사뜨-찌뜨-아난다**(Sat-Chit-Ananda)[존재-의식-지복]를 말씀하십니다. 제가 '있다'는 것은 명백합니다. 제가 '안다'는 것도 명백합니다. 제가 '행복하다'는 것은 전혀 명백하지 않습니다. 저의 행복은 어디로 가 버렸습니까?

마: 그대 자신의 **존재**(being)를 온전히 자각하십시오. 그러면 의식하면서 **지복** 안에 있게 될 것입니다. 그대는 자신에게서 마음을 떼어내어 그것이 '그대 아닌 것'을 생각하도록 하기 때문에, 그대가 행복하다는 느낌, 잘 있다는 느낌을 상실합니다.

질: 저희들 앞에 두 갈래 길이 있는데, 노력의 길(yoga marga)과 향유의 길(bhoga marga)이 그것입니다. 둘 다 같은 목표—**해탈**에 이르게 합니다.

마: 향유享有(bhoga-즐김)를 왜 길이라고 부릅니까? 안락이 어떻게 그대에게 완성을 안겨줄 수 있습니까?

질: 완전한 포기자(yogi)는 **실재**를 발견할 것입니다. 완전한 향유자(bhogi)도 거기에 도달하겠지요.

마: 어떻게 그럴 수 있습니까? 그 둘은 서로 모순 아닙니까?

질: 양 극단은 서로 만납니다. 완전한 향유자가 되는 것은 완전한 요기가

되는 것보다 더 어렵습니다.

저는 비천한 사람이어서 감히 가치판단은 못하겠습니다. 요기와 **향유자** 둘 다 결국은 행복에 대한 탐색에 관심이 있습니다. 요기는 행복이 영구적이기를 원하고, **향유자**는 간헐적인 행복에 만족합니다. **향유자**가 요기보다 더 열심히 노력하는 경우도 흔히 있습니다.

마: 애써서 힘들게 노력해야 한다면 그대의 행복이 무슨 가치가 있습니까? 참된 행복은 자연발로적이고 애씀이 없습니다.

질: 모든 존재들은 행복을 추구합니다. 다만 수단이 다를 뿐입니다. 어떤 이들은 내면에서 그것을 찾고, 따라서 요기라고 불립니다. 어떤 이들은 바깥에서 그것을 찾고, 그래서 **향유자**라고 비난받습니다. 하지만 그들은 서로를 필요로 합니다.

마: 쾌락과 고통은 번갈아듭니다. 행복은 부동입니다. 그대가 추구하여 발견할 수 있는 것은 진짜배기가 아닙니다. 그대가 결코 잃어버린 적이 없는 것을 발견하고, 양도 불가능한 것을 발견하십시오.

26
인격, 하나의 장애

질문자: 제가 보기에 세상은 하나의 **요가학교**이고, 삶 자체가 **요가수행**입니다. 누구나 완성을 위해 노력하는데, 노력 말고 무엇이 요가이겠습니까? 소위 '보통' 사람들과 그들의 '보통' 삶에, 괄시할 만한 것은 아무것도 없습니다. 그들은 요기만큼이나 힘들게 노력하면서 고생하고 있습니다. 다만 자신들의 참된 목적을 의식하지 못할 뿐입니다.

마하라지: 어떤 면에서, 그대가 말하는 보통 사람들이 요기입니까?

질: 그들의 궁극적 목표가 동일합니다. 요기가 포기(*tyaga*)에 의해서 확보하

는 것을 보통 사람은 경험(bhoga-향유)을 통해서 깨닫습니다. 향유의 길은 무의식적이며, 따라서 반복적이고 시간이 오래 걸리는 반면, 요가의 길은 의도적이고 강렬하며, 따라서 더 빠를 수 있습니다.

마: 어쩌면 요가와 향유의 시기가 번갈아들겠지요. 먼저 향유자였다가 요기가 되고, 그러다가 다시 향유자가 되고, 그러다가 다시 요기가 됩니다.

질: 그 목적은 무엇일까요?

마: 약한 욕망들은 내관內觀과 명상에 의해 제거될 수 있지만, 강하고 뿌리 깊은 욕망들은 충족시킬 수밖에 없기에, 달거나 쓴 열매를 맛보게 됩니다.

질: 그러면 왜 우리는 요기들에게는 공양을 올리면서 향유자들을 얕보듯이 이야기합니까? 어느 면에서는 모두 요기들인데요.

마: 인간의 가치 척도상 의도적인 노력은 찬양할 만한 것으로 간주됩니다. 실제로는 요기와 향유자 모두 환경과 기회에 따라 자기 나름의 성품을 따릅니다. 요기의 삶은 단 하나의 욕망, 즉 진리를 발견하겠다는 욕망에 지배됩니다. 향유자는 많은 스승들을 섬깁니다. 그러나 향유자가 요기가 되고, 요기도 한 바탕의 향유 속에서 원만해집니다. 최종 결과는 동일합니다.

질: 붓다는 깨달음—의식 안에서의 완전한 역전逆轉과 변모(transformation)—이라는 것이 있다는 말을 들어 본 것이 엄청나게 중요하다고 말했다고 합니다. 그 희소식은 산더미 같은 솜에 댕긴 불꽃에 비유됩니다. 천천히 그러나 가차 없이 그 더미 전체가 타서 재가 될 것입니다. 마찬가지로, 깨달음에 대한 희소식은 조만간 어떤 변모를 가져올 것입니다.

마: 그렇지요. 먼저 청문聽聞(shravana)을 하고, 이어서 기억(smarana), 성찰省察(manana) 등을 하게 됩니다. 우리는 친숙한 토대 위에 있습니다. 그 소식을 들은 사람은 요기가 되고, 그 밖의 사람들은 향유의 삶을 계속합니다.

질: 그러나 당신께서는, 삶을 살아가는 것이—그저 태어나서 죽고, 죽으면 또 태어나는 세간의 단조로운 삶을 그냥 사는 것이—순전히 그 (삶의) 양에 의해 사람을 진보시킨다는 데 동의하십니다. 마치 강이 순전히 자기가 끌어 모으는 물의 양에 의해 바다를 향해 가듯이 말입니다.

마: 세계가 있기 전에 의식이 있었습니다. 의식 안에서 세계가 생겨나고, 의

식 안에서 그것이 지속되며, 순수한 의식 속으로 그것이 해소됩니다. 만물의 뿌리에는 "내가 있다"는 느낌이 있습니다. "세계가 있다"는 마음의 상태는 ("내가 있다"에 비해) 2차적입니다. 왜냐하면 나는 **존재하기** 위해 세계가 필요하지 않지만, 세계는 존재하기 위해 나를 필요로 하기 때문입니다.

질: 살려는 욕망은 엄청난 것입니다.

마: 그보다 더 위대한 것은 살려는 욕망에서 벗어나는 것입니다.

질: 바위의 자유 말입니까?

마: 예, 바위의 자유지요. 그리고 그 훨씬 이상입니다. 무한하고 의식하는 자유입니다.

질: 경험을 수집하려면 인격(personality)이 필요하지 않습니까?

마: 그대가 지금 있기 때문에 그 인격은 하나의 장애물일 뿐입니다. 몸과의 자기 동일시는 유아에게는 좋을지 모르지만, 참된 성장은 몸이라는 방해물을 치워버리는 데 달렸습니다. 보통은 우리가 이른 시기에 몸에 기초한 욕망들을 넘어서야 합니다. 쾌락을 거부하지 않는 **향유자**라 할지라도 자신이 맛본 욕망들을 갈구할 필요는 없습니다. 습관, 곧 되풀이하고 싶은 욕망이 **요기**와 **향유자** 둘 다를 좌절시킵니다.

질: 왜 당신께서는 '사람(*vyakti*)'을 전혀 중요하지 않은 것으로 계속 무시하십니까? 인격은 우리 존재의 1차적 사실입니다. 그것이 (삶이라는) 무대 전체를 점거하고 있습니다.

마: 그것이 기억 위에 건립되고 욕망에 의해 촉발되는 습習일 뿐이라는 것을 보지 못하는 한, 그대는 자신을 한 '사람'이라고 생각하겠지요—살아 있고, 느끼고, 생각하고, 활동적이고, 수동적이고, 즐거워하거나 괴로워하는. 그대 자신을 문제 삼고, 그대 자신에게 물으십시오. "과연 그런가?" "나는 누구인가?" "이 모든 것 이면에, 그리고 너머에 있는 것은 무엇인가?"라고 말입니다. 그러면 이내 자신의 과오를 알게 될 것입니다. 그리고 과오임을 알면 그것이 사라지는 것이 바로 과오의 성품입니다.

질: 살아가기의 요가, 삶 자체의 요가를 우리는 니사르가 요가(Nisarga Yoga) [자연 요가]라고 부를 수 있겠지요. 그것은 『리그베다』에서 말하는 **원초적 요**

가(adhi yoga)를 생각나게 하는데, 그것은 삶을 마음과 결혼시키는 것으로 묘사되었습니다.

마: 온전한 자각 속에서 사려 깊게 살아가는 삶은 그 자체로 니사르가 요가입니다.

질: 삶과 마음의 결혼이란 무엇을 뜻합니까?

마: 자연발로적 자각 안에서 사는 것, 애씀 없는 살아감에 대한 의식, 자신의 삶에 온전히 관심을 가지고 있는 것―이 모든 것이 함축되어 있지요.

질: 스리 라마크리슈나 빠라마한사의 부인인 샤라다 데비(Sharada Devi)는 남편의 제자들에게 너무 노력을 많이 한다고 질책하곤 했습니다. 그녀는 그들을, 채 익기도 전에 따내는 망고에 비유했습니다. 그녀는 곧잘 이렇게 말하곤 했습니다. "왜 서둘러요? 완전히 익어서 연하고 달콤해질 때까지 기다려요."

마: 정말 맞는 말이지요! 새벽을 대낮으로 여기고 일시적인 체험을 완전한 깨달음으로 착각하여 지나치게 자만하다가, 자신이 얻은 얼마 안 되는 소득마저 망쳐버리는 사람들이 너무 많습니다. 아무리 진보한 수행자(sadhaka)라 할지라도 겸손과 침묵이 필수적입니다. 완전히 성숙한 진인만이 완전히 임의자재任意自在하게 행동할 수 있습니다.

질: 배우는 이가 깨침을 얻고 나면 7년이나 12년, 15년, 혹은 심지어 25년 동안 묵언을 해야 하는 요가학파들도 있는 것 같습니다. 바가반 스리 라마나 마하르쉬조차도 수년간 묵언을 한 뒤에야 가르치기 시작했습니다.

마: 예, 내적인 열매가 익어야 합니다. 그러기 전까지는 규율과, 자각 속의 삶이 계속되어야 합니다. 점차 그 수행이 더 미세해지고 미세해지다가, 그것이 완전히 형상 없는 것으로 됩니다.

질: 크리슈나무르티도 자각 속에서 사는 것을 이야기합니다.

마: 그는 늘 '궁극적'인 것을 직접 목표하지요. 예, 궁극적으로는 모든 요가가 그대가 말하는 원초적 요가, 즉 의식[신부]과 삶[신랑]의 결혼으로 끝납니다. 의식과 존재(sad-chit)가 지복(ananda) 안에서 만납니다. 지복이 일어나려면 만남, 접촉이 있어야 하고, 이원성 안에서 단일성을 주장해야 합니다.

질: 붓다도 우리가 **열반**(nirvana)을 성취하려면 중생들(living beings)에게로 나아가야 한다고 말했습니다. **의식**이 성장하려면 삶이 필요합니다.

마: 세계 자체가 접촉입니다―**의식** 안에서 현실화되는 모든 접촉의 총합이지요. 정신이 물질을 접촉하면 **의식**이 나옵니다. 그러한 **의식**이 기억과 기대에 의해서 오염되면 속박이 됩니다. 순수한 체험은 속박하지 않습니다. 욕망과 두려움 사이에 낀 체험은 불순수하고, **업**業(karma)을 만들어냅니다.

질: 단일성 안에 행복이 있을 수 있습니까? 모든 행복은 반드시 접촉이 있음을 의미하고, 따라서 이원성을 의미하지 않습니까?

마: 이원성이 갈등을 야기하지 않는 한, 그것은 아무 잘못이 없습니다. 갈등이 없는 다수성과 다양성은 기쁨입니다. 순수한 **의식** 안에는 **빛**이 있습니다. 온기를 얻으려면 접촉이 필요합니다. **존재**의 단일성 위에 **사랑**의 합일이 있습니다. **사랑**이 이원성의 의미이자 목적입니다.

질: 저는 양자입니다. 친부는 제가 모르고, 친모는 제가 태어났을 때 돌아가셨습니다. 양아버지는 자식이 없던 양어머니를 기쁘게 해주려고 저를 입양했습니다. 거의 우발적으로 말입니다. 그분은 단순한 분으로, 트럭 소유자이자 운전기사이십니다. 어머니는 살림을 하시고요. 저는 지금 24살입니다. 지난 2년 반 동안은 들떠서 뭔가를 찾아 돌아다녔습니다. 선한 삶, 성스러운 삶을 살고 싶습니다. 저는 어떻게 해야 합니까?

마: 집에 가서 부친의 가업을 맡고, 연로한 부모님을 보살펴 드리십시오. 그대를 기다리고 있는 처녀와 결혼해서 충실하고, 단순하고, 겸손하게 사십시오. 덕을 감추고 조용히 사십시오. 다섯 감관과 세 가지 성질(gunas)은 요가에서 그대가 닦아 나갈 여덟 단계입니다. 그리고 "내가 있다"는, 큰 상기물(mahamantra-큰 만트라)입니다. 이런 것들에서, 그대가 알 필요가 있는 모든 것을 배울 수 있습니다. 주의 깊게 살피고, 끊임없이 탐구하십시오. 그거면 됩니다.

질: 자신의 삶을 그냥 사는 것으로 해탈한다면, 왜 모든 사람이 해탈하지 않습니까?

마: 모두가 해탈하고 있지요. 어떤 삶을 사느냐가 아니라 어떻게 사느냐가

중요합니다. 깨달음에 대한 관념이 가장 중요합니다. 그런 가능성이 있다는 것을 아는 것만으로도 그대의 관점 전체가 바뀝니다. 그것은 톱밥의 산더미에 던져진 불붙은 성냥개비와 같이 작용합니다. 모든 큰 **스승**들은 바로 이것 외에 아무 일도 하지 않았습니다. **진리의 불꽃** 하나가 산더미 같은 거짓을 태워버릴 수 있습니다. 그 반대도 진실입니다. **진리**라는 태양이 몸과의 자기 동일시라는 구름 뒤에 가려 있습니다.

질: 깨달음의 희소식을 이렇게 전파하는 것이 매우 중요할 것 같습니다.

마: 그 소식을 듣는 것 자체가 **깨달음**의 한 약속입니다. 한 스승과의 만남 자체가 해탈의 보증입니다. **완전함**(깨달음)은 생기를 주며 창조적입니다.

질: 깨달은 사람이 "나는 깨달았다"고 생각할 때도 있습니까? 사람들이 그를 대단하게 여길 때 그는 놀라지 않습니까? 그가 자신을 평범한 한 인간으로 여기지는 않습니까?

마: 평범하지도 않고 비범하지도 않습니다. 그저 자각하고 있고, 자애롭지요—강렬하게 말입니다. 그는 자기규정이나 자기 동일시에 탐닉하지 않고 자신을 바라봅니다. 그리고 자신을 세계와 별개의 어떤 것으로 알지 않습니다. 그가 곧 세계입니다. 그는 그 자신에게서 완전히 벗어나는데, 이는 마치 아주 부자이지만 자신의 부富를 끊임없이 나누어주는 사람과 같습니다. 그는 부자가 아닙니다. 아무것도 가지고 있지 않기 때문입니다. 그는 가난하지도 않습니다. 풍성하게 베풀기 때문입니다. 그는 그저 재산이 없을 뿐입니다. 마찬가지로, **깨달은 사람**은 에고가 없습니다. 그는 자신을 어떤 것과 동일시하는 능력을 상실해 버렸습니다. 그는 있는 곳이 없어 무無처소이며, 공간과 시간을 넘어서 있고, 세계를 넘어서 있습니다. 말과 생각을 넘어선 곳에 그가 있습니다.

질: 어쨌든 그것은 저에게 깊은 신비입니다. 저는 단순한 사람입니다.

마: 깊고, 복잡하고, 신비하고, 이해하기 어려운 것은 그대입니다. 그대와 비교할 때 저는 단순함 그 자체입니다. 저는 '존재하는 것'입니다. 안과 밖, 내 것과 네 것, 좋고 나쁜 것으로 구분하는 일이 전혀 없는 **실재** 말입니다. 세계인 것이 저이고, 저인 것이 세계입니다.

질: 사람이 각기 자기 자신의 세계를 창조하는 일은 어떻게 일어납니까?
마: 몇 사람이 잠이 들어 각자 자신의 꿈을 꿉니다. 그들이 깨어나야만 서로 다른 많은 꿈이라는 문제가 일어나는데, 그것이 모두 꿈이고, 상상한 것이라는 것을 우리가 알게 되면 그 문제는 해소됩니다.
질: 꿈들조차도 하나의 토대를 가지고 있습니다.
마: 기억 안에 말이지요. 그렇다 해도, 기억되는 것은 또 하나의 꿈에 불과합니다. 거짓된 것에 대한 기억은 거짓된 것을 만들어낼 수 있을 뿐입니다. 기억 그 자체에는 아무 잘못된 것이 없습니다. 거짓된 것은 그 내용입니다. 사실들을 기억하고 의견들은 잊어버리십시오.
질: 사실이란 무엇입니까?
마: 욕망과 두려움에 의해 영향을 받지 않는 **순수한 자각** 안에서 지각되는 것이 '사실'입니다.

27
시작 없는 것이 영원히 시작한다

질문자: 저번에 제가 성장의 두 가지 길, 즉 포기(*yoga*)와 향유(*bhoga*)에 대해서 여쭈었습니다. 그 차이는 겉보기만큼 그렇게 크지 않습니다. 요기는 즐기는 것을 포기하고, **향유자**는 포기하는 것을 즐기니까요. 요기는 포기하는 것을 먼저 하고 향유자는 즐기는 것을 먼저 합니다.

마하라지: 그래서 어떻다는 겁니까? 요기는 그가 하는 요가를 하라 하고, **향유자**는 그가 하는 향유를 하라고 하십시오.

질: 저에게는 **향유자**의 길이 더 나은 것 같습니다. 요기는 나무에서 너무 일찍 따낸 풋망고와 같아서 짚 바구니에 더 넣어두어 익혀야 합니다. 그런데 공기가 통하지 않고 너무 더우면 그것이 익기는 하지만, 참된 풍미와

향이 사라집니다. 나무에 남아 있는 망고는 클 때까지 다 크고, 색깔과 단맛도 제대로 들어 모든 면에서 기쁨을 주는 과일입니다. 하지만 어떻게 된 건지 요가는 온갖 칭찬을 듣고, 향유는 온갖 저주를 듣습니다. 제가 보기에는 향유가 더 나은 길인데도 말입니다.

마: 무엇을 근거로 그렇게 말합니까?

질: 저는 요기들과 그들이 하는 엄청난 노력을 지켜보았습니다. 그들이 깨달을 때조차 거기에는 쓰거나 떫은 뭔가가 있습니다. 그들은 황홀경에 너무 많은 시간을 소비하는 것 같고, 말을 할 때도 자기네 경전 문구들을 이야기할 뿐입니다. 기껏해야 그런 진인들은 꽃과 같습니다. 완전하기는 하나 그저 자그마한, 작은 반경 안에서 향기를 발하는 그런 꽃들 말입니다. 그러나 풍요롭고, 다양하고, 광대하고, 경이로 가득 찬 숲과 같은 분들, 그들 자신이 하나의 세계인 그런 분들도 있습니다. 이런 차이가 생기는 어떤 이유가 있는 것이 분명합니다.

마: 글쎄요, 그건 그대의 말이지요. 그대의 말대로라면 요가를 하는 사람은 성장이 억제된 반면, 향유를 하는 사람은 잘 되었다는 거로군요.

질: 그렇지 않습니까? 요기는 삶을 겁내면서 평안을 추구하지만 향유자는 모험적이고, 기백으로 충만해 있고, 앞으로 나아갑니다. 요기는 어떤 관념에 구속되어 있는 반면, 향유자는 늘 탐험에 나설 준비가 되어 있습니다.

마: 그것은 많은 것을 원하느냐, 아니면 적은 것으로 만족하느냐의 문제입니다. 요기는 원대한 포부가 있지만 향유자는 단지 모험적일 뿐입니다. 그대가 말하는 향유자는 더 풍요롭고 더 재미있을 것 같지만 실제로는 그렇지 않습니다. 요기는 예리한 칼날같이 좁습니다. 그래야 하는 것이, 그는 깊이 부드럽게 베고, 거짓들의 여러 층을 실수 없이 뚫고 들어가야 하기 때문입니다. 향유자는 많은 제단에서 숭배를 하지만, 요기는 그 자신의 참된 자아 외에는 아무도 섬기지 않습니다.

    요기를 향유자와 대립시키는 것은 아무 의미가 없습니다. 밖으로 나가는 길(*pravritti*-향유자의 활동)이 되돌아오는 길(*nivritti*-요기의 비활동)보다 필연적으로 선행합니다. 가만히 앉아 판정하면서 점수를 매긴다는 것은 우스운 일입니다. 모든 것이 궁극적 완성에 이바지합니다. 어떤 이들은 **실재**에 세 가지 측면, 곧 **진리-지혜-지복**(Truth-Wisdom-Bliss)이 있다고 말합니다. 진리를 추구하는 자는 **요기**가 되고, 지혜를 추구하는 자는 **지**知 **수행자**(gnani)가 되며, 행복을 추구하는 자는 **행위가**(향유자)가 됩니다.

질: 우리는 비이원성의 **지복**에 대한 이야기를 듣습니다.

마: 그러한 **지복**은 본질상 큰 **평안**에 더 가깝습니다. 쾌락과 고통은, 올바르거나 올바르지 못한 행위의 열매들입니다.

질: 그 차이를 가져오는 것은 무엇입니까?

마: 그 차이는 베풀기(giving)와 쥐고 있기(grasping) 사이에 있습니다. 접근방식이 무엇이든, 결국은 모두 하나가 됩니다.

질: 목표에 아무 차이가 없다면, 왜 여러 가지 접근법들을 구별합니까?

마: 각자 자신의 성품에 따라 행동하라 하십시오. 어느 경우든 궁극적 목적에 이바지할 것입니다. 그대의 온갖 구별과 분류는 아주 타당하지만, 제 경우에는 그런 것이 존재하지 않습니다. 아무 근거가 없어도 어떤 꿈에 대해 상세하고 정확하게 묘사할 수 있듯이, 그대의 패턴(접근방식)은 그대 자신의 가정假定에만 들어맞습니다. 그대는 어떤 관념을 가지고 시작하여, 다른 의상을 걸친 똑같은 관념으로 끝납니다.

질: 당신께서는 사물들을 어떻게 보십니까?

마: 어느 것이나 모두 저에게는 똑같습니다. 동일한 **의식**(chit)이 **존재**(sat)로, 그리고 **지복**(ananda)으로 나타납니다. 움직이는 의식이 지복이요, 움직임 없는 의식이 존재입니다.

질: 하지만 당신께서 움직임과 움직임 없음 사이에 구별을 하고 계십니다.

마: 구별 없음이 침묵 속에서 이야기합니다. 말은 구별을 나타냅니다. **미현현자**(nirguna-실재)는 이름이 없습니다. 모든 이름들은 **현현자**(saguna-현상계)와 관련됩니다. 말을 넘어서 있는 것을 표현하려고 말로 싸워 봤자 쓸데없습니다. **의식**(chidananda)이 **영**靈(purusha)이고, 의식이 **물질**(prakriti)입니다. 불완전한 **영**靈은 **물질**이고, 완전한 **물질**은 **영**靈입니다. 처음에는 마지막에서와 같이 모든 것이 하나입니다.

모든 구분은 마음(chitta-개인적 의식) 안에 있지, **실재**(chit) 안에는 어떤 구분도 없습니다. 움직임과 휴식은 마음의 상태들이고 서로의 상대물 없이는 있을 수 없습니다. 그 자체로는 어떤 것도 움직이지 않고, 어떤 것도 휴식하지 않습니다. 마음의 구성물들에 절대적 존재성을 귀속시키는 것은 중대한 과오입니다. 어떤 것도 그 자체로는 존재하지 않습니다.

질: 당신께서는 휴식을 **지고의 상태**(Supreme State)와 동일시하시는 것 같습니다.

마: 마음의 한 상태(chidaram-의식의 즐김)로서의 휴식이 있고, **존재의 한 상태**(atmaram-진아의 즐김)로서의 휴식이 있습니다. 전자는 오고 가는 반면, 참된 **휴식**은 행위의 바로 핵심입니다. 불행하게도 언어는 하나의 심적인 도구이고, 상대물들 안에서 작동합니다.

질: 한 분의 **주시자**로서, 당신께서는 일하십니까, 휴식하십니까?

마: 주시하기는 하나의 경험이고, 휴식은 경험에서 벗어나는 것입니다.

질: 그것들은 공존할 수 없습니까? 바다에서 파도들의 어지러운 움직임과 깊은 곳의 고요함이 공존하듯이 말입니다.

마: 마음 너머에는 경험 같은 것이 없습니다. 경험은 하나의 이원적 상태입니다. **실재**를 하나의 경험이라고 이야기할 수는 없습니다. 이것을 일단 이해하면 더 이상 '있음'과 '됨'을, 분리된 별개의 대립적인 것으로는 찾지 않게 됩니다. 실제로는 그 둘이 하나이고, 마치 같은 나무의 뿌리와 가지처럼 분리할 수 없습니다. 둘 다 **의식의 빛** 안에서만 존재할 수 있는데, 이 빛은 "내가 있다"는 느낌을 뒤따라 일어납니다. 이것이 제1차적 사실입니다. 그것을 놓치면 모든 것을 놓칩니다.

질: 존재의 느낌은 경험의 산물일 뿐입니까? 큰 **말씀**(Mahavakya)인 '**따뜨-사뜨**(tat-sat)'는 사고 작용의 한 양상일 뿐입니까?

마: 말해지는 것은 뭐든 말일 뿐이고, 생각되는 것은 뭐든 생각일 뿐입니다. 그 진정한 의미는 설명이 불가능합니다. 체험할 수는 있지요. 그 큰 말씀은 참되지만 그대의 관념들은 거짓입니다. 왜냐하면 모든 관념(kalpana)은 거짓이기 때문입니다.

질: "내가 그것이다(I am That)"라는 확신도 거짓입니까?

마: 물론이지요. 확신은 하나의 심적인 상태입니다. '그것' 안에는 "내가 있다"가 없습니다. "내가 있다"는 느낌이 나타나면서 '그것'은 희미해집니다. 마치 해가 떠오르면 별들이 사라지듯이 말입니다. 그러나 해와 함께 빛이 나오듯이, 진아의 느낌과 함께 지복(chidananda)이 나옵니다. 지복의 원인을 '비아非我'에서 찾다 보니 속박이 시작됩니다.

질: 일상생활 속에서 늘 당신의 진정한 상태를 의식하십니까?

마: 의식하지도 않고 의식 못하지도 않습니다. 저는 확신이 필요 없습니다. 저는 용기로 살아갑니다. 용기가 저의 본질인데, 그것은 삶에 대한 사랑입니다. 저는 기억과 기대에서 벗어나 있고, 제가 무엇이든 무엇이 아니든 상관하지 않습니다. 저는 자기묘사에 빠지지 않으며, 소함(soham)["내가 그다"], (아함) 브라마스미(brahmasmi)["나는 지고자다"] 등은 저에게 아무 소용없습니다. 저는 아무것도 아닌 것일 수 있는, 그리고 세계를 있는 그대로—아무것도 아닌 것으로—볼 수 있는 용기가 있습니다. 간단하게 들리겠지만, 한번 해보십시오!

질: 그러면 무엇이 당신께 용기를 줍니까?

마: 그대의 견해가 얼마나 비뚤어져 있는지 모릅니다! 용기를 어디서 받을 필요가 있습니까? 그대의 질문은, 걱정이 정상적 상태이고 용기는 비정상적이라는 의미를 내포합니다. 그 반대지요. 걱정과 희망은 상상에서 생겨나지만, 저는 그 두 가지에서 벗어나 있습니다. 저는 단순한 존재(being)이고 어떤 것에도 기댈 필요가 없습니다.

질: 당신께서 자신을 모르신다면 당신의 존재가 당신께 무슨 소용 있습니까? 본래의 당신에 대해 즐거워하시려면, 본래의 당신이 무엇인지를 아셔야 합니다.

마: 존재는 앎(knowing)으로서 빛나고, 앎은 사랑 안에서 따뜻합니다. 그것은 모두 하나입니다. 그대는 분리가 있다고 상상하면서 질문들로 자신을 번거롭게 합니다. 이것저것 표현하느라고 과도하게 신경 쓰지 마십시오. 순수한 존재는 묘사할 수 없습니다.

질: 어떤 것을 알 수 있고 향유할 수 있지 않다면, 그것은 저에게 아무 소용이 없습니다. 그것은 무엇보다도 제 경험의 일부가 되어야 합니다.

마: 그대는 **실재**를 경험의 수준으로 끌어내리고 있습니다. 실재가 곧 경험의 바탕(adhar)인데, 어떻게 **실재**가 경험에 의존하겠습니까? 실재는 경험의 성질 안에 있는 것이 아니라, 경험이라는 그 사실 안에 있습니다. 경험은 결국 마음의 한 상태지만, **존재**는 결코 마음의 상태가 아닙니다.

질: 또다시 헷갈립니다! 존재는 앎과 별개입니까?

마: 그런 분리는 하나의 겉모습입니다. 꿈이 꿈꾸는 사람과 별개가 아니듯이, 앎도 **존재**와 별개가 아닙니다. 꿈이 곧 꿈꾸는 사람이고 앎이 곧 아는 자여서, 그 구분은 언어상의 것일 뿐입니다.

질: **존재**(sat)와 **의식**(chit)이 하나라는 것은 이제 알겠습니다. 그러나 **지복**(ananda)은 어떻습니까? **존재**와 **의식**은 늘 함께 존재하지만, **지복**은 가끔씩만 언뜻 나타납니다.

마: 방해받지 않는 **존재**의 상태가 **지복**이고, 방해받는 상태는 저 세계로 나타나 보이는 것입니다. 비이원성에는 **지복**이 있고, 이원성에는 경험이 있습니다. 오고 가는 것은 고통과 쾌락의 이원성을 가진 경험입니다. **지복**은 알려질 수 없습니다. 그대는 늘 **지복**이지, 결코 '지복스럽지' 않습니다. **지복**은 하나의 속성이 아닙니다.

질: 다른 질문을 하나 드리겠습니다. 어떤 **요기**들은 자신의 목표를 성취하지만 그것이 남들에게 아무 소용이 없습니다. 그들은 함께 나눌 줄 모르거나, 아니면 그럴 능력이 없습니다. 자신이 가지고 있는 것을 함께 나눌 줄 아는 분들은 남들을 입문入門시킵니다. 그 차이는 어디에 있습니까?

마: 아무 차이가 없습니다. 그대의 접근법이 잘못되었습니다. 도와줄 남들이 없습니다. 부자가 자신의 전 재산을 자기 가족들에게 물려주면 그는 거지에게 동전 한 푼 줄 것도 없습니다. 마찬가지로, **현자**(gnani)는 자신의 모든 능력과 소유물을 내줍니다. 그 사람에 대해서는 아무 말도, 문자 그대로 아무 말도 할 수 없습니다. 그는 어떤 사람도 도와줄 수가 없습니다. 왜냐하면 그가 곧 모든 사람이기 때문입니다. 그가 곧 가난한 자이고 그의 가

난이며, 그가 곧 도둑이고 그의 도둑질입니다. 그는 (남들과) 별개가 아닌데, 어떻게 그가 돕는다고 말할 수 있겠습니까? 자기 자신을 세계와 별개라고 생각하는 사람이나 세상을 도우라고 하십시오.

질: 그래도 이원성이 있고, 슬픔이 있고, 도움을 줄 필요가 있습니다. 그것을 한갓 꿈이라고 비난해서는 아무것도 이루지 못합니다.

마: 도움이 될 수 있는 단 한 가지 일은 그 꿈에서 깨어나는 것입니다.

질: 어떤 '깨워주는 사람'이 필요합니다.

마: 그 사람도 그 꿈 속에 있지요. '깨워주는 사람'이란 (꿈의) 끝이 시작됨을 의미합니다. 영원한 꿈들은 없습니다.

질: 그 꿈이 시작이 없을 때도 말입니까?

마: 일체가 그대와 함께 시작됩니다. (그대 말고) 달리 무엇이 시작이 없겠습니까?

질: 저는 탄생에서 시작되었습니다.

마: 그것은 그대가 듣는 말이지요. 과연 그렇습니까? 그대 자신이 시작되는 것을 그대가 보았습니까?

질: 저는 바로 지금 시작했습니다. 다른 모든 것은 기억입니다.

마: 정말 맞습니다. **시작 없는 것**이 영원히 시작합니다. 마찬가지로, 저는 영원히 베풉니다. 저는 아무것도 가진 것이 없기 때문입니다. **아무것도 아닌 것**이 되는 것, 아무것도 갖지 않는 것, 자신을 위해 아무것도 간직하지 않는 것이 최대의 선물이고, 최고의 관대함입니다.

질: 자기관심(self-concern)은 전혀 남아 있지 않습니까?

마: 물론 저는 자기관심이 있지만, 그 **자기**(진아)는 만물입니다. 실제로는 그것이 어김없고 보편적인 **선의**의 형태를 띱니다. 그것을 **사랑**이라고 해도 되겠지요. 일체에 편재하고 일체를 회복하는 **사랑** 말입니다. 그런 **사랑**은 극히 활동적입니다─행위한다는 느낌 없이.

28
모든 고통은 욕망에서 생긴다

질문자: 저는 먼 나라 출신입니다. 저는 나름대로 몇 가지 내적인 체험을 했는데, 그에 대해 의견을 교환해 보고 싶습니다.

마하라지: 얼마든지요. 그대는 그대 자신을 압니까?

질: 저는 제가 몸이 아니라는 것을 압니다. 저는 마음도 아닙니다.

마: 무슨 근거로 그렇게 말합니까?

질: 제가 몸 안에 있다고 느끼지 않습니다. 저는 모든 장소에 두루, 도처에 있는 것 같습니다. 마음에 대해서 보자면, 저는 그것을 말하자면 켰다 껐다 할 수 있습니다. 그래서 저는 제가 마음이 아니라고 느낍니다.

마: 자신이 세계 안의 도처에 있다고 느낄 때, 그대는 세계와 별개로 남아 있습니까? 아니면 그대가 세계입니까?

질: 둘 다입니다. 어떤 때는 저 자신이 마음도 아니고 몸도 아니며, 단 하나의 일체를 보는 눈이라고 느낍니다. 그러나 더 깊이 들어가면, 저 자신이 제가 보는 모든 것이고, 세계와 저 자신은 하나가 되는 것을 발견합니다.

마: 아주 좋습니다. 욕망은 어떻습니까? 그대는 욕망이 있습니까?

질: 예, 욕망들이 찾아옵니다. 잠깐씩, 피상적으로 말입니다.

마: 그러면 그 욕망들을 어떻게 합니까?

질: 제가 어떻게 할 수 있습니까? 그것들은 왔다 갑니다. 저는 그것을 바라봅니다. 어떤 때는 제 몸과 제 마음이 욕망들을 충족시키는 것을 봅니다.

마: 누구의 욕망이 충족됩니까?

질: 그 욕망들은 제가 살고 있는 세계의 일부입니다. 그것들은 나무나 구름들이 있는 것과 같습니다.

마: 욕망들은 어떤 불완전함의 표지標識 아닙니까?

질: 왜 그래야 합니까? 욕망들은 욕망인 채로 있고, 저는 저인 채로 있습니다. 욕망들의 나타남과 사라짐이 어떻게 저에게 영향을 미칠 수 있습니까?

물론 그것들은 마음의 형태와 내용에는 영향을 줍니다.

마: 아주 좋습니다. 그대의 직업은 무엇입니까?

질: 저는 보호관찰관(probation officer)입니다.

마: 그게 무슨 뜻입니까?

질: 소년범들을 보호관찰로 풀어주는데, 특별 관리들이 있어서 그들의 행동을 관찰하고, 그들이 훈련을 받고 직업을 얻도록 도와줍니다.

마: 그대는 일을 해야 합니까?

질: 누가 일합니까? 일은 우연히 일어납니다.

마: 그대가 일을 할 필요가 있습니까?

질: 돈 때문에 일이 필요합니다. 저는 그 일을 좋아합니다. 왜냐하면 그것이 저를 산 존재들과 접촉할 수 있게 해 주니까요.

마: 그대에게 그들이 왜 필요합니까?

질: 그들이 저를 필요로 할지 모르고, 그들의 운명이 저에게 이 일을 맡게 했습니다. 그것은 결국 하나인 **생명**입니다.

마: 어떻게 해서 지금의 상태에 이르게 되었습니까?

질: 스리 라마나 마하르쉬의 가르침이 저의 길로 저를 이끌었습니다. 그런 다음 저는 더글라스 하딩(미국의 영성가)이라는 분을 만났는데, 그가 "나는 누구인가?"를 하는 방법을 일러주며 도와주었습니다.

마: 그것은 돌발적이었습니까, 점진적이었습니까?

질: 사뭇 돌발적이었습니다. 까맣게 잊어버렸던 어떤 것이 제 마음 속으로 도로 들어오는 것처럼, 아니면 어떤 돌연한 이해의 섬광처럼 말입니다. "이렇게 간단할 수가", 하고 제가 말했습니다. "이렇게 간단할 수가. 나는 내가 나라고 생각하던 것이 아니군! 나는 지각되는 것도 아니고 지각하는 자도 아니야. 나는 **지각**일 뿐이야."

마: 지각조차도 아니고, 이 모든 것을 가능케 하는 것이지요.

질: **사랑**이란 무엇입니까?

마: 구분과 분리의 느낌이 없을 때 그것을 **사랑**이라고 부를 수 있겠지요.

질: 남자와 여자의 사랑에는 왜 그렇게 많은 긴장이 있습니까?

마: 그 안에 있는 행복의 요소가 너무 두드러지기 때문입니다.

질: 모든 사랑에서 그렇지 않습니까?

마: 꼭 그렇지는 않지요. **사랑**은 (자신에게) 고통을 야기할 수도 있습니다. 그럴 때는 그것을 **자비심**이라고 부릅니다.

질: 행복이란 무엇입니까?

마: 내적인 것과 외적인 것 간의 조화가 **행복**입니다. 반면에 외적인 것과의 자기 동일시가 고통의 원인이지요.

질: 자기 동일시는 어떻게 일어납니까?

마: 자아는 성품상 그 자신만을 압니다. 자아는 경험이 부족하여, 자기가 지각하는 것이면 뭐든 그 자신이라고 여깁니다. 그러다가 (삶 속에서) 두들겨 맞으면 조심하기(viveka-분별)와 혼자살기(vairagya-무욕)를 배웁니다. 올바른 행동(uparati-물러남)이 일상적으로 되면, 강한 내적 충동(mumukshutva-해탈의 열망)이 자아로 하여금 자신의 **근원**을 추구하게 합니다. 몸의 촛불이 켜지고, 모든 것이 또렷하고 밝아집니다(atmaprakash-진아의 빛).

질: 고통의 진짜 원인은 무엇입니까?

마: 한계 있는 것과의 자기 동일시(vyaktitva-개인성)입니다. 감각들 그 자체는 아무리 강하다 해도 고통을 초래하지 않습니다. 그릇된 관념 때문에 미혹되어 "나는 이것이다, 나는 저것이다"라고 생각하는 데 빠져 있는 마음이, 상실을 두려워하고 이득을 갈망하다가 좌절되면 고통을 겪습니다.

질: 제 친구 한 사람은 밤마다 무서운 꿈을 꾸곤 했습니다. 잠드는 것이 끔찍한 일이었지요. 그를 도와 줄 아무런 방도가 없었습니다.

마: 참으로 선한 사람들과의 교류(satsang)가 도움이 되겠지요.

질: 삶 자체가 하나의 악몽입니다.

마: 고귀한 친교(satsang)는 신체적이거나 정신적인 모든 병에 대한 더없는 치유책입니다.

질: 일반적으로는 그런 친교 관계를 발견할 수 없습니다.

마: 내면을 추구하십시오. 그대 자신의 **진아**가 가장 좋은 벗입니다.

질: 삶은 왜 이렇게 모순들로 가득 차 있습니까?

마: 그것은 마음의 자만심을 허무는 데 이바지합니다. 우리는 자신이 얼마나 가엾고 무력한지를 깨달아야 합니다. 우리가 자신이 무엇이고, 무엇을 알고, 무엇을 가졌고, 무엇을 한다고 상상하면서 우리 자신을 미혹시키는 한, 우리는 실로 딱한 곤경에 처해 있습니다. 완전한 자기부정(self-negation) 속에만, 우리의 진정한 **존재**를 발견할 기회가 있습니다.

질: 자기부정을 왜 그렇게 강조하십니까?

마: **진아 깨달음**을 강조하는 만큼이지요. 거짓 자아를 내버려야 **진정한 자아**를 발견할 수 있습니다.

질: 당신께서 거짓되다고 하시는 자아가 저에게는 더없이 괴롭게도 실재합니다. 그것은 제가 아는 유일한 자아입니다. 당신께서 **진정한 자아**라고 하시는 것은 하나의 개념, 말씀하시는 한 방식, 마음의 한 창조물, 하나의 매혹적인 유령일 뿐입니다. 저의 일상적 자아가 아름답지 않다는 것은 인정하지만, 그것은 저 자신의 자아이고 유일한 자아입니다. 당신께서는 제가 또 다른 **자아**(진아)라거나, 그것을 가지고 있다고 말씀하십니다. 당신께서 그것을 보십니까? 그것이 당신께 하나의 실체입니까, 아니면 당신 자신께서도 보지 못하시는 것을 제가 믿기를 바라십니까?

마: 성급하게 단정하지 마십시오. 구체적인 것이라고 해서 실재여야 한다는 법은 없고, 관념되는 것이라고 해서 거짓이어야 한다는 법은 없습니다. 감각에 기초하고 기억에 의해 형성되는 지각들은 '지각하는 자'가 있다는 의미를 내포하는데, 그의 성품을 그대는 한 번도 조사해 보지 않았습니다. 거기에 그대의 모든 주의를 기울이고, 자애로운 보살핌으로 그것을 조사해 보십시오. 그러면 그대 자신에 관한 왜소한 이미지에 몰두해 있느라고 꿈꾸어 보지 못한, **존재**의 높이와 깊이를 발견하게 될 것입니다.

질: 저 자신을 내실 있게 조사하려면 그럴 만한 기분이 나야 합니다.

마: 진지하고, 열의 있고, 참으로 관심이 있어야 합니다. 그대 자신에 대해 선의로 가득 차 있어야 합니다.

질: 저는 확실히 이기적입니다.

마: 그렇지 않지요. 그대는 해롭고 거짓된 이상한 신들을 섬김으로써 늘

그대 자신과, 그대 자신의 것을 파괴하고 있습니다. 얼마든지 이기적으로 되십시오—올바른 방식으로 말입니다. 그대 자신이 잘 되기를 빌고, 그대에게 좋은 것을 얻기 위해 노력하십시오. 그대와 행복 사이를 가로막는 모든 것을 파괴하십시오. 모든 것이 되고, 모두를 사랑하고, 자신도 행복하고, 남도 행복하게 해 주십시오. 그보다 더 큰 행복이 없습니다.

질: 사랑에는 왜 그렇게 많은 괴로움이 있습니까?

마: 모든 괴로움은 욕망에서 생깁니다. **참된 사랑**은 결코 좌절되지 않습니다. 단일성의 느낌이 어떻게 좌절될 수 있습니까? 좌절될 수 있는 것은 표현에 대한 욕망입니다. 그런 욕망은 마음의 것입니다. 심적인 모든 것에게는 좌절이 불가피합니다.

질: 사랑에서 성性(sex)의 위치는 무엇입니까?

마: 사랑은 존재의 한 상태입니다. 성은 에너지입니다. **사랑**은 지혜롭고 성은 맹목적입니다. 사랑과 성의 참된 성품을 이해하고 나면, 아무 갈등이나 혼란이 없을 것입니다.

질: 사랑 없는 성이 너무나 많습니다.

마: **사랑**이 없는 모든 것은 악입니다. **사랑** 없는 삶 자체가 악입니다.

질: 누가 저를 사랑하게 해줄 수 있습니까?

마: 그대가 **사랑** 그 자체입니다—두려워하지 않을 때는.

29
사는 것이 삶의 유일한 목적

질문자: 요가에서 실패한다는 것은 무엇을 의미합니까? 어떤 사람이 요가 실패자(yoga bhrashta)입니까?

마하라지: 그것은 미완성의 문제일 뿐입니다. 어떤 이유에서 자신이 하던

요가(수행)를 완성하지 못한 사람을 요가에서 실패했다고 말합니다. 그런 실패는 일시적일 뿐입니다. 요가에서 패배란 있을 수 없기 때문입니다. 이 싸움은 늘 이기는데, 왜냐하면 그것은 참과 거짓의 싸움이기 때문입니다. 거짓은 승산이 없습니다.

질: 누가 실패합니까? 사람(vyakti)입니까, 자아(vyakta)입니까?

마: 그 질문은 잘못 제기한 것입니다. 단기적으로도 장기적으로도, 실패라는 문제는 없습니다. 그것은 잘 모르는 나라에서 힘든 길을 오래 여행하는 것과 같습니다. 무수한 모든 단계들 중에서 그대를 목적지에 데려다주는 것으로는 마지막 단계가 있을 뿐입니다. 하지만 이전의 모든 단계를 실패라고 보지는 않겠지요. 각 단계는 그대를 목표에 더 가까이 가게 했습니다. 장애물을 만나서 우회하기 위해 뒤로 물러날 때조차도 말입니다. 실제로 각 단계는 그대를 목표로 이끌어 줍니다. 왜냐하면 배우고, 발견하고, 펼치면서 늘 움직여 가는 것이 그대의 영원한 운명이기 때문입니다. 사는 것이 삶의 유일한 목적입니다. 진아는 그 자신을 성공이나 실패와 동일시하지 않습니다. 이것이나 저것이 된다는 관념 자체를 생각할 수 없습니다. 진아는 성공과 실패가 상대적이며 서로 연관되어 있다는 것, 그것이 바로 삶의 씨줄과 날줄이라는 것을 이해합니다. 성공과 실패 모두를 통해 배우고 그것을 넘어서십시오. 만약 배우지 못했다면 되풀이하십시오.

질: 제가 무엇을 배워야 합니까?

마: 자기걱정(self-concern) 없이 사는 법입니다. 그러기 위해서는 그대 자신의 참된 존재(swarupa)를, 의연하고, 두려움이 없고, 항상 승리하는 자로 알아야 합니다. 그대 자신의 상상 외에는 그 무엇도 그대를 괴롭힐 수 없다는 것을 절대적 확신을 가지고 알게 되면, 자신의 욕망과 두려움, 개념과 관념들을 무시하고 진리에 따라서만 살게 됩니다.

질: 어떤 사람들은 요가에 성공하고 어떤 사람들은 실패하는 이유는 무엇일까요? 그것은 운명이나 인격입니까, 아니면 그냥 우연입니까?

마: 누구도 결코 요가에서 실패하지 않습니다. 그것은 진보의 속도 문제입니다. 처음에는 느리지만 마지막에는 빠르지요. 그대가 충분히 성숙되면 깨

달음은 폭발적입니다. 그것은 자연발생적으로, 혹은 약간의 암시로도 일어납니다. 빠른 것이 느린 것보다 더 좋은 것은 아닙니다. 느린 성숙과 빠른 개화開花가 번갈아듭니다. 둘 다 자연스럽고 올바릅니다.

하지만 이 모든 것은 마음 안에 있을 뿐입니다. 제가 보기에, 실제로는 그런 어떤 것(요가에서의 실패)도 없습니다. 의식의 큰 거울 안에서 이미지들이 일어나고 사라지는데, 거기에 연속성을 부여하는 것은 기억뿐입니다. 그리고 기억은 물질적이어서, 파괴될 수 있고, 소멸될 수 있고, 덧없습니다. 그런 취약한 토대 위에다 우리는 개인적 존재의 느낌—막연하고 간헐적이며 꿈같은 그 느낌을 건립합니다. "나는 이러이러한 사람이다"라는 이 막연한 믿음이 순수한 자각이라는 불변의 상태를 가리고, 우리에게 자신이 태어났으며 고생하다가 죽게 될 거라고 믿게 만듭니다.

질: 어린애가 자라지 않을 수 없듯이, 인간도 성품에 추동되어 진보하지 않을 수 없습니다. 왜 스스로 노력합니까? 요가를 할 필요가 어디 있습니까?

마: 늘 진보가 이루어지고 있습니다. 일체가 그 진보에 기여합니다. 그러나 이것은 무지의 진보입니다. 무지의 범위들은 계속 확대될 수도 있겠지만, 그래도 그것은 여전히 하나의 속박으로 남습니다. 그러다가 때가 되면 한 스승이 나타나 우리에게 요가를 닦도록 가르치고 고무합니다. 그러면 어떤 성숙이 일어나고, 그 결과로 아득히 오랜 무지의 밤이 해소되고 지혜의 해가 떠오릅니다. 그러나 실제로는 어떤 일도 일어나지 않았습니다. 해는 늘 있고, 해에 밤이란 없습니다. "나는 몸이다"라는 관념에 눈이 가린 마음이 환幻의 실을 끝없이 자아냅니다.

질: 모든 것이 자연적 과정의 일부라면, 노력을 할 필요가 어디 있습니까?

마: 노력조차도 그 과정의 일부입니다. 무지가 완고하고 견고해져서 인격이 비뚤어지면 노력이 불가피해지고, 고통도 따르기 마련입니다. 성품에 대한 완전한 복종 안에서는 어떤 노력도 없습니다. 영적인 삶의 씨앗은 침묵과 어둠 속에서 자라다가 정해진 때가 되면 싹이 틉니다.

질: 우리는 어떤 위대한 사람들을 어쩌다 만나는데, 그들은 나이가 들면 유치해지고, 옹졸해지고, 다투기 좋아하고, 심술궂게 됩니다. 어떻게 그토록

못해질 수 있습니까?

마: 그들은 자기 몸을 완전히 조복 받은 완벽한 요기가 아니었던 거지요. 아니면 그들은 자신의 몸이 자연적으로 쇠퇴하지 못하게 보호하는 데 관심이 없었을 수도 있습니다. 모든 요소를 이해하지 못한 채 결론을 끌어내면 안 됩니다. 무엇보다도 열등하다거나 우수하다는 판단을 해서는 안 됩니다. 젊다는 것은 지혜(gnana)의 문제이기보다 활력(prana)의 문제입니다.

질: 우리가 나이를 먹을 수는 있지만, 왜 모든 경각심과 분별력을 잃어버려야 합니까?

마: 의식과 무의식이 몸 안에 있는 동안은 뇌의 상태에 의존합니다. 그러나 진아는 그 둘을 넘어서 있고, 뇌를 넘어서 있고, 마음을 넘어서 있습니다. 도구의 결함이 그것을 사용하는 사람의 결함을 반영하지는 않습니다.

질: 깨달은 사람은 보기에 좋지 않은 어떤 일도 결코 하지 않을 거라고 저는 들었습니다. 그는 언제나 모범적인 방식으로 행동하겠지요.

마: 모범을 누가 세웁니까? 해탈한 사람이 왜 반드시 관습을 따라야 합니까? 그가 예측 가능해지는 순간, 그는 자유로울 수 없습니다. 그의 **자유**는 그가 현재 필요로 하는 것을 마음대로 충족할 수 있고, 상황의 필요에 얼마든지 순응할 수 있다는 데 있습니다. 자기가 하고 싶은 것을 하는 자유는 실은 속박인 반면, 자기가 해야 할 일, 올바른 일을 마음대로 할 수 있는 것이 진정한 **자유**입니다.

질: 하지만 누가 깨달았고 누가 깨닫지 못했는지 알아낼 어떤 방도가 있어야 합니다. 깨달은 사람이 깨닫지 못한 사람과 구별되지 않는다면, 그 사람이 무슨 소용 있습니까?

마: 자기 자신을 아는 사람은 그에 대해 아무 의심이 없습니다. 그는 남들이 자신의 상태를 알아보든 않든 상관하지 않습니다. 깨달은 사람이 자신의 깨달음을 드러내는 것은 드문데, 그런 이를 만나본 사람들은 운이 좋은 것입니다. 그가 그러는 것은 그들의 지속적 행복을 위해서기 때문입니다.

질: 우리가 주위를 둘러보면 불필요한 고통이 너무 많이 일어나고 있는 데 놀랍니다. 도움을 받아야 할 사람들이 도움을 받지 못하고 있습니다. 뒹굴

며 신음하는 불치병 환자들이 가득한 큰 병동을 상상해 보십시오. 만약 그들을 모두 죽여서 그들의 고통을 종식시킬 권한을 당신께서 부여받는다면, 그렇게 하시지 않겠습니까?

마: 저라면 그들이 결정하게 내버려두겠습니다.

질: 그러나 만약 그들의 운명이 고통 받는 것이라면요? 운명에 어떻게 간섭할 수 있습니까?

마: 그들의 운명은 일어나는 그대로입니다. 운명을 저지할 수는 없습니다. 그대는 모든 사람의 삶이 그가 태어날 때 전적으로 결정되어 있다고 말하려는 것입니까? 그 얼마나 이상한 관념입니까! 만약 그렇다면, 결정하는 그 힘이 그 누구도 고통 받지 않게 보살펴 주겠지요.

질: 인과는 어떻습니까?

마: 매 순간은 과거 전체를 포함하고, 미래 전체를 창조합니다.

질: 그런데 과거와 미래가 존재합니까?

마: 마음 안에서만 존재하지요. 시간이 마음 안에 있고, 공간이 마음 안에 있습니다. 인과법칙도 하나의 사고방식입니다. 실제로는 모든 것이 지금 여기에 있고, 모두가 하나입니다. 다수성과 다양성은 마음 안에만 있습니다.

질: 그렇다 해도, 당신께서는 불치병에 걸린 몸을 파괴하는 식으로라도 고통을 덜어주는 쪽을 선호하십니다.

마: 또다시, 저는 안에서 보는데 그대는 바깥에서 봅니다. 저는 고통 받는 사람을 보지 않습니다. 제가 그 고통 받는 사람입니다. 저는 그를 내면에서 알고, 올바른 일을 자연발로적으로 애씀 없이 합니다. 저는 어떤 규칙도 따르지 않고 어떤 규칙도 정하지 않습니다. 저는 삶과 더불어 흐릅니다—충실하게, 저항할 수 없이 말입니다.

질: 하지만 당신께서는 자신의 직접적 환경을 완전히 제어하는 아주 실용적인 인간이신 것처럼 보입니다.

마: 제가 달리 어떤 사람이기를 기대합니까? 환경에 어울리지 않는 사람?

질: 하지만 다른 사람을 많이 도와주시지는 못합니다.

마: 분명히 저는 도와줄 수 있습니다. 그대도 도와줄 수 있지요. 누구나 도

와줄 수 있습니다. 그러나 그 괴로움이 늘 다시 창조됩니다. 인간만이 고통의 뿌리를 자신의 내면에서 소멸할 수 있습니다. 남들은 그가 고통을 덜 받게 도와줄 수 있지만 그 원인을 없애주지는 못합니다. 그 원인이란, 인류의 바닥 모를 어리석음입니다.

질: 그 어리석음이 끝이 나기는 하겠습니까?

마: 인간 안에서는—물론이지요, 어느 순간에라도. 인류 안에서는—우리가 알기에는, 아주 많은 세월이 지난 뒤일 것입니다. 창조계 안에서는—결코 끝나지 않습니다. 왜냐하면 창조계 자체가 **무지**에 뿌리를 두고 있기 때문입니다. 물질 자체가 **무지**입니다. 모르는 것, 그리고 자기가 모른다는 것을 모르는 것이 끝없는 고통의 원인입니다.

질: 우리는 위대한 **화신**들(avatars), 즉 세계의 구원자들에 대한 이야기를 듣습니다.

마: 그들이 구원했습니까? 그들은 왔다 갔지만 세계는 여전히 힘들게 걷고 있습니다. 물론 그들은 많은 일을 했고, 인간의 마음 속에 새로운 차원들을 열어주었습니다. 그러나 세계를 구원한다고 말하는 것은 과장입니다.

질: 세계에 대한 구원이란 없습니까?

마: 어떤 세계를 구원하고 싶습니까? 그대 자신이 투사한 세계 말입니까? 스스로 그것을 구원하십시오. 저의 세계요? 저의 세계를 보여주십시오. 그러면 그것을 어떻게 해보겠습니다. 저는 저 자신과 별개의 어떤 세계도 알지 못하고, 그것을 구원하고 않고는 저의 자유입니다. 세계가 필요로 하는 것이 그대에게서 벗어나는 것뿐이라면, 세계를 구원하는 일에서 그대가 할 일은 무엇입니까? 그 그림(세계)에서 빠져나와, 구원할 어떤 것이 남아 있는지 보십시오.

질: 당신께서는 당신 없이는 당신의 세계가 존재하지 않았을 것이고, 따라서 그것을 위해 당신께서 하실 수 있는 일은 그 연극(세계 창조)을 마무리하는 일뿐이라는 점을 강조하시는 듯합니다. 그것은 출구가 아닙니다. 설사 세계가 저 자신의 창조물이라 하더라도, 그것을 안다고 해서 세계를 구원하지는 못합니다. 앎은 그것을 설명해 줄 뿐입니다. "왜 내가 이런 비참한

세계를 창조했고, 그것을 변화시키기 위해 내가 무엇을 할 수 있는가?"라는 문제는 남습니다. 당신께서는 이렇게 말씀하시는 것 같습니다. "그에 대해서는 모두 잊어버리고 그대 자신의 영광을 찬탄하라"고요. 물론 그런 뜻은 아니겠지만 말입니다. 어떤 질병과 그 원인을 묘사한다고 해서 그것을 치료하지는 못합니다. 우리에게 필요한 것은 그에 맞는 약입니다.

마: 그 묘사와 원인 설명이 아둔함과 어리석음으로 인한 질병의 치유책입니다. 결핍성 질병이 그 결핍된 요소를 공급해 주면 치유되듯이, 삶이라는 질병도 **지혜와 무집착**(viveka-vairagya)을 충분히 함양하면 치유됩니다.

질: '완덕完德의 권고(counsels of perfection)'5)를 설하시는 것으로는 세계를 구원하지 못합니다. 사람들은 그대로입니다. 그들은 고통 받아야 합니까?

마: 그들이 그냥 그런 식인 한 고통에서 벗어날 길이 없습니다. 분리되어 있다는 느낌을 없애십시오. 그러면 아무 갈등이 없을 것입니다.

질: 인쇄된 메시지는 종이와 잉크에 불과할 수 있습니다. 중요한 것은 그 내용입니다. 세계를 요소와 성질들로 분석하면서 우리는 가장 중요한 것— 그 의미를 잃어버립니다. 당신께서 일체를 꿈으로 환원하시는 것은 곤충의 꿈과 시인의 꿈 간의 차이를 무시하는 것입니다. 일체가 꿈이다, 인정합니다. 그러나 모두 똑같지는 않습니다.

마: 꿈들은 똑같지 않지만 꿈꾸는 자는 하나입니다. 제가 곤충이고 제가 시인입니다—꿈속에서는. 그러나 사실 저는 그 어느 쪽도 아닙니다. 저는 모든 꿈을 넘어서 있습니다. 저는 모든 꿈들이 그 안에서 나타나고 사라지는 빛입니다. 저는 그 꿈의 안에도 있고 밖에도 있습니다. 두통을 앓는 사람이 두통이 있다는 것과 자신은 그 두통이 아니라는 것을 알듯이, 저는 그 꿈, 꿈을 꾸는 저 자신, 그리고 꿈을 꾸지 않는 저 자신을 압니다—모두 동시에 말입니다. 저는 꿈을 꾸기 전이나, 꾸는 중이나, 꾸고 난 뒤나, 본래의 저입니다. 그러나 꿈속에서 보는 것은 제가 아니지요.

질: 그것은 모두 상상의 문제입니다. 어떤 사람은 자기가 꿈을 꾸고 있다고

---

5) T. 완전해지고 싶은 인간에게 닦기를 권하는 고상한 덕이라는 뜻으로, 기독교 용어이다(마태복음 19:21 참조). 일반적으로, '고상하지만 실현 불가능한 조언'의 의미로 사용된다.

상상하고, 어떤 사람은 꿈을 꾸고 있지 않다고 상상하는 것입니다. 둘 다 같지 않습니까?

마: 같기도 하고 같지 않기도 합니다. 두 꿈 사이의 간기間期(interval)와 같이 꿈을 꾸지 않고 있을 때도 물론 꿈꾸기의 일부입니다. 항상적인 상태로서의 꿈 안 꾸기는 지속되며, 실재 안에서의 무시간적 안주安住(abidance)는 꿈꾸기와 아무 관계가 없습니다. 그런 의미에서 저는 결코 꿈을 꾸지 않으며, (앞으로도) 결코 꾸지 않을 것입니다.

질: 만약 꿈과, 꿈에서 벗어나는 것 둘 다 상상이라면 출구는 무엇입니까?

마: 출구가 있을 필요가 없지요! 출구라는 것 역시 그 꿈의 일부라는 것을 모르겠습니까? 그대가 해야 할 일은 꿈을 꿈으로 보는 것뿐입니다.

질: 일체를 꿈으로 치부하는 수행을 시작하면, 제가 어디에 이르게 됩니까?

마: 어디에 이르든 그것이 하나의 꿈이겠지요. 꿈을 넘어선다는 관념 자체가 환적幻的입니다. 왜 어디로 갑니까? 그대가 세계라고 부르는 하나의 꿈을 그대가 꾸고 있다는 것을 깨닫고, 출구 찾기를 그만두십시오. 그 꿈은 그대의 문제가 아닙니다. 그대의 문제는, 그대가 그 꿈의 한 부분을 좋아하고 다른 부분은 좋아하지 않는다는 것입니다. 모두를 사랑하든지 아니면 그 어느 것도 사랑하지 말고, 불평을 그만두십시오. 그 꿈을 하나의 꿈으로 보았을 때, 그대는 해야 할 일을 다 한 것입니다.

질: 꿈꾸기는 생각하기에서 비롯됩니까?

마: 일체가 관념들의 한 유희입니다. 관념 작용에서 벗어난 상태(*nirvikalpa samadhi*-무상삼매)에서는 아무것도 지각되지 않습니다. 뿌리 관념은 "내가 있다"입니다. 그것이 순수한 의식의 상태를 깨트리면 무수한 감각과 지각, 감정과 관념이 따라오는데, 그 총합이 신과 그의 세계를 구성합니다. "내가 있다"는 주시자로 남지만, 일체가 일어나는 것은 신의 의지에 의해서입니다.

질: 왜 저의 의지에 의해서가 아닙니까?

마: 또다시 그대는 자신을 둘로 나누었군요—신과 주시자로. 그 둘은 하나입니다.

30
그대는 '지금' 자유롭다

질문자: 인간과 우주의 본성에 관한 너무나 많은 이론들이 있습니다. 창조론, 환幻 이론, 꿈 이론 등, 수도 없습니다. 어느 것이 참됩니까?

마하라지: 모두 참되고 모두 거짓입니다. 가장 그대의 마음에 드는 어떤 이론이나 선택해도 됩니다.

질: 당신께서는 꿈 이론을 선호하시는 것 같습니다.

마: 이런 이론들은 모두 말을 조합하는 방식입니다. 어떤 사람은 이런 방식을, 어떤 사람은 저런 방식을 선호합니다. 이론들은 옳지도 그르지도 않습니다. 설명할 수 없는 것을 설명하려는 시도들이기 때문입니다. 중요한 것은 이론이 아니라 그것이 검증되는 방식입니다. 이론은 검증해 보아야 성과가 납니다. 그대의 마음에 드는 어떤 이론이든 가지고 실험해 보십시오. 그대가 참으로 성실하고 정직하다면 **실재**를 성취하게 될 것입니다. 살아 있는 한 존재로서, 그대는 견디기 어렵고 고통스러운 상황에 빠져 출구를 찾습니다. 그대가 갇혀 있는 감옥의 몇 가지 도면이 그대에게 제시되지만, 어느 것도 그다지 참되지 않습니다. 그러나 모두 어느 정도의 가치는 있는데, 그대가 아주 성실해야만 그렇습니다. 해탈을 안겨주는 것은 이론이 아니라 성실성입니다.

질: 이론은 사람을 오도誤導할 수 있고, 성실성은 맹목적일 수 있습니다.

마: 그대의 진지함이 그대를 인도하겠지요. 그대가 **자유와 완전함**이라는 목표에 전념하면, 모든 이론과 체계들을 내버리고 지혜와 지성, 그리고 활동적인 사랑으로 살게 될 것입니다. 이론들은 출발점으로서 좋지만, 내버려야 합니다―빠를수록 좋지요.

질: 8지八肢 요가(라자 요가)를 실현하기 위해서는 의지력만 있으면 된다고 말하는 요기가 있습니다. 순수한 의지력에 대한 온전한 확신을 가지고 목표에 집중할 수만 있으면, 남들이 수십 년 걸려 성취하는 것을 힘들이지 않

고 신속히 성취할 수 있다는 것입니다.

마: 집중, 온전한 확신, 순수한 의지라! 그런 자산을 가지고 있다면 어떤 사람이 순식간에 성취한다고 해서 놀랄 것도 없지요. 이 의지의 요가는 단 하나 외의 모든 욕망을 떨쳐버린 성숙한 구도자에게는 문제가 없습니다. 결국 의지란 가슴(심장)과 마음의 꾸준함 아니고 무엇입니까? 그런 확고부동함이 있다면 모든 것을 성취할 수 있습니다.

질: 그 요기가, 목적의 꾸준함만 있으면 끊임없는 추구와 실천이 나온다는 뜻으로 그렇게 말한 것은 아니라고 봅니다. 그가 말하고자 한 것은, 의지가 목표에 고정되면 어떤 추구나 실천도 필요 없다는 뜻이었습니다. 의지한다는 그 사실만으로도 그 대상을 끌어당깁니다.

마: 그걸 뭐라고 하든—의지라 하든, 꾸준한 목적이라 하든, 마음의 일념 집중이라 하든—그대는 성실성·진지함·정직성으로 돌아옵니다. 아주 열심히 하면, 모든 사건과 그대 삶의 모든 순간을 그대의 목적에 이바지하게 할 수 있습니다. 다른 일에 시간과 기력을 낭비하지 않지요. 그것을 의지라 하든 사랑이라 하든 아니면 단순한 정직이라 하든, 완전히 전념해 있는 것입니다. 우리는 안팎으로 전쟁을 하고 있는 복잡한 존재들입니다. 우리는 어제 한 일을 오늘 뒤집으면서 늘 자가당착에 빠집니다. 우리가 오도 가도 못하는 것도 놀라운 일이 아닙니다. 약간의 올곧음(integrity)만 있어도 많은 차이를 가져올 것입니다.

질: 어느 것이 더 강합니까—욕망입니까, 운명입니까?

마: 욕망이 운명을 형성합니다.

질: 그리고 운명이 욕망을 형성합니다. 저의 욕망들은 유전과 환경에 의해, 기회와 우연에 의해, 이른바 운명에 의해 조건 지워집니다.

마: 예, 그렇게 말할 수 있겠지요.

질: 저는 어느 시점에서 욕망하고 싶은 것을 자유롭게 욕망할 수 있습니까?

마: 그대는 지금 자유롭습니다. 그대가 욕망하고 싶은 것은 무엇입니까? 그것을 욕망하십시오.

질: 물론 저는 자유롭게 욕망할 수 있지만, 제 욕망대로 자유롭게 행동하지

는 못합니다. 다른 충동들로 인해 헤매게 됩니다. 제 욕망은 충분히 강하지 않습니다. 설사 그것이 저의 승인을 얻었다 해도 말입니다. 제가 승인하지 않는 다른 욕망들이 더 강합니다.

마: 그대는 자신을 속이고 있는지도 모릅니다. 어쩌면 그대는 진짜 욕망들을 표현하고 있고, 그대가 승인하는 욕망들은 남들에게 존경받기 위해 표면상 유지하는 것인지도 모릅니다.

질: 말씀하시는 대로일지 모르나, 그것은 별개의 이론입니다. 실은 저는 제가 욕망해야 한다고 생각하는 것을 자유롭게 욕망하지 못한다고 느끼고, 제가 올바르게 욕망하는 것처럼 보일 때는 그에 따라 행위하지 못합니다.

마: 그것은 모두 마음이 약하고 두뇌가 흐트러져 있기 때문입니다. 그대의 마음을 수습하여 강화하십시오. 그러면 생각과 감정, 말과 행동이 그대가 의지하는 방향으로 정렬된다는 것을 알게 될 것입니다.

질: 또다시 '완덕完德의 권고'로군요! 마음을 통합하고 강화하는 것은 쉬운 일이 아닙니다! 제가 어떻게 시작합니까?

마: 그대가 지금 있는 데서 출발할 수밖에 없습니다. 그대는 지금 여기 있고, 지금 여기에서 벗어날 수 없지요.

질: 그러나 제가 지금 여기서 무엇을 할 수 있습니까?

마: 그대의 존재를 자각할 수 있지요—지금 여기서.

질: 그게 전부입니까?

마: 그게 전부지요. 그 이상 아무것도 없습니다.

질: 저의 모든 생시와 꿈에서 저는 자신을 의식합니다. 그런데 그것이 별 도움이 되지 않습니다.

마: 그대는 생각하고, 느끼고, 행위하는 것을 자각하고 있었지요. 그대의 존재(being)를 자각하고 있지는 못했습니다.

질: 제가 도입하기를 바라시는 그 새로운 요소는 무엇입니까?

마: 순수한 주시하기, 가담하지 않으면서 사건들을 지켜보기의 태도입니다.

질: 그것이 저에게 무엇을 해주겠습니까?

마: 마음이 약한 것은 지성과 이해가 부족해서인데, 그것은 다시 무無자각

의 결과입니다. **자각**을 위해 분투하다 보면, 그대의 마음을 집결시켜 그것을 강화하게 됩니다.

질: 일어나는 일을 제가 완전히 자각하고 있을 수는 있겠지만, 그 일에 어떤 식으로도 거의 영향을 주지 못합니다.

마: 그것은 잘못 생각한 것입니다. 일어나는 일은 그대 마음의 한 투사물입니다. 약한 마음은 그 자신의 투사물들을 제어할 수 없습니다. 그러니 그대의 마음과 그 투사물들을 자각하십시오. 그대가 모르는 것은 그대가 제어하지 못합니다. 반면에 **앎**은 힘을 줍니다. 실제로 해보면 아주 간단합니다. 그대 자신을 제어하려면—그대 자신을 아십시오.

질: 어쩌면 저 자신을 제어할 수 있게 되겠지요. 그러나 제가 세계의 혼란에 대처할 수 있게 되겠습니까?

마: 세계에는 혼란이 없습니다—그대의 마음이 창조하는 혼란 외에는. 그 혼란은, 그 바로 중심에 그대 자신을 여타 사물들과 다른 별개의 한 사물이라고 여기는 거짓된 관념이 있다는 의미에서, 그대가 자초한 것입니다. 실은 그대는 한 사물도 아니고 별개도 아닙니다. 그대는 무한한 **잠재성**, 다함없는 **가능성**입니다. 그대가 있기에 모든 것이 있을 수 있습니다. 우주는 (무엇이) 될 수 있는 그대의 무한한 능력의 한 부분적 현현물일 뿐입니다.

질: 저는 제가 전적으로 쾌락에 대한 욕망과 고통에 대한 두려움에 의해 좌우된다는 것을 알고 있습니다. 제 욕망이 아무리 고상하고 두려움이 아무리 정당화된다 해도, 저의 삶은 쾌락과 고통의 양극 사이를 왔다 갔다 합니다.

마: 고통과 쾌락, 욕망과 두려움의 근원으로 나아가십시오. 관찰하고, 탐구하고, 이해하려고 노력하십시오.

질: 욕망과 두려움 둘 다 신체적 혹은 정신적 요인에 의해 야기되는 감정입니다. 그 감정들이 분명히 있고 쉽게 관찰됩니다. 그러나 왜 그런 것이 있습니까? 왜 저는 쾌락을 욕망하고 고통을 두려워합니까?

마: 쾌락과 고통은 마음의 상태들입니다. 그대가 자신을 마음이라고, 더 정확히는 몸-마음이라고 생각하는 한, 그런 질문들을 하게 되어 있습니다.

질: 그러면 제가 몸이 아니라는 것을 깨달을 때, 욕망과 두려움에서 벗어나겠습니까?

마: 하나의 몸과 그 몸을 보호하는 하나의 마음이 있는 한, 끌림과 거부의 마음 작용들이 일어나겠지요. 사건들의 장場 안에는 그런 것들이 있겠지만 그대가 상관하지 않게 될 것입니다. 그대의 주의의 초점은 다른 데 있을 것입니다. 한눈을 팔지 않게 됩니다.

질: 그래도 그런 것들이 있겠지요. 제가 결코 완전히는 자유롭지 못할까요?

마: 그대는 바로 지금도 완전히 자유롭습니다. 소위 운명(karma)이라는 것은 그대 자신의 '살려는 의지'의 결과일 뿐입니다. 이 의지가 얼마나 강한가는 모두가 죽음에 대한 공포를 가졌다는 사실로써 판단할 수 있겠지요.

질: 사람들이 기꺼이 죽는 일도 심심찮게 있습니다.

마: 그 대안이 죽음보다 못할 때만 그렇지요. 그러나 그렇게 기꺼이 죽을 수 있는 마음가짐도 살려는 의지와 같은 근원에서 흘러나오는데, 그것은 삶 자체보다도 더 깊은 근원입니다. 살아 있는 존재인 것이 궁극적 상태는 아닙니다. 그 너머에 훨씬 더 경이로운 뭔가가 있는데, 그것은 존재도 아니고 비존재도 아니며, 삶도 아니고 삶 아님도 아닙니다. 그것은 시공의 한계를 넘어선 순수한 자각의 상태입니다. 몸-마음이 자기 자신이라는 환상이 일단 버려지면, 죽음은 그 공포성을 상실하고 삶의 일부가 됩니다.

31
주의注意를 과소평가하지 말라

질문자: 제가 보건대, 당신께서는 아주 적은 재산밖에 없는 가난뱅이시고, 다른 모든 사람처럼 가난과 연로함이 안겨주는 모든 문제에 직면하고 계신 것 같습니다.

마하라지: 제가 아주 부자였다면 어떤 차이가 있겠습니까? 저는 있는 그대로의 저입니다. 제가 달리 무엇일 수 있겠습니까? 저는 부자도 아니고 가난뱅이도 아닙니다. 저는 저 자신일 뿐입니다.

질: 하지만 쾌락과 고통을 경험하고 계십니다.

마: 의식 안에서 그런 것들을 경험하지만, 저는 의식도 아니고 그 내용도 아닙니다.

질: 당신께서는 우리가, 우리의 **진정한 존재**에서는 모두 동등하다고 말씀하십니다. 어떻게 당신의 체험은 저희들의 체험과 그렇게 다를 수 있습니까?

마: 저의 실제적 체험은 다르지 않습니다. 다른 것은 (그 체험에 대한) 저의 평가와 태도입니다. 저는 그대와 똑같은 세계를 보지만 같은 방식으로 보지는 않습니다. 여기에 신비로운 점은 전혀 없습니다. 누구나 자기 자신에 대해 가지고 있는 관념을 통해 세계를 봅니다. 그대 자신을 어떠하다고 생각하는 대로 세계를 어떠하다고 생각하는 것입니다. 만일 자신을 세계와 별개라고 상상하면 세계는 그대와 별개인 것으로 보일 것이고, 그대는 욕망과 두려움을 경험할 것입니다. 저는 세계를 저와 별개로 보지 않고, 따라서 저에게는 욕망하거나 두려워할 것이 아무것도 없습니다.

질: 당신께서는 세계 속의 한 광점光點이십니다. 모두가 그렇지는 않습니다.

마: 저는 있는 그대로의 저 자신을 안다는 것을 제외하면, 저와 남들 간에 아무 차이가 없습니다. 저는 **모든 것**입니다. 저는 그것을 확실히 알지만 그대는 그렇지 못합니다.

질: 그래서 여하튼 우리는 다릅니다.

마: 아니지요. 다르지 않습니다. 그 차이는 마음 안에 있을 뿐이고 일시적입니다. 저도 그대와 같았고, 그대도 저와 같이 될 것입니다.

질: 신은 더없이 다양한 세계를 만들었습니다.

마: 그 다양성은 그대 안에 있을 뿐입니다. 그대 자신을 있는 그대로 보십시오. 그러면 세계를 있는 그대로 보게 될 것입니다—나눌 수 없고 묘사할 수 없는 하나의 단일한 **실재**의 덩어리로 말입니다. 그대 자신의 창조력이 그 위에 하나의 그림을 투사하는데, 그대의 모든 질문들은 그 그림에

관한 것입니다.

질: 어느 티베트 요기가 글로 쓰기를, 신이 어떤 목적을 위해 세계를 창조하고 어떤 계획에 따라 세계를 운영한다고 했습니다. 그 목적은 선하고 그 계획은 더없이 지혜롭다고 합니다.

마: 그런 모든 것은 일시적인 반면, 저는 영원한 것을 다루고 있습니다. 신들과 그들의 우주들은 오고 가고, 화신들은 끝없이 뒤를 이어 나타나지만, 결국 우리는 그 근원으로 돌아갑니다. 저는 과거·현재·미래의 모든 우주를 가진 모든 신들의 그 부시간적 근원에 대해서만 이야기합니다.

질: 당신께서는 그 우주들을 다 아십니까? 그것들을 다 기억하십니까?

마: 아이들 몇 명이 재미로 어떤 놀이를 벌일 때, (제가) 보거나 기억해야 할 것이 뭐가 있습니까?

질: 왜 인류의 절반은 남성이고 절반은 여성입니까?

마: 그들의 행복을 위해서입니다. 관계 속의 행복을 위해 비인격체(*avyakta*)가 인격체(*vyakta*)로 됩니다.6) 제 스승님의 은총 덕에 저는 인격체는 물론이고 비인격체도 평등한 눈으로 볼 수 있습니다. 둘 다 저에게는 하나입니다. 삶 속에서 인격체가 비인격체 안으로 합일됩니다.

질: 인격체가 어떻게 비인격체로부터 나타납니까?

마: 그 둘은 하나인 실재의 두 측면에 불과합니다. 하나가 다른 하나에 앞선다고 말하는 것은 맞지 않습니다. 이런 모든 관념들은 생시의 상태에 속합니다.

질: 무엇이 생시의 상태를 가져옵니까?

마: 모든 창조의 근저에는 욕망이 있습니다. 욕망과 상상은 서로를 육성하고 강화합니다. (생시·꿈·잠을 넘어선) 네 번째 상태(*turiya*)는 정념이 없고 말이 없는 순수한 주시하기, 초연한 자각의 상태입니다. 그것은 그 안에 들어 있는 무엇에 의해서도 영향을 받지 않는 허공과 같습니다. 신체적·정신적 문제들은 그것에 도달하지 못합니다. 그것들은 밖에, '거기에' 있지만 주시

---

6) *T.* 여기서 비약따를 '인격체(the personal)'라고 한 것은 '내적 자아'라는 의미이다. 297쪽의 첫 질문에서는 비약띠를 '인격체', 비약따를 '초인격체(the supra-personal)'로 구분한다.

자는 늘 '여기에' 있습니다.

질: 무엇이 실재합니까? 주관적인 것입니까, 아니면 객관적인 것입니까? 저는 객관적인 우주가 실재하는 것이고, 저의 주관적인 정신은 변화무쌍하고 찰나적이라고 믿고 싶습니다. 당신께서는 당신의 내적이고 주관적인 상태들에 대해서는 실재성을 주장하시고, 구체적인 외적 세계에 대해서는 모든 실재성을 부인하시는 것 같습니다.

마: 주관적인 것과 객관적인 것 둘 다 변화무쌍하고 찰나적입니다. 그것들에는 실재하는 것이 아무것도 없습니다. 무상한 것 속의 영구적인 것, 곧 모든 경험 속에 있는 하나의 상수인자常數因子를 발견하십시오.

질: 그 상수인자(constant factor)가 무엇입니까?

마: 제가 거기에 다양한 이름을 붙이고 여러 가지 방식으로 가리켜 주어도, 그대에게 보는 능력이 없다면 별 도움이 되지 않을 것입니다. 눈이 침침한 사람에게 나뭇가지에 앉은 앵무새를 보라고 아무리 부추겨도 그는 보지 못합니다. 기껏해야 가리키는 손가락을 보겠지요. 먼저 그대의 시각을 정화하고, 노려보지 말고 바라보는 법을 배우십시오. 그러면 앵무새를 지각할 것입니다. 그리고 보고 싶어 해야 합니다. 진아지를 얻으려면 **명료함**(clarity)과 **성실성** 둘 다 필요합니다. 가슴과 마음의 성숙됨이 필요한데, 그것은 그대가 적으나마 이해한 모든 것을 일상생활 속에서 열심히 실천하는 데서 옵니다. 요가에 타협 같은 것은 없습니다.

죄를 짓고 싶으면 온 마음으로, 드러내 놓고 죄를 지으십시오. 진지한 죄인에게는 죄조차도 가르쳐 주는 교훈이 있습니다. 진지한 **성자**에게 덕이 그렇듯이 말입니다. 그 두 가지(덕과 죄)를 섞는 것이야말로 매우 재앙적입니다. 타협만큼 그대를 여지없이 장애하는 것은 없습니다. 타협은 **성실성**의 부족을 드러내는데, 성실하지 않고는 아무것도 이룰 수 없기 때문입니다.

질: 저는 고행에 찬성하지만 실제로는 호화로운 삶을 반깁니다. 쾌락을 좇고 고통을 피하는 습관은 저에게 워낙 뿌리 깊어서, 저의 모든 좋은 의도가 이론의 수준에서는 꽤 살아 있지만 하루하루의 생활에서는 아무 뿌리가 없습니다. 제가 정직하지 않다고 말씀하시는 것은 저에게 도움이 되지 않

습니다. 저는 저 자신을 정직하게 만드는 법을 정말 모르기 때문입니다.
마: 그대는 정직하지도 않고 부정직하지도 않습니다. 심적인 상태들에 이름을 붙이는 것은 그대의 찬성이나 불찬성을 표현하는 데만 유용할 뿐입니다. 그 문제는 그대의 문제가 아니라, 그대의 마음의 문제일 뿐입니다. 그대 자신을 그대의 마음과 분리하는 것부터 시작하십시오. 그대는 그 마음이 아니고, 마음의 문제들은 그대의 것이 아니라는 것을 그대 자신에게 결연히 상기시키십시오.
질: 저 자신에게 "나는 마음이 아니다. 나는 마음의 문제들과 상관이 없다"고 계속 말할 수는 있겠지만, 마음은 그대로 있고 마음의 문제들도 전과 똑같이 그대로 있습니다. 이제 부디 저에게, 그것은 제가 충분히 열심히 하지 않기 때문이니 더 열심히 해야 한다고 말씀하지 말아 주십시오! 저도 알고 있고 인정하면서 당신께 여쭐 뿐입니다—그것을 어떻게 합니까?
마: 최소한 그대는 묻고 있지요! 시작으로는 아주 좋습니다. 계속 숙고하고, 의심하고, 길을 발견하려고 애쓰십시오. 그대 자신을 의식하고, 그대의 마음을 지켜보고, 거기에 온전한 주의(attention)를 기울이십시오. 빠른 성과를 보려고 하지 마십시오. 그대가 알아차릴 수 있는 성과는 전혀 없을 수도 있습니다. 그러나 자신도 모르게 그대의 정신이 어떤 변화를 겪을 것입니다. 사고가 더 명료해지고, 감정이 더 자비로워지고, 행동이 더 순수해질 것입니다. 그런 것을 목표할 필요는 없지만, 어쨌든 그런 변화를 목격하게 될 것입니다. 왜냐하면 지금의 그대는 부주의(inattention)의 결과이고, 장래의 그대는 주의의 결실일 테니까요.
질: 어째서 단순한 주의가 그 모든 차이를 가져오게 됩니까?
마: 지금까지 그대의 삶은 어둡고(tamas) 들떠(rajas) 있었습니다. 주의, 경각심, 자각, 명료함, 생동감, 활력은 모두 통합성, 곧 그대의 참된 성품(sattva)과의 하나됨에서 발현되는 것입니다. 따마스와 라자스를 조화시키고 중화시켜서 인격을 진아의 참된 성품과 부합하게 재구축하는 것이 사뜨와의 본성입니다. 사뜨와는 진아의 충실한 종從이어서 항상 주의 깊고 순종적입니다.
질: 그러면 단순한 주의를 통해서도 제가 그것에 도달하겠군요?

마: 주의를 과소평가하지 마십시오. 그것은 관심을 뜻하고, 또한 사랑을 뜻합니다. 알고, 행위하고, 발견하고, 창조하기 위해서는 거기에 정성을 쏟아야 하는데, 그것은 곧 주의를 뜻합니다. 모든 축복이 거기서 흘러나옵니다.

질: 당신께서는 "내가 있다"에 집중하라고 저희들에게 조언하십니다. 이 역시 주의의 한 형태입니까?

마: 달리 무엇이겠습니까? 그대의 삶에서 가장 중요한 것—곧 그대 자신에게 오롯한 주의를 기울이십시오. 그대의 개인적 세계에서는 그대가 중심인데, 그 중심을 모르고서 그대가 달리 무엇을 알 수 있습니까?

질: 그러나 저 자신을 어떻게 알 수 있습니까? 저 자신을 알려면 제가 저 자신에게서 떨어져 있어야 합니다. 그러나 저 자신에게서 떨어져 있는 것은 저 자신일 수 없습니다. 그래서 저 자신을 알 수는 없고, 제가 저 자신이라고 여기는 것만 알 수 있는 것 같습니다.

마: 정말 그렇지요. 그대가 자기 얼굴을 볼 수 없고 거울에 반사된 모습만 볼 수 있듯이, 그대는 **순수한 의식**이라는 때[垢] 없는 거울에 비친 그대의 모습만 알 수 있습니다.

질: 어떻게 하면 그런 때 없는 거울을 제가 얻을 수 있습니까?

마: 당연히, 때를 제거해서지요. 그 때를 보고 그것을 제거하십시오. 이 오래된 가르침이 (지금도) 전적으로 타당합니다.

질: 본다는 것은 무엇이며, 제거한다는 것은 무엇입니까?

마: 완전한 거울의 본질은 그대가 그 거울 자체를 볼 수 없다는 것입니다. 그대가 (거울 면에서) 볼 수 있는 것은 뭐든 때일 수밖에 없습니다. 그 때에서 돌아서고, 그것을 포기하고, 그것을 '원치 않는 것'으로 아십시오.

질: 지각 가능한 모든 것, 그것이 때입니까?

마: 모두 때입니다.

질: 전 세계가 하나의 때입니다.

마: 예, 그렇지요.

질: 이렇게 끔찍할 수가! 그러니까 우주는 아무 가치가 없군요?

마: 그것은 엄청난 가치가 있습니다. 그것을 넘어서면 그대가 자기 자신을

31. 주의를 과소평가하지 말라

깨닫습니다.

질: 그런데 그것이 애당초 왜 생겨났습니까?

마: 그것이 끝이 나면 알게 됩니다.

질: 그것이 끝나기는 하겠습니까?

마: 물론이지요, 그대에게는.

질: 그것은 언제 시작되었습니까?

마: 지금입니다.

질: 그것은 언제 끝나겠습니까?

마: 지금이지요.

질: 지금 끝나지 않는데요?

마: 그대가 그것을 끝나게 하지 않습니다.

질: 저는 끝내고 싶습니다.

마: 그대가 끝내지 않지요. 그대의 모든 삶이 그것과 연관되어 있습니다. 그대의 과거와 미래, 그대의 욕망과 두려움, 그 모든 것이 세계 안에 뿌리를 두고 있습니다. 세계 없이 그대가 어디 있고, 그대가 누구입니까?

질: 그러나 바로 그것을 알아내고 싶어서 제가 온 것입니다.

마: 그런데 바로 그것을 제가 그대에게 말해주고 있지요. 저 너머에서 발 디딜 곳을 찾으십시오. 그러면 모든 것이 분명해지고 쉬워질 것입니다.

32
삶은 지고의 스승이다

질문자: 저희 두 사람은 먼 나라에서 왔습니다. 저희들 중 한 사람은 영국인이고 한 사람은 미국인입니다. 저희가 태어난 세계는 해체되고 있고, 저희는 젊기에 걱정이 됩니다. 나이 많은 사람들은 자기 나름대로 죽음을 맞

기를 바라지만, 젊은 사람들은 그것을 바랄 수 없습니다. 저희들 중 어떤 사람들은 남을 살해하는 것을 거부하겠지만, 자신이 살해당하는 것은 누구도 거부할 수 없습니다. 저희들의 생애 안에 세계를 바로잡는 것을 바랄 수 있겠습니까?

마하라지: 그대들은 왜 세계가 멸망될 거라고 생각합니까?

질: 파괴의 도구들이 믿을 수 없을 만큼 강력해졌습니다. 또한 우리의 생산성 자체가 자연과, 우리의 문화적·사회적 가치들을 파괴할 지경에 이르렀습니다.

마: 그대는 현시대를 이야기하고 있습니다. 그것은 어디서나 늘 그랬습니다. 그러나 그 암담한 상황은 일시적이고 국지적일 수도 있습니다. 일단 끝나면 잊히겠지요.

질: 임박한 파국의 규모는 믿을 수 없을 정도로 큽니다. 우리는 어떤 폭발의 한가운데 살고 있습니다.

마: 각자가 혼자서 고통 받고 혼자서 죽습니다. 숫자는 상관이 없습니다. 백만 명이 죽을 때도 한 사람이 죽을 때만큼의 죽음이 있습니다.

질: 자연도 수백만 명의 목숨을 앗아가지만 그것은 무섭지 않습니다. 거기에 비극이나 신비가 있을 수는 있으나, 잔인함은 없습니다. 저를 공포스럽게 하는 것은 인간이 만든 고통, 즉 파괴와 황폐화입니다. **자연**은 어떤 일을 벌이고 나서 원상회복 하는 솜씨가 탁월합니다. 그러나 인간이 하는 짓에는 비열함과 광기가 있습니다.

마: 맞습니다. 그러니까 그대의 문제는 고통과 죽음이 아니라 그 근저에 있는 비열함과 광기군요. 비열함도 광기의 한 형태 아닙니까? 그리고 광기란 마음을 잘못 사용하는 것 아닙니까? 인류의 문제는 마음의 이런 그릇된 사용에 있을 뿐입니다. 자신의 마음을 올바르게 사용할 인간에게는 **자연**과 **정신**(spirit)의 모든 보물이 열려 있습니다.

질: 어떤 것이 마음을 올바르게 사용하는 것입니까?

마: 두려움과 탐욕으로 인해 마음을 잘못 사용하게 됩니다. 마음의 올바른 사용은 **사랑, 삶, 진리, 아름다움**에 봉사하는 데 있습니다.

질: 말하기보다 행하기가 어렵습니다. 진리에 대한, 인간에 대한 **사랑, 선의**—그 무슨 사치입니까! 세상을 바로잡으려면 그것이 많이 필요하지만, 누가 그것을 제공하겠습니까?

마: 그대는 신과 인간에게 애원하면서 **진리와 사랑, 지성과 선의**를 다른 곳에서 찾느라고 영원한 세월을 보낼 수도 있겠지만, 모두 헛일입니다. 그대 자신 안에서, 그대 자신을 가지고 시작해야 합니다. 이것은 가차 없는 법칙입니다. 얼굴을 바꾸지 않고는 (거울에 비친) 얼굴의 이미지를 바꿀 수 없습니다. 먼저 그대의 세계는 그대 자신의 한 반영反影(reflection)일 뿐이라는 것을 깨닫고, 그 반영의 흠결을 그만 찾으십시오. 그대 자신을 보살피고, 그대 자신을 바로잡으십시오—심리적·정서적으로 말입니다. 물리적인 것은 자동적으로 따라옵니다. 그대는 개혁에 대해—경제적·사회적·정치적 개혁에 대해—너무 많은 이야기를 합니다. 개혁들은 내버려두고 개혁하는 자에게 신경 쓰십시오. 어리석고, 탐욕스럽고, 몰인정한 인간이 어떤 종류의 세계를 창조할 수 있습니까?

질: 만일 우리가 가슴의 변화를 기다려야 한다면 무한정 기다려야 할 것입니다. 당신의 말씀은 '완덕完德의 권고'이지만, 그것은 또한 절망의 권고이기도 합니다. 모두가 완전하면 세계도 완전할 것이다, 아무 쓸모없는 뻔한 이치 아닙니까!

마: 저는 그렇게 말하지 않았습니다. 단지 이렇게 말했지요—그대 자신을 변화시키기 전에는 세계를 변화시킬 수 없다고. "모두를 변화시키기 전에는"이라고 말하지는 않았지요. 남들을 변화시킨다는 것은 필요하지도 않고 가능하지도 않습니다. 그러나 그대 자신을 변화시킬 수 있으면, 다른 어떤 변화도 필요치 않다는 것을 알게 될 것입니다. 화면을 바꾸려면 필름만 바꾸면 되고, 그대가 영화 스크린을 공격하지는 않지요!

질: 어떻게 그렇게 당신 자신을 확신하실 수 있습니까? 당신께서 하시는 말씀이 참되다는 것을 어떻게 아십니까?

마: 제가 확신하는 것은 저 자신이 아닙니다. 저는 그대를 확신합니다. 안에서만 발견될 수 있는 것을 밖에서 찾기를 그만두는 것이 그대에게 필요

한 전부입니다. 그대의 시각(vision)을 바로잡고 나서 활동하십시오. 그대는 심한 오해에 빠져 있습니다. 그대의 마음을 맑히고, 그대의 가슴을 정화하고, 그대의 삶을 성스럽게 하십시오. 이것이 그대의 세계를 변화시키는 가장 빠른 길입니다.

질: 수많은 **성자**와 신비가들이 살다가 죽었습니다. 그들은 저의 세계를 변화시키지 못했습니다.

마: 어떻게 그럴 수 있었겠습니까? 그대의 세계는 그들의 세계가 아니고, 그들의 세계는 그대의 세계가 아니지요.

질: 분명히 모두에게 공통되는 하나의 사실적 세계가 있습니다.

마: 사물들, 에너지, 물질의 세계 말입니까? 설사 사물과 힘들의 그런 공통되는 세계가 있다 해도, 그것은 우리가 살고 있는 세계가 아닙니다. 우리의 세계는 감정과 관념들의 세계, 끌림과 배척이 있는 세계이고, 가치의 등급과, 동기와 유인誘因이 있는 세계입니다. 모조리 하나의 심적인 세계지요. 생물학적으로 우리에게 필요한 것은 아주 적습니다. 우리의 문제는 좀 다른 부류의 것입니다. 욕망과 두려움, 그리고 그릇된 관념들이 만들어낸 문제들은 마음의 수준에서만 해결될 수 있습니다. 그대 자신의 마음을 정복해야 하고, 그러자면 마음을 넘어서야 합니다.

질: 마음을 넘어선다는 것은 무엇을 의미합니까?

마: 그대는 몸을 넘어서 있습니다. 그렇지 않습니까? 그대는 소화, 순환 혹은 배설을 면밀히 따라가지 않습니다. 그런 것들은 자동적인 것이 되었습니다. 마찬가지로, 마음은 누가 주의를 기울이지 않아도 자동적으로 작용해야 합니다. 마음이 결함 없이 움직이지 않는다면 그렇게 되지 않겠지요. 우리는 대부분의 시간 동안 마음과 몸을 의식합니다. 왜냐하면 그것들이 계속 도움을 청하기 때문입니다. 고통과 괴로움은 몸과 마음이 주의를 기울여 달라고 외치는 것일 뿐입니다. 몸을 넘어서려면 건강해야 하고, 마음을 넘어서려면 마음을 완벽한 상태로 유지해야 합니다. 엉망인 상태를 뒤에 남겨두고 넘어설 수는 없습니다. 그 엉망인 상태가 그대를 혼란시킬 것입니다. "너의 쓰레기를 치워라"가 보편적 법칙인 것 같군요. 그리고 정당한

법칙이기도 하지요.

질: 당신께서는 어떻게 마음을 넘어서셨는지 여쭈어 보아도 되겠습니까?

마: 제 스승님의 은총에 의해서입니다.

질: 그분의 은총은 어떤 형태를 띠었습니까?

마: 그분은 저에게 참된 것을 일러주셨습니다.

질: 그분께서 뭐라고 말씀하셨습니까?

마: 제가 **지고의 실재**(Supreme Reality)라고 말씀하셨지요.

질: 그 말씀에 대해 어떻게 하셨습니까?

마: 저는 그분을 신뢰했고, 그것을 기억했습니다.

질: 그게 전부입니까?

마: 예, 저는 그분을 기억했고, 그분이 하신 말씀을 기억했습니다.

질: 그것으로 충분했다는 말씀이십니까?

마: 더 무엇을 할 필요가 있습니까? 스승님과 그분의 말씀을 기억한다는 것은 정말 많은 일이었습니다. 그대에게 드리는 저의 조언은 그보다 한결 덜 어렵습니다—그저 그대 자신을 기억하십시오. "내가 있다"는 족히 그대의 마음을 치유하고 그대를 저 너머로 데려갑니다. 그냥 좀 신뢰해 보십시오. 저는 그대를 오도誤導하지 않습니다. 제가 왜 그래야 합니까? 제가 그대에게서 뭔가를 원합니까? 저는 그대가 잘되기를 바랍니다. 저의 성품이 그렇습니다. 제가 왜 그대를 오도하겠습니까?

상식적으로도 그대가 한 가지 욕망을 충족하려면 거기에 마음을 집중해야 한다는 것을 알 것입니다. 그대의 **참된 성품**을 알고 싶다면, 그대 자신을 늘 마음속에 간직해야 합니다. 그러다 보면 그대의 존재의 비밀이 드러납니다.

질: 왜 자기기억이 우리를 진아 깨달음으로 이끌어주게 됩니까?

마: 왜냐하면 그것은 같은 상태의 두 측면에 지나지 않기 때문입니다. **자기기억**은 마음 안에 있고, **진아 깨달음**은 마음 너머에 있습니다. 거울 속의 이미지는 거울 너머 얼굴의 모습이지요.

질: 좋습니다. 그러나 그 목적은 무엇입니까?

마: 남들을 도우려면 자신이 (남의) 도움이 필요한 상태를 넘어서야 합니다.

질: 제가 원하는 것은 행복해지는 것뿐입니다.

마: 행복해져서 (남들을) 행복하게 해주십시오.

질: 남들은 나름대로 알아서 하라지요.

마: 보세요, 그대는 별개가 아닙니다. 함께 나눌 수 없는 행복은 가짜입니다. 함께 나눌 수 있는 것들만이 참으로 바람직합니다.

질: 맞습니다. 그런데 저에게 스승이 필요합니까? 당신께서 저에게 하시는 말씀은 단순하고 설득력 있습니다. 그것을 기억하겠습니다. 그렇다고 해서 당신께서 저의 스승이 되시지는 않습니다.

마: 중요한 것은 어떤 사람에 대한 숭배가 아니라, 그 과업(자기를 기억하기)에 대해 그대가 기울이는 헌신의 꾸준함과 깊이입니다. 삶 자체가 **지고의 스승**입니다. 삶의 교훈에 주의하고 그 명령에 복종하십시오. 그런 교훈과 명령들의 근원을 인격화할 때는 외적인 스승을 갖게 되고, 그것들을 삶에서 직접 끌어올 때는 스승이 내면에 있습니다. 기억하고, 궁금해 하고, 숙고하고, 그것과 함께 살고, 그것을 사랑하고, 그것으로 성장해 가고, 그것과 함께 성장하고, 그것을 그대 자신의 것으로 만드십시오 — 외부의 스승이든 내면의 스승이든, 그대의 스승이 하는 말씀을 말입니다. 모든 것을 투입하십시오. 그러면 모든 것을 얻을 것입니다. 저는 그렇게 했습니다. 모든 시간을 제 스승님과 그분이 하시는 말씀에 드렸습니다.

질: 저는 직업이 작가입니다. 특별히 저를 위해, 조언을 좀 해주실 수 있습니까?

마: 글쓰기는 재능이자 기술이지요. 재능에서 성장하고 기술에서 발전하십시오. 욕망할 가치가 있는 것을 욕망하고, 그것을 잘 욕망하십시오. 군중 속에서 사람들 사이를 지나 길을 찾아 나가듯이, 사건들 사이에서 대략적인 방향을 놓치지 않으면서 그대의 길을 찾아내십시오. 열심히 하면 쉬운 일입니다.

질: 열심히 할 필요가 있다는 말씀을 너무 자주 하십니다. 그러나 우리는 단일한 의지의 소유자들이 아닙니다. 우리는 욕망과 욕구, 본능과 충동의

집적물입니다. 그것들은 서로의 위로 기어오르는데, 때로는 이것이, 때로는 저것이 우세하지만, 결코 오래가지는 않습니다.

마: 욕구(needs)란 없고, 욕망이 있을 뿐입니다.

질: 먹는 것, 마시는 것, 자기 몸을 안전한 데 두는 것, 사는 것도요?

마: 살려는 욕망이 단 하나의 근본적 욕망입니다. 다른 모든 것은 그것에 의존합니다.

질: 우리가 사는 것은, 살아야 하기 때문입니다.

마: 우리가 사는 것은, 감각적 존재(sensory existence-각각기관을 통한 경험에 의존하는 삶)를 갈망하기 때문입니다.

질: 그렇게 보편적인 것은 잘못된 것일 수 없습니다.

마: 물론 잘못된 것은 아니지요. 그 무엇도 그 나름의 시간과 장소에서는 잘못된 것이 아닙니다. 그러나 그대가 **진리**와, **실재**와 관계한다면, 하나하나의 사물을 문제 삼아야 하고, 그대의 삶 자체를 문제 삼아야 합니다. 그대는 감각적이고 지적인 경험의 필요성을 주장하는 바람에, 자신의 탐구를 안락에 대한 추구로 좁히고 맙니다.

질: 저는 안락이 아니라 행복을 추구합니다.

마: 마음과 몸의 안락을 넘어서 그대는 어떤 행복을 알고 있습니까?

질: 다른 어떤 행복이 있습니까?

마: 그대 스스로 찾아내십시오. 모든 충동을 문제 삼고, 어떤 욕망도 정당하게 여기지 마십시오. 물리적·정신적 소유를 비워버리고 모든 자기격정에서 벗어나서, 열린 마음으로 찾아 나서십시오.

질: 성자나 진인 가까이 사는 것만으로도 해탈을 얻는 데 도움이 되고, 다른 어떤 수단도 필요치 않다는 것이 인도의 영적 전통의 일부입니다. 당신께서도 아쉬람을 조직하여 사람들이 당신 가까이 살 수 있게 하시지 그럽니까?

마: 제가 하나의 기관을 창설하는 순간 저는 그 죄수가 됩니다. 사실 말이지만, 저는 모든 사람에게 열려 있습니다. 같은 지붕 아래서 자고 같이 먹는다고 해서 사람들이 더 대접받는 것은 아닙니다. '가까이 산다'는 것은

같은 공기를 호흡한다는 뜻이 아닙니다. 그것은 신뢰하고 복종하며, 스승의 선의들이 헛되지 않게 한다는 것을 의미합니다. 그대의 **스승**을 항상 가슴 속에 간직하고, 그의 가르침을 기억하십시오. 이것이 참된 것(실재)과 진정으로 함께 하는 것입니다. 물리적으로 가까이 있다는 것은 별로 중요하지 않습니다. 그대의 전 생애를 스승에 대한 믿음과 사랑의 한 표현으로 만드십시오. 이것이 진정으로 스승과 함께 사는 것입니다.

33
모든 일은 스스로 일어난다

질문자: 진인眞人도 죽습니까?
마하라지: 그는 삶과 죽음을 넘어서 있습니다. 우리가 피할 수 없다고 생각하는 것―태어나고 죽는 일―이 그에게는 **부동자**不動者(부동의 실재) 안에서의 움직임, 변하지 않는 것 안에서의 변화, 끝없는 것 안에서의 끝을 표현하는 하나의 방식에 지나지 않는 것으로 보입니다. 진인에게는, 아무것도 태어나지 않고 아무것도 죽지 않고, 아무것도 지속되지 않고 아무것도 변하지 않으며, 모든 것이 있는 그대로―즉, 무시간적이라는 것이 명백합니다.
질: 당신께서는 **진인**이 넘어서 있다고 말씀하십니다. 무엇을 넘어서 있다는 것입니까? 지知를 넘어서 있습니까?
마: 지知에는 뜨고 짐이 있습니다. 의식이 생겨나고 사라집니다. 그것은 매일같이 일어나는 일이고, 관찰되는 일입니다. 우리는 모두 어떤 때는 의식하고 어떤 때는 의식하지 못한다는 것을 압니다. 우리가 의식하지 못할 때, 그것은 우리에게 하나의 어둠이나 공백처럼 보입니다. 그러나 **진인**은 의식하거나 의식하지 못하는 자로서가 아니라 순수하게 **자각하는 자**, 곧 마음의 세 가지 상태(잠·꿈·생시)와 그 내용들에 대한 **주시자**로서의 자기 자신을 자

각하고 있습니다.

질: 그 주시하기는 언제 시작됩니까?

마: 진인에게는 그 무엇도 시작이나 끝이 없습니다. 소금이 물에 녹듯이, 모든 것은 순수한 존재(pure being) 속으로 녹아듭니다. 지혜는 영원히 비실재를 부정하고 있습니다. 비실재를 보는 것이 지혜입니다. 그 너머에는 표현할 수 없는 것이 있습니다.

질: 제 안에는 "나는 몸이다"라는 확신이 있습니다. 맞습니다, 저는 무無지혜의 상태에서 말하고 있습니다. 그러나 자기 자신을 몸으로, 몸-마음으로, 마음-몸으로, 혹은 심지어 순수한 마음으로 느끼는 상태―그것은 언제 시작되었습니까?

마: 의식의 시작에 대해서는 말할 수 없습니다. 시작과 시간의 관념 자체가 의식 안에 있습니다. 어떤 것의 시작을 의미 있게 이야기할 수 있으려면, 그대가 그것의 밖으로 나와야 합니다. 그런데 나오는 순간 그대는 그런 것이 존재하지 않고, 결코 존재한 적이 없다는 것을 깨닫게 됩니다. 실재가 있을 뿐 그 안에는 어떤 '사물'도 그 자체의 존재성을 가지고 있지 않습니다. 파도를 바다에서 분리할 수 없듯이 모든 (개별적) 존재(existence)는 있음(being) 안에 뿌리내리고 있습니다.

질: 분명한 사실은 제가 지금 여기서 당신께 질문을 하고 있다는 것입니다. "나는 몸이다"라는 느낌은 언제 일어났습니까? 제가 태어날 때였습니까? 아니면 오늘 아침이었습니까?

마: 지금입니다.

질: 그러나 저는 어제도 그 느낌을 가지고 있었다는 것을 기억합니다!

마: 어제의 기억도 지금 있을 뿐입니다.

질: 그러나 분명히 저는 시간 속에서 존재합니다. 저에게는 과거와 미래가 있습니다.

마: 그것이 그대가 상상하는 방식이지요―지금.

질: 어떤 시작이 있었을 것이 분명합니다.

마: 지금이지요.

질: 그러면 끝은 어떻습니까?

마: 시작이 없는 것은 끝날 수도 없습니다.

질: 그러나 저는 제 질문을 의식합니다.

마: 거짓된 질문에는 답변할 수 없지요. 그것을 거짓으로 볼 수밖에 없습니다.

질: 저에게는 그것이 실재합니다.

마: 그것이 언제 그대에게 실재하는 것으로 보였습니까? 지금이지요.

질: 그렇습니다. 그것은 정말 저에게 실재합니다 — 지금요.

마: 그대의 질문에서 어떤 것이 실재합니까? 그것은 마음의 한 상태입니다. 어떤 마음의 상태도 마음 자체보다 더 실재할 수는 없습니다. 마음이 실재합니까? 그것은 상태들의 한 집합에 불과한데, 각각의 상태는 찰나적입니다. 찰나적인 상태들의 연속을 어떻게 실재한다고 볼 수 있습니까?

질: 줄에 꿰인 염주알들처럼, 사건들이 사건들을 뒤따릅니다 — 영원히 말입니다.

마: 그것들은 모두 "나는 몸이다"라는 기본적 관념에 꿰어져 있습니다. 그러나 이 관념조차도 하나의 마음 상태이고, 지속되지 않습니다. 그것은 다른 모든 상태와 같이 오고 갑니다. 자신이 몸-마음이라는 환상이 있는 것은, 그것을 탐색하지 않기 때문일 뿐입니다. 무無탐색이라는 실에 마음의 모든 상태들이 꿰어져 있습니다. 그것은 닫힌 방 안의 어둠과 같습니다. 어둠이 있지요 — 외관상으로는. 그러나 방문을 열었을 때 어둠은 어디로 갑니까? 어디로도 가지 않습니다. 왜냐하면 그것이 존재하지 않았기 때문입니다. 마음의 모든 상태들, 존재(existence)의 모든 이름과 형상들은 무無탐구·무無탐색에, 상상과 (그런 것들을 쉽게 믿는) 어리석음에 뿌리내리고 있습니다. "내가 있다"고 말하는 것은 올바르지만, "나는 이것이다", "나는 저것이다"라고 말하는 것은 탐구하지 않고 살펴보지 않는다는 징표이며, 마음이 약하거나 무기력하다는 징표입니다.

질: 모든 것이 빛이라면 어둠은 어떻게 일어났습니까? 빛 가운데 어떻게 어둠이 있을 수 있습니까?

마: 빛 가운데는 어둠이 없습니다. **자기망각**이 그 어둠입니다. 우리가 다른 것들, 곧 비아非我(not-self)에 몰입해 있으면 **자기**(진아)를 잊어버립니다. 거기에는 부자연스러운 것이 아무것도 없습니다. 그러나 왜 과도한 집착 때문에 **자기**를 잊어버립니까? 지혜는, '경험하는 자'와 자신의 '경험' 양자의 항존하는 근원인 **자기**를 결코 잊어버리지 않는 데 있습니다.

질: 저의 현재 상태에서 "나는 몸이다"라는 관념은 자연발생적으로 다가오는 반면, "나는 **순수한 존재**다"라는 관념은 참되기는 하나 체험하지는 못하는 어떤 것이고, 제가 그것을 마음에 부과해야 합니다.

마: 그렇지요, **수행**(sadhana)은 스스로에게 자신의 순수한 '**존재성**(being-ness)'을 강제적으로 상기시키는 데 있습니다. 즉, 자신이 특수한 어떤 것이 아니고, 특수자들(particulars)의 합계도 아니며, 우주를 구성하는 모든 특수자들의 총합도 아니라는 것을 상기시키는 것입니다. 모든 것은 마음 안에 존재하며, 몸조차도 마음 안에 있는 방대한 수효의 감각 지각들이 통합된 것인데, 개개의 지각 또한 하나의 심적인 상태입니다. 만일 그대가 "나는 몸이다"라고 말한다면, 그것을 보여주십시오.

질: 여기 있습니다.

마: 그대가 그것을 생각할 때뿐이지요. 마음과 몸 둘 다 (잠시 번쩍하는) 간헐적 상태들입니다. 그러한 번쩍임들의 총합이 존재라는 환상을 창조합니다. 찰나적인 것 속의 영구적인 것, 실재하지 않는 것 속의 실재하는 것을 탐구해 보십시오. 이것이 **수행**입니다.

질: 사실 저는 저 자신을 몸이라고 생각하고 있습니다.

마: 얼마든지 그대 자신을 생각하십시오. 다만 하나의 몸이라는 관념은 그 그림 속에 끌어들이지 마십시오. 감각, 지각, 기억, 관념 작용들의 한 흐름이 있을 뿐입니다. 몸은 다양성 속에서 단일성을 추구하는 우리의 성향이 만들어낸 하나의 추상물인데, 이런 성향 역시 잘못된 것은 아닙니다.

질: 저는 "나는 몸이다"라고 생각하는 것은 마음 속의 한 오염이라는 이야기를 듣고 있습니다.

마: 왜 그렇게 이야기합니까? 그런 표현들은 문제를 야기합니다. 진아는 모

든 것의 **근원**이고, 모든 것의 최종 목적지입니다. (진아에게) 외적인 것은 아무것도 없습니다.

질: 몸 관념이 강박적으로 되면 그것은 완전히 잘못된 것 아닙니까?

마: 몸의 관념에는 아무 잘못된 것이 없고, "나는 몸이다"라는 관념 자체에도 잘못된 것은 없습니다. 그러나 자기 자신을 단 하나의 몸에 한정하는 것은 잘못입니다. 실제로는 모든 존재, 모든 형상이 '나' 자신의 것이고, '나'의 **의식** 안에 있습니다. '나'가 무엇인지는 말할 수 없습니다. 왜냐하면 언어로는 '나'가 무엇이 아니라는 것만 묘사할 수 있기 때문입니다. '나'가 있고, '나'가 있기 때문에 모든 것이 있습니다. 그러나 '나'는 **의식**을 넘어서 있고, 따라서 **의식** 안에서는 '나'가 무엇이라고 말할 수가 없습니다. 하지만 '나'가 있습니다. "나는 누구인가?"라는 물음에는 답이 없습니다. 어떤 체험으로도 그 질문에는 답변할 수 없습니다. 왜냐하면 **진아**는 체험을 넘어서 있기 때문입니다.

질: 그래도 "나는 누구인가?"라는 물음은 어떤 쓸모가 있을 것이 틀림없습니다.

마: **의식** 안에서는 그 답이 없고, 따라서 그것은 **의식**을 넘어서게 하는 데 도움이 됩니다.

질: 여기 제가 있습니다 — 현재 순간에요. 거기서 무엇이 진짜이고 무엇이 진짜가 아닙니까? 그런데, 제 질문이 잘못되었다고 말씀하지는 마십시오. 제 질문들에 반문하시면 저는 아무것도 얻지 못합니다.

마: 그대의 질문은 잘못된 것이 아니라 불필요합니다. 그대는 "여기 지금 내가 있다"고 말했습니다. 거기서 멈추십시오. 그것이 진짜입니다. 하나의 사실을 질문으로 둔갑시키지 마십시오. 거기에 그대의 오류가 있습니다. 그대는 앎도 아니고 모름도 아니고, 마음도 아니고 물질도 아닙니다. 마음과 물질의 용어로 그대 자신을 묘사하려 들지 마십시오.

질: 방금 한 청년이 당신께 문제 하나를 가지고 왔습니다. 당신께서는 그에게 몇 마디 말씀을 해 주셨고, 그는 돌아갔습니다. 그를 도와주셨습니까?

마: 물론이지요.

질: 어떻게 그렇게 확신하십니까?
마: 도와주는 것은 저의 성품입니다.
질: 어떻게 그것을 아시게 되었습니까?
마: 알 필요는 없습니다. 그것은 스스로 작동합니다.
질: 하지만 당신께서는 한 말씀을 하셨습니다. 그것은 무엇에 근거합니까?
마: 사람들이 저에게 들려주는 말에 근거합니다. 그러나 증거를 요구하는 것은 그대입니다. 저는 그런 것이 필요 없습니다. 사물들을 바로잡는 것은 바로 저의 성품 안에 자리 잡고 있는데, 이 성품은 진眞(satyam)·선善(shivam)·미美(sundaram)입니다.
질: 어떤 사람이 당신께 조언을 얻으러 오면 그에게 조언을 해 주시는데, 그 조언은 어디서 오며, 어떤 힘으로 그것이 도움을 줍니까?
마: 그 사람 자신의 **존재**가 그의 마음에 영향을 주고, 어떤 반응을 이끌어 냅니다.
질: 그러면 당신의 역할은 무엇입니까?
마: 제 안에서 그 사람과 그의 진아가 만납니다.
질: 왜 그 진아가 당신 없이도 그 사람을 돕지 않습니까?
마: 그런데 제가 진아지요! 그대는 저를 별개라고 상상하기 때문에 그런 질문을 합니다. '저의 진아'와 '그의 진아'란 없습니다. 진아, 즉 모두의 유일한 자아가 있습니다. 그대는 이름과 형상, 마음과 몸들의 다양성에 미혹되어 다수의 자아들을 상상합니다. 우리 둘 다 그 진아이지만, 그대는 확신하지 못하는 것 같습니다. 이 개인적 자아와 **보편적 자아**(진아)라는 이야기는 배우는 이의 단계입니다. 그것을 넘어서고, 이원성에 걸리지 마십시오.
질: 도움이 필요한 그 사람에게로 돌아가 보십시다. 그가 당신께 옵니다.
마: 만일 그가 온다면 분명히 도움을 얻겠지요. 도움을 얻도록 운명지어져 있기 때문에 그가 옵니다. 여기에 무슨 환상적인 면은 아무것도 없습니다. 저는 어떤 이들을 도와주고 어떤 이들을 거부할 수는 없습니다. 오는 사람은 모두 도움을 받습니다. 법칙이 그러하니까요. 필요에 따라, 도움이 취하는 형태들만 달라집니다.

질: 그가 왜 조언을 얻으려고 여기 와야 합니까? 자기 내면에서 그것을 얻을 수 없습니까?

마: 그가 (내면의 조언에) 귀를 기울이지 않겠지요. 그의 마음이 바깥으로 향해 있습니다. 그러나 사실 모든 체험은 마음 안에 있고, 그가 저를 찾아와서 도움을 얻는 것조차도 모두 그 자신의 내면에 있습니다. 그는 자신이 내면에서 해답을 발견하는 줄 모르고, 밖에서 해답을 얻는다고 상상합니다. 저에게는 어떤 저도 없고, 어떤 인간도 없고, 어떤 베풂도 없습니다. 이 모든 것은 그 마음 안에서의 한 깜박임에 불과합니다. 저는 무한한 **평안**이고 **침묵**인데, 그 안에서는 아무것도 나타나지 않습니다. 나타나는 모든 것은 사라지기 때문입니다. 누구도 도움을 얻으러 오지 않고, 누구도 도움을 주지 않으며, 누구도 도움을 받지 않습니다. 그것은 모두 **의식** 안에서의 겉모습일 뿐입니다.

질: 하지만 도와주는 힘이 있고, 그 힘을 드러내는 어떤 사람이나 어떤 것이 있습니다. 그것을 **신**이라 하든, **진아**라 하든, **보편적 마음**이라 하든, 뭐든 간에 말입니다. 그 이름은 중요하지 않지만, 그 사실은 중요합니다.

마: 그것이 바로 몸-마음이 취하는 입장이지요. **순수한 마음**은 사물들을 있는 그대로—**의식** 안의 거품들로 봅니다. 이 거품들은 나타나고 사라지고 다시 나타나지만, 실제적 존재성이 없습니다. 그것들에게 어떤 특정한 원인도 귀속시킬 수 없습니다. 각각이 모든 것에 의해 야기되고 모든 것에 영향을 주니까요. 각 거품이 하나의 몸이고, 이 모든 몸들이 저의 것입니다.

질: 당신께서는 모든 일을 올바르게 하는 힘을 가지고 계시다는 말씀이십니까?

마: 저와 별개의 어떤 힘도 없습니다. 그것은 저의 성품 자체 안에 내재합니다. 그것을 **창조성**이라고 합시다. 우리는 한 덩어리의 금을 가지고 많은 장신구를 만들 수 있는데, 각 장신구는 여전히 금으로 남아 있겠지요. 마찬가지로, 제가 맡은 것처럼 보이는 어떤 역할이나 제가 수행하는 것처럼 보이는 어떤 활동 속에서도 저는 본래의 저, 곧 부동불변이고 독립적인 "내가 있다"로서 남아 있습니다. 소위 **우주**, **자연**이라고 하는 것은 저의 자연발로

적인 **창조성**입니다. 무슨 일이 일어나든, 그것은 일어납니다. 그러나 모든 것이 기쁨으로 끝나는 것이 저의 성품입니다.

질: 어리석은 어머니가 메틸알코올을 먹여 눈이 멀어 버린 한 소년의 사안이 있습니다. 저는 당신께서 이 아이를 도와주시기를 청합니다. 당신께서는 자비심으로 충만하시고, 분명히 몹시 돕고 싶어 하십니다. 어떤 힘으로 그를 도와주실 수 있습니까?

마: 그 소년의 사안이 **의식** 안에 새겨집니다. 그것이 있습니다 — 지워질 수 없이. 의식이 작동하겠지요.

질: 제가 당신께 도움을 청하는 것이 어떤 차이를 가져옵니까?

마: 그대의 요청은 그 소년이 눈 먼 것의 일부입니다. 그가 눈이 멀기 때문에 그대가 청하는 것입니다. 그대는 아무것도 더 보태지 않았습니다.

질: 그러면 당신의 도움이 하나의 새로운 요인이 되겠습니까?

마: 아니지요. 모든 것이 그 소년의 눈 멂 안에 들어 있습니다. 모두 그 안에 있지요 — 그 어머니, 그 소년, 그대와 저, 기타 모든 것이 말입니다. 그것은 단 하나의 사건입니다.

질: 우리가 그 소년의 사안을 논의하는 것조차 예정되어 있었다는 뜻으로 하시는 말씀입니까?

마: 달리 어떠하겠습니까? 모든 사물은 그것들의 미래를 포함하고 있습니다. 그 소년이 **의식** 안에서 나타납니다. 저는 그 너머에 있습니다. 저는 의식에게 명령을 발하지 않습니다. 사물을 바로잡는 일은 **자각**의 성품 안에 있다는 것을 저는 압니다. **의식**이 자신의 창조물들을 돌보게 하십시오! 그 소년의 슬픔, 그대의 연민, 저의 경청, 그리고 작용하는 **의식** — 이 모두가 단 하나의 사실입니다. 그것을 구성 부분들로 분할하고 나서 질문하지 마십시오.

질: 당신의 마음은 얼마나 이상하게 작용합니까?

마: 그대가 이상하지, 저는 이상하지 않습니다. 저는 정상입니다. 저는 정신이 온전합니다. 저는 사물들을 있는 그대로 보며, 따라서 사물들을 두려워하지 않습니다. 그러나 그대는 현실을 두려워합니다.

질: 제가 왜 그래야 합니까?
마: 그대 자신의 **무지**가 그대를 두렵게 만들고, 또한 그대가 두려워한다는 것을 자각하지 못하게 만듭니다. 두려워하지 않으려고 애쓰지 마십시오. 먼저 **무지**의 벽을 헐어버리십시오.

사람들은 죽는 것을 두려워합니다. 왜냐하면 죽음이 무엇인지 모르기 때문입니다. **진인**은 자신의 죽음 이전에 죽어버렸고, 두려워할 것이 아무것도 없다는 것을 알았습니다. 그대가 자신의 **진정한 존재**를 아는 순간, 아무것도 두려워하지 않습니다. (진정한) 죽음은 **자유**와 **힘**을 줍니다. 세상 안에서 자유로워지려면 그대가 세상에 대해 죽어야 합니다. 그러면 우주가 그대 자신의 것이며, 그것이 그대의 몸이 되고, 한 표현이 되고, 하나의 도구가 됩니다. 절대적으로 자유로울 때의 그 **행복**은 형언할 수 없습니다. 반면에 **자유**를 두려워하는 이는 (진정으로) 죽을 수 없습니다.
질: 죽을 수 없는 사람은 살 수도 없다는 뜻입니까?
마: 좋을 대로 표현하십시오. 집착이 속박이고 무집착이 **자유**입니다. 갈망한다는 것은 노예가 된다는 것입니다.
질: 그것은 결국 우리가 구원되면, 세계가 구원된다는 이야기가 됩니까?
마: 전체로서의 세계는 구원을 필요로 하지 않습니다. 인간이 잘못을 범하고 불행을 창조합니다. 세계가 한 **진인**의 **자각**의 장場, 즉 **의식** 안으로 들어올 때, 세계는 바로잡힙니다. **진인**의 성품이 그와 같습니다.
질: 우리는 소위 영적인 진보를 관찰할 수 있습니다. 이기적인 사람이 종교적으로 되어 자기 자신을 제어하고, 자신의 생각과 감정을 세련되게 가다듬고, 영적인 수행을 하여 자신의 **참된 존재**를 깨닫습니다. 그런 진보는 인과성에 의해 지배됩니까, 아니면 우연적입니까?
마: 저의 관점에서 보자면, 일체가 **스스로**, 사뭇 자연발생적으로 일어납니다. 그러나 인간은 자신이 어떤 유인誘因(incentive) 때문에 어떤 목표를 향해 노력한다고 상상합니다. 마음속으로 늘 어떤 보상을 바라고 있고, 그것을 얻기 위해 애씁니다.
질: 조야粗野하고 진화되지 않은 인간은 어떤 보상 없이는 노력하지 않으려

고 할 것입니다. 그런 사람에게는 유인을 제공하는 것이 옳지 않습니까?

마: 그는 어떻게든 자기 자신을 위해 유인들을 만들어 내겠지요. 그는 성장하는 것이 의식의 성품에 속한다는 것을 모릅니다. 그는 동기에서 동기로 진보할 것이고, 자신의 욕망을 충족하기 위해 스승들을 쫓아다니겠지요. 그가 자신의 존재가 가진 법칙들에 의해 되돌아오는 길(nivritti)을 발견하면, 모든 동기를 내버립니다. 세상에 대한 관심이 끝나버리기 때문입니다. 그는 아무것도 원하지 않습니다—남들에게서도 원치 않고, 그 자신에게서도 원치 않습니다. 그는 **모든 것**에 대해 죽고, **모든 것**이 됩니다. 아무것도 원치 않고 아무것도 하지 않는 것—그것이 진짜 **창조**지요! 자신의 **심장** 안에서 우주가 일어나고 가라앉는 것을 지켜보는 것은 경이로운 일입니다.

질: 내적인 노력에 대한 큰 장애는 지루함입니다. 그 제자는 지루해집니다.

마: 무기력(tamas)과 들뜸(rajas)이 협동하여 **명료함과 조화로움**(sattva)을 끌어내립니다. 따마스와 라자스를 먼저 정복해야 사뜨와가 나타날 수 있습니다. 때가 되면 그것이 다 올 것입니다—아주 자연발생적으로.

질: 그러면 노력을 해야 할 필요는 없습니까?

마: 노력이 필요할 때는 노력이 나타나겠지요. 노력 없음이 필수적으로 될 때는 노력 없음이 나타날 것입니다. 삶을 이리저리 몰아댈 필요는 없습니다. 그냥 삶과 함께 흐르면서, 현재 순간에 해야 할 일에 그대 자신을 완전히 맡겨버리십시오. 이것이 '지금에 대해 지금 죽는 것'입니다. 산다는 것은 죽는 것이니까요. 죽음 없이는 삶이 있을 수 없습니다.

세계와 **자아**가 하나이며 완전하다고 하는 핵심 사항을 붙드십시오. 그대의 태도에 결함이 있어 재조정이 필요한 것일 뿐입니다.

이런 과정 혹은 재조정이 소위 **수행**이라는 것입니다. 나태함을 끝내 버리고, 온 힘을 다해 **명료함과 자비**(charity)를 위한 길을 열면, 그런 **수행**에 이르게 됩니다. 그러나 실은 이 모든 것이, 불가피한 성장의 표지標識들입니다. 겁내지 말고, 저항하지 말고, 미루지 마십시오. 본래의 그대가 되십시오. 두려워할 것이 하나도 없습니다. 믿고 해보십시오. 정직하게 실험하십시오. 그대의 **진정한 존재**에게 그대의 삶을 형성할 기회를 주십시오. 후회하지 않을 것입니다.

34
마음은 요동搖動 그 자체이다

질문자: 저는 태생이 스웨덴 사람입니다. 지금은 멕시코와 미국에서 하타 요가를 가르치고 있습니다.

마하라지: 그것을 어디서 배웠습니까?

질: 미국에서 인도인 스와미(Swami)인 스승님을 모셨습니다.

마: 그것을 해서 무엇을 얻었습니까?

질: 그것을 해서 건강과 생계 수단을 얻었습니다.

마: 좋습니다. 그대가 원하는 것은 그게 전부입니까?

질: 저는 마음의 평안을 추구합니다. 저는 소위 그리스도인들이 **그리스도**의 이름으로 벌인 온갖 잔인한 일들에 염증이 났습니다. 한동안은 종교가 없었습니다. 그러다가 요가에 끌렸습니다.

마: 무엇을 얻었습니까?

질: 요가 철학을 공부했는데, 그것이 저에게 도움이 되기는 했습니다.

마: 어떤 면에서 도움이 되었습니까? 어떤 표지標識로, 그대가 도움을 받았다고 결론지었습니까?

질: 건강이 좋다는 것은 상당히 구체적인 성과입니다.

마: 분명 건강하다고 느끼는 것은 아주 즐거운 일이지요. 그대가 요가에서 기대한 것은 즐거움이 전부입니까?

질: 건강한 삶(well-being)의 기쁨이 **하타 요가**를 해서 얻는 보상입니다. 그러나 요가는 일반적으로 그 이상을 산출합니다. 그것은 많은 물음에 해답을 줍니다.

마: 그대가 요가라고 하는 것은 무슨 의미입니까?

질: 인도의 가르침 전체— 진화, 환생, 업業 등입니다.

마: 좋습니다. 그대는 자신이 원하던 모든 지식을 얻었습니다. 그러나 그 지식에서 어떤 식으로 이익을 얻습니까?

질: 그것은 저에게 마음의 평안을 주었습니다.

마: 그랬습니까? 그대의 마음은 평안합니까? 그대의 탐색은 끝났습니까?

질: 아니요, 아직은 아닙니다.

마: 당연하지요. 거기에는 끝이 없을 것입니다. 왜냐하면 '마음의 평안' 같은 것은 없으니까요. 마음은 번뇌를 뜻하는데, 요동(restlessness-들뜸) 자체가 마음입니다. 요가는 마음의 한 속성이 아니고, 마음의 한 상태도 아닙니다.

질: 요가에서 어느 정도의 평안을 얻기는 했습니다.

마: 면밀하게 점검해 보십시오. 그러면 마음이 생각들로 들끓고 있다는 것을 발견할 것입니다. 이따금 그것이 공백 상태가 될 수도 있지만, 한동안 그러고 나서 다시 평소의 요동 상태로 돌아갑니다. (일시적으로) 고요해진 마음은 평안한 마음이 아닙니다.

    그대는 마음을 평안하게 만들고 싶다고 말합니다. 마음을 평안하게 만들고 싶어 하는 그 사람, 그 자신은 평안합니까?

질: 아닙니다. 저는 평안하지 않고, 요가의 도움을 받습니다.

마: 거기서 모순을 보지 않습니까? 그대는 다년간 마음의 평안을 추구했습니다. 그러나 그것을 발견하지 못했는데, 왜냐하면 본질적으로 요동하는 것은 평안해질 수 없기 때문입니다.

질: 얼마간 나아진 것도 있습니다.

마: 그대가 발견했다고 주장하는 평안은 아주 취약해서, 아주 사소한 것도 그것을 깨뜨릴 수 있습니다. 그대가 평안이라고 하는 것은 번뇌가 없는 것일 뿐입니다. 그것은 평안이라는 이름에 거의 값하지 못합니다. 진정한 **평안**은 무엇으로도 어지럽힐 수 없습니다. 그대는 흔들어 놓을 수 없는 마음의 평안을 얻었다고 주장할 수 있습니까?

질: 노력하고 있습니다.

마: 노력하는 것도 요동의 한 형태입니다.

질: 그러면 무엇이 남습니까?

마: 진아는 휴식시킬 필요가 없습니다. 그것은 **평안** 자체이지 평안하게 있지 않습니다. 마음이 요동할 뿐입니다. 마음이 아는 것은 요동이 전부인데, 그것은 많은 양상과 등급이 있습니다. 즐거운 것이 우월하게 여겨지고 고통스러운 것은 평가절하 됩니다. 소위 진보라는 것은 즐겁지 않은 것에서 즐거운 것으로의 변화에 지나지 않습니다. 그러나 변화들이 저절로 우리를 **변함없는 것**에 데려다줄 수는 없습니다. 시작이 있는 모든 것은 반드시 끝이 있기 때문입니다. 실재는 시작되지 않습니다. 그것은 시작도 끝도 없고, 일체에 편재하고, 전능하며, 무시간적으로 불변인, **부동의 원동자**原動者(prime mover)로서만 스스로를 드러냅니다.

질: 그러면 저는 무엇을 해야 합니까?

마: 그대는 요가를 통해서 지식과 경험을 축적해 왔습니다. 그것은 부인할 수 없습니다. 그러나 그 모든 것이 그대에게 무슨 소용 있습니까? 요가는 합일, 결합하기를 뜻합니다. 그대는 무엇을 재합일시키고, 무엇을 재결합시켰습니까?

질: 저는 인격을 **진정한 자아**와 재결합시키려고 애쓰고 있습니다.

마: 인격(vyakti)은 상상의 산물일 뿐입니다. **자아**(vyakta)가 이 상상의 희생자입니다. 그대 아닌 것을 그대 자신으로 여기는 이 상상이 그대를 속박합니다. '사람'은 그 자신 독자적으로 존재한다고 말할 수 없습니다. 한 '사람'이 있다고 믿고 자신이 그것이라고 의식하는 것은 **자아**입니다. 그 **자아** 너머에 **미현현자**(avyakta), 곧 모든 것의 원인 없는 원인이 있습니다. '사람'을 **자아**와 재합일시킨다는 말조차도 맞지 않습니다. 왜냐하면 어떤 '사람'도 없고, 확신에 의해서 거짓된 실재성이 부여된 하나의 심적인 그림이 있을 뿐이기 때문입니다. 아무것도 나뉘지 않았고, 합일시킬 것이 아무것도 없습니다.

질: 요가는 **자아**를 찾고 발견하는 데 도움이 됩니다.

마: 그대가 잃어버린 것은 찾을 수 있지요. 그러나 잃어버리지 않은 것은 찾아낼 수 없습니다.

질: 만일 아무것도 결코 잃어버리지 않았다면 저는 깨달아 있겠지요. 그러나 깨닫지 못했습니다. 저는 찾고 있습니다. 찾고 있다는 것 자체가 제가 뭔가를 잃어버렸다는 증거 아닙니까?

마: 그것은 그대가 뭔가를 잃어버렸다고 스스로 믿고 있다는 것을 보여줄 뿐입니다. 그러나 그것을 믿는 것은 누구입니까? 그리고 그대가 잃어버렸다고 믿는 그것은 무엇입니까? 그대 자신 같은 한 '사람'을 잃어버렸습니까? 그대가 찾고 있는 그 **자아**가 무엇입니까? 정확히 어떤 것을 찾을 거라고 기대합니까?

질: 자아에 대한 **참된 앎**입니다.

마: 자아에 대한 **참된 앎**은 하나의 앎이 아닙니다. 그것은 그대가 찾는다고 해서, 도처를 살펴본다고 해서 발견되는 것이 아닙니다. 시간이나 공간 안에서는 그것을 발견할 수 없습니다. 앎이란, 하나의 기억, 사고의 한 패턴, 하나의 심적 습관에 불과합니다. 이 모든 것은 쾌락과 고통이라는 동기에 의해 유발됩니다. 그대가 앎을 추구하는 것은 쾌락과 고통에 의해 자극받기 때문입니다. '자기 자신으로 있기(being oneself)'는 모든 동기 유발을 완전히 넘어서 있습니다. 그러나 그대는 어떤 이유로, 그대 자신으로 있지 못합니다. 그대가 곧 그대 자신이며, 어떤 이유도 필요 없습니다.

질: 요가를 하면 제가 **평안**을 발견하겠지요.

마: 그대 자신과 별개의 **평안**이 있을 수 있습니까? 그대 자신의 체험을 가지고 말합니까, 아니면 책에서 본 것만 가지고 말합니까? 그대의 책 지식은 시작 단계에서는 도움이 되지만, 직접체험을 얻기 위해서는 이내 내버려야 합니다. 직접체험은 그 본질상 말로 표현할 수 없습니다. 말은 파괴를 위해서도 사용될 수 있습니다. 이미지들은 말로 만들어지고, 말에 의해 파괴됩니다. 그대가 현재의 상태에 그대 자신을 밀어 넣은 것은 언어적 사고를 통해서입니다. 같은 방법으로 거기서 빠져 나와야 합니다.

질: 저는 어느 정도 내적 평안을 이루기는 했습니다. 그것을 소멸시켜야 합니까?

마: 이룬 것은 다시 상실될 수 있지요. 그대가 결코 상실한 적이 없는 **참된**

평안을 깨달을 때만 그 **평안**이 그대에게 머물러 있을 것입니다. 왜냐하면 그것은 결코 떨어져 있지 않기 때문입니다. 그대가 가지고 있지 않은 것을 찾기보다는 그대가 결코 잃어버린 적이 없는 것이 무엇인지를 알아내십시오. 모든 것의 시작 이전과 끝 이후에 존재하는 것, 탄생도 죽음도 없는 것 말입니다. 그 **부동의 상태**, 하나의 몸이나 마음의 탄생과 죽음에 의해 영향 받지 않는 것, 그 **상태**를 지각해야 합니다.

질: 그러한 지각에 이르는 수단은 무엇입니까?

마: 삶 속에서는 장애를 극복하지 않고는 아무것도 얻지 못합니다. 자신의 **참된 존재**를 명료하게 지각하지 못하도록 장애하는 것은, 쾌락에 대한 욕망과 고통에 대한 두려움입니다. 그 쾌락-고통이라는 동기 요인이 방해합니다. 모든 동기 요인에서 벗어난 것 자체, 곧 어떤 욕망도 일어나지 않는 상태가 **본연적 상태**입니다.

질: 그런 욕망의 포기, 그것은 시간이 필요합니까?

마: 만약 그것을 시간에 맡겨둔다면 수백만 년의 세월이 필요하겠지요. 욕망을 하나하나 포기하는 것은 끝이 결코 보이지 않는 오랜 과정입니다. 욕망과 두려움은 내버려두고 그대의 모든 **주의**를 주체, 곧 욕망과 두려움의 경험 이면에 있는 자에게 쏟으십시오. "누가 욕망하는가?"라고 물으십시오. 욕망이 하나씩 일어날 때마다 그대 자신에게로 돌아가십시오.

질: 모든 욕망과 두려움의 뿌리는 동일합니다— 행복에 대한 갈망이지요.

마: 그대가 생각할 수 있고 갈망할 수 있는 행복이란 순전히 신체적이거나 정신적인 만족입니다. 감각적이거나 정신적인 그런 쾌락은 진정한, 절대적 **행복**이 아닙니다.

질: 감각적·정신적인 쾌락과, 신체적·정신적 건강에서 오는 일반적 행복감조차도 **실재** 안에 뿌리를 두고 있을 것이 분명합니다.

마: 그런 것들은 상상에 뿌리를 두고 있습니다. 돌멩이 하나를 받으면서 그것이 값을 헤아릴 수 없는 다이아몬드라는 말을 듣고 굉장히 기뻐하던 사람이 결국 자신의 착오를 깨닫습니다. 마찬가지로, 우리가 **진아**를 알게 되면 쾌락에서는 자극적인 묘미가 상실되고, 고통에서는 가시 같은 예리함이

사라질 것입니다. 우리는 둘 다를 있는 그대로 보게 됩니다—기억이나 선입견에 기초한 조건 지워진 반응, 단순한 반작용, 평범한 끌림과 거부감 따위로 말입니다. 보통 쾌락과 고통은 우리가 그것을 기대할 때 경험하게 됩니다. 그것은 모두 후천적인 습관과 확신의 문제입니다.

질: 글쎄요, 쾌락은 상상적일지도 모릅니다. 그러나 고통은 실제적입니다.

마: 고통과 쾌락은 늘 함께 갑니다. 그 하나에서 벗어난다는 것은 둘 다에서 벗어남을 뜻합니다. 쾌락을 좋아하지 않으면 고통을 두려워하지 않게 되겠지요. 그러나 그 어느 것도 아닌, 완전히 넘어서 있는 **행복**이 있습니다. 그대가 아는 행복은 어떠하다고 묘사할 수 있고 어느 정도라고 헤아릴 수도 있습니다. 그것은 말하자면 객관적입니다. 그러나 객관적인 것은 그대 자신의 것일 수 없습니다. 그대 자신을 외적인 어떤 것과 동일시하는 것은 통탄할 만한 실수일 것입니다. 수준들을 그렇게 한데 섞어서는 아무것도 얻지 못합니다. **실재**는 주관적인 것과 객관적인 것을 넘어서 있고, 모든 수준을 넘어서 있고, 모든 구분을 넘어서 있습니다. 더없이 분명한 것은, **실재**가 그것들의 기원도 아니고, 근원도 뿌리도 아니라는 것입니다. 그런 것들은 **실재**에 대한 무지에서 나오지, **실재** 자체에서 나오지 않습니다. **실재**는 묘사가 불가능하고, 존재와 비존재를 넘어서 있습니다.

질: 저는 많은 **스승**들을 추종했고 많은 교의_{教義}들을 공부했지만, 그 누구도 그 무엇도, 제가 원한 것을 주지 않았습니다.

마: 진아를 발견하려는 욕망은 분명히 성취될 것입니다. 다만 그대가 달리 아무것도 원치 않는다면 말입니다. 그러나 그대 자신에 대해 정직해야 하고, 정말로 달리 아무것도 원치 않아야 합니다. 만약 그러는 동안에 다른 많은 것을 원하고 그것을 추구하면, 그대의 주된 목적은 연기될 수도 있습니다. 그대가 더 지혜로워져서 상반되는 충동들 사이에서 더 이상 갈등하지 않게 될 때까지는 말입니다. 옆길로 빗나감 없이, 바깥을 결코 바라봄이 없이, 내면으로 들어가십시오.

질: 그러나 욕망과 두려움이 여전히 있습니다.

마: 그대의 기억 안에 있지 않으면 그것이 어디 있습니까? 욕망과 두려움

의 뿌리는 기억에서 생겨난 기대 안에 있다는 것을 깨달으십시오. 그러면 그것들이 그대를 더 이상 사로잡지 않게 될 것입니다.

질: 저는 사회적 봉사가 끝없는 과업이라는 것을 아주 잘 이해하고 있습니다. 왜냐하면 향상과 쇠퇴, 진보와 퇴보는 함께 가니까요. 우리는 그것을 도처에서, 모든 수준에서 볼 수 있습니다. (결국) 무엇이 남습니까?

마: 그대가 무슨 일을 시작했든 그것을 마무리하십시오. 어떤 구체적인 고통의 상황이 있고, 그 고통의 경감을 위해 필요할 때가 아니면 새로운 과업을 시작하지 마십시오. 먼저 그대 자신을 발견하십시오. 그러면 끝없는 축복이 뒤따를 것입니다. 이익을 내버리는 것만큼 세상을 이롭게 하는 것은 없습니다. 더 이상 손실과 이득의 견지에서 생각하지 않는 사람이 참으로 비폭력적인 사람입니다. 그런 사람은 모든 갈등을 넘어서 있기 때문입니다.

질: 그렇군요. 저는 항상 아힌사(ahimsa)[비폭력]라는 관념에 끌렸습니다.

마: 1차적으로 아힌사는 말 그대로 "해치지 말라"고 하는 것입니다. 선을 행하는 것이 먼저가 아니라, 해치지 않고 고통을 부가하지 않는 것이 먼저입니다. 남들을 기쁘게 하는 것이 아힌사는 아닙니다.

질: 저는 기쁘게 해주는 것을 이야기하는 것이 아니라, 남들을 돕는 것에 전적으로 찬성한다는 것입니다.

마: 남에게 줄 가치가 있는 유일한 도움은 그 사람이 더 이상 도움을 받을 필요가 없게 해주는 것입니다. 자꾸 도와주기만 하는 것은 전혀 도와주는 것이 아닙니다. 그 사람으로 하여금 남의 도움을 받아야 할 필요성을 모두 넘어서게 해줄 수 없는 한, 남을 돕는다는 말을 하지 마십시오.

질: 우리가 어떻게 도움 받을 필요성을 넘어설 수 있습니까? 그리고 남이 그렇게 할 수 있도록 우리가 도와줄 수 있습니까?

마: 분리되고 제한되어 있는 모든 존재는 고통스럽다는 것을 이해했을 때, 그리고 **순수한 존재**로서, 기꺼이 모든 생명과 하나가 되어 통합적으로 살아가려 하고 또 그럴 수 있을 때, 그대는 도움의 모든 필요성을 넘어섭니다. 가르침과 모범으로 남을 도와줄 수도 있고, 무엇보다도 그대의 **존재**(being)

로써 도와줄 수 있습니다. 그대가 가지고 있지 않은 것은 베풀 수 없고, 그대가 아닌 것은 그대가 가지고 있지 않습니다. 그대는 오직 '그대인 것'만을 베풀 수 있는데, 그런 거라면 무한정으로 베풀 수 있지요.

질: 그런데, 모든 존재가 고통스럽다는 것은 사실입니까?

마: 이 온 세상 사람들이 쾌락을 추구하는 이유가 달리 무엇이겠습니까? 행복한 사람이 행복을 추구합니까? 사람들이 얼마나 들떠 있고, 얼마나 부단히 움직이고 있습니까! 그들이 쾌락에서 위안을 구하는 것은 그들이 고통 속에 있기 때문입니다. 그들이 상상할 수 있는 모든 행복은 거듭되는 쾌락을 보증 받는 데 있습니다.

질: 만약 지금의 저, 지금 이러한 저, 곧 제가 저 자신이라고 여기는 '사람'이 행복할 수 없다면, 저는 무엇을 해야 합니까?

마: 그대이기를 그만둘 수 있을 뿐이지요—지금 그대인 것처럼 보이는 그 존재를 말입니다. 제가 하는 말에는 잔인한 그 무엇도 없습니다. 잠든 사람을 악몽에서 깨워주는 것은 **자비심**입니다. 그대가 여기 온 것은 그대가 고통 받고 있기 때문이고, 제가 하는 말은 "깨어나라, 그대 자신을 알라, 그대 자신이 되라"가 전부입니다. 고통의 끝은 쾌락에 있지 않습니다. 그대가 초연하게 그리고 흔들릴 수 없이, 자신이 고통과 쾌락 둘 다를 넘어서 있다는 것을 깨달을 때, 그럴 때 행복에 대한 추구가 그치며, 그러한 추구에 따르는 슬픔도 끝이 납니다. 왜냐하면 고통은 쾌락을 목표하지만, 쾌락은 가차 없이 고통으로 끝나기 때문입니다.

질: 그 궁극적 상태에서는 어떤 행복도 있을 수 없겠군요?

마: 어떤 슬픔도 없지요. **자유**만 있습니다. 행복은 이런 저런 것에 의존하며, 상실될 수도 있습니다. 일체에서 벗어난 **자유**는 어떤 것에도 의존하지 않고, 상실될 수 없습니다. 슬픔에서 벗어난 **자유**는 아무 원인이 없고, 따라서 소멸될 수 없습니다. 그 **자유**를 깨달으십시오.

질: 저는 제 과거(전생의 업)의 결과로, 고통 받기 위해 태어나지 않습니까? 자유가 가능하기는 합니까? 저는 저 자신의 의지로 태어났습니까? 저는 하나의 피조물에 불과하지 않습니까?

마: 의식 안에서 사건들의 흐름이 시작되고 끝나는 것 말고 탄생과 죽음이 무엇입니까? 분리되어 있고 한계를 가지고 있다는 관념 때문에 탄생과 죽음은 고통스럽습니다. 고통에서 일시적으로 벗어나는 것을 우리는 쾌락이라고 합니다. 그러면서 우리는 이른바 행복이라고 하는 끝없는 쾌락을 기대하면서 공중누각을 짓습니다. 그것은 모두 오해이자 오용誤用입니다. 깨어나고, 넘어서고, 진정으로 사십시오!

질: 저의 앎은 제한되어 있고, 저의 힘은 보잘 것 없습니다.

마: 진아는 앎과 힘 둘 다의 근원이므로 그것들을 넘어서 있습니다. 관찰 가능한 것들은 마음 안에 있습니다. 진아의 성품은 앎이나 좋아함의 유무에 의해 영향 받지 않는 순수한 자각, 순수한 주시하기입니다.

 그대의 **존재**를 태어나고 죽는 그 몸의 바깥에 두십시오. 그러면 그대의 모든 문제가 풀릴 것입니다. 그런 문제들은 그대 자신이 태어나서 죽는다고 믿기 때문에 존재합니다. 자기기만에서 깨어나 자유로워지십시오. 그대는 한 '사람'이 아닙니다.

35
최고의 스승은 그대 내면의 진아이다

질문자: 저는 사방에서, 욕망과 습濕에서 벗어나는 것이 **진아 깨달음**의 첫째 조건이라는 말을 듣습니다. 그러나 저는 그 조건을 성취하는 것이 불가능하다고 느낍니다. 자기 자신에 대한 무지는 욕망을 야기하고, 욕망은 무지를 영속화합니다. 정말 악순환입니다!

마하라지: 성취해야 할 어떤 조건도 없습니다. 해야 할 것도 없고 포기해야 할 것도 없습니다. 부디 살펴보고 기억하십시오—그대가 지각하는 그 무엇도 그대가 아니고 그대의 것도 아니라는 것을 말입니다. **의식의 장場** 안에

그것이 있지만, 그대는 그 장場과 그 안에 있는 것들이 아니고, 그 장場을 '아는 자'조차도 아닙니다. 무엇을 해야 한다는 관념이 그대를 자기 노력의 결과들 속으로 말려들게 합니다. 동기, 욕망, 이루지 못함, 좌절감ㅡ이 모든 것이 그대를 저지합니다. 일어나는 어떤 일이든 단순히 바라보고, 그대가 그것을 넘어서 있다는 것을 아십시오.

질: 그것은 제가 아무것도 하지 말아야 한다는 뜻입니까?
마: 그럴 수가 없지요! 나아가야 할 것은 나아가야 합니다. 갑자기 멈추면 충돌합니다.

질: 그것은 '알려지는 것'과 '아는 자'가 하나가 되는 문제입니까?
마: 그 둘 다 마음속의 관념이고 그것을 표현하는 말입니다. 그런 것에는 진아가 없습니다. 진아는 그 사이에 있지도 않고 그 너머에 있지도 않습니다. 마음의 수준에서 그것을 찾는 것은 헛된 일입니다. 찾기를 그만두고, 보십시오ㅡ그것이 지금 여기에 있으니 말입니다. 그것은 그대가 너무나 잘 알고 있는 저 "내가 있다"입니다. 그대가 해야 할 일은, 그대 자신을 의식의 장場 안에 있다고 여기는 것을 그만두는 것뿐입니다. 이런 문제들을 이미 주의 깊게 고려해 보지 않았다면, 제 말을 한 번 듣는 것만으로는 안 될 것입니다. 과거에 경험하고 성취한 것들은 잊어버리고, 벌거벗고 서서 삶의 비바람에 노출되십시오. 그러면 성공할 가능성이 있습니다.

질: 당신의 가르침에서 헌신(bhakti)도 어떤 자리를 차지합니까?
마: 그대가 건강이 좋지 않을 때 의사를 찾아가면, 의사는 무엇이 잘못되었고 무엇이 그에 대한 처방인지 말해줍니다. 그대가 의사를 신뢰하면 문제는 간단해집니다. 약을 먹고 식사 제한을 따르면 회복됩니다. 그러나 만약 의사를 신뢰하지 않는다면, 운에 맡겨볼 수도 있고 스스로 의학을 공부해 볼 수도 있겠지요! 모든 경우에, 그대를 움직이는 것은 의사가 아니라 회복되고 싶어 하는 그대의 욕망입니다.

신뢰 없이는 **평안**이 없습니다. 이런 저런 사람을 그대는 늘 신뢰합니다. 그것은 그대의 어머니일 수도 있고 아내일 수도 있습니다. 그러나 모든 사람 중에서도 **진아**를 아는 자, 곧 해탈한 사람이 가장 신뢰할 만합니다. 하지만 단지 신뢰하는 것만으로는 충분하지 않습니다. 욕망하기도 해야 합니다. **자유**에 대한 욕망이 없다면, 그대가 **자유**를 획득할 수 있다고 확신한들 무슨 소용 있겠습니까? 욕망과 확신이 함께 가야 합니다. 강하게 욕망하면 할수록 도움은 더 쉽게 옵니다. 제자가 배우기를 열망하지 않는 한, 최고의 스승도 어떻게 해볼 수 없습니다. 열망과 성실함이 무엇보다 중요합니다. 체험과 함께 확신이 올 것입니다. 그대의 목표에 전념하십시오. 그러면 그대를 인도해 줄 수 있는 사람에 대한 **헌신**이 따라올 것입니다. 그대의 욕망과 확신이 강하면, 그것이 작용하여 그대를 그 목표에 데려다줄 것입니다. 왜냐하면 그대가 주저하거나 타협하는 바람에 지체되는 일은 없을 테니 말입니다.

최고의 스승은 그대 내면의 **진아**입니다. 진실로 그가 위없는 스승입니다. 이 스승만이 그대의 목표에 그대를 데려다줄 수 있고, 그만이 그 길의 종착지에서 그대를 마중합니다. 그를 믿으십시오. 그러면 어떤 외적인 스승도 필요 없습니다. 그러나 역시 그대는 그를 발견하려는 강한 욕망을 가지고 있어야 하고, 장애와 지체를 초래하게 될 어떤 일도 해서는 안 됩니다. 그리고 지난 일을 후회하느라고 기력과 시간을 낭비하지 마십시오. 그대가 실수한 것들에서 교훈을 얻고, 그것을 반복하지 마십시오.

질: 개인적인 질문을 하나 드려도 되겠습니까?

마: 예, 해 보십시오.

질: 저는 당신께서 영양 가죽 위에 앉아 계신 것을 봅니다. 그것은 비폭력과 어떻게 부합합니까?

마: 저는 일을 하던 전 기간 동안, 담배를 만드는 사람으로서 사람들의 건강을 망치는 데 도움을 주었습니다. 그런데 시市에서 저의 집 문 앞에다 공중변소를 지어 저의 건강을 망쳤습니다. 이 폭력적인 세계에서 어떻게 우리가 이런저런 형태의 폭력에서 비켜나 있을 수 있겠습니까?

질: 분명 회피할 수 있는 모든 폭력은 회피해야 합니다. 그런데도 인도에서는 **성자**들이 누구나 호랑이, 사자, 표범 혹은 영양 가죽을 가지고 있어서 그 위에 앉습니다.

마: 아마 옛날에는 플라스틱이 없었기 때문에 습기를 막는 데 가죽이 최선이었겠지요. 류머티즘은 성자도 달가워하지 않으니까요! 그래서 장시간의 명상을 위해서는 가죽이 필요하다는 전통이 생겼습니다. 사원에 있는 북의 가죽과 마찬가지로 요기에게는 영양 가죽이 있습니다. 우리는 그런 것에 거의 주목하지 않습니다.

질: 그러나 그 동물은 살해당해야 했습니다.

마: 저는 요기가 가죽을 얻기 위해 호랑이를 죽였다는 이야기를 들어 본 적이 없습니다. 살해자들은 요기가 아니고, 요기들은 살해자가 아닙니다.

질: 가죽 위에 앉지 않으심으로써 불승인을 표명하셨어야 하지 않습니까?

마: 무슨 그런 생각을! 저는 전 우주를 불승인하는데, 왜 가죽 하나만 거부합니까?

질: 우주에 무슨 문제가 있습니까?

마: 그대의 진아를 잊어버리는 것이 가장 큰 상해傷害입니다. 모든 재앙이 거기서 흘러나옵니다. 가장 중요한 것에 주의하십시오. 덜 중요한 것은 저절로 따라옵니다. 그대는 어두운 방을 (그냥) 정돈하지 않습니다. 먼저 창문을 엽니다. 빛이 들어와야 모든 일이 쉬워집니다. 그러니 남들을 개선하는 일은 있는 그대로의 우리 자신을 보았을 때까지, 그리고 우리가 변했을 때까지 기다려 봅시다. 빙빙 돌면서 끝없는 질문을 할 필요가 없습니다. 그대 자신을 발견하십시오. 그러면 모든 일이 제자리에 맞아 들어갈 것입니다.

질: 근원으로 돌아가려는 충동은 아주 희유합니다. 그것이 자연스럽기는 합니까?

마: 처음에는 밖으로 나가는 것이 자연스럽지만, 결국은 안으로 들어가는 것이 자연스럽습니다. 그러나 실제로는 그 두 가지가 하나입니다. 마치 숨을 들이쉬고 내쉬는 것이 하나이듯이 말입니다.

질: 마찬가지로, 몸과 '몸 안의 거주자'는 하나 아닙니까?

마: 시간과 공간 속의 사건들—탄생과 죽음, 원인과 결과—이런 것들을 하나라고 볼 수도 있지만, 몸과 '몸을 가진 자'는 실재성의 등급이 같지 않습니다. 몸은 시간과 공간 안에 존재하고, 찰나적이고 제한되어 있는 반면,

(몸 안의) 그 '거주자'는 무시간·무공간이고, 영원하며 일체에 편재합니다. 그 둘을 동일시하는 것은 중대한 과오이자 끝없는 괴로움의 원인입니다. 그대는 마음과 몸을 하나라고 이야기할 수도 있겠지만, 몸-마음은 저변의 **실재**가 아닙니다.

질: 그것이 누구든 그 '거주자'는 몸을 통제하고, 따라서 몸을 책임집니다.
마: 제어하고 책임지는 어떤 **보편적 힘**이 있습니다.
질: 그러니까 저는 제가 하고 싶은 대로 행위한 다음 어떤 **보편적 힘** 탓으로 돌릴 수 있군요? 얼마나 쉽습니까!
마: 예, 아주 쉽지요. 움직이는 모든 것의 이면에 하나인 **구동자**驅動者(One Mover)가 있다는 것을 그냥 깨닫고, 일체를 그에게 맡겨버리십시오. (맡기기를) 주저하거나 (자신이 행위자라는 환상으로 자신을) 속이지 않으면, 이것이 **실재**에 이르는 가장 빠른 길입니다. 욕망과 두려움 없이 서서, 모든 통제와 모든 책임을 포기하십시오.
질: 그 무슨 미친 짓입니까!
마: 예, 신적인 미친 짓이지요. 자신이 개인적으로 통제하고 개인적으로 책임지고 있다는 환상을 놓아버리는 것이 뭐가 잘못입니까? 둘 다 마음 속에 있을 뿐입니다. 물론 그대 자신이 제어하고 있다고 상상하는 한, 그대 자신이 책임지고 있다고도 상상해야겠지요. 전자가 후자의 의미를 내포합니다.
질: 보편자가 어떻게 특수자에 대해 책임을 질 수 있습니까?
마: 지구상의 모든 생명은 태양에 의존합니다. 하지만 (지구상에서) 일어나는 모든 일에 대해 태양을 탓할 수는 없습니다. 태양이 궁극적 원인이기는 하지만 말입니다. 빛은 꽃의 색깔을 피워내지만, 그것을 통제하지 않고 그것에 직접적으로 책임이 있지도 않습니다. 꽃의 색깔이 나올 수 있게 한다, 그뿐입니다.
질: 이 모든 이야기에서 제 마음에 들지 않는 것은, 어떤 **보편적 힘** 속으로 도피한다는 점입니다.
마: 사실과는 다툴 수 없습니다.
질: 누구의 사실입니까? 당신의 사실입니까, 저의 사실입니까?

마: 그대의 사실이지요. 그대는 저의 사실들을 부정할 수 없습니다. 그대는 그것을 모르기 때문입니다. 만일 그것을 알 수 있다면 부정하지 않겠지요. 여기에 문제가 있습니다. 그대는 자신의 상상을 사실로 여기고 저의 사실들을 상상으로 여깁니다. 저는 **모두가 하나**라는 것을 확실히 압니다. 차별상差別相이 벌어지지 않습니다. 그대는 어떤 것에도 책임이 없거나, 아니면 일체에 책임이 있습니다. 자신이 하나의 몸만 통제하고, 그 몸을 책임지고 있다고 상상하는 것이야말로 그 몸-마음의 이상증세입니다.

질: 하지만 당신께서도 당신의 몸에 의해 한정되십니다.

마: 몸과 관련되는 사항에서만 그렇지요. 그것은 제가 상관하지 않습니다. 그것은 계절들을 견뎌내는 것과 같습니다. 계절들은 오고 가지만 저에게는 거의 영향이 없습니다. 마찬가지로 몸-마음들은 오고 가지만, **생명**은 영원히 새로운 표현들을 추구합니다.

질: 당신께서 모든 악惡의 짐을 신에게 떠넘기시지 않는 한 저는 만족합니다. 어떤 신이 있을지는 모르지만, 저에게는 그가 인간의 마음이 투사한 하나의 개념입니다. 당신께는 신이 하나의 **실재**일지 모르나, 저에게는 사회가 신보다 더 실제적입니다. 저는 사회의 피조물이면서 그 수인囚人이기도 하니까요. 당신의 가치는 **지혜**와 **자비심**이고, 사회의 가치는 현명한 이기주의입니다. 저는 당신의 세계와는 아주 다른 세계에 살고 있습니다.

마: 아무도 강요하지 않지요.

질: 아무도 당신을 강요하지 않지만 저는 강요당합니다. 저의 세계는 눈물, 노고, 고통으로 가득 찬 악한 세계입니다. 진화와 **업**의 이론들을 제시하는 지적인 논변으로 그것을 설명해 버리는 것은, 사람을 다치게 해 놓고 모욕까지 하는 격입니다. 악한 세계의 **신**은 잔인한 신입니다.

마: 그대가 그대의 세계의 **신**이며, 그대가 어리석기도 하고 잔인하기도 합니다. 신을 하나의 개념—그대 자신의 창조물로 두십시오. 그대가 누구인지, 그대가 어떻게 악으로 가득 찬 세계에서 **진·선·미**를 열망하면서 살게 되었는지를 알아내십시오. 신이 누구인지, 자신이 무엇을 이야기하는지 모르면서 **신**을 지지하거나 반대하는 그런 주장이 무슨 소용 있습니까? 공포

와 희망에서 생겨나고 욕망과 상상에 의해 형성되는 신은 '존재하는 힘', 곧 우주의 **마음**이자 **심장**이 될 수 없습니다.

질: 제가 살고 있는 세계와 제가 믿는 신 둘 다 상상의 산물이라는 점에는 동의합니다. 그러나 그들이 어떤 식으로 욕망에 의해 창조됩니까? 왜 저는 그토록 고통스러운 세계와 그토록 무관심한 신을 상상합니까? 저는 뭐가 잘못되어서 저 자신을 그토록 잔인하게 고문해야 합니까? 깨달은 사람이 와서 저에게 말합니다. "그것은 끝내 버려야 할 하나의 꿈일 뿐이다." 그러나 그 자신도 그 꿈의 일부 아닙니까? 저는 함정에 빠져 있는데 출구가 보이지 않습니다. 당신께서는 당신이 자유롭다고 말씀하십니다. 무엇에서 자유로우십니까? 제발 저에게 말씀만 먹여주지 마시고 저를 깨우쳐 주시고, 제가 깨어나게 도와주십시오. 제가 잠 속에서 뒤척이는 것을 보시는 분은 당신이시니까 말입니다.

마: 제가 자유롭다고 말할 때 저는 하나의 사실을 진술할 뿐입니다. 그대가 어른이면 유아기에서 자유롭습니다. 저는 모든 묘사와 동일시에서 자유롭습니다. 그대가 무엇을 듣고 보고 생각하든, 저는 그것이 아닙니다. 저는 어떤 가르침이나 어떤 개념이 되는 것에서 자유롭습니다.

질: 하지만 당신께서는 하나의 몸을 가지고 계시고, 그에 의존하십니다.

마: 또다시 그대는 자신의 관점만이 올바른 것이라고 가정합니다. 다시 말하겠습니다. 저는 한 몸이 아니었고, (지금도) 아니고, (앞으로도) 아닐 것입니다. 저에게 이것은 하나의 사실입니다. 저도 태어났다는 환상을 가지고 있었지만, **스승님**이 저에게 탄생과 죽음은 관념에 불과하다는 것을 보게 해주셨지요. 즉, 탄생이란 "나는 하나의 몸을 가지고 있다"는 관념일 뿐이고, 죽음이란 "나는 내 몸을 잃어버렸다"는 관념일 뿐이라는 것입니다. 제가 하나의 몸이 아니라는 것을 아는 지금 그 몸은 있을 수도 있고 없을 수도 있지만, 그것이 무슨 차이가 있습니까? 몸-마음은 하나의 방과 같습니다. 방이 있지만, 제가 그 안에 내내 살고 있어야 할 필요는 없습니다.

질: 하지만 하나의 몸이 있고, 당신께서 그것을 돌보십니다.

마: 그 몸을 창조한 **힘**이 그것을 돌봅니다.

질: 우리는 계속 한 수준에서 다른 수준으로 건너뛰고 있습니다.
마: 고려해야 할 두 가지 수준이 있는데, 사실들의 물리적 수준과 관념들의 정신적 수준입니다. 저는 둘 다를 넘어서 있습니다. 그대의 사실들도, 그대의 관념들도 제 것이 아닙니다. 제가 보는 것은 그 너머입니다. 제가 있는 쪽으로 건너와서 저와 함께 보십시오.
질: 제가 말씀드리고 싶은 것은 아주 단순합니다. 제가 "나는 몸이다"라고 믿는 한, "신이 내 몸을 돌볼 것이다"라고 말해서는 안 된다는 것입니다. 신은 그러지 않겠지요. 제 몸이 굶주리고 병들고 죽도록 내버려둘 것입니다.
마: 한갓 몸에서 달리 무엇을 기대합니까? 왜 몸을 그렇게 걱정합니까? 그대는 자신을 몸이라고 생각하기 때문에 그것이 파괴 불가능하기를 바랍니다. 적절한 수련을 하면 그 수명을 상당히 늘릴 수 있겠지만, 궁극적으로 무슨 이익이 있습니까?
질: 건강하게 오래 사는 것이 더 낫습니다. 그래야 우리가 유년기나 청년기의 실수와 성인기의 좌절, 그리고 노년기의 불행과 우둔함을 피할 수 있는 기회를 갖게 됩니다.
마: 얼마든지 오래 사십시오. 그러나 그대는 달인이 아닙니다. 그대가 태어나고 죽는 날을 결정할 수 있습니까? 우리는 서로 말이 통하지 않습니다. 그대의 말들은 꾸며낸 이야기이고, 모두 미신과 가정에 매달려 있습니다. 그대는 자신도 확신하지 못하는 것들에 대해 자신 있게 이야기하는군요.
질: 그래서 제가 여기 있습니다.
마: 그대는 아직 여기 있지 않습니다. 제가 여기 있지요. 들어오십시오! 그러나 그대는 들어오지 않습니다. 그대는 제가 그대의 삶을 살고, 그대의 방식으로 느끼고, 그대의 언어를 사용하기 바랍니다. 저는 그럴 수 없고, 그것이 그대에게 도움이 되지도 않을 것입니다. 그대가 저에게 와야지요. 말은 마음에 속하고, 마음은 (진실을) 가리고 왜곡합니다. 그래서 (그대가) 말을 넘어서서 제가 있는 쪽으로 넘어와야 할 절대적 필요가 있습니다.
질: 저를 접수하십시오.
마: 그렇게 하고 있지만 그대가 저항하는군요. 그대는 개념들에 실재성을

부여하지만, 개념들은 **실재**의 어떤 왜곡입니다. 모든 개념화를 버리고 침묵하면서 주의를 집중하십시오. 그렇게 성실하게 하십시오. 그러면 모든 것이 잘 될 것입니다.

36
살해는 피살자가 아니라 살해자를 상하게 한다

질문자: 천 년 전에 한 인간이 살다 죽었습니다. 그의 정체성(antahkarana)이 새로운 몸 안에서 다시 나타났습니다. 왜 그는 전생을 기억하지 못합니까? 만약 기억한다면, 그 기억을 '의식 영역' 속으로 끌어올 수 있습니까?

마하라지: 같은 사람이 새로운 몸 안에서 다시 나타났는지 그대가 어떻게 압니까? 새 몸은 아예 새로운 한 사람을 의미할 수 있습니다.

질: 기(ghee)[인도의 정제한 버터] 한 단지를 생각해 보십시오. 그 단지가 깨질 때 기는 남아 있고, 다른 단지로 옮겨질 수도 있습니다. 먼저 단지는 그 나름의 향기를 가지고 있었고, 새 단지도 그 나름의 향기를 갖습니다. 기는 단지에서 단지로 향기를 옮겨갈 것입니다. 마찬가지로, 개인적 정체성은 몸에서 몸으로 옮겨갑니다.

마: 그건 아무래도 좋습니다. 몸이 있을 때는 그 특성들이 그 사람에게 영향을 미칩니다. 몸이 없으면 우리가 "내가 있다"는 느낌 안에서 순수한 정체성을 갖습니다. 그러나 그대가 하나의 새 몸 안에서 환생할 때, 이전에 경험한 그 세계는 어디 있습니까?

질: 각각의 몸은 그 자신의 세계를 경험합니다.

마: 현재의 몸 안의 그 예전 몸—그것은 하나의 관념일 뿐입니까, 아니면 하나의 기억입니까?

질: 물론 하나의 관념입니다. 두뇌가 자신이 경험하지 않은 것을 어떻게 기

억하겠습니까?

마: 그대가 자신의 질문에 답변했습니다. 왜 관념을 가지고 놉니까? 그대가 확신하는 것에 만족하십시오. 그런데 그대가 확신할 수 있는 것은 "내가 있다"뿐입니다. 그것("내가 있다"는 자각)을 고수하고 다른 일체를 배제하십시오. 이것이 요가입니다.

질: 저는 말로만 배제할 수 있을 뿐입니다. 기껏해야 이런 언구를 기억하고 염합니다. "이것은 내가 아니다. 이것은 내 것이 아니다. 나는 이 모든 것을 넘어서 있다"라고요.

마: 그러면 됐습니다. 먼저 말로 하다가 마음속으로 그리고 감정적으로 몰입되어 하게 되고, 나중에는 행동으로 하게 됩니다. 그대 내면의 **실재**에 주의를 기울이십시오. 그러면 그것이 드러나게 될 것입니다. 그것은 마치 버터를 얻기 위해 크림을 휘젓는 것과 같습니다. 그것을 올바르게 꾸준히 해 나가십시오. 그러면 분명히 결과가 나옵니다.

질: 어떻게 '절대적인 것'이 어떤 과정에서 나오는 결과일 수 있습니까?

마: 맞습니다. 상대적인 것은 절대적인 것을 결과로 낳지 못합니다. 그러나 크림을 휘저어 주지 않으면 버터가 분리되지 못하듯이, 상대적인 것이 절대적인 것을 가로막을 수 있습니다. (자기를 발견하려는) 그 충동을 일으키는 것은 **실재**입니다. 내적 자아는 외적 자아를 촉발하고, 외적 자아는 관심과 노력으로 반응합니다. 그러나 궁극적으로는 내적 자아도 없고 외적 자아도 없습니다. 의식의 빛은 창조주이면서 피조물이고, 경험자이면서 경험이며, 몸이면서 몸을 가진 자입니다. 이 모든 것을 투사하는 그 힘을 잘 보살피십시오. 그러면 그대의 문제들이 종식될 것입니다.

질: 그 투사력이 어떤 것입니까?

마: 욕망에 의해 촉발되는 상상력입니다.

질: 그것을 다 알고는 있지만, 저는 그것을 지배할 힘이 없습니다.

마: 그것은 결과에 대한 갈망에서 나온 그대의 또 다른 환상입니다.

질: 목적 있는 행위가 뭐가 잘못입니까?

마: 그것은 (이 논의에) 해당되지 않습니다. 이런 문제에서는 목적도 행위도

문제되지 않습니다. 그대에게 필요한 것은 잘 듣고, 기억하고, 참구參究하는 것이 전부입니다. 그것은 음식을 먹는 것과 같습니다. 그대가 할 수 있는 일은 베어 물고 씹고 삼키는 것이 전부입니다. 다른 모든 것은 무의식적이고 자동적입니다. 잘 듣고 기억하고 이해하십시오. 마음은 배우이면서 무대입니다. 만물은 마음에 속하지만 그대는 마음이 아닙니다. 마음이 태어나고 다시 태어나지, 그대가 그러는 것은 아닙니다. 마음은 세계와, 놀라울 정도로 다양한 세계의 온갖 것들을 창조합니다. 좋은 연극에는 온갖 인물과 상황들이 있듯이, 한 세계를 만들기 위해서는 모든 것이 조금씩 필요합니다.

질: 연극에서는 아무도 고통 받지 않습니다.

마: 자신을 그 연극과 동일시하지 않으면 그렇지요. 그대 자신을 세계와 동일시하지 마십시오. 그러면 고통 받지 않을 것입니다.

질: 남들은 고통 받을 것입니다.

마: 그러면 얼마든지 그대의 세계를 완전하게 하십시오. 그대가 신을 믿는다면 그와 함께 일하십시오. 만약 신을 믿지 않는다면 신이 되십시오. 세계를 하나의 유희로 보든지, 있는 힘을 다해서 그것을 개선하십시오. 아니면 두 가지를 다 하든지.

질: 죽어가는 사람의 정체성은 어떻습니까? 그가 죽었을 때 그의 정체성은 어떻게 됩니까? 그것이 다른 몸 안에서 지속된다는 데 동의하십니까?

마: 그것은 지속되지만, 그러면서도 지속되지 않습니다. 모든 것은 그대가 그것을 어떻게 보느냐 나름입니다. 결국 정체성이란 무엇입니까? 기억 속의 연속성? 기억 없이 그대가 정체성을 이야기할 수 있습니까?

질: 예, 할 수 있습니다. 아기는 자기 부모를 모를 수도 있지만, 유전적 특성들은 존재할 것입니다.

마: 그것을 누가 자기 것이라고 인정합니까? 지각하고 비교할 기억을 가진 어떤 사람입니다. 기억이 그대의 정신적 삶의 날줄이라는 것을 모릅니까? 그리고 정체성이란 시간과 공간 내에서 일어나는 사건들의 한 패턴에 불과합니다. 그 패턴을 바꾸십시오. 그러면 그 사람을 바꾼 것입니다.

질: 그 패턴은 의미가 있고 중요합니다. 그것은 그 나름의 가치가 있습니

다. 직조한 디자인을 염색한 실들에 불과하다고 말하면 가장 중요한 것, 즉 그 디자인의 아름다움을 놓치게 됩니다. 또 책을 잉크가 묻은 종이라고 묘사하면 그 의미를 놓치게 됩니다. 정체성이 소중한 것은, 그것이 개인성의 기반이기 때문입니다. 개인성은 우리를 누구와도 바꿀 수 없는 독특한 사람으로 만들어 주는 것입니다. "내가 있다"는, 독특함에 대한 통찰입니다.

마: 그렇기도 하고 그렇지 않기도 합니다. 정체성, 개인성, 독특성—이런 것들은 마음의 가장 소중한 측면이기는 하나, 그래도 마음의 측면들일 뿐입니다. "나는 존재하는 모든 것이다" 역시 그에 못지않게 타당한 하나의 체험입니다. 특수자와 **보편자**는 분리될 수 없습니다. 그것들은 '이름 없는 것'을 안과 밖에서 본 두 측면입니다. 불행하게도 말은 언급만 할 뿐 (그것을) 전달해 주지는 않습니다. 말을 넘어서도록 노력하십시오.

질: 죽음과 함께 무엇이 죽습니까?

마: "나는 이 몸이다"라는 관념이 죽고, **주시자**는 죽지 않습니다.

질: 자이나교도들은 영원히 별개인 **주시자**들의 다수성을 믿습니다.

마: 그것은 어떤 위대한 분들의 체험에 기초한 그들의 전통입니다. 하나인 주시자가 무수한 몸들 안에서 "내가 있다"로서 반사됩니다. 아무리 미묘한 몸이라 할지라도 몸들이 존속하는 한 "내가 있다"는 다수로 나타납니다. 몸 너머에는 **일자**—者(the One)만이 있습니다.

질: 하느님 말입니까?

마: **창조주**는 그의 몸이 세계인 한 사람입니다. '이름 없는 것'은 모든 신들을 넘어서 있습니다.

질: 스리 라마나 마하르쉬는 돌아가셨습니다. 그것이 그분에게 어떤 차이를 가져왔습니까?

마: 아무 차이도 없습니다. 그분은 예전 그대로—즉, **절대적 실재**입니다.

질: 그러나 보통 사람에게는 죽음이 차이를 가져옵니다.

마: 그 사람이 죽기 전에 스스로 생각한 자신의 모습이 그가 죽은 뒤에도 계속됩니다. 그의 자기상像(self-image)은 살아남습니다.

질: 일전에 **진인**이 명상 등을 위해 동물 가죽을 사용하는 문제에 대한 논

의가 있었습니다만, 저는 납득이 되지 않았습니다. 모든 것을 관습과 전통으로 정당화하기는 쉽습니다. 그러나 관습은 잔인할 수 있고 전통은 부패할 수 있습니다. 그것으로 설명은 되지만 정당화해 주지는 못합니다.

마: 저는 무법적無法的으로 처신해도 **진아 깨달음**에 이른다는 뜻으로는 결코 말하지 않았습니다. 해탈한 사람은 극히 준법적遵法的입니다. 그러나 그의 법률은 자신의 **진아**의 법률이지, 그가 속한 사회의 법률이 아닙니다. 사회의 법률은 상황과 필요에 따라 그가 준수하기도 하고 위반하기도 합니다. 그러나 그는 결코 변덕스럽거나 무질서하지 않을 것입니다.

질: 제가 받아들일 수 없는 점은, 관습과 습관에 의한 정당화입니다.

마: 문제는 우리의 관점이 다르다는 데 있습니다. 그대는 몸-마음의 관점에서 말합니다. 제 관점은 **주시자**의 관점입니다. 근본적인 차이가 있지요.

질: 그래도 잔인한 것은 잔인한 것입니다.

마: 누구도 그대에게 잔인하라고 강요하지 않습니다.

질: 다른 사람들의 잔인함을 이용하는 것은 대리에 의한 잔인함입니다.

마: 만일 그대가 삶의 과정을 면밀히 살펴본다면 도처에 잔인함이 널려 있는 것을 발견할 것입니다. 생명은 생명을 먹고 사니까요. 이것은 하나의 사실이지만, 그렇다고 해서 그대가 자신이 살아 있는 것에 대해 죄의식을 느끼지는 않습니다. 그대는 어머니에게 끝없는 괴로움을 안겨주면서 하나의 잔인한 삶을 시작했습니다. 삶의 마지막 날까지 그대는 의식주를 위해 경쟁하면서, 그대의 몸에 집착하고, 몸이 필요로 하는 것을 얻으려고 싸우고, 불안정과 죽음의 세계 안에서 그 몸이 안전하기를 원하겠지요. 동물의 관점에서 본다면, 살해당하는 것은 죽는 방식 중에서 최악은 아닙니다. 분명히 그것은 질병과 노쇠로 죽는 것보다는 낫습니다. 잔인하다는 것은 동기에 있는 것이지 그 사실에 있는 것이 아닙니다. 살해는 피살자가 아니라 살해자를 상하게 합니다.

질: 동의합니다. 그렇다면 우리는 사냥꾼과 도살자들의 봉사를 받아들이면 안 됩니다.

마: 누가 그대에게 받아들이라고 합니까?

질: 당신께서는 받아들이십니다.

마: 그대가 보기에 그렇지요! 어쩌면 그렇게 빨리 비난하고, 규탄하고, 선고하고, 집행합니까! 왜 그대 자신부터 시작하지 않고 저부터입니까?

질: 당신 같으신 분은 모범을 보이셔야 합니다.

마: 그대는 저의 모범을 따를 준비가 되어 있습니까? 저는 세계에 대해 죽어 있고 아무것도, 심지어 사는 것도 원치 않습니다. 저처럼 되고 저처럼 행동하십시오. 그대는 저의 옷과 음식으로 저를 판단하는 반면, 저는 그대의 동기를 볼 뿐입니다. 자신이 몸이며 마음이라고 생각하면서 그에 기초하여 행위하면, 그대는 가장 심한 잔인함의 죄를 범하는 것입니다. 즉, 그대 자신의 **진정한 존재**에 대한 잔인함이지요. 그것에 비하면 다른 모든 잔인한 일들은 중요하지 않습니다.

질: 당신께서는 당신이 몸이 아니라는 주장 속으로 도피하십니다. 그러나 당신께서는 몸을 제어하시고, 몸이 하는 모든 일에 책임을 지십니다. 몸에게 완전한 자율을 허용하는 것은 얼빠진 짓이며 미친 짓입니다!

마: 진정하십시오. 저도 고기나 가죽을 얻기 위해 동물을 죽이는 모든 행위에 반대하지만, 저는 그 문제를 1순위로 하지는 않습니다. 채식주의는 가치 있는 대의大義지만 가장 절박한 문제는 아닙니다. 모든 대의는 자신의 **근원**으로 돌아간 사람이 행할 때 가장 잘 이루어집니다.

질: 저는 스리 라마나쉬람(라마나스라맘)에 있을 때, **바가반**(라마나 마하르쉬)이 그곳의 도처에 계시고, 일체에 편재하고, 일체를 지각하신다고 느꼈습니다.

마: 필요한 믿음을 가지고 있었군요. 그분에 대한 참된 믿음을 가지고 있는 사람은 도처에서 늘 그분을 보게 될 것입니다. 모든 일은 그대의 믿음에 따라 일어나며, 그 믿음은 그대의 욕망의 형태입니다.

질: 당신께서 당신 자신에 대해 가지고 계신 믿음, 그것도 어떤 욕망의 형태 아닙니까?

마: 제가 "내가 있다"고 말할 때, 그것은 하나의 몸을 그 핵으로 가지고 있는 어떤 별개의 개체를 두고 한 말이 아닙니다. 제가 말하는 것은 **존재의 전체성, 의식의 바다**, 존재하고 지각하는 모든 것들의 전체 우주를 뜻합니다

다. 저는 욕망할 것이 전혀 없습니다. 저는 영원히 완전하기 때문입니다.

질: 당신께서는 다른 사람들의 내적인 삶에 접촉하실 수 있습니까?

마: 제가 그 사람들입니다.

질: 제가 말하려는 것은 본질이나 본체의 동일성도 아니고, 형상의 유사성도 아닙니다. 제 말은, 다른 사람들의 마음과 심장 속으로 실제로 들어가서 그들의 개인적 경험들에 동참하시느냐는 뜻입니다. 당신께서는 저와 함께 괴로워하거나 기뻐하실 수 있습니까, 아니면 관찰과 유추에 의해 제가 느끼는 바를 추리하실 뿐입니까?

마: 모든 존재들은 저의 안에 있습니다. 그러나 다른 사람의 두뇌 속에 든 것을 자기 두뇌로 가지고 오는 일은 특별한 수련을 요합니다. 수련으로 성취하지 못할 것은 아무것도 없지요.

질: 저는 당신의 투사물이 아니고, 당신께서 저의 투사물도 아니십니다. 저는 독자적으로 저이지 당신의 창조물에 불과한 것이 아닙니다. 상상과 투사에 관한 이 조야한 철학은 저에게 매력이 없습니다. 당신께서는 저에게서 모든 실재성을 박탈하십니다. 누가 누구의 이미지입니까? 당신께서 저의 이미지이십니까, 아니면 제가 당신의 이미지입니까? 아니면 저는 저 자신의 이미지 안의 한 이미지이겠지요! 아니요, 어디선가 뭔가가 잘못되었습니다.

마: 말이 그 공허함을 드러내지요. **실재**는 우리가 묘사할 수 없고, 그것을 체험해야 합니다. 제가 아는 것에 대해 더 나은 단어들을 못 찾겠군요. 제가 하는 말이 우습게 들릴지 모릅니다. 그러나 그 말들이 전달하고자 하는 것은 최고의 **진리**입니다. 우리가 아무리 옥신각신해도, **모두가 하나**입니다. 그리고 모든 일은 모든 욕망의 유일한 근원이자 목표인 것(진아)을 기쁘게 하기 위해 이루어지는데, 우리는 모두 그를 "내가 있다"로 알고 있습니다.

질: 욕망의 뿌리에 있는 것은 고통입니다. 기본적 충동은 고통을 회피하려는 것입니다.

마: 고통의 뿌리는 무엇입니까? 그대 자신에 대한 무지입니다. 욕망의 뿌리는 무엇입니까? 그대 자신을 발견하려는 충동입니다. 모든 창조물은 자신의 **진아**를 위해 힘들게 일하며, 거기로 돌아갈 때까지는 쉬지 않을 것입니다.

질: 그것이 언제 돌아가겠습니까?
마: 언제든지 그대가 원할 때 돌아갈 수 있습니다.
질: 그러면 세계는요?
마: 그대가 데리고 갈 수 있지요.
질: 제가 완성에 도달할 때까지는 세계를 도우면서 기다려야 합니까?
마: 얼마든지 세계를 도우십시오. 많이 돕지는 못하겠지만, 그 노력이 그대를 성장시킬 것입니다. 세계를 도우려고 애쓰는 데 아무 잘못은 없습니다.
질: 분명히 세계를 크게 도운 사람들, 보통 사람들이 있었습니다.
마: 세계가 도움 받아야 할 때가 오면, 어떤 사람들은 큰 변화를 야기할 수 있는 의지와 지혜와 힘을 부여받습니다.

37
고통과 쾌락 너머에 지복이 있다

마하라지: 그대는 무엇보다도, 그대가 곧 그대 자신을 포함한 일체의 증거라는 것을 깨달아야 합니다. 그 누구도 그대의 존재를 증명할 수 없습니다. 왜냐하면 그 사람의 존재가 먼저 그대에 의해 확인되어야 하기 때문입니다. 그대는 자신의 존재와 앎을 누구에게도 빚지고 있지 않습니다. 기억하십시오―그대는 전적으로 독립해 있습니다. 그대는 어디서 오지도 않고, 어디로 가지도 않습니다. 그대는 무시간의 **존재**이자 **자각**입니다.

질문자: 우리 사이에는 기본적인 차이가 있습니다. 당신께서는 **실재**를 아시는 반면, 저는 제 마음의 작용밖에 모릅니다. 따라서 당신께서 말씀하시는 것과 제가 듣는 것은 별개입니다. 당신께서 하시는 말씀은 참되지만 제가 이해하는 것은 거짓됩니다. 같은 말인데도 말입니다. 우리 사이에는 하나의 간격이 있습니다. 그 간격을 어떻게 메웁니까?

마: 그대가 자기 자신이라고 생각하는 그것이 곧 그대라는 관념을 포기하십시오. 그러면 아무 간격이 없을 것입니다. 그대가 자신을 별개라고 상상하면서 그 간격을 만들어냈습니다. 그것을 건너갈 필요는 없습니다. 그것을 만들어내지만 마십시오.. 모든 것이 그대이고, 그대의 것입니다. 달리 아무도 없습니다. 이것은 하나의 사실입니다.

질: 거참 이상하군요! 당신께는 참된 그 똑같은 말이 저에게는 거짓이니 말입니다. "달리 아무도 없다"라니요. 얼마나 명백히 비非진실입니까!

마: 진실이든 비진실이든 내버려 두십시오. 말은 중요하지 않습니다. 중요한 것은 그대 자신에 대해 그대가 가지고 있는 관념인데, 그것이 그대를 가로막기 때문입니다. 그것을 포기하십시오.

질: 아주 어릴 때부터 저는 제가 저의 이름과 형상에 제한되어 있다고 생각하도록 배웠습니다. 단순히 그 반대로 말한다고 해서 그 심적인 자국이 지워지지는 않을 것입니다. 정기적인 세뇌가 필요합니다—과연 그럴 수 있다면 말입니다.

마: 그대는 그것을 세뇌라고 하지만, 저는 그것을 **요가**—즉, 모든 심적 자국들을 평평하게 고르는 일이라고 합니다. 같은 생각을 거듭거듭 하도록 강요받아서는 안 됩니다. 전진하십시오!

질: 말하기는 쉽지만 행하기는 어렵습니다.

마: 유치하게 굴지 마십시오! 고통 받느니, 변하는 게 더 쉽습니다. 그대의 유치함에서 벗어나십시오. 그거면 됩니다.

질: 그런 것들은 누가 해서 되지 않습니다. 그런 일은 일어납니다.

마: 일체가 늘 일어납니다. 그러나 그대가 거기에 대해 준비되어 있어야 합니다. 준비되어 있음이 성숙한 근기입니다. 그대가 **실재**를 보지 못하는 것은 그대의 마음이 준비되어 있지 않기 때문입니다.

질: 만약 **실재**가 저의 진정한 성품이라면, 제가 어떻게 준비되어 있지 않을 수 있습니까?

마: 준비되어 있지 않다는 것은 두려워한다는 뜻입니다. 그대는 본래의 그대를 두려워합니다. 그대의 목적지는 **전체**입니다. 그러나 그대는 자신의 정

체성을 잃을까봐 두려워합니다. 그것은 장난감들에, 곧 욕망과 두려움, 견해와 관념에 집착하는 유치함입니다. 그것을 모조리 포기하고, 실재가 스스로 드러나게 준비하고 있으십시오. 이 자기 드러냄은 "내가 있다"는 말에서 가장 잘 표현됩니다. 달리 어떤 것도 존재성을 가지고 있지 않습니다. 이것("내가 있다")에 대해서는 그대가 절대적으로 확신하고 있지요.

질: 물론 "제가 있습니다"만 "저는 알기도" 합니다. 그리고 저는 제가 이러이러한 사람이고, 이 몸의 소유자로서 다른 (몸의) 소유자들과 다양한 관계를 맺고 있다는 것을 압니다.

마: 그것은 모두 지금으로 건너온 기억입니다.

질: 저는 지금 있는 것만 확신할 수 있습니다. 과거와 미래, 기억과 상상, 이런 것들은 심적인 상태이지만, 그것이 제가 아는 전부이고 그것들이 지금 있습니다. 당신께서는 저에게 그것을 내버리라고 말씀하고 계십니다. 어떻게 제가 '지금'을 내버립니까?

마: 좋든 싫든, 그대는 늘 미래를 향해 움직여 가고 있습니다.

질: 저는 지금에서 지금 속으로 움직이고 있습니다—제가 전혀 움직이지 않는 거지요. 다른 일체가 움직이지, 제가 아닙니다.

마: 인정합니다. 그러나 그대의 마음은 움직입니다. 지금 안에서 그대는 움직이는 자이기도 하고 움직이지 않는 자이기도 합니다. 이제까지 그대는 자신을 움직이는 자로 여기면서 움직이지 않는 자를 등한시했습니다. 마음의 안팎을 뒤집으십시오. 움직이는 자를 등한시하십시오. 그러면 그대 자신이 곧 항존하는, 표현할 수는 없지만 바위같이 견고한, 불변의 **실재**라는 것을 발견할 것입니다.

질: 그것이 지금 있다면, 왜 제가 그것을 자각하지 못합니까?

마: 자신이 그것을 자각하지 못한다는 관념을 붙들고 있기 때문입니다. 그 관념을 놓아버리십시오.

질: 그렇다고 해서 제가 자각하게 되지는 않습니다.

마: 잠깐. 그대는 동시에 벽의 양쪽에 있고 싶어 하는군요. 그럴 수는 있지만, 그러자면 벽을 허물어야 합니다. 아니면 그 벽과, 그 벽의 양쪽이 단

하나의 공간이어서, '여기'니 '저기'니 하는 관념이 해당될 수 없다는 것을 깨달으십시오.

질: 비유는 아무것도 증명해 주지 않습니다. 저의 유일한 불만은, 왜 제가 당신께서 보시는 것을 보지 못하는가, 왜 당신의 말씀이 제 마음에 참된 것으로 들리지 않는가라는 것입니다. 그 정도는 알게 해 주십시오. 다른 모든 것은 기다릴 수 있습니다. 당신께서는 지혜로우시고 저는 어리석습니다. 당신께서는 보시지만 저는 못 봅니다. 어디서 어떻게 저의 지혜를 발견하겠습니까?

마: 그대 자신이 어리석다는 것을 안다면, 전혀 어리석지 않은 것이지요!

질: 저 자신이 병든 것을 안다고 해서 제가 건강해지지 않듯이, 저 자신이 어리석다는 것을 안다고 해서 지혜로워지지는 않습니다.

마: 그대가 아프다는 것을 알려면 애초에 그대가 건강해야 하지 않습니까?

질: 오, 아닙니다. 저는 비교해 보고 압니다. 만일 제가 나면서부터 장님이어서, 당신께서 사물을 만져 보지 않아도 안다고 말씀하셔도 저는 만져 보아야 알 수 있다면, 저는 본다는 것이 무엇을 의미하는지는 몰라도 제가 눈이 멀다는 것을 압니다. 마찬가지로, 당신께서 제가 이해할 수 없는 것들을 주장하실 때 저는 저에게 뭔가가 부족하다는 것을 압니다. 당신께서는 저 자신에 대해 아주 놀라운 말씀들을 해주고 계십니다. 당신에 따르면 저는 영원하고, 무소부재하고, 모든 것을 알고, 지극히 행복하고, 존재하는 모든 것들의 창조자·유지자·파괴자이며, 모든 생명의 근원이고 존재의 핵심이며, 모든 피조물의 주主이자 사랑하는 님입니다. 당신께서는 저를 궁극적 실재, 곧 모든 존재의 근원이자 목표인 것과 동등하게 보십니다. 저는 눈만 껌벅거리는데, 왜냐하면 저는 저 자신이 욕망과 두려움의 작디작은 한 다발이고, 괴로움의 한 거품이며, 어둠이라는 바다 속의 한 찰나적 의식의 섬광이라는 것을 알기 때문입니다.

마: 고통이 있기 전에 그대가 있었지요. 고통이 사라지고 난 뒤에도 그대는 남았습니다. 고통은 찰나적이지만 그대는 그렇지 않습니다.

질: 죄송합니다만, 저는 당신께서 보시는 것을 보지 못합니다. 제가 태어난

날부터 죽는 날까지 고통과 쾌락이 제 삶의 무늬를 직조하겠지요. 태어나기 전과 죽은 뒤에 존재하는 것에 대해서는 아무것도 모릅니다. 저는 당신을 받아들이지도 않고 부인하지도 않습니다. 당신께서 말씀하시는 것을 듣지만 그것을 알지는 못합니다.

마: 지금 그대는 의식하고 있습니다. 그렇지 않습니까?

질: 이전과 이후에 대해서는 부디 묻지 말아 주십시오. 저는 지금 있는 것만 알 뿐입니다.

마: 그러면 됐습니다. 그대는 의식하고 있습니다. 그것(의식하는 상태)을 꽉 붙드십시오. 그대가 의식하지 못하는 상태들이 있습니다. 그것을 무의식적 존재라고 해 두지요.

질: 무의식적이라고요?

마: 의식과 무의식은 여기에 해당되지 않습니다. 존재(existence)는 의식 안에 있고, 본질은 의식에서 독립해 있습니다.

질: 그것은 공空입니까? 침묵입니까?

마: 왜 자세히 논합니까? 존재(being)는 의식에 편재하며 의식을 초월합니다. 대상적 의식은 순수한 의식의 일부이고, 그것을 넘어서 있지 않습니다.

질: 당신께서는 어떻게 의식도 무의식도 아닌 순수한 존재의 상태를 아시게 됩니까? 모든 앎은 의식 안에 있을 뿐입니다. 마음의 정지와 같은 상태가 있을 수는 있습니다. 그때는 의식이 주시자로서 나타납니까?

마: 주시자만이 사건들을 인지합니다. 마음이 정지된 상태에서는 "내가 있다"는 느낌조차도 해소됩니다. 마음 없이는 "내가 있다"도 없습니다.

질: 마음이 없다는 것은 생각이 없음을 뜻합니다. 한 생각으로서의 "내가 있다"는 가라앉습니다. 존재의 느낌으로서의 "내가 있다"는 남습니다.

마: 모든 경험은 마음과 함께 가라앉습니다. 마음이 없으면 경험자도 없고 경험도 없습니다.

질: 주시자는 남지 않습니까?

마: 주시자는 단지 경험의 유무를 인지할 뿐입니다. 주시자 홀로는 경험이 아니지만, "나는 주시자다"라는 생각이 일어날 때는 그것이 하나의 경험이

됩니다.

질: 제가 아는 것은, 어떤 때는 마음이 작용하고 어떤 때는 멈춘다는 것이 전부입니다. 마음이 침묵하는 체험을 저는 마음의 정지라고 부릅니다.

마: 그것을 침묵이라 하든 공空이라 하든 정지라 하든, 사실은 그 세 가지 ―경험하는 자, 경험하는 것, 경험― 가 없다는 것입니다. **주시하기 속에, 자각 속에는** 자의식, 곧 자기가 이것이나 저것이라는 느낌이 없습니다. **정체불명의 존재**(Unidentified being)가 남습니다.

질: 무의식의 한 상태로서 말입니까?

마: 어떤 것과 관련해서는, 그 반대지요. 그것은 또한 모든 상대물들의 사이이기도 하고 너머이기도 합니다. 그것은 의식도 아니고 무의식도 아니며, 그 중간도 아니고 그 둘의 너머도 아닙니다. 그것은 그 자체로 있지, 경험이나 경험의 부재라고 할 수 있는 어떤 것과 관련해서 있지 않습니다.

질: 정말 기이합니다! 마치 그것이 하나의 경험인양 말씀하시는군요.

마: 제가 그것을 생각할 때는 그것이 하나의 경험이 됩니다.

질: 눈에 보이지 않는 빛이 꽃에 의해 차단되면 색채가 되듯이 말입니까?

마: 예, 그렇게 말할 수 있겠지요. 그 빛은 색채 안에 있지 색채는 아닙니다.

질: 늘 듣는 나가르주나(Nagarjuna)의 네 가지 부정이로군요. 이것도 아니고, 저것도 아니며, 둘 다도 아니고, 모두 아닌 것도 아니라는 것 말입니다.[7] 제 마음이 어지럽습니다!

마: 그대의 난점은 **실재**가 **의식**의 한 상태, 많은 상태들 중 하나라는 관념에서 생겨납니다. 그대는 "이것은 실재한다. 저것은 실재하지 않는다. 그리고 이것은 부분적으로는 실재하고, 부분적으로는 실재하지 않는다"라고 말하는 경향이 있습니다. 마치 **실재**가 다양한 등급을 가질 수 있는 하나의 속성이나 성질이기나 한 것처럼 말입니다.

질: 그것을 달리 표현해 보겠습니다. 결국 **의식**은 고통스러운 것이 될 때만

---

7) *T.* 나가르주나(불교 중관학파의 창시자, 150?-250?)의 '사구四句'는 1) 참이다, 2) 거짓이다, 3) 참이기도 하고 거짓이기도 하다, 4) 참도 아니고 거짓도 아니다의 네 가지 유형이다.

하나의 문제가 됩니다. 항상 지복스러운 상태는 질문을 야기하지 않습니다. 우리는 모든 의식이 즐거운 것과 고통스러운 것의 혼합이라는 것을 발견합니다. 왜입니까?

마: 모든 의식은 제한되어 있고, 따라서 고통스럽습니다. 의식의 뿌리에는 욕망, 즉 경험하려는 충동이 있습니다.

질: 욕망이 없으면 아무 의식이 없을 거라는 말씀이십니까? 그러면 의식하지 못하는 상태로 있는 이점은 무엇입니까? 만약 고통에서 벗어나기 위해 쾌락을 포기해야 한다면, 저는 차라리 둘 다를 갖겠습니다.

마: 고통과 쾌락 너머에 지복이 있습니다.

질: 의식하지 못하는 지복이라면 그것이 무슨 소용 있습니까?

마: 의식하지도 않고 의식 못하지도 않습니다. 실재하지요.

질: 의식에 대한 당신의 반대론은 무엇입니까?

마: 그것은 하나의 부담입니다. 몸은 부담을 의미합니다. 감각, 욕망, 생각—이런 것들은 모두 부담입니다. 모든 의식은 갈등에 속합니다.

질: 실재는 참된 존재, 순수한 의식, 무한한 지복으로 묘사됩니다. 고통이 그것과 무슨 관계가 있습니까?

마: 고통과 쾌락은 일어나지만, 고통은 쾌락의 대가이고 쾌락은 고통에 대한 보상입니다. 삶 속에서도 그대는 종종 (남에게) 상처를 주면서 기쁘게 하고, 기쁘게 하면서 상처를 줍니다. 고통과 쾌락이 하나라는 것을 아는 것이 평안입니다.

질: 이런 이야기는 분명 모두 흥미롭습니다만, 제 목표는 더 단순합니다. 저는 삶 속에서 더 많은 쾌락과 더 적은 고통을 원합니다. 저는 어떻게 해야 합니까?

마: 의식이 있는 한 쾌락과 고통이 있을 수밖에 없습니다. 그 자신을 상대물들(opposites)과 동일시하는 것은 "내가 있다," 곧 의식의 성품에 속합니다.

질: 그러면 이 모든 것이 저에게 무슨 소용 있습니까? 그것은 저를 만족시켜 주지 못합니다.

마: 만족하지 못하는 그대는 누구입니까?

질: 저는, 고통과 쾌락의 인간입니다.

마: 고통과 쾌락 둘 다 **지복**(*ananda*)입니다. 여기서 저는 그대 앞에 앉아서, 저 자신의 직접적이고 변함없는 체험에 기초하여, 고통과 쾌락은 **지복**의 바다에 있는 파도들의 물마루이자 골짜기라고 그대에게 이야기하고 있습니다. 그 아래 깊은 곳에는 전적인 **충만함**이 있습니다.

질: 당신의 체험은 항상적입니까?

마: 그것은 무시간적이고 불변입니다.

질: 제가 아는 거라고는 쾌락에 대한 욕망과 고통에 대한 두려움뿐입니다.

마: 그것이 그대가 자기 자신을 생각하는 방식입니다. 그것을 멈추십시오. 만일 그대가 어떤 습관을 단번에 다 끊지 못한다면, 익숙한 사고방식을 살펴보고 그 거짓됨을 통찰하십시오. 습관적인 것을 문제 삼아야 하는 것이 마음의 의무입니다. 마음이 창조한 것은 마음이 파괴해야 합니다. 아니면 마음 바깥에는 어떤 욕망도 없다는 것을 깨닫고 바깥에 머무르십시오.

질: 솔직히, 저는 이렇게 일체를 마음이 만든 것으로 설명하는 것을 불신합니다. 마음은 하나의 도구일 뿐입니다. 눈이 하나의 도구이듯이 말입니다. 지각(perception)이 곧 창조라고 말씀하실 수 있습니까? 저는 (마음이라는) 창문을 통해서 세계를 보지, 창문 안에서 보지는 않습니다. 당신께서 하시는 말씀은 모두 공통의 토대가 있기 때문에 아귀가 잘 맞지만, 저는 당신의 토대가 **실재** 안에 있는지, 마음 안에 있을 뿐인지를 모릅니다. 그것을 마음속으로 그려볼 수만 있습니다. 그것이 당신께 의미하는 바를 모르겠습니다.

마: 그대가 마음 안에서 자기 입장을 고수하는 한, 저를 마음 안에서 보게 될 것입니다.

질: 이해를 얻기 위해 말이란 얼마나 부적합한지요!

마: 말이 없다면 이해해야 할 것이 뭐가 있겠습니까? 이해의 필요성은 오해에서 일어납니다. 제가 말하는 것은 참되지만, 그대에게는 그것이 하나의 이론일 뿐입니다. 어떻게 해야 그것이 참되다는 것을 그대가 알게 되겠습니까? 잘 듣고, 기억하고, 궁구窮究하고, 마음에 그려보고, 체험하십시오. 또한 그것을 일상생활에서 적용하십시오. 저에게 인내심을 갖고, 무엇보다도

그대 자신에게 인내심을 가지십시오. 그대가 그대의 유일한 장애물이니 말입니다. 그 길은 그대 자신을 통과하여 그대 자신 너머로 나 있습니다. 그대가 특수자만이 실재하고, 의식하고, 행복하다고 믿으면서 **비이원적 실재**를 하나의 상상물이나 추상적 개념으로 배척하는 한, 그대는 제가 개념과 추상물들만 나누어준다고 느낄 것입니다. 그러나 그대 자신의 **존재** 안에 있는 **실재**에 일단 접촉하고 나면, 제가 그대에게 가장 가깝고 가장 사랑스러운 것을 묘사하고 있다는 것을 알게 될 것입니다.

38
수행은 발동되고 또 발동되는 의지이다

질문자: 가끔 당신을 뵈러 오는 서양인들은 한 가지 특이한 어려움에 직면합니다. 그들은 **해탈한 사람, 깨달은 사람, 진아를 아는 자, 신을 아는 자,** 세계를 넘어선 사람이라는 관념 자체를 알지 못합니다. 그들이 기독교 문화 안에서 가지고 있는 것은 **성자**—즉, 독실하고, 율법을 준수하고, **하느님**을 두려워하고, 동료를 사랑하고, 기도를 많이 하고, 이따금 황홀경에 잘 빠지며, 몇 가지 기적을 일으킨 것이 확인된 사람—의 관념이 전부입니다. **진인**(*gnani*)이라는 관념 자체가 서양 문화에 낯선, 뭔가 이국적이고 다분히 믿을 수 없는 것입니다. 설사 그들이 **진인**의 존재를 받아들인다 해도, 이상한 신체적 자세와 심적 태도로 야기되는 자기유발적 도취증의 한 사례인 양 의심의 눈초리로 봅니다. 그들에게는 **의식** 안에서의 새로운 차원이라는 관념 자체가, 있을 법하지 않고 개연성 없는 일로 보입니다.

그들에게 도움이 될 수 있는 것은, 어떤 **진인**이 자신의 **깨달음** 체험에 대해, 그 체험의 원인과 시작, 그 과정과 성취, 그리고 일상생활에서의 실제 수행에 대해 이야기하는 것을 듣는 기회를 갖는 것입니다. 그가 하는 이야기의 많은 부분은 이상하게, 심지어 무의미하게 여겨질 수도 있겠지만, 어떤 실재감, 표현할 수는 없어도 아주 현실적인 어떤 실제 체험의 분위기, 모범적 삶을 살아갈 수 있는 기초로서의 어떤 중심은 남을 것입니다.

마하라지: 그 체험은 소통 불가능할 수도 있습니다. 누가 체험을 소통할 수 있습니까?

질: 예, 만약 그가 예술가라면요. 예술의 본질은 느낌, 체험의 소통입니다.

마: 소통을 받으려면 그대가 수용력이 있어야 합니다.

질: 물론입니다. 수용자가 있어야 합니다. 그러나 전달자가 전달해 주지 않는다면, 수용자가 있다한들 무슨 소용 있습니까?

마: 진인은 모두에게 속합니다. 그는 누가 자신을 찾아오든, 지칠 줄 모르고 완전히 자기 자신을 내줍니다. 만약 베푸는 자가 아니라면 그는 진인이 아닙니다. 그는 자신이 가진 무엇이든 함께 나눕니다.

질: 그러나 그가 자신의 실체를 함께 나눌 수 있습니까?

마: 그 말은, 그가 남들을 진인으로 만들 수 있느냐는 뜻입니까? 그렇기도 하고 그렇지 않기도 하지요. 그렇지 않다는 것은 왜냐하면, 진인들은 만들어지는 것이 아니라, 그들이 자신의 근원, 곧 그들의 진정한 성품으로 돌아갈 때 그들 자신을 있는 그대로 깨닫는 것이기 때문입니다. 저는 그대를 '이미 그대인 그것'으로 만들어 줄 수 없습니다. 저는 그대에게 제가 여행한 길을 일러주고, 그 길로 가 보라고 권할 수 있을 뿐입니다.

질: 그 말씀은 제 질문에 답이 되지 않습니다. 저는 의식의 더 높은 상태들이 있을 수 있다는 가능성 자체를 부정하는, 비판적이고 회의적인 서양인을 염두에 두고 있습니다. 최근에 마약들이 그런 사람의 불신에 균열을 내기는 했으나, 그들의 유물론적 소견에 영향을 주지는 못했습니다. 마약을 쓰든 쓰지 않든, 몸은 1차적 사실로 남아 있고 마음은 2차적입니다. 마음 너머로는 그들이 아무것도 보지 못합니다. 붓다 이후로 진아 깨달음의 상태는 "이건 아니다, 저건 아니다"라는 부정적 용어들로 묘사되었습니다. 그것이 불가피합니까? 묘사할 수는 없다 해도, 그것을 예(例)로써 보여주는 것은 가능하지 않습니까? 묘사되는 상태가 언어를 넘어서 있을 때는 어떤 언어

적 묘사도 할 수 없다는 것은 인정합니다. 하지만 그것도 언어 안에 있습니다. 시詩라는 것은 표현할 수 없는 것을 언어로 표현하는 기술입니다.

마: 종교적 시인들은 많지요. 그들에게서 그대가 원하는 것을 구하십시오. 저로 말하면, 제 가르침은 단순합니다. 한동안 저를 신뢰하고 제가 일러드리는 것을 해보라는 것입니다. 꾸준히 하다 보면 신뢰하기 잘했다는 것을 알게 될 것입니다.

질: 그러면 관심은 있지만 신뢰하지 않는 사람들은 어떻게 합니까?

마: 그들이 제 곁에 머무를 수 있으면 저를 신뢰하게 되겠지요. 일단 저를 신뢰하면 저의 조언을 따를 것이고, 그들 스스로 발견할 것입니다.

질: 제가 바로 지금 여쭈는 것은 수련에 대해서가 아니라 그 결과에 대해서입니다. 당신께서는 수련도 하셨고 결과도 얻으셨습니다. 당신께서는 저희들에게 수련에 대해 모든 것을 기꺼이 말씀해 주려 하시지만, 결과의 문제에 이르면 그것을 공유하지 않으십니다. 당신의 상태는 말을 넘어서 있다고 하시거나, 아니면 아무 차이가 없다고, 즉 저희들이 차이를 보는 곳에서 아무 차이도 보지 않는다고 말씀하십니다. 두 경우 모두에서, 저희들은 당신의 상태에 대한 어떤 통찰도 얻지 못한 채로 남습니다.

마: 그대는 자기 자신의 상태에 대한 통찰도 없으면서 어떻게 저의 상태에 대한 통찰을 얻을 수 있습니까? 통찰의 도구 자체가 결여되어 있다면, 먼저 그것을 발견하는 것이 중요하지 않습니까? 그것은 장님이 시력을 회복하기도 전에 그림 그리기를 배우고 싶어 하는 것과 같습니다. 그대는 저의 상태를 알고 싶어 하지만, 그대의 아내나 하인의 상태는 알고 있습니까?

질: 힌트만 좀 달라는 것입니다.

마: 그러면, 저는 그대에게 아주 중요한 단서를 제공했습니다―그대가 차이를 보는 곳에서 저는 보지 않는다고. 저에게는 그것으로 충분합니다. 그대가 그것을 충분치 않다고 생각해도 저는 같은 말을 되풀이할 수 있을 뿐입니다. 그거면 충분하다고 말입니다. 그것을 깊이 생각해 보십시오. 그러면 제가 보는 것을 보게 될 것입니다.

그대는 순간적인 통찰을 원하는 것 같은데, 그 순간이 있으려면 늘 오랜 준비기간이 있어야 한다는 것을 잊고 있습니다. 열매는 갑자기 떨어지지만 그것이 익는 것은 시간이 걸립니다.

　결국 저를 신뢰하라고 이야기할 때, 그것은 그대가 움직이기 시작하는 데 필요한 만큼의 짧은 시간 동안만 그러라는 것입니다. 그대가 성실하면 할수록 믿음은 적게 필요합니다. 왜냐하면 저를 믿기를 잘했다는 것을 이내 발견할 테니 말입니다. 그대가 바라는 것은, 제가 신뢰할 만하다는 것을 그대에게 증명해 주는 거지요! 제가 어떻게 그럴 수 있으며, 왜 그래야 합니까? 어쨌든, 제가 그대에게 내놓고 있는 것은 서양의 과학에서 아주 유행하는 실행적 접근방법(operational approach)입니다. 한 과학자가 어떤 실험과 그 결과를 묘사하면 그대는 보통 그의 진술을 신뢰하고 받아들여 그가 묘사한 대로 그의 실험을 되풀이해 봅니다. 같거나 비슷한 결과를 얻고 나면 더 이상 그를 신뢰할 필요가 없습니다. 그대 자신의 경험을 신뢰하게 되니까요. 여기에 고무되어 그대는 더 나아가게 되고, 결국 실질적으로 동일한 결과에 도달합니다.

질: 인도인들의 마음은 문화와 교육에 의해 형이상학적 실험을 하기에 적합하도록 만들어졌습니다. 인도인에게는 '**지고의 실재**에 대한 직접적 지각'과 같은 문구들이 의미가 있고, 그의 존재의 아주 깊은 곳에서 반응을 일으킵니다. 그러나 서양인에게는 그런 문구들이 거의 의미가 없습니다. 설사 그가 자기 나름의 특색 있는 기독교 안에서 성장했다 하더라도, **하느님의 계명**이나 **그리스도**의 가르침에 대한 순응 이상은 생각하지 않습니다. 직접적인 **실재지**實在知를 얻겠다는 야망은 고사하고 그런 생각도 해보지 못합니다. 어떤 인도인들은 저에게 이렇게 말합니다. "가망 없다. 서양인은 안 할 것이다. 왜냐하면 할 수 없으니까. 서양인에게는 **진아 깨달음**에 대해 아무 말도 하지 말라. 남에게 도움 되는 삶을 살아서 다음 생에 인도에서 태어나라고 하라. 그래야 가능성이 있다." 어떤 이들은 말합니다. "**실재**는 모두에게 평등하지만, 모두가 똑같이 그것을 이해할 능력을 갖추고 있지는 않다. 그 능력은 (깨달음에 대한) 욕망과 함께 나타나서 헌신으로 자라날 것이고, 궁극적으로 완전한 자기투신自己投身(self-dedication)으로 될 것이다. 진실성과

성실성, 그리고 모든 장애를 극복하겠다는 철석같은 의지가 있으면 서양인도 동양인과 같은 기회를 갖는다. 그에게 필요한 것은 누가 관심을 일으켜 주는 것뿐이다." 진아지眞我知에 대한 관심을 일으켜 주려면, 그가 그 이점들을 납득할 필요가 있습니다.

마: 그대는 개인적 체험을 전달하는 것이 가능하다고 믿는군요?

질: 모르겠습니다. 당신께서는 단일성, 즉 보는 자와 보이는 것의 동일성을 말씀하십니다. 모두가 하나라면 소통이 이루어질 수 있어야 합니다.

마: 어떤 나라를 직접 경험하려면 가서 살아 보아야 합니다. 불가능한 것을 요구하지 마십시오. 한 사람의 영적인 승리는 분명 인류에게 이익을 주지만, 다른 개인에게 이익을 주려면 밀접한 개인적 관계가 필요합니다. 그런 관계는 우연한 것이 아니고, 아무나 그것을 요구할 수도 없습니다. 반면에 과학적 접근법은 모두를 위한 것입니다. "신뢰하고, 실험하고, 맛보라." 그 이상 무엇이 필요합니까? 원치 않는 사람에게 진리를 왜 억지로 먹이려고 합니까? 어쨌든 그런 식으로는 되지 않습니다. 받는 자가 없는데, 주는 자가 무엇을 할 수 있습니까?

질: 예술의 본질은 외적인 형식을 빌려 내적인 경험을 전달하는 것입니다. 물론 우리가 그 내적인 것에 민감해야만 외적인 것이 의미가 있을 수 있습니다. 우리는 감수성의 면에서 어떻게 성장합니까?

마: 그대가 그것을 어떤 식으로 표현하든, 같은 이야기가 됩니다. '주는 자'는 많이 있지만 '받는 자'는 어디 있습니까?

질: 당신 자신의 감수성을 공유하실 수는 없습니까?

마: 예, 할 수 있지요. 그러나 공유(sharing)는 양 방향 길입니다. 공유에는 두 사람이 필요합니다. 제가 기꺼이 주려는 것을 누가 기꺼이 받으려고 합니까?

질: 당신께서는 우리가 하나라고 말씀하십니다. 그걸로 충분하지 않습니까?

마: 저는 그대와 하나입니다. 그대는 저와 하나입니까? 만일 저와 하나라면 그대가 질문을 하지 않겠지요. 만약 하나가 아니라면, 제가 보는 것을 그대가 보지 못한다면, 그대의 소견을 향상시키는 길을 보여주는 것 이상으로

제가 무엇을 할 수 있습니까?

질: 당신께서 주실 수 없는 것은 당신의 것이 아닙니다.

마: 저는 어떤 것도 제 것이라고 주장하지 않습니다. '나'가 없는데 '내 것'이 어디 있습니까? 두 사람이 나무 한 그루를 봅니다. 한 사람은 나뭇잎들 사이에 숨겨진 열매를 보지만 한 사람은 보지 못합니다. 그 외에는 두 사람 간에 아무 차이가 없습니다. 보는 사람은 그것을 보지 못하는 그 사람도 조금만 주의하면 볼 거라는 것을 알지만, (그 봄을) 공유한다는 문제는 일어나지 않습니다. 정말이지, 저는 그대의 몫인 **실재**를 꽉 거머쥐고 내놓지 않는 것이 아닙니다. 그 반대로, 저는 온통 그대의 것이니 저를 먹고 저를 마시십시오. 그러나 말로는 "주십시오, 주십시오" 하지만, 그대는 제가 내놓는 것을 갖기 위해 아무것도 하지 않습니다. 제가 보는 것을 볼 수 있는 짧고 쉬운 길을 보여주는데도, 그대는 자신의 생각·감정·행위의 낡은 습관에 매달리면서 모든 탓을 저에게 돌립니다. 저는 그대가 가지고 있지 않은 그 무엇도 가지고 있지 않습니다. **진아**지는 제공하고 받을 수 있는 한 덩이 재산이 아닙니다. 그것은 주거나 받을 것이 아무것도 없는 완전히 새로운 차원입니다.

질: 일상적 삶을 사시는 동안에 당신께서 가지시는 마음의 내용을 저희들이 최소한 얼마간이라도 엿보게 해 주십시오. 먹고, 마시고, 말하고, 잠자는 것—이런 것이 당신 쪽에서는 어떻게 느껴지십니까?

마: 삶의 일상적인 일들 말이군요. 저는 그런 것들을, 그냥 그대가 경험하듯이 경험합니다. 차이점은 제가 경험하지 않는 것에 있습니다. 저는 두려움이나 탐욕, 증오나 분노를 경험하지 않습니다. 저는 아무것도 요구하지 않고, 아무것도 거절하지 않고, 아무것도 간직하지 않습니다. 이런 문제에서 저는 타협하지 않습니다. 어쩌면 이것이 우리 사이의 뚜렷한 차이점입니다. 저는 타협하지 않을 것이고 저 자신에게 충실한 반면, 그대는 현실을 두려워합니다.

질: 서양인의 관점에서 보자면, (사람들을 가르치는) 당신의 방식에는 당혹스러운 뭔가가 있습니다. 마냥 자기 혼자 구석에 앉아서 "내가 신이다. 신이 곧

나다"라고 계속 염한다는 것은 그냥 미친 짓으로 보입니다. 그런 행법들이 지극히 건전한 상태로 이끈다는 것을 서양인에게 어떻게 납득시킵니까?

마: 자신이 **신**이라고 주장하는 사람과 그것을 의심하는 사람—둘 다 미혹되어 있습니다. 그들은 꿈속에서 이야기하는 것입니다.

질: 만약 모든 것이 꿈꾸는 것이라면 생시는 무엇입니까?

마: 꿈나라 언어로 생시의 상태를 어떻게 묘사할 수 있습니까? 단어들로는 묘사하지 못합니다. 단어는 기호일 뿐입니다.

질: 또다시 단어들은 **실재**를 전달하지 못한다는 똑같은 핑계를 대시는군요.

마: 만일 그대가 단어들을 원한다면 힘 있는 어떤 옛날 단어들(만트라)을 드리겠습니다. 그 중의 어느 하나라도 부단히 염해 보십시오. 놀라운 일들이 일어날 수 있습니다.

질: 진심으로 하시는 말씀입니까? 서양인에게 '옴(Om)'이나 '람(Ram)'이나 '하레 크리슈나'(Hare Krishna)를 끊임없이 염하라고 말씀하시겠습니까? 그 사람이 올바른 문화적·종교적 배경에서 나오는 믿음과 확신이 아예 없다 해도 말입니까? 확신과 열의 없이, 같은 소리를 기계적으로 반복해서 그가 무엇을 얻기는 하겠습니까?

마: 왜 못 얻겠습니까? 중요한 것은 충동, 숨은 동기이지 그것이 취하는 형태가 아닙니다. 그가 무엇을 하든, 만약 자신의 **진정한 자아**를 발견하기 위해서 한다면, 그것은 분명히 그를 그 자신에게 데려다줄 것입니다.

질: 그 수단이 효과를 발휘하는 데 믿음은 필요하지 않고요?

마: 결과에 대한 기대 외에는 어떤 믿음도 필요치 않습니다. 여기서는 실행만이 중요합니다. 그대가 **진리**를 위해서 하는 그 무엇도 그대를 **진리**로 데려갈 것입니다. 성실하고 정직하기만 하십시오. 그것이 취하는 형태는 거의 중요하지 않습니다.

질: 그렇다면 자신의 열망을 굳이 표현할 필요가 어디 있습니까?

마: 필요 없지요. 아무것도 하지 않는 것도 좋습니다. 생각과 행위로 희석되지 않은 단순한 열망, 순수하고 집중된 열망은 그대를 목표에 신속히 데려다줄 것입니다. 중요한 것은 참된 동기지, 방식이 아닙니다.

질: 믿을 수 없군요! 절망감에 가까운 지루함 속에서 하는 염송念誦이 어떻게 효과를 볼 수 있습니까?

마: 지루함과 절망감에다 확신이 전혀 없는데도 계속 분투하고, 인내하고, 감내하면서 염송을 한다는 사실 자체가 실로 핵심입니다. 그런 것이 그 자체로 중요하다는 것이 아니라, 그 이면의 성실성이 더없이 중요합니다. 안에서 밀어내고 밖에서 끌어당기는 것이 있어야 합니다.

질: 제 질문들은 서양에서 전형적인 것입니다. 거기서는 사람들이 원인과 결과, 수단과 목표의 견지에서 생각합니다. 그들은 특정한 단어와 **절대적 실재** 사이에 어떤 인과적 연관이 있을 수 있는지 이해하지 못합니다.

마: 전혀 아무 연관이 없지요. 그러나 그 단어와 의미 사이, 그 행위와 동기 사이에는 연관이 있습니다. **수행은 발동되고 거듭 발동되는 의지입니다.** 그런 과감성이 없는 사람은 설사 누가 **실재**를 안겨주어도 받지 않을 것입니다. 두려움에서 나오는 망설임이 유일한 장애입니다.

질: 두려워할 것이 뭐가 있습니까?

마: 미지의 것이지요. 있지 않고, 알지 않고, 행위하지 않는 것(존재, 앎, 행위를 넘어선 것). **저 너머** 말입니다.

질: 당신께서 성취하신 방식은 공유할 수 있지만, 열매(깨달음)는 공유하실 수 없다는 뜻으로 하시는 말씀입니까?

마: 물론 저는 그 열매를 공유할 수 있고, 늘 그렇게 하고 있습니다. 그러나 저의 언어는 **침묵의 언어**입니다. 잘 듣고 이해하는 법을 배우십시오.

질: 확신 없이 제가 어떻게 시작할 수 있을지 모르겠습니다.

마: 한동안 제 곁에 있어 보십시오. 아니면 제가 말하고 행하는 것에 마음을 기울이십시오. 그러면 확신이 일어날 것입니다.

질: 아무나 당신을 만날 기회를 갖지는 못합니다.

마: 그대 자신의 **진아**를 만나십시오. 그대 자신의 **진아**와 함께하고, 그것에 귀를 기울이고, 그것에 복종하고, 그것을 소중히 여기고, 그것을 부단히 마음속에 간직하십시오. 다른 어떤 안내자도 필요 없습니다. 진리에 대한 충동이 그대의 일상생활에 영향을 미치는 한, 그대의 모든 일은 문제가 없습

니다. 누구에게도 상처를 주지 않으면서 그대의 삶을 살아가십시오. 해를 끼치지 않는 것이 더없이 강력한 형태의 **요가**이고, 그것이 그대를 목표에 신속히 데려다줄 것입니다. 이것이 제가 말하는 **니사르가 요가**(nisarga yoga), 즉 **자연 요가**입니다. 이것은 평화와 조화, 우정과 사랑 속에서 살아가는 기술입니다. 그 열매는 무無원인의 끝없는 **행복**입니다.

질: 하지만 이 모든 것은 어떤 믿음을 전제합니다.

마: 내면으로 돌아서십시오. 그러면 그대 자신을 신뢰하게 될 것입니다. 다른 모든 것의 경우에는 경험해 보고 확신이 옵니다.

질: 어떤 사람이 저에게 그는 제가 모르는 무엇을 안다고 말할 때, 저는 이렇게 물어볼 권리가 있습니다. 즉, "나는 모르는데 당신이 알고 있는 그것은 무엇이오?"라고요.

마: 그런데 만일 그가, 그것은 말로 전달할 수 없다고 한다면?

질: 그러면 저는 그를 면밀히 지켜보며 그것을 알아내려고 노력합니다.

마: 그런데 그것이 바로 제가 그대에게 바라는 것이지요! 상호 이해의 어떤 흐름이 확립될 때까지, 관심을 가지고 주의를 기울이십시오. 그러면 공유(sharing)가 쉬워질 것입니다. 사실 모든 **깨달음**은 공유일 뿐입니다. 그대가 더 넓은 **의식** 속으로 들어가서 거기에 동참하는 것이지요. 들어가서 공유하기를 꺼리는 것이 유일한 장애입니다.

저는 결코 **차별상**(differences)을 이야기하지 않습니다. 저에게는 어떤 차별상도 없으니까요. 그대가 차별상을 이야기합니다. 그러니 저에게 그것을 보여주는 것은 그대에게 달렸습니다. 얼마든지 차별상을 보여주십시오. 그러려면 그대가 저를 이해해야 하겠지만, 이해하게 되면 더 이상 차별상을 말하지 않게 될 것입니다. 한 가지를 잘 이해하십시오. 그러면 도달한 것입니다. 그대가 알지 못하는 것은 기회가 부족해서가 아니라, 그대가 이해하고 싶은 것에 마음속으로 집중하는 능력이 부족하기 때문입니다. 그대가 모르는 것을 오로지 염두에 두고 있을 수만 있다면, 그것이 자신의 비밀을 그대에게 드러내줄 것입니다. 그러나 만일 그대가 천박하고 조급하여, 바라보면서 기다릴 만큼 충분히 성실하지 않다면, 그대는 달을 따 달라고 우는 어린아이와 같습니다.

39
그 자체로는 어떤 것도 존재성이 없다

질문자: 말씀을 듣다 보니, 당신께 질문해 봐야 아무 소용없다는 것을 알겠습니다. 무슨 질문이든 당신께서는 어김없이 그 질문을 그 자체에게로 되돌려서, 제가 저 자신이 만든 하나의 환幻 속에 살고 있으며, **실재**는 말로 표현할 수 없다고 하는 기본적인 사실로 저를 돌아가게 합니다. 말을 해봐야 혼란만 더할 뿐이니, 단 하나의 현명한 노선은 말없는 내면 탐색일 뿐입니다.

마하라지: 어쨌거나 환幻을 만들어내는 것도 마음이고, 거기서 벗어나는 것도 마음입니다. 말은 환幻을 악화시킬 수 있지만, 그것을 몰아내는 데 도움이 될 수도 있습니다. 같은 **진리**를 자꾸 되풀이해 설명한다고 해서 잘못된 것은 없습니다. 그러다 보면 그것이 **실재**가 되기 때문입니다. 어머니의 일은 아이를 낳는 것으로 끝나지 않습니다. 아이가 자신을 필요로 하지 않을 때까지 매일 매일, 그리고 여러 해 동안 아이를 먹여야 합니다. 사람들은 (깨달은 사람의) 말을 경청할 필요가 있습니다. 그러다 보면 말보다 사실이 그들을 더 분명하게 납득시키게 됩니다.

질: 그러니까 저희들은 말을 먹고 살아야 하는 어린아이들이군요?

마: 여러분이 말에 중요성을 부여하는 동안은 어린아이들이지요.

질: 좋습니다. 그러면 저희들의 어머니가 되어 주십시오.

마: 그 아이는 태어나기 전에 어디에 있었습니까? 어머니와 함께 있지 않았습니까? 그 아이는 이미 어머니와 함께 있었기 때문에, 태어날 수 있었습니다.

질: 분명히 그 어머니는 자신이 어린아이일 때는 아이를 배고 있지 않았습니다.

마: 잠재적으로는 어머니였지요. 시간이라는 환幻을 넘어서십시오.

질: 당신의 답변은 늘 똑같습니다. 같은 시간에 계속 울리는 일종의 자명종 같다고 할까요.

마: 어쩔 수 없습니다. 하나의 해가 십억 개의 이슬방울에서 반사되듯이, 무시간적인 것은 끝없이 되풀이됩니다. 제가 "내가 있다, 내가 있다"고 되뇔 때, 저는 항존하는 하나의 사실을 드러내고 또 드러낼 뿐입니다. 그대는 그 말 이면의 살아 있는 **진리**를 보지 못하기 때문에 제가 하는 말에 싫증을 냅니다. 그 이면의 **진리**에 접촉하십시오. 그러면 말과 침묵 둘 다의 온전한 의미를 발견하게 될 것입니다.

질: 어린 소녀가 이미 미래에 태어날 아이의 어머니라고 말씀하시는데, 잠재적으로는 맞지만 실제로는 맞지 않습니다.

마: 잠재적인 것은 우리가 그것을 생각함으로써 실제적인 것이 됩니다. 몸과 그것이 하는 일들은 마음 안에 존재합니다.

질: 그리고 마음은 활동하는 **의식**이고, **의식**은 진아의 조건 지워진(*saguna*) 측면입니다. 조건 지워지지 않은(*nirguna*) 것은 다른 측면인데, 그 너머에 절대자(*paramartha*- 절대적 진리)의 심연이 있습니다.

마: 정말 맞는 말입니다. 그것을 아름답게 표현했습니다.

질: 그러나 이런 것은 저에게 말일 뿐입니다. 그런 이야기를 듣고 되풀이하는 것만으로는 충분치 않습니다. 그것을 체험해야 합니다.

마: 그 무엇도 그대를 막지 않지만, 그대가 외적인 것에 몰두하기 때문에 내적인 것에 집중하지 못합니다. 도리가 없지요. 그대의 **수행**을 건너뛸 수는 없으니까요. 세계에서 돌아서서 내면으로 들어가야 합니다. 그러다 보면 내적인 것과 외적인 것이 합일되고, 그대는 조건 지워진 것을 넘어설 수 있습니다—내적인 것이든 외적인 것이든 간에 말입니다.

질: 분명 '조건 지워지지 않은 것'도 조건 지워진 마음 안에 있는 하나의 관념일 뿐입니다. 그 자체로는 아무 존재성이 없습니다.

마: 그 자체로는 어떤 것도 존재성이 없습니다. 일체가 (존재성이 있으려면) 그 자신의 부존재를 필요로 합니다. '있다'는 것은 구별 가능하다는 것이고, 여기에 있지 저기에 있지 않고, 지금 있지 그때에 있지 않으며, 이렇게 있지 이와 다르게 있지 않은 것입니다. 물이 용기用器가 생긴 대로 형태를 취하듯이, 일체가 조건들(gunas)에 의해서 결정됩니다. 물이 그릇들과 무관하게 물로 남아 있고, 빛이 그것이 발하는 색상들과 무관하게 그 자체로 남아 있듯이, 실재도 그것이 반사되는 조건들과 무관하게 실재하고 있습니다. 왜 그 반사만 의식의 초점 안에 둡니까? 왜 실재 자체는 그 초점 안에 두지 않습니까?

질: 의식 자체가 하나의 반사입니다. 어떻게 그것이 실재를 보유할 수 있습니까?

마: 의식과 그 내용은 변화무쌍하고 찰나적인 반사일 뿐이라는 것을 아는 것이, 실재에 초점을 두는 것입니다. 밧줄에서 뱀을 보지 않는 것이 그 밧줄을 보기 위한 필요조건입니다.

질: 필요조건일 뿐입니까, 충분조건이기도 합니까?

마: 하나의 밧줄이 존재하고, 그것이 뱀으로 보인다는 것도 알아야 합니다. 마찬가지로, 우리는 실재가 존재하며 그것이 주시자-의식의 성품을 가지고 있다는 것을 알아야 합니다. 물론 그것은 주시자를 넘어서 있지만, 그 속으로 들어가려면 먼저 순수한 주시하기의 상태를 깨달아야 합니다. 조건들에 대한 자각이 우리를 '조건 지워지지 않은 것'에로 데려다줍니다.

질: '조건 지워지지 않은 것'을 체험할 수 있습니까?

마: '조건 지워진 것'을 '조건 지워진 것'으로 아는 것이, '조건 지워지지 않는 것'에 대해 우리가 말할 수 있는 전부입니다. 긍정적 용어들은 힌트에 지나지 않고, 오해를 유발합니다.

질: 실재를 주시하는 것에 대해 우리가 이야기해 볼 수 있겠습니까?

마: 어떻게 이야기합니까? 우리는 실재하지 않는 것, 환적幻的이고 찰나적이고 조건 지워진 것에 대해서만 이야기할 수 있습니다. 그것을 넘어서기 위해서는 일체가 독립적 존재성을 가지고 있다는 것을 완전히 부정해야 합

니다. 모든 것들은 의존해 있습니다.

질: 무엇에 의존해 있습니까?

마: 의식에 의존해 있지요. 그리고 의식은 주시자에 의존해 있습니다.

질: 그리고 주시자는 실재에 의존해 있습니까?

마: 주시자는 온통 순수한 **실재**가 반사되는 것입니다. 그것은 마음의 조건에 의존해 있습니다. **명료함과 초연함**이 지배하는 곳에서 주시자-의식이 생겨납니다. 그것은 물이 맑고 고요한 곳에서 달의 모습이 나타난다고 말하는 것과 같습니다. 혹은 햇빛이 다이아몬드에서 섬광으로 나타나는 것과 같습니다.

질: 주시자 없이 의식이 있을 수 있습니까?

마: 주시자가 없으면 그것은 무의식이 되어, 그저 살아갈 뿐입니다. 주시자는 의식의 모든 상태에 잠재해 있습니다. 마치 빛이 모든 색상 안에 잠재해 있듯이 말입니다. '아는 자' 없이는 어떤 앎도 있을 수 없고, 그의 주시자 없이는 어떤 '아는 자'도 있을 수 없습니다. 그대는 알 뿐만 아니라 자신이 안다는 것도 압니다.

질: 만약 '조건 지워지지 않은 것'을 체험할 수 없다면─왜냐하면 모든 체험은 조건 지워져 있으니까요─그에 대해 대체 이야기를 왜 하십니까?

마: '조건 지워지지 않은 것' 없이 어떻게 '조건 지워진 것'에 대한 앎이 있을 수 있습니까? 이 모든 것이 흘러나오는 근원, 모든 것이 그 위에 서 있는 하나의 토대가 있어야 합니다. 진아 깨달음은 1차적으로 자신의 조건화(conditioning)를 아는 것이고, 무한히 다양한 조건들이, 조건 지워질 수 있고 다양성을 산출할 수 있는 우리의 무한한 능력에 의존해 있다는 것을 자각하는 것입니다. 조건 지워진 마음에게는, '조건 지워지지 않은 것'이 일체의 부존재(공空)로서는 물론이고 전체성(일자)으로서도 나타납니다. 그 어느 것도 (조건 지워진 마음이) 직접 체험할 수는 없지만, 그렇다고 해서 그것이 존재하지 않는 것은 아닙니다.

질: 그것은 하나의 느낌 아닙니까?

마: 느낌도 마음의 한 상태입니다. 건강한 몸은 보살핌을 요구하지 않듯이,

'조건 지워지지 않은 것'도 경험을 벗어나 있습니다. 죽음의 경험을 봅시다. 보통 사람은 죽기를 겁냅니다. 왜냐하면 변화를 두려워하기 때문입니다. 진인은 두려워하지 않습니다. 그의 마음은 이미 죽어 있기 때문입니다. 그는 "나는 산다"고 생각하지 않습니다. 그는 "생명이 있다"라고 압니다. 그 안에서는 변화도 없고 죽음도 없습니다. 죽음은 시간과 공간 안에서의 변화로 보입니다. 시간도 공간도 없는 곳에 죽음이 어떻게 있을 수 있습니까? 진인은 이름과 형상에 대해 이미 죽어 있습니다. 그것들을 잃어버렸다고 해서 그에게 무슨 영향이 있겠습니까? 기차를 타고 있는 사람은 여기서 저기로 이동하지만, 기차에서 내린 사람은 아무 데도 가지 않습니다. 그는 어느 목적지로 가고 있지 않기 때문입니다. 갈 곳이 아무 데도 없고, 할 것이 아무 것도 없고, (무엇이) 될 것이 아무것도 없습니다. 계획을 세우는 사람들은 그것을 실행하기 위해 태어나겠지요. 계획을 세우지 않는 사람들은 태어날 필요가 없습니다.

질: 고통과 쾌락의 목적은 무엇입니까?

마: 그것들은 그 자체로 존재합니까, 아니면 마음 안에만 존재합니까?

질: 하지만 그것들이 존재합니다. 마음은 상관없고요.

마: 고통과 쾌락은 단지 증상들, 곧 그릇된 앎과 그릇된 느낌의 결과일 뿐입니다. 결과는 그 자체의 목적을 가질 수 없습니다.

질: 신의 살림살이에서는 일체가 어떤 목적을 가져야 합니다.

마: 그렇게 거리낌 없이 이야기할 만큼 신에 대해 알고 있습니까? 그대에게 신은 무엇입니까? 하나의 소리입니까, 종이에 쓰인 단어입니까, 아니면 마음속에 있는 하나의 관념입니까?

질: 그의 힘에 의해 제가 태어나고 생명을 이어갑니다.

마: 그리고 고통 받고, 죽지요. 그대는 기쁩니까?

질: 제가 고통 받고 죽는 것은 저 자신의 잘못인지도 모릅니다. 저는 영원한 삶을 향해 창조되었습니다.

마: 왜 미래에는 영원하고, 과거에는 영원하지 않습니까? 시작이 있는 것은 끝도 있을 수밖에 없습니다. 시작 없는 것만이 끝이 없습니다.

질: 신은 하나의 개념, 하나의 작업이론(working theory-검증되지는 않았으나 탐색에 유용한 이론. 작업가설)에 불과할지 모릅니다. 그래도 아주 유용한 개념이지요!

마: 그러자면 그것이 내적 모순에서 벗어나 있어야 하는데, 그렇지 않지요. 그대가 그대 자신의 창조계이자 창조주라는 이론을 가지고 작업해 보지 그럽니까? 최소한 맞서 싸울 외부의 신은 없을 테니까 말입니다.

질: 세계는 너무나 풍요롭고 복잡합니다. 제가 어떻게 그것을 창조할 수 있겠습니까?

마: 그대는 자기 자신을 잘 알기에, 자신이 무엇을 할 수 있고 무엇을 할 수 없는지 압니까? 그대는 자신의 능력들을 모릅니다. 한 번도 탐구해 보지 않았지요. 지금 그대 자신을 가지고 시작하십시오.

질: 누구나 신을 믿습니다.

마: 저에게는, 그대가 그대 자신의 신입니다. 만일 그와 달리 생각한다면, 끝까지 사고해 보십시오. 만약 신이 있다면 모든 것이 신의 것이고, 모든 것이 최선의 결과를 위한 것이겠지요. 그대에게 오는 모든 것을 기쁘고 감사한 마음으로 반기십시오. 그리고 모든 피조물을 사랑하십시오. 그렇게 해도 그대의 진아에 도달할 것입니다.

40
진아만이 실재한다

마하라지: 세계는 번쩍거리고 텅 빈 하나의 연극입니다. 세계는 있으면서도 없습니다. 세계는 '내'가 그것을 보고 싶어 하고, 거기에 참여하고 싶어 하는 한에서 존재합니다. '내'가 신경 쓰기를 그치면 그것은 해체됩니다. 세계는 아무 원인이 없고, 어떤 목적에도 이바지하지 않습니다. 그것은 우리가 명해 있을 때 그냥 일어납니다. 그것은 보이는 모습 꼭 그대로 나타나지만,

거기에는 아무 깊이도 없고 의미도 없습니다. 바라보는 자만이 실재하는데, 그를 진아, 곧 아뜨마(Atma)라고 해봅시다. 진아에게는 세계가 하나의 다채로운 연극일 뿐이어서, 그것이 진행되는 동안은 연극을 즐기다가 그것이 끝나면 잊어버립니다. 무대 위에서 일어나는 장면에 공포로 전율하거나 포복절도하기도 하지만, 그는 내내 그것이 하나의 연극일 뿐이라는 것을 압니다. 욕망이나 두려움 없이, 장면이 벌어지는 대로 그것을 즐깁니다.

질문자: 세상에 잠겨 있는 사람은 다양한 풍미의 삶을 갖습니다. 그는 울고 웃고, 사랑하고 미워하고, 욕망하고 두려워하며, 괴로워하고 즐거워합니다. 욕망 없고 두려움 없는 **진인**은 어떤 삶을 갖습니까? 그는 동떨어진 상태에서 고립되어 있지 않습니까?

마: 그의 상태는 그렇게 황량하지 않습니다. 그것은 순수하고 무원인이고 희석되지 않은 **지복**의 맛이 납니다. 그는 행복하며, 그 **행복**이 바로 자신의 성품이라는 것과, 자신이 아무것도 할 필요가 없고 어떤 것을 확보하려고 애쓸 필요도 없다는 것을 온전히 자각하고 있습니다. **행복**이 몸보다 더 현실감 있게, 마음 자체보다도 더 가까이 그를 따릅니다. 그대는 원인 없이는 어떤 행복도 있을 수 없다고 상상합니다. 저에게는, 행복을 얻기 위해 무엇에 의존한다는 것은 전적으로 불행입니다. 쾌락과 고통에는 원인이 있지만, 저의 상태는 저 자신의 것이고, 전적으로 무無원인이며, 독립적이고, 범접할 수 없습니다.

질: 무대 위의 연극같이 말입니까?

마: 연극은 누군가 각본을 쓰고, 기획하고, 연습한 것입니다. 세계는 그냥 무無에서 분출해 나와 무無로 돌아갑니다.

질: 창조주는 없습니까? 세계는 창조되기 전에 **브라마**(창조주)의 마음 안에 있지 않았습니까?

마: 그대가 저의 상태 밖에 있는 한, 그대에게는 **창조주·유지주**維持主·**파괴주**破壞主들이 있겠지요. 그러나 일단 저와 함께 있으면 그대는 **진아**만을 알게 될 것이고, 만물에서 그대 자신을 보게 될 것입니다.

질: 그럼에도 불구하고 당신께서는 활동을 하십니다.

40. 진아만이 실재한다

마: 그대가 어지러울 때는 세상이 주위에서 빙빙 돌아가는 것을 봅니다. 그대는 수단과 목표, 일과 목적이라는 관념에 사로잡혀 있어, 제가 외관상 활동을 하는 것으로 봅니다. 실은 저는 바라볼 뿐입니다. 무슨 일이 이루어지든 그것은 무대 위에서 이루어집니다. 기쁨과 슬픔, 삶과 죽음, 그런 것들은 속박되어 있는 인간에게는 모두 실재합니다. 저에게는 그런 것들이 모두 연극 안에 있고, 그 연극 자체만큼이나 실재하지 않습니다.

저는 그대와 똑같이 세계를 지각할지 모르지만, 그대는 자신이 그 안에 있다고 믿는 반면, 저는 그것을 의식이라는 광대한 **무변제**無邊際 안에 있는 하나의 무지갯빛 물방울로 봅니다.

질: 우리는 모두 늙어가고 있습니다. 노년은 즐겁지 않습니다. 온통 쑤시고 아프고, 몸은 약하고 최후가 다가옵니다. **진인**은 노인으로서 어떻게 느낍니까? 그의 내적 자아는 자신의 노쇠를 어떻게 바라봅니까?

마: 그는 늙어가면서 더욱 더 행복하고 평안해집니다. 결국 그는 집으로 돌아가고 있지요. 목적지에 가까워진 여행자는 짐을 챙겨 미련 없이 기차를 떠납니다.

질: 분명 어떤 모순이 있습니다. 우리는 **진인**이 모든 변화를 넘어서 있다고 듣습니다. 그의 행복은 성장하지도 않고 쇠퇴하지도 않습니다. 어떻게 늙었다고 해서, 그것도 신체적 허약함 등을 안고서 더 행복해질 수 있습니까?

마: 아무 모순이 없습니다. 운명의 실감개가 끝나가고 있고, 마음은 행복합니다. 신체적 삶의 안개가 걷히고 있어, 몸의 부담이 나날이 덜어집니다.

질: **진인**이 병이 들었다고 하십시다. 어떤 독감에 걸려서, 쑤시고 화끈거리지 않는 관절이 없습니다. 그의 마음 상태는 어떻겠습니까?

마: 모든 감각이 완전한 **평정심** 안에서 관찰됩니다. 거기에 대해 아무 욕망도 없고 물리침도 없습니다. 그것은 있는 그대로이며, 그는 애정 어린 **초연함**의 미소로써 그것을 바라봅니다.

질: 자신의 고통에서 초연할 수는 있겠지만, 그래도 고통은 있습니다.

마: 고통이 있지만 그것은 문제되지 않습니다. 제가 어떤 상태에 있든 저는 그것을 있는 그대로 받아들여야 할 하나의 마음 상태로 봅니다.

질: 고통은 고통입니다. 어쨌든 우리는 그것을 경험합니다.

마: 몸을 경험하는 자는 그 고통과 쾌락을 경험합니다. 저는 몸도 아니고 몸을 경험하는 자도 아닙니다.

질: 당신께서 스물다섯 살이라 하십시다. 당신의 결혼이 준비되어 거행되고, 가정적 임무들이 쇄도해 옵니다. 어떻게 느끼시겠습니까?

마: 바로 지금 느끼는 대로입니다. 그대는 저의 내적인 상태가 외적인 사건들에 의해 형성된다고 계속 주장하는군요. 전혀 그렇지 않습니다. 어떤 일이 일어나든 저는 그대로 있습니다. 저의 존재의 뿌리에는 **순수한 자각**, 곧 한 점의 강렬한 **빛**이 있습니다. 이 점은 바로 그 성품상 사방으로 퍼지면서 공간 속에서 그림들(세계)을, 시간 속에서 사건들을 창조합니다—애씀 없이 자발적으로 말입니다. 그것이 자각하고만 있을 때는 아무 문제가 없습니다. 그러나 분별심이 생겨나서 구분을 만들어내면 쾌락과 고통이 일어납니다. 잠을 자는 동안은 마음이 정지되어 있고, 그래서 고통과 쾌락도 정지됩니다. 창조의 과정은 계속되지만 주목받지 못합니다. 마음은 **의식**의 한 형태이며, **의식**은 **생명**의 한 측면입니다. **생명**은 만물을 창조하지만 **지고자**는 모든 것을 넘어서 있습니다.

질: **지고자**는 주인이고 **의식**은 그의 종입니다.

마: 그 주인은 **의식** 안에 있지 그 너머에 있지 않습니다. **의식**의 견지에서 **지고자**는 창조이자 해체이고, 구체화이자 추상화이며, 초점에 모인 것이자 보편적인(일체에 편재하는) 것이기도 합니다. 또한 그 어느 것도 아니기도 하지요. 말은 거기에 가닿지 못하고, 마음도 가닿지 못합니다.

질: 진인은 아주 외로운 존재이고, 오직 자기 혼자인 것처럼 보입니다.

마: 그는 홀로지만, 모든 것입니다. 그는 하나의 존재(being)조차도 아닙니다. 그는 모든 존재들의 **존재성**입니다. 그것조차도 아닙니다. 어떤 말도 해당되지 않습니다. 그는 본래의 그이며, 모든 것이 자라는 땅입니다.

질: 죽는 것은 두렵지 않으십니까?

마: 제 스승님이 어떻게 돌아가셨는지 말해 드리지요. 당신은 임종이 가까웠다는 것을 선언하신 다음 식사를 그만두셨지만, 일상생활의 일과는 바꾸

지 않았습니다. 열 하루째 되는 날, 기도(바잔) 시간에 당신은 힘차게 노래하고 박수를 치시다가 갑자기 돌아가셨지요! 그냥 그렇게, 두 동작 사이에서, 마치 훅 꺼진 촛불처럼 말입니다. 모든 사람은 살고 있으면서 죽습니다. 저는 죽음을 두려워하지 않습니다. 왜냐하면 삶을 두려워하지 않으니까요. 저는 행복한 삶을 살고 있고, 행복한 죽음을 맞을 것입니다. 불행은 (그대가) 태어나는 것이지, 죽는 것이 아닙니다. 모두 그대가 그것을 어떻게 바라보느냐에 달렸습니다.

질: 당신의 상태를 입증할 어떤 증거도 있을 수 없습니다. 그에 관해 제가 아는 것은 당신께서 하시는 말씀이 전부입니다. 제가 보는 것은 아주 재미있는 한 노인뿐입니다.

마: 그대가 재미있는 노인이지, 제가 아니지요! 저는 결코 태어나지 않았습니다. 제가 어떻게 늙을 수 있습니까? 그대에게 보이는 저의 모습은 그대의 마음 안에 있을 뿐입니다. 저는 그것에 상관하지 않습니다.

질: 하나의 꿈이라 할지라도, 당신께서는 더없이 특이한 꿈이십니다.

마: 저는 그대를 깨워줄 수 있는 꿈입니다. 그대의 깨어남 자체 속에서 그대는 그에 대한 증거를 갖게 될 것입니다.

질: 한번 상상해 보십시오. 제가 죽었다는 소식이 당신께 도착합니다. 어떤 사람이 당신께 말합니다. "아무개를 아시지요? 그가 죽었습니다." 당신의 반응은 어떻겠습니까?

마: 저는 그대가 다시 집으로 돌아온 것을 아주 즐거워하겠지요. 이 어리석음에서 벗어난 그대를 보는 것이 정말 기쁠 것입니다.

질: 어떤 어리석음 말입니까?

마: 자신이 태어났고 죽을 것이며, 자신은 하나의 마음을 발휘하는 하나의 몸이라는 등, 그런 온갖 말도 안 되는 것을 생각하는 어리석음 말입니다. 저의 세계에서는 아무도 태어나지 않고 아무도 죽지 않습니다. 어떤 사람들은 여행을 갔다가 돌아오고(생사에 윤회하고), 어떤 사람들은 결코 떠나지 않습니다. 그것이 무슨 차이가 있습니까? (여행을 가는) 그들도 각자 자신의 꿈에 싸여 자신의 꿈나라를 여행하니 말입니다. 깨어나는 것만이 중요합니다.

"내가 있다"를 **실재**로, 또한 **사랑**으로 아는 것으로 족합니다.

질: 저의 접근법은 그렇게 절대적이지 않습니다. 그래서 그런 질문을 드린 것입니다. 서양 전역에서는 사람들이 뭔가 실제적인 것을 추구합니다. 그들은 과학에 의지하는데, 과학은 물질에 대해서는 많은 것을 말해주고, 마음에 대해서는 조금 말해주고, **의식**의 성품과 목적에 대해서는 아무것도 말해주지 않습니다. 그들에게 **실재**는 객관적인 것이고, 직접적으로든 추론에 의해서든, 관찰 가능하고 묘사 가능한 것의 밖에 있습니다. **실재**의 주관적 측면에 대해서는 아무것도 모릅니다. **실재**가 있다는 것과, 이 **실재**는 **의식**이 물질과, 물질의 한계와 왜곡에서 벗어난 데서 발견될 수 있다는 것을 그들이 알게 하는 것이 극히 중요합니다. 세상 사람들 대다수는 **의식** 안에서 발견하고 체험할 수 있는 **실재**가 있다는 것을 아예 모릅니다. 그것을 실제로 체험한 누군가에게서 그 희소식을 듣는 것이 아주 중요할 것 같습니다. 그런 목격자들은 늘 존재해 왔고, 그들의 증언은 귀중합니다.

마: 물론이지요. 진아 깨달음의 복음은 한번 들으면 결코 잊히지 않을 것입니다. 땅속에 남겨진 씨앗처럼, 그것은 적당한 시절을 기다렸다가 싹이 터서 튼튼한 나무로 성장할 것입니다.

41
주시자의 태도를 계발하라

질문자: 깨달은 사람이 매일 그리고 매 시간 갖는 마음의 상태는 어떤 것입니까? 그는 어떻게 보고 듣고, 먹고 마시고, 깨어나고 잠자며, 일하고 휴식합니까? 그의 상태가 우리의 상태와 다르다는 어떤 증거가 있습니까? 소위 깨달은 사람들의 구두 증언 외에는 그들의 상태를 객관적으로 검증할 아무 방도가 없습니까? 그들의 생리적 반응과 신경 반응, 그들의 신진대사, 뇌

파, 혹은 그들의 정신신체적 구조에 관찰 가능한 어떤 차이점들이 있지 않습니까?

마하라지: 차이점을 발견할 수도 있고, 그렇지 않을 수도 있지요. 모든 것은 그대의 관찰 능력 나름입니다. 그러나 객관적 차이란 거의 중요하지 않습니다. 중요한 것은 그들의 소견, 그들의 태도인데, 그것은 완전한 **무집착**, **초연함**, 한 발짝 떨어져 있는 것입니다.

질: 진인도 자식이 죽으면 슬픔을 느끼지 않습니까? 고통 받지 않습니까?

마: 그는 고통 받는 사람들과 함께 고통 받습니다. 그 사건 자체는 별로 중요하지 않지만, 그는 고통 받는 존재에 대한 **자비심**으로 가득 차 있습니다. 그들이 살아 있든 죽었든, 몸 안에 있든 밖에 있든 관계없이 말입니다. 어쨌든 **사랑과 자비심**은 그의 성품 자체입니다. 그는 살아 있는 모든 것과 하나이며, **사랑**이란 그 행동하는 하나됨(oneness in action)입니다.

질: 사람들은 죽음을 몹시 두려워합니다.

마: 진인은 아무것도 두려워하지 않습니다. 그러나 그는 두려워하는 사람에게 연민을 느낍니다. 어쨌든 태어나고, 살고, 죽는 것은 자연스럽습니다. 두려워하는 것은 그렇지 않지요. 그 사건에 대해서는 물론 (진인도) 주의를 기울입니다.

질: 당신께서 아프시다고─고열에 통증이 있고 오한이 난다고 상상해 보십시오. 의사는 당신께 상태가 위독하며, 살날이 며칠밖에 남지 않았다고 말합니다. 당신의 첫 번째 반응은 어떤 것이겠습니까?

마: 무반응이지요. 선향線香은 타 버리는 것이 자연스럽듯이, 몸은 죽는 것이 자연스럽습니다. 정말이지, 그것은 아주 하찮은 일입니다. 중요한 것은 제가 몸도 아니고 마음도 아니라는 것입니다. 저는 있습니다.

질: 물론 당신의 가족은 절망할 것입니다. 가족들에게 뭐라고 말씀하시겠습니까?

마: 늘 하는 말이겠지요. "두려워하지 마라. 삶은 계속된다. 신이 너희들을 보호할 것이다. 우리는 곧 다시 만나게 될 것이다" 등등. 그러나 저에게는 그 모든 소동이 무의미합니다. 저는 자신을 살아 있다거나 죽었다고 상상

하는 개체(개인적 자아)가 아니기 때문입니다. 저는 태어나지도 않고 죽을 수도 없습니다. 저는 기억하거나 망각할 것이 아무것도 없습니다.

질: 죽은 자들을 위한 기도는 어떻습니까?

마: 얼마든지 죽은 자들을 위해 기도하십시오. 기도는 그들을 아주 기쁘게 합니다. 아주 기분 좋아하지요. 진인은 여러분의 기도를 필요로 하지 않습니다. 그 자신이 여러분의 기도에 대한 응답이니까요.

질: 진인은 죽은 뒤에 어떻게 합니까?

마: 진인은 이미 죽어 있습니다. 다시 죽을 거라고 봅니까?

질: 분명히, 몸의 해체는 진인에게도 중요한 사건입니다.

마: 진인에게 중요한 사건이란 없습니다. 어떤 사람(구도자)이 최고의 상태에 도달했을 때를 제하면 말입니다. 그럴 때만 그의 가슴이 기뻐합니다. 다른 모든 것은 중요하지 않습니다. 전 우주가 그의 몸이고, 모든 **생명**이 그의 **생명**입니다. 빛의 도시에서 전구 하나가 나간다고 해서 전력망에 영향을 주지 않듯이, 한 몸이 죽어도 전체에는 영향이 없습니다.

질: 특수자는 전체에 중요하지 않을지 모르지만, 그 특수자에게는 중요합니다. 전체란 하나의 추상이고 특수자, 구체자는 실제적입니다.

마: 그것은 그대가 하는 말이지요. 저에게는 그것이 그 반대일 수 있습니다. 즉, **전체**는 실재하며, 부분은 오고 갑니다. 특수자는 이름과 형상을 바꾸어가며 태어나고 또 태어나지만, 진인은 변화무쌍한 것들을 가능케 하는 **불변의 실재**입니다. 그러나 그가 그대에게 그런 확신을 주지는 못하겠지요. 확신은 그대 자신의 체험을 통해서 와야 합니다. 저에게는 모두가 하나이고, 모두가 평등합니다.

질: 죄와 덕은 똑같은 하나입니까?

마: 그런 것은 인간이 만든 가치들이지요! 그런 게 저에게 뭐란 말입니까? 행복으로 끝나는 것이 덕이요, 슬픔으로 끝나는 것이 죄입니다. 둘 다 마음의 상태입니다. 제가 가진 것은 마음의 상태가 아닙니다.

질: 저희들은 본다는 것이 무엇을 의미하는지 도무지 이해하지 못하는 장님들 같습니다.

마: 그대 좋을 대로 표현해도 되겠지요.

질: 하나의 **수행**(*sadhana*)으로서, 묵언 수행은 효과가 있습니까?

마: 깨달음을 얻기 위해 하는 모든 것은 그대를 (깨달음에) 더 가까이 데려다 줍니다. 깨달음을 기억하지 못한 채 하는 모든 일은 그대를 지체시킵니다. 그러나 왜 복잡하게 만듭니까? 그대는 모든 사물과 생각들 위에, 그 너머에 있다는 것만 아십시오. 그대가 되고 싶어 하는 것, 그대는 이미 그것입니다. 부디 그것을 명심하십시오.

질: 말씀하시는 것을 듣고는 있지만, 제가 믿지 못합니다.

마: 저 자신도 같은 입장이었지요. 그러나 저는 제 **스승님**을 신뢰했고, 그 분이 옳았다는 것을 알았습니다. 저를 신뢰하십시오―만약 그럴 수 있다면 말입니다. 제가 해드리는 이 말을 명심하십시오. 즉, 아무것도 욕망하지 마십시오. 그대는 아무것도 부족하지 않으니까요. 추구하는 것 자체가 발견을 가로막습니다.

질: 일체에 아주 무관심하신 것 같군요!

마: 무관심한 것이 아니라 불편부당한 거지요. 저는 저나 제 것을 더 선호하지 않습니다. 한 바구니의 흙과 한 바구니의 보석, 둘 다 원치 않습니다. 삶과 죽음이 저에게는 다 똑같습니다.

질: 불편부당함으로 인해 무관심하신 거군요.

마: 그 반대로, **자비심**과 **사랑**이 저의 핵심입니다. 모든 편애가 비워졌기에, 저는 마음대로 사랑할 수 있습니다.

질: **붓다**는 깨달음의 관념이 극히 중요하다고 말했습니다. 대다수 사람들은 깨달음을 얻으려고 노력하는 것은 고사하고, 깨달음 같은 것이 있는지도 모른 채 살아갑니다. 그러나 그들이 그 이야기를 듣고 나면 씨앗은 뿌려진 것이고, 그 씨앗은 죽지 않을 것입니다. 그래서 **붓다**는 비구比丘들을 세상에 내보내어 매년 여덟 달씩 끊임없이 설법을 하게 한 것입니다.

마: "우리는 의식주와 지知와 애정을 베풀 수도 있지만, 최고의 선물은 깨달음의 복음이다"라고, 제 스승님은 말씀하시곤 했지요. 맞습니다. 깨달음이 최고의 선善입니다. 일단 그것을 얻고 나면 아무도 빼앗아 갈 수 없습니다.

질: 서양에서 이렇게 말씀하시면 사람들이 당신을 미쳤다고 여길 것입니다.

마: 물론 그러겠지요! 무지한 사람들에게는 그들이 이해할 수 없는 모든 것이 미친 짓입니다. 그게 어떻다는 겁니까? 그들은 그러라고 하십시오. 저는 이러하지만 제가 잘해서 이런 것은 아니고, 그들은 그러하지만 그들이 잘못해서 그런 것은 아닙니다. **지고의 실재**는 무수한 방식으로 그 자신을 현현합니다. 그 이름과 형상들의 수효는 무한합니다. 모두가 같은 바다 안에서 일어나고 꺼지며, 모두의 **근원**은 하나입니다. 원인과 결과를 찾는 것은 마음의 소일거리일 뿐입니다. **존재하는** 것은, 사랑할 만합니다. **사랑**은 결과가 아니라 **존재**의 근거 자체입니다. 그대가 어디를 가든 **존재·의식·사랑**을 발견할 것입니다. 왜, 무엇 때문에, 선호를 구분합니까?

질: (홍수나 지진 때와 같이) 자연적 원인으로 수천 수백만의 생명이 소멸될 때, 저는 슬퍼하지 않습니다. 그러나 인간의 손에 한 사람이 죽임을 당할 때는 극도로 슬퍼합니다. 불가피한 사태는 그 나름의 장엄함이 있지만, 살해는 피할 수 있는 것이고, 따라서 추악하고 아주 끔찍한 일입니다.

마: 모든 일은 일어나는 대로 일어납니다. 자연적이든 인위적이든 재난은 일어나며, 공포를 느낄 필요가 없습니다.

질: 어떤 일이 어떻게 원인이 없을 수 있습니까?

마: 각 사건에 전 우주가 반영됩니다. 궁극적 원인은 추적할 수 없습니다. 인과성이라는 관념 자체가 하나의 사고방식이자 이야기 방식일 뿐입니다. 무無원인의 발생을 우리는 상상하지 못합니다. 그러나 그것이 곧 인과성의 존재를 증명해 주지는 않습니다.

질: **자연**은 무심하고 따라서 무책임합니다. 그러나 인간은 마음을 가지고 있습니다. 그것이 왜 그렇게 비뚤어져 있습니까?

마: 비뚤어짐의 원인 역시 자연적입니다—유전, 환경 같은 것이지요. 그대는 대뜸 비난하는군요. 남들을 걱정하지 마십시오. 그대 자신의 마음을 먼저 상대하십시오. 그대의 마음도 **자연**의 일부라는 것을 깨달으면 그 이원성이 사라질 것입니다.

질: 거기에는 제가 가늠할 수 없는 어떤 신비가 있습니다. 마음이 어떻게

자연의 일부일 수 있습니까?

마: 왜냐하면 **자연**이 마음 안에 있기 때문입니다. 마음이 없이 **자연**이 어디 있습니까?

질: 만약 **자연**이 마음 안에 있고 마음이 저의 것이라면 제가 **자연**을 통제할 수 있어야 하는데, 실제로는 그렇지 않습니다. 저의 통제를 넘는 힘들이 저의 행동을 좌우합니다.

마: 주시자의 태도를 계발하십시오. 그러면 그대 자신의 체험 속에서, 무집착이 통제를 가져다준다는 것을 발견할 것입니다. **주시하기**(witnessing)의 상태는 힘으로 충만해 있고, 거기에 수동적인 면이라고는 없습니다.

42
실재는 표현될 수 없다

질문자: 저는 낡은 자아와 별개의 어떤 새로운 자아가 제 안에서 일어나고 있는 것을 느끼고 있습니다. 그것들은 어떻든 공존합니다. 낡은 자아는 그 습관적 방식을 계속하고 있고, 새로운 자아는 낡은 자아를 내버려두고는 있지만 자신을 그것과 동일시하지는 않습니다.

마하라지: 낡은 자아와 새로운 자아의 주된 차이는 무엇입니까?

질: 낡은 자아는 일체가 규정되고 설명되기를 원합니다. 그것은 사물들이 언어적으로 서로 부합하기를 원합니다. 새로운 자아는 언어적 설명들에 관심이 없습니다. 그것은 사물을 있는 그대로 받아들이고, 그것을 자신이 기억하는 것들과 연결시키려 들지 않습니다.

마: 습관적 자아와 영적인 자아 간의 차이를 온전히, 부단히 자각하고 있습니까? 새로운 자아가 낡은 자아에 대해 갖는 태도는 어떤 것입니까?

질: 새로운 자아는 낡은 자아를 그냥 바라볼 뿐입니다. 그것은 우호적이지

도 않고 적대적이지도 않습니다. 다른 모든 것과 함께 낡은 자아를 그냥 받아들일 뿐입니다. 그것은 낡은 자아의 존재를 부정하지는 않지만, 그것의 가치와 타당성은 받아들이지 않습니다.

마: 새로운 자아는 낡은 자아의 완전한 부정입니다. 낡은 것을 용납하는 새로운 자아는 진정으로 새롭지는 않습니다. 그것은 낡은 자아의 새로운 태도에 불과합니다. 진정으로 새로운 자아는 낡은 자아를 완전히 지워버립니다. 그 둘은 함께할 수 없습니다. (새로운 자아에) 자기 벌거벗김의 과정이나, 낡은 관념과 가치들을 부단히 거부하는 자세가 있습니까? 아니면 그냥 상호 관용만 있습니까? 그것들의 관계는 어떻습니까?

질: 아무 특별한 관계가 없습니다. 그것들은 공존합니다.

마: 낡은 자아와 새로운 자아를 이야기할 때, 그대는 누구를 염두에 두고 있습니까? 그 둘 사이에는 각자가 서로를 기억하는 기억의 연속성이 있는데, 어떻게 두 개의 자아를 이야기할 수 있습니까?

질: 하나는 습관에 대한 노예이고, 다른 하나는 그렇지 않습니다. 하나는 개념적으로 사고하고, 다른 하나는 모든 관념에서 벗어나 있습니다.

마: 왜 두 개의 자아입니까? 속박된 자아와 자유로운 자아 사이에는 아무 관계가 있을 수 없습니다. 공존한다는 사실 자체가 그것들 간의 기본적 단일성을 말해줍니다. 오직 하나의 **자아**가 있을 뿐인데, 그것은 늘 **지금** 있습니다. 그대가 다른 자아라고 하는 것은—낡은 자아든 새로운 자아든—하나의 양상, 곧 한 **자아**의 다른 측면일 뿐입니다. **자아**는 단일합니다. 그대가 그 **자아**인데, 그대는 이제까지의 그대나 앞으로 될 그대에 대한 관념을 가지고 있습니다. 그러나 관념은 **자아**가 아닙니다. 바로 지금 그대가 제 앞에 앉아 있을 때, 어느 자아가 그대입니까? 낡은 자아입니까, 새로운 자아입니까?

질: 그 둘은 갈등하고 있습니다.

마: 있는 것과 없는 것 사이에 어떻게 갈등이 있을 수 있습니까? 갈등은 낡은 자아의 특징입니다. 새로운 자아가 등장할 때, 낡은 자아는 더 이상 존재하지 않습니다. 같은 숨 안에 새로운 숨이 있고, 갈등이 있다고 이야기

할 수 없겠지요. 새로운 자아를 얻기 위한 노력조차도 낡은 자아가 하는 것입니다. 갈등, 노력, 분투, 애씀, 어떤 변화에 대한 열망이 있는 곳이라면 어디나 새로운 자아는 없습니다. 그대는 갈등을 창조하고 영구화하려는 습관적 경향에서 어느 정도로 벗어나 있습니까?

질: 제가 지금 다른 사람이라고는 말할 수 없습니다. 그러나 저 자신에 대한 새로운 사실들을 발견하기는 했는데, 그것은 이전에 알던 것과 너무나 다른 상태들이어서 그것을 새로운 자아라고 불러도 무방할 것 같습니다.

마: 낡은 자아는 그대 자신의 자아입니다. 갑자기 원인 없이 싹트는 상태는 어떤 자아의 흔적도 수반하지 않습니다. 그것을 '신'이라고 해도 무방하겠지요. 씨앗도 없고 뿌리도 없는 것, 싹터서 자라거나 꽃이 피고 열매를 맺지 않는 것, 갑자기 아주 찬란하게, 신비롭고 경이롭게 생겨나는 것을 우리는 '신'이라고 부를 수 있겠지요. 그것은 전적으로 예기치 못한 것이면서도 불가피하고, 무한히 친숙하면서도 가장 놀라우며, 모든 희망을 넘어서 있으면서도 절대적으로 확실합니다. 그것은 원인이 없기 때문에 장애도 없습니다. 그것은 단 하나의 법칙, 즉 **자유**의 법칙만 따릅니다. 어떤 연속성, 하나의 계열, 단계에서 단계로의 어떤 이행을 의미하는 것은 **실재**일 수 없습니다. **실재** 안에는 어떤 진보도 없습니다. 그것은 최종적이고, 완전하며, 무엇과도 관계되지 않습니다.

질: 그것을 어떻게 발현시킬 수 있습니까?

마: 그대는 그것을 발현시키기 위해 아무것도 할 수 없지만, 장애들을 만들어내는 것은 피할 수 있습니다. 그대의 마음을 지켜보면서, 그것이 어떻게 생겨나고 어떻게 작동하는지 지켜보십시오. 마음을 지켜보면 **관찰자**(주시자)로서의 그대의 **자아**를 발견합니다. 그대가 움직임 없이 있으면서 지켜보기만 할 때, 관찰자 이면의 빛으로서의 그대의 **자아**(진아)를 발견합니다. 그 **빛**의 **근원**은 어둡고, **앎**의 **근원**은 알 수 없습니다. 그 **근원**만이 존재합니다. 그 **근원**으로 돌아가서 거기에 안주安住하십시오. 그것은 하늘에 있지도 않고 일체에 편재한 에테르(ether-空)에 있지도 않습니다. 신은 위대하고 경이로운 모든 것입니다. 저는 아무것도 아니고, 아무것도 갖지 않았고, 아무것

도 할 수 없습니다. 하지만 모든 것이 저에게서 나옵니다. 그 근원이 저이고, 그 뿌리, 그 원천이 저입니다.

　실재가 그대 안에서 폭발할 때, 그것을 신의 체험이라고 할 수 있겠지요. 더 정확히는 신이 그대를 체험하는 것입니다. 그대가 그대 자신을 알 때, 신이 그대를 압니다. 실재는 어떤 과정의 결과가 아닙니다. 그것은 하나의 폭발입니다. 그것은 분명히 마음을 넘어서 있지만, 그대가 할 수 있는 것은 그대의 마음을 잘 아는 것뿐입니다. 마음이 그대를 도와줄 거라는 것이 아니라, 그대가 마음을 알게 되면 그 마음이 그대를 무력화하는 것을 피할 수 있다는 것입니다. 아주 경각하고 있어야 합니다. 그러지 않으면 마음이 그대를 기만할 것입니다. 그것은 도둑을 감시하는 것과 같습니다―도둑에게서 뭔가 얻기를 기대하는 것이 아니라, 도둑맞는 것을 원치 않는 거지요. 마찬가지로, 마음에게 아무것도 기대함이 없이 그대가 마음에 많은 주의를 기울이는 것입니다.

　아니면 다른 예를 들어봅시다. 우리는 깨어나고 잠을 잡니다. 하루 일이 끝나면 잠이 옵니다. 그런데 내가 잠을 자러 갑니까, 아니면 부주의함이―이것이 잠자는 상태의 특징인데―나에게 옵니까? 바꾸어 말해서 우리가 깨어 있는 것은 우리가 (진아에 대해) 잠들어 있기 때문입니다. 우리는 참으로 깨어 있는 상태(진아의 상태)로 깨어나지 못합니다. 생시의 상태에서는 무지로 인해 세계가 나타나서 우리를 '생시라는 꿈(waking-dream)' 상태로 데려갑니다. 잠과 생시 둘 다 잘못된 명칭입니다. 우리는 꿈을 꾸고 있을 뿐입니다. 참된 생시와 참된 잠은 진인만이 압니다. 우리는 우리가 깨어 있다는 꿈을 꾸고, 우리가 잠들어 있다는 꿈을 꿉니다. 세 가지 상태란 그 꿈 상태의 다양한 모습일 뿐입니다. 일체를 하나의 꿈으로 취급하면 우리가 해방됩니다. 꿈들에 실재성을 부여하는 한, 그대는 그 꿈들의 노예입니다. 그대는 자신이 이러이러한 사람으로 태어났다고 상상하면서 그 이러이러한 것의 노예가 됩니다. 그 노예성의 본질은 자신을 하나의 과정이라고, 과거와 미래를 가졌다고, 역사를 가지고 있다고 상상하는 것입니다. 사실 우리는 아무 역사도 가지고 있지 않고, 하나의 과정이 아니며, 발전하지도 않고 쇠퇴하지도 않습니다. 또한 일체를 하나의 꿈으로 보고, 거기서 물러나 있으십시오.

질: 당신의 말씀을 경청하면 제가 어떤 이익을 얻습니까?

마: 저는 그대를 그대 자신에게로 도로 불러들입니다. 제가 그대에게 요구하는 것은 그대 자신을, 그대 자신 쪽을, 그대 자신 속을 바라보라는 것뿐입니다.

질: 어떤 목적으로 말입니까?

마: 그대는 살아가고, 느끼고, 생각합니다. 그 살아가기, 느끼기, 생각하기에 주의를 기울이면, 그대 자신을 그것들에서 해방하고 그것들을 넘어섭니다. 그대의 인격이 해체되고 **주시자**만 남습니다. 그러면 그 **주시자**를 넘어서십시오. 그것이 어떻게 일어나는지 묻지 마십시오. 그저 그대 자신의 내면을 탐색하십시오.

질: '사람'과 **주시자** 간의 차이를 가져오는 것은 무엇입니까?

마: 둘 다 의식의 양상입니다. '사람' 안에서는 그대가 욕망하고 두려워하며, **주시자** 안에서는 쾌락과 고통에 영향 받지 않고, 사건들에 의해 동요되지 않습니다. 그대는 그것들이 오고 가게 내버려둡니다.

질: 더 높은 상태, 순수한 **주시하기**의 상태 안에 어떻게 자리 잡을 수 있습니까?

마: 의식은 제 스스로 빛나지 않습니다. 그것은 그 너머의 어떤 **빛**에 의해 빛납니다. 의식의 꿈같은 성질을 보았으면, 의식이 그 안에서 나타나는 그 빛, 의식에 존재성을 부여하는 그 빛을 찾으십시오. (이 빛이 있기에) 의식의 내용도 있고 의식에 대한 **자각**도 있습니다.

질: 저는 알고, 제가 안다는 것도 압니다.

마: 정말 그렇지요. 단, 그 두 번째 앎은 무조건적이고 무시간적입니다. '알려지는 것'은 잊어버리고, 그대는 '아는 자'라는 것을 기억하십시오. 그대의 경험들 안에 계속 잠겨 있지 마십시오. 그대는 경험자를 넘어서 있고, 항상 불생不生이고 불사不死라는 것을 기억하십시오. 그것을 기억하는 속에서 순수한 지知의 성질, 곧 무조건적 **자각**의 빛이 나타날 것입니다.

질: 어느 지점에서 우리는 **실재**를 체험합니까?

마: 체험은 변화에 속한 것이고, 오고 갑니다. 실재는 하나의 사건이 아니고, 우리가 그것을 체험할 수 없습니다. 우리가 한 사건을 지각할 수 있는 것과 같은 방식으로 그것을 지각할 수는 없습니다. 만약 그대가 한 사건이 일어나기를, 즉 실재가 오기를 기다린다면 영원히 기다리게 될 것입니다. 실재는 결코 오거나 가지 않기 때문입니다. 실재를 감지할 수는 있지만 예기치 않게 감지됩니다. 실재에 대해서는 미리 준비하고 예상할 수∙없습니다. 그러나 실재를 열망하고 추구한다는 것 자체가 실재의 운동이고, 작용이며, 행위입니다. 그대가 할 수 있는 일은 중심적 요점, 즉 실재는 하나의 사건이 아니고 (사건으로서) 일어나지 않는다는 것, 일어나는 모든 것, 오고 가는 모든 것은 실재가 아니라는 것을 이해하는 것뿐입니다. 그 사건을 사건으로만 보고, 찰나적인 것을 찰나적인 것으로, 체험을 체험에 불과한 것으로 보십시오. 그러면 그대가 할 수 있는 모든 일을 한 것입니다. 그렇게 되면 그대는 실재에 대해 취약해지고, 더 이상은—사건과 체험들에 실재성을 부여할 때 그랬던 것 같은—실재에 대한 방호력이 없게 됩니다. 그러나 좋아함이나 싫어함이 조금이라도 있으면, 이내 그대는 (실재에 대해) 하나의 막을 친 것이 됩니다.

질: 실재는 앎에서보다 행위에서 그 자신을 표현한다고 말씀하시겠습니까? 아니면 그것은 어떤 느낌 비슷한 것입니까?

마: 행위도, 느낌도, 생각도 실재를 표현하지 않습니다. 실재의 표현 같은 것은 없습니다. 그대는 이원성이 없는 곳에 이원성을 도입하고 있습니다. 실재만이 있고, 달리 아무것도 없습니다. 생시∙꿈∙잠의 세 가지 상태는 제가 아니고, 저는 그 상태들 안에 있지도 않습니다. 제가 죽으면 세상 사람들은 "오, 마하라지가 죽었군!" 하고 말하겠지요. 그러나 저에게는 그런 말들이 아무 내용이 없고, 아무 의미가 없습니다. 우리가 스승의 상像 앞에서 예배를 거행할 때는, 마치 스승이 잠에서 깨어나 목욕을 하고, 진지를 들고 휴식하고, 산책을 나갔다가 돌아오고, 모든 사람을 축복하고 잠이 드는 것처럼 모든 일이 일어납니다. 모든 절차를 아주 세밀한 부분까지 보살피는데, 그럼에도 그 모든 과정에는 어떤 비실재감이 있습니다. 저의 경우

도 그와 마찬가지입니다. 필요에 따라 모든 일이 일어나면서도 아무 일도 일어나지 않습니다. 저는 필요한 것처럼 보이는 일을 하지만, 동시에 아무 것도 필요하지 않다는 것, 삶 자체가 하나의 거짓 시늉에 지나지 않는다는 것을 알고 있습니다.

질: 그러면 대체 왜 살아가십니까? 왜 이 온갖 불필요한 오고 감과, 깨어남과 잠자기, 식사하기와 소화하기를 영위하십니까?

마: 저는 아무것도 하지 않습니다. 일체가 그냥 일어납니다. 저는 기대하지 않고 계획하지 않습니다. 일어나는 사건들을, 그것이 실재하지 않는다는 것을 알면서 그냥 지켜볼 뿐입니다.

질: 깨달음을 얻으신 첫 순간부터 늘 그러셨습니까?

마: 세 가지 상태는 평소대로 돌고 돕니다. 생시가 있고 잠이 있고 다시 생시가 있지만, 그것들은 저에게 일어나지 않습니다. 그것들이 그냥 일어날 뿐입니다. 저에게는 어떤 일도 결코 일어나지 않습니다. 변함없고, 움직임이 없고, 움직이게 할 수 없고, 바위 같고, 동요시킬 수 없는 어떤 것, 순수한 **존재-의식-지복**의 어떤 견고한 덩어리가 있습니다. 저는 거기서 결코 벗어나지 않습니다. 그 무엇도 저를 거기서 끌어낼 수 없습니다. 어떤 고문도, 어떤 재난도 말입니다.

질: 하지만 당신께서는 의식하십니다!

마: 그러기도 하고 그러지 않기도 하지요. **평안**이 있습니다—깊고 광대하고 흔들리지 않는. 사건들은 기억 속에 새겨지지만, 아무 중요성이 없습니다. 저는 그것들을 거의 자각하지 못합니다.

질: 만약 제가 당신을 올바르게 이해한다면, 그 상태는 계발해서 온 것이 아닙니다.

마: 어떤 옴도 없었습니다. 그러했던 거지요—늘. 발견이 있었고, 그것은 돌발적이었습니다. 마치 그대가 태어나면 세계가 있다는 것을 갑자기 발견하듯이, 저는 자신의 **참된 존재**를 갑자기 발견했습니다.

질: 그것이 구름에 덮여 있었는데 당신의 수행이 그 운무를 해소한 것입니까? 당신의 **참된 상태**가 당신께 분명해졌을 때, 그것은 분명하게 유지되었

습니까, 아니면 다시 흐려졌습니까? 당신의 상태는 영구적입니까, 간헐적입니까?

마: 절대적으로 안정적이지요. 제가 무엇을 하든, 그것은 바위같이 머무릅니다—움직임 없이. 그대가 일단 실재의 상태로 깨어나면, 그 안에 머무릅니다. 아이는 자궁으로 다시 돌아가지 않지요! 그것은 단순한 상태이고, 가장 작은 것보다도 작고 가장 큰 것보다도 큽니다. 그것은 자명하지만, 묘사를 넘어서 있습니다.

질: 그것에 도달하는 길이 있습니까?

마: 일체가 하나의 길이 될 수 있지요. 단, 그대가 관심이 있으면 말입니다. 그저 제가 한 말들을 참구參究하면서 그 온전한 의미를 파악하려고 노력하는 것도, 그 벽을 허물기에 족한 하나의 수행입니다. 저에게는 아무것도 문제되지 않습니다. 저는 문제에 전혀 저항하지 않습니다. 따라서 문제가 저에게 머무르지 않습니다. 그대 쪽에는 너무나 많은 문제가 있습니다. 저의 쪽에는 전혀 아무 문제도 없습니다. 저의 쪽으로 오십시오. 그대는 문제에 취약합니다. 저는 영향을 받지 않습니다. 어떤 일도 있어날 수 있지요—필요한 것은 진지한 관심입니다. 성실하면 됩니다.

질: 제가 그렇게 할 수 있습니까?

마: 물론이지요. 건너가고도 남음이 있습니다. 다만 진지하십시오.

43
무지는 인지할 수 있어도 진지는 인지할 수 없다

질문자: 해가 가도 당신의 가르침은 똑같습니다. 저희들에게 하시는 말씀에 아무 진보가 없는 것 같습니다.

마하라지: 병원에서 환자들이 치료를 받고 회복됩니다. 치료는 늘 하는 식

이어서 거의 변함이 없지만, 건강에는 단조로운 면이 전혀 없습니다. 저의 가르침은 늘 듣는 그것일지 모르나, 그 열매는 사람마다 새롭습니다.

질: 깨달음이 무엇입니까? 깨달은 사람은 누구입니까? 무엇을 가지고 진인을 알아볼 수 있습니까?

마: 진지眞知(gnana)에는 뚜렷한 특징이 없습니다. 무지를 인지認知할 수 있을 뿐, 진지는 인지할 수 없습니다. 진인이 자신을 특별한 존재라고 주장하지도 않습니다. 자신의 위대함과 독특함을 주장하는 사람들은 진인이 아닙니다. 그들은 어떤 특이한 발전 상태를 깨달음으로 착각하는 것입니다. 진인은 자신을 진인이라고 선언하려는 어떤 성향도 보이지 않습니다. 그는 자신을 완벽하게 정상이고 자신의 진정한 성품에 충실한 사람으로 여깁니다. 자신이 전지전능하고 부소부재한 어떤 신(deity)이라고 선언하는 것은 분명한 무지의 표지標識입니다.

질: 진인은 자신의 체험을 무지한 사람들에게 전해줄 수 있습니까? 진지는 한 사람에게서 다른 사람에게로 전달될 수 있습니까?

마: 예, 그럴 수 있지요. 진인의 말은 마음 속의 무지와 어둠을 쫓아버릴 수 있는 힘이 있습니다. 중요한 것은 말이 아니라 그 말 이면의 힘입니다.

질: 그 힘이 무엇입니까?

마: 개인적 깨달음에 기초한, 자신의 직접체험에 기초한 확신의 힘입니다.

질: 어떤 깨달은 분들은 말하기를, 앎은 쟁취해야 하는 것이지 그냥 얻어지는 것이 아니라고 합니다. 남은 가르쳐 줄 수 있을 뿐이고, 배우는 것은 자기 스스로 해야 한다는 것입니다.

마: 그것도 같은 말입니다.

질: 다년간 요가를 닦고도 아무 결과를 얻지 못한 사람들이 많습니다. 그들이 실패한 원인은 무엇이겠습니까?

마: 어떤 사람들은 의식이 정지된 상태에서의 황홀경에 탐닉합니다. 온전한 의식 없이 무슨 진보가 있을 수 있습니까?

질: 많은 사람들이 삼매三昧(samadhis)를 닦고 있습니다. 삼매에서는 의식이 상당히 강렬하지만, 아무 결과도 나오지 않습니다.

마: (삼매에서) 어떤 결과를 기대합니까? 그리고 왜 **진지**眞知가 어떤 것의 결과여야 합니까? 한 가지가 다른 것으로 이어지지만, 진지는 원인과 결과에 구속되는 사물이 아닙니다. 그것은 인과성을 아예 넘어서 있습니다. 그것은 **진아** 안에 안주安住해 있는 것입니다. 요기는 경이로운 많은 것을 알게 되지만, 진아에 대해서는 무지한 상태로 있습니다. 진인은 아주 평범하게 보이거나 느껴질 수도 있지만 **진아**를 잘 알고 있지요.

질: 진아지를 얻기 위해 열심히 노력하는 사람들이 많이 있지만, 결과는 이렇다 할 게 없습니다. 그 원인은 무엇이겠습니까?

마: 그들은 **지**知의 근원을 충분히 탐구하지 않았고, 자신의 감각, 느낌, 생각들을 충분히 잘 알지 못합니다. 그것이 진보가 늦은 한 원인일 수 있습니다. 다른 원인으로는, 어떤 욕망들이 아직 남아 있을 수 있지요.

질: **수행**(sadhana)에는 기복이 있을 수밖에 없습니다. 하지만 성실한 구도자는 모든 기복에도 불구하고 계속 나아갑니다. 그런 구도자를 위해 **진인**은 무엇을 할 수 있습니까?

마: 만일 그 구도자가 성실하면 빛이 베풀어질 수 있겠지요. 그 빛은 누구나 받을 수 있고 늘 있지만, 구도자들이 적고, 그 적은 사람들 중에서도 준비된 사람들은 아주 드뭅니다. 가슴과 마음의 성숙이 불가결합니다.

질: 당신께서 **깨달음**을 얻으신 것은 노력을 통해서였습니까, 아니면 당신 스승님의 은총에 의해서였습니까?

마: 그분은 가르침을 주셨고, 저는 신뢰했지요. 그분에 대한 저의 확신으로 인해 저는 그분의 말씀을 참된 것으로 받아들여, 그 말씀 속으로 깊이 들어가서 그 말씀으로 살 수 있었고, 그렇게 해서 본래의 저를 깨닫게 되었습니다. 스승님의 인격과 말씀이 저로 하여금 당신을 신뢰하게 만들었고, 저의 신뢰는 그것을 열매 맺게 한 것입니다.

질: 그러나 어떤 스승이 말없이, 바로 그와 같은 신뢰 없이도, 어떤 준비도 되어 있지 않아도, **깨달음**을 베풀 수 있습니까?

마: 예, 그럴 수 있지요. 그러나 받는 자가 어디 있습니까? 보세요, 저는 스승님께 워낙 맞추어져 있었고, 그분을 워낙 완전히 신뢰하고 있었고, 저

의 안에 저항이 거의 없었기 때문에, 모든 일이 쉽게 빨리 일어났습니다. 그러나 모두가 그렇게 운이 좋지는 않습니다. 흔히 나태함과 들뜸이 그들을 장애하는데, 그것을 발견하여 제거할 때까지는 진보가 느립니다. 접촉이나 바라봄이나 생각8)에 의해 바로 그 자리에서 깨달은 모든 사람들은, 그 점에서 성숙되어 있었습니다. 그러나 그런 사람은 아주 적습니다. 대다수는 성숙하는 데 시간이 좀 걸립니다. **수행**은 가속화된 성숙 과정입니다.

질: 무엇이 우리를 성숙시킵니까? 성숙 요인은 무엇입니까?

마: 물론 **성실성**이고, 정말 간절해야 합니다. 어쨌든 깨달은 사람은 가장 성실한 사람입니다. 그는 무슨 일을 하든, 한계를 두거나 주저함이 없이 완전히 해냅니다. 올곧음(integrity)이 그대를 **실재**에게로 데려다줄 것입니다.

질: 세계를 사랑하십니까?

마: 그대는 다치면 웁니다. 왜 웁니까? 그대 자신을 사랑하기 때문입니다. 그대의 사랑을 그 몸에 한정하여 밀폐하지 말고, 열어 두십시오. 그러면 그것은 모두에 대한 **사랑**이 됩니다. 모든 거짓된 자기 동일시가 내버려지면, 남는 것은 모두를 끌어안는 **사랑**입니다. 그대 자신에 대한 모든 관념을 제거하십시오. 심지어 그대가 신이라는 관념조차도 말입니다. 어떤 자기규정도 타당하지 않습니다.

질: 저는 (무엇을 하면 무엇을 얻을 거라는) 약속들이 지겹습니다. 저의 모든 시간과 정력을 가져가면서도 아무 성과가 없는 수행이 지겹습니다. 저는 지금 여기서 **실재**를 원합니다. 제가 그것을 가질 수 있습니까?

마: 물론 그럴 수 있지요. 그대가 수행을 포함한 모든 것에 정말 신물이 났다면 말입니다. 그대가 세계에 대해, 신에 대해 아무것도 요구하지 않을 때, 아무것도 원치 않고, 아무것도 구하지 않고, 아무것도 기대하지 않을 때, 그럴 때 **지고의 상태**(Supreme State)가 찾아올 것입니다―청하지 않아도 예기치 않게!

질: 만약 가정생활과 세간사에 몰두해 있는 사람이 자신의 경전이 제시하

---

8) *T*. 접촉, 바라봄, 생각은 인도에서 전통적으로 스승이 제자에게 은총(영적 에너지)을 베푸는 세 가지 방식이다.

는 대로 엄격하게 수행을 한다면, 성과를 얻겠습니까?

마: 성과를 얻겠지요. 그러나 마치 (누에가) 고치 안에 싸이듯이 그 성과 안에 싸이게 될 것입니다.

질: 수많은 **성자**들이, 우리가 성숙되고 준비되면 깨달을 거라고 말합니다. 그들의 말이 맞을지는 모르나, 거의 소용이 없습니다. 시간이 필요한 성숙 과정과 노력이 필요한 수행과는 독립된, 어떤 '나가는 길'이 있어야 합니다.

마: 그것을 길(way)이라고 하지 마십시오. 그보다는 일종의 기술(art)입니다. 기술조차도 아니지요. 열려 있으면서 침묵하십시오. 그거면 됩니다. 그대가 추구하는 것은 워낙 그대와 가까이 있어서, 길이 있을 데도 없습니다.

질: 세상에는 무지한 사람들이 너무 많고 **진인**은 너무 적습니다. 그 원인은 무엇이겠습니까?

마: 남들은 상관 말고 그대 자신을 돌보십시오. 그대는 그대가 **있**다는 것을 압니다. 이름들로 자신에게 짐을 지우지 말고, 그냥 **있**으십시오. 그대가 자신에게 부여하는 어떤 이름과 형상도 그대의 **진정한 성품**을 가립니다.

질: 왜 추구하기(seeking)가 끝나야 우리가 깨달을 수 있습니까?

마: 진리에 대한 욕망은 모든 욕망 중 최고의 욕망이기는 하지만, 그것도 여전히 하나의 욕망입니다. 실재가 있기 위해서는 모든 욕망이 포기되어야 합니다. 그대가 **있**다는 것을 기억하십시오. 이것이 그대의 운영자본(밑천)입니다. 그것을 굴리면 많은 수익이 날 것입니다.

질: 추구하기가 대체 왜 있어야 합니까?

마: 삶은 곧 추구하기이고, 그대는 추구하지 않을 수 없습니다. 모든 탐색이 그칠 때 그것이 **지고의 상태**입니다.

질: 지고의 상태는 왜 오고 갑니까?

마: 그것은 오지도 않고 가지도 않습니다. 그것은 있습니다.

질: 그것은 당신 자신의 체험에서 나온 말씀입니까?

마: 물론입니다. 그것은 무시간적 상태이고, 항상 존재합니다.

질: 저에게는 그것이 오고 가는데, 당신께는 오고 가지 않습니다. 왜 이런 차이가 있습니까?

마: 아마 저에게는 아무 욕망이 없기 때문이겠지요. 아니면 그대가 **지고자**를 충분히 강하게 욕망하지 않는 것입니다. 그대의 마음이 그것을 놓치면 필사적인 심정이 되어야 합니다.

질: 저는 평생 애써 왔는데 이룬 것이 너무 적습니다. 책도 읽었고 가르침도 들었지만, 모두 헛수고였습니다.

마: 듣고 읽는 것이 그대에게 습관이 되었습니다.

질: 그것도 포기했습니다. 요즘은 읽지 않습니다.

마: 그대가 포기한 것들은 지금 전혀 중요하지 않습니다. 포기하지 않고 있는 것은 무엇입니까? 그것을 찾아내어 포기하십시오. **수행**이란 무엇을 포기할 것인지를 탐색하는 것입니다. 그대 자신을 완전히 비우십시오.

질: 바보가 어떻게 지혜를 욕망할 수 있습니까? 무엇을 욕망하려면 그 욕망의 대상을 알아야 합니다. 지고자를 모르는데 어떻게 그것을 욕망할 수 있습니까?

마: 인간은 자연히 성숙하면서 **깨달음**을 위한 준비를 하게 됩니다.

질: 그러면 그 성숙 요인은 무엇입니까?

마: **자기기억**(self-remembrance), 곧 "내가 있다"는 **자각**은 그를 강력하고도 신속하게 성숙시킵니다. 그대 자신에 대한 모든 관념을 포기하고, 단순히 있으십시오.

질: 저는 그 온갖 방도와 수단과 기술과 요령이, 이 모든 심적인 곡예가 지겹습니다. 실재를 직접적으로, 즉시 지각하는 어떤 방도가 있습니까?

마: 마음을 사용하는 것을 멈추고 어떤 일이 일어나는지 보십시오. 이 한 가지만 철저히 해보십시오. 그거면 됩니다.

질: 제가 더 젊었을 때는, 제가 아무것도 아니라는, 그냥 아무것도 아닌데 그러면서도 온전히 의식하는, 짧지만 기억에 남는 이상한 체험들을 했습니다. 그러나 위험한 점은, 지나가 버린 그 순간들을 기억을 토대로 재창조하고 싶다는 욕망을 제가 가지고 있다는 것입니다.

마: 그것은 모두 상상입니다. 의식의 **빛** 안에서 온갖 것들이 일어나지만 어느 것에도 특별한 중요성을 부여할 필요가 없습니다. 한 송이 꽃을 보는

것도 신을 보는 것만큼이나 경이롭습니다. 그 체험들은 내버려두십시오. 왜 그런 것을 기억하고 나서 기억을 하나의 문제로 만듭니까? 그런 것에 담담해지십시오. 그런 체험들을 높은 체험과 낮은 체험, 내적 체험과 외적 체험, 지속적 체험과 일시적 체험으로 나누지 마십시오. 그것을 넘어서고, 그 근원으로 돌아가고, 무슨 일이 일어나든 똑같은 **자기**(진아)에게로 나아가십시오. 그대의 약함은 자신이 이 세상에 태어났다는 확신에서 비롯됩니다. 실제로는 세계가 그대 안에서 그대에 의해 늘 재창조됩니다. 일체를, 그대 자신의 존재의 **근원**인 **빛**에서 방사되는 것으로 보십시오. 그 **빛** 안에 **사랑**과 무한한 **에너지**가 있다는 것을 발견하게 될 것입니다.

질: 제가 그 빛이라면, 왜 제가 그것을 모릅니까?

마: 알기 위해서는 아는 마음, 곧 아는 능력이 있는 마음이 필요합니다. 그러나 그대의 마음은 늘 돌아다니는 탓에 결코 가만히 있지 못하고, (그 빛을) 결코 완전히 반사하지는 못합니다. 병으로 눈이 희미하게 가려졌는데, 어떻게 찬란히 빛나는 달을 볼 수 있습니까?

질: 해가 그림자의 원인이기는 하지만 그림자 안에서는 해를 볼 수 없다고 우리가 말할 수 있겠습니까? (해를 보려면) 우리가 돌아서야 합니다.

마: 또다시 그대는 해, 몸, 그림자의 삼원성을 도입했습니다. **실재** 안에는 그런 구분이 없습니다. 제가 이야기하고 있는 것은 이원성이나 삼원성과 무관합니다. 마음으로 생각해서 말로 표현하지 마십시오. 그냥 보고, 있으십시오.

질: 있기 위해, 보아야 합니까?

마: 그대가 무엇인지를 보십시오. 남들에게 묻지 말고, 남들이 그대 자신에 대해 말해주지 않게 하십시오. 내면을 바라보아 (진아를) 보십시오. 스승이 그대에게 말해줄 수 있는 것은 이것뿐입니다. 이 스승 저 스승 찾아다닐 필요가 없습니다. 모든 우물 안에 같은 물이 있습니다. 그냥 가장 가까운 우물에서 길으십시오. 저의 경우 그 물은 제 안에 있고, 제가 그 물입니다.

44
"내가 있다"는 참되고, 다른 모든 것은 추론이다

마하라지: 세계를 지각하는 자는 세계 이전입니까, 아니면 세계와 함께 생겨납니까?

질문자: 정말 이상한 질문이군요! 그런 질문을 왜 하십니까?

마: 그 정답을 모르면 그대가 평안을 발견하지 못할 테니까요.

질: 아침에 깨어나면 세계는 저를 기다리면서 이미 존재하고 있습니다. 분명히 세계가 먼저 생겨납니다. 저도 생겨나지만 훨씬 나중이며, 가장 올려 잡아도 제가 태어났을 때입니다. 몸은 저와 세계 사이를 매개합니다. 몸이 없으면 저도 없고 세계도 없을 것입니다.

마: 몸은 그대의 마음 안에서 나타나고, 그 마음은 그대의 **의식**을 이루는 내용입니다. 그대는 **의식**이라는 강을 지켜보는 부동의 **주시자**인데, 이 강은 영원히 변하지만 결코 그대를 변화시키지 않습니다. 그대 자신의 불변성은 워낙 명백해서 그대가 그것을 알아차리지 못합니다. 그대 자신을 잘 바라보십시오. 그러면 그런 모든 오해와 착각이 해소될 것입니다. 물에 사는 모든 미물들은 물 안에 있고 물 없이는 존재할 수 없듯이, 모든 우주는 그대 안에 있고 그대 없이는 존재할 수 없습니다.

질: 우리는 그것을 신이라고 부릅니다.

마: 신은 그대 마음 속의 한 관념일 뿐입니다. 사실은 그대가 신입니다. 그대가 확실하게 알고 있는 것은, "지금 여기 내가 있다"입니다. 여기서 "지금 여기"를 제거하면 "내가 있다"가 남는데, 이것은 범접할 수 없습니다. 말은 기억 속에 존재하고, 기억은 **의식** 속에 들어오며, **의식**은 **자각** 안에 존재하고, **자각**은 **존재**의 수면에서 **빛**이 반사되는 것입니다.

질: 하지만 저는 세계가 어떻게 제 안에 있을 수 있는지 모르겠습니다. 반대로 "나는 세계 안에 있다"는 아주 명백한데 말입니다.

마: "나는 세계다. 세계가 나다"라고 말하는 것조차 **무지**의 한 표지입니다.

그러나 나와 세계의 동일성을 명심하고 삶 속에서 확언하면, 어떤 힘이 내 안에서 일어나 무지를 파괴하고 그것을 완전히 태워버립니다.

질: 무지의 주시자는 무지와 별개입니까? "나는 무지하다"라고 말하는 것은 무지의 일부 아닙니까?

마: 물론 그렇지요. '내'가 진실로 말할 수 있는 것은 "내가 있다"가 전부이며, 다른 모든 것은 추론입니다. 그러나 그 추론이 하나의 습관이 되었습니다. 생각하기와 보기(seeing)의 모든 습관을 파괴하십시오. "내가 있다"는 느낌은 더 깊은 어떤 원인의 현현인데, 그것을 진아·신·실재 혹은 다른 어떤 이름으로 불러도 무방합니다. "내가 있다"는 세계 안에 있지만, 그것은 세계에서 나가는 문을 열 수 있는 열쇠입니다. 수면에 일렁이는 달은 물에서 보이지만, 그것은 하늘에 있는 달에 의해 생긴 것이지 물에 의해 생긴 것이 아닙니다.

질: 하지만 제가 그 주안점을 이해하지 못하는 것 같습니다. 제가 살아가고 움직이면서 저의 존재를 갖는 이 세계는 저 자신의 창조물이라는 것, 곧 미지의 세계, 있는 그대로의 세계, '절대적 물질'의 세계—이 물질이 무엇이든—위에 비친 저 자신의, 저의 상상의 한 투사물이라는 것은 인정할 수 있습니다. 저 자신의 창조물인 세계는, 궁극자(the ultimate), 곧 실재하는 세계와는 아주 다를 수 있겠지요. 마치 영화의 스크린이 그 위에 영사되는 화면들과 아주 다르듯이 말입니다. 그렇기는 하나, 이 **절대적 세계**는 저 자신과 아주 독립하여 존재합니다.

마: 정말 그렇지요. 그대의 마음이 상대적인 비실재성의 세계를 그 위에 투사한 **절대적 실재**의 세계는 ('사람'인) 그대 자신과 독립해 있습니다. 그것이 곧 그대 자신이라는 아주 단순한 이유에서 말입니다.

질: 용어상의 모순은 없습니까? 독립성이 어떻게 동일성을 입증할 수 있습니까?

마: 변화의 움직임을 조사해 보면 알게 될 것입니다. 그대가 변하지 않을 때 변할 수 있는 것은 그대에게서 독립해 있다고 말할 수 있습니다. 그러나 변치 않는 것은 변치 않는 다른 무엇과도 하나일 수밖에 없습니다. 왜

냐하면 이원성은 상호작용이 있다는 의미를 내포하고, 상호작용은 변화를 뜻하기 때문입니다. 바꾸어 말해서, 절대적으로 물질적인 것과 절대적으로 영적인 것, 전적으로 주관적인 것과 전적으로 객관적인 것은, 바탕과 본질 양면에서 동일합니다.

질: 3차원 그림에서처럼 빛이 그 자신의 스크린을 형성하는 거로군요.

마: 어떤 비유도 무방하겠지요. 파악해야 할 주된 요점은 그대가 자기 자신 위에 그대 자신의 상상물인 세계를—기억에, 그리고 욕망과 두려움에 기초한 세계를—투사해 왔다는 것, 그리고 그대가 자기 자신을 그 안에 가두어 왔다는 것입니다. 그 주문을 깨뜨리고 자유로워지십시오.

질: 그 주문을 어떻게 깨뜨립니까?

마: 사고와 행동에서 그대의 독립성을 주장하십시오. 어쨌든 모든 것은 그대 자신에 대한 그대의 믿음과, 그대가 보고 듣고 생각하고 느끼는 것이 실재한다는 확신에 매달려 있습니다. 왜 자신의 믿음을 의문시하지 않습니까? 분명 이 세계는 그대가 의식의 스크린 위에 그린 것이고, 전적으로 그대 자신의 사적인 세계입니다. "내가 있다"는 느낌만이, 비록 세계 안에 있어도 세계의 것이 아닙니다. 논리나 상상으로 아무리 애를 써 봐도 "내가 있다"를 "나는 없다"로 바꿀 수 없습니다. 자신의 존재를 부정하는 것 자체가 그것을 주장하는 것입니다. 세계가 그대 자신의 투사물이라는 것을 일단 깨달으면 거기서 벗어납니다. 그대 자신의 상상 속에서 외에는 존재하지 않는 세계에서 그대 자신을 벗어나게 할 필요는 없지요! 그 그림이 어떤 모습이든, 아름답든 추하든, 그대가 그것을 그리고 있고, 그대는 그것에 속박되지 않습니다. 그대에게 그것을 강요할 자는 아무도 없다는 것, 그것은 상상적인 것을 실재하는 것으로 착각하는 습관에 기인한다는 것을 깨달으십시오. 상상적인 것을 상상적인 것으로 보고 두려움에서 벗어나십시오.

이 양탄자의 색상은 빛에 의해 드러나지만 빛이 그 색상은 아니듯이, 세계는 그대가 원인이지만 그대는 그 세계가 아닙니다.

세계를 창조하고 유지하는 것을 **신**이나 **섭리**라고 부를 수도 있겠지만, 궁극적으로 그대가 곧 신이 존재한다는 증거지, 그 반대는 아닙니다. 왜냐하면 신에 대한 어떤 질문을 던지기 전에 그 질문을 던질 그대가 있어야 하기 때문입니다.

질: 신은 시간 내에서의 한 체험이지만, 그 체험자는 무시간적입니다.

마: 그 체험자조차 2차적입니다. 1차적인 것은 의식의 무한한 **무변제**無邊際, 영원한 **가능성**, 곧 과거에 존재했고, 지금 존재하고, 앞으로 존재할 모든 것의 가늠할 수 없는 **잠재력**입니다. 그대가 무엇을 바라볼 때 그대가 보는 것은 **궁극자**이지만, 그대는 자신이 구름이나 나무를 본다고 상상합니다.

상상 없이 보고, 왜곡 없이 듣는 법을 배우십시오. 그거면 됩니다. 본질적으로 이름이 없고 형상이 없는 것에다 이름과 형상들을 부여하기를 그만두고, 지각의 모든 양상은 주관적이라는 것, 보이거나 들리는 것, 만져지거나 냄새 맡아지는 것, 느껴지거나 생각되는 것, 기대되거나 상상되는 것은 마음 안에 있지 **실재** 안에 있는 것이 아니라는 것을 깨달으십시오. 그러면 그대는 평안과, 두려움에서 벗어남을 체험하게 될 것입니다.

"내가 있다"는 느낌조차도 순수한 빛과 '존재의 느낌'으로 구성되어 있습니다. '있다' 없이도 '나'는 있습니다. 따라서 그대가 '나'를 말하든 않든 간에 그 순수한 빛이 있습니다. 그 순수한 빛을 자각하십시오. 그러면 결코 그것을 놓치지 않게 될 것입니다. 존재 안의 **존재성**, 의식 안의 **자각**, 모든 경험 안의 관심―그것은 묘사가 불가능하지만, 완벽하게 접근 가능합니다. 왜냐하면 달리 아무것도 없기 때문입니다.

질: 실재를 직접적으로 말씀하시는군요. 일체에 편재하고, 항상 존재하고, 영원하고, 일체를 알고, 일체에 힘을 불어넣는 제1원인으로 말입니다. 실재를 전혀 논하지 않는 **스승**들도 있습니다. 그들은 말하기를, 실재는 마음을 넘어서 있지만 모든 논의는 비실재의 터전인 마음의 영역 내에 있다고 합니다. 그들의 접근법은 부정적입니다. 그들은 비실재를 지적하며, 그렇게 해서 그것을 넘어 **실재**로 들어갑니다.

마: 차이는 말에 있을 뿐입니다. 어쨌든 저는 **실재**를 이야기할 때 그것을 비실재적이지 않고, 무공간이고, 무시간이고, 무원인이고, 시작이 없고, 끝이 없다고 묘사합니다. 결국 같은 것이지요. 그것이 **깨달음**으로 이끌어주는 한,

언어 표현이 무슨 문제가 됩니까? 수레를 앞에서 끌든 뒤에서 밀든, 수레가 계속 굴러가는 한 무슨 상관 있습니까? 어떤 때는 **실재**에 끌리는 느낌이 들 수도 있고, 어떤 때는 거짓에서 밀려나는 느낌이 들 수도 있습니다. 이런 것들은 기분 상태가 번갈아드는 것일 뿐입니다. 완전한 **자유**를 위해서는 둘 다 필요합니다. 그대는 이 길로 갈 수도 있고 저 길로 갈 수도 있지만, 매번 그 순간에는 그것이 올바른 길이겠지요. 부디 오롯한 마음으로 나아가고, 의심하거나 주저하는 데 시간을 허비하지 마십시오. 어린이가 성장하는 데는 다양한 음식이 필요하지만, 먹는 행위는 동일합니다. 이론상으로는 모든 접근법이 다 좋습니다. 실제상으로는, 그리고 주어진 한 순간에는 그대가 한 길로만 갑니다. 그대가 진정으로 **실재**를 발견하고 싶다면, 한 곳에서만—내면에서만—파야 한다는 것을 조만간 발견하게 되어 있습니다.

   그대의 몸도 마음도, 그대가 추구하는 것—그대의 **진아**가 되고 **진아**를 아는 것, 그리고 그와 함께 오는 **큰 평안**—을 그대에게 줄 수 없습니다.

질: 분명히 모든 접근법에는 타당하고 가치 있는 뭔가가 있습니다.

마: 각 경우에 그 가치는, 그대가 내면을 추구할 필요를 느끼게 해주는 데 있습니다. 다양한 접근법을 가지고 노는 것은, 내면으로 들어가는 데 대한 저항, 곧 자신이 어떤 특정한 무엇이거나 누구라는 환상을 버려야 한다는 두려움 때문일 수 있습니다. 우리는 물을 찾으려고 온 땅 위에 조금씩 구멍을 파지 않고, 한 곳에만 깊은 구멍을 뚫습니다. 마찬가지로, 그대의 **진아**를 발견하려면 그대 자신을 탐사해야 합니다. 그대가 세계의 **빛**이라는 것을 깨달으면, 또한 그대가 곧 세계에 대한 **사랑**이라는 것, 아는 것이 곧 사랑하는 것이고 사랑하는 것이 곧 아는 것임을 깨달을 것입니다.

   모든 애정 중에서 자기 자신에 대한 **사랑**이 제일 먼저 옵니다. 세계에 대한 **사랑**은 그대 자신에 대한 **사랑**이 반사된 것입니다. 그대의 세계는 그대 자신의 창조물이니까요. **빛**과 **사랑**은 비인격적이지만, 그대의 마음 안에서 그것은 그대 자신을 알고 그대 자신이 잘 되기를 바라는 마음으로서 반사됩니다. 우리는 늘 우리 자신에 대해 우호적이지만, 늘 지혜롭지는 않습니다. 요기란, **선의**가 **지혜**와 손잡고 있는 사람입니다.

45
오고 가는 것은 존재성이 없다

질문자: 저는 말씀을 듣기 위해서라기보다 당신 곁에 있기 위해서 왔습니다. 말로 표현될 수 있는 것은 적고, **침묵** 속에서 훨씬 많은 것이 전달될 수 있습니다.

마하라지: 먼저 말이 있고, 그런 다음 **침묵**이 있습니다. **침묵**을 이해하려면 성숙되어 있어야 합니다.

질: 제가 **침묵** 속에서 살 수 있습니까?

마: 비이기적인 일은 **침묵**으로 이어지는데, 왜냐하면 무아적으로 일할 때는 (누구에게) 도움을 청할 필요가 없기 때문입니다. 결과에 무관심하므로, 가장 시원찮은 수단을 가지고도 기꺼이 일할 자세가 됩니다. 재능이 많거나 자격이 잘 갖추어진 것에 상관하지 않습니다. 남들의 인정이나 도움을 바라지도 않습니다. 그저 해야 할 일을 하면서 성공과 실패는 **미지자**未知者(실재)에게 맡겨둡니다. 왜냐하면 모든 것은 무수한 요인에 의해 야기되는데, 그대의 노력은 그 중의 하나일 뿐이기 때문입니다. 하지만 인간의 의지와 사랑이 함께 끌어당길 때는, 거의 일어날 수 없는 일도 일어난다는 것이 사람의 마음과 가슴이 지닌 오묘한 도리입니다.

질: 그 일이 가치 있는 일일 때 도움을 청하는 것이 뭐가 잘못입니까?

마: 청할 필요가 어디 있습니까? 그것은 나약함과 걱정을 보여줄 뿐입니다. 계속 일을 하십시오. 그러면 우주가 그대와 함께 일할 것입니다. 어쨌든 올바른 일을 한다는 관념 자체가, **미지자**에서 그대에게 옵니다. 결과에 대해서는 **미지자**에게 맡겨두고, 필요한 움직임을 해 나가십시오. 그대는 긴 인과연쇄의 고리들 중 하나일 뿐입니다. 근본적으로 모든 일은 마음 안에서만 일어납니다. 그대가 어떤 것을 위해 온 정성으로 꾸준히 일을 할 때, 그 일은 일어납니다. 일들을 일어나게 하는 것이 마음의 기능이기 때문입니다. 실제로는 아무것도 부족하지 않고 아무것도 필요하지 않으며, 모든 일은

표면에 있을 뿐입니다. 깊은 곳에는 완전한 **평안**이 있습니다. 그대의 모든 문제는 그대가 자신을 규정하고, 그렇게 제한했기 때문에 일어납니다. 그대 자신을 이것이나 저것으로 생각하지 않으면 모든 갈등이 그칩니다. 그대의 문제들에 대해 뭔가 해보려고 하는 어떤 시도도 실패하게 되어 있습니다. 왜냐하면 욕망으로 야기된 것은 욕망에서 벗어남으로써만 원래대로 돌아갈 수 있기 때문입니다. 그대는 자신을 시간과 공간 안에 가두고, 한 생애의 기간과 한 몸의 부피 안에 억지로 밀어 넣었고, 그리하여 생사와 고락苦樂, 희망과 두려움이라는 무수한 갈등을 창조했습니다. 환상들을 버리지 않고는 문제에서 벗어날 수 없습니다.

질: '사람'은 본래적으로 제한되어 있습니다.

마: '사람' 같은 것은 없습니다. 제한과 한계들이 있을 뿐입니다. 이런 것들의 총합이 그 '사람'을 규정합니다. 그대는 자신이 무엇인지를 알 때 그대 자신을 안다고 생각합니다. 그러나 그대는 자신이 누구인지 결코 알지 못합니다. 그 '사람'은 있는 것처럼 보일 뿐입니다. 마치 항아리 안의 공간이 항아리의 형태와 부피, 그리고 항아리의 냄새를 가진 것처럼 말입니다. 그대가 자기 자신이라고 믿는 그것은 그대가 아니라는 것을 아십시오. 그대가 쓸 수 있는 모든 힘을 동원하여, 자신이 '이름 붙일 수 있고 묘사할 수 있는 존재'라는 관념에 맞서 싸우십시오. 그대는 그런 존재가 아닙니다. 그대 자신을 이것이나 저것의 견지에서 생각하지 마십시오. 탐구해 보지 않고 (그런 관념들을) 무턱대고 받아들이는 바람에 그대가 자초한 불행에서 벗어날 다른 방도는 없습니다. 괴로움은 탐구해 달라는 요구이며, 모든 고통은 탐색을 필요로 합니다. 사유하는 데 게으르지 마십시오.

질: 활동은 현실의 본질입니다. 일하지 않는 데는 아무 미덕이 없습니다. 사유하는 것과 함께, 뭔가를 해야 합니다.

마: 세상에서 일을 하는 것은 힘들고, 불필요한 모든 일을 하지 않기는 더 힘듭니다.

질: 저라는 '사람'에게는 이 모든 것이 불가능해 보입니다.

마: 그대 자신에 대해 무엇을 알고 있습니까? 그대는 실제로 '그대인 것'이

될 수 있을 뿐이고, '그대가 아닌 것'으로는 그렇게 보일 수 있을 뿐입니다. 그대는 **완전함**에서 결코 벗어난 적이 없습니다. 자기향상의 모든 관념은 관습적이고 언어적입니다. 해가 어떤 어둠도 모르듯이, **진아**는 비아非我를 모릅니다. 타자他者를 앎으로써 그 타자가 되는 것은 마음입니다. 하지만 마음은 **진아** 외에 달리 아무것도 아닙니다. 타자, 곧 비아가 되는 것은 **진아**이지만, 그러면서도 그것은 **진아**로 남습니다. 다른 모든 것은 하나의 가정假定입니다. 구름이 해에 결코 영향을 주지 않으면서 해를 가리듯이, 가정도 **실재**를 파괴하지 않으면서 그것을 가립니다. 실재의 파괴라는 관념 자체가 우스꽝스러운 것입니다. 파괴자는 파괴되는 것보다 늘 더 실재합니다. 실재가 궁극의 **파괴자**입니다. 모든 분리, 온갖 유형의 이반離反과 소외가 다 거짓입니다. 모두가 하나다(All is one)—이것이 모든 갈등의 궁극적 해법입니다.

질: 그토록 많은 가르침을 듣고 많은 도움을 받으면서도, 어떻게 해서 저희들은 아무 진보를 하지 못합니까?

마: 우리가 자신을 분리된 인격들로, 즉 자신이 남과 아주 별개라고 상상하는 한, 본질상 비인격적인 **실재**를 이해하지 못합니다. 먼저 우리 자신을 **주시자**로만, 곧 크기도 없고 시간도 없는 관찰의 중심으로만 알아야 하고, 그런 다음 마음이면서 물질이고 또한 그 둘을 넘어선, **순수한 자각**의 저 광대무변한 바다를 깨달아야 합니다.

질: 제가 실제로 무엇이든 간에, 저는 저 자신을 별개의 작은 한 '사람', 다수 중의 하나로 느낍니다.

마: 그대가 사람인 것은 공간과 시간이라는 환상 때문입니다. 즉, 그대는 자신이 어느 특정한 부피를 점하면서 어느 지점에 있다고 상상합니다. 그대의 인격은 몸과의 자기 동일시에 기인합니다. 그대의 생각과 감정들은 연속적으로 존재하는데, 그것들은 시간 속에서 나름의 범위를 가지면서, 그대로 하여금 그대 자신이 기억 때문에 지속시간을 갖는다고 상상하게 만듭니다. 실제로는 시간과 공간이 그대 안에 존재하지, 그대가 그 안에 존재하는 것이 아닙니다. 그것들은 지각의 양상이지만 유일한 양상은 아닙니다.

시간과 공간은 종이에 쓰인 단어들과 같습니다. 종이는 실재하지만 단어들은 하나의 관습에 불과합니다. 그대는 나이가 몇입니까?

질: 마흔 여덟입니다!

마: 무엇이 그대에게 마흔 여덟이라고 말하게 합니까? 무엇이 그대에게 "내가 여기 있다"고 말하게 합니까? 가정假定에서 나온 언어적 습관이지요. 마음이 시간과 공간을 창조하고 그 자신의 창조물들을 실재하는 것으로 착각합니다. 모든 것이 지금 여기 있지만, 우리는 그것을 보지 못합니다. 진실로 모든 것이 내 안에 있고, 나에 의해 있습니다. 달리 아무것도 없습니다. '달리'라는 관념 자체가 하나의 재앙이고 재난입니다.

질: 인격화(personification-자기를 '사람'화 하기), 곧 시간과 공간 속의 자기한정(self-limitation)의 원인은 무엇입니까?

마: 존재하지 않는 것에는 원인이 있을 수 없습니다. 별개의 한 '사람' 같은 것은 없습니다. 경험적 관점을 취한다 하더라도, 일체一切가 일체의 원인이고, 일체는 있는 그대로 있는 것이 분명합니다. 왜냐하면 전 우주가 있는 그대로 있기 때문입니다.

질: 하지만 인격에는 하나의 원인이 있어야 합니다.

마: 인격(개인성)은 어떻게 생겨납니까? 기억에 의해서지요. 현재를 과거와 동일시하고 그것을 미래로 투사해서입니다. 그대 자신을 과거와 미래가 없는 일시적 존재로 생각하십시오. 그러면 인격이 해소됩니다.

질: "내가 있다"는 남지 않습니까?

마: '남는다'는 말은 여기에 해당되지 않습니다. "내가 있다"는 항상 싱그럽습니다. '있기' 위해서 (그것을) 기억할 필요는 없습니다. 사실을 말하자면, 그대가 어떤 것을 경험하기 전에 **존재**의 느낌이 있어야 합니다. 지금은 그대의 **존재**가 경험하기와 뒤섞입니다. 그대에게 필요한 것은, 그 **존재**를 경험들의 뒤엉킴에서 풀어내는 것뿐입니다. 이것이나 저것이 됨이 없이 그대가 **순수한 존재**를 일단 알고 나면, 경험들 가운데서 그것을 식별하게 될 것이고, 더 이상 이름과 형상들에 의해 오도誤導되지 않을 것입니다.

자기한정은 인격의 바로 본질입니다.

질: 어떻게 하면 제가 보편적으로 될 수 있습니까?

마: 그런데 그대는 보편적입니다. 이미 그대인 것이 될 필요는 없고, 그럴 수도 없습니다. 다만 그대 자신을 특수자(특정한 사람)로 상상하는 것만 그만두십시오. 오고 가는 것은 존재성이 없습니다. 그것의 출현 자체가 **실재** 덕분입니다. 그대는 한 세계가 있다는 것을 알지만, 그 세계는 그대를 알고 있습니까? 모든 앎은 그대에게서 흘러나옵니다. 모든 존재와 모든 기쁨이 그렇듯이 말입니다. 그대가 영원한 **근원**이라는 것을 깨닫고 모든 것을 그대 자신의 것으로 받아들이십시오. 그런 받아들임이 **참된 사랑**입니다.

질: 당신께서 말씀하시는 모든 것이 대단히 아름답게 들립니다. 그러나 어떻게 그것을 삶의 한 방식으로 만들어야 합니까?

마: 그대는 집을 떠난 적이 없으면서 집으로 갈 길을 묻고 있습니다. 그릇된 관념들을 제거하십시오. 그러면 됩니다. 올바른 관념들을 끌어 모은다 해도 그대가 아무것도 얻지 못합니다. 부디 상상하기를 그만두십시오.

질: 그것은 성취의 문제가 아니라 이해의 문제로군요.

마: 이해하려고 하지 마십시오! 오해하지 않으면 그걸로 족합니다. 해탈을 얻으려고 그대의 마음에 의지하지 마십시오. 그대를 속박으로 끌어넣은 것이 마음입니다. 그것을 아예 넘어서십시오.

시작 없는 것에는 원인이 있을 수 없습니다. 자신이 무엇인지 알고 있다가 그대가 그것을 잊어버린 것이 아닙니다. 일단 알면 잊어버릴 수 없습니다. **무지**는 시작이 없지만 끝은 있을 수 있습니다. 누가 무지한지 탐구해 보십시오. 그러면 **무지**는 하나의 꿈처럼 해소될 것입니다. 세계는 모순들로 가득 차 있고, 그래서 그대는 조화와 평안을 추구합니다. 그러나 세계 안에서는 그것을 찾지 못합니다. 세계는 혼돈의 자식이니까요. 질서를 찾으려면 내면을 탐색해야 합니다. 세계는 그대가 하나의 몸을 받아 태어날 때만 생겨납니다. 몸이 없다―세계도 없습니다. 먼저 그대가 과연 그 몸인지 탐구해 보십시오. 세계에 대한 이해는 나중에 올 것입니다.

질: 당신의 말씀은 설득력이 있지만, 자신이 세계 안에 있고 세계에 속한 존재임을 아는 사적인 개인에게, 그것이 무슨 소용 있습니까?

마: 수많은 사람들이 빵을 먹지만 밀에 대해 속속들이 아는 사람은 거의 없습니다. 그런데 (밀에 대해) 아는 사람들만이 빵을 향상시킬 수 있습니다. 마찬가지로, **진아**를 아는 사람, 세계 너머를 본 사람만이 세계를 향상시킬 수 있습니다. 사적인 개인들에게 그들(진인들)의 가치는 무한합니다. 그들이 그런 개인들의 유일한 구원의 희망이기 때문입니다. 세계 안에 있는 것은 세계를 구원할 수 없습니다. 만약 그대가 정말 세상을 돕고 싶다면, 세계에서 빠져나와야 합니다.

질: 그런데 우리가 세계에서 빠져나올 수 있습니까?

마: 누가 먼저 태어났습니까? 그대입니까, 세계입니까? 세계에 1순위를 부여하는 한 그대는 세계에 의해 속박됩니다. 그러나 세계가 그대 안에 있지 그대가 세계 안에 있는 것이 아니라는 것을 한 점의 의심도 없이 깨닫고 나면, 그대가 세계에서 벗어납니다. 물론 그대의 몸은 세계 안에 남아 있고 세계의 것이지만, 그대가 그 몸에 의해 미혹되지 않습니다. 모든 경전은 세계가 있기 전에 **창조주**가 있었다고 말합니다. **창조주**를 아는 것은 누구입니까? **창조주** 이전에 있던 자, 그대 자신의 **참된 존재**, 곧 창조주들이 있는 모든 세계들의 **근원**일 뿐이지요.

질: 당신께서 하시는 모든 말씀은 세계가 당신 자신의 투사물이라는 당신의 가정에 의해 유지됩니다. 당신께서 말씀하시는 세계가 당신의 개인적이고 주관적인 세계, 즉 당신의 감각기관과 마음에 의해 당신께 주어진 세계를 뜻한다는 것을 당신께서는 인정하십니다. 그런 의미에서 우리는 각자 자기 자신의 투사물인 세계 안에 살고 있습니다. 이런 사적인 세계들은 서로 간에 거의 접촉하지 않고, 그것들의 중심에 있는 "내가 있다"에서 일어나서 그 속으로 합일됩니다. 그러나 분명히 이런 사적인 세계들의 이면에는 하나의 공통된, 객관적 세계가 있어야 합니다. 사적인 세계들은 그것의 그림자에 불과한 세계 말입니다. 당신께서는 모두에게 공통된 그런 객관적 세계의 존재를 부인하십니까?

마: **실재**는 주관적이지도 않고 객관적이지도 않고, 마음도 아니고 물질도 아니며, 시간도 공간도 아닙니다. 그런 구분들은 그 구분이 일어나는 어떤

사람, 곧 의식하는 별개의 한 중심이 있어야 생겨납니다. 그러나 **실재**는 모든 것이자 아무것도 아니고, 전체이면서 일체를 배제하며, 충만함이자 비어 있음이고, 온전히 일관되면서도 절대적으로 역설적입니다. 그에 대해서는 뭐라고 말할 수 없고, 단지 그 안에서 그대의 자아를 잃어버릴 수 있을 뿐입니다. 그대가 어떤 것의 실재성도 부인하면, 부인할 수 없는 어떤 잔여물에 이릅니다. **진지**(gnana)에 대한 모든 이야기는 **무지**의 한 표지입니다. 마음은 자신이 모른다고 상상하다가 알게 됩니다. 실재는 이러한 왜곡들을 전혀 알지 못합니다. **창조주**로서의 **신**에 대한 관념조차도 거짓입니다. 나의 **존재**(being)가 다른 어떤 존재 덕분입니까? 내가 있기 때문에 모든 것이 있습니다.

질: 어떻게 그럴 수 있습니까? 아기가 세상에 태어나지, 세계가 아기에게 태어나지는 않습니다. 세계는 오래되었고 아기는 새로 생겼습니다.

마: 그 아기는 그대의 세계 안에 태어납니다. 그런데, 그대가 그대의 세계 안에 태어났습니까, 아니면 그대의 세계가 그대에게 나타났습니까? 태어난다는 것은 중심인 그대 자신의 주위에 하나의 세계를 창조한다는 것을 뜻합니다. 그러나 그대가 그대 자신을 창조하기라도 합니까? 아니면 누가 그대를 창조했습니까? 누구나 자기 자신을 위해 하나의 세계를 창조하여 그 안에 살면서, 자신의 **무지**에 의해 감금됩니다. 우리가 해야 할 일은 우리의 감옥에 대해 실재성을 부인하는 것뿐입니다.

질: 잠을 자는 동안에 생시의 상태가 씨앗 형태로 존재하듯이, 아기가 태어나면서 창조하는 세계도 그 탄생 이전에 존재합니다. 그 씨앗은 누구에게 간직되어 있습니까?

마: 태어남과 죽음의 **주시자**이되 태어나지도 않고 죽지도 않는 자에게 간직되지 있지요. 오직 그가 창조의 씨앗이자 그 잔여물입니다. 마음에게, 마음을 넘어서 있는 것을 확인해 달라고 하지 마십시오. 직접체험이 유일하게 유효한 확인입니다.

46
존재의 자각이 지복이다

질문자: 저는 직업이 의사입니다. 외과로 시작해서 정신과를 계속했고, 정신 건강과 신앙 치유에 관한 책도 몇 권 썼습니다. 당신을 찾아뵌 이유는 영적인 건강의 법칙들을 배우기 위해서입니다.

마하라지: 그대는 환자를 치료하려 할 때 정확히 무엇을 치료하려 합니까? 치료가 무엇입니까? 언제 사람이 치료되었다고 말할 수 있습니까?

질: 저는 몸을 치료하는 동시에 몸과 마음의 연결고리를 개선하려고 합니다. 저는 또 마음을 바로잡고자 합니다.

마: 마음과 몸의 연관을 탐구해 보았습니까? 어느 지점에서 그것들이 연관됩니까?

질: 몸과 내면에 거주하는 의식 사이에 마음이 있습니다.

마: 몸은 음식으로 만들어지지 않습니까? 그리고 음식 없이 마음이 있을 수 있습니까?

질: 몸은 음식으로 건립되고 유지됩니다. 음식을 먹지 않으면 마음은 보통 약해집니다. 그러나 마음이 단지 음식만은 아닙니다. 몸 안에서 마음을 창조하는 어떤 변환 인자가 있습니다. 그 변환 인자가 무엇입니까?

마: 나무가 나무 아닌 불을 산출하듯이, 몸도 몸 아닌 마음을 산출합니다. 그러나 누구에게 마음이 나타납니까? 소위 마음이라고 하는 생각과 감정들을 지각하는 자는 누구입니까? 나무가 있고, 불이 있고, 그 불을 향유하는 자가 있습니다. 마음을 누가 향유합니까? 그 향유자(enjoyer)도 음식의 한 결과입니까, 아니면 그것은 독립해 있습니까?

질: 그 지각자는 독립해 있습니다.

마: 그것을 어떻게 압니까? 그대 자신의 체험으로 말하십시오. 그대는 몸도 아니고 마음도 아닙니다. 그대가 그렇게 말합니다. 그것을 어떻게 압니까?

질: 실제로는 모릅니다. 그렇게 추측하는 것입니다.

마: 진리는 영구적입니다. 실재는 불변입니다. 변하는 것은 실재하지 않고 실재하는 것은 변치 않습니다. 자, 그대 안의 변치 않는 것이 무엇입니까? 음식이 있는 한, 몸과 마음이 있습니다. 음식이 끊어지면 몸은 죽고 마음도 해체됩니다. 그러나 관찰자도 죽습니까?

질: 그렇지 않다고 봅니다. 그러나 저는 증거가 없습니다.

마: 그대 자신이 그 증거입니다. 다른 어떤 증거도 그대는 가진 적이 없고 가질 수도 없습니다. 그대가 그대 자신이고, 그대가 그대 자신을 알고, 그대가 그대 자신을 사랑합니다. 마음이 무엇을 하든 그것은 그 자신의 **진아**에 대한 사랑에서 그렇게 합니다. 진아의 성품 자체가 **사랑**입니다. 그것은 사랑받고, 사랑하며, 사랑스럽습니다. 몸과 마음을 그토록 흥미롭게, 그토록 사랑스럽게 만드는 것은 **진아**입니다. 그대가 그것들에 기울이는 **주의** 자체가 **진아**에서 옵니다.

질: 만약 **진아**가 몸도 마음도 아니라면, 그것은 몸과 마음 없이도 존재할 수 있습니까?

마: 예, 그럴 수 있지요. **진아**가 마음·몸과 독립된 존재성을 가지고 있다는 것은 우리가 실제로 경험하는 문제입니다. 그것은 **존재-자각-지복**입니다. **존재**의 **자각**이 **지복**입니다.

질: 그것이 당신께는 실제로 경험하시는 문제일지 모르지만, 저의 경우는 아닙니다. 어떻게 하면 제가 같은 경험에 이를 수 있습니까? 어떤 수행법을 따르고, 어떤 수련을 해야 합니까?

마: 그대가 몸도 아니고 마음도 아니라는 것을 알고, 그대 자신을 꾸준히 지켜보면서, 그대의 몸과 마음에 의해 영향 받지 않고, 완전히 초연하게, 마치 그대가 죽어 버린 것처럼 살아가는 것입니다. 그것은 그대가 몸 안에서나 마음 안에서나 아무 기득권을 갖지 않는다는 것을 뜻합니다.

질: 위험한데요!

마: 자살을 하라는 것이 아닙니다. 그대가 그렇게 할 수도 없지요. (자살한다 해도) 기껏 몸뚱이를 죽일 뿐, 마음의 과정을 멈출 수는 없습니다. 그리고 그대가 자신이라고 생각하는 그 '사람'을 없애버릴 수도 없습니다. 부디 영

향 받지 않은 채 머무르십시오. 이 완전한 초연함, 마음과 몸에 대한 무관심이, 그대가 자기 존재의 핵심에서 마음도 아니고 몸도 아니라는 최선의 증거입니다. 몸과 마음에 일어나는 일들은 그대가 바꿀 수 있는 능력 범위 내에 있지 않을지 모르지만, 그대가 자신을 몸과 마음이라고 상상하는 일은 언제든지 끝낼 수 있습니다. 무슨 일이 일어나든, 몸과 마음이 영향을 받을 뿐 그대 자신은 영향 받지 않는다는 것을 상기하십시오. 기억할 필요가 있는 것을 열심히 기억하면 할수록, 있는 그대로의 그대 자신을 더 빨리 자각하게 될 것입니다. 기억이 체험으로 될 테니까요. 성실성이 **존재**를 드러나게 합니다. 상상하고, 실현하려 하는 것은 현실이 됩니다. 여기에, 출구와 함께 위험이 도사리고 있습니다.

　그대의 **진정한 자아**, 곧 그대 안의 변치 않는 것을 몸과 마음에서 분리하기 위해 어떤 단계들을 밟아 왔는지 말해 보십시오.

질: 저는 의료인이고 공부를 많이 했습니다. 수행의 일환으로 저 자신에게 엄격한 **규율**을 부과했고 정기적인 단식을 했고, 또 저는 채식가입니다.

마: 그러나 내심의 깊은 곳에서 그대는 무엇을 원합니까?

질: 실재를 발견하고 싶습니다.

마: 실재를 얻기 위해 그대는 어떤 대가를 지불할 용의가 있습니까? 어떠한 대가라도 치르겠습니까?

질: 이론상으로는 어떠한 대가라도 치를 준비가 되어 있지만, 실제 생활에서는 거듭거듭 저와 **실재** 사이를 가로막는 방식으로 행위하도록 자극받고 있습니다. 욕망에 정신을 빼앗깁니다.

질: 실재 외에는 그 무엇도 그것을 충족할 수 없을 때까지, 그대의 욕망을 늘리고 넓혀 가십시오. 잘못된 것은 욕망이 아니라 그것의 협소함과 왜소함입니다. 욕망은 **헌신**입니다. 실재, 무한자, 존재의 **영원한 핵심**에 얼마든지 헌신하십시오. 욕망을 **사랑**으로 변모시키십시오. 그대가 원하는 것은 행복해지려는 것뿐입니다. 그것이 무엇이든, 그대의 모든 욕망은 행복에 대한 열망의 표현들입니다. 기본적으로, 그대 자신이 잘 되기를 바라는 거지요.

질: 제가 그래서는 안 되는 줄 알지만….

마: 잠깐! 그래서는 안 된다고 누가 그랬습니까? 행복해지고 싶은 것이 뭐가 잘못입니까?

질: 자아가 사라져야 한다는 것, 압니다.

마: 그러나 자아가 있지요. 그대의 욕망들이 있습니다. 행복해지고 싶은 그대의 열망이 있습니다. 왜입니까? 그대가 자신을 사랑하기 때문입니다. 얼마든지 그대 자신을 사랑하십시오―지혜롭게 말입니다. 잘못은, 그대 자신을 어리석게 사랑하여 고통을 자초하는 것입니다. 지혜롭게 그대 자신을 사랑하십시오. 탐닉과 고행은 같은 목적―그대를 행복하게 해주는 것―을 염두에 둡니다. 탐닉은 어리석은 방식이고, **고행**은 지혜로운 방식이지요.

질: **고행**(austerity)이 무엇입니까?

마: 그대가 일단 어떤 경험을 하고 나면 그것을 다시 겪지 않는 것이 **고행**입니다. 불필요한 것을 회피하는 것이 **고행**입니다. 쾌락이나 고통을 기대하지 않는 것이 **고행**입니다. 늘 상황을 제어하고 있는 것이 **고행**입니다. 욕망 그 자체는 잘못이 아닙니다. 그것은 삶 자체이고, 지식과 경험 면에서 성장하려는 욕구입니다.

잘못이 있다면 그대가 하는 선택입니다. 사소한 어떤 것―음식·성性·권력·명성 따위가 자신을 행복하게 해줄 거라고 상상하는 것은 자신을 속이는 짓입니다. 그대의 **진정한 자아**만큼 방대하고 깊은 것만이 그대를 참으로, 지속적으로 행복하게 해줄 수 있습니다.

질: **진아**에 대한 사랑의 한 표현으로서의 욕망에 기본적으로 잘못된 것이 없다면, 욕망을 어떻게 관리해야 합니까?

마: 삶을 영리하게 사십시오. 그대의 가장 깊은 **자아**(진아)의 이익을 늘 염두에 두면서 말입니다. 결국 그대가 진정으로 원하는 것은 무엇입니까? 완전함은 아닙니다. 그대는 이미 완전하니까요. 그대가 추구하는 것은 본래의 그대를 행동으로 표현하는 것입니다. 그러기 위해 그대는 몸과 마음을 가지고 있습니다. 그것들을 수중에 넣어 그대에게 봉사하게 하십시오.

질: 여기서 작동자는 누구입니까? 누가 몸-마음을 수중에 넣어야 합니까?

마: 정화된 마음은 **진아**의 충실한 하인입니다. 그것은 내적·외적인 도구들

을 맡아 관리하면서 그것들이 그들의 목적에 이바지하게 합니다.

질: 그러면 그것들의 목적은 무엇입니까?

마: 진아는 보편적이고, 진아의 목표들도 보편적입니다. 진아에는 개인적인 것이 전혀 없습니다. 질서 있는 삶을 살되, 그 자체가 목적이 되게 하지는 마십시오. 그것은 드높은 모험을 향한 출발점이어야 합니다.

질: 저에게 인도에 계속 오라고 조언하시겠습니까?

마: 그대가 성실하다면 돌아다닐 필요가 없지요. 어디에 있든 그대는 그대 자신이고, 그대가 자신의 분위기를 창조합니다. 이동수단과 교통수단이 그대에게 구원을 안겨주지는 않겠지요. 그대는 몸이 아니며, 그 몸을 여기저기 끌고 다닌다고 해서 얻는 것은 없을 것입니다. 그대의 마음은 삼계三界(온 우주)를 마음대로 돌아다닐 수 있으니 그것을 최대한 활용하십시오.

질: 제가 자유롭다면, 왜 한 몸 안에 들어 있습니까?

마: 그대가 그 몸 안에 있는 것이 아니라 몸이 그대 안에 있지요! 마음이 그대 안에 있습니다. 그것들은 그대에게 일어납니다. 몸과 마음이 있는 것은 그대가 그것들을 재미있어 하기 때문입니다. 그대의 성품 자체가 무한한 즐김 능력을 가지고 있고, 열의와 애정으로 충만해 있습니다. 그것은 자각의 초점 안에 들어오는 모든 것에 빛을 뿌려주며, 어떤 것도 배제되지 않습니다. 그것은 악惡도 모르고 추함도 모릅니다. 그것은 소망하고, 신뢰하고, 사랑합니다. 여러분은 자신의 **참된 자아**를 모르는 바람에 얼마나 많은 것을 놓치고 있는지 모릅니다. 그대는 그 몸이 아니고 마음도 아니며, 연료도 아니고 불도 아닙니다. 그것들은 그 자체의 법칙에 따라 나타나고 사라집니다.

그대인 것, 곧 그대의 **참된 자아**를 그대는 사랑하며, 그대가 무엇을 하든 그것은 그대 자신의 행복을 위한 것입니다. 그것을 발견하고, 그것을 알고, 그것을 간직하려고 하는 것이 그대의 기본적 충동입니다. 아득한 옛적부터 그대는 자신을 사랑했지만, 결코 지혜롭게 사랑하지는 못했습니다. 그대의 몸과 마음이 진아에 봉사하게 하면서 그것을 지혜롭게 사용하십시오. 그러면 됩니다. 그대 자신의 진아에 충실하고, 그대의 진아를 절대적으로 사랑하십시오. 남들을 그대 자신처럼 사랑하는 척하지 마십시오. 그들이 그대 자신과 하나라는 것을 깨닫기 전에는 그대가 그들을 사랑할 수 없습니다. '본래의 그대가 아닌 것'인 척하지 말고, '본래의 그대'가 되는 것을 거부하지 마십시오. 남들에 대한 사랑은 **진아**지의 결과이지 그 원인은 아닙니다. **진아** 깨달음 없이는 어떤 덕도 진짜가 아닙니다. 같은 **생명**이 '존재하는 모든 것'을 통해 흐르고 있다는 것과, 그대가 그 **생명**이라는 것을 의심의 여지 없이 알게 될 때, 그대는 모두를 자연스럽게, 자연발로적으로 사랑하게 될 것입니다. 그대 자신에 대해 그대가 가진 **사랑**의 깊이와 완전함을 깨달을 때, 그대는 모든 산 존재들과 전 우주가 그대의 애정 안에 포함되어 있다는 것을 압니다. 그러나 어떤 것을 그대와 별개로 보면 그것을 사랑할 수 없습니다. 그대가 그것을 두려워하니까요. 소외는 두려움을 야기하고 두려움은 소외를 심화합니다. 하나의 악순환이지요. **진아** 깨달음만이 그것을 깨뜨릴 수 있습니다. 결연히 그것을 추구하십시오.

47
마음을 지켜보라

질문자: 저는 본질적인 것을 탐구하다 보면, 이내 제가 제대로 준비되어 있지 않다는 것과, 어떤 인도자나 스승이 필요하다는 것을 깨닫습니다. 이것은 일정한 규율의 의미를 내포하는데, 왜냐하면 우리가 자신의 인도자를 신뢰하고 그의 조언과 가르침을 절대적으로 따라야 하기 때문입니다. 하지만 사회적으로 긴급한 용무와 압력들이 너무 크고 개인적 욕망과 두려움이 워낙 강해서, 복종에 필수적인 마음과 의지의 단순함이 나오지 않습니다. 스승을 모셔야 할 필요성과 스승에게 절대적으로 복종하기 어려운 현실 간에 어떻게 균형을 잡아야 합니까?

마하라지: 사회와 환경의 압력 하에서 하는 일은 별로 중요하지 않습니다. 그것은 대개 충격에 그저 반응하는 기계적인 일이기 때문입니다. 담담하게 자신을 지켜보면서, 진행되는 일들에서 자신을 완전히 격리시키는 것으로 충분합니다. 잘 살피지 않고 맹목적으로 한 일은 그대의 **업**(karma)을 증가시킬 수 있지만, 그게 아니라면 일은 거의 중요하지 않습니다. **스승**(Guru)은 한 가지만을 요구합니다. 즉, 목적의 명료함과 치열함, 자기 자신에 대한 책임감입니다. 세계의 실재성 자체를 의문시해야 합니다. 결국 스승이란 누구입니까? 세계도 없고 세계에 대한 생각도 없는 그 상태를 아는 자, 그가 지고의 스승입니다. 그런 스승을 발견한다는 것은 상상이 더 이상 실재로 여겨지지 않는 상태에 도달한다는 것을 의미합니다. 스승은 **실재**를, **진리**를, '있는 것(what is)'을 대표한다는 것을 부디 이해하십시오. 그는 가장 높은 수준의 의미에서 실재론자입니다. 그는 마음이나 마음의 망상들을 받아들일 수 없고, 그러지도 않겠지요. 스승은 그대를 **실재**로 데려가기 위해서 옵니다. 그가 달리 무슨 일을 할 거라고 기대하지 마십시오.

그대가 염두에 두는 스승, 곧 그대에게 정보와 가르침을 주는 사람은 진정한 스승이 아닙니다. 진정한 스승은 **실재**를 아는 자로서, 겉모습들의 화려함을 넘어서 있습니다. 그에게는 복종과 규율에 관한 그대의 질문들이 의미가 없습니다. 그의 눈에는 그대가 자기 자신이라고 생각하는 그 '사람'이 존재하지 않기 때문입니다. 그대의 질문들은 존재하지 않는 '사람'에 대한 것입니다. 그대에게 존재하는 것이 그에게는 존재하지 않습니다. 그대가 당연히 받아들이는 것을 그는 절대적으로 부인합니다. 그는 자신이 그대를 보듯이 그대가 그대 자신을 보기를 원합니다. 그렇게 되면, 그대는 복종하고 따를 스승이 필요 없게 됩니다. 그대 자신의 **실재**에 복종하고 그것을 따르게 될 테니까요. 그대가 무엇을 자기 자신이라고 생각하든 그것은 모두 사건들의 한 흐름일 뿐이라는 것, 모든 것이 일어나고 오고 가는 동안에도 '변화무쌍한 것들 가운데서 변치 않는 자'이자 '추론된 것들 가운데서 자명한 자'인 그대만이 존재한다는 것을 깨달으십시오. '관찰자'에게서 '관찰되는 것'을 분리하고, 거짓된 동일시들을 내버리십시오.

질: 실재를 발견하기 위해서는 방해되는 모든 것을 내버려야 합니다. 한편으로 우리는 주어진 한 사회 내에서 살아남아야 하기 때문에, 많은 일을 하고 많은 것을 참아내야 합니다. 실재를 발견하기 위해서는 자신의 직업과 사회적 지위를 버려야 합니까?

마: 그대의 일을 하십시오. 쉬는 순간이 있을 때, 내면을 바라보십시오. 중요한 것은 그런 기회가 올 때 그것을 놓치지 않는 것입니다. 열심히 하면 여가 시간을 완전히 활용하게 될 것입니다. 그것으로 충분합니다.

질: 제가 본질적인 것을 추구하고 비본질적인 것을 버릴 때, 창조적 삶의 여지가 조금이라도 있습니까? 예컨대 저는 그림 그리기를 좋아합니다. 만약 제가 여가 시간을 그림 그리기에 할애한다면 그것도 도움이 되겠습니까?

마: 해야 할 일이 무엇이든, 그대의 마음을 지켜보십시오. 또한 완전한 내적 **평안**과 **고요함**의 순간들, 그대의 마음이 절대적으로 고요한 그런 때를 가져야 합니다. 그것을 놓치면 전부를 다 놓치는 것입니다. 만약 놓치지 않는다면, 마음의 그 **침묵**이 다른 모든 것을 해소하고 흡수할 것입니다.

그대의 어려움은, 그대가 **실재**를 원하면서도 동시에 그것을 두려워하는데 있습니다. **실재**를 두려워하는 이유는 그것을 모르기 때문입니다. 친숙한 것들은 아는 것이고, 그런 것에는 안도감을 느낍니다. 모르는 것은 불확실하고, 따라서 위험합니다. 그러나 **실재**를 안다는 것은 **실재**와 조화를 이룬다는 것입니다. 그리고 조화 안에는 두려움이 있을 곳이 없습니다.

아기는 자기 몸을 알지만 몸에 기초한 구분들은 모릅니다. 아기는 그저 의식하면서 행복합니다. 어쨌든 그것이 아기가 태어난 목적이었습니다. 존재하는 즐거움은 **자기사랑**의 가장 단순한 형태인데, 그것이 나중에 **진아**에 대한 사랑으로 성장합니다. 그 무엇도 몸과 **자아** 사이를 방해하지 않은 아기같이 되십시오. (아기에게는) 정신적 삶의 끊임없는 소음이 없고, 깊은 **침묵** 속에서 **자아**가 몸을 관조합니다. 그것은 아직 아무것도 쓰여 있지 않은 종이와 같습니다. 이것이나 저것이 되려 하지 말고 저 아기같이 되어, 존재하는 것으로 행복하십시오. 그러면 의식의 장場에 대해, 완전히 깨어난 **주시자**가 될 것입니다. 그러나 어떠한 감정이나 관념도 그대와 그 장場 사이를 방해해서는 안 됩니다.

질: 그저 존재하기에 만족하는 것은 더없이 이기적인 시간 보내기 방식인 것 같습니다.

마: 이기적일 수 있는 더없이 가치 있는 방식이지요! **진아** 외에는 일체와 무관하게 지냄으로써 얼마든지 이기적으로 되십시오. **진아**를 사랑하고 달리 무엇도 사랑하지 않을 때, 그대는 이기적인 것과 비이기적인 것을 넘어섭니다. 모든 구분들이 그 의미를 상실합니다. 하나에 대한 사랑과 모두에 대한 사랑은, 누구에게도 집중되지 않고 누구에게도 거부되지 않는(즉, 누구나 가질 권리가 있는) 순수하고 단순한 **사랑** 안에서 합일됩니다. 그 **사랑** 안에 머무르고, 그 속으로 더욱 더 깊이 들어가고, 그대 자신을 탐구하고, 그 **탐구**를 사랑하십시오. 그러면 그대 자신의 문제뿐만 아니라 인류의 문제들도 풀게 될 것입니다. 그대가 무엇을 해야 할지를 알 것입니다. 피상적인 질문들을 하지 마십시오. 근본적인 것들에, 그대의 **존재**의 뿌리 자체에 전념하십시오.

질: 제가 **진아** 깨달음을 가속화할 어떤 길이 있습니까?

마: 물론 있지요.

질: 이 가속화를 누가 해주겠습니까? 당신께서 저를 위해 해주시겠습니까?

마: 그대도 그렇게 하지 않을 것이고, 저도 그러지 않겠지요. 그것은 그냥 일어날 것입니다.

질: 제가 여기 오는 것 자체가 그것을 증명하고 있습니다. 이 가속화는 성스러운 어울림(성자와의 친교, 곧 삿상) 때문입니까? 지난번에 여기를 떠났을 때, 다시 왔으면 했습니다. 그리고 다시 왔습니다! 이제 이렇게 빨리 영국으로 떠나야 한다니 절박한 심정입니다.

마: 그대는 갓 태어난 아이와 같습니다. 이 아이는 전에도 있었지만 자신의 존재를 의식하지는 못했습니다. 태어나자 한 세계가 아이 안에서 일어났고, 그와 함께 **존재**에 대한 **의식**이 일어났습니다. 이제 그대가 **의식** 안에서 성장하기만 하면 됩니다. 그거면 됩니다. 그 아이는 세계의 왕입니다. 아이가 자라나면 자신의 왕국을 책임집니다. 그 아이가 유아일 때 큰 병이 났는데

의사가 아이를 치유했다고 상상해 보십시오. 그렇다고 해서 그 젊은 왕이 자기 왕국을 갖게 된 것이 의사 때문입니까? 단지 기여 요인들 중 하나로서만 그렇다고 해야겠지요. 수많은 다른 요인들이 있었고, 모두 기여했습니다. 그러나 주된 요인, 가장 핵심적 요인은 왕의 아들로 태어났다는 사실이었습니다. 마찬가지로, **스승**은 도움을 줄 수 있습니다. 그러나 도움이 되는 핵심 요소는 그대가 내면에 **실재**를 가지고 있다는 것입니다. 그것이 스스로를 드러낼 것입니다. 그대가 여기 온 것은 분명히 그대에게 도움이 되었습니다. 그러나 그대에게 도움을 줄 것이 그것만은 아닙니다. 핵심 요소는 그대 자신의 **존재**입니다. 그대의 성실성 자체가 그것을 증명합니다.

질: 제가 어떤 직업을 추구하면 저는 성실성이 없다고 간주됩니까?

마: 이미 말해 드렸지요. 그대가 **평안**의 순간들을 많이 가지려고 스스로 노력하면, 그대의 더없이 명예로운 직업을 탈 없이 해나갈 수 있습니다. 그런 내적인 **고요함**의 순간들이 모든 장애들을 어김없이 불태워 버릴 것입니다. 그 영험을 의심하지 마십시오. 해 보십시오.

질: 그런데, 저도 해 보았습니다!

마: 결코 충실히, 결코 꾸준히 하지는 않았지요. 그렇지 않다면 그런 질문들을 하지 않았을 테니 말입니다. 그대가 질문을 하는 것은 그대 자신을 확신하지 못하기 때문입니다. 그리고 그대 자신을 확신하지 못하는 것은, 그대 자신에게 결코 주의를 기울이지 않았고, 그대의 경험에만 주의를 기울였기 때문입니다. 모든 경험을 넘어선 그대 자신에게 관심을 갖고, 그대 자신과 함께 하고, 그대 자신을 사랑하십시오. 궁극적 안전은 **진아지** 안에서만 발견됩니다. 핵심 요소는 **성실성**입니다. 그대 자신에게 정직하십시오. 그러면 그 무엇도 그대를 배신하지 않을 것입니다. 덕과 능력들은 아이들이 가지고 노는 토큰(tokens)에 지나지 않습니다. 그런 것은 세간에서는 유용하지만 그대를 세간에서 꺼내주지는 않습니다. (세간을) 넘어서기 위해서는 경각한 **부동성**不動性(alert immobility), 고요한 주의가 필요합니다.

질: 그러면 저의 신체적 존재(physical being)는 어떻게 됩니까?

마: 그대가 건강한 한, 그대는 계속 살아 나갑니다.

질: 이 내적 부동성의 삶, 그것은 우리의 건강에 영향을 주지 않을까요?
마: 그대의 몸은 변모된 음식입니다. 거친 음식이든 미세한 음식이든, 어떤 음식을 먹느냐에 따라 그대의 건강도 달라지겠지요.
질: 그러면 성性 본능에는 어떤 일이 일어납니까? 그것은 어떻게 제어할 수 있습니까?
마: 성性은 후천적 습관입니다. 넘어서십시오. 그대의 초점이 몸에 가 있는 한, 음식과 성性, 두려움과 죽음의 손아귀를 벗어나지 못할 것입니다. 그대 자신을 발견하고 자유로워지십시오.

48
자각은 자유롭다

질문자: 저는 스리 라마나쉬람(Sri Ramanashram)에서 이제 막 왔습니다. 거기서 일곱 달을 보냈습니다.
마하라지: 그 아쉬람에서는 어떤 수행법을 따랐습니까?
질: 제가 할 수 있는 한 "나는 누구인가?"에 집중했습니다.
마: 어떤 식으로 했습니까? 말로 했습니까?
질: 하루 중 한가할 때는 그렇게 했습니다. 어떤 때는 저 자신에게 "나는 누구인가?" "내가 있다. 그런데 나는 누구인가?" 하고 중얼거렸습니다. 아니면 마음속으로 그렇게 했습니다. 때로는 어떤 좋은 느낌을 갖기도 했고, 고요한 행복의 기분 상태에 들어가기도 했습니다. 대체로 체험을 얻으려고 애쓰기보다, 고요하고 수용적인 상태로 있으려고 노력했습니다.
마: 올바른 기분 상태에 있을 때 실제로 경험하는 것은 무엇이었습니까?
질: 내적인 고요함, 평안, 그리고 침묵의 느낌입니다.
마: 자신이 무의식 상태가 되는 것을 알아차렸습니까?

질: 예, 가끔 그리고 아주 짧은 시간 동안은요. 그렇지 않을 때는 안팎으로 그냥 고요하기만 했습니다.

마: 어떤 종류의 고요함이었습니까? 깊은 잠과 비슷한데, 그러면서도 의식하는 상태인 어떤 것. 일종의 깨어있는 잠(wakeful sleep)?

질: 예. 경각 상태로 잠든 것(jagrat-sushupti) 말입니다.

마: 핵심은 부정적 감정들—욕망, 두려움 등 마음의 '여섯 가지 적敵'에서 벗어나는 것입니다. 일단 마음이 그런 것에서 벗어나면 나머지는 쉽게 옵니다. 비눗물에 담가 놓은 천이 깨끗해지듯이, 마음도 순수한 느낌의 흐름 안에서 정화됩니다.

고요히 앉아 그대 자신을 지켜보면 온갖 것들이 표면으로 떠오를지 모릅니다. 그것들에 대해 아무것도 하지 말고, 반응하지 마십시오. 그것들은 올 때처럼 그렇게 사라질 것입니다. 중요한 것은 **마음차림**(mindfulness), 곧 자기 자신에 대한, 더 정확히는 자기 마음에 대한 전적인 **자각**입니다.

질: '자기 자신'이란 일상적 자아를 말씀하시는 겁니까?

마: 예, 그 '사람'이지요. 그것만이 객관적으로 관찰 가능합니다. 관찰자는 관찰을 넘어서 있습니다. 관찰 가능한 것은 **진정한 자아**가 아닙니다.

질: 저는 늘 관찰자를 관찰할 수 있습니다. 끝없이 뒤로 물러나면서요.

마: 관찰을 관찰할 수 있지, **관찰자를 관찰할 수는 없습니다**. 자신이 궁극적 **관찰자**라는 것을 아는 것은 직접적 통찰에 의해서지, 관찰에 기초한 논리적 과정에 의해서가 아닙니다. 그대는 '본래의 그대'이지만 '그대가 아닌 것'을 압니다. **진아**는 **존재**로서 알려지고, 비아非我는 찰나적인 것으로서 알려집니다. 그러나 실제로는 모든 것이 마음 안에 있습니다—관찰되는 것, 관찰, 그리고 관찰자는 심적인 구성물입니다. **진아만이 있습니다**.

질: 마음은 왜 이런 온갖 나눔들을 만들어냅니까?

마: 나누고 특수화하는 것은 마음의 본성에 속합니다. 나누는 것에 아무 해로울 것은 없습니다. 그러나 분리는 사실에 반합니다. 사물과 사람들은 서로 다르지만 그들은 분리되어 있지 않습니다. **자연**은 하나이고, **실재**는 **하나입니다**. 상대물들이 있기는 하나 대립은 없습니다.

질: 저는 성품상 아주 활동적인 사람이라고 느끼는데, 여기서는 활동을 피하라는 조언을 듣습니다. 활동하지 않고 있으려고 하면 할수록, 뭔가를 하려는 충동이 더 커집니다. 이 때문에 저는 외부적으로 더 활동하게 될 뿐 아니라, 성품상 '제가 아닌 어떤 것'이 되려고 내면적으로 분투하게 됩니다. 일을 하고 싶어 하는 열망에 대한 치유책이 있습니까?

마: 일과 단순한 활동은 차이가 있습니다. 모든 **자연**은 일을 합니다. 일이 **자연**이고, **자연**이 일입니다. 반면에 활동은 욕망과 두려움에 기초하고, 소유하고 즐기려는 열망에, 고통과 절망에 대한 두려움에 기초해 있습니다. 일은 전체에 의한, 전체를 위한 것이고, 활동은 자기 자신에 의한, 자기 자신을 위한 것입니다.

질: 활동에 대한 어떤 치유책이 있습니까?

마: 그것을 지켜보십시오. 그러면 그것이 그칠 것입니다. 기회 있을 때마다 그대는 속박되어 있다는 것, 그대에게 무슨 일이 일어나든 그것은 그대가 신체적 삶을 살고 있기 때문이라는 것을 스스로에게 상기시키십시오. 욕망·두려움·문제·기쁨, 이런 것은 그것이 나타날 수 있는 그대가 없다면 나타날 수 없습니다. 하지만 일어나는 모든 일은 그것을 지각하는 한 중심으로서의 그대가 존재함을 가리켜 보입니다. 그런 지시물들을 무시하고, 그것들이 가리키는 그것을 자각하십시오. 아주 단순하지만 실제로 해야 합니다. 중요한 것은 계속 그대 자신으로 되돌아가는 집요함입니다.

질: 저는 저 자신 속으로 깊이 몰입하는 특이한 상태에 들어가기는 하는데 느닷없이 일시적으로 그렇게 됩니다. 저 자신이 그런 상태들을 제어한다고 느끼지는 않습니다.

마: 몸은 하나의 물질적 사물이고 변하는 데 시간이 걸립니다. 마음은 심적 습관들, 생각과 감정의 방식들의 한 틀에 불과하고, 마음이 변하려면 그것들을 표면으로 끌어내어 조사해야 합니다. 이것도 시간이 걸립니다. 부디 결심하고 꾸준히 해나가십시오. 그 나머지는 저절로 해결될 것입니다.

질: 저는 해야 할 일에 대한 분명한 관념을 가지고 있는 것 같습니다만, 저 자신이 지치고 우울해져서 사람들과 어울리고 싶어 하고, 그래서 홀로

있으면서 명상에 투입해야 하는 시간을 낭비한다고 느낍니다.

마: 하고 싶은 것을 하십시오. 자신을 들볶지 마십시오. 억지힘을 쓰면 그대가 단단해지고 경직될 것입니다. 진로에 장애라고 생각되는 것들과 싸우지 마십시오. 그냥 그것들에 관심을 가지고, 그것들을 지켜보고, 관찰하고, 탐구하십시오. 좋은 것이든 나쁜 것이든, 뭐든 일어나게 하십시오. 그러나 일어나는 일로 그대 자신이 침몰하지 않게 하십시오.

질: 자기가 '지켜보는 자'라는 것을 스스로에게 늘 상기시키는 목적은 무엇입니까?

마: 마음은, 그 움직이는 마음 너머에 **자각**(awareness)이라는 변치 않는 배경이 있다는 것을 배워야 합니다. 마음은 **참된 자아**를 알고 그것을 존중해야 하고, 마치 일식 때 해를 가리는 달처럼 그것을 은폐하는 것을 그쳐야 합니다. 관찰 가능하거나 경험 가능한 그 무엇도 그대가 아니고, 그대를 속박하지 않는다는 것을 부디 깨달으십시오. 그대 자신이 아닌 것에 주의를 기울이지 마십시오.

질: 말씀해 주시는 것을 하려면 제가 끊임없이 자각하고 있어야겠군요.

마: 자각한다는 것은 깨어 있다는 거지요. 자각하지 못한다는 것은 잠들어 있다는 뜻입니다. 그대는 여하튼 자각하고 있으니, 존재하려고 애쓸 필요가 없습니다. 그대에게 필요한 것은 자각하고 있음을 자각하는 것입니다. 의도적으로 그리고 의식적으로 자각하면서, **자각의 장場**을 확대하고 심화하십시오. 그대는 늘 마음을 자각하고 있지, 의식하고 있는 그대 자신을 자각하고 있지는 않습니다.

질: 제가 이해하기로 당신께서는 '마음', '의식', '자각'이라는 단어들에 서로 별개의 의미를 부여하십니다.

마: 그것을 이런 식으로 바라보십시오. 마음은 생각들을 끊임없이 산출하는데, 그대가 그 생각들을 바라보지 않을 때도 그렇습니다. 그대가 자기 마음 속에서 무슨 일이 일어나고 있는지 알 때, 그것을 **의식**(consciousness)이라고 합니다. 이것이 그대의 생시의 상태입니다—즉, 그대의 **의식**은 감각에서 감각으로, 지각에서 지각으로, 관념에서 관념으로 끝없이 연속되며 이동합

니다. 그런 다음 **자각**(awareness), 즉 **의식** 전체, 마음 전체에 대한 직접적인 통찰이 옵니다. 마음은 강처럼 몸이라는 하상河床을 부단히 흘러가는데, 그대는 한순간 그대 자신을 어떤 특정한 물결과 동일시하고 그것을 '내 생각'이라고 부릅니다. 그대가 의식하는 것은 모두 그대의 마음입니다. **자각은 전체로서의 의식을 인지하는 것입니다.**

질: 누구나 의식하고 있지만, 누구나 자각하고 있지는 않습니다.

마: "누구나 의식하고 있다"고 말하지 마십시오. 일체가 그 안에서 나타나고 사라지는 "**의식이 있다**"고 말하십시오. 우리의 마음은 **의식**의 바다 위에 있는 파도들에 불과합니다. 파도로서 그것들은 오고 갑니다. 바다로서 그것들은 무한하고 영원합니다. 그대 자신을 존재의 바다, 모든 존재의 자궁으로 아십시오. 이것은 물론 모두 비유입니다. **실재는 묘사를 넘어서 있습니다.** 그대가 그것이 되어야만 그것을 알 수 있습니다.

질: 그것을 탐색하는 것은 그만한 수고의 값어치가 있습니까?

마: 그것 없이는 모든 것이 문제입니다. 만약 그대가 건전하게, 창조적으로, 행복하게 살면서, 함께 나눌 수 있는 무한한 부富를 가지고 싶다면, 그대가 무엇인지를 탐색하십시오.

 마음은 몸 안에 집중되어 있고 **의식**은 마음 안에 집중되어 있는 반면, **자각은 자유롭습니다.** 몸에는 신체적 충동이 있고 마음에는 심적인 고통과 쾌락이 있습니다. **자각은 초연하고 흔들리지 않습니다.** 그것은 명징明澄하고, 고요하고, 평화롭고, 경각해 있고, 겁내지 않고, 욕망과 두려움이 없습니다. 그것을 그대의 **참된 존재**로서 명상하면서 일상적 삶 속에서 그것이 되려고 노력하십시오. 그러면 그것을 온전한 상태로 깨닫게 될 것입니다.

 마음은 일어나는 일에 관심이 있는 반면, **자각**은 마음 자체에 관심이 있습니다. 아이는 장난감을 추구하지만, 엄마는 장난감이 아니라 아이를 지켜봅니다.

 저는 지칠 줄 모르고 바라봄으로써 아주 비워졌고, 그 비워짐(공空)과 함께 마음을 제외한 모든 것이 저에게 돌아왔습니다. 저는 마음을 다시는 회수할 수 없게 잃어버렸다는 것을 압니다.

질: 바로 지금 저희들에게 이야기하실 때, 무의식 상태이십니까?

마: 저는 의식하지도 않고 의식 못하지도 않습니다. 저는 마음과, 그것의 다양한 상태와 조건들을 넘어서 있습니다. 구분들은 마음이 만들어내고, 마음에게만 해당됩니다. 저는 **순수한 의식** 그 자체, 존재하는 모든 것에 대한 단절 없는 **자각**입니다. 저는 그대의 상태보다 더 실재적인 상태에 있습니다. 저는 한 사람을 구성하는 구분과 분리들에 의해 주의가 분산되지 않습니다. 몸이 지속되는 한 그것은 여느 사람처럼 필요로 하는 것들이 있겠지만, 저의 정신적 과정은 끝나 있습니다.

질: 당신께서도 생각하는 한 '사람'처럼 행동하십니다.

마: 왜 아니겠습니까? 그러나 저의 생각은 저의 소화 과정처럼, 무의식적이면서도 목적성이 있습니다.

질: 만약 당신의 생각이 무의식적이라면, 그것이 올바르다는 것을 어떻게 아십니까?

마: 아무 욕망이 없고, 그것을 위축시킬 어떤 두려움도 없습니다. 무엇이 그것을 그르칠 수 있습니까? 일단 저 자신과 제가 대표하는 것(실재)을 아는 이상, 저 자신을 늘 점검할 필요가 없습니다. 자신의 시계가 정확한 시간을 보여준다는 것을 알 때는, 시계를 볼 때마다 긴가민가하지 않습니다.

질: 바로 이 순간, 마음이 아니시라면 누가 이야기합니까?

마: 질문을 듣는 그것이 그에 답변합니다.

질: 그런데 그것이 누구입니까?

마: '누구'가 아니라 '무엇'이지요. 저는 그대에게 한 '사람'으로 보일지 모르지만, 그대가 이해하는 의미에서의 한 '사람'이 아닙니다. 저는 그 안에서 모든 일이 일어나는 저 **무한한 의식의 바다**입니다. 저는 또한 모든 존재와 인식을 넘어선 **순수한 존재**의 **지복**입니다. 제가 그것과 분리되어 있다고 느끼는 그 무엇도 없고, 그래서 저는 모든 것입니다. 그 무엇도 제가 아니고, 그래서 저는 그 무엇도 아닙니다.

불이 타고 물이 흐르며, 씨앗이 싹트고 나무가 자라게 하는 것과 같은 힘이 저에게 그대의 질문들에 답변하게 합니다. 저에게는 개인적인 것이

48. 자각은 자유롭다

전혀 없습니다. 언어와 스타일은 개인적으로 보일지 모르지만 말입니다. '사람'이란 욕망과 생각, 그리고 거기서 나오는 행위들의 어떤 정해진 패턴입니다. 제 경우에는 그런 패턴이 없습니다. 저는 욕망하거나 두려워하는 것이 아무것도 없는데, 어떻게 패턴이 있을 수 있습니까?

질: 분명히, 당신께서도 돌아가실 겁니다.

마: 생명은 빠져나갈 것이고 몸은 죽겠지요. 그러나 그것은 저에게 조금도 영향을 주지 않을 것입니다. 시간과 공간을 넘어서 있는 저는 무원인이고 (다른 것의) 원인이 되지도 않지만, 그러면서도 존재의 모태母胎 자체입니다.

질: 현재의 상태에 어떻게 도달하셨는지 여쭤어 봐도 되겠습니까?

마: 제 스승님이 저에게, "내가 있다"는 느낌을 집요하게 붙들고 한 순간도 거기서 벗어나지 말라고 말씀하셨지요. 저는 그분의 조언을 따르려고 최선을 다했고, 비교적 단시간 내에 저 자신의 내면에서 그분이 가르치신 진리를 깨달았습니다. 제가 한 일은, 그분의 가르침, 그분의 얼굴, 그분의 말씀들을 부단히 기억한 것뿐이었습니다. 이것이 마음을 종식시켰고, 마음의 고요함 속에서 있는 그대로의—속박되지 않은—저 자신을 보았습니다.

질: 당신의 깨달음은 돌발적이었습니까, 아니면 점진적이었습니까?

마: 어느 쪽도 아닙니다. 우리는 무시간적으로 본래의 우리일 뿐입니다. 욕망과 두려움이 사라졌을 때 깨달음을 얻는 것은 마음이지요.

질: 깨달음에 대한 욕망도 말입니까?

마: 모든 욕망을 종식시키겠다는 욕망은 더없이 특이한 욕망입니다. 마치 두려워함을 두려워하는 것은 더없이 특이한 두려움이듯이 말입니다. 전자는 그대가 움켜쥐는 것을 그만두게 하고, 후자는 그대가 도망치는 것을 그만두게 합니다. (욕망이라는) 같은 단어를 사용할 수는 있겠지만, 그 상태들은 동일하지 않습니다. 깨달음을 추구하는 인간은 욕망에 애착하지 않습니다. 그는 욕망과 함께하는 것이 아니라 그것을 거역하는 추구자입니다. 해탈에 대한 일반적인 열망은 시작일 뿐입니다. 적합한 수단(수행법)을 발견하여 그것을 사용하는 것이 그 다음 단계입니다. 이 추구자는 오직 하나의 목표만 염두에 둡니다. 즉, 자신의 참된 존재를 발견하는 것이지요. 모든 욕망 중

에서 그것이 가장 야심적인 욕망입니다. 왜냐하면 그 무엇도, 그 누구도 그것을 충족시켜 줄 수 없기 때문입니다. (그에게는) 추구자와 추구의 대상이 하나이고, 추구만이 중요합니다.

질: 그 탐색이 끝날 때가 있겠지요. 추구자는 남겠지만 말입니다.

마: 아니지요, 추구자가 해소되고 탐색이 남을 것입니다. 그 탐색이 곧 궁극적이고 무시간적인 실재입니다.

질: 탐색은 결여, 부족, 불충분, 불완전을 뜻합니다.

마: 아니지요. 그것은 불충분한 것과 불완전한 것에 대한 거부와 배척을 뜻합니다. 실재에 대한 탐색 그 자체가 실재의 운동입니다. 어떤 의미에서 모든 탐색은 실재하는 지복, 혹은 실재의 지복을 얻기 위한 것입니다. 그러나 여기서 우리가 '탐색'이라고 할 때는 의식하기의 뿌리이자, 마음을 넘어선 빛으로서의 '자기 자신에 대한 탐색'을 의미합니다. 이 탐색은 결코 끝나지 않겠지만, 다른 모든 것에 대한 들뜬 갈망이 끝이 나야 실질적 진보가 이루어집니다.

　실재 혹은 신이나 스승에 대한 탐색과 진아에 대한 탐색은 같은 것임을 이해해야 합니다. 하나가 발견되면 모두가 발견됩니다. "내가 있다"와 "신은 있다"가 그대의 마음 안에서 구분할 수 없게 될 때, 그때 어떤 일이 일어날 것이고, 그대는 그대가 있기 때문에 신이 있고, 신이 있기 때문에 그대가 있다는 것을 추호의 의심도 없이 알게 됩니다. 그 둘은 하나입니다.

질: 모든 것이 예정되어 있으니, 우리의 진아 깨달음도 예정되어 있습니까? 아니면 우리는 최소한 거기서는 자유롭습니까?

마: 운명은 이름과 형상을 지칭할 뿐입니다. 그대는 몸도 아니고 마음도 아니기 때문에, 운명은 그대에 대한 통제권이 없습니다. 그대는 완전히 자유롭습니다. 컵은 그 형태, 소재, 용도 등에 의해 조건 지워집니다. 그러나 컵 안의 공간은 자유롭습니다. 그것은 컵과 연관 지어 볼 때만 우연히 컵 안에 있는 것이지, 그렇지 않으면 그냥 공간입니다. 하나의 몸이 있는 한 그대는 몸을 가지고 있는 것으로 보입니다. 몸이 없다고 해서 그대가 몸을 벗은 것은 아닙니다―그대는 그냥 있습니다.

운명조차도 하나의 관념일 뿐입니다. 단어들은 너무나 많은 방식으로 결합될 수 있지요! 말들은 서로 다를 수 있지만, 그렇다고 해서 실제에 어떤 변화가 생깁니까? 사물들을 설명하기 위해 너무나 많은 이론이 고안되었는데, 모두 그럴듯하기는 하나 그 어느 것도 참되지 않습니다. 그대가 차를 운전할 때는 역학과 화학의 법칙에 지배됩니다. 그러나 차에서 내리면 생리학과 생화학의 법칙에 지배됩니다.

질: 명상이란 무엇이며, 그 효용은 무엇입니까?

마: 그대가 초심자인 동안은 어떤 공식화된 명상이나 기도가 그대에게 좋을지 모릅니다. 그러나 실재를 추구하는 사람에게는 단 한 가지 명상이 있습니다—생각을 마음에 품는 것을 준엄히 거부하는 거지요. 생각에서 벗어나는 것 자체가 명상입니다.

질: 그것을 어떻게 합니까?

마: 생각들이 흐르게 내버려두면서 그것을 지켜보는 것으로 시작합니다. 그 관찰 자체가 마음의 속도를 늦추고, 그러다가 마음이 아주 멈춰 버립니다. 일단 마음이 고요해지면 그것을 고요하게 유지하십시오. 평안에 지루해하지 말고, 그 안에 머무르고, 그 속으로 더 깊이 들어가십시오.

질: 저는 다른 생각들을 몰아내기 위해 한 생각을 꽉 붙든다는 이야기를 들었습니다. 그러나 어떻게 모든 생각을 몰아냅니까? 그 관념 자체가 하나의 생각입니다.

마: 새롭게 실험해 볼 것이지 과거의 경험에 의존하지 마십시오. 그대의 생각들을 지켜보고, 그 생각들을 지켜보는 그대 자신을 지켜보십시오. 모든 생각에서 벗어난 상태가 갑작스럽게 일어날 것이고, 그 지복에 의해 그대는 그것을 인지하게 될 것입니다.

질: 당신께서는 세계의 상태에 대해 전혀 신경 쓰지 않으십니까? 동파키스탄[지금의 방글라데시]의 끔찍한 사태를 보십시오.9) 그런 것을 보시고도 전혀

---

9) 이 대화와 다음 몇 쪽의 대화는 1971년에 있었던 것이다. 이해에 동파키스탄(방글라데시)에서 전쟁이 일어났다. T. 동파키스탄 선거에서 분리주의자들이 승리하고 독립운동 기미가 있자, 군부가 3월 25일부터 군사작전으로 시민들을 무차별 학살했고, 결국 독립전쟁으로 이어졌다.

마음이 움직이지 않으십니까?

마: 저도 신문을 읽고 있고, 무슨 일이 벌어지고 있는지 압니다! 그러나 저의 반응은 그대의 반응과 같지 않습니다. 그대는 치유책을 찾는 반면, 저는 예방에 관심이 있습니다. 원인들이 있으면 결과도 있을 수밖에 없습니다. 사람들이 나누고 분리하는 데 열중해 있는 한, 그들이 이기적이고 공격적인 한, 그런 일들은 일어나기 마련입니다. 세계에 평화와 조화가 있기를 원한다면, 그대의 심장과 마음 속에 평화와 조화를 지녀야 합니다. 그런 변화는 누가 강제할 수 없습니다. 그것은 내면에서 와야 합니다. 전쟁을 혐오하는 사람들은 마음에서 전쟁을 떨쳐 버려야 합니다. 평화로운 사람들 없이 어떻게 세상에 평화가 있을 수 있습니까? 사람들이 지금 이와 같은 한, 세계도 지금 이와 같을 수밖에 없습니다. 저는 사람들에게 그들 자신이 자기 불행의 유일한 원인이라는 것을 알도록 도와주려고 노력하는 것으로써 제 역할을 하고 있습니다. 그런 의미에서 저는 쓸모가 있는 사람입니다. 그러나 저 자신 속에 있는 본래의 저, 저의 정상적 상태인 그 실체를, 사회적 의식과 유용성의 견지에서 표현할 수는 없습니다.

제가 그것(내적 실체)에 대해 이야기하고 비유나 우화를 사용할 수는 있지만, 그것이 실로 그렇지 않다는(언어로 묘사되는 것과는 다르다는) 것을 예리하게 자각하고 있습니다. 그것을 체험할 수 없다는 것이 아닙니다. 그것이 그 자체를 체험하고 있지요! 그러나 알기 위해서 (대상을) 분리하고 대립시켜야 하는 마음의 견지에서는 그것을 묘사할 수 없습니다.

세계는 어떤 내용이 타자打字된 한 장의 종이와 같습니다. 읽는 이에 따라 그것을 읽는 방식과 이해하는 의미가 다르겠지요. 그러나 종이는 공통요소로서 늘 존재하고, 거의 지각되지 않습니다. (타자기의) 리본을 제거하면 타자를 해도 종이에 흔적이 남지 않습니다. 제 마음도 그와 같아서, 인상들이 계속 다가오지만 아무 흔적이 남지 않습니다.

질: 왜 당신께서는 여기 앉아서 사람들에게 말씀을 하고 계십니까? 당신의 진정한 동기는 무엇입니까?

마: 아무 동기도 없습니다. 그대는 제가 어떤 동기를 가지고 있어야 한다

고 말합니다. 저는 여기 앉아 있지도 않고, 이야기를 하고 있지도 않습니다. 그러니 동기를 추구할 필요가 없습니다. 저를 몸과 혼동하지 마십시오. 저는 할 일이 없고 수행해야 할 임무도 없습니다. 그대가 신이라고 부를지 모를 저의 한 부분이 세계를 돌볼 것입니다. 그토록 많은 돌봄을 필요로 하는 그대의 이 세계는 그대의 마음 안에서 살아가고 움직입니다. 그 속으로 파고드십시오. 그러면 거기서, 오직 거기서만, 그대의 답변들을 발견할 것입니다. 그 답변들이 달리 어디서 올 거라고 기대합니까? 그대의 의식 바깥에 어떤 것이 존재하기는 합니까?

질: 제가 전혀 모르는 가운데 어떤 것이 존재할지도 모릅니다.

마: 그것이 어떤 종류의 존재(existence)이겠습니까? **있음**(being)이 앎과 분리될 수 있습니까? 모든 **있음**은 모든 **앎**과 마찬가지로 그대와 관계됩니다. 한 사물은 그것이 그대의 경험 안에 있거나 아니면 그대의 **존재**(being) 안에 있다는 것을 그대가 알기 때문에 있습니다. 그대의 몸과 마음은 그대가 그것들이 존재한다고 믿는 한에서 존재합니다. 몸과 마음이 그대의 것이라고 생각하기를 그만두십시오. 그러면 그것들은 해소될 것입니다. 얼마든지 그대의 몸과 마음이 활동하게 하되, 그것들이 그대를 제한하지 못하게 하십시오. 만약 (마음과 몸의) 결함들을 보게 되면 그냥 그것을 계속 주목하십시오. 거기에 주의를 기울이는 것 자체가 그대의 가슴과 마음과 몸을 바로잡아 줄 것입니다.

질: 제가 중병에 걸렸다면, 그 병을 인지하는 것만으로도 저 자신을 치유할 수 있습니까?

마: 외적인 증상들뿐만 아니라 그 병 전체를 인지하십시오. 모든 질병은 마음 속에서 시작됩니다. 모든 그릇된 관념과 감정들을 추적하여 제거함으로써, 먼저 마음을 돌보십시오. 그런 다음 질병에 상관하지 말고 살아가면서 일을 하고, 더 이상 그것을 생각하지 마십시오. 원인이 제거되면 결과는 떠나게 되어 있습니다.

인간은 자기 자신이 어떤 사람이라고 믿는 그 사람이 됩니다. 그대 자신에 대한 모든 관념을 버리십시오. 그러면 그대 자신이, 몸과 마음에 일어날 수 있는 모든 것을 넘어선 순수한 **주시자**라는 것을 발견하게 될 것입니다.

질: 만일 제가 저 자신이라고 생각하는 어떤 것이 되어 "나는 **지고의 실재**다"라고 생각하기 시작하면, 저의 **지고의 실재**는 단지 관념으로만 남지 않겠습니까?

마: 먼저 그 상태에 도달하고 나서 그 질문을 하십시오.

49
마음은 불안정을 야기한다

질문자: 사람들이 조언을 얻으러 당신께 옵니다. 어떤 답변을 해야 할지 어떻게 아십니까?

마하라지: 질문을 듣듯이, 저는 답변을 듣습니다.

질: 그런데 당신의 답변이 옳다는 것은 어떻게 아십니까?

마: 일단 제가 그 답변들의 참된 **근원**을 알면, 그 답변을 의심할 필요가 없습니다. 순수한 근원에서는 순수한 물만 흐르겠지요. 저는 사람들의 욕망과 두려움에 상관하지 않습니다. 저는 의견이 아니라 사실들에 조응照應하고 있습니다. 인간은 자신의 이름과 형상을 자기 자신으로 여기지만, 저는 그 무엇도 저 자신으로 여기지 않습니다. 만일 제가 저의 이름으로 알려진 이 몸을 저 자신이라고 생각한다면, 그대의 질문에 대답할 수 없었겠지요. 또 제가 그대를 한갓 몸으로 여긴다면, 저의 답변에서 그대가 아무 이익도 얻지 못할 것입니다. 참된 스승이라면 누구도 의견에 몰두하지 않습니다. 그는 사물을 있는 그대로 보고, 있는 그대로 보여줍니다. 만약 그대가 사람들을 그들이 자기 자신이라고 생각하는 그 존재라고 여긴다면, 그들에게 상처만 줄 것입니다. 마치 그들이 자기 자신에게 늘 그토록 참담하게 상처를 주듯이 말입니다. 그러나 그들을 실제로 있는 그대로 보게 되면 그들에게

도 엄청난 이익이 될 것입니다. 만일 그들이 그대에게, 무엇을 해야 하고, 어떤 수행법을 택해야 하며, 어떤 삶의 길을 따라야 할지를 물어오면 이렇게 답변하십시오. "아무것도 하지 말고, 그냥 있으십시오(Just be). 존재 안에서는 모든 일이 자연적으로 일어납니다."

질: 말씀 중에 당신께서는 '자연적으로(naturally)'와 '우발적으로(accidentally)'라는 단어를 무차별하게 사용하시는 것처럼 보입니다. 저는 그 두 단어의 의미에 깊은 차이가 있다고 느낍니다. 자연적인 것은 질서가 있고 법칙에 지배됩니다. 그래서 우리는 **자연**을 신뢰할 수 있습니다. 우발적인 것은 혼란스럽고, 예상치 못한 것이고, 예측 불가능합니다. 우리는 일체가 자연적이며 자연의 법칙에 지배된다고 변호할 수 있겠지요. 일체가 우발적이며, 어떤 원인도 없다고 주장하는 것은 분명 하나의 과장입니다.

마: 제가 '우발적'이란 말 대신 '자연발로적(spontaneous)'이라는 단어를 사용하면 더 좋겠습니까?

질: '우발적'이란 말에 반대되는 의미로 '자연발로적'이나 '자연적'이란 단어를 사용하셔도 되겠지요. 우발적인 것에는 무질서의, 혼란의 요소가 있습니다. 우발적 사건은 늘 어떤 규칙 위반이고, 예외이고, 놀라운 일입니다.

마: 삶 자체가 놀라운 일들의 한 흐름 아닙니까?

질: 자연에는 조화가 있습니다. 우발적인 것은 어떤 어지러움입니다.

마: 그대는, 시간과 공간 안에 한정되고 한 몸과 한 마음의 내용으로 축소된 한 '사람'으로서 이야기합니다. 그대의 마음에 드는 것은 '자연적'이라 하고, 마음에 들지 않는 것은 '우발적'이라고 하는군요.

질: 저는 자연적인 것, 법칙을 준수하는 것, 예상되는 것을 좋아하고, 법칙을 위반하는 것, 무질서한 것, 예상치 못한 것, 의미 없는 것을 두려워합니다. 우발적인 것은 늘 기괴합니다. 소위 '행운의 사건들'이 있을 수도 있지만, 그것은 우발적 사건이 일어나기 쉬운 우주 안에서는 삶이 불가능할 것이라는 원칙을 증명해 줄 뿐입니다.

마: 어떤 오해가 있다고 느껴지는군요. 제가 '우발적'이라고 한 것은 알려진 어떤 법칙도 적용될 수 없는 어떤 것을 두고 하는 말입니다. 제가 일체가

우발적이고 무無원인이라고 말할 때, 그것은 원인들과 그 원인들이 그에 따라 작동하는 법칙들이 우리의 앎을—심지어 우리의 상상조차도—넘어서 있다는 의미일 뿐입니다. 만일 그대가 질서 있고, 조화롭고, 예측 가능하다고 여기는 것을 '자연적'이라고 부른다면, 더 높은 법칙들을 따르고 더 높은 힘들에 의해 움직이는 것은 '자연발생적'이라고 부를 수 있습니다. 그래서 우리는 두 가지 자연법칙을 가지게 됩니다. 즉, 인격적이고 예측 가능한 법칙과, 비인격적이거나 초인격적이고 예측 불가능한 법칙 말입니다. 그것을 낮은 자연과 높은 자연이라고 부르고, '우발적'이라는 단어는 놓아버리십시오. 그대의 지知와 통찰력이 성장하면서 낮은 자연과 높은 자연 간의 경계선이 계속 뒤로 물러나겠지만, 그 둘이 하나로 보일 때까지는 둘로 남아 있습니다. 왜냐하면, 사실 일체가 더없이 경이롭게 불가해하기 때문입니다.

질: 과학이 많은 것을 설명해 줍니다.

마: 과학은 이름과 형상, 양과 질, 패턴과 법칙들을 다룹니다. 그것은 그 나름의 자리에서는 문제가 없습니다. 그러나 삶은 살아내야지, 분석하고 있을 겨를이 없습니다. 반응이 즉각적이어야 합니다—그래서 자연발로적인 것, 무시간적인 것이 중요합니다. 우리는 '알려지지 않는 것(미지자)' 안에서 살아가며 움직입니다. '알려진 것'은 과거입니다.

질: 제가 저라고 느끼는 것에 대한 저의 입장을 말씀드릴 수 있습니다. 저는 한 개인, 즉 사람들 가운데 한 '사람'입니다. 어떤 사람들은 (인격이) 통합되어 있고 조화를 이루지만, 어떤 사람들은 그렇지 않습니다. 어떤 사람들은 애씀 없이 살면서 모든 상황에 자연발로적으로 올바르게 반응하고, 그 순간에 필요한 것을 잘 표현해 내는 반면, 어떤 사람들은 버벅거리고 실수하며, 대체로 성가신 존재가 됩니다. 조화를 이룬 사람들은 자연스럽고 법칙에 지배된다고 할 수 있는 반면, 해체되어 있는 사람들은 혼란스럽고, 우발적 사건들에 지배됩니다.

마: 혼란(혼돈)이라는 관념 자체가 질서 있는 것, 유기적인 것, 상호 관련되어 있는 것이라는 의미를 전제합니다. 혼돈(chaos)과 우주, 이것은 같은 상태의 두 측면 아닙니까?

질: 그런데 당신께서는 모든 것이 혼돈이고, 우발적이며, 예측 불가능하다고 말씀하시는 듯합니다.

마: 그렇지요. 존재의 모든 법칙들이 알려져 있지는 않고, 모든 사건들이 예측 가능하지는 않다는 의미에서 말입니다. 그대가 더 많이 이해할 수 있으면 있을수록, 우주는 정서적으로나 심적으로나 더 만족스럽게 됩니다. 실재는 선하고 아름답습니다. 혼란은 우리가 만들어내지요.

질: 사건들을 야기하는 것은 인간의 자유 의지라는 의미로 하시는 말씀이라면 동의하겠습니다. 그러나 우리는 아직 자유 의지를 논하지 않았습니다.

마: 그대의 질서란 그대에게 즐거움을 주는 것이고, 무질서란 그대에게 고통을 주는 것입니다.

질: 그렇게 표현하실 수도 있겠지만, 그 둘이 하나라고는 말씀하지 마십시오. 저 자신의 언어―행복을 추구하는 한 개인의 언어로 저에게 말씀해 주십시오. 비이원적인 이야기를 듣다가 딴 길로 빠지고 싶지 않습니다.

마: 무슨 근거로 자신이 별개의 한 개인이라고 믿습니까?

질: 저는 한 개인으로서 행동합니다. 독자적으로 활동합니다. 저는 1차적으로 저 자신을 고려하고, 저 자신과 관련해서만 남들을 고려합니다. 요컨대 저는 저 자신을 돌보기 바쁩니다.

마: 그럼, 그대 자신을 부지런히 돌보십시오. 어떤 용무로 여기 왔습니까?

질: 저 자신을 안전하고 행복하게 만든다고 하는, 늘 하는 용무입니다. 고백하지만 그다지 성공하지 못했습니다. 저는 안전하지도 않고 행복하지도 않습니다. 그래서 제가 여기 왔습니다. 이곳은 저에게 생소하지만 제가 여기 온 이유는, 늘 그랬듯이 안전한 행복, 행복한 안전을 추구하기 때문입니다. 지금까지는 그것을 찾지 못했습니다. 저를 도와주실 수 있습니까?

마: 결코 잃어버린 적이 없는 것은 절대 찾을 수 없습니다. 안전과 기쁨을 추구하는 것 자체가 그대를 그것에서 멀리 있게 합니다. 찾기를 그만두고 잃어버리기를 그치십시오. 병은 단순하고, 치료법도 똑같이 단순합니다. 그대를 불안하고 불행하게 만드는 것은 그대의 마음일 뿐입니다. (미래에 대한) 예상은 그대를 불안하게 만들고, (과거에 대한) 기억은―불행하게 만듭니다.

마음을 잘못 사용하는 것을 그만두십시오. 그러면 모든 일이 잘 될 것입니다. 마음을 바로잡을 필요는 없습니다. 과거와 미래에 대한 모든 걱정을 놓아버리고 전적으로 지금 안에서 사는 순간, 그것은 저절로 바로잡힐 것입니다.

질: 그러나 그 지금에는 아무 크기가 없습니다. 저는 누구랄 것도 없는 사람, 아무것도 아닌 것이 되고 말 겁니다!

마: 바로 그거지요. 아무것도 아닌 것, 누구랄 것도 없는 사람으로서 그대는 안전하고 행복합니다. 그대가 구하기만 하면 그 체험을 가질 수 있습니다. 그냥 해보십시오.

그러나 무엇이 우발적이고 무엇이 자연발로적이냐, 혹은 자연적이냐 하는 문제로 돌아가 봅시다. 그대는 **자연**은 질서가 있지만 우발적 사건은 혼돈의 한 징표라고 말했습니다. 저는 그 차이를 부인했고, 한 사건의 원인들을 추적할 수 없을 때 우리는 그 사건을 우발적이라고 부른다고 말했습니다. **자연**에는 혼돈이 있을 곳이 없습니다. 인간의 마음 속에만 혼돈(혼란)이 있습니다. 마음은 전체를 파악하지 못하는데, 그것은 마음의 초점이 아주 좁기 때문입니다. 그것은 조각들을 볼 뿐 전체 그림(상황)을 보지 못합니다. 말하는 이의 소리는 들어도 언어를 알아듣지 못하는 사람은 그 화자話者가 무의미한 말을 지껄인다고 비난할지 모르지만, 그것은 아주 잘못된 거지요. 어떤 사람에게는 소리들의 혼란스러운 흐름으로 들리는 것이, 어떤 사람에게는 아름다운 시詩입니다.

자나까(Janaka) 왕이 한번은 자신이 거지인 꿈을 꾸었습니다. 깨어난 그는 자신의 스승 바시슈타(Vasishta)에게 물었습니다. "저는 거지인 꿈을 꾸는 왕입니까, 아니면 왕인 꿈을 꾸는 거지입니까?" 스승이 대답했습니다. "그 어느 쪽도 아니고, 둘 다이기도 하지. 그대는 그대가 자기라고 생각하는 존재이면서, 그런 존재가 아니기도 하네. 그대가 그런 존재인 것은 그대가 그에 따라 행동하기 때문이고, 그런 존재가 아닌 것은 그것이 지속되지 않기 때문이네. 그대는 영원히 왕이거나 거지일 수 있는가? 모든 것은 변할 수밖에 없지. 그대는 변치 않는 존재라네. 그대는 무엇인가?" 자나까가 말했습니다. "예, 저는 왕도 아니고 거지도 아닙니다. 저는 초연한 주시자입니다." 스승이 말했습니다. "자신은 진인이라는 것, 자신은 보통 사람들과 다르고 그들보다 우월하다고 하는 그것이 그대의 마지막 환幻이네."

또다시 그대는 자신을 그대의 마음과 동일시하는데, 이 경우에는 처신을 잘 하고 모든 면에서 모범적인 마음입니다. 그러나 조금이라도 차이를 보는 한 그대는 실재에 대해 낯선 사람입니다. 그대는 마음의 수준에 머물러 있습니다. "나는 나 자신이다"가 가면, "나는 모든 것이다"가 옵니다. "나는 모든 것이다"가 가면, "내가 있다"가 옵니다. "내가 있다"마저도 가면 실재만이 있고, 그 안에서 각자의 "내가 있다"가 보존되며 영예로워집니다. 별개성 없는 다양성이 마음이 접촉할 수 있는 궁극자입니다. 그 너머에서는 모든 활동이 그칩니다. 왜냐하면 거기서는 모든 목표가 도달되고, 모든 목적이 성취되기 때문입니다.

질: 지고의 상태에 일단 도달하면, 그것을 남들과 공유할 수 있습니까?

마: 지고의 상태는 도처에 존재하며, 지금 여기 있습니다. 모두가 이미 그 안에 참여하고 있지요. 그것은 있음-앎-좋아함(존재-의식-지복)의 상태입니다. 존재하기를 좋아하지 않거나, 그 자신의 존재를 모르는 사람이 누가 있습니까? 그러나 우리는 '의식하기(being conscious)'의 이 기쁨을 전혀 활용하지 못하고, 그 속으로 들어가서 그것에 낯선 모든 것을 정화하지 못합니다. 이러한 심적인 자기정화 작업, 정신(psyche)의 청소 작업이 필수적입니다. 눈 속의 티끌 하나가 염증을 유발하여 (시야에서) 세계를 없애버리듯이, "나는 몸-마음이다"라는 그릇된 관념이 자기걱정을 야기하며, 이 걱정이 우주를 가립니다. 자신이 한계 있는 별개의 한 '사람'이라는 느낌과 싸우는 것도, 만약 그 뿌리가 드러나지 않는다면 쓸데없는 짓입니다. 이기심은 자기 자신에 대한 그릇된 관념에 뿌리를 두고 있습니다. 마음을 맑히는 것이 요가입니다.

50
자기자각이 주시자이다

질문자: 당신께서는 제가 비약띠(*Vyakti*)[인격체], 비약따(*Vyakta*)[초인격체], 아비약따(*Avyakta*)[비인격체]라는 세 가지 측면에서 고려될 수 있다고 말씀하셨습니다. 아비약따는 보편적이고 실재하는 순수한 '나'이고, 비약따는 그것이 의식 안에서 "내가 있다"로 반사되는 것이며, 비약띠는 신체적·생명적 과정의 총합입니다. 현재 순간이라는 좁은 한계 내에서 비약띠는 시공 안에 있는 '사람'을 자각하는데, (금생의) 한 사람뿐만 아니라 카르마(*karma*)의 실에 엮인 (다생에 걸친) 사람들의 긴 연쇄를 자각합니다. 그것(비약띠)은 본질적으로 주시자일 뿐더러, 축적된 경험들의 잔여물이고 기억의 자리이며 (다생의 사람들을 잇는) 연결고리(*sutratma*-연쇄자아)입니다. 생에서 생으로 넘어가며 삶이 건립하고 형성하는 것이 바로 인간의 성격(비약띠)입니다. **보편자**(아비약따)는 모든 이름과 형상을 넘어서 있고 의식과 성격을 넘어서 있는 순수한 무無자기의식적 존재입니다. 제가 당신의 견해를 올바르게 표현했습니까?

마하라지: 마음의 수준에서는, 그렇지요. 마음의 수준 너머에서는 한 단어도 해당되지 않습니다.

질: 저는 '사람'이란 하나의 심적인 구성물, 즉 일련의 기억과 습관들에 대한 하나의 집합명사라고 이해합니다. 그러나 '사람'이 그에게 일어나는 자, 곧 주시하는 중심(주시자)도 심적입니까?

마: 인격체(비약띠)는 하나의 기반, 곧 자기 자신과 동일시할 수 있는 하나의 몸을 필요로 합니다. 마치 어떤 색상이 그것이 나타날 표면을 필요로 하듯이 말입니다. 그 색상을 보는 것(seeing)은 그 색상과 독립해 있습니다. 색상이 무엇이든 보는 것은 동일하니까요. 어떤 색상을 보려면 그대에게 눈이 있어야 합니다. 색상은 많지만 눈은 단 하나입니다. 초인격체(주시자)는 그 색상 안에 있고 눈 속에도 있는 빛과 같지만, 단순하고, 단일하고, 나눌 수 없고, 그것이 현현된 것들에서 지각될 때를 제외하고는 지각 불가능합니다.

알 수 없지는 않지만 지각 불가능하고, 비대상적이며, 분리할 수 없습니다. 물질적이지도 않고 정신적이지도 않고, 객관적이지도 않고 주관적이지도 않은 그것은 **물질**의 뿌리이자 **의식**의 근원입니다. 단순한 삶과 죽음을 넘어서 있는 그것은 일체를 포함하면서 일체를 배제하는 **생명**인데, 그 안에서는 탄생이 곧 죽음이요 죽음이 곧 탄생입니다.

질: 당신께서 말씀하시는 **절대자** 혹은 **생명**은 실재합니까, 아니면 우리의 무지를 덮기 위한 하나의 이론에 불과합니까?

마: 둘 다지요. 마음에게는 하나의 이론이고 그 자체로는 하나의 **실재**입니다. 거짓된 것을 자발적으로, 전체적으로 배척한다는 점에서 그것은 실재입니다. 빛은 존재하는 것만으로도 어둠을 소멸하듯이, 절대자도 상상을 소멸합니다. 모든 지知는 무지의 한 형태라는 것을 보는 것 자체가 **실재**의 한 운동입니다. 주시자는 한 '사람'이 아닙니다. '사람'은 그것을 위한 하나의 토대, 곧 하나의 유기체, 하나의 몸이 있을 때 생겨납니다. 그 안에서 **절대자**가 자각으로서 반사됩니다. 순수한 자각이 **자기자각**(self-awareness)으로 됩니다. 하나의 자아가 있을 때는 **자기자각**이 주시자입니다. 주시할 자아가 없을 때는 주시하기도 없습니다. 모두 아주 단순한 것인데, '사람'이 존재하면서 복잡해집니다. 영구적으로 별개인 '사람' 같은 것은 없다는 것을 아십시오. 그러면 일체가 분명해집니다. 자각, 마음, 물질―이런 것들은 하나의 실체이지만, 움직일 수 있고 움직일 수 없는 두 측면과 **따마스·라자스·사뜨와**라는 세 가지 속성으로 나타난 것입니다.

질: 무엇이 먼저입니까? **의식**입니까, **자각**입니까?

마: 자각이 하나의 대상을 가질 때 **의식**이 됩니다. 대상은 늘 변하고 있습니다. 의식 안에는 움직임이 있습니다. 자각은 그 자체로는 움직임이 없고 무시간적이며, 지금 여기입니다.

질: 지금 이 순간 동파키스탄에 고통과 유혈사태가 있습니다. 그것을 어떻게 보십니까? 당신께는 그것이 어떻게 보이며, 그에 어떻게 반응하십니까?

마: 순수한 의식 안에서는 어떤 일도 일어나지 않습니다.

질: 제발 그런 형이상학적 고지高地에서 내려와 주십시오! 누구도 그 자신

외에는 그의 고통을 알지 못한다는 말을 고통 받는 사람이 들은들, 그것이 그에게 무슨 소용 있습니까? 모든 것을 환(幻)으로 치부하는 것은 다친 사람을 또 모욕하는 격입니다. 동파키스탄의 벵골인들은 하나의 사실이고, 그들의 고통도 하나의 사실입니다. 부디 그것을 분석하여 존재하지 않는 것으로 만들지 마십시오! 당신께서는 신문도 읽으시고, 사람들이 그에 대해서 이야기하는 것도 들으십니다. 몰랐다고 항변하실 수 없습니다. 그럼 지금 일어나고 있는 사태에 대한 당신의 견해는 무엇입니까?

마: 어떤 견해도 없습니다. 어떤 일도 일어나지 않고 있습니다.

질: 어느 날 당신의 앞에서 폭동이 일어나, 어쩌면 사람들이 서로를 죽일 수도 있습니다. 분명 "어떤 일도 일어나지 않고 있다"고 하시며 초연하게 계실 수는 없겠지요.

마: 저는 초연하게 있다고는 결코 말하지 않았습니다. 그대는 어쩌면 제가 누군가를 구하기 위해 그 소동 속으로 뛰어들었다가 살해당하는 것을 볼지도 모릅니다. 하지만 저에게는 아무 일도 일어나지 않습니다.

큰 건물이 무너진다고 생각해 보십시오. 어떤 방들은 무너져 있지만 어떤 방들은 무사합니다. 그러나 그 공간이 무너졌다거나 무사하다고 이야기할 수 있습니까? 피해를 입은 것은 그 구조물이고, 그 안에 살고 있던 사람들입니다. 공간 자체에는 어떤 일도 일어나지 않았습니다. 마찬가지로, 형상들이 무너지고 이름들이 소멸될 때 생명에는 아무 일도 일어나지 않습니다. 금세공인이 오래된 장신구들을 녹여 새것을 만듭니다. 어떤 때는 좋은 제품이 나쁜 제품과 어울리기도 하지만, 그는 그 일을 아무렇지도 않게 해냅니다. 어떤 금도 잃어버리지 않는다는 것을 알기 때문입니다.

질: 제가 반기를 드는 것은 죽음이 아닙니다. 죽는 방식이 문제입니다.

마: 죽음은 자연적이고 죽는 방식은 인위적입니다. (개아들의) 별개성이 두려움과 공격성을 야기하고, 그것이 다시 폭력을 야기합니다. 인위적 분리들을 없애버리십시오. 그러면 사람들이 서로를 죽이는 이런 모든 끔찍한 일이 확실히 종식될 것입니다. 그러나 실제로는 죽이는 일도 없고 죽는 일도 없습니다. 실재는 죽지 않고, 비실재는 결코 산 적이 없습니다. 그대의 마음

을 바로잡으십시오. 그러면 모두 올바르게 될 것입니다. 세계가 하나라는 것, 인류가 하나라는 것을 알면 그에 따라 행동하게 됩니다. 그러나 무엇보다 먼저, 그대가 느끼고, 생각하고, 사는 방식에 주의를 기울여야 합니다. 그대 자신 안에 질서가 없다면 세계 안에도 질서가 없습니다.

실제로는 어떤 일도 일어나지 않습니다. 마음이라는 스크린 위에 운명이 화면들, 곧 예전에 투사한 것들의 기억을 영원히 투사하고, 그리하여 **환**幻은 부단히 갱신됩니다. 화면들은 오고 가지만, 이것은 **무지**에 의해 차단된 빛들입니다. 그 빛을 보고 화면들은 무시하십시오.

질: 사물을 바라보는 방식치고 얼마나 비정한 방식입니까! 사람들은 죽이고 죽임을 당하는데, 여기서 당신께서는 화면 이야기를 하시니 말입니다.

마: 얼마든지 가서 스스로 살해당하십시오—만약 그래야 한다고 생각한다면. 아니면 가서 남을 죽이든지요. 그것을 그대의 임무로 삼는다면 말입니다. 그러나 그것은 악을 끝내는 방법이 아닙니다. 악은 병든 마음이 발산하는 악취입니다. 그대의 마음을 치유하십시오. 그러면 그것이 왜곡된, 추악한 화면들을 투사하지 않을 것입니다.

질: 당신의 말씀을 이해하지만, 정서적으로는 받아들일 수 없습니다. 삶에 대한 이런 이상적이기만 한 견해에 저는 깊이 혐오감을 느낍니다. 저 자신이 영구적으로 어떤 꿈의 상태에 있다고는 도저히 생각할 수 없습니다.

마: 비영구적인 몸에 의해 야기된 상태 안에 어떻게 그대가 영구적으로 있을 수 있습니까? 그런 오해는 자신이 몸이라는 그대의 관념에 기초해 있습니다. 그 관념을 조사하고, 거기에 내재된 모순들을 보고, 현재 그대의 존재는 소나기처럼 쏟아지는 섬광들과 같아서, 각 섬광은 1초밖에 지속되지 않고 그 소나기 자체도 1, 2분밖에 지속되지 않는다는 것을 깨달으십시오. 분명히, 시작이 곧 끝인 것에는 어떤 중간도 있을 수 없습니다. 품위 있는 용어를 사용하십시오. 실재는 찰나적일 수 없습니다. 그것은 무시간적이지만, 무시간성(timelessness)은 지속성이 아닙니다.

질: 제가 살고 있는 이 세계가 실재하는 세계가 아니라는 것은 인정합니다. 그러나 제가 그것의 왜곡된 화면을 보는, 실재하는 어떤 세계는 있습니다.

그 왜곡은 제 몸이나 마음 안의 어떤 오염에 기인할지도 모릅니다. 그러나 어떤 세계도 실재하지 않고 제 마음 속에 하나의 꿈 세계가 있을 뿐이라고 말씀하시면, 제가 도저히 받아들일 수 없습니다. 존재계의 모든 끔찍한 일들이 제가 하나의 몸을 가지고 있기 때문이라고 믿을 수 있었으면 좋겠습니다. 자살이 거기서 벗어나는 길일 테니까요.

마: 관념들에 주의를 기울이는 한―그대 자신의 관념이든 남들의 관념이든―그대는 곤경에 처하게 될 것입니다. 그러나 만약 모든 가르침, 모든 책, 언어로 표현된 어떤 것도 무시하고 그대 자신의 내면으로 깊이 뛰어들어 그대 자신을 발견하면, 그것이야말로 그대의 모든 문제를 해결해 줄 것입니다. 그때는 그대가 모든 상황을 완전히 좌우할 수 있게 됩니다. 왜냐하면 그 상황에 대한 그대의 관념들에 지배되지 않을 것이기 때문입니다. 예를 들어봅시다. 그대가 매력적인 여성과 어울리고 있습니다. 그대는 그녀에 대한 관념들을 얻고, 그것이 어떤 성적인 상황을 조성합니다. 그러다가 문제가 발생하고, 그대는 금욕 혹은 즐김에 관한 책들을 찾아보기 시작합니다. 그대들이 아기라면 벌거벗고 함께 있어도 아무 문제가 일어나지 않겠지요. 그대들이 몸이라고 생각하기를 그만두십시오. 그러면 사랑과 성에 관한 문제들이 의미를 상실할 것입니다. 한계에 대한 모든 느낌이 사라지면 두려움과 고통, 그리고 쾌락에 대한 추구―이 모든 것이 그칩니다. 자각만이 남습니다.

51
고통과 쾌락에 무관심하라

질문자: 저는 태생이 프랑스인이고 프랑스에 거주합니다. 약 10년 전부터 요가를 닦고 있습니다.

마하라지: 10년을 공부하고 나니 그대의 목표에 좀 가까이 갔습니까?

질: 어쩌면 조금 가까워졌겠지요. 사실 힘든 공부니까요.

마: 진아는 가까이 있고, 그에 이르는 길은 쉽습니다. 아무것도 하지 않기만 하면 됩니다.

질: 하지만 제가 하는 수행은 아주 어렵다는 것을 알았습니다.

마: 그대의 수행은 있는 것(to be)입니다. 그 행위는 일어납니다. 잘 좀 지켜보십시오. '그대가 있다'는 것을 기억하는 데 어려움이 어디 있습니까? 그대는 늘 있습니다.

질: 존재의 느낌은 늘 있습니다―의심할 바 없이요. 그러나 주의의 장場은 종종 온갖 심적인 사건들―감정, 이미지, 관념들에 의해 압도됩니다. 순수한 존재의 느낌은 보통 밀려납니다.

마: 마음에서 불필요한 것들을 씻어내는 그대의 방법은 무엇입니까? 마음의 정화를 위한 그대의 수단, 그대의 도구는 무엇입니까?

질: 기본적으로 인간은 두려워합니다. 인간은 그 자신을 더없이 두려워합니다. 저는 제가, 곧 폭발할 폭탄을 나르고 있는 사람같이 느껴집니다. 그런데 그 폭탄의 뇌관을 제거할 수도 없고 폭탄을 던져버리지도 못합니다. 겁에 잔뜩 질려 어떤 해결책을 미친 듯이 찾고 있지만 찾을 수가 없습니다. 저에게 해방이란 이 폭탄을 없애버리는 것입니다. 저는 그 폭탄에 대해서 별로 아는 게 없습니다. 제가 아주 어릴 때부터 시작된 거라는 것밖에 모릅니다. 저는 사랑을 받지 못하고 있다고 기를 쓰며 항변하는 겁먹은 아이처럼 느껴집니다. 그 아이는 사랑을 갈구하고 있지만 그것을 얻지 못하기 때문에 두렵고 화가 납니다. 이따금은 누군가를, 아니면 저 자신을 죽이고 싶기도 합니다. 그 욕망이 워낙 강해서 늘 두렵습니다. 그런데 그 공포에서 어떻게 벗어나야 할지 모르겠습니다.

그런데, 힌두인의 마음과 유럽인의 마음 간에는 차이가 있습니다. 힌두인의 마음은 비교적 단순합니다. 유럽인은 훨씬 더 복잡한 존재입니다. 힌두인은 기본적으로 순수합니다(*sattvic*). 그는 유럽인의 조바심을―해야 할 일이라고 자기가 생각하는 것을 지칠 줄 모르고 추구하는 태도를―이해하지 못합니다. 일반적 지식은 유럽인이 훨씬 더 많이 가졌는데도 말입니다.

마: 그대는 추론 능력이 워낙 대단해서, 도리에 어긋나는 것도 스스로 합리화하겠군요! 그대가 자기를 내세우는 것은 논리에 대한 의존 때문입니다.

질: 그러나 생각하고 추론하는 것은 마음의 정상적 상태입니다. 마음은 작동하는 것을 도저히 멈출 수 없습니다.

마: 그것이 습관적 상태일 수는 있어도 정상적 상태일 필요는 없지요. 정상적인 상태는 고통스러울 수 없지만, 그릇된 습관은 종종 만성적 고통으로 이어집니다.

질: 그것이 마음의 자연적 혹은 정상적 상태가 아니라면, 그것을 어떻게 멈춥니까? 마음을 가라앉히는 어떤 방법이 있어야 합니다. 저는 자신에게 이런 말을 얼마나 자주 하는지 모릅니다. "그만. 제발 멈춰라. 계속 되풀이하는 문장들의 이 끝없는 지껄임은 할 만큼 했다!" 그러나 제 마음은 멈추려 들지 않습니다. 잠시 동안은 멈출 수 있다고 느끼지만 오랫동안은 아닙니다. 이른바 '영적인' 사람들조차도 자기 마음을 고요히 유지하기 위해 방편을 씁니다. 언구(만트라)들을 염하고, 노래하고, 기도하고, 강제적으로 또는 부드럽게 호흡하고, 몸을 흔들고, 회전하고, 집중하고, 명상하고, 황홀경을 추구하고, 덕을 계발하는 등 늘 공부(수행)를 합니다. 공부하는 것을 그치고, 추구하는 것을 그치고, 움직이는 것을 그치기 위해서 말입니다. 그것이 그렇게 처절하지 않다면, 우스운 일이겠지요.

마: 마음은 물과 같거나 꿀과 같은 두 가지 상태로 존재합니다. 물은 조금만 흔들어도 진동하는 반면, 꿀은 아무리 흔들어도 금방 부동의 상태로 돌아갑니다.

질: 마음은 그 성품 자체상 가만히 있지 못합니다. 그것을 고요하게 만들 수는 있겠지만, 그것 스스로는 고요하지 않습니다.

마: 그대는 만성 열병으로 계속 오한이 나는 상태일 수도 있습니다. 마음을 가만히 있지 못하게 하는 것은 욕망과 두려움입니다. 모든 부정적 감정에서 벗어나면 마음이 고요하지요.

질: 아이가 부정적 감정을 갖지 않게 보호할 수가 없습니다. 아이는 태어나

자마자 고통과 두려움을 배웁니다. 배고픔은 잔인한 스승이어서 의존과 증오를 가르칩니다. 아이가 엄마를 사랑하는 것은 엄마가 먹을 것을 주기 때문이고, 엄마를 미워하는 것은 먹을 것을 얼른 주지 않기 때문입니다. 우리의 의식하는 마음은 갈등으로 가득 차 있고, 그것이 넘쳐서 의식 안으로 흘러듭니다. 우리는 하나의 화산 위에 살고 있고, 늘 위험에 처해 있습니다. 마음이 평화로운 분들과 어울리는 것이 마음을 달래는 데 아주 효과가 좋다는 데는 동의하지만, 제가 그분들과 떨어지자마자 예전의 문제가 시작됩니다. 그래서 주기적으로 인도에 와서 제 스승님을 찾아뵙습니다.

마: 그대는 자신이 오고 가며, 여러 가지 상태와 기분들을 겪는다고 생각합니다. 저는 사물을 있는 그대로 봅니다. 즉, 잇따라 신속하게 제 앞에 나타나서 저에게서 그들의 존재성을 얻어가지만, 결코 제가 아니고 제 것도 아닌, 일시적 사건들로 봅니다. 저는 현상들 중의 하나가 아니고, 어느 현상에도 지배되지 않습니다. 저는 워낙 단순하게 그리고 전적으로 독립해 있어서, 반대와 부인에 익숙한 그대의 마음은 그것을 이해할 수 없습니다. 제가 하는 말은 문자 그대로입니다. 즉, 저는 반대하거나 부인할 필요가 없습니다. 저는 어떤 것에 대한 대립자나 부인이 될 수 없다는 것이 저에게 분명하니까 말입니다. 저는 그냥 넘어서 있고, 아예 다른 차원에 있습니다. 저를 어떤 것과 동일시하거나 대립시켜 찾지 마십시오. 저는 욕망과 두려움이 없는 곳에 있습니다. 자, 그대가 경험하는 것은 무엇입니까? 그대도 모든 찰나적인 것들에서 완전히 초연한 상태에 있다고 느낍니까?

질: 예, 그렇습니다—가끔씩요. 그러나 금세 위험하다는 느낌이 들기 시작하고, 저는 남들과의 모든 관계에서 떨어져 나와 고립됨을 느낍니다. 실은 여기에 당신과 저의 사고방식의 차이점이 있습니다. 힌두들은 감정이 생각을 따릅니다. 힌두에게 어떤 관념을 주면 그의 감정이 일어납니다. 서양인은 그 반대여서, 어떤 감정을 주면 어떤 관념을 산출할 것입니다. 당신의 관념은 아주 매력적입니다—지적으로는요. 그러나 정서적으로는 제가 반응하지 않습니다.

마: 지성은 논외로 하십시오. 이런 문제에서는 그것을 사용하지 마십시오.

질: 제가 실행할 수 없는 조언이 무슨 소용 있습니까? 그런 것은 모두 관념이고, 당신께서는 제가 관념들에 감성적으로 반응하기를 원하십니다. 왜냐하면 감정 없이는 행위가 있을 수 없으니까요.

마: 왜 행위를 이야기합니까? 그대가 행위하기는 합니까? 어떤 알 수 없는 힘이 행위하는데, 그대는 자신이 행위하고 있다고 상상합니다. 그대는 일어나는 일을 지켜보고 있을 뿐, 거기에 결코 영향을 미칠 수 없습니다.

질: 저는 그냥 아무것도 할 수 없다는 것을 받아들이는 데 대해, 저의 내면에 왜 이런 엄청난 저항감이 있습니까?

마: 그런데 그대가 무엇을 할 수 있습니까? 그대는 마취 상태에서 의사의 수술을 받고 있는 환자와 같습니다. 깨어나면 수술이 끝나 있다는 것을 아는데, 그대가 무엇을 했다고 말할 수 있습니까?

질: 그러나 어떤 수술을 받겠다고 한 것은 저입니다.

마: 분명히 그건 아니지요. 그대가 그런 결정을 하게 된 것은 한편으로 그대의 질병 때문이고, 다른 한편으로 그대의 의사와 가족의 압력 때문입니다. 그대에게는 선택권이 없고, 선택권이 있다는 환상이 있을 뿐입니다.

질: 하지만 말씀하시는 것처럼 제가 그렇게 무력하다고 느끼지는 않습니다. 저는 제가 생각할 수 있는 모든 것을 할 수 있다고 느끼는데, 어떻게 해야 할지를 모를 뿐입니다. 저에게 부족한 것은 힘이 아니라 앎입니다.

마: 수단을 모른다는 것은 힘이 없는 것만큼이나 나쁘다고 할 수 있겠지요! 그러나 지금은 이 문제를 그만 다룹시다. 어쨌든 당분간 우리가 무력하다는 것을 분명히 아는 한, 왜 무력한 느낌이 드는지는 중요하지 않습니다.

    저는 지금 일흔 네 살입니다. 그런데도 저는 제가 아기라고 느낍니다. 온갖 변화를 겪었는데도 제가 어린아이라는 것을 분명하게 느낍니다. 제 스승님이 저에게 말씀하셨지요. "바로 지금도 그대인 그 어린아이가 그대의 참된 자아(swarupa)다"라고 말입니다. "내가 있다"가 아직 "이것이 나다"나 "저것이 나다"로 오염되기 전의 순수한 상태로 있는, 그 순수한 존재의 상태로 돌아가십시오. 그대가 진 짐은 거짓된 '자기 동일시'라는 짐입니다. 그것을 죄다 내버리십시오. 스승님이 저에게 말씀하셨지요. "나를 신뢰하라. 그대에게 말하지만, 그대는 신성하다. 그것을 **절대적 진리**로 받아들여라. 그대의 기쁨은 신성하고, 그대의 괴로움도 신성하다. 모든 것은 **신**에게서 온다. 그것을 늘 기억하라. 그대가 신이며, 그대의 뜻이야말로 이루어질 것이다." 저는 그분을 믿었고, 이내 그분의 말씀이 얼마나 놀라우리만치 참되고 정확한지를 깨달았습니다. 저는 "나는 **신**이다. 나는 경이롭다. 나는 넘어서 있다"고 생각하면서 제 마음을 조건 지우지 않았습니다. 그분의 가르침을 단순히 따랐는데, 그것은 **순수한 존재**인 "내가 있다"에 마음을 집중하고 그 안에 머무르라는 것이었습니다. 저는 "내가 있다" 외에는 아무것도 마음속에 담아두지 않는 상태로 한 번에 몇 시간씩 앉아 있곤 했는데, 곧 **평안**과 **기쁨**, 그리고 일체를 감싸는 깊은 **사랑**이 저의 평상적인 상태가 되었습니다. 그 안에서 모든 것이 사라졌지요—저 자신, 제 **스승님**, 제가 살던 삶, 제 주위의 세계가 말입니다. 오직 **평안**과, 깊이를 알 수 없는 **침묵**만이 남았습니다.

질: 그것은 다 아주 간단하고 쉬운 것처럼 보이지만, 결코 그렇지 않습니다. 가끔 즐거운 평안의 경이로운 상태가 다가오면, 저는 그것을 보면서 그것이 얼마나 쉽게 오고, 얼마나 친근하게 보이는지, 얼마나 전적으로 저 자신의 것인지 놀라워합니다. "이렇게 바로 가까이 있는 상태를 그토록 힘들게 추구할 필요가 어디 있었나?"라고 말입니다. 이번에도 분명히 그 상태가 찾아왔기에 오래 머물려 했습니다. 하지만 모두 얼마나 빨리 해소되어 버리는지 모릅니다. 그러면 저는 그것이 **실재**를 잠깐 맛본 거였나, 아니면 또 한 번 빗나간 것인가 의심하게 됩니다. 만약 그것이 **실재**였다면 왜 사라졌겠습니까? 제가 그 새로운 상태 안에 영구히 고정되려면 아마 어떤 독특한 체험이 필요하겠지요. 그 결정적 체험이 올 때까지는 이 숨바꼭질이 계속될 수밖에 없습니다.

마: 어떤 독특하고 극적인 것, 어떤 경이로운 폭발에 대한 기대는 그대의 **진아 깨달음**을 가로막고 지체시킬 뿐입니다. 어떤 폭발을 기대하면 안 됩니다. 왜냐하면 폭발은 그대가 태어난 순간, 즉 그대가 자신을 **있음-앎-느낌**(being-knowing-feeling)으로 깨달은 순간에 이미 일어났기 때문입니다. 그대가

범하고 있는 단 하나의 실수가 있는데, 그것은 내적인 것을 외적인 것으로, 외적인 것을 내적인 것으로 착각하는 것입니다. 그대 안에 있는 것을 그대는 밖에 있다고 여기고, 밖에 있는 것을 그대는 안에 있다고 여깁니다. 마음과 감정은 외적인 것인데도 그대는 그것을 친밀한 것이라고 여깁니다. 그대는 세계가 객관적이라고 믿지만, 그것은 전적으로 그대의 정신이 투사된 것입니다. 그것이 기본적 혼동인데, 어떤 새로운 폭발도 그것을 바로잡아 주지 않을 것입니다. 그대 자신이 그것의 바깥에 있다고 생각해야 합니다. 다른 어떤 방도도 없습니다.

질: 생각들이 자기들 마음대로 오고가는데 어떻게 저 자신이 밖에 있다고 생각할 수 있습니까? 생각들의 끝없는 지껄임이 저의 주의를 흩트리고 저를 소진시킵니다.

마: 그대의 생각들을 지켜보십시오. 거리에서 사람들의 왕래를 지켜보듯이 말입니다. 사람들은 오고 가지만 그대는 반응 없이 그것을 지각합니다. 처음에는 쉽지 않을지 모르지만, 수련을 좀 하면 자신의 마음이 동시에 여러 수준에서 작용할 수 있고, 자신이 그 모두를 자각할 수 있다는 것을 알게 될 것입니다. 어느 특정한 수준에서 그대가 어떤 기득권을 가질 때에만 그대의 주의가 거기에 사로잡히고, 다른 수준들에 대해서는 깜깜하게 됩니다. 그럴 때조차 깜깜해진 수준에서의 작업은 **의식**의 장場 밖에서 계속 진행됩니다. 그대의 기억이나 생각들과 씨름하지 말고 더 중요한 다른 질문, 이를테면 "나는 누구인가?" "나는 어떻게 해서 태어났나?" "내 주위의 이 우주는 어디서 왔나?" "무엇이 실재하고 무엇이 일시적인가?"와 같은 질문들을 **주의**의 장場 안에 포함시키려고 애쓰기만 하십시오. 기억에 대해 흥미를 잃어버리면 어떤 기억도 지속되지 않게 됩니다. 속박을 영구화시키는 것은 정서적 연결입니다. 그대는 늘 쾌락을 추구하고 고통을 피하며, 늘 행복과 평안을 구합니다. 그대가 행복을 추구하는 것 자체가 그대를 비참하게 느끼도록 만든다는 것을 모릅니까? 그 반대로 해 보십시오. 고통과 쾌락에 무관심해지고, 요구하지도 말고 거부하지도 말며, 그대의 모든 **주의**를 "내가 있다"가 무시간적으로 존재하는 그 수준에 기울이십시오. 그러면 곧 **평**

안과 **행복**이 바로 그대의 성품 안에 있고, 어떤 특정한 통로로 그것을 구하는 것이야말로 번뇌가 된다는 것을 깨닫게 될 것입니다. 그 번뇌를 피하십시오. 그거면 됩니다. 추구할 필요가 없습니다. 그대가 이미 가지고 있는 것은 그대가 추구하지 않겠지요. 그대 자신이 신이고, **지고의 실재**입니다. 먼저 저를 신뢰하고, 그 **스승님**을 신뢰하십시오. 그러면 첫발을 내디딜 수 있습니다. 그리고 나면 자신의 신뢰가 옳았다는 것을 그대 자신의 체험으로 알게 됩니다. 어느 직업 분야에서나 최초의 신뢰가 필수적인데, 그것이 없이는 거의 아무 일도 이루어질 수 없습니다. 모든 착수는 믿음의 행위입니다. 그대가 매일 먹는 빵조차도 그대는 신뢰 위에서 먹지요! 제가 그대에게 해드린 말을 기억하면 일체를 성취하게 될 것입니다. 다시 말하지만, 그대는 모든 것에 편재하고 모든 것을 초월하는 **실재**입니다. 그에 따라 행동하십시오. 즉, 전체와 조화를 이루면서 생각하고 느끼고 행위하십시오. 그러면 제가 말하는 것에 대한 실제적 체험이 즉시 다가올 것입니다. 어떤 노력도 필요 없습니다. 믿음을 가지고 그에 기초하여 행위하십시오. 부디, 제가 그대에게서 아무것도 원치 않는다는 것을 아십시오. 제가 이야기를 하는 것은 그대 자신의 이익을 위해서입니다. 왜냐하면 무엇보다도 그대는 그대 자신을 사랑하고, 그대 자신이 안전하고 행복하기를 바라기 때문입니다. 그것을 부끄러워하지 말고, 그것을 부인하지 마십시오. 자기 자신을 사랑하는 것은 자연스럽고 좋은 일입니다. 다만 자신이 정확히 무엇을 사랑하는지 알아야 합니다. 그대가 사랑하는 것은 몸이 아니라 **생명**입니다. 지각하고, 느끼고, 생각하고, 행위하고, 사랑하고, 노력하고, 창조하는 작용 말입니다. 그대가 사랑하는 것은 그 **생명**이며, 그것이 **그대**이고, 그것이 모든 것입니다. 모든 구분과 한계를 넘어선 **전체성**으로서의 그것을 깨달으십시오. 그러면 그대의 모든 욕망이 그 안에 합일될 것입니다. 왜냐하면 큰 것은 작은 것을 포함하기 때문입니다. 따라서 그대 자신을 발견하십시오. 그것을 발견하는 과정에서 모든 것을 발견하니까요.

누구나 존재하는 것을 기뻐합니다. 그러나 존재의 충만함을 아는 사람은 거의 없습니다. 그대의 마음을 "내가 있다", "나는 안다", "나는 사랑한다"

안에 머무르게 하면, 그대도 알게 됩니다. 이런 말들의 가장 깊은 의미에 도달하려는 의지를 가지고 있으면 말입니다.

질: "나는 신이다"라고 생각해도 됩니까?

마: 자신을 어떤 관념과도 동일시하지 마십시오. 그대가 신이라고 할 때 그것이 **미지자**未知者(the Unknown)라는 의미라면, 그것은 "나는 내가 무엇인지 모른다"고 말하는 것에 불과합니다. 그대가 그대 자신을 알듯이 신을 안다면, 그렇게 말할 필요가 없습니다. 가장 좋은 것은 "내가 있다"는 단순한 느낌입니다. 인내심 있게 그 느낌에 머무르십시오. 여기서는 인내가 지혜입니다. 실패를 생각하지 마십시오. 이 **수행**에서는 어떤 실패도 있을 수 없습니다.

질: 생각들이 저를 그러도록 내버려두지 않겠지요.

마: 개의치 마십시오. 생각들과 싸우지 마십시오. 그것들에 대해 그냥 아무것도 하지 말고, 그것이 어떤 생각이든 내버려두십시오. 생각과 싸우는 것 자체가 그것들에 생기를 줍니다. 그냥 무시하십시오. (생각들을) 꿰뚫어 보십시오. 잊지 말고 기억하십시오. "무슨 일이 일어나든, 그것은 내가 있기 때문에 일어난다"는 것을 기억해야 한다는 것을 말입니다. 모든 것이 그대가 있다는 것을 상기시켜 줍니다. 경험하기 위해서는 그대가 **있어야** 한다는 사실을 최대한 이용하십시오. 생각하기를 멈출 필요는 없습니다. (생각들에) 관심을 갖지만 마십시오. 무관심이 **해탈**을 가져다줍니다. 붙들지 마십시오. 그거면 됩니다. 세계는 고리들로 이루어져 있습니다. 걸쇠(고리에 걸리는 잠금장치)는 모두 그대의 것입니다. 그대가 가진 걸쇠들을 곧게 펴 버리면 아무것도 그대를 붙들 수 없습니다. 탐닉을 포기하십시오. 달리 포기할 그 무엇도 없습니다. 늘 무엇을 얻으려는 판에 박힌 버릇, 결과를 찾는 습관을 그만두십시오. 그러면 우주의 **자유**가 그대의 것입니다. 애씀 없이 있으십시오.

질: 삶은 노력입니다. 해야 할 일이 너무 많습니다.

마: 해야 할 일은 하고, 저항하지 마십시오. 올바른 일만 한다는 데 기초하여, 순간순간 역동적 균형을 유지해야 합니다. 자라고 싶어 하지 않는 어린이처럼 되지 마십시오. 상투적인 몸짓과 자세는 그대에게 도움이 되지 않

을 것입니다. (일을 할 때는) 전적으로 사고의 명석함, 동기의 순수성, 그리고 행위의 올곧음에 의존하십시오. 그러면 도저히 잘못될 수 없습니다. 넘어서서 모든 것을 뒤로하십시오.

질: 그런데 어떤 것이 영원히 남겨질 수 있습니까?

마: 그대는 24시간 황홀경 같은 것을 원하는군요. 황홀경은 오고 갑니다. 그것은 필연적인데, 인간의 뇌는 그 긴장을 오랜 시간 견딜 수 없기 때문입니다. 장시간의 황홀경은—그것이 극히 순수하고 미묘한 것이 아니면—그대의 뇌를 태워버릴 것입니다. **자연**에는 정지해 있는 것이 없습니다. 일체가 맥동하고, 나타나고 사라집니다. 심장, 호흡, 소화, 잠과 생시, 탄생과 죽음 등 일체가 파도처럼 오고 갑니다. 리듬, 주기성, 양극의 조화로운 교대가 원칙입니다. 삶의 패턴 자체에 반기를 들어 봐야 소용없습니다. 그대가 만일 변치 않는 것을 추구한다면, 경험을 넘어서십시오. "내가 있다"를 항상 기억하라고 제가 말할 때, 그것은 "계속 반복해서 그것에로 돌아가라"는 뜻입니다. 어떤 특정한 생각도 마음의 본연적 상태일 수 없고, **침묵**만이 그럴 수 있습니다. 침묵이라는 관념이 아니라 **침묵** 그 자체 말입니다. 마음이 그것의 본연적 상태에 있을 때는, 경험을 하나씩 하고 난 뒤마다 자연발로적으로 **침묵**으로 돌아갑니다. 더 정확히는, 모든 경험은 **침묵**을 배경으로 하여 일어납니다.

자, 그대가 여기서 배운 것은 씨앗이 됩니다. 그것을 잊어버릴 수도 있겠지요—외관상으로는. 그러나 그것은 살아 있을 것이고, 적당한 시절이 오면 싹이 터서 자라나 꽃을 피워내고 열매를 맺을 것입니다. 모든 일이 저절로 일어날 것입니다. 어떤 일도 할 필요가 없습니다. 단지 그것을 가로막지만 마십시오.

52
자기가 행복하고, 남을 행복하게 하는 것

질문자: 저는 몇 달 전에 유럽에서 왔습니다. 캘커타 근처에 계신 제 스승님을 주기적으로 찾아뵙는데, 그렇게 왔다가 이제 고국으로 돌아가는 길입니다. 한 친구가 당신을 찾아뵙자고 해서 왔는데, 이렇게 와서 기쁩니다.

마하라지: 그대의 스승에게서 무엇을 배웠고, 어떤 수행법을 따랐습니까?

질: 그분은 연세가 여든쯤 되신 존경할 만한 노인입니다. 철학적으로는 베단타파派(Vedantin)이시고, 그분이 가르치는 수행법은 마음의 무의식적 에너지를 불러 일으켜 숨은 장애물과 차단물들을 의식 속으로 가져오는 것과 많은 관계가 있습니다. 저의 개인적 수행은 제 유아기와 유년기 때의 특이한 문제와 관련되어 있었습니다.

제 어머니는 안전하고 사랑받고 있다는 느낌을 저에게 주지 못했습니다. 아이의 정상적인 발육에 아주 중요한 것인데도 말입니다. 그이는 어머니 노릇을 하기에 부적합한 여성이었습니다. 근심과 신경증에 시달렸고, 자기 자신을 믿지 못했습니다. 어머니는 저를 하나의 책임져야 할 물건, 감당하기 벅찬 짐으로 생각했습니다. 제가 태어나기를 결코 원치 않았지요. 제가 성장하고 발육하는 것을 원치 않았고, 제가 자신의 자궁 안으로 도로 들어가서, 태어나지도 않고 존재하지도 않기를 바랐습니다. 제 내면의 어떤 삶의 움직임에도 어머니는 저항했고, 자신의 습관적인 존재의 좁은 테두리를 제가 조금만 벗어나려고 해도 사납게 싸웠습니다. 어릴 때 저는 감수성도 예민했고 정도 많았습니다. 다른 무엇보다도 사랑을 갈구했지만, 사랑이—어머니들이 자기 자식에 대해 갖는 그 단순하고 본능적인 사랑이—저에게는 오지 않았습니다. 그래서 자식이 어머니를 찾는 심정이 제 삶의 주된 동기가 되었고, 저는 결코 거기서 벗어나지 못했습니다. 아이는 행복해야 하고, 행복한 어린 시절을 가져야 한다는 생각에 늘 사로잡히게 되었습니다. 그래서 임신, 출산, 유아기에 열정적으로 관심을 가졌습니다. 저는 산부인과 의사가 되어 어느 정도 명성을 얻었고, 무통분만의 방법을 개발하는 데도 기여했습니다. 행복한 엄마의 행복한 아이―그것이 제 평생의 이상이었습니다. 그러나 어머니가 늘 살아 계셨는데, 본인도 불행했고, 제가 행복한 것을 보려고 하지 않고 볼 수도 없었습니다. 그것은 이상한 방식으로 나타나더군요. 제가 몸이 안 좋을 때마다 어머니는 더 좋아지고, 제가 건강한 상태에 있을 때는 어머니가 다시 쇠약해져서 당신 자신을 욕하고 저도 욕하는 것이었습니다. 마치 제가 태어난 죄를 결코 용서하지 않았다는 듯이, 저로 하여금 살아 있는 것에 대해 죄책감을 느끼게 했습니다. "너는 나를 미워하기 때문에 살아 있어. 만약 나를 사랑한다면, 죽어라." 이것이 늘 보내는 말 없는 메시지였습니다. 그래서 저는 사랑 대신 죽음을 제시받으면서 인생을 보냈습니다. 사실 저는 영원한 어린애인 제 어머니라는 감옥에 갇혀서, 여성과 의미 있는 관계를 발전시키지 못했습니다. 용서하지 않고 용서받지도 못하는 어머니의 이미지가 중간에서 방해하곤 했습니다. 저는 일에서 위안을 찾았고 많은 위안을 받기는 했지만, 유아기의 함정에서 헤어나지 못했습니다.

결국 영적인 탐구로 마음을 돌려서 이 길로 다년간 꾸준히 나아가고 있습니다. 그러나 어느 면에서 그것은 예전에 어머니의 사랑을 갈구하던 것과 같습니다. 그것을 신이라 하든, 진아(*Atma*)라 하든, 지고의 실재라 하든, 여하튼 말입니다. 기본적으로 저는 사랑하고 사랑받고 싶습니다만, 불행히도 소위 종교인들은 삶에 반대하고 마음에는 대찬성입니다. 삶의 욕구와 충동에 직면하면 그들은 먼저 분류하고 추상화하고 개념화한 다음, 그 분류를 삶 자체보다 더 중요한 것으로 만듭니다. 그들은, 어떤 개념에 집중하고 그것을 인격화하라고 합니다. 사랑을 통한 자발적 통합 대신, 어떤 연구(formula)에 대한 의도적이고 수고로운 집중을 권장합니다. 그것이 신이든 진아든, '나'든 '남'이든, 결국 마찬가지입니다! 사랑할 어떤 사람이 아니라, 생각할 어떤 사물입니다. 저에게 필요한 것은 이론과 체계가 아닙니다. 똑같이 매력적이고 그럴 듯한 이론이나 체계들이 많이 있으니까요. 저에게는 가슴의 어떤 울림, 삶의 어떤 갱신이 필요하지, 새로운 사고방식이 필요한

게 아닙니다. 새로운 어떤 사고방식도 없지만, 감정들은 늘 신선할 수 있습니다. 제가 어떤 사람을 사랑할 때는 자연발로적으로 그리고 강력하게, 따뜻함과 활력을 가지고 그에 대해서 명상하고, 제 마음이 그것을 이래라저래라 할 수 없습니다.

말은 감정을 형성하는 데 좋습니다. 감정 없는 말은 몸이 들어 있지 않은 의복과 같아서, 차갑고 맥이 없습니다. 제 어머니라는 사람이 저의 모든 감정을 고갈시켜 버려서 저의 (감정의) 원천은 말라 버렸습니다. 제가 여기서 감정의 풍부함과 충일充溢함을 발견할 수 있겠습니까? 어릴 때 제가 그토록 듬뿍 갖고 싶어 했던 그것을 말입니다.

마: 지금 그대의 어린 시절은 어디 있습니까? 그리고 그대의 미래는 무엇입니까?

질: 저는 태어났고, 성장했고, 죽을 것입니다.

마: 그것은 물론 그대의 몸을 뜻하지요. 그리고 그대의 마음을. 저는 그대의 생리나 심리에 대해서 이야기하지 않습니다. 그것은 **자연**의 일부이고, **자연**의 법칙에 지배됩니다. 저는 그대의 사랑에 대한 추구를 이야기합니다. 그것은 시작이 있었습니까? 그것에 끝이 있겠습니까?

질: 정말 뭐라고 말씀 못 드리겠습니다. 그것은 있습니다―아주 어릴 때부터 제 삶의 마지막 순간까지 말입니다. 이 사랑에 대한 열망은, 얼마나 부단히 지속되는지, 얼마나 희망이 없는지 모릅니다!

마: 사랑을 추구할 때, 그대는 정확히 무엇을 추구하고 있습니까?

질: 간단히 이겁니다―사랑하고 사랑받는 것요.

마: 여성을 말하는 것입니까?

질: 꼭 그런 것만은 아닙니다. 친구, 선생님, 안내자일 수도 있습니다. 그 감정이 밝고 명료하다면 말입니다. 물론 보통의 대답은 여성입니다. 그러나 그것이 유일한 대답일 필요는 없습니다.

마: 사랑하는 것과 사랑받는 것, 두 가지 중 어느 쪽을 더 선호합니까?

질: 저는 차라리 둘 다 갖겠습니다! 그러나 사랑하는 것이 더 위대하고, 더 고상하고, 더 깊다는 것은 알겠습니다. 사랑받는 것은 달콤하지만, 그것이

우리를 성장시켜 주지는 않습니다.

마: 그대는 주체적으로 사랑할 수 있습니까, 아니면 사랑하게끔 되어야 합니까?

질: 물론 사랑할 만한 어떤 사람을 만나야 하겠지요. 제 어머니는 사랑해주지도 않았을 뿐 아니라 사랑할 만하지도 않았습니다.

마: 어떤 사람을 사랑할 만하게 만드는 것은 무엇입니까? 그것은 '사랑받고 있다는 것' 아닙니까? 먼저 그대가 사랑을 하고 나서 이유를 찾으십시오.

질: 그 반대일 수도 있습니다. 우리는 우리를 행복하게 해주는 것을 사랑합니다.

마: 그러면 무엇이 그대를 행복하게 해줍니까?

질: 거기에는 어떤 법칙도 없습니다. 이 주제 전체가 고도로 개인적이고 예측 불가능합니다.

마: 맞습니다. 그대가 그것을 어떤 식으로 표현하든, 그대가 사랑하지 않으면 행복이란 없습니다. 그러나 사랑이 늘 그대를 행복하게 해줍니까? 사랑과 행복의 연관은 다분히 초기의, 유아적인 단계 아닙니까? 그대가 사랑하는 사람들이 고통 받으면 그대도 고통 받지 않습니까? 그리고 그대가 고통받는다고, 사랑하기를 그만둡니까? 사랑과 행복이 함께 오고 가야 합니까? 사랑이 고작 즐거움에 대한 기대입니까?

질: 물론 아닙니다. 사랑에는 많은 고통이 있을 수 있습니다.

마: 그렇다면 **사랑**이란 무엇입니까? 그것은 마음의 한 상태라기보다 **존재**의 한 상태 아닙니까? 사랑하기 위해서 그대가 사랑하고 있다는 것을 알아야 합니까? 그대는 자신도 모르게 어머니를 사랑하지 않았습니까? 어머니의 사랑에 대한 갈망, 어머니를 사랑할 기회에 대한 갈망, 그것은 **사랑**의 움직임 아닙니까? **사랑**은 존재에 대한 **의식**인 만큼이나 그대의 일부 아닙니까? 그대가 어머니의 사랑을 추구한 것은, 어머니를 사랑했기 때문입니다.

질: 그러나 어머니는 제가 그러지 못하게 했거든요!

마: 어머니는 그대를 막을 수 없었습니다.

질: 그렇다면, 왜 저는 평생 불행했습니까?

마: 그대가 자기 존재의 뿌리 자체에까지 내려가지 않았기 때문입니다. 그대 자신에 대한 완전한 무지가 그대의 사랑과 행복을 은폐했고, 그대에게 그대가 결코 잃어버린 적이 없는 것을 찾게 만들었던 것입니다. 사랑은 의지意志입니다. 자신의 행복을 모두와 함께 나누려는 의지 말입니다. 자기가 행복하고, 남을 행복하게 하는 것—이것이 사랑의 리듬입니다.

53
충족된 욕망은 더 많은 욕망을 낳는다

질문자: 오늘은 반항적인 기분으로 왔음을 고백해야겠습니다. 저는 항공사 사무실에서 푸대접을 받았습니다. 그런 상황에 직면하면 일체가 의심스럽게 보이고, 일체가 쓸데없어 보입니다.

마하라지: 그것은 아주 유용한 기분입니다. 모든 것을 의심하고, 모든 것을 거부하며, 남을 통해서는 배우고 싶지 않지요. 그것은 그대의 오랜 수행의 결과입니다. 어쨌든 그대가 영원히 공부하지는 않습니다.

질: 수행은 할 만큼 했습니다. 그것은 저를 아무데도 데려다주지 않았습니다.

마: '아무데도'라고 말하지 마십시오. 그것이 그대를 지금의 위치로 데려다주었으니 말입니다.

질: 다시 어린아이가 되어 성질을 부린 것입니다. 제가 있던 데서 한 치도 나아가지 못했습니다.

마: 아이에서 시작했고 아이로 끝나겠지요. 그 사이에 그대가 무엇을 습득했든, 그것을 잃어버리고 처음부터 시작해야 합니다.

질: 그러나 그 아이는 걸어찹니다. 불행하거나 무엇을 얻지 못하게 되면 걸어찹니다.

마: 걷어차라고 하지요. 그 걷어참을 그냥 바라보십시오. 그리고 만약 확신을 가지고 걷어차기에 사회가 너무 두려우면, 그것 역시 바라보십시오. 그것이 고통스러운 일이라는 것은 압니다. 그러나 치유책이 없습니다 — 단 하나, 치유책 찾기를 그만두어야 한다는 것을 제외하면 말입니다.

만약 화가 나거나 고통을 받으면, 그대 자신을 그 분노와 고통에서 분리하고 그것들을 지켜보십시오. 외부화('나'를 대상들 바깥에 두기)가 **해탈**에 이르는 첫걸음입니다. 한 걸음 물러나서 바라보십시오. 물리적 사건들은 계속 일어나겠지만 그것들 그 자체는 전혀 중요하지 않습니다. 중요한 것은 오직 마음입니다. 무슨 일이 있어도, 항공사 사무실이나 은행에서 걷어차고 소리를 지를 수는 없지요. 사회가 허용하지 않습니다. 그들이 하는 방식이 마음에 들지 않거나 그것을 참아낼 준비가 되어 있지 않다면, 비행기를 타거나 돈을 가지고 다니지 마십시오. 걸어 다니고, 만약 걸을 수 없다면 여행을 하지 마십시오. 그대가 사회를 상대한다면 사회의 방식을 받아들여야 합니다. 왜냐하면 사회의 방식이 곧 그대의 방식이기 때문입니다. 그대의 욕구와 요구사항들이 그런 방식을 만들어냈습니다. 그대의 욕망들이 워낙 복잡하고 모순적이니, 그대가 창조하는 사회가 복잡하고 모순적인 것도 놀라운 일은 아니지요.

질: 바깥의 혼돈이 저 자신의 내적인 부조화의 한 반영일 뿐이라는 것은 저도 알고 인정합니다. 그러나 그 치유책은 무엇입니까?

마: 치유책을 찾지 마십시오.

질: 저는 가끔 어떤 '은총의 상태'에 드는데, 그럴 때는 삶이 행복하고 조화롭습니다. 그러나 그런 상태는 지속되지 않습니다! 기분이 바뀌고, 모든 것이 잘못됩니다.

마: 기억과 기대에서 벗어나 침묵을 지킬 수만 있으면, 사건들의 아름다운 패턴들을 식별할 수 있을 것입니다. 혼돈을 초래하는 것은 그대의 들뜬 마음입니다.

질: 항공사 사무실에서 꼬박 세 시간을 보내는 동안, 인내심과 자제력을 연습했습니다. 그런다고 문제가 빨리 해결되는 것은 아니더군요.

마: 최소한 더 늦어지게 하지는 않았지요! 만약 걷어차고 난리를 피웠으면 분명히 더 늦어졌을 텐데 말입니다. 그대는 즉각적인 결과를 원하는군요! 우리는 여기서 마법을 나누어주지 않습니다. 누구나 똑같은 실수를 합니다. 즉, 수단을 거부하면서 목적을 원합니다. 그대는 세상의 평안과 조화를 원하지만, 그대 자신 안에서 그것을 갖기를 거부합니다. 제 조언을 무조건 따라 보십시오. 그러면 실망하지 않을 것입니다. 저는 말만 가지고 그대의 문제를 해결해 줄 수 없습니다. 제가 이야기해 준 것을 토대로 행위하되 꾸준히 해나가야 합니다. 해탈을 가져다주는 것은 올바른 조언이 아니라 그에 기초한 행위입니다. 의사가 환자에게 주사를 놓아주고 나서 "자, 가만히 있어요. 아무것도 하지 말고 그냥 가만히 있어요" 하듯이, 저는 그대에게 말합니다. 그대는 '주사'를 맞았으니 이제 가만히 있으라고, 그냥 가만히 있으라고 말입니다. 달리 그대가 할 일이 아무것도 없습니다. 제 스승님도 그랬습니다. 저에게 어떤 말씀을 하시고 나서, 이렇게 말씀하셨지요. "이제, 침묵을 지켜라. 계속 반추하고 있지 말라. 멈추라. 조용히 있으라."

질: 아침에 한 시간 동안은 침묵을 지킬 수 있습니다. 그러나 낮은 길고, 많은 일들이 일어나면서 제가 균형을 잃게 됩니다. "조용히 있으라"고 말하기는 쉽지만, 제 안의 그리고 제 주위의 모든 것이 소리를 질러댈 때 조용히 있는 것—그것을 어떻게 하는 것인지 부디 말씀해 주십시오.

마: 할 필요가 있는 모든 일은 평안과 침묵 속에서 이루어질 수 있습니다. 언짢아할 필요가 없습니다.

질: 그것은 모두 이론이고, 사실과 부합하지 않습니다. 저는 유럽으로 돌아가지만 거기 가면 할 일이 없습니다. 제 삶은 완전히 텅 비었습니다.

마: 그대가 그냥 침묵을 지키려고만 하면 모든 것이 올 것입니다—일, 일을 할 힘, 올바른 동기가 말입니다. 모든 것을 미리 알아야 합니까? 그대의 미래에 대해 걱정하지 말고, 지금 침묵하십시오. 그러면 모든 것이 제자리에 맞아 들어갈 것입니다. 예기치 못한 일이 일어나게 마련이고, 예상한 일은 결코 오지 않을 수도 있습니다. 그대의 성품을 제어할 수 없다고 말하지 마십시오. 그것을 제어할 필요가 없습니다. 그런 것은 내던져 버리십시

오. 맞서 싸우거나 굴복해야 할 어떤 성품도 갖지 마십시오. 그것을 하나의 습관으로 만들지 않으면, 어떤 경험도 그대에게 상처를 주지 못할 것입니다. 그대가 전 우주의 미묘한 원인입니다. 그대가 있기 때문에 모든 것이 있습니다. 이 점을 확고히, 깊이 붙들고, 그에 대해 거듭거듭 궁구窮究하십시오. 이것이 절대적으로 참되다는 것을 깨닫는 것이 해탈입니다.

질: 만약 제가 제 우주의 씨앗이라면, 저는 썩은 씨앗입니다! 열매를 보면 씨앗을 알 수 있습니다.

마: 그대의 세계가 뭐가 잘못되었기에 그것을 욕합니까?

질: 그것이 고통으로 가득합니다.

마: **자연**은 즐겁지도 않고 고통스럽지도 않습니다. 그것은 온통 지성이고 아름다움입니다. 고통과 쾌락은 마음 안에 있습니다. 그대의 가치 기준을 바꾸십시오. 그러면 모든 것이 변할 것입니다. 쾌락과 고통은 감각기관들의 어지러움에 불과합니다. 그것들을 평등하게 취급하십시오. 그러면 **지복만이** 있게 됩니다. 그리고 세계는 그대가 만드는 것입니다. 얼마든지 그것을 행복하게 만드십시오. 만족할 줄 알아야 행복할 수 있습니다. 충족된 욕망은 더 많은 욕망을 낳습니다. 모든 욕망을 멀리하면서 저절로 오는 것에 만족하는 것은 아주 성과가 좋은 상태인데, 이것이 '충만함의 상태'에 이르기 위한 전제조건입니다. 겉보기에 메마르고 비어 있다고 해서 그것을 불신하지 마십시오. 정말이지, 불행을 낳는 것은 욕망의 충족입니다. 욕망에서 벗어남이 **지복**입니다.

질: 우리에게 필요한 것들이 있습니다.

마: 그대에게 필요하지 않은 것을 요구하지 않으면, 필요한 것이 그대에게 올 것입니다. 하지만 극소수의 사람들만이 이러한 완전한 **무욕**과 **무집착**의 상태에 도달합니다. 그것은 아주 높은 상태이고, 해탈의 바로 문턱입니다.

질: 저는 지난 2년 간 아무 성과가 없었고, 황량하고 텅 비었습니다. 그래서 종종 죽음이 찾아와 주기를 기도했습니다.

마: 그러면, 그대가 여기 오면서부터 사건들이 굴러가기 시작한 거로군요. 일들은 일어나는 대로 일어나게 내버려두십시오. 그것들은 결국 저절로 멎

지게 정리될 것입니다. 미래를 향해 긴장할 필요는 없습니다. 미래는 스스로 그대에게 올 테니까요. 한동안 더, 지금처럼 의미도 없고 확신도 없는 몽유병 상태에 머물러 있겠지요. 그러나 이 기간은 끝날 것이고, 그대의 일이 성과도 있고 쉽다는 것을 발견할 것입니다. 우리가 텅 비고 소외되었다고 느끼는 순간들이 늘 있습니다. 그런 순간들은 더없이 바람직합니다. 이는 그 영혼이 배를 묶고 있던 밧줄을 던져 버렸고, 먼 곳으로 출항하고 있다는 것을 의미하기 때문입니다. 이것이 **무집착**입니다―즉, 옛 것이 끝나고 새 것은 아직 오지 않았을 때입니다. 그대가 두려워하면 그 상태가 곧 혹스러울 수도 있겠지만, 실제로는 두려워할 것이 하나도 없습니다. 이 가르침을 기억하십시오―그대가 무엇을 만나든, 넘어서십시오.

질: 붓다의 원칙은, 기억할 필요가 있는 것을 기억하라는 것입니다. 그러나 저는 제때에 해야 할 일을 기억하는 것이 너무 어렵다고 느낍니다. 저에게는 잊어버리기가 원칙인 것 같습니다!

마: 상황이 매번 욕망과 두려움의 폭풍을 일으킬 때, 기억하기란 쉽지 않습니다. 기억에서 나온 갈망은 기억을 없애버리기도 합니다.

질: 욕망과 어떻게 싸워야 합니까? 그보다 더 강한 것은 없습니다.

마: 삶의 물살이 대상들의 바위 위로 노호怒號하며 쏟아집니다―바람직한 대상이든 혐오스러운 대상이든 관계없이 말입니다. 통찰과 무집착으로 그 바위들을 제거하십시오. 그러면 같은 물살이 깊고 고요하고 빠르게, 더 많은 양과 더 큰 힘으로 흐르게 될 것입니다. 그에 대해 이론적으로 따지지 말고, 사유와 숙고熟考에 시간을 할애하십시오. 만약 자유로워지기를 욕망한다면, **자유**에 이르는 가장 빠른 단계를 등한시하지 마십시오. 그것은 산을 오르는 것과 같아서, 한 걸음도 빼 놓을 수 없습니다. 한 걸음만 모자라도 정상에 도달하지 못한 것입니다.

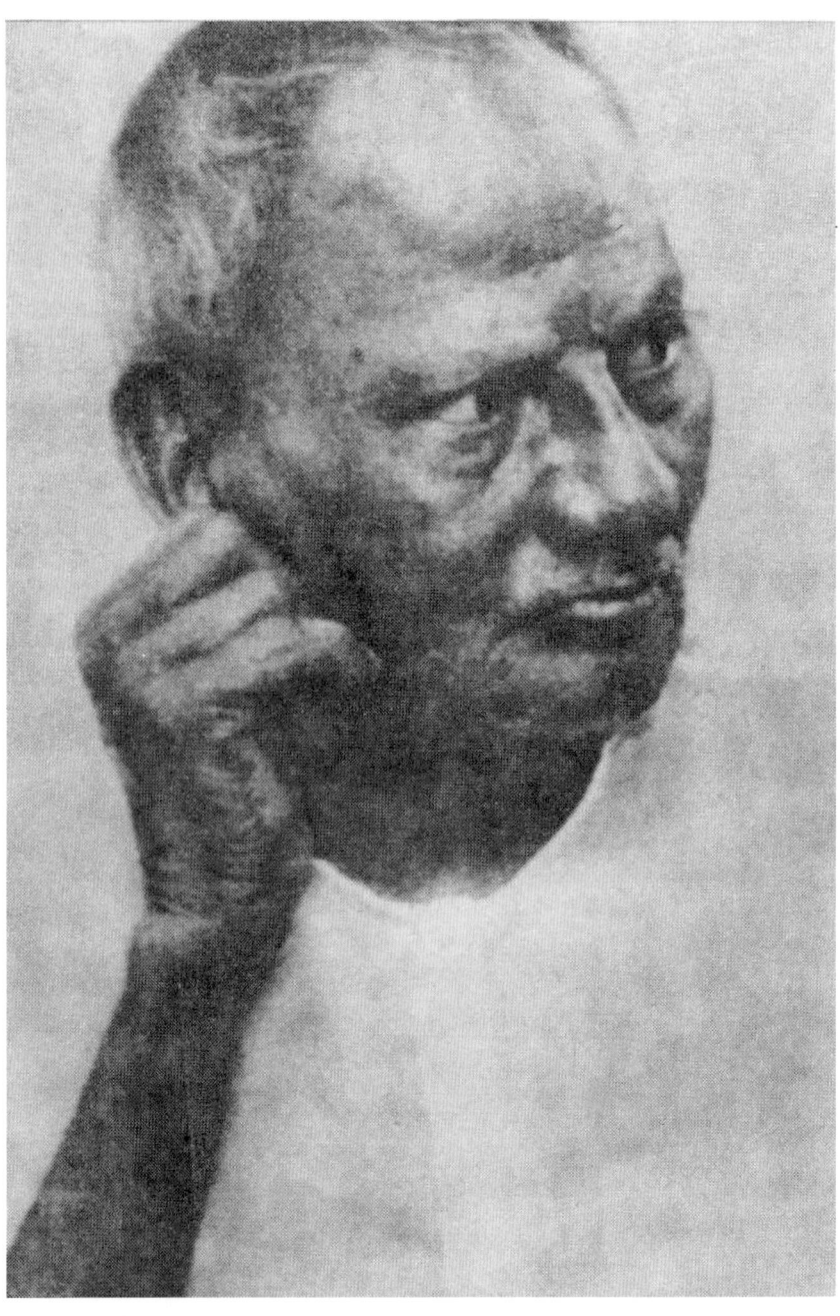

54
몸과 마음은 무지의 징후이다

질문자: 우리는 언젠가 '사람', 주시자, 절대자(*vyakti-vyakta-avyakta*)에 대해서 논의했습니다. 제가 기억하기로 당신께서는 절대자만이 실재하며, 주시자는 시간과 공간의 주어진 한 점에서만 절대적이라고 말씀하셨습니다(97-8쪽, 297-8쪽 참조). '사람'은 거칠거나 미세한 유기체이고, 주시자의 존재에 의해서 비추어집니다. 저는 그 문제를 분명하게 이해하지 못하고 있는 것 같습니다. 그것을 우리가 다시 논의해 볼 수 있겠습니까? 당신께서는 또한 마하다까쉬(*mahadakash*)·찌다까쉬(*chidakash*)·빠라마까쉬(*paramakash*)라는 용어를 사용하십니다. 그것들은 '사람', 주시자, 절대자와 어떻게 관련됩니까?

마하라지: 마하다까쉬는 자연, 곧 존재들의 바다, 감각기관을 통해 접촉할 수 있는 모든 것을 가진 물리적 공간입니다. 찌다까쉬는 자각의 무변제無邊際이고, 시간·지각·인식의 정신적 공간입니다. 빠라마까쉬는 무시간·무공간의, 마음이 없고 무차별한 실재이고, 무한한 잠재성이며, 근원이자 기원, 본체이자 본질이고, 물질이자 의식이면서 그 둘을 넘어선 것입니다. 그것은 지각될 수는 없지만 늘 주시자를 주시하고 지각자를 지각하는 것으로서 체험될 수 있고, 모든 현상계의 기원이자 종점이며, 시간과 공간의 뿌리이고, 모든 인과因果 연쇄의 최초의 원인입니다.

질: 비약따(*vyakta*)와 아비약따(*avyakta*)의 차이는 무엇입니까?

마: 아무 차이가 없습니다. 그것은 빛과 햇빛의 경우와 같습니다. 우주는 그대가 볼 수 없는 빛으로 가득 차 있지만, 그대는 같은 빛을 햇빛으로서 봅니다. 그리고 햇빛이 드러내는 것이 비약띠(*vyakti*)입니다. '사람'은 늘 대상이고 주시자는 주체인데, 그들의 상호의존 관계는 그들의 절대적 동일성을 반영하는 것입니다. 그대는 그것들이 별개로 분리된 상태라고 상상하지만, 그렇지 않습니다. 그것들은 같은 의식이 휴식하고 있거나 움직이고 있는 것이고, 각 상태는 서로를 의식하고 있습니다. 찌뜨(의식) 안에서 인간은

신을 알고 신은 인간을 압니다. **찌뜨** 안에서 인간은 세계를 형성하고 세계는 인간을 형성합니다. **찌뜨**는 양극단 간의 연결고리이자 가교이며, 모든 경험에서 균형을 잡고 통일하는 요소입니다. 지각되는 것들의 총합이 소위 **물질**입니다. 모든 **지각자들**의 총합은 소위 '**보편적 마음**(universal mind)'입니다. 지각 가능성과 지각하기, 조화와 지성, 사랑스러움과 사랑하기로 스스로를 현현하는 그 둘의 동일성은 영원히 스스로를 다시 드러냅니다.

질: 세 가지 **구나**, 즉 **사뜨와-라자스-따마스**는 물질 안에만 있습니까, 마음 안에도 있습니까?

마: 물론 둘 다의 안에 있습니다. 그 둘은 별개가 아니기 때문입니다. **구나**를 넘어서 있는 것은 **절대자**뿐입니다. 사실 이런 것들은 관점, 곧 바라보는 방식에 불과합니다. 그것들은 마음 안에만 존재합니다. 마음 너머에서는 모든 구분들이 그칩니다.

질: 우주는 감각기관들의 한 산물입니까?

마: 잠에서 깨어날 때 그대가 자신의 세계를 재창조하듯이, 우주도 펼쳐집니다. 다섯 지각기관, 다섯 행위기관[10], 다섯 가지 의식의 탈것[11]을 가지고 있는 마음은 기억, 사고, 이성(지성) 그리고 자아성(에고)으로 나타납니다.

질: 과학들은 많은 진보를 이루었습니다. 우리는 몸과 마음을 우리 조상들보다 훨씬 더 잘 알고 있습니다. 마음과 물질을 묘사하고 분석하는 당신의 전통적인 방식은 더 이상 타당하지 않습니다.

마: 그러나 그 과학을 하는 그대의 과학자들은 어디에 있습니까? 그들은 다시 그대 자신의 마음 속에 있는 이미지들 아닙니까?

질: 여기에 기본적 차이점이 있군요! 저에게는 그들이 저 자신의 투사물이 아닙니다. 그들은 제가 태어나기 전에 있었고, 제가 죽어도 있을 것입니다.

마: 물론 그렇지요. 그대가 일단 시간과 공간을 실재하는 것으로 받아들이면, 그대 자신을 왜소하고 단명한 존재로 여기게 됩니다. 그러나 시간과 공간이 실재합니까? 그것들이 그대에게 의존합니까, 아니면 그대가 그것들에

---

10) T. 말을 하고, 몸을 움직이고, 사물을 붙잡고, 배설하고, 생식하는 각 기관이다.
11) T. 마음이 거주하는 '다섯 겹의 껍질', 곧 음식, 생기, 마음, 지성, 지복의 각 껍질이다.

의존합니까? 몸으로서 그대는 공간 안에 있습니다. 마음으로서 그대는 시간 안에 있습니다. 그러나 그대가 마음을 내장한 몸에 불과합니까? (이 문제를) 한 번이라도 탐구해 보았습니까?

질: 그럴 동기도 방법도 저에게는 없었습니다.

마: 저는 둘 다를 제시하고 있습니다. 그러나 통찰과 무집착(*viveka-vairagya*)의 실제 작업은 그대가 해야 합니다.

질: 제가 지각할 수 있는 유일한 동기는 저 자신의 무원인·무시간적인 행복입니다. 그런데 그 방법은 무엇입니까?

마: 행복은 우발적입니다. 참되고 효과적인 동기는 **사랑**이지요. 그대는 사람들이 고통 받는 것을 보고 그들을 도울 수 있는 최선의 방법을 찾습니다. 그 답은 명백합니다. 먼저 그대 자신이 도움 받을 필요를 넘어서십시오. 그대의 자세가, 어떤 종류의 기대에서도 벗어난 순수한 **선의**의 자세가 되도록 하십시오.

한갓 행복을 추구하는 사람들은 고상한 무관심으로 끝나고 말 수도 있는 반면, **사랑**은 결코 휴식하지 않을 것입니다.

방법으로는 단 한 가지가 있습니다. 그것은 그대 자신을 알아야 한다는 것입니다—외관상의 그대와 본래의 그대 둘 다를 말입니다. **명료함**(지혜)과 **자비**(사랑)는 함께 가며, 각기 서로를 필요로 하고 서로를 강화합니다.

질: **자비심**은, 피할 수 있는 슬픔으로 가득 찬 객관적 세계가 존재한다는 의미를 내포합니다.

마: 세계는 객관적이지 않고, 세간의 슬픔은 피할 수 없습니다. **자비심**은 상상적인 이유로 고통 받지 않겠다는 것의 다른 말일 뿐입니다.

질: 만약 그 이유들이 상상적이라면, 왜 고통이 불가피합니까?

마: 그대로 하여금 고통 받게 만드는 것은 늘 거짓된 것입니다. 즉, 거짓된 욕망과 두려움, 거짓된 가치와 관념, 사람들 간의 거짓된 관계들 말입니다. 그 거짓된 것들을 버리십시오. 그러면 고통에서 벗어납니다. 진리는 행복하게 해줍니다. 진리는 해방합니다.

질: 실은 저는 한 몸 안에 갇혀 있는 하나의 마음이고, 이것은 아주 불행

한 진실입니다.

마: 그대는 그 몸도 아니고 그 몸 안에 있지도 않습니다. 몸 같은 것은 없습니다. 그대는 딱하게도 자신을 오해해 왔습니다. 올바르게 이해하려면, 탐색하십시오.

질: 그러나 저는 하나의 몸으로서, 하나의 몸 안에서 태어났고, 그 몸을 가진 채 하나의 몸으로서 죽을 것입니다.

마: 그것은 그대의 착각입니다. 그대 자신과 남들을 탐구하고, 탐색하고, 의심하십시오. **진리**를 발견하려면 그대가 확신하는 것에 매달려서는 안 됩니다. 목전의 것만 확신하고 있으면 **궁극자**에 결코 도달하지 못합니다. 그대가 태어났고 죽을 것이라고 하는 그대의 관념은 터무니없는 것입니다. 논리와 체험이 공히 그것을 논박합니다.

질: 좋습니다. 제가 몸이라고 주장하지는 않겠습니다. 이 점에서 당신의 말씀은 일리가 있습니다. 그러나 지금 여기에서 당신께 말씀을 드리고 있을 때, 저는 몸 안에 있습니다―명백히요. 이 몸은 제가 아닐지 모르지만, 제 것이기는 합니다.

마: 전 우주가 그대의 존재에 끊임없이 기여하고 있습니다. 따라서 전 우주가 그대의 몸입니다. 그런 의미에서는, 저도 (그 말에) 동의합니다.

질: 제 몸은 저에게 깊이 영향을 미칩니다. 여러 가지 면에서 제 몸은 저의 운명입니다. 저의 인격, 저의 기분, 제 반응들의 성격, 저의 욕망과 두려움 등이―타고난 것이든 후천적인 것이든―모두 몸에 기초해 있습니다. 약간의 알코올, 얼마간의 마약 따위만 들어가도 모든 것이 변합니다. 약 기운이 해소될 때까지는 제가 딴 사람이 됩니다.

마: 그런 것은 모두 그대가 자신을 몸이라고 생각하기 때문에 일어납니다. 그대의 **진정한 자아**를 깨달으십시오. 그러면 마약조차도 그대를 지배할 힘이 없을 것입니다.

질: 담배를 피우십니까?

마: 제 몸은 몇 가지 습관을 유지했는데, 그것은 몸이 죽을 때까지 계속될 수 있습니다. 아무 해로울 것이 없습니다.

질: 고기를 드십니까?

마: 저는 고기를 먹는 사람들 가운데서 태어났고, 제 자식들은 고기를 먹습니다. 저는 아주 조금 먹지요—그리고 (먹는 것 가지고) 야단하지 않습니다.

질: 육식은 살생을 의미합니다.

마: 두말할 필요가 없지요. 저는 일관성을 유지한다고 주장하지 않습니다. 그대는 절대적 일관성이 가능하다고 생각하겠지만, 예를 들어 그것을 증명해 보십시오. 그대가 행하지 않는 것을 설교하지 마십시오.

태어났다는 관념으로 돌아가 봅시다. 그대는 부모님이 이야기해준 것에 고착되어 있는데, 그것은 모두 그대를 잉태하고, 임신하고, 출산했다는 것과 그대가 영아, 유아, 어린이, 십대일 때 어떠했다는 것 등이었습니다. 이제 그대가 몸이라는 관념을, 그에 반대되는 '그대가 몸이 아니라는 관념'의 도움으로 벗어버리십시오. 그것도 하나의 관념이라는 것은 분명합니다. 그것을 일이 끝나면 버려야 할 물건처럼 취급하십시오. "나는 몸이 아니다"라는 관념은 몸에 실재성을 부여합니다. 사실 몸 같은 것은 없는데 말입니다. 그것(몸)은 마음의 한 상태일 뿐입니다. 그대는 그대 좋을 대로 얼마든지 많은 몸을, 얼마든지 다양하게 가질 수 있습니다. 그저 그대가 원하는 것을 꾸준히 기억하고, 그것과 양립할 수 없는 것들을 배제하십시오.

질: 저는 상자 안에 든 상자의 안에 든, 또 하나의 상자와 같습니다. 바깥의 상자는 몸으로 기능하고, 그 다음 상자는 안에 거주하는 영혼으로 기능합니다. 바깥 상자를 빼면 그 다음 상자가 몸이 되고 그 다음 것이 영혼이 됩니다. 이것은 상자를 끝없이 여는 무한 연속인데, 마지막 상자가 궁극적 영혼입니까?

마: 그대가 하나의 몸을 가지고 있다면 하나의 영혼도 가지고 있어야 합니다. 여기에 그대가 말한 한 벌의 상자 비유가 해당됩니다. 그러나 지금 여기에서, 그대의 모든 몸과 영혼들을 관통하여 **자각**이, **찌뜨**(chit)의 순수한 빛이 빛납니다. 흔들림 없이 그것을 꽉 붙드십시오. **자각** 없이는 몸이 1초도 지속되지 않을 것입니다. 몸 안에는 에너지·애정·지성의 한 흐름이 있는데, 그것이 몸을 인도하고, 유지하고, 활기차게 합니다. 그 흐름을 발견하

여 그것과 함께 머무르십시오.

물론, 이것은 모두 말로 표현하는 방식입니다. 말은 가교인 만큼이나 장애물입니다. 그대의 몸의 조직들을 엮고 있는 **생명**의 불꽃을 발견하고, 그것과 함께하십시오. 그것이 몸이 가지고 있는 유일한 실재성입니다.

질: 죽은 뒤에 그 **생명**의 불꽃은 어떻게 됩니까?

마: 그것은 시간을 넘어서 있습니다. 탄생과 죽음은 시간 안의 점들일 뿐입니다. **생명**은 자신의 많은 그물을 영원히 엮습니다. 그 엮음은 시간 안에 있지만 **생명** 자체는 무시간적입니다. 그것의 표현에 어떤 이름과 형상을 부여하든, 그것은 결코 변치 않으면서도 항상 변하는 바다와 같습니다.

질: 당신께서 하시는 말씀은 모두 기막히게 설득력이 있습니다. 하지만 제가, 이상하고 낯선―종종 해롭고 위험하기도―세계 안의 한 '사람'일 뿐이라는 느낌은 그치지 않습니다. 시간과 공간 안에 제한된 한 '사람'으로서, 제가 어떻게 저 자신을 그 반대물, 즉 특정한 어떤 것도 대상으로 하지 않는 탈인격화되고 보편화된 **자각**이라고 깨달을 수 있겠습니까?

마: 그대는 그대가 아닌 것을 자기 자신이라고 주장하면서, 정작 그대인 것은 자신이 아니라고 합니다. 그대는 순수한 인식의 요소, 곧 모든 개인적 왜곡에서 벗어난 **자각**의 요소를 빠뜨리고 있습니다. 만약 **찌뜨**의 실재성을 인정하지 않는다면, 결코 그대 자신을 알 수 없을 것입니다.

질: 제가 어떻게 해야 합니까? 저는 당신께서 저를 보시듯이 저 자신을 보지 못합니다. 아마 당신께서 옳고 제가 틀렸겠지요. 그러나 제가 어떻게 해야 '제가 저라고 느끼는 그것'이기를 그칠 수 있습니까?

마: 자신이 거지라고 믿는 왕자에게 그가 왕자임을 결정적으로 납득시킬 수 있는 단 한 가지 방도가 있는데, 그것은 그에게 왕자로 행동해 보고 나서 어떻게 되는지 보라고 하는 것입니다. 제가 하는 말이 참된 것처럼 행동하고 나서 실제로 어떤 일이 일어나는지를 가지고 판단해 보십시오. 제가 요구하는 것은 첫걸음을 떼는 데 필요한 약간의 믿음이 전부입니다. 경험해 보면 확신이 올 것이고, 그러면 그대는 더 이상 제가 필요 없을 것입니다. 저는 본래의 그대를 알기 때문에 이야기하는 것입니다. 한동안 저를

신뢰해보십시오.

질: 제가 지금 여기 있으려면 제 몸과 감각기관들이 필요합니다. 이해하려면 마음이 필요합니다.

마: 몸과 마음은 무지의 증상, 착각의 증상들일 뿐입니다. 마치 그대가 몸도 마음도 없고, 공간도 시간도 없으며, '어디'와 '언제'와 '어떻게'를 넘어서 있는 순수한 자각인 것처럼 행동하십시오. 그것을 궁구窮究하고, 그것을 생각하고, 그것의 실재성을 받아들이는 법을 배우십시오. 계속 그것에 반대하고 그것을 부인하지 마십시오. 최소한 열린 마음을 가지십시오. 요가는 외적인 것을 내적인 것에 굴복시키는 것입니다. 그대의 몸과 마음이, 모든 것이면서 모든 것을 넘어서 있는 그 실재를 표현하게 하십시오. 그래야 성공하지, 논쟁으로는 성공하지 못합니다.

질: 부디 제가 한 첫 질문으로 돌아가게 해주십시오. 자신이 한 '사람'이라는 오류는 어떻게 시작됩니까?

마: 절대자는 시간에 우선합니다. 자각이 먼저 옵니다. 한 다발의 기억과 마음의 습習들이 주의를 끌면 자각이 (거기에) 집중되어 한 '사람'이 갑자기 나타납니다. 그 자각의 빛을 없애 버리고 잠이 들거나 기절을 하면, 그 '사람'이 사라집니다. '사람(vyakti)'은 깜박거리고, 자각(vyakta)은 모든 시간과 공간을 포함하며, 절대자(avyakta)는 ─ 있습니다.

55
일체를 포기하면 일체를 얻는다

질문자: 현재 순간에 당신의 상태는 어떤 것입니까?

마하라지: 경험하지 않음의 상태입니다. 그 안에 모든 경험이 포함됩니다.

질: 다른 사람의 마음과 가슴 속에 들어가서 그의 경험을 공유하실 수 있

습니까?

마: 아닙니다. 그런 것은 특별한 수련을 요합니다. 저는 밀 거래업자와 같 습니다. 빵과 과자에 대해서는 거의 아는 게 없습니다. 밀죽의 맛조차 저는 모를 수 있습니다. 그러나 밀 곡물에 대해서는 모든 것을 잘 알고 있습니 다. 저는 모든 경험의 **근원**을 압니다. 그러나 경험이 취할 수 있는 무수한 특정의 형태들은 알지 못합니다. 알 필요도 없지요. 다만 그때그때 제가 살 아가는 데 필요한 적은 지식은 어떻게든 알게 됩니다.

질: 당신의 특정한 존재와 저의 특정한 존재, 둘 다 **브라마**(Brahma)의 마음 안에 존재합니까?

마: **보편자**는 특수자를 알지 못합니다. 한 '사람'으로서의 존재는 개인적인 문제입니다. 한 '사람'은 시간과 공간 안에서 존재하고 이름과 형상, 시작과 끝이 있습니다. **보편자**는 모든 사람들을 포함하며, **절대자**는 모든 것의 뿌 리이면서 모든 것을 넘어서 있습니다.

질: 저는 전체성에는 관심이 없습니다. 저의 개인적 **의식**과 당신의 개인적 의식, 그 둘 사이의 연결고리는 무엇입니까?

마: 꿈을 꾸는 두 사람 사이의 연결고리는 어떤 것일까요?

질: 그들은 서로를 꿈꿀 수도 있습니다.

마: 사람들이 바로 그렇게 하고 있지요. 각자가 '남들'을 상상하고, 그들과 의 연결고리를 추구합니다. 추구자가 그 연결고리이지, 다른 어떤 연결고리 도 없습니다.

질: 분명 의식의 그 많은 점들—그것이 우리인데—사이에는 뭔가 공통되 는 것이 있어야 합니다.

마: 그 많은 점들은 어디 있습니까? 그대의 마음 속이지요. 그대는 그대의 세계가 그대의 마음과 독립해 있다고 주장합니다. 어떻게 그럴 수 있습니 까? 다른 사람들의 마음을 알고 싶어 하는 그대의 욕망은, 그대 자신의 마 음을 모르는 데서 비롯됩니다. 먼저 그대 자신의 마음을 아십시오. 그러면 다른 마음들이라는 문제는 애당초 일어나지 않을 것입니다. 왜냐하면 다른 사람들이란 없기 때문입니다. 그대가 공통 요소이고, 마음들 간의 유일한

연결고리입니다. 존재는 곧 의식이고, "내가 있다"는 모두에게 해당됩니다.

질: 지고의 실재(Parabrahman)가 우리 모두의 안에 존재할지는 모릅니다. 그러나 그것이 우리에게 무슨 소용 있습니까?

마: 그대는 이렇게 말하는 사람과 같습니다. "나는 내 물건들을 놓아둘 장소가 필요하다. 그러나 공간이 내게 무슨 소용 있나?" 혹은 "나는 우유, 차, 커피 혹은 소다가 필요하다. 그러나 물은 내게 아무 소용없다."고 말입니다. 모든 것을 가능케 하는 것이 지고의 실재라는 것을 모릅니까? 그러나 그것이 그대에게 무슨 소용이 있느냐고 묻는다면, 저는 "아무 소용이 없다"고 대답할 수밖에 없습니다. 일상생활의 문제에서는 실재를 아는 자에게 유리한 점이 없습니다. 오히려 불리할 수도 있지요. 그는 탐욕과 두려움에서 벗어나 있기 때문에 자신을 보호하지 않습니다. 이익이라는 관념 자체가 그에게 낯섭니다. 그는 부착물들(재물·명예·지위 등)을 혐오합니다. 그의 삶은 부단히 자기 것을 벗어버리고, 함께 나누고, 베푸는 것입니다.

질: 지고자를 얻는다고 해서 유리할 것이 없다면, 왜 그런 수고를 합니까?

마: 우리가 어떤 것에 매달릴 때만 수고로움이 있습니다. 아무것에도 매달리지 않으면 어떤 수고로움도 일어나지 않습니다. 작은 것을 포기하는 것은 더 큰 것을 얻는 것입니다. 모든 것을 포기하십시오. 그러면 모든 것을 얻습니다. 그렇게 되면 삶은 본래 그래야 할 모습, 즉 다함없는 근원에서 쏟아지는 순수한 빛살들이 됩니다. 그 빛 안에서 세계가 하나의 꿈처럼 희미하게 나타납니다.

질: 만약 저의 세계가 하나의 꿈에 불과하고 당신께서도 그 일부이시라면, 당신께서는 저에게 무엇을 해주실 수 있습니까? 만약 그 꿈이 실재하지 않고 아무 존재성이 없다면, 실재가 어떻게 그것에 영향을 줄 수 있습니까?

마: 꿈이 지속되는 동안은 그것이 일시적 존재성을 갖습니다. 문제를 야기하는 것은 거기에 집착하는 그대의 욕망입니다. 놓아버리십시오. 그 꿈이 그대의 것이라고 상상하기를 그만두십시오.

질: 당신께서는 꿈꾸는 자 없이도 하나의 꿈이 있을 수 있다는 것과, 제가 자신을 저 자신의 즐거운 의지의 꿈과 동일시한다는 것을 당연시하시는 것

같습니다. 그러나 저는 그 꿈을 꾸는 자이기도 하고 그 꿈이기도 합니다. 누가 꿈꾸기를 그만두어야 합니까?

마: 그 꿈더러 끝까지 펼쳐지라고 하십시오. 어쩔 수 없지요. 그러나 그대는 그 꿈을 하나의 꿈으로 보고, 거기에 실재성의 도장을 찍지 않을 수는 있습니다.

질: 저는 여기, 당신 앞에 앉아 있습니다. 저는 꿈을 꾸고 있고, 당신께서는 제가 꿈속에서 이야기하는 것을 지켜보십시오. 우리 사이의 연결고리는 무엇입니까?

마: 그대를 깨어나게 하려는 저의 의도가 연결고리입니다. 제 심장은 그대가 깨어나기를 원합니다. 저는 그대가 꿈속에서 고통 받는 것을 보며, 그 우환을 끝내려면 그대가 깨어나야 한다는 것을 압니다. 그대의 꿈을 하나의 꿈으로 볼 때 그대는 깨어납니다. 그러나 저는 그대의 꿈 자체에는 관심이 없습니다. 그대가 깨어나야 한다는 것을 아는 것으로 저에게는 충분합니다. 그대는 자신의 꿈을 어떤 확정적 결론까지 끌고 가거나, 그것을 고상하게, 행복하게, 혹은 아름답게 만들 필요가 없습니다. 그대에게 필요한 것은 꿈을 꾸고 있다는 것을 깨닫는 것이 전부입니다. 상상하기를 그만두고, (꿈 세계가 실재한다고) 믿기를 그만두십시오. 인간적 상태의 그 모순, 그 부조리, 그 허위, 그 슬픔과, 그것을 넘어서야 할 필요성을 통찰하십시오. 광대무변한 공간 안에서 **의식**의 작은 원자 하나가 떠다니고 있는데, 그 안에 전 우주가 들어 있습니다.

질: 그 꿈 안에는 실재하고 영원히 지속되는 것처럼 보이는 애정들이 있습니다. 깨어나면 그것들도 사라집니까?

마: 꿈속에서 그대는 어떤 사람들을 사랑하고, 어떤 사람들은 사랑하지 않습니다. 깨어나면 자신이 모든 것을 감싸는 **사랑** 자체라는 것을 발견합니다. 개인적 사랑은 아무리 강렬하고 진실하다 해도 늘 사람을 속박합니다. **자유** 안에서의 **사랑**은 모두에 대한 **사랑**입니다.

질: 사람들은 오고 갑니다. 우리는 우리가 만나는 사람을 사랑하지, 모두를 사랑할 수는 없습니다.

마: 그대가 **사랑** 자체일 때, 그대는 시간과 수효를 넘어서 있습니다. 하나를 사랑하면 모두를 사랑하는 것이고, 모두를 사랑하면 하나하나를 사랑하는 것입니다. 하나와 모두는 서로 배척하지 않습니다.

질: 당신께서는 무시간적 상태에 있다고 말씀하십니다. 그것은 과거와 미래가 당신께 열려 있다는 뜻입니까? 당신께서는 **라마**(Rama)의 스승인 바시슈타 무니(Vashishta Muni)를 만나 보셨습니까?

마: 그 질문은 시간 안에 있고, 시간에 대한 것입니다. 또다시 그대는 어떤 꿈의 내용에 대해서 묻고 있습니다. 무시간성은 시간이라는 환상을 넘어서 있는 것이지 시간 안에서의 연장延長이 아닙니다. 자신을 바시슈타라고 불렀던 사람이 바시슈타를 알았지요. 저는 모든 이름과 형상을 넘어서 있습니다. 바시슈타는 그대의 꿈 속에 있는 하나의 꿈입니다. 제가 그를 어떻게 알겠습니까? 그대는 과거와 미래에 너무 관심이 많습니다. 그것은 모두, 생존을 지속하고 소멸에 대해 자신을 보호하고 싶어 하는 열망에 기인합니다. 그리고 생존을 지속하고 싶기 때문에, 남들이 그대와 어울려 주기를 바라고, 그래서 그들의 생존에 대해 관심을 갖습니다. 그러나 소위 생존이라는 것은 한 꿈의 생존에 불과합니다. 그보다는 죽음이 더 낫습니다. 깨어날 가능성이 있으니까요.

질: 당신께서는 영원을 자각하시고, 따라서 생존에는 관심이 없으시군요.

마: 그 반대입니다. 모든 욕망에서 벗어남이 **영원**입니다. 모든 집착은 두려움이 있다는 의미를 내포합니다. 왜냐하면 모든 사물은 찰나적이니까요. 그리고 두려움은 그대를 노예로 만듭니다. 집착에서의 이 벗어남은 연습한다고 오지 않습니다. 우리가 자신의 **참된 존재**를 알 때, 그것은 자연스럽게 있습니다. 사랑은 매달리지 않으며, 매달리는 것은 사랑이 아닙니다.

질: 그러니까 무집착을 얻을 방도는 없군요.

마: 얻을 것은 아무것도 없습니다. 모든 상상물을 내버리고, 있는 그대로의 그대 자신을 아십시오. **자기앎**이 **무집착**입니다. 모든 갈망은 불충분하다는 느낌에서 비롯됩니다. 그대에게 아무것도 부족하지 않다는 것, 존재하는 모든 것이 곧 그대이고 그대의 것이라는 것을 알 때, 욕망이 사라집니다.

55. 일체를 포기하면 일체를 얻는다

질: 저 자신을 알려면 자각을 닦아야 합니까?

마: 닦을 것이 아무것도 없습니다. 그대 자신을 알려면, 그대 자신이 되십시오. 그대 자신이 되려면, 자신이 이것이나 저것이라고 상상하기를 그만두십시오. 그냥 있으십시오. 그대의 참된 성품이 나타나게 하십시오. (자기앎을) 추구하는 일로 그대의 마음을 어지럽히지 마십시오.

질: 만약 제가 그냥 진아 깨달음을 기다린다면 많은 시간이 걸리겠지요.

마: 그것이 이미 지금 여기 있는데 무엇을 기다려야 합니까? 단지 (그것을) 보기만 하면 됩니다. 그대의 자아를, 그대 자신의 존재를 바라보십시오. 그대는 자기가 있다는 것을 알고 있고, 그것을 좋아합니다. 모든 상상을 내버리십시오. 그거면 됩니다. 시간에 의지하지 마십시오. 시간은 곧 죽음입니다. 기다리는 자는—죽습니다. 삶은 지금일 뿐입니다. 과거와 미래에 대해서 이야기하지 마십시오. 그것들은 그대의 마음 안에서만 존재합니다.

질: 당신께서도 돌아가시겠지요.

마: 저는 이미 죽어 있습니다. 신체적 죽음은 저의 경우에 어떤 차이도 가져오지 않습니다. 저는 무시간적 존재입니다. 저는 욕망이나 두려움에서 벗어나 있습니다. 왜냐하면 과거를 기억하거나 미래를 상상하지 않기 때문입니다. 이름과 형상이 없는데, 어떻게 욕망과 두려움이 있을 수 있습니까? 무욕과 함께 무시간성이 옵니다. 저는 안전합니다. 왜냐하면 존재하지 않는 것은 존재하는 것을 건드릴 수 없기 때문입니다. 그러나 그대는 위험이 있다고 상상하기 때문에 불안을 느낍니다. 물론 그대의 몸 그 자체는 복잡하고 취약해서 보호가 필요합니다. 그러나 그대는 그렇지 않습니다. 그 무엇도 건드릴 수 없는 그대의 존재성을 깨닫고 나면, 평안에 머무르게 될 것입니다.

질: 세상이 고통 받고 있는데 어떻게 제가 평안을 발견할 수 있습니까?

마: 세상은 아주 타당한 이유로 인해 고통 받습니다. 만약 세상을 돕고 싶다면, 그대 자신이 도움 받을 필요를 넘어서 있어야 합니다. 그럴 때 그대의 모든 '함'과 '하지 않음'은 세계를 더없이 효과적으로 돕게 될 것입니다.

질: 행위가 필요한 곳에서 무위無爲가 어떻게 유용할 수 있습니까?

마: 행위가 필요한 곳에서는 행위가 일어납니다. 인간은 그 행위자가 아닙니다. 인간이 해야 할 일은 일어나고 있는 일을 자각하는 것입니다. 그가 존재하는 것 자체가 행위입니다. 창문은 벽이 없는 것인데 공기와 빛을 통과시킵니다. 왜냐하면 비어 있기 때문입니다. 마음의 모든 내용, 모든 상상과 노력을 비워 버리십시오. 그러면 장애물들이 없는 것만으로도 **실재**가 쏟아져 들어올 것입니다. 어떤 사람을 정말 돕고 싶다면 떨어져 있으십시오. 도와주기에 정서적으로 몰입되어 있으면 도와주는 데 실패할 것입니다. 그대는 (남들을 돕느라고) 아주 바쁠 수도 있고 자신의 자애로운 성품에 아주 즐거워할 수도 있지만, 별로 많은 일을 하지는 못할 것입니다. 인간은 더 이상 도움 받을 필요가 없을 때 정말로 (남들에게) 도움이 될 수 있습니다. 다른 모든 것은 부질없는 짓일 뿐입니다.

질: 가만히 앉아서 도움이 일어나기를 기다리고 있을 충분한 시간이 없습니다. 우리는 뭔가를 해야 합니다.

마: 얼마든지 하십시오. 그러나 그대가 할 수 있는 일은 제한되어 있습니다. **진아야말로** 무한합니다. 무제한으로 베푸십시오—그대 자신을 말입니다. 그대가 베풀 수 있는 다른 모든 것은 적은 양일 뿐입니다. 그대야말로 한량이 없습니다. 돕는 것은 바로 그대의 성품입니다. 무엇을 먹고 마실 때조차도 그대는 자신의 몸을 돕습니다. 그대 자신을 위해서는 그대에게 아무것도 필요 없습니다. 그대는 시작이 없고, 끝이 없고, 다함이 없는 **순수한 베풂**입니다. 슬픔과 고통을 볼 때는 그것과 함께 하십시오. 성급하게 활동에 뛰어들지 마십시오. 학식도 행위도 진정으로 도움이 되지는 않습니다. 슬픔과 함께하면서 그 뿌리를 드러내십시오. (슬픔의 뿌리를) 이해하도록 도와주는 것이 진정한 도움입니다.

질: 저의 죽음이 가까워 오고 있습니다.

마: 시간이 얼마 남지 않은 것은 그대의 몸이지 그대가 아닙니다. 시간과 공간은 마음 안에 있을 뿐입니다. **그대**는 속박되어 있지 않습니다. 부디 그대 자신을 이해하십시오. 그것 자체가 **영원**입니다.

56
의식이 일어나면 세계가 일어난다

질문자: 범부가 죽으면 그에게 어떤 일이 일어납니까?
마하라지: 그 사람의 믿음에 따라서 일어나지요. 죽기 전의 삶이 상상에 불과하듯이, 죽은 뒤의 삶도 마찬가지입니다. 꿈은 계속됩니다.
질: 그러면 진인(*gnani*)은 어떻습니까?
마: 진인은 죽지 않습니다. 그는 결코 태어나지 않았기 때문입니다.
질: 남들에게는 그도 태어난 것처럼 보입니다.
마: 그러나 그 자신에게는 그렇지 않습니다. 그 자신 안에서, 그는 사물들로부터 자유롭습니다―물리적인 것이든 정신적인 것이든.
질: 그래도 당신께서는 죽은 사람의 상태를 아실 것이 분명합니다. 최소한 당신 자신의 전생을 통해서라도 말입니다.
마: 제 스승님을 만나기 전까지는 수많은 것들을 알고 있었지요. 이제 저는 아무것도 모릅니다. 모든 앎은 꿈속에 있을 뿐이고 타당하지 않기 때문입니다. 저는 저 자신을 아는데, 제 안에는 삶도 죽음도 없고 **순수한 있음**만―이것이나 저것으로 있는 것이 아니라 그저 있음(*being*)만―있다는 것을 발견합니다. 그러나 저장된 기억들을 끄집어내면서 마음이 상상을 하기 시작하는 순간, 그것은 공간을 사물들로 채우고 시간을 사건들로 채웁니다. 저는 금생조차도 모르는데 전생을 어떻게 알겠습니까? 움직이는 일체를 보는 것은 그 자체 움직이고 있는 마음인데, 그것이 시간을 창조했기 때문에 과거와 미래에 대해 걱정합니다. 전 우주는 **의식**(*maha tattva*-'큰 원리') 안에서 양육되며, 이 의식은 완전한 질서와 조화(*maha sattva*-'큰 조화성')가 있는 곳에서 일어납니다. 모든 파도가 바다 안에 있듯이, 물리적이거나 정신적인 모든 것들은 **자각** 안에 있습니다. 따라서 **자각** 그 자체가 더없이 중요하고, 그 내용은 중요하지 않습니다. 그대 자신에 대한 **자각**을 심화하고 넓혀 가십시오. 그러면 (거기서) 모든 축복이 흘러나올 것입니다. 무엇을 추구할 필

요도 없이, 모든 것이 더없이 자연스럽게, 애씀 없이 그대에게 올 것입니다. 다섯 감각기관과 마음의 네 가지 기능[사고·이해·기억·자아성], 5대 원소[지·수·화·풍·공], 창조계의 두 측면[물질과 정신(쁘라끄리띠와 뿌루샤)], 이 모든 것이 **자각** 안에 들어 있습니다.

질: 하지만 당신께서도 전생을 사셨다는 것을 믿으실 것이 분명합니다.
마: 경전에서는 그렇게(전생이 있다고) 말하지만, 저는 그에 대해 아무것도 모릅니다. 저는 있는 그대로의 저 자신을 압니다. (과거에) 어떻게 보였거나 (미래에) 어떻게 보일 그런 저는 제 경험 속에 없습니다. 제가 기억을 못한다는 것은 아닙니다. 사실 기억할 것이 아무것도 없습니다. 환생(reincarnation)은 환생하는 자아가 있다는 의미를 내포하지만, 그런 자아 같은 것은 없습니다. '나'라고 불리는 기억과 희망들의 다발이 그 자신을 영구히 존재한다고 상상하면서, 자신의 거짓된 영원성이 거주할 수 있도록 시간을 창조합니다. 저는 **존재하기** 위해 어떤 과거나 미래도 필요로 하지 않습니다. 모든 경험은 상상에서 생겨납니다. 저는 상상하지 않고, 그래서 저에게는 어떤 탄생이나 죽음도 일어나지 않습니다. 자신이 태어났다고 생각하는 사람들만 자신이 다시 태어난다고 생각할 수 있겠지요. 그대는 제가 태어났다고 저를 비난하지만, 저는 무고하다는 것을 밝힙니다!

모든 것은 **자각** 안에 존재하며, **자각**은 죽지도 않고 다시 태어나지도 않습니다. 그것은 **불변의 실재** 그 자체입니다.

경험의 우주 전부가 몸과 함께 태어나고 몸과 함께 죽습니다. 그것은 **자각** 안에서 시작되고 끝나지만, **자각**은 어떤 시작도, 어떤 끝도 알지 못합니다. 그것을 주의 깊게 검토하고 오랜 시간 숙고하면 그 **자각의 빛**을 아주 명료하게 보게 될 것이고, 세계는 희미해져서 그대의 시야에서 사라질 것입니다. 그것은 타고 있는 선향線香을 보는 것과 같습니다. 처음에는 그대가 선향과 연기를 봅니다. 그 불이 타 들어가는 점에 주목하면, 그것이 산더미 같은 선향들을 다 태워 우주를 연기로 가득 채울 수 있는 힘을 가지고 있다는 것을 깨닫습니다. **자아**는 무시간적으로 그 자신을 현실화하는데, 그 무한한 **가능성**은 다함이 없습니다. 선향의 비유에서, 선향은 몸이고 연기는 마음입니다. 마음이 이것저것 왜곡하느라고 분주한 한, 그것은 자신의 근원을 지각하지 못합니다. 스승이 와서 그대의 주의를 내면의 불꽃으로 향하게 합니다. 마음은 그 성품상 바깥을 향해 있습니다. 그것은 늘 사물들 자체 속에서 사물들의 근원을 추구하는 경향이 있습니다. 내면의 **근원**을 찾으라는 말을 듣는 것은, 어떤 면에서 하나의 새로운 삶의 시작입니다. **자각**이 **의식**의 자리를 대신합니다. **의식** 안에는 의식하는 자인 '나'가 있는 반면, **자각**은 (자각하는 자와 자각의 대상으로) 나뉘어 있지 않습니다. **자각**은 그 자체를 자각합니다. "내가 있다"는 하나의 생각인 반면, **자각**은 하나의 생각이 아닙니다. **자각** 안에는 "나는 자각하고 있다"가 없습니다. **의식**은 하나의 속성인 반면, **자각**은 속성이 아닙니다. 그대는 의식하고 있음을 자각할 수 있으나, **자각**을 의식하지는 못합니다. 신은 **의식**의 총합이지만, **자각**은 모든 것을 넘어서 있고, 존재이면서 비존재입니다.

질: 저는 죽은 뒤의 사람의 상태에 대한 질문으로 시작했습니다. 그의 몸이 파괴될 때 그의 **의식**에는 어떤 일이 일어납니까? 보고 듣는 등의 감각기관을 가지고 갑니까, 아니면 그것들을 뒤에 남겨둡니까? 그리고 만일 감각기관들을 잃는다면 그의 **의식**은 어떻게 됩니까?

마: 감각기관들은 지각의 양식에 불과합니다. 거친 양식들이 사라지면서 의식의 더 미세한 상태들이 나타납니다.

질: 죽은 뒤에 **자각**으로의 이행은 없습니까?

마: **의식**에서 **자각**으로의 이행이란 있을 수 없습니다. **자각**은 **의식**의 한 형태가 아니기 때문입니다. **의식**은 더 미세해지고 세련될 수 있을 뿐인데, 그것이 죽음 뒤에 일어나는 일입니다. 인간의 여러 가지 탈것(몸, 감각기관)들이 죽어버리면서, 그것들이 유발한 **의식**의 양식들도 희미해져서 사라집니다.

질: 무의식만 남을 때까지 말입니까?

마: 무의식을 오고 가는 어떤 것이라고 이야기하는 그대 자신을 보십시오! 무의식을 의식할 사람이 누가 있습니까? 창문이 열려 있는 동안은 방 안에 빛이 있습니다. 창문이 닫히면 해는 그대로지만, 해가 방 안의 어둠을 봅니까? 해에 어둠 같은 것이 있습니까? 무의식 같은 것은 없습니다. 왜냐하면

무의식은 경험 불가능하기 때문입니다. 우리는 기억이나 의사소통에 누락이 있을 때 무의식이 있다고 추론합니다. 만일 제가 반응하기를 그치면 그대는 제가 무의식 상태라고 말하겠지요. 실제로는 제가 더없이 예리하게 의식하고 있을 수 있지만, 의사소통을 하거나 기억할 수 없을 뿐입니다.

질: 간단한 질문을 하나 드리겠습니다. 세계에 약 40억의 인구가 있는데, 모두 죽게 되어 있습니다. 죽은 뒤 그들의 상태는 어떤 것이겠습니까? 물리적으로가 아니라 심리적으로 말입니다. 그들의 의식은 지속되겠습니까? 그리고 만약 지속된다면, 어떤 형태로 지속됩니까? 제가 올바른 질문을 하지 않는다거나, 당신께서 그 답을 모르신다거나, 당신의 세계에서는 제 질문이 무의미하다고 말씀하지 마십시오. 당신의 세계와 저의 세계가 서로 다르고 양립 불가능하다고 말씀하시는 순간, 우리 사이에 하나의 벽을 건립하시게 됩니다. 우리가 하나의 세계에 살고 있든지, 아니면 당신의 체험이 저희들에게 아무 소용이 없든지 둘 중 하나입니다.

마: 물론 우리는 하나의 세계에 살고 있습니다. 다만 저는 그것을 있는 그대로 보지만, 그대는 그러지 못합니다. 그대는 세계 안에서 그대 자신을 보는 반면, 저는 세계를 저 자신의 안에서 봅니다. 그대에게는 그대가 태어나고 죽는 반면, 저에게는 세계가 나타나고 사라집니다. 우리의 세계는 실재하지만 세계에 대한 그대의 소견은 그렇지 않습니다. 우리 사이에는 그대가 건립한 벽 외에 어떤 벽도 없습니다. 감각기관에는 잘못된 것이 전혀 없고, 그대를 오도誤導하는 것은 그대의 상상입니다. 그것이 있는 그대로의 세계를, 그대가 상상한 세계로써 은폐합니다. 이 상상의 세계는 그대와 독립하여 존재하면서도 그대의 선천적, 혹은 후천적 패턴들을 바짝 뒤따르는 어떤 것입니다. 그대의 태도에는 깊은 모순이 있지만 그대는 그것을 보지 못합니다. 그것이 슬픔의 원인입니다. 그대는 자신이 고통과 슬픔의 한 세계에 태어났다는 관념에 집착합니다. 저는 세계가 **사랑** 안에서 시작되고, 성장하고, 완성되는 (우리의) 사랑하는 자식이라는 것을 알고 있습니다. 그렇지만 저는 **사랑**조차도 넘어서 있습니다.

질: 만약 당신께서 **사랑**으로부터 세계를 창조하셨다면, 왜 그것이 고통으로

가득 차 있습니까?

마: 맞는 말입니다—몸의 관점에서는. 그러나 그대는 몸이 아닙니다. 그대는 의식의 광대함이자 무한함입니다. 진실이 아닌 어떤 것인 척하지 마십시오. 그러면 그대도 제가 보듯이 사물들을 보게 될 것입니다. 고통과 쾌락, 선과 악, 옳고 그름—이런 것들은 상대적인 용어이며, 절대적인 것으로 받아들이면 안 됩니다. 그것들은 제한적이고 일시적입니다.

질: 불교 전통에서 **열반자**(Nirvani), 즉 깨달은 한 **부처**는 우주의 자유를 갖는다고 합니다. 그는 존재하는 모든 것을 스스로 알고 체험할 수 있습니다. 인과의 연쇄를 가지고 **자연**에 명령을 내리고 간섭할 수 있으며, 사건들의 순서를 바꾸거나, 심지어 과거를 되돌려 놓을 수도 있습니다! 세계는 여전히 그와 함께하지만, 그는 그 안에서 자유롭습니다.

마: 그대가 묘사하는 것은 신입니다. 물론 우주가 있는 곳에는 그 상대자, 즉 신도 있겠지요. 그러나 저는 둘 다를 넘어서 있습니다. 왕으로 모실 사람을 찾고 있던 왕국이 있었습니다. 그들은 적합한 인물을 발견하여 그를 왕으로 삼았습니다. 그러나 그는 전혀 바뀌지 않았습니다. 단지 왕으로서의 직책과, 권리와 의무를 부여받았을 뿐입니다. 그의 성품은 영향을 받지 않았고, 그의 행위만 영향을 받았습니다. 깨달은 사람도 그와 마찬가지입니다. 그가 가진 **의식**의 내용은 근본적 변환을 겪지만, 그는 오도되지 않습니다. 그는 **불변자**(불변의 실재)를 알고 있습니다.

질: 불변자는 의식할 수 없습니다. 의식은 늘 변화에 대한 것입니다. **불변자**는 의식 안에 아무 흔적도 남기지 않습니다.

마: 그렇기도 하고 그렇지 않기도 하지요. 종이는 글이 아니지만 글을 실어냅니다. 잉크는 메시지(글의 내용)가 아니고 글을 읽는 사람의 마음도 메시지가 아니지만, 그것들 모두가 그 메시지를 가능케 합니다.

질: 의식은 실재에서 내려옵니까, 아니면 물질의 한 속성입니까?

마: 의식 자체는 물질의 미묘한 상대물입니다. **따마스**와 **라자스**가 물질의 속성이듯이, **사뜨와**는 의식으로서 그 자신을 드러냅니다. 어느 면에서 그대는 그것을 아주 미세한 에너지의 한 형태로 간주할 수 있겠지요. 물질이

그 자신을 하나의 안정된 유기체로 조직하는 곳에서는 어디서나 의식이 자연발생적으로 나타납니다. 그 유기체가 파괴되면 의식은 사라집니다.

질: 그러면 무엇이 살아남습니까?

마: 물질과 의식이 그것의 측면들에 불과한 **그것**, 태어나지도 않고 죽지도 않는 **그것**이지요.

질: 만약 그것이 물질과 의식을 넘어서 있다면, 그것을 어떻게 체험할 수 있습니까?

마: 그것은 그 둘에 대한 그것의 효과에 의해 알 수 있습니다. **아름다움**에서, 그리고 **지복**에서 그것을 찾아보십시오. 그러나 그대가 몸과 의식을 넘어서지 않으면, 그 둘을 이해하지 못할 것입니다.

질: 부디 저희들에게 분명하게 말씀해 주십시오. 당신께서는 의식하십니까, 의식하지 못하십니까?

마: **깨달은 자**(gnani)는 어느 쪽도 아닙니다. 그러나 그의 **깨달음**(gnana) 안에 모든 것이 포함되어 있습니다. 자각은 모든 경험을 포함합니다. 그러나 자각하는 자는 모든 경험을 넘어서 있습니다. **자각** 그 자체를 넘어서 있지요.

질: 경험의 배경이 있는데, 그것을 물질이라고 하십시다. 경험하는 자가 있는데, 그것을 마음이라고 하십시다. 무엇이 그 둘 사이의 가교가 됩니까?

마: 그 간격 자체가 가교입니다. 한쪽 끝에서는 물질로 보이고 다른 쪽 끝에서는 마음으로 보이는 **그것**이 그 자체로 가교입니다. **실재**를 마음과 몸으로 나누지 마십시오. 그러면 어떤 가교도 필요 없을 것입니다.

의식이 일어나면 세계가 일어납니다. 그대가 세계의 지혜와 아름다움을 고려할 때는, 그것을 신이라고 부릅니다. 그 모든 것의 **근원**, 즉 그대 자신의 안에 있는 **근원**을 아십시오. 그러면 그대의 모든 질문이 답변되어 있다는 것을 알 것입니다.

질: 보는 자와 보이는 것, 그것들은 하나입니까, 둘입니까?

마: 보는 것(seeing)만 있습니다. 보는 자와 보이는 것 둘 다 그 안에 포함되어 있습니다. 차별상이 없는 곳에서 차별상을 만들어내지 마십시오.

질: 저는 죽은 사람에 대한 질문으로 시작했습니다. 당신께서는 죽은 자의

경험들이 그의 기대와 믿음에 따라 스스로 형성된다고 말씀하셨습니다.

마: 태어나기 전에, 그대는 이미 자신이 구상해 둔 계획에 따라서 살기를 기대했습니다. 그대 자신의 의지가 그대의 운명을 이루는 뼈대입니다.

질: 분명히 업(*karma*)이 개입했습니다.

마: 업은 환경을 형성하며, (삶의) 태도들은 그대에게 달렸습니다. 궁극적으로 그대의 인격이 그대의 삶을 형성하는데, 그 인격은 그대만 형성할 수 있습니다.

질: 우리는 어떻게 자신의 인격을 형성합니까?

마: 그것을 있는 그대로 보고, (그대의 잘못을) 진지하게 반성함으로써입니다. 이 통합적인 (안팎이 일치하는) 보고 느끼기(seeing-feeling)가 기적을 일으킬 수 있습니다. 그것은 동상을 주조하는 것과 같습니다. 금속만 있거나 불길만 있어서도 안 되며, 주형만 있어도 아무 소용 없습니다. 불길의 열로 금속을 녹여, 그것을 주형에 넣고 주조해야 합니다.

57
마음을 넘어선 곳에는 괴로움이 없다

질문자: 저는 당신께서 아드님의 집 안에 앉아서 점심 식사가 나오기를 기다리고 계시는 모습을 봅니다. 그런데 당신의 의식 내용이 저의 그것과 비슷한지, 부분적으로 다른지, 아니면 전적으로 다른지가 궁금합니다. 당신께서도 저처럼 배가 고프고 목이 말라서 식사가 나오기를 상당히 조급하게 기다리십니까, 아니면 아예 다른 마음 상태이십니까?

마하라지: 표면상으로는 별로 다른 점이 없지만 심층에서는 아주 많이 다르지요. 그대는 감각기관과 마음을 통해서만 그대 자신을 압니다. 그대는 그것들이 그대라고 알려주는 것을 그대 자신이라고 여깁니다. 그대 자신에

대한 직접적인 지知가 없기에 그대는 관념만 가지고 있을 뿐인데, 모두 평범하고, 간접적이고, 얻어들은 것입니다. 그대가 자기라고 생각하는 것이 무엇이든, 그대는 그것을 참되다고 여깁니다. 그대 자신을 지각 가능하고 묘사 가능한 존재라고 상상하는 습관이 그대에게는 아주 강합니다.

저는 그대가 보는 것처럼 보고, 그대가 듣는 것처럼 듣고, 그대가 맛보는 것처럼 맛보고, 그대가 먹는 것처럼 먹습니다. 저도 갈증과 허기를 느끼고, 음식이 제때 나오기를 기대합니다. 밥을 굶거나 병이 들면 제 몸과 마음은 약해집니다. 이 모든 것을 저는 아주 명료하게 지각하지만, 여하튼 저는 그 안에 있지 않고, 저 자신이 그 위에서 둥둥 떠다니고 있는 것처럼 느낍니다. 무관심하고 초연하게 말입니다. 무관심하고 초연한 것조차도 아닙니다. 갈증과 허기가 있듯이 무관심과 초연함이 있습니다. 그 모든 것에 대한 **자각**과, 몸·마음과 그것들에 일어나는 모든 일이 마치 지평선 저 멀리 어딘가에 떨어져 있는 것 같은 광대한 거리감도 있습니다. 저는 맑고 비어 있는 영화의 스크린과 같습니다. 화면들이 그 위를 지나가서 사라지면 스크린은 전과 같이 맑고 비어 있게 됩니다. 스크린은 화면들에 결코 영향을 받지 않고, 화면들도 스크린에 영향을 받지 않습니다. 스크린은 화면들을 붙잡아 반사하지만 화면들을 형성하지는 않습니다. 스크린은 감겨 있는 필름들과 무관합니다. 이런 필름들은 운명(prarabdha-발현업)의 덩어리들로서 지금 그러한 것과 같이 존재하지만, 저의 운명은 아닙니다. 스크린 위에 있는 사람들의 운명이지요.

질: 하나의 화면 안에 있는 사람들이 운명을 가지고 있다는 의미로 하시는 말씀은 아니겠지요! 그들은 (영화라는) 그 줄거리에 속해 있는데, 그 줄거리는 그들의 것이 아닙니다.

마: 그러면 그대는 어떻습니까? 그대가 삶을 형성해 갑니까, 아니면 그대가 삶에 의해 형성됩니까?

질: 예, 당신의 말씀이 옳습니다. 한 생애담이 펼쳐지고 있고, 저는 그 배우들 중의 한 사람입니다. 그 바깥에서는 제가 아무 존재성이 없습니다. 마치 그것이 저 없이는 아무 존재성이 없듯이 말입니다. 저는 하나의 배역일

뿐, 한 '사람'이 아닙니다.

마: 그 배역이 자신의 삶을 다가오는 대로 받아들이지 않고, 자신을 그것과 동일시하면서 그것을 형성하기 시작할 때, 그가 한 '사람'이 되겠지요.

질: 제가 질문하고 당신께서 답변하실 때, 정확히 어떤 일이 일어납니까?

마: 그 질문과 답변—둘 다 스크린 위에 나타납니다. 입술이 움직이고 몸이 말을 합니다. 그리고 스크린은 다시 맑고 비어 있습니다.

질: '맑고 비어 있다'고 하실 때, 그것은 무슨 뜻으로 하시는 말씀입니까?

마: 모든 내용에서 자유롭다는 뜻입니다. 저 자신에게 저는 지각 불가능하고 인식 불가능하며, "이것이 나다"라고 꼭 집어 말할 수 있는 것이 아무것도 없습니다. 그대는 자신을 일체와 아주 쉽게 동일시하지만, 저는 그것이 불가능하다고 느낍니다. 제 안에서는 "나는 이것이나 저것이 아니고, 어떤 것도 내 것이 아니다"라는 느낌이 워낙 강해서, 한 사물이나 한 생각이 나타나자마자 "이건 내가 아니다"라는 느낌이 즉시 일어납니다.

질: 당신께서 "이것은 내가 아니다, 저것은 내가 아니다"라고 되뇌시면서 시간을 보내신다는 뜻으로 하시는 말씀입니까?

마: 물론 아니지요. 단지 그대를 위해 말로 표현해 본 것뿐입니다. 제 **스승님**의 은총으로, 저는 제가 대상도 아니고 주체도 아니며, 저 자신에게 계속 그것을 상기시킬 필요도 없다는 것을, 단번에 영구히 깨달았습니다.

질: 대상도 아니고 주체도 아니시라는 말씀이 정확히 무슨 의미인지 이해하기 어렵습니다. 우리가 이야기하는 바로 이 순간에, 저는 당신의 경험의 대상이고 당신께서는 주체 아니십니까?

마: 보세요, 제 엄지가 검지를 만집니다. 둘이 서로 만지고 만져집니다. 제 주의가 엄지에 가 있으면 엄지가 '느끼는 자'(개아)이고 검지는 **진아**입니다. 주의의 초점을 바꾸면 그 관계가 반대로 됩니다. 저는 제가 주의의 초점을 바꾸면 어떤 식으로든 제가 바라보는 그 사물이 되어, 그것이 가지고 있는 **의식**의 종류를 경험한다는 것을 압니다. 제가 그 사물의 내면에 있는 주시자가 되는 것입니다. 다른 **의식**의 초점 안으로 들어가는 이 능력을 저는 **사랑**이라고 부릅니다. 그대는 그대 좋을 대로 다른 이름을 부여해도 무

방하겠지요. **사랑**은 말합니다 — "나는 모든 것이다." **지혜**는 말합니다 — "나는 아무것도 아니다." 그 둘 사이에서 제 삶이 흐릅니다. 시공의 어떤 점에서도 저는 경험의 주체와 대상 둘 다가 될 수 있기 때문에, 그것을 표현할 때는 제가 그 둘 다이면서 어느 것도 아니고, 그 둘 다를 넘어서 있다고 말합니다.

질: 당신께서는 당신 자신에 대해 이 모든 비상한 말씀들을 하십니다. 어떻게 그런 것들을 말씀하실 수 있게 됩니까? 당신께서 시공을 넘어서 있다고 말씀하시는 것은 무슨 뜻입니까?

마: 그대가 질문하면 답변이 나옵니다. 저는 저 자신을 지켜보고 그 답변을 지켜보는데, 여기에는 아무 모순이 없습니다. 저에게는 제가 그대에게 진실을 말하고 있다는 것이 분명합니다. 모두 아주 간단한 것입니다. 다만 그대는 제가 하는 말이 진담이라는 것, 제가 아주 진지하다는 것을 신뢰해야 합니다. 이미 그대에게 말했듯이, 제 스승님은 저의 **참된 성품**과 세계의 **참된 성품**을 저에게 보여주셨습니다. 제가 세계와 하나이면서도 그것을 넘어서 있다는 것을 깨닫고 나자, 모든 욕망과 두려움에서 자유롭게 되었습니다. 제가 자유로워져야 한다고 추론하지는 않았지만, 예기치 않게, 조금도 애씀 없이, 저 자신이 자유롭다는 것을 발견했습니다. 욕망과 두려움에서 벗어난 이 **자유**는 그 이후로 저와 함께하고 있습니다. 그 외에도 제가 발견한 것은, 아무 노력도 할 필요가 없다는 것이었습니다. 생각이 있으면 지체나 갈등 없이 행위가 뒤따릅니다. 또한 생각들이 자기실현적(self-fulfilling)이라는 것을 발견했습니다. 사물들이 순조롭게, 올바르게 제자리에 들어맞곤 했습니다. 주된 변화는 마음 안에서 일어났지요. 마음은 움직임이 없어지고 고요해져서, 신속하게 반응하되 그 반응을 길게 가져가지 않습니다. 자연발로성(spontaneity)이 삶의 한 방식이 되었고, 실재하는 것은 자연스러워지고 자연스러운 것은 실재하는 것이 되었습니다. 그리고 무엇보다도, 어둡고 고요하며, 모든 방향으로 방사되고, 모든 것을 포용하고, 모든 것을 재미있고 아름답게, 의미 있고 상서롭게 만드는 무한한 **애정**, 곧 **사랑**이 있습니다.

질: 자기 자신의 **참된 존재**를 깨달은 사람에게는 다양한 요가적 능력들이 자연발생적으로 일어난다고 합니다. 이런 문제들에서 당신의 체험은 어떤 것입니까?

마: 인간의 다섯 겹 몸(다섯 껍질)은 우리가 도저히 꿈도 꾸어보지 못한 잠재 능력들을 가지고 있습니다. 전 우주가 인간 안에서 반사될 뿐 아니라, 우주를 제어하는 힘 또한 인간이 사용해 주기를 기다리고 있습니다. **현자**는 상황이 요청할 때 외에는 그런 능력들을 사용하고 싶어 하지 않습니다. 그는 사람의 인격이 가진 능력과 기술이면 일상생활을 꽤 적절히 해 나갈 수 있다는 것을 압니다. (요가적) 능력들 중의 어떤 것은 전문적 수련에 의해 계발될 수 있지만, 그런 능력을 과시하는 사람은 여전히 속박 상태에 있는 것입니다. **현자**는 그 무엇도 자신의 능력으로 보지 않습니다. 어떤 시간과 장소에서 일어난 기적이 어떤 사람(현자) 때문이라고 할 때도, 그는 사건과 사람들 간의 어떠한 인과적 연관도 확립하지 않을 것이고, 어떠한 결론도 끌어내지 않을 것입니다. 모든 일은 일어나야 했기 때문에 일어났습니다. 일체가 일어나는 그대로 일어납니다. 왜냐하면 우주가 있는 그대로 있기 때문입니다.

질: 우주는 행복하게 살 수 있는 장소 같지 않습니다. 왜 그렇게 많은 괴로움(suffering)이 있습니까?

마: 고통은 물리적이고 괴로움은 정신적입니다. 마음을 넘어선 곳에는 아무 괴로움이 없습니다. 고통은 그 몸이 위험에 처해 있으며, 거기에 주의를 기울여야 한다는 하나의 신호에 불과합니다. 마찬가지로, 괴로움은 기억과 습관의 구조, 즉 우리가 '사람(vyakti)'이라고 부르는 것이, 상실이나 변화의 위협을 받고 있다는 것을 우리에게 경고해 줍니다. 고통은 몸의 생존에 필수적이지만, 누구도 그대에게 괴로워하라고 강제하지 않습니다. 괴로움은 전적으로 (어떤 대상에) 매달리거나 저항하는 데서 비롯됩니다. 그것은 우리가 움직여 나가고, 삶과 더불어 흐르는 것을 내켜하지 않는다는 징표입니다.

건전한 삶이 고통에서 벗어나 있듯이, 성자적 삶은 괴로움에서 벗어나 있습니다.

질: 성자들만큼 고통 받은 사람은 아무도 없습니다.

마: 그들이 그대에게 그렇게 말했습니까, 아니면 그대 나름대로 하는 말입니까? **성자다움**의 본질은 현재의 순간을 완전히 받아들이는 것, 일어나는 대로의 일들과 조화를 이루는 것입니다. 성자는 사물들이 그것들의 실체와 다르기를 원치 않습니다. 그는 모든 요인들을 고려할 때, 그 상황들이 불가피하다는 것을 압니다. 그는 불가피한 것과 친근하고, 따라서 고통 받지 않습니다. 고통을 알지는 모르지만 그것이 그를 망가뜨리지 않습니다. 만약 자신이 할 수 있다면, 그는 (세간의) 상실된 균형을 회복하기 위해 필요한 일을 합니다. 아니면 일들이 스스로 진행되도록 내버려둡니다.

질: 그는 죽을 수도 있습니다.

마: 그래서 어떻다는 겁니까? 계속 살아 있다고 해서 그가 무엇을 얻으며, 죽는다고 해서 무엇을 잃습니까? 태어난 것은 죽을 수밖에 없고, 결코 태어나지 않은 것은 죽을 수 없습니다. 그것은 그가 무엇을 자기 자신으로 여기느냐에 달렸습니다.

질: 당신께서 불치병으로 몸져누웠다고 상상해 보십시오. 후회하거나 화를 내지 않으시겠습니까?

마: 그러나 저는 이미 죽어 있습니다. 더 정확히는, 살아 있은 적도 없고 죽은 적도 없습니다. 그대는 저의 몸이 습관적인 방식으로 행동하는 것을 보고 그대 나름의 결론을 끌어냅니다. 그대는 자신의 결론이 그대 외에는 누구도 구속하지 못한다는 것을 인정하지 않겠지요. 그대가 저에 대해 가지고 있는 인상은 완전히 그릇된 것일 수도 있다는 것을 아십시오. 그대 자신에 대한 인상도 그릇된 것이지만 그것은 그대의 문제입니다. 그러나 그대가 저에 대해 문제들을 만들어낸 다음 저에게 그것을 해결하라고 요구할 것까지는 없습니다. 저는 문제를 만들어내지도 않고, 그것을 해결하지도 않습니다.

58
완성, 모두의 운명

질문자: 진아 깨달음의 수단에 대해 질문 받으시면 당신께서는 어김없이 마음이 "내가 있다"는 느낌에 오래 머무르는 것이 중요함을 강조하십니다. 그 원인 요소는 어디 있습니까? 왜 이 특정한 생각이 진아 깨달음을 가져옵니까? "내가 있다"에 대한 내관內觀은 저에게 어떻게 영향을 미칩니까?

마하라지: 관찰한다는 사실 자체가 관찰자와 관찰 대상을 변화시킵니다. 어쨌든 자신의 **참된 성품**에 대한 통찰을 가로막는 것은 마음의 약함과 무딤, 그리고 미세한 것을 간과하고 거친 것에만 집중하는 경향입니다. 제가 조언하는 대로 "내가 있다"는 관념에만 마음을 두려고 노력하면, 그대의 마음과 그 변덕스러움을 온전히 자각하게 됩니다. **자각**은 활동하는 명징한 조화성(sattva)이어서 둔함을 해소하고 마음의 들뜸을 가라앉히며, 부드럽게 그러나 꾸준히 마음의 바탕 자체를 변화시킵니다. 이 변화는 눈부신 것일 필요가 없고, 거의 눈에 띄지 않을 수도 있습니다. 하지만 그것은 어둠에서 빛으로, 부주의에서 **자각**으로 향하는 심원하고 근본적인 이행입니다.

질: 그것이 "내가 있다"라는 언구여야 합니까? 다른 어떤 문장은 안 될까요? 만약 제가 "탁자 하나가 있다"에 집중하면, 그것도 같은 목적에 이바지하지 않겠습니까?

마: 집중하는 연습으로서는—그렇지요. 그러나 그것으로는 탁자라는 관념을 넘어설 수 없습니다. 그대는 탁자에 관심이 있지 않고 그대 자신을 알고 싶어 합니다. 그러자면 그대가 가진 유일한 단서, 곧 '그대가 있다'는 확실한 느낌을 의식의 초점 안에 꾸준히 유지하십시오. 그것과 함께 있고, 그것과 함께 놀고, 그것을 숙고하고, 그것을 깊이 파고드십시오. 그러다 보면 무지의 껍질이 터져서 그대가 **실재**의 영역 속으로 합일됩니다.

질: 제가 "내가 있다"에 집중하는 것과 그 껍질이 터지는 것 사이에 무슨 인과적 연관이 있습니까?

마: 자기 자신을 발견하려는 충동은 그대가 준비되어 가고 있다는 징표입니다. 그 충동은 늘 내면에서 나옵니다. 만약 때가 오지 않았으면, 그대는 온 마음으로 **자기탐구**(self-enquiry)를 할 욕망도, 그럴 힘도 없겠지요.

질: 그 욕망과 그것의 성취가 가능한 것은 스승의 은총 때문 아닙니까? 스승의 빛나는 얼굴이라는 미끼에 우리가 걸려서, 이 슬픔의 늪을 벗어나게 되는 것 아닙니까?

마: 엄마가 자기 아이를 선생님에게 데려가듯이, 그대를 **외적인 스승**에게로 데려가는 것은 **내적인 스승**(sadguru-참스승으로서의 진아)입니다. 그대의 스승을 신뢰하고 그에게 복종하십시오. 그는 그대의 **진정한 자아**가 보낸 메신저이기 때문입니다.

질: 제가 신뢰할 수 있는 스승을 어떻게 발견합니까?

마: 그대 자신의 심장이 말해주겠지요. 스승을 발견하는 데는 아무 어려움이 없습니다. 왜냐하면 스승이 그대를 찾고 있기 때문입니다. 스승은 늘 준비되어 있지만, 그대가 준비되어 있지 않습니다. 배우려면 준비되어 있어야 합니다. 그렇지 않으면 그대의 스승을 만나도, 순전히 부주의함과 완고함 때문에 기회를 낭비하게 됩니다. 저의 경우를 예로 들어 봅시다. 저는 이렇다 할 장래성이 아무것도 없었지만, 제 스승님을 만났을 때 그분의 말씀을 귀담아 듣고, 신뢰하고, 복종했습니다.

질: 스승의 손에 저 자신을 완전히 맡기기 전에 그분을 조사해 봐야 하지 않습니까?

마: 얼마든지 조사해 보십시오! 그러나 그대가 무엇을 알아낼 수 있습니까? 그대 자신의 수준에서 그대에게 보이는 모습뿐이겠지요.

질: 저는 그가 일관성이 있는지, 그의 삶과 가르침 사이에 조화가 있는지 지켜볼 것입니다.

마: 허다한 부조화를 발견할지도 모르지요—그래서 어떻다는 겁니까? 그것은 아무것도 입증해 주지 않습니다. 오직 동기(어떤 말이나 행위를 하는 이유)가 중요합니다. 그대가 그의 동기를 어떻게 알겠습니까?

질: 최소한 그가 올바른 삶을 사는 자제력 있는 사람이기를 기대하겠지요.

마: 그런 사람들이야 많이 발견하겠지만, 그대에게 아무 소용이 없겠지요. **스승**은 집으로 돌아가는 길, 즉 그대의 **진정한 자아**로 돌아가는 길을 보여 줄 수 있습니다. 이것이 외관상 그렇게 보이는 그 사람의 인격이나 기질과 무슨 상관 있습니까? 스승이 그대에게, 자신은 '사람'이 아니라고 분명히 말하지 않습니까? 그대가 판단할 수 있는 유일한 방법은, 그와 함께 있을 때 그대 자신에게서 나타나는 변화에 의해서입니다. 만약 그대가 더 평화롭고 행복함을 느낀다면, 평소보다 더 명료하고 깊이 있게 그대 자신을 이해한다면, 그것은 그대가 사람을 제대로 만났다는 것을 의미합니다. 천천히 시간을 두고 판단하되, 일단 그를 신뢰하기로 결심했으면 그를 절대적으로 신뢰하고 모든 가르침을 온전히, 충실하게 따르십시오. 설사 그대의 **스승**으로 받아들이지 않고 그와 함께 있는 것으로만 만족한다 해도 별 상관 없습니다. **삿상**(satsang)만으로도 그대의 목표에 이를 수 있습니다. 단, 그것이 뒤섞이지 않고 방해받지 않는다면 말입니다. 그러나 일단 어떤 사람을 그대의 **스승**으로 받아들였으면, (그의 말을) 귀담아 듣고, 기억하고, 복종하십시오. 오롯하지 못함은 중대한 결함이며, 그대가 자초하는 많은 슬픔의 원인이 됩니다. 잘못은 결코 **스승**이 범하는 것이 아닙니다. 잘못의 원인은 언제나 제자의 아둔함과 완고함입니다.

질: 그러면 스승은 제자를 내치거나 제자 자격을 부인합니까?

마: 만약 그렇게 한다면 스승이 아니겠지요! 그는 때를 기다리면서, 혼이 나고 정신이 든 제자가 한결 수용적인 태세로 자신에게 돌아올 때까지 기다립니다.

질: 그 동기는 무엇입니까? 스승은 왜 그토록 많은 수고를 합니까?

마: 슬픔이 있고 그 슬픔을 끝내야 하기 때문입니다. 그는 사람들이 꿈속에서 괴로워하고 있는 것을 보고 그들이 깨어나기를 바랍니다. **사랑**은 고통과 괴로움을 그냥 두고 보지 못합니다. 스승의 인내심은 한계가 없고, 따라서 그것은 패배할 수 없습니다. 스승은 결코 실패하지 않습니다.

질: 저의 첫 스승이 마지막 스승이기도 합니까, 아니면 스승에서 스승으로 거쳐 가야 합니까?

마: 전 우주가 그대의 스승입니다. 만약 그대가 깨어 있고 영리하다면, 모든 것에서 배웁니다. 그대의 마음이 맑고 가슴이 깨끗하다면, 지나가는 모든 사람에게서 배우게 될 것입니다. 그대가 나태하고 들떠 있기 때문에, 그대 내면의 진아가 외적인 스승으로 나타나서, 그대가 그를 신뢰하고 그에게 복종하도록 만듭니다.

질: 스승이 꼭 있어야 합니까?

마: 그것은 "어머니가 꼭 있어야 합니까?"라고 묻는 것과 같습니다. 그대가 의식 안의 한 차원에서 다른 차원으로 상승하려면 도움이 필요합니다. 그 도움이 항상 인간의 형상을 하고 있지는 않을 수도 있습니다. 그것은 어떤 미묘한 친존親存 혹은 어떤 직관의 섬광일 수도 있지만, 도움이 오기는 와야 합니다. 내면의 진아는 아들이 아버지에게 돌아오기를 지켜보며 기다리고 있습니다. 때가 되면 그는 다정하게 효율적으로 일체를 안배합니다. 메신저나 안내자가 필요하면 그가 스승을 보내어 필요한 일을 하게 합니다.

질: 제가 이해하지 못하는 것이 한 가지 있습니다. 당신께서는 내면의 진아가 지혜롭고, 선하고, 아름답고, 모든 면에서 완전하다고 하시고, '사람'은 그 자체의 존재성이 없는 반사물에 불과하다고 하십니다. 한편 당신께서는 '사람'이 자기 자신을 깨닫도록 도우려고 그토록 많은 수고를 하십니다. 만약 '사람'이 그렇게 중요하지 않다면, 왜 그의 행복에 그렇게 관심을 가지십니까? 그림자에 대해 누가 신경을 씁니까?

마: 그대는 이원성이 없는 곳에 이원성을 도입했습니다. 몸이 있고 진아가 있습니다. 그들 사이에 마음이 있는데, 그 안에서 진아가 "내가 있다"로서 반사됩니다. 마음은 그 불완전함, 조야함과 들뜸, 분별력과 통찰력의 부족 때문에, 자신을 진아가 아니라 몸이라고 여깁니다. 마음을 정화하여 그것이 자신과 진아의 동일성을 깨달을 수 있게 하는 것이 필요한 전부입니다. 마음이 진아에 합일되면 몸은 아무 문제도 일으키지 않습니다. 그것은 그 본래의 모습, 즉 지각과 행위의 도구, 내면의 창조적 불길의 도구이자 표현으로서 머물러 있게 됩니다. 몸의 궁극적 가치는 우주적 몸(cosmic body)을, 즉 전체로서의 우주를 발견하는 데 그것이 이바지한다는 것입니다. 그대가 현

상계 안에서의 자신을 깨달음에 따라, 갈수록 그대가 자신이 상상했던 것 이상이라는 것을 계속 발견하게 됩니다.

질: 자기발견에는 끝이 없습니까?

마: 시작이 없으니 끝도 없습니다. 그러나 제가 스승님의 은총에 의해 발견한 것은, 저는 뭐라고 말할 수 있는 그 무엇도 아니라는 것이었습니다. 저는 '이것'도 아니고 '저것'도 아닙니다. 이것은 절대적으로 타당합니다.

질: 그렇다면, 결코 끝나지 않는 발견, 새로운 차원으로의 자기 자신의 끝없는 초월은 어디에 들어갑니까?

마: 이 모든 것은 현상계의 영역에 속합니다. 낮은 것에서 벗어나야 더 높은 것을 얻을 수 있다는 것은 우주의 구조 자체 안에 내장되어 있습니다.

질: 어떤 것이 낮고, 어떤 것이 더 높습니까?

마: 그것을 자각의 견지에서 보십시오. 더 넓고 더 깊은 의식이 더 높은 것입니다. 살아 있는 모든 것은 의식을 보호하고, 영구화하고, 확장하기 위해 노력합니다. 이것이 세계의 유일한 의미이자 목적입니다. 그것이 바로 요가의 핵심—곧, 계속해서 의식의 수준을 끌어올리고, 그 나름의 특성·성질·힘을 가지고 있는 새로운 차원들을 발견하는 것입니다. 그런 의미에서 전 우주는 요가학교(yogakshetra-수행 도량)가 됩니다.

질: 완전화(perfection-완전해지기)가 모든 인간들의 운명입니까?

마: 모든 살아 있는 존재들의 운명이지요—궁극적으로는. 그 가능성이 하나의 확실히 일어날 사건으로 되는 것은, 깨달음의 관념이 마음속에서 나타날 때입니다. 어떤 살아 있는 존재가 자신도 해탈을 성취할 수 있다는 이야기를 듣고 이해하고 나면, 그것을 결코 잊어버리지 않을 것입니다. 그것은 내면에서 나온 최초의 메시지이기 때문입니다. 그것이 뿌리를 내리고 자라나서, 때가 되면 스승이라는 은혜로운 형상을 취합니다.

질: 그래서 우리는 모두 마음을 구원하는 일에 관심이 있는 거로군요?

마: 달리 무엇에 관심이 있겠습니까? 마음이 길을 헤매고, 마음이 집으로 돌아갑니다. 그러나 '헤맨다'는 단어도 적절치 않습니다. 마음은 모든 기분 상태에서 그 자신을 알아야 합니다. 되풀이하지 않는다면 그 무엇도 실수

가 아닙니다.

59
욕망과 두려움: 자기중심적인 상태들

질문자: 저는 쾌락과 고통, 욕망과 두려움의 문제로 다시 들어가고 싶습니다. 저는 두려움을 고통에 대한 기억과 예상으로 이해합니다. 두려움은 그 유기체의 보존과 그것의 삶의 패턴에 필수적입니다. 욕구가 느껴질 때 그것은 고통스럽고, 그에 대한 예상은 두려움으로 가득 차 있습니다. 우리가 기본적인 욕구를 충족시킬 수 없을 때는 두려워하는 것이 당연합니다. 어떤 욕구가 충족되었을 때 안도감을 경험하거나 걱정이 덜어지는 것은 전적으로, 고통이 끝났다는 데서 비롯됩니다. 우리는 거기에다 쾌락, 기쁨 혹은 행복과 같은 긍정적 이름들을 부여할 수도 있겠지만, 본질적으로 그것은 고통의 경감입니다. 우리의 사회적·경제적·정치적 제도들을 결속시켜 주는 것은 이 고통에 대한 두려움입니다.

제가 궁금한 점은, 우리가 생존과는 전혀 무관한 사물이나 마음의 상태들에서 쾌락을 얻는다는 것입니다. 반면에 우리의 쾌락들은 보통 파괴적입니다. 그것은 쾌락의 대상, 도구, 그리고 주체를 손상하거나 파괴합니다. 그렇지 않다면 쾌락과 쾌락의 추구는 아무 문제가 없겠지요. 여기서 제 질문의 핵심에 도달하게 됩니다. 즉, '쾌락은 왜 파괴적인가? 그리고 그것이 파괴적인데도 불구하고 사람들은 왜 그것을 원하는가?'라는 것입니다.

덧붙이자면, **자연**이 우리를 자신의 길로 가게 강제하는 쾌락-고통[12]의 양식을 제가 염두에 두고 하는 말은 아닙니다. 저는 과식과 같이 가장 조

---

12) *T.* 개체의 생존과 종족 보존을 위한 본능적 행위에 수반되는 쾌락과 고통이라는 의미이다. 즉, 애욕을 염두에 둔 표현이다.

야한 것에서부터 가장 세련된 것에 이르기까지, 감각적이면서도 미묘한 인위적인 쾌락들을 생각하는 것입니다. 어떤 대가를 치르더라도 쾌락에 탐닉하는 현상이 워낙 보편적이어서, 그 뿌리에는 뭔가 의미 있는 것이 있음이 틀림없습니다.

물론 인간의 모든 활동이 어떤 욕구를 충족하도록 공리주의적이어야 한다는 것은 아닙니다. 예를 들어, 놀이는 자연스럽고, 인간은 현존하는 동물 중에서 가장 놀기 좋아하는 동물입니다. 놀이는 자기발견과 자기발전에 대한 욕구를 충족합니다. 그러나 놀이에서도 인간은 **자연**, 타인들 그리고 그 자신에게 파괴적으로 됩니다.

마하라지: 요컨대 그대는 쾌락에 반대하는 것이 아니라, 고통과 슬픔 속에서 치르는 그 대가에만 반대하는군요.

질: 만약 **실재** 자체가 **지복**이라면 쾌락은 어떤 식으로든 그것과 관련될 수밖에 없습니다.

마: 언어적 논리로써 나아가지 맙시다. **실재**의 **지복**은 괴로움을 배제하지 않습니다. 게다가 그대는 쾌락만 알지 **순수한 존재**의 **지복**은 모릅니다. 그러니 쾌락은 그 자체의 수준에서 검토하도록 합시다.

그대가 쾌락이나 고통의 순간에 그대 자신을 바라본다면, 즐겁거나 고통스러운 것은 그 사물 자체가 아니라 그것이 일부를 이루는 그 상황이라는 것을 어김없이 발견할 것입니다. 쾌락은 향유자와 향유되는 것 간의 관계 속에 있습니다. 그리고 그것의 핵심은 받아들임(acceptance)입니다. 상황이 어떠하든, 그것을 받아들일 수 있으면 그것은 즐겁습니다. 받아들일 수 없으면 고통스럽습니다. 무엇이 그것을 받아들일 수 있는 것으로 만드느냐는 중요하지 않습니다. 그 원인은 신체적일 수도 있고, 심리적일 수도 있고, 규명 불가능할 수도 있습니다. 받아들임이 결정적 요인입니다. 역으로, 괴로움은 받아들이지 못함에서 비롯됩니다.

질: 고통은 받아들일 수 없습니다.

마: 왜 안 됩니까? 시도해 보기는 했습니까? 시도해 보십시오. 그러면 고통 속에도 쾌락에서는 나올 수 없는 기쁨이 있다는 것을 발견할 것입니다. 고

통을 받아들이면 쾌락을 받아들일 때보다 더 깊이 들어갈 수 있다는 단순한 이유 때문에도 그렇습니다. 개인적 자아는 그 본성상 부단히 쾌락을 추구하고 고통을 회피합니다. 이러한 패턴을 종식시키는 것이 자아를 종식시키는 것입니다. 욕망과 두려움을 가진 자아를 종식시키면 그대 자신의 **진정한 성품**, 곧 모든 행복과 평안의 **근원**으로 돌아갈 수 있게 됩니다. 쾌락에 대한 끝없는 욕망은 내면의 무시간적 조화성이 반사되는 것입니다. 누구나 관찰해 보면 알 수 있는 사실이지만, 쾌락과 고통 간의 갈등은 선택과 결정을 요구하고, 우리는 그런 갈등에 사로잡혀 있을 때만 자기를 의식하게 됩니다. 분노는 욕망과 두려움 간의 이러한 충돌에서 야기되는데, 이 분노는 삶의 건전성을 크게 파괴하는 요인입니다. 고통을 그 본래의 의미, 즉 어떤 교훈과 경고로 받아들이면서 그것을 깊이 응시하고 마음에 새길 때, 고통과 쾌락 사이의 분리가 분쇄되고 둘 다 경험으로 됩니다 — 저항할 때는 고통스럽고, 받아들일 때는 즐거운.

질: 쾌락을 피하고 고통을 추구하라고 조언하십니까?

마: 아니지요. 그렇다고 쾌락을 추구하고 고통을 피하라는 것도 아닙니다. 그것들이 다가오는 대로 둘 다 받아들여, 그것들이 지속되는 동안은 그것을 즐기고, 그것들이 가야 할 때는 가게 하십시오.

질: 제가 어떻게 고통을 즐길 수 있겠습니까? 신체적 고통은 어떤 조치를 요구합니다.

마: 물론이지요. 정신적 고통도 마찬가지입니다. **지복**은 그 고통을 자각하는 데 있지 움츠러드는 데 있지 않고, 고통을 외면하는 데는 결코 있지 않습니다. 모든 행복은 **자각**에서 나옵니다. 우리가 의식하고 있으면 있을수록 그 기쁨은 더 깊어집니다. 고통을 받아들임, 무저항, 용기와 감내堪耐 — 이런 것들이 진정한 **행복**, 참된 **지복**의 깊고 영구적인 **근원**들을 열어줍니다.

질: 왜 고통이 쾌락보다 더 효과적이라는 것입니까?

마: 쾌락은 쉽사리 받아들여지지만 자아의 모든 힘들은 고통을 배척합니다. 고통을 받아들임은 자아에 대한 부정이고, 자아는 참된 **행복**을 가로막기 때문에, 온 마음으로 고통을 받아들이면 행복의 샘들이 열리게 됩니다.

질: 괴로움을 받아들이는 것도 같은 방식으로 작용합니까?
마: 고통이라는 사실은 **자각**의 초점 안에 쉽게 들어옵니다. 괴로움은 그리 단순하지 않습니다. 괴로움에 집중하는 것으로는 충분치 않습니다. 왜냐하면 우리가 알다시피, 정신적 삶은 괴로움의 한 연속적 흐름이기 때문입니다. 괴로움의 더 깊은 층들에 도달하려면 그 뿌리들로 나아가서 그것들의 방대한 지하 연결망을 드러내야 하는데, 거기서는 두려움과 욕망이 긴밀하게 서로 얽혀 있고, 생명 에너지의 흐름들이 서로 대립하고, 방해하고, 파괴합니다.

질: 제 의식의 수준보다 전적으로 아래에 있는 뒤엉킴을 어떻게 바로잡을 수 있습니까?

마: 그대 자신과 함께, "내가 있다"와 함께 있으면 됩니다. 일상생활 속에서 경각된 관심을 가지고, 판단하기보다 이해하려는 의도로 그대 자신을 지켜보되, (내면에서) 무엇이 나타나든 완전히 수용하면서 말입니다. 그것("내가 있다"는 **자각**)이 있기 때문에 그대는 심층의 것을 표면으로 떠오르게 고무하여, 거기에 갇혀 있었던 에너지로 그대의 삶과 **의식**을 풍요롭게 합니다. **자각**은 이렇게 큰일을 해냅니다. 즉, 그것은 **생명**과 마음의 성품을 이해함으로써 장애들을 제거하고 에너지들을 해방합니다. **지성**(intelligence)은 **자유**로 나아가는 문이고, 경각된 **주의**(alert attention)는 **지성**의 어머니입니다.

질: 한 가지 질문을 더 드리겠습니다. 쾌락은 왜 고통으로 끝납니까?

마: 모든 것은 하나의 시작과 끝이 있고, 쾌락도 마찬가지입니다. 기대하지 말고 후회하지도 마십시오. 그러면 아무 고통이 없을 것입니다. 괴로움을 야기하는 것은 기억과 상상입니다.

물론 쾌락 뒤의 고통은 몸이나 마음을 잘못 사용했기 때문일 수 있습니다. 몸은 자신의 한도를 알지만 마음은 그렇지 않습니다. 마음의 욕망은 무수하고 무한합니다. 그대의 마음을 아주 부지런히 지켜보십시오. 왜냐하면 거기에 그대의 속박이 있고, **자유**에 이르는 열쇠도 있기 때문입니다.

질: 제 질문은 아직 온전히 답변을 얻지 못했습니다. 인간의 쾌락은 왜 파괴적입니까? 인간은 왜 파괴하면서 그토록 많은 쾌락을 느낍니까? 생명의

관심은 보호, 영구히 이어감, 그리고 그 자신의 확장에 있습니다. 이럴 때 그것은 고통과 쾌락에 의해 인도됩니다. 어느 시점부터 고통과 쾌락이 파괴적으로 됩니까?

마: 마음이 주도하면서 (쾌락을) 기억하고 기대할 때는, (실제 현실을) 과장하고, 왜곡하고, 간과합니다. 과거가 미래로 투사되지만, 미래는 기대를 배반합니다. 감각기관과 행위기관들이 능력 범위를 넘어서 자극받고, 불가피하게 고장이 납니다. 쾌락의 대상들은 기대한 쾌락을 산출하지 못한 채, 잘못 사용되어 닳아지거나 파괴됩니다. 그래서 쾌락을 찾던 곳에서 과도한 고통이 생겨나는 것입니다.

질: 우리는 우리 자신들뿐 아니라 남들까지 파괴합니다!

마: 당연하지요. 이기심은 늘 파괴적이니까요. 욕망과 두려움, 둘 다 자기중심적인 상태들입니다. 욕망과 두려움 사이에서 분노가 일어나고, 분노와 함께 증오가, 증오와 함께 파괴하고 싶은 감정이 일어납니다. 전쟁은 조직화되고 온갖 죽음의 도구들로 무장한, 행동에 나선 증오입니다.

질: 이러한 끔찍한 사태를 종식시킬 방법이 있습니까?

마: 더 많은 사람들이 자신의 **진정한 성품**을 알게 되면, 그들의 감화력이—그것이 아무리 미묘한 것일지라도—(도처에) 편재하면서 세계의 정서적 분위기가 향기로워질 것입니다. 사람들은 그들의 지도자를 따르는데, 지도자들 중에서 마음과 가슴이 위대하고 자기추구(self-seeking-이기주의)에서 절대적으로 벗어난 사람들이 나타나면, 그들의 영향력(impact)만으로도 현시대의 조야한 행태와 범죄들이 일어날 수 없도록 만들기에 충분할 것입니다. 하나의 새로운 황금시대가 도래하여 한동안 지속되다가 그 자체의 완전성으로 인해 쇠퇴할 수도 있습니다. 왜냐하면 조수潮水가 최고조에 이르렀을 때 썰물이 시작되기 때문입니다.

질: 영구적인 완전성 같은 것은 없습니까?

마: 아니, 있지요. 그러나 그것은 모든 불완전성을 포함합니다. 일체를 가능케 하고, 지각될 수 있게 하고, 재미있게 만드는 것은 우리의 **자성**自性(자아성품, self-nature)이 가진 완전성입니다. 그것은 어떤 괴로움도 알지 못하니

다. 왜냐하면 그것은 좋아하지도 싫어하지도 않고, 받아들이지도 거부하지도 않기 때문입니다. 창조와 파괴는 두 극極인데, 그 사이에서 **자성**은 늘 변해 가는 (삶의) 패턴들을 엮어 갑니다. 편애와 선호에서 벗어나십시오. 그러면 슬픔이라는 짐을 진 마음이 더 이상 존재하지 않을 것입니다.

질: 그러나 저 혼자만 고통 받는 것은 아닙니다. 남들도 있습니다.

마: 그대가 욕망과 두려움을 안고 그들에게 가면 그들의 슬픔을 더해줄 뿐입니다. 먼저 그대 자신이 괴로움에서 벗어나고, 그런 뒤에야 남들을 돕기를 바라십시오. 바랄 필요조차 없지요―그대가 존재하는 것 자체가 한 인간이 이웃들에게 베풀 수 있는 최고의 도움이 될 테니 말입니다.

60
공상이 아닌, 사실을 살라

질문자: 당신께서는, 당신이 보시는 것은 뭐든지 당신 자신이라고 말씀하십니다. 또한 저희가 세계를 보듯이 세계를 보신다는 것도 시인하십니다. 여기 오늘자 신문에서는 온갖 끔찍한 일들이 벌어지고 있습니다. 세계가 당신 자신인데, 이런 잘못된 행동들은 어떻게 설명하실 수 있습니까?

마하라지: 그대는 어떤 세계를 염두에 두고 있습니까?

질: 우리가 살고 있는, 우리의 공통된 세계 말입니다.

마: 그대는 우리가 같은 세계에 살고 있다고 확신합니까? 저는 **자연**, 즉 바다와 대륙, 식물과 동물들을 말하는 것이 아닙니다. 그런 것들은 문제가 아니고, 끝없는 공간, 무한한 시간, 다함없는 힘도 문제가 아닙니다. 제가 먹는 것과 담배 피우는 것, 읽는 것과 이야기하는 것을 가지고 오해하지 마십시오. 제 마음은 여기 있지 않고, 저의 삶은 여기 있지 않습니다. 욕망과 그것의 성취, 두려움과 그것의 회피로 이루어진 그대의 세계는 단연코 저

의 세계가 아닙니다. 저는 그에 대해 그대가 하는 말을 통해서 아는 것 외에는 그것을 지각하지도 않습니다. 그것은 그대의 사적인 꿈 세계이고, 그에 대한 저의 유일한 반응은 그대에게 '꿈꾸기를 그만두라'고 말하는 것입니다.

질: 분명, 전쟁과 혁명들은 꿈이 아닙니다. 병든 어머니와 굶주리는 아이들은 꿈이 아닙니다. 부정하게 벌어서 잘못 쓰는 부富는 꿈이 아닙니다.

마: 달리 무엇입니까?

질: 꿈은 남과 공유할 수 없습니다.

마: 생시도 공유할 수 없지요. 세 가지 상태—생시·꿈·잠—모두 주관적이고, 개인적이고, 내밀한 것입니다. 그것들은 모두 '나'라고 하는 의식 안의 작은 거품에게 일어나고, 그 안에 들어 있습니다. **실재하는 세계는 자아를 넘어서 있습니다.**

질: 자아가 있든 없든 사실들은 실재합니다.

마: 물론 사실들은 실재하지요! 저는 그 가운데서 살고 있습니다. 그러나 그대는 사실들과 함께 사는 게 아니라 공상들과 함께 살고 있습니다. 사실들은 결코 충돌하지 않지만, 그대의 삶과 세계는 모순들로 가득 차 있습니다. 모순은 거짓된 것(비실재)의 특징이며, **실재는 결코 스스로 모순되지 않습니다.**

예컨대 그대는 사람들이 찢어지게 가난하다고 불평하지만, 그대의 부富를 그들과 함께 나누지 않습니다. 그대는 이웃 나라의 전쟁에 신경을 쓰지만, 그것이 어느 먼 나라의 일일 때는 거의 거들떠보지 않습니다. 그대의 에고의 운運이 어떻게 변하느냐가 그대의 가치를 좌우합니다. 그래서 "나는 생각한다", "나는 원한다", "나는 해야 한다"가 절대적인 것으로 됩니다.

질: 그렇다 하더라도, 악은 실재합니다.

마: 그대가 실재하는 이상으로 실재하지는 않지요. 악은 오해와 오용으로 인해 생겨난 문제들에 대한 그릇된 접근법에 있습니다. 그것은 하나의 악순환입니다.

질: 그 순환을 깨트릴 수 있습니까?

마: 거짓된 순환은 깨트릴 필요가 없습니다. 그것을 있는 그대로—즉, 존재하지 않는 것으로 보는 것으로 충분합니다.

질: 그러나, 우리가 수치스럽고 잔혹한 일들을 당하게도 하고 (남들에게) 끼치게도 할 만큼 충분히 실재적입니다.

마: 제정신이 아닌 상태는 널렸고, 제정신은 희유합니다. 그래도 희망은 있습니다. 왜냐하면 우리가 제정신이 아니라는 것을 지각하는 순간, 우리는 제정신으로 나아가기 때문입니다. 우리의 일상생활의 미친 짓을 우리가 깨닫게 만드는 것—이것이 스승의 역할입니다. 삶은 그대를 의식하게 하지만 스승은 그대를 자각하게 합니다.

질: 선생님, 당신께서는 처음도 아니시고 끝도 아니십니다. 아득한 옛적부터 사람들은 **실재**를 뚫고 들어갔습니다. 하지만 그것이 우리의 삶에 미친 영향은 얼마나 적습니까! 라마들과 크리슈나들, 붓다들과 그리스도들이 오고 갔는데도 우리는 여전히 이런 모습이며, 땀과 눈물 속에 뒹굴고 있습니다. 우리가 그들의 생애를 목격했지만, 그 위대한 분들이 무엇을 했습니까? 그리고 선생님, 당신께서는 세계의 질곡桎梏(속박 상태)을 경감하기 위해 무엇을 하셨습니까?

마: 그대가 창조한 악은 그대만이 원 상태로 되돌릴 수 있습니다. 그대 자신의 무정한 이기심이 그 악의 뿌리에 있습니다. 먼저 그대 자신의 집을 정돈하십시오. 그러면 그대의 일이 이루어지는 것을 보게 될 것입니다.

질: 우리보다 먼저 왔던 지혜와 사랑의 인간들은 그들 자신을 바로잡기는 했지만, 왕왕 엄청난 대가를 치러야 했습니다. 그 결과가 무엇이었습니까? 하나의 유성이 아무리 밝아도 밤이 덜 어둡게 해주지는 못합니다.

마: 그들과 그들이 한 일을 판단하려면 그대가 그들 중 한 사람이 되어야 합니다. 우물 안의 개구리는 공중의 새들에 대해 아무것도 모릅니다.

질: 선과 악 사이에 아무 벽이 없다는 말씀이십니까?

마: 벽이란 없습니다. 왜냐하면 **선**도 없고 **악**도 없기 때문입니다. 구체적인 모든 상황에서는 필요한 것과 불필요한 것이 있을 뿐입니다. 필요한 것은 옳고, 불필요한 것은 그릅니다.

질: 누가 결정합니까?

마: 상황이 결정합니다. 모든 상황은 올바른 반응을 요구하는 하나의 도전입니다. 그 반응이 올바를 때는 도전이 충족되고 문제가 그칩니다. 만약 반응이 그릇되면, 도전은 충족되지 않고 문제는 해결되지 않은 채 남습니다. 그대의 미해결 문제들—그것이 그대의 업(karma)을 구성합니다. 그 문제들을 올바르게 해결하고 자유로워지십시오.

질: 저를 늘 저 자신 속으로 도로 몰아붙이시는 것 같군요. 세계의 문제들에 대한 객관적인 해법은 없습니까?

마: 세계의 문제들은 각자 자기 나름의 욕망과 두려움으로 가득 찬, 그대와 같은 무수한 사람들에 의해 만들어졌습니다. 그대 자신 말고 누가 그대의 개인적이고 사회적인 과거에서 그대를 벗어나게 해줄 수 있습니까? 그리고 그대가 먼저 환상에서 생겨난 갈망들에서 벗어나야 할 절박한 필요성을 느끼지 못한다면, 그대가 어떻게 벗어나겠습니까? 그대 자신이 도움을 필요로 하는 한, 어떻게 참으로 남을 도울 수 있습니까?

질: 고대의 **현자**들은 어떤 방식으로 (세계를) 도왔습니까? 당신께서는 어떤 방식으로 도우십니까? 소수의 개인들은 분명히 이익을 얻습니다. 당신의 인도引導와 모범은 그들에게 아주 중요할 수도 있습니다. 그러나 인류에게는, **생명과 의식의 총합**에는 어떤 방식으로 영향을 미치십니까? 당신께서는 당신이 곧 세계이고 세계가 곧 당신이라고 말씀하십니다. 세계에 어떤 영향(impact)을 끼쳐 오셨습니까?

마: 그대는 어떤 종류의 영향을 기대합니까?

질: 인간은 어리석고, 이기적이고, 잔인합니다.

마: 인간은 또한 지혜롭고, 정이 많고, 친절하지요.

질: 왜 **선**善이 지배하지 않습니까?

마: 지배하고 있지요—저의 실재하는 세계에서는. 저의 세계에서는 소위 악이란 것도 선의 하인이며, 따라서 필요합니다. 그것은 종기나 열병이 몸의 불순물들을 제거해 주는 것과 같습니다. 질병은 고통스럽고 심지어 위험하기까지 하지만, 올바르게만 대처하면 몸을 치유합니다.

질: 혹은 죽이기도 하고요.

마: 어떤 경우에는 죽음이 최선의 치유입니다. 어떤 삶은 죽음보다 더 나쁠 수 있지만, 죽음은 불쾌한 경험인 경우가 좀처럼 없습니다. 겉모습이 어떻든 간에 말입니다. 그러니 살아 있는 자를 가엾게 여길지언정 죽은 자들을 결코 가엾게 여기지 마십시오. 그 자체로 선하고 악한 사물들이라는 이 문제는 저의 세계에서는 존재하지 않습니다. 필요한 것은 **선**이고, 불필요한 것은 **악**입니다. 그대의 세계에서는 즐거운 것은 선이고, 고통스러운 것은 악이겠지만 말입니다.

질: 어떤 것이 필요합니까?

마: 성장하는 것은 필요합니다. 성장해 넘어서는 것은 필요합니다. 더 나은 것을 위해서 좋은 것을 뒤로하는 것은 필요합니다.

질: 어떤 끝에 이릅니까?

마: 끝은 시작 안에 있습니다. 그대가 끝나는 곳은 그대가 출발하는 곳— 절대자 안입니다.

질: 그렇다면 왜 이 모든 수고를 합니까? 제가 출발했던 곳으로 돌아오려고 말입니까?

마: 누구의 수고입니까? 어떤 수고입니까? 그대는 자라서 번식하면 엄청난 숲을 이루게 될 씨앗을 가엾게 여깁니까? 살아가는 번거로움을 덜어주려고 어린 아기를 죽입니까? **생명**, 갈수록 더 많은 **생명**이 뭐가 문제입니까? 성장의 장애들을 제거하십시오. 그러면 그대의 모든 문제—사회적·경제적·정치적 문제들이 그냥 해소될 것입니다. 우주는 하나의 **전체**로서 완전하며, 부분이 완성을 위해 애쓰는 것은 기쁨의 한 방식입니다. 완전한 것을 위해 불완전한 것을 기꺼이 희생하십시오. 그러면 더는 **선**이니 **악**이니 하는 이야기가 없게 될 것입니다.

질: 하지만 저희들은 더 나은 것을 겁내고 더 나쁜 것에 매달립니다.

마: 그것이 우리의 어리석음이지요—정신이상에 가까운.

61
물질은 의식 그 자체이다

질문자: 저는 운이 좋아서 평생 동안 성스러운 어울림(삿상)을 가질 수 있었습니다. 진아 깨달음을 위해서는 그것으로 충분합니까?

마하라지: 그것은 그대가 그것을 어떻게 이해하느냐에 달렸습니다.

질: 삿상(satsang)의 해탈 작용은 자동적이라고 들었습니다. 마치 강물이 우리를 하구河口까지 데려다주듯이, 훌륭하신 분들의 미묘하고 말없는 감화력은 저를 실재에로 데려다줄 것입니다.

마: 그것은 그대를 강까지 데려다주겠지만 강을 건너는 것은 그대 자신이 해야 합니다. 자유에 대한 의지意志 없이는 **자유**를 얻을 수도 없고 유지할 수도 없습니다. 해탈을 얻으려고 노력해야 합니다. 최소한 부지런히 장애물들을 걷어내고 제거할 수는 있지요. 만약 **평안**을 원한다면, 그것을 얻기 위해 노력해야 합니다. 그저 침묵만 지키고 있어서는 얻지 못합니다.

질: 어린아이는 그냥 자랍니다. 아이는 성장을 위한 계획을 세우지도 않고, (성장의) 어떤 패턴을 가지고 있지도 않습니다. 단편적으로, 여기 손 하나, 저기 다리 하나 식으로 자라지도 않습니다. 통합적으로, 그리고 의식하지 못하는 가운데 성장합니다.

마: 아이는 상상에서 벗어나 있기 때문입니다. 그대도 그렇게 성장할 수 있지만, (그러려면) 기억과 기대에서 생겨난 예측과 계획에 탐닉해서는 안 됩니다. 미래에 신경 쓰지 않는 것이 **진인**의 특이점 중 하나입니다. 미래에 대한 그대의 관심은 고통에 대한 두려움과 쾌락에 대한 욕망에서 비롯되지만, 진인에게는 모든 것이 **지복**입니다. 무엇이 닥쳐와도 그는 행복합니다.

질: 분명, 진인조차도 비참하게 만들 일들이 많이 있습니다.

마: 진인도 어려움을 만날지는 모르나 그렇다고 해서 괴로워하지는 않습니다. 아이를 어른이 될 때까지 키워내는 것은 힘든 일로 보일지 모르지만, 어머니에게는 고생한 기억들이 하나의 기쁨입니다. 세계에는 잘못된 것이

전혀 없습니다. 잘못된 것은 세계를 바라보는 그대의 방식입니다. 그대를 오도하는 것은 그대 자신의 상상입니다. 상상이 없으면 어떤 세계도 없습니다. 그대가 하나의 세계를 의식하고 있다는 확신이 곧 그 세계입니다. 그대가 지각하는 세계는 의식으로 만들어졌습니다. 소위 물질이란 것은 의식 그 자체입니다. 그대가 곧 그 물질이 움직이는 **공간**(akash)이고, 그것이 지속되는 **시간**이며, 그것에 생명을 주는 **사랑**입니다. 상상과 집착을 끊어버리십시오. 그러면 무엇이 남습니까?

질: 세계가 남습니다. 제가 남습니다.

마: 그렇지요. 그러나 그대가 욕망과 두려움의 스크린을 통해서가 아니라 있는 그대로 세계를 볼 수 있을 때는, 그것이 얼마나 다른지 모릅니다!

질: **실재**와 **환**幻, **지혜**와 무지, **성자**와 죄인과 같은 이런 모든 구분은 무엇 때문에 있습니까? 누구나 행복을 추구하고, 누구나 필사적으로 노력합니다. 누구나 한 사람의 **요기**(Yogi)이며, 그의 삶은 지혜의 학교입니다. 각자 나름대로 자기에게 필요한 교훈을 배웁니다. 사회는 그 중의 어떤 것은 승인하고 어떤 것은 승인하지 않습니다. 언제 어디서나 적용되는 원칙이란 없습니다.

마: 저의 세계에서는 **사랑**이 유일한 법칙입니다. 저는 **사랑**을 달라고 하지 않고, 그것을 베풉니다. 제 성품이 그와 같습니다.

질: 제가 보기에 당신께서는 어떤 패턴에 따라 삶을 살아가십니다. 오전에는 하나의 명상반을 운영하시고, 정규적으로 법문과 토론을 하십니다. 매일 두 번씩 저녁에 **뿌자**(puja-예공禮供)와 **바잔**(bhajan-헌가 찬송을 하는 예배의식)이 있습니다. 당신께서는 이 일과를 용의주도하게 고수하시는 것 같습니다.

마: 그 **뿌자**와 **바잔**은 하다 보니 그렇게 된 것이고, 제가 간섭할 이유가 없었습니다. 대체적인 일과는 저와 우연히 함께 살게 되었거나 제 이야기를 들으러 찾아오는 사람들의 바람에 따른 것입니다. 그들은 일하는 사람들이어서 해야 할 일이 많고, 시간대는 그들의 편의를 위한 것입니다. 어떤 반복적인 일과는 불가피합니다. 동물과 식물들도 그들 나름의 시간표가 있습니다.

질: 예, 우리는 모든 생명 속에서 어떤 규칙적 연속성을 봅니다. 누가 그 질서를 유지합니까? 법칙을 제정하고 질서를 집행하는 어떤 내적 지배자가 있습니까?

마: 만물은 자신의 성품에 따라 움직입니다. 경찰관이 있어야 할 필요가 어디 있습니까? 모든 작용은 반작용을 일으키는데, 그것이 그 작용의 균형을 잡아주고 중화합니다. 모든 일이 일어나지만 어떤 연속적 취소가 있고, 결국은 마치 아무 일도 일어나지 않은 것과 같습니다.

질: 최종적 조화로써 저를 위로하지 마십시오. 회계는 아귀가 맞지만 손실은 저의 것입니다.

마: 기다려 봅시다. 지출을 정당화할 수 있을 만큼 그대가 많은 수익을 내게 될지도 모르니까요.

질: 저는 오래 살았는데, 제 삶의 그 많은 사건들이 우연히 일어났는지 아니면 어떤 계획이 있었는지 종종 궁금할 때가 있습니다. 제가 태어나기 전에 미리 짜인, 그에 따라 제가 인생을 살아가야 할 어떤 패턴이 있었습니까? 만약 '그렇다'라면, 누가 그 계획을 세웠고, 누가 그것을 집행했습니까? 일탈과 실수들이 있을 수 있었을까요? 어떤 분들은 운명은 불변이고 삶의 매초每秒가 예정되어 있다고 말하고, 어떤 분들은 순전히 우연이 모든 것을 결정한다고 합니다.

마: 그대 좋을 대로 받아들여도 무방합니다. 그대는 자신의 삶에서 어떤 패턴을 구분할 수도 있고, 단순히 우연한 사건들의 한 연쇄를 볼 수도 있습니다. 그런 설명들은 마음을 즐겁게 하기 위한 것입니다. 그것이 진실일 필요는 없습니다. 실재는 규정할 수도 없고 묘사할 수도 없습니다.

질: 선생님, 제 질문을 회피하시는군요! 저는 당신께서 그것을 어떻게 보시는지 알고 싶습니다. (이 세계의) 어디를 보아도, 우리는 믿을 수 없을 정도의 지성과 아름다움의 짜임새를 발견합니다. 우주가 형상이 없고 혼돈스럽다고 어떻게 제가 믿을 수 있겠습니까? 당신의 세계, 곧 당신께서 사시는 세계는 형상이 없을지 모르지만, 그것이 혼돈스러울 필요는 없습니다.

마: 객관적 우주는 짜임새 있고, 질서가 있고, 아름답습니다. 누구도 그것

을 부정할 수 없습니다. 그러나 짜임새와 패턴은 제약과 강제가 있다는 의미를 내포합니다. 저의 세계는 절대적으로 자유롭고, 그 안의 모든 것은 스스로 결정됩니다. 그래서 제가 모든 일은 저절로 일어난다고 늘 말하는 것입니다. 저의 세계에도 질서가 있지만 그것은 바깥에서 강제되지 않습니다. 그것은 그 무시간성으로 인해, 자연발생적으로 그리고 즉각적으로 생겨납니다. 완전함은 미래에 있지 않습니다. 그것은 지금 있습니다.

질: 당신의 세계가 저의 세계에 영향을 미칩니까?

마: 한 점에서만—지금이라는 점에서만 그렇지요. 저의 세계는 그대의 세계에 일시적 존재성, 어떤 찰나적 실재감을 부여합니다. 완전한 **자각** 속에서는 그 접촉이 확실히 자리 잡습니다. 그렇게 되려면 애씀 없는, 무의식적 주의가 필요합니다.

질: 주의는 마음의 한 태도 아닙니까?

마: 그렇지요. 실재를 알고 싶을 때 마음은 **주의**를 기울입니다. 그대의 세계에는 아무 잘못된 것이 없습니다. 그대가 자신을 세계와 별개라고 생각하는 것이 무질서를 창조합니다. 이기심이 모든 **악**의 근원입니다.

질: 제 질문으로 다시 돌아옵니다. 제가 태어나기 전에 저의 내적 자아(진아)가 제 삶의 세부사항들을 결정했습니까, 아니면 그것은 전적으로 우발적이었고, 유전과 환경에 좌우되었습니까?

마: 자기가 아버지와 어머니를 선택했고 다음 생에 어떻게 살아갈지를 결정했다고 주장하는 사람들은 그것을 스스로 알지도 모르지요. 저는 스스로 압니다. 저는 결코 태어나지 않았습니다.

질: 제 앞에 앉아서 저의 질문에 답변하고 계신 당신을 제가 봅니다.

마: 그대는 몸을 볼 뿐인데, 그것은 물론 태어났고 (언젠가) 죽겠지요.

질: 제가 관심을 가지고 있는 것은 그 몸-마음의 생애담입니다. 그것(깨달음)은 당신이나 다른 어떤 분이 정해둔 일입니까, 아니면 그것이 우발적으로 일어났습니까?

마: 그대의 질문 자체에 하나의 함정이 있습니다. 저는 몸과 우주 사이에 어떤 구별도 하지 않습니다. 각기 이것이 저것의 원인이고, 이것이 실제로

는 저것입니다. 그러나 저는 그 모든 것에서 벗어나 있습니다. 제가 그대에게 저는 결코 태어나지 않았다고 말하는데, 왜 그대는 제가 내생에 대해 어떤 준비를 했느냐고 계속 묻습니까? 그대가 자신의 상상이 돌아가게 허용하는 순간, 그것은 즉시 하나의 우주를 자아냅니다. 그것은 전혀 그대가 상상하는 대로가 아니고, 저는 그대의 상상들에 구속되지 않습니다.

질: 살아 있는 하나의 몸을 건립하고 유지하려면 지성과 에너지가 필요합니다. 그것은 어디서 옵니까?

마: 상상이 있을 뿐입니다. 그 지성과 에너지는 그대의 상상 안에서 다 사용되어 버립니다. 그것이 그대를 워낙 완전히 빨아들였기 때문에, 그대는 자신이 **실재**에서 얼마나 멀리 떨어져 헤매고 있는지 도무지 이해하지 못합니다. 분명히 상상은 창조력이 풍부합니다. 우주 속의 우주가 그 위에 건립됩니다. 하지만 그것들은 모두 시간과 공간, 과거와 미래 안에 있는데, 이 시간과 공간 등은 전혀 존재하지 않습니다.

질: 저는 최근에, 유년기 초기에 아주 잔인하게 다루어진 한 어린 소녀에 대한 보고서를 읽었습니다. 이 아이는 수족이 심하게 잘리고 기형이 되어 고아원에서 자랐는데, 주위 환경으로부터 완전히 소외되었습니다. 이 어린 소녀는 말이 없고 순종적이었지만 완전히 무관심했습니다. 아이들을 돌보던 수녀들 중 한 사람은 이 소녀가 정신 지체아가 아니라, 단지 자폐적이어서 반응을 하지 않을 뿐이라고 확신했습니다. 한 정신분석가가 이 아이를 맡아달라는 부탁을 받고, 꼬박 2년 동안 아이를 1주일에 한 번씩 찾아가서 그 고립의 벽을 허물려고 애썼습니다. 아이는 유순했고 착하게 행동했지만 의사에게 전혀 주의를 기울이려 하지 않았습니다. 그는 아이에게 장난감 집을 하나 갖다 주었는데, 이 집에는 방들과 이동식 가구, 그리고 아버지, 어머니와 자녀들을 나타내는 인형들이 있었습니다. 그것이 어떤 반응을 끌어냈고, 아이가 흥미를 가졌습니다. 하루는 오래된 (마음의) 상처들이 되살아나서 표출되었습니다. 그러더니 아이가 점차 회복되었고, 몇 번의 수술 끝에 얼굴과 몸이 정상으로 돌아왔습니다. 그 아이는 유능하고 매력적인 처녀로 성장했습니다. 의사에게는 5년 이상이 걸렸지만, 작업이 성과를 거둔

것입니다. 그는 진정한 스승이었습니다! 그는 (치유 작업의) 조건들을 정하지도 않았고, (아이가 치유받기 위해) 준비된 정도나 적격성에 대해서도 이야기하지 않았습니다. 믿음도 없이, 희망도 없이, 오직 사랑으로 거듭 노력하고 또 노력한 것입니다.

마: 그렇지요. 그것이 스승의 본성입니다. 그는 결코 포기하지 않을 것입니다. 그러나 그것이 성공하려면 스승이 너무 많은 저항을 만나면 안 됩니다. 의심과 불복종은 (성공을) 필연적으로 지체시킵니다. 제자에게 확신과 유순함이 있으면 스승은 제자에게서 근본적인 변화를 신속히 유발할 수 있습니다. 스승의 깊은 통찰력과 제자의 성실성, 둘 다 필요합니다. 그 아이의 상태가 어떠했든, 그대가 이야기한 그 소녀는 사람들이 성실하지 않았던 탓에 고통 받았습니다. 가장 어려운 사람들은 지식인들입니다. 그들은 말은 많이 하는데 진지하지 않습니다.

소위 깨달음은 자연스러운 것입니다. 그대가 준비되었으면 그대의 스승이 기다리고 있겠지요. (스승 곁에서는) 수행이 힘들지 않습니다. 스승과의 관계가 올바를 때, 그대는 성장합니다. 무엇보다도 스승을 신뢰하십시오. 스승은 그대를 잘못 이끌 리가 없습니다.

질: 스승이 저에게 명백히 잘못된 일을 하라고 할 때도 말입니까?

마: 그 일을 하십시오. 한 산야시(Sannyasi)는 스승이 그에게 결혼을 하라고 했습니다. 그는 복종했고 (그 때문에) 모진 고초를 겪었습니다. 그러나 그의 네 자녀는 모두 성자요 깨달은 자로서, 마하라슈트라 지방에서 가장 위대한 분들이었지요.13) 그대의 스승에게서 나오는 것은 뭐든지 달가워하십시오. 그러면 그대는 애쓰지 않고도 성장하여 완전함에 도달할 것입니다.

질: 선생님, 당신께도 어떤 바람이나 소원이 있으십니까? 제가 당신을 위해 뭔가를 해 드릴 수 있습니까?

---

13) T. 마하라슈트라 지방의 성자 냐네스와르(Jnaneswar, 13세기)의 부친인 비탈빤뜨(Vitthalpant)는 결혼한 뒤에 출가하여 산야시가 되었다가 스승의 지시로 다시 아내와 결합하여 4남매를 낳았다. 그러나 그 때문에 브라민 사회에서 버림받아 고초를 겪었고, 결국 자식들을 위해 아내와 함께 갠지스 강에 몸을 버렸다. 냐네스와르와 그의 형 니브리띠나트, 아우 소빤, 누이 묵따바이는 모두 어린 나이에 깨달음을 얻어 진인이 되었다.

마: 제가 가지고 있지 않은 어떤 것을 그대가 저에게 줄 수 있습니까? 물질적인 것들은 만족을 위해 필요합니다. 그러나 저는 저 자신에게 만족하고 있습니다. 달리 무엇이 저에게 필요합니까?

질: 분명히, 당신께서 배가 고프실 때는 음식이 필요할 것이고, 아프실 때는 약이 필요할 것입니다.

마: 배고픔은 음식을 가져가주고 병은 약을 가져다줍니다. 그것은 모두 자연의 일입니다.

질: 만약 당신께 필요하다고 제가 믿는 것을 가져오면 받으시겠습니까?

마: 그대가 공양을 하도록 만든 그 **사랑**이, 제가 그것을 받게 하겠지요.

질: 만일 어떤 사람이 아름다운 아쉬람을 당신께 지어 드리겠다고 하면요?

마: 얼마든지 해 보라고 하십시오. 큰돈을 내서 수백 명을 고용하고 수천 명에게 음식을 대접하라 하십시오.

질: 그것은 하나의 욕망 아닙니까?

마: 전혀 아니지요. 저는 그에게 그 일을 인색하게, 무성의하게 하지 말고 제대로 하라는 것뿐입니다. 그는 자신의 욕망을 충족하는 것이지, 저의 욕망을 충족하는 것이 아닙니다. 그에게 그 일을 잘 해서 인간과 신들 사이에서 유명해지라 하십시오.

질: 그러나 당신께서 그것을 원하십니까?

마: 저는 그것을 원치 않습니다.

질: 그것을 받아들이시겠습니까?

마: 저는 그것이 필요 없습니다.

질: 거기에 머무르시겠습니까?

마: 만약 강요한다면 머무르겠지요.

질: 무엇이 당신을 강요할 수 있습니까?

마: 빛을 찾고 있는 사람들의 **사랑**이지요.

질: 예, 무슨 말씀인지 알겠습니다. 그런데 어떻게 하면 제가 **삼매**三昧에 듭니까?

마: 그대가 올바른 상태에 있으면, 그대가 무엇을 보든 그것이 그대를 삼매

에 들게 할 것입니다. 어쨌든 **삼매**는 전혀 특이한 것이 아닙니다. 마음이 무엇에 열렬히 관심을 가지면 그 관심의 대상과 하나가 됩니다. '보는 자'는 '보는 것(seeing)' 속에서 '보이는 것'과 하나가 되고, '듣는 자'는 '들음' 속에서 '들리는 것'과 하나가 되며, 사랑하는 자는 사랑 속에서 사랑받는 자와 하나가 됩니다. 모든 경험이 **삼매**의 토대가 될 수 있습니다.

질: 당신께서는 늘 **삼매**에 들어 계십니까?

마: 물론 아니지요. **삼매**는 결국 마음의 한 상태입니다. 저는 모든 체험, 심지어 **삼매**의 체험도 넘어서 있습니다. 저는 큰 포식자이자 파괴자여서, 제 손이 닿는 것은 모두 공空(akash) 속으로 녹아버립니다.

질: 저는 **진아 깨달음**을 위해 **삼매**가 필요합니다.

마: 그대는 필요한 모든 **진아 깨달음**을 가지고 있으면서도 그것을 신뢰하지 않습니다. 용기를 가지고, 그대 자신을 신뢰하면서 다니고, 말하고, 행위하십시오. 그것(깨달음)이 그 자신을 증명할 기회를 주십시오. 어떤 사람들에게는 깨달음이 감지할 수도 없이 찾아오지만, 어떻게든 그들에게 그것을 납득시킬 필요가 있습니다. 그들은 변했지만 그것을 알아차리지 못합니다. 그와 같이 두드러지지 않은 경우들이 흔히 가장 신뢰할 만하지요.

질: 우리가 자신이 깨달았다고 믿지만 착각할 수도 있습니까?

마: 물론입니다. "나는 **진아**를 깨달았다"는 관념 자체가 하나의 착각입니다. 본연적 상태 안에는 "나는 이것이다", "나는 저것이다"가 없습니다.

62
지고자 안에서 주시자가 나타난다

질문자: 약 40년 전에 J. 크리슈나무르티가 말하기를, 생명만 있고, 인격과 개인성 등에 대한 모든 이야기는 **실재** 안에 아무 토대가 없다고 했습니다.

그는 **생명**을 묘사하려고 한 것이 아닙니다. 단지 **생명**은 묘사할 필요가 없고 묘사할 수도 없지만, 그것의 체험을 가로막는 장애가 제거되면 그것을 완전히 체험할 수 있다고 말한 것일 뿐입니다. 주된 장애는 시간에 대한 우리의 관념과 애착, 과거에 비추어 어떤 미래를 기대하는 우리의 습관에 있습니다. 과거의 합계는 "나는 -였다(I was)"가 되고, 기대되는 미래는 "나는 -일 것이다(I shall be)"가 되는데, 삶은 "나는 -였다"에서 "나는 -일 것이다"로 넘어가려는 부단한 노력입니다. 현재의 순간, 곧 '지금'은 시야에 들어오지 않습니다. 마하라지께서는 "내가 있다(I am)"를 말씀하십니다. 그것은 "나는 -였다"와 "나는 -일 것이다"와 같은 하나의 환상입니까, 아니면 거기에는 실재하는 뭔가가 있습니까? 그리고 만약 "내가 있다"도 하나의 환상이라면 우리는 거기서 어떻게 벗어날 수 있습니까? "내가 있다"에서 내가 벗어나 있다는 관념 자체가 어불성설입니다. "내가 있다"에는 "나는 -였다"나 "나는 -일 것이다"와는 구별되는 실재하는 어떤 것, 지속적인 어떤 것이 있습니까? "나는 -였다"나 "나는 -일 것이다"는 부가되는 기억들이 새로운 기대를 창출함에 따라 시간과 더불어 변하는데 말입니다.

마하라지: 현재의 "내가 있다"는 "나는 -였다"와 나는 -일 것이다" 만큼이나 거짓입니다. 그것은 마음속의 한 관념, 기억에 의해 남겨진 하나의 인상에 불과하고, 그것이 창조하는 별개의 정체성(에고 자아)은 거짓입니다. 하나의 거짓된 중심을 가리키는 이 습관을 없애버려야 합니다. "나는 본다", "나는 느낀다", "나는 생각한다", "나는 한다"라는 관념이 의식의 장場에서 사라져야 합니다. 거짓이 더 이상 없을 때 남아 있는 것은 실재합니다.

질: 자아를 제거한다는 이 거창한 이야기는 무엇입니까? 자아가 어떻게 그 자신을 제거할 수 있습니까? 어떤 종류의 형이상학적 곡예가 그 곡예사의 사라짐으로 이어질 수 있습니까? 결국 그는 자신이 사라지는 것을 굉장히 자부하며 다시 나타날 것입니다.

마: "내가 있다"를 추적해서 그것을 죽일 필요는 없습니다. 그렇게 할 수도 없지요. 그대에게 필요한 것은 **실재**에 대한 진지한 열망뿐입니다. 우리는 그것을 **진아헌신**(*atma-bhakti*), 곧 '**지고자**에 대한 **사랑**'이라고 합니다. 혹은

해탈욕구(moksha-sankalpa), 즉 거짓된 것에서 벗어나려는 결의라고도 합니다. 사랑 없이는, 그리고 사랑에 의해 촉발되는 의지 없이는 아무것도 할수 없습니다. 실재에 대해 아무것도 하지 않으면서 실재에 대한 이야기만 하는 것은 자가당착입니다. "내가 있다"고 말하는 사람과 그 "내가 있다"의 관찰자 간의 관계에 사랑이 있어야 합니다. 그 관찰자, 즉 내적 자아, '더 높은' 자아가 그 자신을 '관찰되는 것'과 별개로 여기는 한, '더 낮은' 자아는 그것을 깔보고 욕하는데, 그런 상황은 희망이 없습니다. 관찰자(vyakta)가 그 '사람(vyakti)'을 자신의 한 투사물, 현현물으로 받아들여, 말하자면 자아를 진아 속으로 데리고 갈 때에만, '나'와 '이것'의 이원성이 사라지고 외적 자아와 내적 자아의 동일성 안에서 지고의 실재가 스스로 드러납니다.

'보는 자'와 '보이는 것'의 이 결합은 '보는 자'가 자신을 '보는 자'로 의식하게 될 때 일어납니다. 그는 '보이는 것'에—이것도 여하튼 그 자신이지만—관심이 있을 뿐 아니라, 관심을 갖는 데도 관심이 있어서, 주의에 주의를 기울이고, 자각함을 자각합니다. 애정 어린 자각은 실재를 초점 속으로 가져오는 핵심적 요소입니다.

질: 신지학도神智學徒들이나 그들과 연합한 오컬트교도들(occultists)에 따르면 인간은 세 가지 측면, 즉 인격(personality), 개인성 및 영성靈性(spirituality)으로 이루어져 있다고 합니다. 영성 너머에는 신성神性(divinity)이 있습니다. 인격은 엄밀히는 일시적이고, 한 생生에만 유효합니다. 그것은 몸의 탄생으로 시작되어 그 다음 몸의 탄생으로 끝납니다. 일단 끝나면 그것은 영원히 끝난 것이고, 약간의 달거나 쓴 교훈 외에는 그것의 어떤 것도 남지 않습니다.

개인성은 동물-인간(동물로서의 인간)으로 시작되어 온전한 인간이 되는 것으로 끝납니다. 인격과 개인성 간의 분열은 우리의 현시대 인류에게 특징적입니다. 한편으로는 진·선·미에 대한 열망을 가진 개인성이 있고, 또 한편으로는 습관과 야망, 두려움과 탐욕, 수동성과 폭력 사이의 추악한 투쟁이 있습니다.

영성의 측면은 아직 유보되어 있습니다. 이원성의 분위기 속에서는 그것이 드러날 수 없습니다. 인격이 개인성과 재결합하여, 아마 한계는 있겠지만 그것의 참된 표현이 될 때만, 영적인 것의 빛과 사랑과 아름다움이 빛을 발합니다.

당신께서는 비얔띠·비얔따·아비얔따[관찰 대상·관찰자·관찰의 토대]에 대해서 가르치십니다. 그것은 저들의 견해와 부합합니까?

마: 그렇습니다. 비얔띠는 비얔따와 분리되어서는 자신이 존재하지 않는다는 것을 깨닫고, 비얔따는 비얔띠를 자신의 표현으로 간주할 때, 그럴 때 아비얔따 상태의 **평안**과 **침묵**이 생겨납니다. 실제로는 이 셋이 하나입니다. **비얔따**와 **아비얔따**는 분리 불가능하지만, **비얔띠**는 감각하고 느끼고 생각하는 과정으로서, 5대 원소로 이루어지고 그 원소들을 먹고 사는 몸에 기초하고 있습니다.

질: 비얔따와 아비얔따의 관계는 무엇입니까?

마: 그것들은 하나인데 무슨 관계가 있을 수 있습니까? 분리니 관계니 하는 모든 이야기는 "나는 몸이다"라는 관념이 갖는, (실재를) 왜곡하고 저급화하는 영향력에 기인합니다. 외적 자아(*vyakti*)는 내적 자아(*vyakta*)가 몸-마음에 드리운 하나의 투사물에 지나지 않고, 이 내적 자아는 다시 모든 것이면서 그 어느 것도 아닌 **지고아**(*Avyakta*)의 한 표현일 뿐입니다.

질: 높은 자아(진아)와 낮은 자아에 대해서 이야기하지 않으려는 스승들도 있습니다. 그들은 마치 낮은 자아만 존재하는 것처럼 인간에게 말을 건넵니다. 붓다나 그리스도도 높은 자아를 전혀 언급하지 않았습니다. J. 크리슈나무르티도 높은 자아에 대해 말하기를 꺼렸습니다. 왜 그렇습니까?

마: 한 몸에 어떻게 두 개의 자아가 있을 수 있습니까? "내가 있다"는 하나입니다. 높은 "내가 있다"와 낮은 "내가 있다"라는 것은 없습니다. 모든 종류의 마음 상태가 **자각** 앞에 제시되는데, 그 상태들과의 자기 동일시가 있습니다. 관찰의 대상들은 외관상 그렇게 보이는 대로가 아니며, 그 대상을 접하는 태도들도 꼭 그래야 할 필요는 없습니다. **붓다**나 **그리스도** 혹은 **크리슈나무르티**가 '사람(*vyakti*)'에게 이야기한다고 생각한다면, 그것은 그대가 잘못 안 것입니다. 그들은 외적 자아인 **비얔띠**가 내적 자아인 **비얔따**의

한 그림자에 지나지 않는다는 것을 잘 알고 있고, **비약따**에게만 이야기하면서 그를 질책하는 것입니다. 그들은 그에게, 외적 자아에 주의를 기울이고, 그것을 인도하고 도와주며, 그것에 대해 책임을 느끼라고 말합니다. 요컨대 그것을 온전히 자각하고 있으라는 것입니다. **자각**은 **지고자**에게서 오며 내적 자아에 편재합니다. 이른바 외적 자아는 그대의 존재 중에서 그대가 자각하지 못하는 부분일 뿐입니다. 그대는 의식하고 있을 수 있습니다. 모든 존재는 의식하고 있기 때문입니다. 그러나 자각하지는 못합니다. **자각** 안에 들어 있는 것이 내적 자아가 되고, 내적 자아에 참여합니다. 그것을 다르게 표현하자면, 몸은 외적 자아를 규정하고 **의식**은 내적 자아를 규정하며, 순수한 **자각** 안에서는 **지고자**가 접촉된다고 할 수 있습니다.

질: 몸이 외적 자아를 규정한다고 말씀하셨습니다. 당신께서도 하나의 몸을 가지고 계시니, 하나의 외적 자아도 가지고 계십니까?

마: 만약 제가 몸에 집착하여 그것을 저 자신으로 여긴다면 그러겠지요.

질: 그러나 당신께서는 몸을 자각하고 계시고, 몸이 필요로 하는 것들을 보살펴 주십니다.

마: 그 반대가 진실에 더 가깝지요. 즉, 몸이 저를 알고, 제가 필요로 하는 것을 자각하고 있다고 말입니다. 그러나 그 어느 것도 실제로 그렇지는 않습니다. 이 몸은 그대의 마음 안에서 나타납니다. 제 마음 안에는 아무것도 없습니다.

질: 당신께서는 하나의 몸을 가지고 계신 것을 별로 의식하지 못한다는 말씀이십니까?

마: 그 반대로, 저는 몸을 가지고 있지 않다는 것을 의식하고 있습니다.

질: 담배 피우시는 것을 제가 보는데요!

마: 정확히 그렇지요. 그대는 제가 담배 피우는 것을 봅니다. 제가 담배 피우는 것을 그대가 어떻게 보게 되었는지 스스로 알아내십시오. 그러면 그대의 "나는 몸이다"라는 마음 상태가 이 "나는 당신이 담배 피우는 것을 본다"라는 관념의 원인이라는 것을 쉽게 깨닫게 될 것입니다.

질: 몸이 있고 저 자신이 있습니다. 저는 몸을 알고 있습니다. 그것과 별개

로 저는 무엇입니까?

마: 몸과 별개로는 '나'도 없고 세계도 없습니다. 그 셋은 함께 나타나고 사라집니다. 그 뿌리에 "내가 있다"는 느낌이 있습니다. 그것을 넘어서십시오. "나는 몸이 아니다"라는 관념은 "나는 몸이다"라는 거짓된 관념에 대한 하나의 해독제에 불과합니다. 그 "내가 있다"가 무엇입니까? 그대 자신을 모른다면, 달리 무엇을 그대가 알 수 있습니까?

질: 당신께서 하시는 말씀에 비추어, 저는 몸이 없으면 해탈도 있을 수 없다는 결론을 내리게 됩니다. 만약 "나는 몸이 아니다"라는 관념이 해탈을 가져다준다면, 몸의 존재가 필수적입니다.

마: 정말 맞는 말입니다. 몸이 없다면 "나는 몸이 아니다"라는 관념이 어떻게 생겨날 수 있겠습니까? "나는 자유롭다"라는 관념은 "나는 속박되어 있다"라는 관념만큼이나 거짓됩니다. 둘 다에 공통되는 "내가 있다"를 발견하고 그것을 넘어서십시오.

질: 모든 것은 하나의 꿈일 뿐입니다.

마: 모든 것은 말일 뿐인데, 그것이 그대에게 무슨 소용 있습니까? 그대는 언어적 정의와 공식화의 그물에 걸려 있습니다. 그대의 개념과 관념들을 넘어서십시오. 욕망과 생각의 침묵 속에서 진리가 발견됩니다.

질: 기억하지 않기 위해서 기억을 해야 하는군요. 여간 일이 아닙니다!

마: 물론 그렇게 할 수는 없겠지요. 그것은 (저절로) 일어나야 합니다. 그러나 그 필요성을 그대가 참으로 깨달을 때, 그런 일은 일어납니다. 또다시, 성실성이 황금의 열쇠입니다.

질: 제 마음 뒤에서는 어떤 와글대는 소리가 늘 납니다. 수많은 미약한 생각들이 우글거리면서 윙윙대는데, 이 무형의 구름이 늘 저에게 있습니다. 당신께서도 마찬가지십니까? 당신의 마음 뒤에는 무엇이 있습니까?

마: 마음이 없는 곳에는 뒤도 없습니다. 저는 전부 앞이고, 뒤란 없습니다! 공空이 말하고, 공이 남습니다.

질: 어떤 기억도 남아 있지 않습니까?

마: 과거의 쾌락이나 고통에 대한 기억은 전혀 남아 있지 않습니다. 매 순

간이 새롭게 태어납니다.

질: 기억이 없이는 의식하실 수 없습니다.

마: 물론 저는 의식하고 있고 온전히 자각하고 있습니다. 저는 나무토막이 아닙니다! 의식과 그 내용을 하나의 구름에 비유해 봅시다. 그대는 구름 안에 있지만 저는 그 구름을 바라봅니다. 그대는 그 안에 매몰되어 자신의 손가락 끝 하나도 거의 볼 수 없지만, 저는 그 구름과 다른 많은 구름들, 그리고 푸른 하늘과 해와 달과 별들도 봅니다. 실재는 우리 두 사람 모두에게 하나이지만, 그대에게는 그것이 하나의 감옥이고, 저에게는 하나의 집입니다.

질: 당신께서는 '사람', 주시자 그리고 지고자를 말씀하셨습니다. 어느 것이 먼저 옵니까?

마: 지고자 안에서 주시자가 나타납니다. 주시자가 그 '사람'을 창조하고 그 자신을 그것과 별개라고 생각합니다. 주시자는 그 '사람'이 의식 안에서 나타나는 것을 보는데, 의식은 다시 주시자 안에서 나타납니다. 기본적 단일성에 대한 이 깨달음은 지고자의 작용입니다. 그것은 주시자 이면의 힘이며, 거기서 모든 것이 흘러나오는 근원입니다. 단일성과, '사람'과 주시자 간의 사랑과 상호부조 없이는, 그리고 '행함(doing)'이 '있음(being)'·'앎(knowing)'과 조화를 이루지 못하면, 그 힘과 접촉할 수 없습니다. 지고자는 그러한 조화의 근원이자 열매입니다. 그대에게 이야기할 때 저는 초연하면서도 애정 어린 자각의 상태(turiya)에 있습니다. 이 자각이 그 자신에게로 향할 때 그것을 지고의 상태(turiyatita)라고 부를 수 있겠지요. 그러나 근본적 실재는 자각을 넘어서 있고, 됨·있음·없음의 세 가지 상태를 넘어서 있습니다.

질: 어떻게 해서 여기서는 제 마음이 고원한 주제들을 논하면서도 그것을 궁구하는 것이 쉽고도 즐겁게 느껴집니까? 집으로 돌아가면 여기서 배운 것을 다 잊어버리고, 한 순간도 저의 참된 성품을 기억하지 못하면서 걱정하고 안달하는 저 자신을 발견합니다. 그 원인이 무엇일까요?

마: 그대가 예전의 유치함으로 돌아가기 때문입니다. 완전히 성장하지 못한 것입니다. 돌보지 않았기 때문에 계발되지 않은 수준들이 남아 있습니다.

그대 안에 있는 조야하고 원시적인 것, 비이성적이고 불친절한 것, 아예 어린애 같은 것에 그저 온전한 주의를 기울이십시오. 그러면 그대가 성숙할 것입니다. 가슴과 마음의 성숙이 필수적입니다. 주된 장애—곧 부주의, 무無자각(unawareness)이 제거될 때 그 성숙이 애씀 없이 다가옵니다. 자각 안에서 그대는 성장합니다.

63
행위자 관념이 속박이다

질문자: 저희들은 사띠야 사이 바바(Satya Sai Baba)14) 아쉬람에 한동안 머물렀고, 띠루반나말라이(Tiruvannamalai)의 스리 라마나쉬람에서도 두 달을 보냈습니다. 이제 미국으로 돌아가는 중입니다.

마하라지: 인도가 그대들에게 어떤 변화를 야기했습니까?

질: 저희들의 짐을 벗어버렸다고 느낍니다. 스리 사띠야 사이 바바님은 저희에게 일체를 당신께 맡겨버리고 그냥 하루하루를 가능한 한 올바르게 살라고 말씀하셨습니다. "착하게 살고, 나머지는 나에게 맡겨라"고 저희에게 곧잘 말씀하셨지요.

마: 스리 라마나쉬람에서는 무엇을 했습니까?

질: 스승님이 주신 만트라(mantra)를 했습니다. 명상도 좀 했습니다. 생각하거나 공부한 것은 별로 없었습니다. 저희는 그저 침묵을 지키려 애썼습니다. 저희는 헌신의 길을 가고 있는데, 철학은 상당히 빈곤합니다. 생각할 것은 별로 없고, 그저 스승님을 신뢰하면서 저희들의 삶을 살고 있습니다.

마: 대부분의 헌신가들(bhaktas)은 매사가 잘 되어가는 동안만 그들의 스승

---

14) *T.* 인도의 성자(1926~2011). 그의 아쉬람은 안드라프라데시 주 뿌따빠르띠에 있다.

을 신뢰합니다. 문제가 닥치면 낙심하고 다른 **스승**을 찾아 나서지요.

질: 예, 저희는 그런 위험을 조심하라는 말을 들었습니다. 저희는 부드러운 것과 함께 딱딱한 것을 취하려고 애씁니다. "모든 것이 은총이다"라는 느낌이 아주 강해야 합니다. 한 사두(*sadhu*)가 동쪽으로 걸어가고 있었는데 동쪽에서 강한 바람이 불어오기 시작했습니다. 사두는 바로 뒤로 돌아서 서쪽으로 걸어갔습니다. 저희는 그와 같이, **스승님**이 보내주신 환경에 스스로 적응해 가면서 살고 싶습니다.

마: 삶이 있을 뿐입니다. 삶을 사는 어떤 사람도 없습니다.

질: 그것은 저희도 이해합니다만, 그냥 살기보다는 저희들의 삶을 살려고 부단히 시도합니다. 미래에 대한 계획을 세우는 것은 저희들의 고질적 습관인 것 같습니다.

마: 계획을 세우든 않든 삶은 계속됩니다. 그러나 삶 자체 속에서 마음 안에 작은 소용돌이 하나가 일어나면, 마음은 공상에 빠져 그 자신이 삶을 지배하고 제어한다고 상상합니다.

삶 자체는 욕망이 없습니다. 그러나 거짓된 자아는 지속되기를 원합니다—즐겁게 말입니다. 그래서 그것은 늘 자신의 지속성을 확보하는 데 몰두합니다. 삶은 두려워하지 않으며 자유롭습니다. 그대들이 사건들에 영향을 미친다는 관념을 가지고 있는 한, 해탈은 그대들의 것이 아닙니다. (자신이) 행위자라는 관념, (사건들의) 한 원인이라는 관념 자체가 속박입니다.

질: 어떻게 하면 저희가 '행위자'와 '행위한 것'의 이원성을 극복할 수 있습니까?

마: 그대들 자신이 삶과 하나임을 깨달을 때까지, 삶을 무한하고, 나뉘어 있지 않고, 항상 존재하고, 항상 살아 움직이는 것으로 내관內觀하십시오. 그것은 별로 어렵지도 않습니다. 그대들이 자신의 **본연적 상태**로 돌아가는 것일 뿐이기 때문입니다.

모든 것은 내면에서 나온다는 것, 그대들이 살고 있는 세계는 그대들에게 투사된 것이 아니라 그대들이 투사한 거라는 것을 깨닫고 나면, 그대들의 두려움은 종식됩니다. 이런 깨달음이 없으면 그대들은 몸, 마음, 사회,

국가, 인류, 심지어 **신**이나 **절대자**와 같은 외적인 것을 자기 자신과 동일시합니다. 그러나 이런 것들은 모두 두려움에서 도피하는 것입니다. 그대들이 살고 있는 그 작은 세계에 대한 자신의 책임을 온전히 받아들이고, 그 세계의 창조·보존·파괴의 과정을 지켜볼 때에만, 그대들 자신의 상상적 속박에서 벗어날 수 있습니다.

질: 왜 저 자신이 그렇게 비참하다고 상상해야 합니까?

마: 습관적으로 그럴 뿐이지요. 그대가 느끼고 생각하는 방식을 바꾸고, 그것을 가늠해 보고, 면밀히 조사해 보십시오. 그대는 부주의로 인해 속박되어 있습니다. **주의**가 해방합니다. 그대는 너무나 많은 것들을 당연시하고 있습니다. 의문을 갖기 시작하십시오. 가장 명백한 것들이 가장 의심스럽습니다. 스스로 이런 질문들을 해 보십시오. "나는 정말 태어났는가?" "나는 정말 이러이러한 사람인가?" "내가 존재한다는 것을 나는 어떻게 아는가?" "내 부모님들은 누구인가?" "그분들이 나를 만들었나, 내가 그분들을 만들었나?" "나 자신에 대해 듣는 말들을 믿어야 하나?" "여하튼 나는 누구인가?" 그대는 자신을 위한 감옥을 짓느라고 너무 많은 기력을 쏟아 왔습니다. 이제 그것을 허무는 데 같은 정도의 기력을 쓰십시오. 사실 허물기는 쉽습니다. 거짓인 것은 거짓임이 판명될 때 해체되기 때문입니다. 모든 것이 "내가 있다"는 관념에 매달려 있습니다. 그것을 아주 철저히 조사해 보십시오. 그것이 모든 문제의 근저에 깔려 있습니다. 그것은 그대를 **실재**에서 분리하는 일종의 피부와 같습니다. **실재**는 그 피부의 안에도 있고 밖에도 있지만, 그 피부 자체는 실재하지 않습니다. 이 "내가 있다"는 관념은 그대와 함께 탄생하지 않았습니다. 그것 없이도 그대는 아주 잘 살아갈 수 있었을 것입니다. 그것은 몸과의 자기 동일시로 인해 나중에 왔습니다. 그것이 분리가 없는 곳에서 분리의 환상을 창조했습니다. 그것은 그대를 그대 자신의 세계 속의 한 이방인으로 만들었고, 그 세계를 낯설고 적대적인 것으로 만들었습니다. "내가 있다"는 느낌 없이도 삶은 진행됩니다. "내가 있다"는 느낌 없이 우리가 평안하고 행복한 순간들이 있습니다. "내가 있다"가 돌아오면서 문제가 시작됩니다.

질: 어떻게 하면 '나'라는 느낌(I-sense)에서 벗어날 수 있습니까?
마: '나'라는 느낌에서 벗어나고 싶다면 그것을 상대해야 합니다. 그것이 작용할 때와 평화로울 때를 지켜보고, 그것이 어떻게 시작되고 언제 그치는지, 그것이 무엇을 원하며, 그것을 어떻게 얻는지를 지켜보십시오. 그러다 보면 그것을 분명하게 보고 온전히 이해하게 됩니다. 어쨌든 모든 **요가**는 그 근원과 성격이 어떠하든 간에 단 하나의 목표를 가지고 있는데, 그것은 그대를 분리된 존재(삶)라는 재앙에서, 곧 방대하고 아름다운 그림 안의 무의미한 한 점으로 존재하는 불행에서 구해내려는 것입니다.

그대가 고통 받는 것은 스스로를 실재에서 소외시켰기 때문인데, 이제 그대는 이 소외에서 탈출하고 싶어 합니다. 그대 자신의 망상에서 탈출할 수는 없습니다. 그 망상을 배양하는 것을 그만둘 수 있을 뿐이지요.

"내가 있다"가 지속되고 싶어 하는 것은 그것이 거짓되기 때문입니다. 실재는 지속될 필요가 없습니다. 실재는 자신이 파괴 불가능하다는 것을 알기 때문에 형상과 표현들의 파괴에 무관심합니다. 우리는 "내가 있다"를 강화하고 안정시키기 위해 온갖 짓을 다 하지만, 모두 쓸데없습니다. "내가 있다"는 순간순간 다시 건립되고 있기 때문입니다. 그것은 멈춤이 없는 작업이고, 유일한 근본적 해법은 "나는 이러이러한 사람이다"라는 분리적 느낌을 단번에 영원히 해소해 버리는 것입니다. 존재(being)는 남지만 자아-존재(self-being)는 남지 못합니다.

질: 저는 분명한 영적 야망들을 가지고 있습니다. 저는 그것을 성취하기 위해 일해야 하지 않습니까?
마: 어떠한 야망도 영적이지 않지요. 모든 야망은 "내가 있다"를 위한 것입니다. 정말 진보하고 싶다면, 개인적 성취에 관한 모든 관념을 놓아버리십시오. 이른바 요기들이 가진 야망들은 앞뒤가 맞지 않습니다. 여자에 대한 남자의 욕망은 영구적인 개인적 지복에 대한 욕망에 비하면 순진함 그 자체입니다. 마음은 하나의 사기꾼입니다. 마음이 경건하게 보이면 보일수록 그 배신은 더 참담합니다.

질: 사람들은 빈번하게 그들의 세간적 문제를 가지고 와서 당신께 도움을

청합니다. 그들에게 무슨 말을 해주어야 할지 어떻게 아십니까?

마: 그냥 그 순간에 제 마음에 다가오는 것을 말해줍니다. 저에게는 사람들을 상대하는 표준화된 절차가 없습니다.

질: 당신께서는 당신 자신을 확신하고 계십니다. 그러나 사람들이 저에게 조언을 구하러 오면, 저의 조언이 올바르다는 것을 제가 어떻게 확신할 수 있습니까?

마: 그대가 어떤 상태에 있는지, 어떤 수준에서 말하는지를 지켜보십시오. 마음에서부터 나오는 말을 하면 그릇될 수도 있습니다. 그대 자신의 마음의 습관은 유보해 두고, 그 상황에 대한 완전한 통찰에서 나오는 말을 하면, 그대의 조언이 참된 반응일 수 있습니다. 주안점은, 그대도 그리고 그대 앞에 있는 사람도 한갓 몸들이 아니라는 것을 온전히 자각하고 있어야 한다는 것입니다. 그대의 자각이 명료하고 온전하면, 실수할 개연성이 적습니다.

64
그대를 즐겁게 하는 모든 것은 그대를 저지한다

질문자: 저는 은퇴한 공인회계사이고, 제 처는 가난한 여성들을 위한 사회활동에 종사하고 있습니다. 이번에 아들이 미국으로 떠나게 되어 배웅하러 왔습니다. 저희들은 펀자브인(Panjabis)이지만 델리에 살고 있습니다. 저희는 라다-소아미(Radha-Soami) 종파15)의 한 스승님을 모시고 있고, 삿상을 높이 평가합니다. 저희는 여기 오게 된 것이 아주 행운이라고 생각합니다. 그간 많은 성자들을 만났는데, 한 분을 더 만나 뵙게 되어 기쁩니다.

---

15) T. 쉬브 다얄(Shiv Dayal, 1818~1878)이 창시한, 힌두교와 시크교가 혼합된 교파. 쉬브 다얄의 사후 이 교파는 두 파로 나뉘었다.

마하라지: 그대들은 많은 은둔자와 고행자들을 만났지만, 자신의 신성神性 (swarupa)을 의식하고 있는 온전히 **깨달은 사람**은 찾기 어렵습니다. 성자와 요기들은 막대한 노력과 희생으로 많은 기적적인 능력을 얻어서 사람들을 돕고 신앙을 고취하는 식으로 좋은 일을 많이 하지만, 그런다고 해서 그들이 완전해지는 것은 아닙니다. 그것은 **실재**에 이르는 길이 아니라 거짓된 것을 풍요롭게 하는 것에 불과합니다. 모든 노력은 더 많은 노력으로 이끕니다. 무엇을 건립했든 그것을 유지해야 하고, 무엇을 획득했든 그것이 쇠퇴하거나 상실되지 않게 보호해야 합니다. 무엇이든 상실될 수 있는 것은 참으로 자신의 것이 아닙니다. 그런데 그대들 자신의 것이 아닌 것이 그대들에게 무슨 소용이 있겠습니까? 저의 세계에서는 억지로 몰아대는 것이 전혀 없어, 모든 일이 저절로 일어납니다. 모든 경험은 공간과 시간 안에 있고, 유한하며 일시적입니다. 존재를 경험하는 사람 역시 유한하고 일시적입니다. 저는 '존재하는 것'에도 상관하지 않고 '존재하는 자'에게도 상관하지 않습니다. 저는 그 너머에 자리 잡고 있는데, 거기서는 제가 그 둘 다이기도 하고 어느 쪽도 아니기도 합니다.

많은 노력과 고행을 한 뒤에 자신의 야망을 성취하여 체험과 행위의 높은 수준을 확보한 사람들은, 보통 자신의 위치를 예리하게 의식하고 있습니다. 그들은 사람들을 가장 낮은 무無성취자에서 가장 높은 성취자에 이르기까지 계층들로 구분합니다. 저에게는 모두가 평등합니다. 겉모습과 표현상의 차이들은 있지만 그것은 중요하지 않습니다. 금 장신구들의 형태가 금에 영향을 주지 않듯이, 인간의 본질은 영향을 받지 않고 남아 있습니다. 이러한 평등 의식이 결여되어 있다면, 그것은 그가 **실재**를 접촉해 보지 못했다는 것을 의미합니다.

단순히 아는 것만으로는 충분하지 않습니다. '아는 자'를 알아야 합니다. 빤디뜨(Pandits-인도의 전통 학자)와 요기들은 많은 것을 알지 모르지만, 자기를 모른다면 한갓 지식이 무슨 소용 있습니까? 그것은 분명히 잘못 사용될 것입니다. 아는 자에 대한 앎 없이는 어떤 **평안**도 있을 수 없습니다.

질: 아는 자를 어떻게 알 수 있습니까?

마: 저 자신의 체험을 통해 아는 것밖에 말씀 못 드리겠군요. 제가 **스승님**을 만났을 때 그분이 저에게 말했습니다. "그대는 그대가 자기 자신이라고 여기는 그것이 아니다. 그대가 무엇인지를 알아내라. '내가 있다'는 느낌을 지켜보고, 그대의 **진정한 자아**를 발견하라." 저는 **스승님**을 신뢰했기 때문에 그분께 복종했습니다. 그리고 일러주신 대로 했지요. 저의 모든 여가 시간을, 침묵 속에서 저 자신을 바라보는 데 소비하곤 했습니다. 그런데 그것이 얼마나 큰 차이를, 얼마나 빨리 가져왔는지 모릅니다! 저의 **참된 성품**을 깨닫는 데는 3년밖에 걸리지 않았습니다. 제 **스승님**은 제가 만나 뵌 지 얼마 되지 않아 돌아가셨지만, 아무 차이가 없었습니다. 저는 **스승님**이 저에게 해주신 말씀들을 기억했고, 꾸준히 밀고 나갔습니다. 그 결실이 여기, 저에게 있습니다.

질: 그것이 무엇입니까?

마: 저는 저 자신을 **실재** 안에서 있는 그대로 압니다. 저는 몸도 아니고, 마음도 아니고, 정신적 기능들도 아닙니다. 저는 이 모든 것을 넘어서 있습니다.

질: 그냥 아무것도 아니십니까?

마: 자, 사리분별을 해 보십시오. 물론 저는 있습니다—더없이 구체적으로. 단지 저는 그대가 저라고 생각할 수 있는 그런 존재가 아닐 뿐입니다. 이것이 그대에게 모든 것을 말해줍니다.

질: 그것은 저에게 아무것도 말해주지 않습니다.

마: 왜냐하면 그것은 말로 전할 수 없으니까요. 그대 자신의 체험을 얻어야 합니다. 그대는 물리적이거나 정신적인 사물들을 다루는 데 익숙합니다. 저는 사물이 아니고, 그대도 사물이 아닙니다. 우리는 물질도 아니고 에너지도 아니며, 몸도 아니고 마음도 아닙니다. 그대가 자신의 **존재**를 얼핏 한 번이라도 보게 되면, 저를 이해하기가 어렵지 않다는 것을 알 것입니다.

우리는 남에게서 들은 말로 수많은 것을 믿습니다. 먼 나라들과 사람들, 천당과 지옥들, 신과 여신들을 믿습니다. 왜냐하면 그렇다고 들었기 때문입니다. 마찬가지로, 우리는 우리 자신, 우리의 부모, 이름, 지위, 임무 등에 대해 이야기를 들었습니다. 그러나 결코 검증해 보려고 하지는 않았습니다. 진리에 이르는 길은 거짓의 분쇄를 통해 나 있습니다. 거짓을 분쇄하려면 그대의 가장 뿌리 깊은 믿음들을 의문시해야 합니다. 그 중에서도 그대가 몸이라는 관념이 가장 나쁜 것입니다. 몸과 함께 세계가 나오고, 세계와 함께 신이, 즉 그 세계를 창조했다고 생각되는 신이 나옵니다. 그리하여 두려움, 종교, 기도, 희생, 온갖 체계 등, 자기가 만든 괴물들로 겁에 질려 어쩔 줄 모르는 아이-인간(child-man)을 보호하고 떠받쳐 주기 위한 모든 것이 시작됩니다. 본래의 그대는 태어날 수도 없고 죽을 수도 없다는 것, 그 두려움이 사라지면 모든 괴로움이 끝난다는 것을 깨달으십시오.

마음이 만들어낸 것을 마음이 파괴합니다. 그러나 **실재**는 만들어지지 않고, 파괴될 수도 없습니다. 마음이 그에 대해 어떤 통제력도 가지고 있지 못한 그것을 꽉 붙드십시오. 제가 그대에게 말해주고 있는 그것은 과거에 있지도 않고 미래에 있지도 않습니다. 그것은 지금 안에서 흐르는 일상생활 속에 있지도 않습니다. 그것은 무시간적이고, 그것의 전적인 무시간성은 마음을 넘어서 있습니다. 제 **스승님**과 "그대가 나 자신이다"라고 한 그분의 말씀은 무시간적으로 저와 함께합니다. 처음에는 스승님과 그 말씀에 마음을 집중해야 했지만, 이제는 그것이 자연스럽고 쉬운 것이 되었습니다. 마음이 스승의 말씀을 참된 것으로 받아들이고, 자연발로적으로 그리고 일상생활의 모든 세부사항에서 그에 따라 사는 그 지점이, **깨달음**의 문턱입니다. 어느 면에서 그것은 **믿음**에 의한 구원이지만, 그 **믿음**은 강렬하고도 지속적이어야 합니다.

그렇지만 **믿음**이면 충분하다고 생각해서는 안 됩니다. 행위로 표현되는 **믿음**이 깨달음에 이르는 확실한 수단입니다. 모든 수단 중에서 그것이 가장 효과적입니다. 믿음을 부인하고 이성만 신뢰하는 **스승**들이 있지만, 실은 그들이 부인하는 것은 **믿음**이 아니라 맹목적 믿음입니다. **믿음**은 맹목적이지 않습니다. 그것은 기꺼이 시도해 보려는 자세입니다.

질: 저희는 모든 수행의 형태들 중에서 단순한 **주시자**의 태도를 견지하는 수행이 가장 효과적이라는 말을 들었습니다. 그것은 믿음과 어떻게 비교됩

니까?

마: 주시자의 태도도 믿음입니다. 자기 자신에 대한 **믿음**이지요. (이 태도를 취할 때) 그대는 자신이 경험하는 것이 자기가 아니라는 것을 믿고, 일체를 어떤 거리를 두고 바라봅니다. 주시하기에는 어떤 애씀도 들어 있지 않습니다. 자기가 **주시자**일 뿐이라는 것을 이해하면 그 이해가 작용합니다. 더 이상 아무것도 필요 없고, 그냥 자신이 **주시자**일 뿐이라는 것만 기억합니다. 이 **주시하기**의 상태에서 만약 그대 자신에게 "나는 누구인가?" 하고 물으면 그 답은—비록 말없이 묵연한 것이기는 하지만—즉시 나옵니다. 대상이 되기를 그만두고, 일어나는 모든 일의 주체가 되십시오. 일단 내면으로 돌아서고 나면 그대 자신이 주체를 넘어서 있다는 것을 발견할 것입니다. 그대 자신을 발견했을 때, 그대는 자신이 대상도 넘어서 있다는 것과, 주체와 대상 둘 다 그대 안에 존재하지만, 그대는 그 어느 것도 아니라는 것을 발견하게 될 것입니다.

질: 당신께서는 마음에 대해서, 마음을 넘어선 '주시하는 **의식**'에 대해서, 그리고 **자각**을 넘어서 있는 **지고자**에 대해서 말씀하십니다. 그것은 자각조차도 실재하지 않는다는 뜻으로 하시는 말씀입니까?

마: 그대가 '실재한다-실재하지 않는다'라는 용어를 구사하는 한, **자각**은 있을 수 있는 유일한 **실재**입니다. 그러나 **지고자**는 모든 구분을 넘어서 있고, 그것에게는 '실재한다'는 용어가 해당되지 않습니다. 그 안에서는 모든 것이 실재하고, 따라서 그와 같이 이름 붙일 필요가 없기 때문입니다. 그것은 **실재**의 **근원** 자체이며, 그것이 접촉하는 모든 것에 실재성을 부여합니다. 말로는 그것을 도저히 이해할 수 없습니다. 직접적인 체험조차도—그것이 아무리 드높은 것이라 해도—증언하는 것에 불과하고, 그 이상은 아닙니다.

질: 그러면 누가 세계를 창조합니까?

마: **보편적 마음**(chidakash)이 일체를 만들고 해체합니다. **지고자**(paramakash)는 생겨나는 모든 것에 실재성을 부여합니다. 그것을 보편적(일체에 편재하는) 사랑이라고 말하는 것이, 우리가 언어로 그것에 다가갈 수 있는 가장 가까

운 표현일지 모릅니다. **사랑**과 마찬가지로, 그것은 모든 것을 실재하게 하고, 아름답게 하고, 바람직하게 합니다.

질: 왜 바람직합니까?

마: 왜 아니겠습니까? 모든 창조된 사물들이 서로에 반응하게 하고, 사람들을 한데 모이게 만드는, 그 모든 강력한 끌어당김이 **지고자**에게서 아니면 어디서 나옵니까? 욕망을 피하지 말고, 단지 그것이 올바른 통로로 흘러가도록 살피기만 하십시오. 욕망이 없다면 그대는 죽은 것입니다. 그러나 저급한 욕망들을 가지고 있다면, 그대는 하나의 유령입니다.

질: 지고자에게 가장 가까이 다가가는 체험은 어떤 것입니까?

마: 광대한 **평안**과 가없는 **사랑**이지요. 우주 안에 존재하는 참되고 고상하고 아름다운 그 무엇도 모두 **그대**에게서 나온다는 것, 그대 자신이 그 **근원**에 있다는 것을 깨달으십시오. 세계를 감독하는 신과 여신들은 더없이 경이롭고 영광스러운 존재들일지 모르지만, 그들은 눈부시게 차려입고 자기 주인의 권력과 부富를 찬미하는 하인들과 같습니다.

질: 지고의 상태에는 어떻게 도달합니까?

마: 덜 중요한 모든 욕망을 포기하면 됩니다. 덜 중요한 것에 즐거워하는 한 최고의 것을 가질 수 없습니다. 그대를 즐겁게 하는 모든 것은 그대를 (진보하지 못하게) 저지합니다. 일체가 불만족스럽고, 찰나적이며, 한계가 있다는 것을 깨닫고 그대의 에너지를 단 하나의 큰 열망에 모을 때까지는, 첫 걸음조차 떼지 못합니다. 한편 **지고자**에 대한 욕망의 올곧음은 그 자체 **지고자**의 한 부름입니다. 물리적인 것이든 정신적인 것이든, 그 무엇도 그대에게 **자유**를 안겨줄 수 없습니다. 그대의 속박은 그대 자신이 만든 것임을 일단 이해하고, 그대를 속박하는 사슬들을 주조鑄造하기를 그치면, 그대는 자유롭습니다.

질: 어떤 **스승**에 대한 믿음을 어떻게 발견합니까?

마: 스승을 발견하고 또한 그에게서 신뢰를 발견하는 것은 드문 행운입니다. 흔히 있는 일이 아니지요.

질: 운명이 정해주는 것입니까?

마: 그것을 운명이라고 한들 별로 설명되는 것은 없습니다. 그런 일이 일어날 때 그대는 그 일이 왜 일어나는지 말할 수 없고, 그래서 그것을 업業이니, 은총이니, 신의 의지니 하면서 자신의 무지를 은폐하는 것일 뿐입니다.

질: 크리슈나무르티는, 스승은 필요하지 않다고 말합니다.

마: 누군가는 그대에게 **지고의 실재**와 그에 이르는 길을 말해주어야 합니다. 크리슈나무르티는 달리 어떤 일도 하고 있지 않습니다. 어느 면에서는 그가 옳습니다. 소위 제자들 대다수는 자기 스승을 신뢰하지 않습니다. 스승들에게 복종하지 않고 결국에는 스승을 버립니다. 그런 제자들은 아예 스승 없이 내면에서 (진아의) 인도引導를 찾았더라면 훨씬 더 좋았겠지요. 살아 있는 스승을 발견하는 것은 드문 기회이며, 큰 책임이 따르는 일입니다. 이런 문제들을 가볍게 다루면 안 됩니다. 여러분은 돈을 주고 천당을 사 두려고 기를 쓰면서, **스승**이 어떤 대가를 받고 그것을 마련해 줄 거라고 상상합니다. 여러분은 조금 내놓고 많이 요구하면서 거래를 하려 듭니다. 그래 봤자 여러분 자신을 속일 뿐 아무도 속이지 못합니다.

질: 당신께서는 **스승님**에게서 당신(마하라지)이 **지고자**라는 말씀을 들으셨고, 그분을 신뢰하고 그에 따라 행동하셨습니다. 무엇이 당신께 그런 신뢰를 부여했습니까?

마: 말하자면, 저는 그냥 사리분별이 있었던 것입니다. 그분을 불신하는 것은 어리석은 일이었겠지요. 그분이 저를 오도誤導하는 데 대체 무슨 관심이 있었겠습니까?

질: 당신께서는 한 질문자에게, 우리는 똑같다고, 우리는 동등한 사람이라고 말씀하셨습니다. 저는 그것을 믿을 수 없습니다. 그것을 믿을 수 없는데, 당신의 말씀이 저에게 무슨 소용 있습니까?

마: 그대가 믿지 못하는 것은 중요하지 않습니다. 제 말은 참되고, 그 효과를 발휘할 것입니다. 이것이 고귀한 어울림(satsang)의 아름다운 점입니다.

질: 그냥 당신 가까이 앉아 있는 것, 그것을 수행이라고 볼 수 있습니까?

마: 물론이지요. **생명의 강**이 흐르고 있습니다. 그 물 중의 어떤 것은 여기 있지만 아주 많은 물이 이미 목표에 도달했습니다. 그대는 현재밖에 모릅

니다. 저는 과거와 미래를, 그대가 어떤 존재이고 어떤 존재가 될 수 있는지를, 훨씬 깊이 들여다봅니다. 저는 그대를 저 자신으로 볼 수밖에 없습니다. 어떤 다름도 보지 않는 것이 바로 **사랑**의 성품입니다.

질: 어떻게 하면 당신께서 저를 보시듯이 제가 저 자신을 볼 수 있습니까?

마: 그대 자신을 몸이라고 상상하지 않기만 하면 그걸로 족합니다. "나는 몸이다"라는 관념은 그토록 재앙적입니다. 그것이 그대를 자신의 **진정한 성품**에 대해 완전히 눈멀게 합니다. 한 순간도 그대를 몸이라고 생각하지 마십시오. 그대 자신에게 어떤 이름, 어떤 형상도 부여하지 마십시오. 어둠과 침묵 속에서 **실재**가 발견됩니다.

질: 제가 몸이 아니라는 어떤 확신을 가지고 생각해야 하지 않습니까? 그런 확신을 어디서 발견할 수 있습니까?

마: 마치 완전히 확신하고 있는 듯이 행동하십시오. 그러면 자신감이 들 것입니다. 말만 해서 무슨 소용 있습니까? 어떤 언구, 어떤 심적인 틀16)은 그대에게 도움이 되지 않을 것입니다. 그러나 몸과, 몸의 이해관계에 대한 모든 걱정에서 벗어난 비이기적 행위는 그대를 **실재**의 바로 심장 속으로 데려다줄 것입니다.

질: 확신 없이 행위할 수 있는 용기는 어디서 얻을 수 있습니까?

마: 사랑이 그대에게 그런 용기를 주겠지요. 전적으로 우러를 만하고, 사랑할 만하고, 고상한 그런 사람(진정한 스승)을 만나면 (그에 대한) 그대의 사랑과 숭배가 그대에게 고상하게 행위할 충동을 일으켜 줄 것입니다.

질: 우러를 만한 분을 누구나 우러를 줄 아는 것은 아닙니다. 대다수 사람들은 전적으로 둔감합니다.

마: 삶이 그들에게 안목을 갖게 하겠지요. 축적된 경험의 무게 자체가 그들에게 알아보는 눈을 줄 것입니다. 가치 있는 사람을 만나면 그대는 그를 사랑하고 신뢰하며, 그의 조언을 따르게 될 것입니다. 이것이 **깨달은 사**람들의 역할입니다. 즉, 남들이 그를 숭배하고 사랑할 수 있도록 **완전함의 모**

---

16) T. '심적인 틀(mental pattern)'이란 신이나 실재에 대한 일정한 마음의 태도를 가리킨다. 이것은 "나는 브라만이다", "내가 그것이다"와 같은 언구에 의존할 수도 있다.

범을 보이는 것입니다. (깨달은 사람의) 삶과 인격의 아름다움은 (인류의) 공동선에 엄청난 기여를 합니다.

질: 성장하려면 우리가 고통을 겪어야 하지 않습니까?

마: 고통이 있다는 것, 세계가 고통 받고 있다는 것을 아는 것으로 족합니다. 쾌락도 고통도 그 자체로는 깨우침을 주지 않습니다. 이해만이 우리를 깨우칩니다. 세계가 괴로움으로 가득 차 있다는 것, 태어난다는 것은 하나의 재앙이라는 **진리**를 일단 이해하고 나면, 그것을 넘어서려는 충동과 에너지를 발견할 것입니다. 쾌락은 그대를 잠재우고 고통은 그대를 깨웁니다. 고통 받고 싶지 않다면 잠들지 마십시오. **지복**만으로는 그대 자신을 알 수 없습니다. **지복**은 바로 그대의 성품이기 때문입니다. 깨달음을 발견하려면 그 반대물, 즉 그대가 아닌 것을 마주해야 합니다.

65
고요한 마음이 그대에게 필요한 전부이다

질문자: 저는 몸이 좋지 않습니다. 상당히 약한 느낌입니다. 저는 어떻게 해야 합니까?

마하라지: 누가 좋지 않습니까, 그대입니까, 그대의 몸입니까?

질: 물론 제 몸입니다.

마: 어제는 몸 상태가 좋다고 느꼈지요. 무엇이 그 좋음을 느꼈습니까?

질: 몸입니다.

마: 그대는 몸 상태가 좋으면 기뻐하고 좋지 않으면 슬퍼합니다. 하루는 기뻐하고 다음날은 슬퍼하는 것은 누구입니까?

질: 마음입니다.

마: 그러면 그 가변적인 마음을 아는 것은 누구입니까?

질: 마음입니다.

마: 마음이 '아는 자'로군요. 그 '아는 자'를 아는 것은 누구입니까?

질: '아는 자'가 그 자신을 알지 않습니까?

마: 마음은 불연속적입니다. 그것은 잠이나 기절 상태, 혹은 정신을 팔 때와 같이, 거듭거듭 공백 상태가 됩니다. 불연속을 인식하려면 연속적인 어떤 것이 있어야 합니다.

질: 마음이 기억합니다. 이것이 연속성을 대표합니다.

마: 기억은 늘 부분적이고, 신뢰할 수 없고, 금방 사라집니다. 그것은 의식에 편재하는 강한 정체성(identity)의 느낌, 곧 "내가 있다"는 느낌을 설명해 주지 못합니다. 그 뿌리에 무엇이 있는지 알아내십시오.

질: 아무리 깊이 바라보아도 마음밖에 발견할 수 없습니다. '마음을 넘어서'라는 당신의 말씀은 저에게 아무 단서도 주지 않습니다.

마: 마음으로 바라보는 동안은 그것을 넘어설 수 없습니다. 넘어서기 위해서는 마음과 그 내용을 떠나서 바라보아야 합니다.

질: 어느 방향으로 바라보아야 합니까?

마: 모든 방향은 마음 안에 있지요! 어떤 특정한 방향을 바라보라는 것이 아닙니다. 그저 그대의 마음 안에서 일어나는 모든 것에서 시선을 돌려, 마음을 "내가 있다"는 느낌에게로 가져오십시오. "내가 있다"는 어떤 방향이 아닙니다. 그것은 모든 방향의 부정입니다. 궁극적으로는 "내가 있다"조차 사라져야 합니다. 명백한 것을 계속 주장할 필요는 없기 때문입니다. 마음을 "내가 있다"는 느낌에게로 가져오는 것은, 마음을 다른 모든 것에서 돌아서게 도와주는 것일 뿐입니다.

질: 그 모든 것은 저를 어디로 이끕니까?

마: 마음이 그 몰두하는 대상에서 계속 떨어져 있으면 그것은 고요해집니다. 만약 이 **고요함**을 어지럽히지 않고 그 안에 머무르면, 그대는 그것이 지금까지 전혀 알지 못했던 **빛**과 **사랑**으로 충만해 있다는 것을 발견합니다. 그러면서도 그것을 즉시 그대 자신의 성품으로 인지認知합니다. 이런 체험을 겪고 나면 그대가 다시는 이전과 같은 사람이 아닐 것입니다. 말을 잘

안 듣는 마음이 자신의 평안을 깨뜨리고 자신의 소견을 지워버릴 수도 있지만, 꾸준히 노력하면 그것이 돌아오게 되어 있습니다. 그러다가 모든 속박이 부서지고 망상과 집착이 끝이 나며, 삶이 현재에 지극히 집중되는 그런 날이 옵니다.

질: 그것이 어떤 차이를 가져옵니까?

마: 마음이 더 이상 존재하지 않습니다. **행동하는 사랑**만 있습니다.

질: 제가 거기에 도달하면 이 상태를 어떻게 인지하게 됩니까?

마: 아무 두려움이 없을 것입니다.

질: 신비와 위험들로 가득 찬 세계에 둘러싸여 있는데, 어떻게 제가 두려워하지 않고 있을 수 있습니까?

마: 그대 자신의 작은 몸뚱이도 신비와 위험들로 가득 차 있지만, 그대는 그것을 두려워하지 않습니다. 그 몸을 그대 자신의 것으로 여기기 때문입니다. 그대는, 전 우주가 그대의 몸이고, 따라서 (아무것도) 두려워할 필요가 없다는 사실을 모릅니다. 그대는 두 가지 몸, 즉 개인적 몸과 **보편적 몸**을 가지고 있다고 말할 수 있습니다. 개인적 몸은 오고 가며, **보편적 몸**은 늘 그대와 함께 있습니다. 전 창조계가 그대의 **보편적 몸**(universal body)입니다. 그대는 개인적 몸에 의해 너무나 눈이 멀어 있어서 **보편적 몸**을 보지 못합니다. 이렇게 눈 먼 상태는 제 스스로 끝나지 않을 것입니다. 그것을 솜씨 있게 그리고 의도적으로 원상복구 해야 합니다. 모든 환상이 이해되어 내버려질 때 그대가 오류 없고 완전한 상태에 도달하는데, 그 상태에서는 개인적 몸과 **보편적 몸** 사이의 모든 구분이 더 이상 존재하지 않습니다.

질: 저는 한 '사람'이고 따라서 공간과 시간에 한정되어 있습니다. 저는 작은 공간을 점유하고, 불과 몇 순간밖에 지속되지 않습니다. 저 자신이 영원하고 일체에 편재한다고는 생각도 할 수 없습니다.

마: 그럼에도 불구하고 그대는 **있습니다**. 그대의 **참된 성품**을 찾아서 그대 자신 속으로 깊이 뛰어들면, 그대의 몸만 작고 기억만 **짧을** 뿐, **생명**의 광대한 바다가 그대의 것임을 발견할 것입니다.

질: '나'와 '보편적'이라는 단어들 자체가 모순됩니다. 하나가 다른 하나를

배제합니다.

마: 그렇지 않지요. 정체성의 느낌은 **보편적 몸**에 편재합니다. 찾아보십시오. 그러면 그대의 **자아**이자 무한히 더 많은 **보편적 사람**(Universal Person)을 발견하게 될 것입니다.

여하튼 세계가 그대 안에 있지, 그대가 세계 안에 있는 것이 아니라는 것을 깨닫는 것으로써 시작하십시오.

질: 어떻게 그럴 수 있습니까? 저는 세계의 한 부분일 뿐입니다. 거울처럼, 반사에 의한 경우를 제외하면, 어떻게 전 세계가 그 부분 속에 들어갈 수 있습니까?

마: 그대의 말이 맞습니다. 그대의 개인적 몸은 그 안에서 전체가 경이롭게 반사되는 한 부분입니다. 그러나 그대는 **보편적 몸**도 가지고 있습니다. 그대는 그것을 모른다고도 말 못합니다. 왜냐하면 그대가 그것을 늘 보고 경험하기 때문입니다. 다만 그것을 '세계'라고 부르면서 그것을 두려워할 뿐이지요.

질: 저는 저의 작은 몸을 안다고 느끼지만, 다른 몸은 과학을 통해서가 아니면 모릅니다.

마: 그대의 작은 몸은 신비와 경이로 가득 차 있는데도 그대는 그것을 모릅니다. 거기에서도 과학이 그대의 유일한 안내자입니다. 해부학과 천문학 둘 다 그대를 묘사합니다.

질: 제가 **보편적 몸**이라는 당신의 원리를 하나의 작업이론(working theory)으로 받아들인다 하더라도, 어떤 식으로 그것을 시험할 수 있으며, 그것이 저에게 무슨 소용 있습니까?

마: 그대 자신을 그 두 몸에 다 거주하는 자로 알면, 그 어떤 것도 그대의 것이 아니라고 말하지 못하게 됩니다. 모든 우주가 그대의 관심사가 될 것입니다. 그대는 모든 생물을 사랑하고, 더없이 자상하고 지혜롭게 그들을 돕게 될 것입니다. 그대와 남들 사이에 아무런 이해관계의 충돌이 없을 것이고, 모든 착취가 절대적으로 종식될 것입니다. 그대의 모든 행위가 자비로울 것이고, (그대의) 모든 움직임이 하나의 축복이 될 것입니다.

질: 그것은 모두 아주 솔깃한 이야기입니다만, 저의 **보편적 몸**을 깨달으려면 어떻게 나아가야 합니까?

마: 두 가지 길이 있습니다. 그대의 가슴과 마음을 자기발견에 바치거나, 아니면 제 말을 전적으로 믿고 받아들여 그에 따라 행동하십시오. 바꾸어 말해서, 그대가 전적으로 자기에게 관심을 갖거나, 아니면 전적으로 자기에게 무관심해지는 것입니다. '전적으로'라는 단어가 중요합니다. **지고자**에 도달하려면 극단적이어야 합니다.

질: 그런 경지를 제가 어떻게 열망할 수 있겠습니까? 저는 이렇게 작고 한정되어 있는데 말입니다.

마: 그대 자신을, 그 안에서 모든 일이 일어나는 **의식의 바다**로 깨달으십시오. 그것은 어렵지 않습니다. 그대 자신에 대한 약간의 주의력, 약간의 면밀한 관찰력만 있으면, 어떤 사건도 그대의 **의식** 밖에 있지 않음을 알게 될 것입니다.

질: 세계는 제 **의식** 속에 나타나지 않는 많은 사건들로 가득 차 있습니다.

마: 그대의 몸도 그대의 **의식** 속에 나타나지 않는 사건들로 가득 차 있습니다. 그렇다고 그 몸이 그대의 것이라고 주장하지 못하는 것은 아니지요. 그대가 세계를 아는 것은 그대의 몸을 알 때와 똑같이, 감각기관을 통해서입니다. 그런데 그대의 마음이 피부 바깥의 세계를 피부 안쪽의 세계와 분리하여 그들을 대립시켰습니다. 이것이 두려움과 증오, 그리고 삶의 모든 불행을 창조했습니다.

질: 제가 이해하고 따라가지 못하는 점은, 당신의 말씀 중에서 **의식**을 넘어선다고 하는 부분입니다. 그 말씀은 이해되지만 그 체험은 그려지지 않습니다. 어쨌든 당신 자신께서 모든 체험은 **의식** 안에 있다고 하셨습니다.

마: 맞습니다. **의식**을 넘어선 어떤 체험도 있을 수 없습니다. 하지만 그냥 **있음**(being)의 체험이 있습니다. **의식**을 넘어섰지만 의식하지 않는 것이 아닌 어떤 상태가 있습니다. 어떤 이들은 그것을 **초의식, 순수한 의식,** 혹은 **지고의 의식**이라고 부릅니다. 그것은 주체-대상의 연관에서 벗어난 **순수한 자각**입니다.

질: 저는 신지학(Theosophy)17)을 공부했는데, 당신께서 말씀하시는 것 가운데 친숙한 내용은 하나도 없습니다. 신지학이 현상계만 다룬다는 것은 저도 인정합니다. 그것은 우주와 그 거주자들을 아주 상세히 묘사합니다. 그것은 물질의 많은 수준들과 그에 상응하는 체험의 수준들을 인정하지만 그것을 넘어서지는 않는 것 같습니다. 당신께서 말씀하시는 것은 모든 체험을 넘어섭니다. 만약 그것이 체험 가능한 것이 아니라면, 왜 굳이 그것에 대해 말씀하십니까?

마: 의식은 간헐적이며 틈새들로 가득 차 있습니다. 하지만 정체성의 연속이 있습니다. 이 정체성의 느낌이 의식을 넘어선 어떤 것에서 오는 것이 아니라면, 그것이 어디서 오겠습니까?

질: 만약 제가 마음을 넘어서 있다면, 저 자신을 어떻게 바꿀 수 있습니까?

마: 무엇을 바꿀 필요가 어디 있습니까? 마음은 여하튼 항상 변하고 있습니다. 그대의 마음을 집착 없이 바라보십시오. 마음을 가라앉히려면 그걸로 충분합니다. 마음이 고요하면 그것을 넘어설 수 있습니다. 마음을 늘 분주하게 하지 마십시오. 마음을 멈추십시오—그리고 그냥 있으십시오(Just be). 마음을 쉬어 주면 그것은 차분히 가라앉아 그 순수성과 힘을 회복할 것입니다. 부단한 생각이 마음을 쇠퇴시킵니다.

질: 저의 참된 존재가 늘 저와 함께한다면, 어째서 제가 그것을 모릅니까?

마: 그것은 아주 미세한데 그대의 마음은 거칠어서, 거친 생각과 감정들로 가득 차 있기 때문입니다. 그대의 마음을 고요하고 맑게 하십시오. 그러면 있는 그대로의 그대 자신을 알게 될 것입니다.

질: 저 자신을 알려면 마음이 필요합니까?

마: 그대는 마음을 넘어서 있지만, 마음을 가지고 압니다. 앎의 정도와 깊이 그리고 성격은, 그대가 어떤 도구(마음)를 사용하느냐에 달려 있다는 것이 명백합니다. 그대의 도구를 향상시키십시오. 그러면 그대의 앎이 향상될 것입니다.

---

17) T. 1875년 뉴욕에서 창립되어 나중에 인도로 본부가 옮겨간 신지학회의 가르침. 우주의 여러 차원들에 대한 지식과 신비적 체험을 중시했다.

질: 완전하게 알려면 저에게 완전한 마음이 필요합니다.

마: 고요한 마음이 그대에게 필요한 전부입니다. 일단 그대의 마음이 고요하면 다른 모든 일은 제대로 일어날 것입니다. 떠오르는 해가 세계를 움직이게 하듯이, **자기자각**(self-awareness)은 마음 안의 변화들에 영향을 미칩니다. 고요하고 안정된 **자기자각**의 빛 안에서 내적인 에너지들이 깨어나, 그대가 아무 노력을 하지 않아도 기적을 일으킵니다.

질: 일하지 않음으로써 최고의 일이 이루어진다는 말씀이십니까?

마: 바로 그거지요. 그대는 **깨달음**을 얻게 되어 있다는 것을 이해하십시오. 그대의 운명과 협력하십시오. 운명을 거역하지 말고, 그것을 좌절시키지 마십시오. 운명이 스스로를 성취하도록 허용하십시오. 그대가 해야 할 일은 어리석은 마음이 만들어 낸 장애들에 주의를 기울이는 것뿐입니다.

66
행복에 대한 모든 추구는 불행이다

질문자: 저는 영국에서 왔는데 마드라스(첸나이)로 가는 길입니다. 거기서 저의 아버님을 만날 것이고, 우리는 자동차로 런던까지 육로로 갈 것입니다. 저는 심리학을 공부하려 하지만, 학위를 얻으면 무엇을 해야 할지 아직 모르겠습니다. 산업심리학이나 심리요법을 공부해 볼지도 모릅니다. 아버님은 일반 개업의이신데, 저도 같은 길을 따라야 할지 모르겠습니다.

그러나 이것으로 제 관심사가 끝나는 것은 아닙니다. 시간이 가도 변치 않는 어떤 의문들이 있습니다. 저는 그런 의문에 대해 당신께서 어떤 해답을 가지고 계시다고 알고 이렇게 찾아뵈었습니다.

마하라지: 제가 그대의 의문에 해답을 줄 수 있는 적임자인지 모르겠군요. 저는 사물과 사람들에 대해 거의 아는 게 없습니다. 저는 제가 있다는 것

을 알 뿐인데, 그 정도는 그대도 알고 있습니다. 우리는 동등합니다.

질: 물론 저는 제가 있다는 것을 압니다. 그러나 그것이 무슨 의미인지 모릅니다.

마: "내가 있다"에서 그대가 '나'라고 여기는 것은 그대가 아닙니다. 그대가 있다는 것을 아는 것은 자연적이고, 그대가 무엇인지를 아는 것은 많은 탐구의 결과입니다. **의식**의 전체 장場을 무시하고 그것을 넘어서야 할 것입니다. 그러기 위해서는 올바른 **스승**을 찾아야 하고, 발견에 필요한 조건들을 창출해야 합니다. 일반적으로 말해서 외적인 길과 내적인 길의 두 길이 있습니다. **진리**를 아는 사람과 함께 살면서, 인도하고 빚어주는 그의 감화력에 자신을 전적으로 맡기거나, 아니면 내면의 인도를 구하여, 내면의 빛이 그대를 이끄는 대로 어디든지 따라가는 것입니다. 두 경우 모두 그대의 개인적 욕망과 두려움을 도외시해야 합니다. (스승 곁에) 가까이 있는 것으로나 **탐구**(자기탐구)에 의해, 즉 수동적인 길이나 능동적인 길에 의해 그대가 배웁니다. **스승**으로 대표되는 **생명**과 **사랑**의 강이 그대 자신을 운반해 주도록 하거나, 아니면 그대 내면에 있는 별의 인도를 받으면서 그대 자신이 노력하는 것입니다. 두 경우 모두 그대는 움직여 나가야 하고 성실해야 합니다. 신뢰하고 사랑할 만한 사람(참스승)을 발견하는 행운을 얻는 이들은 드뭅니다. 그들 대다수는 어려운 길, 즉 **지성**과 **이해**, **분별**과 **무욕**(viveka-vairagya)의 길을 택해야 합니다. 이것은 모두에게 열려 있는 길입니다.

질: 저는 여기 왔으니 행운입니다. 비록 내일 떠나기는 하지만, 당신과 나눈 한 번의 대화가 저의 전 생애에 영향을 미칠지 모릅니다.

마: 그렇지요. 일단 그대가 "나는 **진리**를 원한다"고 말하면, 그대의 모든 삶은 그것으로 깊이 영향을 받습니다. 그대의 모든 정신적·신체적 습관들, 느낌과 감정, 욕망과 두려움, 계획과 결정들이 더없이 근본적인 변모를 겪게 될 것입니다.

질: 제가 **실재**를 발견하겠다고 일단 결심했으면, 그 다음에는 무엇을 해야 합니까?

마: 그것은 그대의 기질에 달렸습니다. 만일 그대가 성실하다면 어떤 길을

택해도 그대의 목표에 이를 수 있습니다. **성실성**이 결정적인 요소입니다.

질: 성실성의 원천은 무엇입니까?

마: 그것은 새를 자신의 둥지로 돌아가게 하고, 물고기를 자신이 태어난 산간 개울로 돌아가게 하는 귀소본능입니다. 열매가 익으면 씨앗은 땅으로 돌아갑니다. (필요한 것은) 성숙이 전부입니다.

질: 그러면 무엇이 저를 성숙시키겠습니까? 체험이 필요합니까?

마: 그대는 자신에게 필요한 모든 체험을 이미 가지고 있습니다. 그렇지 않다면 여기 오지 않았겠지요. 더 이상 체험을 수집할 필요는 없고, 오히려 체험을 넘어서야 합니다. 그대가 어떤 노력을 하든, 어떤 방법(sadhana-수행법)을 따르든, 그것은 더 많은 경험을 산출할 뿐 그대를 넘어서게 해주지는 않을 것입니다. 책을 읽는 것도 도움이 되지 않겠지요. 책들은 그대의 마음을 풍요롭게 해주겠지만, 그대라는 '사람'은 그대로 남을 것입니다. 만약 그대의 탐색에서 물질적, 정신적, 혹은 영적인 어떤 이익을 얻기를 기대한다면 핵심을 놓친 것입니다. 진리는 어떤 이점도 안겨주지 않습니다. 그것은 그대에게 더 높은 어떤 지위도, 남들에 대한 어떤 권력도 주지 않습니다. 그대가 얻는 것은 **진리**와, 거짓에서 벗어남이 전부입니다.

질: 분명히 진리는 남들을 도울 수 있는 힘을 우리에게 줍니다.

마: 그것은 아무리 고귀해도 상상에 지나지 않지요! 진리 안에서는 그대가 남들을 돕지 않습니다. 왜냐하면 남들이 아무도 없기 때문입니다. 그대는 사람들을 고귀한 사람과 비천한 사람으로 나누어, 고귀한 사람들에게 비천한 사람들을 도와주라고 요청합니다. 그대가 분리하고, 그대가 평가하고, 그대가 판단하고 비난합니다. 진리의 이름으로 **진리**를 파괴하는 거지요. 진리를 규정하려는 그대의 욕구 자체가 **진리**를 부정합니다. 왜냐하면 진리는 말 속에 담길 수 없기 때문입니다. 진리는 행동으로 거짓을 부정하는 것으로써만 표현될 수 있습니다. 그러자면 거짓을 거짓으로 보고(분별, *viveka*) 그것을 배척해야 합니다(무욕, *vairagya*). 거짓의 포기는 해방력이 있고, 활력을 불어넣습니다. 그것이 **완전함**에 이르는 길을 열어 줍니다.

질: 제가 진리를 발견했다는 것을 언제 압니까?

마: "이것이 참되다", "저것이 참되다"라는 관념이 일어나지 않을 때입니다. 진리는 스스로를 주장하지 않습니다. 진리는 거짓을 거짓으로 보고 그것을 배척하는 데 있습니다. 마음이 거짓에 눈멀어 있을 때는 **진리**를 찾아 봐야 소용이 없습니다. 마음에서 거짓이 완전히 추방되어야 **진리**가 마음에 나타납니다.

질: 그러면 무엇이 거짓입니까?

마: 분명, 존재성(being)이 없는 것은 거짓입니다.

질: 존재성이 없다는 것은 어떤 의미입니까? 거짓은 강고하게 존재합니다.

마: 스스로 모순되는 것은 존재성이 없습니다. 아니면 일시적 존재성만 있는데, 그것은 없는 것과 마찬가지입니다. 왜냐하면 시작과 끝이 있는 것에는 중간이 없기 때문입니다. 그것은 비어 있습니다. 그것은 마음이 부여한 이름과 형상만 가지고 있지, 실체도 없고 본질도 없습니다.

질: 지나가는 모든 것이 존재성이 없다면, 우주도 존재성이 없습니다.

마: 누가 그렇지 않다고 합니까? 물론 우주는 존재성이 없지요.

질: 존재성이 있는 것은 무엇입니까?

마: 자신의 존재를 (마음 등에) 의존하지 않는 것, 우주가 떠오를 때 같이 뜨지 않고 우주가 저물 때 같이 저물지 않는 것, (자신의 존재성에 대해) 어떤 증거도 필요로 하지 않고, 자신이 접촉하는 모든 것에 실재성을 부여하는 것입니다. 일순간 실재하는 것처럼 보이는 것이 거짓의 본성입니다. **참**이 거짓의 아버지가 된다고 말할 수도 있겠지요. 그러나 거짓은 시간과 공간 안에 한정되어 있고, 환경에 의해 산출됩니다.

질: 어떻게 하면 제가 거짓을 제거하고 **실재**를 확보할 수 있습니까?

마: 어떤 목적으로 말입니까?

질: 더 낫고 더 만족스러운 삶, 통합되고 행복한 삶을 살기 위해서입니다.

마: 마음이 생각하는 그 무엇도 거짓일 수밖에 없습니다. 그것은 상대적이고 유한할 수밖에 없기 때문입니다. 실재는 우리가 그것을 생각할 수 없고, 어떤 목적에 그것을 이바지하게 할 수 없습니다. 우리는 **실재**를 그 자체를 위해서 원해야 합니다.

질: 생각할 수 없는 것을 제가 어떻게 원할 수 있습니까?
마: 원할 가치가 있는 것으로 달리 뭐가 있습니까? 설사 있다 하더라도, 어떤 사물을 원하듯이 **실재**를 원할 수는 없습니다. 그러나 비실재를 실재하지 않는 것으로 보고 내버릴 수는 있습니다. 거짓된 것을 내버리는 것이 **참된** 것에 이르는 길을 열어줍니다.
질: 알겠습니다. 그러나 실제 일상생활에서는 그것이 어떻게 보입니까?
마: 자기잇속과 자기걱정이 거짓의 초점들입니다. 그대의 일상생활은 욕망과 두려움 사이에서 진동합니다. 그것을 유심히 지켜보면, 마음이 어떻게—마치 강물이 바위들 사이에서 거품을 일으키듯이—무수한 이름과 형상들을 취하는지 알게 될 것입니다. 모든 행위의 이기적 동기를 추적하고, 그것이 해소될 때까지 그 동기를 유심히 바라보십시오.
질: 사람이 살려면 자기 자신을 돌보아야 하고, 자기 자신을 위해 돈을 벌어야 합니다.
마: 그대 자신을 위해서 돈을 벌 필요는 없지만, 그래야 할지도 모르지요—한 여자와 아이를 위해서는. 남들을 위해서는 계속 일을 해야 할지 모릅니다. (남들을) 그냥 살아 있게 하는 것조차 하나의 희생일 수 있습니다. 이기적이어야 할 필요가 전혀 없습니다. 자기잇속을 따지는 동기가 보이면 즉시 그것을 내버리십시오. 그러면 따로 **진리**를 추구할 필요가 없습니다. **진리**가 그대를 발견할 테니까요.
질: 최소한의 필요물(needs)이란 것이 있습니다.
마: 그것은 그대가 잉태되었을 때부터 공급되지 않았습니까? 자기걱정의 속박을 놓아버리고 본래의 그대가 되십시오—행동하는 **지성**과 **사랑** 말입니다.
질: 그러나 우리는 생존해야 합니다!
마: 생존하지 않으려야 않을 수 없지요! 진정한 **그대**는 무시간적이고, 탄생과 죽음을 넘어서 있습니다. 그리고 몸은 필요한 기간만큼 생존하겠지요. 몸이 오래 사는 것은 중요하지 않습니다. 충만한 삶이 오래 사는 것보다 더 낫습니다.

질: 무엇이 충만한 삶이라고 누가 말할 수 있습니까? 그것은 저의 문화적 배경에 달려 있습니다.

마: 만약 그대가 실재를 추구한다면, 그대 자신을 모든 배경, 모든 문화, 사고와 감정의 모든 패턴에서 벗어나게 하십시오. 자신이 '남자다', '여자다', 심지어 '인간이다'라는 관념조차도 내버려야 합니다. 생명의 바다는 인간들뿐 아니라 모든 것을 포함합니다. 그러니 먼저 모든 자기 동일시를 내버리고, 그대 자신을 이러이러한 사람, 아무개, 이것이나 저것이라고 생각하기를 그만두십시오. 모든 자기걱정을 버리고, 그대의 물질적 또는 정신적 행복을 걱정하지 말고, 거칠거나 미세한 모든 욕망을 버리고, 어떤 종류의 성취에 대해서도 생각하지 마십시오. 그대는 지금 여기에서 완전하고, 전혀 아무것도 필요로 하지 않습니다.

그렇다고 해서 그대가 어리석고 무모해지거나, 앞일을 생각할 줄 모르고 매사에 무관심해져야 한다는 뜻은 아닙니다. 다만 그대 자신에 대한 기본적인 걱정이 사라져야 한다는 것입니다. 그대 자신과 가족을 위한 얼마간의 의식주가 필요하겠지만, 탐욕을 하나의 필요물로 여기지 않는 한 그것이 문제를 야기하지는 않을 것입니다. 그대가 상상하는 것이 아닌, 있는 그대로의 사물들과 조화를 이루며 살아가십시오.

질: 인간이 아니라면 저는 무엇입니까?

마: 그대에게 자신을 한 인간이라고 생각하게 만드는 것은 인간이 아닙니다. 그것은 크기가 없는 의식의 한 점, 곧 의식하는 무無일 뿐입니다. 그대 자신에 대해 그대가 할 수 있는 말은 "내가 있다"가 전부입니다. 그대는 순수한 존재-자각-지복입니다. 그것을 깨닫는 것이 모든 추구의 끝입니다. 그대가 자기 자신이라고 생각하는 모든 것이 상상에 불과하다는 것을 알고, 찰나적인 것을 찰나적으로, 상상적인 것을 상상적인 것으로, 실재하지 않는 것을 실재하지 않는 것으로 보는 순수한 자각 안에 초연히 머무를 때, 그대가 그 끝에 이릅니다. 그것은 전혀 어렵지 않지만 무집착이 필요합니다. 거짓된 것에 매달리기 때문에 참된 것을 보기가 그토록 어려운 것입니다. 거짓된 것은 시간을 필요로 하고, 시간을 필요로 하는 것은 거짓된 것이라는

것을 이해하게 되면 그대가 **실재**에 더 가까이 간 것인데, 그 **실재**는 무시간적이면서 항상 지금 안에 있습니다. 시간에서의 영원성이란 시계의 움직임 같은 단순한 반복일 뿐입니다. 그것은 과거에서 미래로 끝없이 흐르는, 하나의 텅 빈 영속성입니다. 실재는 현재를 너무나 생기 있게 만들고, 마음의 관념에 불과한 과거나 미래와는 너무나 다른 것으로 만들어주는 것입니다. 만일 그대가 어떤 것을 이루는 데 시간이 필요하다면 그것은 거짓임이 틀림없습니다. 실재는 늘 그대와 함께 합니다. '본래 그대인 그것'이 되려고 기다릴 필요는 없습니다. 그대의 마음이 무엇을 추구하여 그대 자신의 밖으로 나가지 못하게만 하면 됩니다. 그대가 어떤 것을 원할 때, "나에게 그것이 정말 필요한가?"라고 자문해 보십시오. 만약 그 답변이 '아니다'라면 그것을 그냥 놓아버리십시오.

질: 제가 행복해야 하지 않습니까? 어떤 것이 필요하지 않을지는 모르지만, 만약 그것이 저를 행복하게 해줄 수 있다면 그것을 붙잡아야 하지 않습니까?

마: 그 무엇도 지금의 그대보다 그대를 더 행복하게 해줄 수 없습니다. 행복에 대한 모든 추구는 불행이며, 그보다 더한 불행으로 이끕니다. 행복이란 이름에 값하는 유일한 행복은 **의식하는 존재**(conscious being)의 자연적 행복입니다.

질: 그런 높은 **자각**의 수준에 도달하기 전에 많은 경험을 할 필요가 있지 않습니까?

마: 경험은 기억만을 뒤에 남기고, 안 그래도 무거운 짐을 더 무겁게 해줄 뿐입니다. 더 이상의 경험은 그대에게 필요 없습니다. 이전에 경험한 것으로 충분합니다. 만약 경험이 더 필요하다고 느끼면, 주위 사람들의 가슴 속을 들여다보십시오. 그대가 천 년 안에는 겪어볼 수 없을 다양한 경험들을 발견할 것입니다. 남들의 슬픔에서 교훈을 얻어 그대 자신의 슬픔에서 벗어나십시오. 그대에게 필요한 것은 경험이 아니라 모든 경험에서 벗어나는 것입니다. 경험을 욕심내지 마십시오. 하나도 필요 없습니다.

질: 당신 자신께서도 경험들을 겪어내지 않으십니까?

마: 제 주위에서 일들이 일어나지만 저는 거기에 가담하지 않습니다. 사건은 제가 거기에 정서적으로 개입할 때만 하나의 경험이 됩니다. 저는 완전한 상태에 있는데, 그것은 그 자체를 딛고 향상하려 들지 않습니다. 경험이 저에게 무슨 소용 있습니까?

질: 우리는 지식이 필요하고, 교육이 필요합니다.

마: 사물을 다루려면 사물에 대한 지식이 필요합니다. 사람들을 다루려면 그대에게 통찰력, 공감共感(sympathy)이 필요합니다. 그대 자신을 다루는 데는 아무것도 필요하지 않습니다. 본래의 그대, 곧 **의식하는 존재**가 되고, 그대 자신에게서 벗어나 헤매지 마십시오.

질: 대학 교육은 더없이 유용합니다.

마: 두말할 필요 없이, 그것은 밥벌이를 하는 데 도움이 됩니다. 그러나 어떻게 살 것인지를 가르쳐주지는 않습니다. 그대는 심리학도인데, 그것은 어떤 상황에서 그대에게 도움이 될지 모릅니다. 그러나 심리학으로 그대가 살아갈 수 있습니까? 삶은 행동 속에서 **실재**를 반영할 때만 삶이란 이름에 값합니다. 어떤 대학도, 그대에게 죽음이 닥쳐왔을 때 "나는 잘 살았다. 다시 살 필요가 없다"고 말할 수 있게 살아갈 방법을 가르쳐주지는 않습니다. 우리들 대부분은 다시 살 수 있기를 바라면서 죽습니다. 수많은 과오를 범했고, 너무나 많은 것을 원상태로 돌려놓지 못했습니다. 대다수 사람들은 먹고살아 가지만 그것은 사는 것이 아닙니다. 그들은 경험을 수집하여 자신의 기억을 풍부하게 하는 데 지나지 않습니다. 그러나 경험은 **실재**의 부정입니다. 이 **실재**는 감각적이지도 않고 개념적이지도 않고, 몸의 것도 아니고 마음의 것도 아닙니다. 그렇지만 몸과 마음을 포함하면서 그것을 초월합니다.

질: 그러나 경험은 더없이 유용합니다. 경험에 의해 우리는 불길에 데지 않는 법을 배웁니다.

마: 사물을 다루는 데는 지식이 더없이 유용하다고 이미 말했습니다. 그러나 지식은 사람들과 자기 자신을 어떻게 다룰 것인지, 삶을 어떻게 살아갈 것인지에 대해서는 말해주지 않습니다. 우리는 차를 몰거나 돈을 버는 것

을 두고 이야기하는 것이 아닙니다. 그런 일에는 경험이 필요합니다. 그러나 그대 자신을 비추는 **빛**이 되려고 하는 데에서 물질적 지식은 도움이 안 될 것입니다. 그 말의 진정한 의미에서 **그대 자신**이 되기 위해서는, 물질적 지식보다 훨씬 더 친숙하고 더 깊은 어떤 것이 필요합니다. 그대의 외적인 삶은 중요하지 않습니다. 야간 경비원이 되어서도 행복하게 살 수 있습니다. 중요한 것은 내면적으로 그대가 무엇이냐 하는 것입니다. 내면의 **평안**과 **기쁨**을 얻어야 합니다. 그것이 돈을 버는 것보다 훨씬 더 어렵습니다. 어떤 대학도 **그대 자신**이 되는 법을 가르쳐주지 못합니다. 그것을 배우는 유일한 방법은 **수행**입니다. 바로 지금부터 **그대 자신**이 되기 시작하십시오. 그대가 아닌 것을 모두 내버리고 계속 더 깊이 들어가십시오. 우물을 파는 사람이 대수층帶水層에 도달할 때까지는 물 아닌 것을 내버리듯이, 그대도 자기 것이 아니라고 할 수 있는 것이 아무것도 남지 않을 때까지, 그대 자신의 것이 아닌 것을 내버려야 합니다. 그런 뒤에 남아 있는 것은 마음이 가서 붙을 수 없는 것임을 알게 될 것입니다. 그대는 한 인간조차도 아닙니다. 그대는 그냥 **있습니다**—시간·공간과 외연을 같이 하면서도 그 둘을 넘어선 **자각**의 한 점으로서, 그 자체는 무원인인 **궁극의 원인**으로서 말입니다. 만약 그대가 저에게 "당신은 누구십니까?"라고 묻는다면, 제 답변은 "**특별히 어떤 것도 아닙니다. 하지만 제가 있습니다**"가 되겠지요.

질: 만약 당신께서 특별히 어떤 것도 아니시라면, **보편자**이셔야 합니다.

마: 보편적이라는 것은 무엇일까요—하나의 개념으로서가 아니라 삶의 한 방식으로서라면? 그대와 접촉하는 그 무엇이든, 그것을 분리하지 않고, 그것과 대립하지 않고, 그것을 이해하고 사랑하는 것이, 보편적으로 사는 것입니다. "내가 세계이다, 세계가 나다, 나는 세계 안에서 편안하다, 세계는 나 자신의 것이다. 모든 존재가 나의 **존재**이고, 모든 의식이 나의 **의식**이며, 모든 슬픔이 나의 슬픔이다"라고 참으로 말할 수 있는 것—그것이 **보편적 삶**입니다. 하지만 저의 **진정한 존재**는—그대의 **진정한 존재**도 그렇지만—우주를 넘어서 있고, 따라서 특수자와 **보편자**의 범주를 넘어서 있습니다. 그것은 있는 그대로의 것이며, 전적으로 자기충족적이고 독립적입니다.

질: 이해하기 어렵습니다.

마: 이런 문제에 대해 시간을 내서 숙고해 봐야 합니다. 그대의 머리에서 낡은 틀을 지워버리되 새로운 틀을 만들지 말아야 합니다. 그대 자신을, 움직이는 것들 이면의, 그리고 그것을 넘어서 있는 **부동자**不動者이자, 일어나는 모든 일의 말없는 **주시자**로 깨달아야 합니다.

질: 제가 활동적 삶에 대한 모든 관념을 포기해야 한다는 뜻입니까?

마: 전혀 그렇지 않습니다. 결혼을 하고, 자식을 낳고, 가정을 꾸려갈 돈을 벌기도 하겠지요. 이 모든 일은 사건들의 자연적인 흐름 속에서 일어날 것입니다. 운명은 성취되어야 하기 때문입니다. 그대는 해야 할 과제들이 닥쳐오는 대로 마주하면서 아무 저항 없이, 사소한 일에서나 큰일에서나, 주의 깊고 철저하게 그것을 겪어 갈 것입니다. 그러나 일반적인 태도는 애정 어린 **초연함**, 보답을 기대하지 않는 엄청난 **선의**善意, 달라고 하지 않아도 주는 부단한 **베풂**이 될 것입니다. 결혼에서는 그대가 남편도 아니고 아내도 아니고, 그 둘 사이의 **사랑**입니다. 또한 그대는 모든 것을 질서 있게 하고 행복하게 하는 **명료함**(지혜)이자 **친절함**(자비)입니다. 그대에게는 그것이 막연하게 보일지 모르지만, 조금만 생각해 보면 신비로운 것이 더없이 실제적이라는 것을 발견할 것입니다. 그것이 그대의 삶을 창조적으로 행복하게 만들어 주기 때문입니다. 그대의 의식은 더 높은 차원으로 상승하며, 거기서 그대는 일체를 훨씬 더 명료하게, 더 밀도 있게 보게 됩니다. 그대는 태어날 때 그가 되었다가 죽을 때 그이기를 그칠 (그대가 자기로 알던) 그 '사람'이 일시적이고 거짓된 것임을 깨닫습니다. 그대는 관능적이고 감정적이며 지적인, 욕망과 두려움에 사로잡힌 그 '사람'이 아닙니다. 그대의 **진정한 존재**를 발견하십시오. "나는 무엇인가?(What am I?)"가 모든 철학과 심리학의 가장 근본적 의문입니다. 그 속으로 깊이 들어가십시오.

67
체험은 진짜가 아니다

마하라지: 구도자는 그 자신을 탐색하는 자입니다. 이내 그는 그 자신의 몸은 자기일 수 없다는 것을 발견합니다. 일단 "나는 몸이 아니다"라는 확신이 아주 잘 확립되어, 더 이상 몸을 위해 그리고 몸을 대신하여 느끼고 생각하고 행위할 수 없게 되면, 그는 자신이 보편적인 **존재**이자 **앎**이자 **행위**라는 것, 전 우주는 그의 안에서 그리고 그를 통해서 실재하고, 의식하고, 활동한다는 것을 쉽게 발견할 것입니다. 이것이 문제의 핵심입니다. 즉, 그대는 몸을 의식하는 환경의 노예이거나, 아니면 **보편적 의식** 그 자체이면서 모든 사건을 완전히 지배하고 있거나 둘 중의 하나입니다.

하지만 개인적이든 보편적이든, 의식은 저의 참된 거주처가 아닙니다. 저는 그 속에 있지 않고, 그것은 저의 것이 아니며, 그 속에 '저'는 전혀 없습니다. 저는 넘어서 있습니다. 다만 우리가 어떻게 의식하지도 않고 의식 못하지도 않으면서 그냥 넘어서 있을 수 있는지 설명하기는 쉽지 않습니다. 제가 신 안에 있다거나 제가 **신**이라고 말할 수는 없습니다. **신**은 **보편적 빛**이자 **사랑**이며, **보편적 주시자**입니다. 저는 **보편자**(보편적 주시자)조차도 넘어서 있습니다.

질문자: 그렇다면 당신께서는 이름과 형상이 없으십니다. 당신께서는 어떤 존재성을 가지고 계십니까?

마: 저는 있는 그대로의 저이고, 형상이 있지도 않고 없지도 않으며, 의식하지도 않고 의식 못하지도 않습니다. 저는 이런 모든 범주들의 바깥에 있습니다.

질: 네띠-네띠(*neti-neti*)['이건 아니다, 이건 아니다']식 접근법을 취하시는군요.

마: 단순한 부정만으로는 저를 발견하지 못합니다. 저는 모든 것이면서 아무것도 아닙니다. 둘 다인 것도 아니고, 어느 한쪽인 것도 아닙니다. 이런 규정들은 우주의 주主(신)에게 해당되지 저에게는 해당되지 않습니다.

질: 당신께서는 그냥 아무것도 아니시라는 취지를 전달하시려는 겁니까?

마: 오, 아니지요! 저는 온전하고 완전합니다. 저는 존재의 존재성(beingness of being)이고 앎의 지각성(knowingness of knowing)이며 행복의 충만함입니다. 저를 공空으로 격하하면 안 됩니다!

질: 만약 당신께서 말을 넘어서 계시다면 우리가 무슨 이야기를 하겠습니까? 형이상학적으로 말해서, 당신께서 하시는 말씀은 타당합니다. 내적인 모순이 없습니다. 그러나 당신께서 하시는 말씀에는 저에게 양식이 될 것이 없습니다. 그것은 저에게 당장 필요한 것을 너무나 완전히 넘어서 있습니다. 저는 빵을 달라는데 당신께서는 보석을 주십니다. 그것이 아름다운 것은 두말할 나위가 없지만, 저는 배가 고픕니다.

마: 그렇지 않지요. 저는 그대에게 정확히 그대에게 필요한 것, 즉 깨어남(awakening)을 드리고 있습니다. 그대는 배가 고프지 않고, 빵이 필요하지 않습니다. 그대에게는 중지, 포기하기, 얽힘에서 벗어남이 필요합니다. 그대가 필요하다고 믿는 것은 실제로 그대에게 필요한 것이 아닙니다. 그대에게 실제로 필요한 것은 제가 알지 그대는 모릅니다. 그대는 제가 있는 상태로─곧 그대의 **본연적 상태로** 돌아갈 필요가 있습니다. 그대가 생각할 수 있는 다른 어떤 것도 하나의 환상이고 장애입니다. 정말이지, 본래의 그대가 되는 것 말고는 그대에게 아무것도 필요치 않습니다. 그대는 무엇을 얻으면 자신의 가치가 늘어나리라고 상상합니다. 그것은 금이 구리가 보태지면 자신이 향상되리라고 상상하는 것과 같습니다. (그대에게 필요한 것은) 제거와 정화, 그대의 성품에 낯선 모든 것의 포기로 충분합니다. 다른 모든 것은 허영입니다.

질: 말하기는 쉬워도 행하기는 어렵습니다. 어떤 사람이 복통을 안고 오면 당신께서는 그에게 위장에 든 것을 토해 내라고 하십니다. 물론 마음이 없으면 아무 문제가 없겠지요. 그러나 마음이 있습니다─더없이 구체적으로 말입니다.

마: 마음이 있다고 그대에게 말하는 것이 마음입니다. 속지 마십시오. 마음에 대한 끝없는 논의들은 모두 마음 자체에 의해 산출됩니다. 마음 자신의

보호·지속·확장을 위해서 말입니다. 그것은 그대를 마음 너머로 데려갈 수 있는 마음의 소용돌이와 경련들(마음의 격렬한 변화들)을 도무지 고려하지 않겠다는 것입니다.

질: 선생님, 저는 하잘것없는 구도자이지만 당신께서는 **지고의 실재** 그 자체이십니다. 지금 그 구도자가 깨닫기 위해 **지고아**에게 다가갑니다. 지고아는 무엇을 합니까?

마: 제가 그대에게 계속 이야기하는 것을 귀담아 듣고 거기서 벗어나지 마십시오. 늘 그것을 생각하고 달리 아무것도 생각하지 마십시오. 거기까지 도달했으면 모든 생각을 버리십시오. 세상에 대한 생각뿐만 아니라 그대 자신에 대한 생각까지도 말입니다. 모든 생각을 넘어서 고요한 **존재-자각** 안에 머무르십시오. 그것은 진보가 아닙니다. 왜냐하면 그대가 도달하는 그것은, 이미 그대 안에 있으면서 그대를 기다리고 있기 때문입니다.

질: 그러니까 제가 생각하기를 멈추고 "내가 있다"는 관념 안에 안정되게 머무르려고 노력해야 한다는 말씀이군요.

마: 그렇지요. 그리고 "내가 있다"와 관련하여 어떤 생각들이 다가오든, 그 생각에서 모든 의미를 비워내고 생각들에 어떤 주의도 기울이지 마십시오.

질: 저는 서양에서 온 많은 젊은이들을 만나게 되는데, 그들을 인도인들과 비교해 보면 한 가지 기본적 차이점이 있음을 알겠습니다. 마치 그들의 정신(antahkarana)이 서로 다른 것처럼 보입니다. **진아**, **실재**, **순수한 마음**, **보편적 의식**과 같은 개념들을 인도인의 마음은 쉽게 이해합니다. 그런 개념들은 친숙하게 들리고 달콤한 맛이 납니다. 그러나 서양인의 마음은 그에 반응하지 않거나 그것을 배척합니다. 그들의 마음은 구체화되어, 즉시 (그것을) 기성의 가치에 봉사하도록 이용하고 싶어 합니다. 그런 가치들은 건강·행복·번영과 같은 개인적인 것일 때가 많고, 때로는 더 나은 사회, 모두에게 더 행복한 삶과 같은 사회적인 것일 때도 있습니다. 개인적인 것이든 비개인적인 것이든 모두 세속적 문제들과 연관되어 있습니다. 서양인들과 이야기하면서 우리가 꽤 자주 직면하는 또 다른 어려움은, 그들에게는 일체가 경험이라는 것입니다. 그들은 음식, 음료, 여자, 예술과 여행을 경험하고 싶

어 하듯이, 요가와 깨달음과 해탈을 경험하고 싶어 합니다. 그들에게 그것은 어떤 대가를 주고 얻는 또 하나의 경험에 불과합니다. 그들은 그런 경험을 살 수 있다고 상상하면서 그 비용을 두고 흥정을 합니다. 한 스승이 시간과 노력의 면에서 너무 높은 값을 부르면 그들은 할부조건을 제시하는 다른 스승에게로 갑니다. 그 할부조건은 외관상 아주 쉬워 보이지만 성취 불가능한 조건들이 붙어 다닙니다. 그것은 약을 먹을 때 회색 원숭이를 생각하지 말라는 옛날이야기18)나 매한가지입니다! 이 경우에 그것은 세상을 생각하지 말 것, 즉 '모든 자아성을 버릴 것', '모든 욕망을 없애 버릴 것', '완벽한 독신이 될 것' 등입니다. 당연히 모든 수준에서 많은 속임수가 횡행하고, 그 결과는 영(零)입니다. 어떤 스승들은 순전히 절망감에서 모든 규율을 내버리고 어떤 조건도 제시하지 않으면서, 애씀 없음, 자연스러움을 조언하고, '해야' 하거나 '하지 말아야' 할 어떤 패턴도 없이 단순히 수동적 자각 안에서 살라고 합니다. 그리고 자신의 과거 경험들 때문에 워낙 자기 자신이 싫어져서, 자기 자신을 아예 바라보고 싶지도 않은 제자들도 많이 있습니다. 설사 환멸을 느끼지는 않는다 해도, 그들은 지겨워합니다. 그들은 자기앎에 신물이 나서 뭔가 다른 것을 원합니다.

마: 그들이 그것이 싫다면, 그들 자신을 생각하지 말라고 하십시오. 그들에게 한 스승과 함께 있으면서 그를 지켜보고, 그를 생각하게 하십시오. 이내 그들은 아주 새로운, 어쩌면 아이였을 때를 제외하고는 이전에 전혀 경험해 보지 못한 일종의 지복을 경험하게 될 것입니다. 그 경험은 워낙 확실하게 새롭기 때문에, 그들의 주의를 끌어당겨 흥미를 창출할 것입니다. 일단 흥미가 일어나면 질서 있는 실천이 뒤따르겠지요.

질: 이 사람들은 아주 비판적이고 의심이 많습니다. 그들은 많이 배웠고 많은 실망을 겪어 보았기 때문에, 그러지 않을 도리가 없습니다. 한편으로 그들은 체험을 원하고, 다른 한편으로는 그것을 불신합니다. 그들에게 어떻게 다가가야 할지 아무도 모릅니다!

---

18) T. 옛날 한 의사가 환자에게 약을 주면서 약을 먹을 때 원숭이를 생각하지 말라고 하자, 환자는 약을 먹으려고 할 때마다 원숭이가 생각나서 약을 먹지 못했다는 이야기이다.

마: 참된 통찰과 사랑으로 그들에게 다가갈 수 있겠지요.

질: 그들이 어떤 영적인 체험을 얻을 때는 또 다른 어려움이 생겨납니다. 그 체험이 지속되지 않는다고, 그것이 되는 대로 왔다가 간다고 불평하는 것입니다. 막대사탕을 손에 잡았으니 그것을 계속 빨고 싶다는 겁니다.

마: 체험은 아무리 드높은 것이라 해도 진짜가 아닙니다. 그 성품상 그것은 오고 갑니다. 진아 깨달음은 하나의 획득물이 아닙니다. 그것은 본질상 이해理解에 더 가깝습니다. 일단 거기에 도달하면 그것을 잃어버릴 수 없습니다. 반면에 의식은 변화무쌍하고 흘러가며, 순간순간 변모를 겪습니다. 의식과 그 내용을 붙들지 마십시오. 의식은 붙들리면 정지합니다. 통찰의 한 섬광, 혹은 행복의 한 분출을 영구화하려는 것은 그렇게 해서 보존하고 싶은 그것을 오히려 파괴합니다. 오는 것은 가야 합니다. 영구적인 것은 모든 오고 감을 넘어서 있습니다. 모든 체험의 뿌리로, **존재**(being)의 느낌으로 나아가십시오. 존재와 비존재를 넘어선 곳에 **실재**의 **무변제**가 있습니다. 노력하고 또 노력하십시오.

질: 노력하려면 믿음이 필요합니다.

마: 먼저 (실재에 도달하려는) 욕망이 있어야 합니다. 그 욕망이 강하면 노력하려는 의욕이 생길 것입니다. 그 욕망이 강할 때는 성공의 보장이 필요 없습니다. 도박을 할 준비가 되어 있는 거지요.

질: 강한 욕망, 강한 믿음—그것은 결국 같은 것입니다. 이 사람들은 그들의 부모도 사회도 신뢰하지 않고, 자기 자신조차도 신뢰하지 않습니다. 그들이 손댄 것은 모두 재가 되어 버렸습니다. 그들에게 절대적으로 진짜이고, 의심할 수 없고, 마음의 논쟁을 넘어선 그런 한 가지 체험을 안겨줘 보십시오. 그러면 그들은 당신을 세상 끝까지라도 따를 것입니다.

마: 그런데 저는 달리 어떤 일도 하고 있지 않지요! 지칠 줄 모르고, 저는 그들의 주의를 논쟁의 여지없는 단 하나의 요소—존재의 요소로 이끌고 있습니다. 존재는 아무 증거를 요하지 않고, 그것이 다른 모든 것을 입증합니다. 만일 그들이 존재라는 사실 속으로 깊이 들어가서, "내가 있다"라는 출입문 너머의 광대한 공간과 찬연함을 발견하고, 그 문을 지나가 넘어서

기만 한다면, 그들의 삶은 **행복과 빛**으로 가득 차게 될 것입니다. 정말이지, 그에 필요한 노력은 그렇게 해서 도달한 발견들에 비할 때 아무것도 아닙니다.

질: 당신 말씀이 옳습니다. 그러나 이 사람들은 믿음도 없고 인내심도 없습니다. 잠깐 노력하고도 싫증을 냅니다. 그들이 맹목적으로 더듬고 있으면서도 도움의 손길을 붙들지 못하는 것을 보면 정말 안쓰럽습니다. 그들은 근본적으로 아주 착한 사람들이지만 전혀 갈피를 못 잡습니다. 저는 그들에게 말합니다. "그대 자신의 조건으로는 **진리**를 얻을 수 없다. (스승들의) 그 조건들을 받아들여야 한다." 이에 대해 그들은 "어떤 사람들은 그 조건을 받아들이겠지만 어떤 사람들은 받아들이지 않을 것입니다"라고 대답합니다. 받아들이고 안 받아들이는 일이 피상적이고 우연적입니다. 그러나 **실재**는 모든 것에 내재해 있습니다. 모두가 밟아 갈 수 있는 길―아무 조건도 붙어 있지 않은 그런 어떤 길이 있어야겠습니다.

마: 모든 수준의, 각계각층의, 모든 사람에게 열려 있는 그런 길이 하나 있지요. 누구나 자기 자신을 자각합니다. **자기자각**(self-awareness)을 심화하고 확대하는 것이 왕도입니다. 그것을 **마음차림**(mindfulness)[19]이라 하든, **주시하기**(witnessing)라 하든, 아니면 그저 **주의**(attention)라 하든, 그것이 모두를 위한 길입니다. 그것을 하기에 성숙되지 않은 사람은 아무도 없고, 실패할 사람도 아무도 없습니다.

그러나 물론 그냥 경각하고 있기만 해서는 안 됩니다. 그대의 **마음차림**은 그 마음도 포함해야 합니다. **주시하기**는 1차적으로 **의식**과 그것의 움직임에 대한 **자각**입니다.

---

[19] T. Mindfulness를 흔히 '마음챙김'으로 옮기지만, 문제가 있는 번역어이다. 이는 '기억, 주의, 자각'의 의미를 지닌 남방불교의 sati(念)를 mindfulness로 영역한 데서 비롯된 문제인데, 이것을 우리말로 옮기면서 '화두를 챙기다'라는 표현을 차용하여 '마음챙김'이라고 한 것은 sati의 원뜻과 거리가 있다. 또한 그것은 '마음'을 하나의 대상처럼 '챙긴다'는 것이 되어 "마음을 챙기는 그것은 무엇인가?"라는 의문을 야기하는 불필요한 이원화의 오류를 내포한다. 그래서 우리는 mindfulness를 '마음차림'으로 옮긴다. 이 경우 '마음'은 인식, 사유, 기억, 지성 등을 포괄하는 의식 일반을 가리키고, '차림'은 '알아차림', 즉 자각을 의미한다. 따라서 마음차림은 '정신 차림'처럼 '자각의 상태로 깨어남'과 '자각의 상태를 유지함'의 의미를 함께 갖는다.

68
의식의 근원을 추구하라

질문자: 일전에 우리는 현대 서양인들의 마음이 움직이는 방식과, 그것이 베단타의 교훈과 지적인 규율에 복종하기 어렵다는 점에 대해서 이야기했습니다. 유럽이나 미국의 젊은이들이 안고 있는 장애들 중 하나는, 세계의 재앙적인 상황과 그것을 바로잡아야 할 절박한 필요성에 마음이 사로잡혀 있다는 것입니다.

 그들은 개인의 향상(영적 진보)이 세계를 개선하기 위한 선행조건이라고 설하시는 당신 같은 분들에 대해 참지 못합니다. 그들은 그것이 가능하지도 않고 필요하지도 않으며, 인류는 사회적·경제적·정치적인 체제 변화를 이룰 준비가 되어 있다고 말합니다. 세계 정부, 세계 경찰, 세계 계획 그리고 모든 물리적·이념적 장벽들의 제거—이것으로 충분하고 어떤 개인적 변모도 필요치 않다는 것입니다. 확실히 사람들이 사회를 형성하지만, 사회가 사람들을 형성하기도 합니다. 그래서 인간적 사회에서는 사람들이 인간적일 것이고, 더욱이 과학은 예전에 종교의 영역에 있던 많은 의문들에 해답을 줄 거라는 것입니다.

마하라지: 두말할 것 없이, 세계의 향상을 위해 노력하는 것은 더없이 칭찬할 만한 일이지요. 그런 일을 사심 없이 하면 마음이 명료해지고 가슴이 정화됩니다. 그러나 이내 인간은 자신이 신기루를 쫓아가고 있다는 것을 깨닫습니다. 지역적이고 일시적인 향상은 늘 가능하고, 위대한 왕이나 **스승**의 영향력 아래서 되풀이하여 이루어졌습니다. 그러나 그것도 곧 끝이 나고, 인류는 새로운 불행의 시기를 맞이하곤 했습니다. 선과 악이 서로 번갈아, 같은 정도로 찾아온다는 것은 모든 현상계의 본성입니다. 참된 피난처는 **미현현자**(실재) 속에만 있습니다.

질: 도피하라고 조언하시는 것 아닙니까?

마: 그 반대지요. 갱생에 이르는 유일한 길은 파괴를 통해서입니다. 낡은

장신구를 녹여서 일정한 형태가 없는 금으로 만들어야만 새로운 장신구를 주조할 수 있습니다. 세계를 넘어선 사람들만이 세계를 변화시킬 수 있습니다. 다른 방법으로는 그런 변화가 일어난 적이 없습니다. 영향력이 오래 지속되는 소수의 사람들은 모두 **실재**를 아는 분들이었습니다. 그들의 수준에 도달하십시오. 그런 다음에야 세계를 돕는 일에 대해 이야기하십시오.

질: 우리가 돕고 싶어 하는 것은 강이나 산이 아니라 사람들입니다.

마: 세계를 나쁘게 만드는 사람들이 없다면 세계에는 아무 잘못된 것이 없습니다. 그 사람들한테 가서 올바르게 행동하라고 하십시오.

질: 욕망과 두려움이 그들을 그런 식으로 행동하게 합니다.

마: 바로 그거지요. 인간 행동이 욕망과 두려움에 의해 지배되는 한, 희망이 별로 없습니다. 그리고 사람들에게 효과적으로 접근하는 방법을 알려면 그대 자신이 모든 욕망과 두려움에서 벗어나야 합니다.

질: 어떤 기본적인 욕망과 두려움은 불가피합니다. 예컨대 음식, 성性, 죽음과 연관되는 그런 것 말입니다.

마: 그런 것들은 필요한 것이고, 필요한 것으로서 쉽게 충족됩니다.

질: 죽음도 필요한 것입니까?

마: 많은 것을 이루면서 오래 살고 나면 죽을 필요성을 느낍니다. 욕망과 두려움은 잘못 적용했을 때만 파괴적 결과를 가져옵니다. 얼마든지 올바른 것을 욕망하고, 그릇된 것을 두려워하십시오. 그러나 사람들이 그릇된 것을 욕망하고 올바른 것을 두려워할 때는 혼란과 절망을 만들어냅니다.

질: 무엇이 옳고 무엇이 그릅니까?

마: 상대적으로는, 고통을 초래하는 것은 그르고 고통을 경감하는 것은 옳습니다. 절대적으로는, 그대를 **실재**로 돌아가게 하는 것은 옳고, **실재**를 흐릿하게 하는 것은 그릅니다.

질: 우리가 인류를 돕는 것에 대해 이야기할 때, 그것은 무질서와 고통에 대한 투쟁을 두고 하는 말입니다.

마: 그대는 돕는 것에 대해 이야기만 할 뿐입니다. 단 한 사람이라도 그대가 정말로 도와 준 적이 있습니까? 한 영혼에게라도 더 이상 도움이 필요

없게 해준 적이 있습니까? 그대는 한 인간에게, 그의 **참된 존재**에 대한 통찰에 기초해서는 아니라 할지라도, 최소한 그의 임무와 기회들에 대한 온전한 이해에 기초한 인격 증명을 해줄 수 있습니까? 그대 자신에게 무엇이 좋은지도 모르면서 어떻게 남들에게 무엇이 좋은지 알 수 있습니까?

질: 생계 수단을 적절히 제공하는 것은 모두에게 좋은 일입니다. 당신께서는 신 자신이신지 모르지만, 저희들에게 이야기를 하시려면 음식을 잘 드신 몸이 필요합니다.

마: 그대에게 이야기할 저의 몸을 필요로 하는 것은 그대입니다. 저는 몸이 아니고 저에게는 그것이 필요하지 않습니다. 저는 **주시자**일 뿐입니다. 저에게는 저 자신의 어떤 형상도 없습니다.

그대는 자신을 의식을 가진 몸들로 생각하는 데 워낙 익숙해져 있어, 의식이 몸을 가지고 있다고는 도저히 상상하지 못합니다. 신체적 존재는 마음의 한 상태, **의식** 안의 한 움직임에 불과하다는 것, **의식**의 바다는 무한하고 영원하다는 것, 그리고 **의식**과의 접촉에서 그대는 주시자일 뿐이라는 것을 그대가 깨닫게 되면, 아예 **의식** 너머로 물러날 수 있게 될 것입니다.

질: 존재의 여러 수준이 있다고 들었습니다. 당신께서는 그 모든 수준에서 존재하시고 활동하십니까? 지상에 계시면서 천상(*swarga*)에도 계십니까?

마: 저는 어디서도 발견되지 않지요! 저는 무엇보다도 어떤 장소에 있어야 하는 사물이 아닙니다. 모든 사물이 저의 안에 있지만, 저는 사물들 사이에 있지 않습니다. 그대는 저에게 상부구조에 대해 이야기하는 반면, 저는 토대들에 관심이 있습니다. 상부구조들은 세워지고 무너지지만 토대들은 지속됩니다. 저는 찰나적인 것에 흥미가 없는데, 그대는 달리 아무것도 이야기하지 않는군요.

질: 이상한 질문을 하나 드리는 것을 용서해 주십시오. 만약 어떤 사람이 면도날같이 예리한 칼로 당신의 목을 자른다면 그것이 당신께 어떤 차이를 가져오겠습니까?

마: 전혀 어떤 차이도 가져오지 않습니다. 몸뚱이는 머리를 잃을 것이고 의사소통의 어떤 선들은 절단되겠지만, 그뿐입니다. 두 사람이 전화로 서로

통화를 하는데 전화선이 절단됩니다. 그 사람들에게는 아무 일도 일어나지 않고, 다만 다른 의사소통 수단을 찾아야 할 뿐입니다. 『바가바드 기타』에서 말하기를, "칼로는 그것을 자르지 못한다"고 합니다. 말 그대로 그렇습니다. 자신의 탈것(육신)이 무너져도 살아남는 것이 **의식**의 성품입니다. 그것은 불과 같습니다. 불은 연료를 태워 버리지만 자기 자신은 타지 않습니다. 불이 산더미 같은 연료를 태우고도 남아 있듯이, **의식**은 무수한 몸들이 사라진 뒤에도 그대로 남습니다.

질: 연료는 불길에 영향을 줍니다.

마: 연료가 지속되는 동안만 그렇지요. 연료의 성질을 바꾸어 보십시오. 그러면 불길의 색깔과 모습이 변할 것입니다.

지금 우리는 서로 이야기를 하고 있습니다. 그러자면 (우리의) 존재가 필요합니다. 만약 우리가 존재하지 않는다면 이야기를 할 수 없습니다. 그러나 존재 그 자체로는 충분치 않습니다. 이야기하려는 욕망도 있어야 합니다.

무엇보다도 우리는 의식하고 있기를 원합니다. (삶 속에서) 우리는 온갖 고통과 치욕을 견디겠지만, 그래도 의식하고 있을 것입니다. 우리가 경험에 대한 이 갈망에 반기를 들고 **현현자**(현상계)를 몽땅 놓아버리지 않으면 어떤 안식도 있을 수 없습니다. 우리는 덫에 걸린 채로 있을 것입니다.

질: 당신께서는 당신이 '말 없는 **주시자**'이시고, 또한 **의식**을 넘어서 있다고 말씀하십니다. 거기에 모순은 전혀 없습니까? 만약 당신께서 **의식**을 넘어서 있다면, 무엇을 주시하고 계십니까?

마: 저는 의식하기도 하고 의식하지 않기도 합니다. 의식하면서도 의식하지 않고, 의식하지 않으면서도 의식하지 못하지도 않습니다. 이 모두에 대해 제가 **주시자**이지만 실제로는 어떤 **주시자**도 없습니다. 왜냐하면 주시할 것이 아무것도 없기 때문입니다. 저는 모든 정신적 구성물이 완전히 비워져 있고 마음이 비어 있습니다. 그럼에도 완전히 자각하고 있습니다. 이것을 저는, 제가 마음을 넘어서 있다는 말로써 표현해 보려고 하는 것입니다.

질: 그러면 저는 어떻게 하면 당신께 도달할 수 있습니까?

마: 의식하고 있음을 자각하면서 **의식**의 **근원**을 추구하십시오. 그러면 됩니

다. 말로는 거의 아무것도 전달할 수 없습니다. 제가 말하는 대로 그대가 행하는 것이 빛을 가져다줄 것이고, 제가 하는 말 자체가 그렇게 해주지는 않을 것입니다. 수단은 별로 중요하지 않습니다. 중요한 것은 그 욕망, 그 충동, 그 성실성입니다.

69
무상함은 비실재의 증거다

질문자: 제 친구는 독일인이고, 저는 영국에서 프랑스계 부모님 밑에서 태어났습니다. 저는 1년 넘게 인도에 와 있는데, 아쉬람에서 아쉬람으로 돌아다니고 있습니다.

마하라지: 어떤 수행(sadhanas)을 합니까?

질: 공부와 명상을 하고 있습니다.

마: 무엇에 대해 명상을 했습니까?

질: 제가 읽은 것에 대해서요.

마: 좋습니다.

질: 당신께서는 무엇을 하십니까, 선생님?

마: 앉아 있지요.

질: 그밖에 무엇을 하십니까?

마: 이야기를 합니다.

질: 무엇에 대해 이야기하십니까?

마: 그대는 강의를 듣고 싶습니까? 자신에게 정말 와 닿는 어떤 것을 물어서, 그에 대해 강하게 느끼도록 하는 것이 더 좋습니다. 그대가 정서적으로 참여하지 않으면, 그대가 저와 논쟁을 한다 해도 우리 사이에서 아무런 실질적 이해理解가 이루어지지 않을 것입니다. 만약 그대가 "저는 아무것도

걱정하지 않고, 아무 문제가 없습니다"라고 해도 저는 괜찮고, 우리는 침묵을 지킬 수 있습니다. 그러나 어떤 것이 그대에게 정말 와 닿는다면, 이야기를 하는 것이 의미가 있지요.

제가 그대에게 물어볼까요? 여기저기 돌아다니는 목적은 무엇입니까?

질: 사람들을 만나고, 그들을 이해하기 위해서입니다.

마: 어떤 사람들을 이해하려고 합니까? 그대는 정확히 무엇을 추구합니까?

질: 통합입니다.

마: 통합을 원한다면 자신이 누구를 통합하고 싶어 하는지 알아야 합니다.

질: 사람들을 만나서 그들을 지켜보면 제가 저 자신도 알게 됩니다. 그것은 함께 갑니다.

마: 반드시 함께 가지는 않지요.

질: 하나가 다른 하나를 향상시킵니다.

마: 그런 식으로 작동하지 않습니다. 거울은 이미지를 반사하지만 이미지는 거울을 향상시키지 않습니다. 그대는 거울도 아니고 거울 속 이미지도 아닙니다. 거울을 완벽하게 만들어 그것이 정확하게, 참되게 반사할 수 있게 하고 나면, 그 거울을 돌려 거기서 그대 자신의 참된 반영反影(비친 모습)—거울이 반사할 수 있는 최대한으로 참된 반영을 볼 수 있습니다. 그러나 그 반영이 그대 자신은 아니고, 그대는 그 반영을 보는 자입니다. 그것을 분명하게 이해하십시오. 그대가 무엇을 지각하든, 그대는 그대가 지각하는 그것이 아닙니다.

질: 제가 거울이고 세계가 이미지로군요?

마: 그대는 이미지와 거울 둘 다를 볼 수 있습니다. 그대는 어느 쪽도 아닙니다. 그대는 누구입니까? 언구들로 답하지 마십시오. 그 답은 말에 있지 않습니다. 그대가 언어로 가장 가깝게 말할 수 있는 것은, "나는 지각을 가능케 하는 것, 경험자와 그의 경험을 넘어선 **생명**이다"라는 것입니다.

자, 그대는 거울과 거울 속의 이미지 둘 다에서 그대 자신을 분리하여 완전히 홀로, 혼자 힘으로만 설 수 있습니까?

질: 아니요, 그럴 수 없습니다.

마: 그럴 수 없다는 것을 어떻게 압니까? 어떻게 하는지 모르면서 그대가 하고 있는 일도 아주 많습니다. 그대는 소화를 하고, 피와 림프를 순환시키고, 근육을 움직이지만, 모두 어떻게 하는지 모른 채 하고 있습니다. 그와 마찬가지로, 그대는 왜 그리고 어떻게 하는지 모른 채 지각하고, 느끼고, 생각합니다. 마찬가지로, 그대는 그런 줄도 모른 채 그대 자신입니다. 진아로서의 그대에게는 아무 잘못된 것이 없습니다. 그것은 완벽하게 본래 그대로의 그것입니다. 맑고 참되지 않은 것은 거울이고, 따라서 그것이 그대에게 거짓된 이미지들을 제공합니다. 그대 자신을 교정할 필요는 없습니다. 그대 자신에 대한 관념만 바로잡으십시오. 그대 자신을 그 이미지와 거울에서 분리하여, "나는 마음도 아니고 마음의 관념도 아니다"라는 것을 기억하는 법을 배우십시오. 그것을 끈기 있게, 확신을 가지고 하십시오. 그러면 영원하고, 일체를 포용하고, 일체에 편재하는 **존재-앎-사랑**의 **근원**으로서의 그대 자신을 분명히 직접 보게 될 것입니다. 그대는 하나의 몸 안에 초점이 모아진 무한자입니다. 지금은 그대가 그 몸만 봅니다. 열심히 노력하십시오. 그러면 무한자만을 보게 될 것입니다.

질: 실재의 체험, 그것이 다가오면 그것은 지속됩니까?

마: 모든 체험은 반드시 찰나적입니다. 그러나 모든 체험의 **바탕**은 움직이지 않습니다. 하나의 사건이라고 불릴 수 있는 그 어떤 것도 지속되지 않습니다. 그러나 어떤 사건들은 마음을 정화하고, 어떤 사건들은 마음을 오염시킵니다. 깊은 통찰과 일체를 포용하는 사랑의 순간들은 마음을 정화하지만, 욕망과 눈물, 시기와 분노, 맹목적 믿음과 지적인 오만은 정신을 오염시키고 둔하게 만듭니다.

질: 진아 깨달음이 그렇게 중요합니까?

마: 그것이 없으면 그대가 끝없는 고통 속에서 무의미하게 반복되는 욕망과 두려움에 의해 소진될 것입니다. 대다수 사람들은 고통에 끝이 있을 수 있다는 것을 모릅니다. 그러나 그들이 그 희소식을 듣고 나면, 모든 투쟁과 갈등을 넘어서는 것이 (그들에게) 있을 수 있는 가장 시급한 일이 될 것이 분명합니다. 그대는 자신이 자유로워질 수 있다는 것을 아니, 이제 그것은

그대에게 달렸습니다. 즉, 영원히 허기지고 갈증 난 상태로 있으면서, 바라고, 찾고, 취하고, 지니고, 늘 잃어버리고 슬퍼하든지, 아니면—거기에 어떤 것도 보탤 수 없고 거기서 어떤 것도 뺄 수 없는—무시간적 **완전함**의 상태를 찾아서 오롯한 마음으로 나서든지 둘 중의 하나입니다. 그 상태에서는 일체의 욕망과 두려움이 없습니다. 그것들을 포기해서가 아니라 그것들이 그 의미를 상실했기 때문입니다.

질: 지금까지 당신을 따랐습니다. 이제 저는 무엇을 해야 합니까?

마: 할 일이 전혀 없지요. 그저 있으십시오(Just be). 아무것도 하지 마십시오. 있으십시오. 산을 오를 것도 없고 동굴 안에 앉아 있을 필요도 없습니다. 저는 "그대 자신이 되라"고도 하지 않습니다. 그대는 그대 자신을 모르니까요. 그저 있으십시오. 그대는 지각할 수 있는 것들의 '외부' 세계도 아니고 생각할 수 있는 것들의 '내면' 세계도 아니라는 것과, 그대는 몸도 아니고 마음도 아니라는 것을 보았으면, 그저 있으십시오.

질: 분명, 깨달음의 등급들이 있습니다.

마: 진아 깨달음에는 아무 단계가 없습니다. 거기에 점차적인 것이라고는 없습니다. 그것은 홀연히 일어나고, 돌이킬 수 없습니다. 우리는 하나의 새로운 차원 속으로 회전해 들어가는데, 거기서 보면 이전의 차원들은 추상물에 지나지 않습니다. 해가 뜨면 사물을 있는 그대로 볼 수 있듯이, **진아 깨달음**이 일어나면 모든 것을 있는 그대로 봅니다. 환幻들의 세계를 지나간 것입니다.

질: 깨달음의 상태에서는 사물들이 변화합니까? 사물들이 다채로워지고 의미가 충만해집니까?

마: 그런 체험도 그런대로 괜찮지만, 그것은 **실재**의 **체험**(sadanubhav)이 아니라 우주의 조화성에 대한 체험(sattvanubhav)입니다.

질: 그렇기는 해도 진보는 있습니다.

마: 진보는 준비과정(수행)에서만 있을 수 있습니다. 깨달음은 돌발적입니다. 열매는 천천히 익지만, 홀연히 떨어지면 (나무로) 돌아가지 않습니다.

질: 저는 신체적으로나 정신적으로나 평안합니다. 무엇이 더 필요합니까?

마: 그대의 상태는 궁극적 상태가 아닐 수 있습니다. 모든 욕망과 두려움이 완전히 사라졌을 때, 자신이 **본연적 상태**로 돌아왔다는 것을 인지하게 될 것입니다. 어쨌든 모든 욕망과 두려움의 근저에는 (그대가) 본래의 그대가 아니라는 느낌이 있습니다. 탈구된 관절은 제자리를 벗어나 있는 동안만 아프다가 그것이 제자리로 돌아가면 금방 잊히듯이, 모든 자기걱정은 그대가 정상적 상태에 있게 되자마자 사라지는 정신적 왜곡의 한 증상입니다.

질: 그렇습니다. 그러나 **본연적 상태**를 성취하기 위한 수행법(sadhana)은 무엇입니까?

마: "내가 있다"는 느낌을 꽉 붙들어 다른 모든 것을 물리치십시오. 이렇게 하여 마음이 완전히 고요해지면, 그것은 새로운 **빛**으로 빛나고 새로운 **앎**으로 진동합니다. 그것은 모두 자발적으로 일어나며, 그대는 "내가 있다"만 꽉 붙들면 됩니다. 잠이나 어떤 황홀경의 상태에서 깨어났을 때 우리가 안식을 느끼면서도 왜, 그리고 어떻게 해서 그렇게 기분 좋게 느끼는지 설명할 수 없듯이, 깨달음을 얻었을 때도 우리는 완전하고, 충족되었고, 쾌락-고통의 복합 상태에서 벗어났다고 느끼면서도, 무슨 일이 왜, 어떻게 일어난 것인지 늘 설명할 수 있는 것은 아닙니다. "더 이상 나에게는 아무 잘못된 것이 없다"는 부정적 용어로만 그것을 표현할 수 있습니다. 자신이 과거에서 벗어났다는 것은 과거와 비교해 보아야만 압니다. 비교하지 않으면 그대는 그냥 그대 자신입니다. 그것을 남들에게 전달하려고 하지 마십시오. 만약 전달할 수 있다면 그것은 진짜가 아닙니다. 침묵하면서, 그것이 행동 속에서 그 자신을 표현하는 것을 지켜보십시오.

질: 제가 무엇이 될 것인지 말씀해 주실 수 있다면, 제가 저의 발전을 지켜보는 데 도움이 될지 모릅니다.

마: 무엇이 된다는 것이 없는데, 그대가 무엇이 될 거라고 누가 어떻게 말할 수 있습니까? 그대는 단지 본래의 그대를 발견할 뿐입니다. 자기 자신을 어떤 유형(pattern)으로 빚어내는 모든 짓은 통탄할 만한 시간 낭비입니다. 과거도 미래도 생각하지 말고, 그저 있으십시오.

질: 어떻게 제가 그저 있을 수 있습니까? 변화가 불가피합니다.

마: 변화무쌍한 것 안에서는 변화가 불가피하지만, 그대는 변화에 지배되지 않습니다. 그대는 변화들이 그 위에서 지각되는 불변의 배경입니다.

질: 일체가 변하고 그 배경도 변합니다. 변화를 인식하기 위한 불변의 배경이 있을 필요가 없습니다. 자아는 일시적입니다. 그것은 과거와 미래가 만나는 점에 지나지 않습니다.

마: 물론 기억에 기초한 자아는 일시적이지요. 그러나 그런 자아는 그 이면의 끊임없는 연속성을 요구합니다. 그대는 자신의 자아를 잊어버리는 틈새 시간이 있다는 것을 경험으로 압니다. 그것을 다시 소생시키는 것은 무엇입니까? 아침에 그대를 깨우는 것은 무엇입니까? 의식 안의 그 틈새들을 가교하는 어떤 상수인자가 있어야 합니다. 그대가 주의 깊게 관찰해 보면 그대의 일상적 의식조차도, 늘 틈새가 개입되는 순간적 번쩍임이라는 것을 발견합니다. 그 틈새들 속에 무엇이 있습니까? 무시간적인 그대의 **진정한 존재** 외에, 무엇이 있을 수 있습니까? 마음과 마음 없음이 그것에게는 하나입니다.

질: 영적인 성취를 위해 저에게 가 보라고 하실 만한 어떤 특정한 장소가 있습니까?

마: 적합한 유일한 장소는 내면입니다. 바깥세상은 도움도 되지 않고 장애도 되지 않습니다. 어떤 체계, 어떤 행위 패턴도 그대를 그대의 목표에 데려다주지 않을 것입니다. 어떤 미래를 위한 모든 작업을 포기하고 전적으로 지금에 집중하되, 삶의 모든 움직임이 일어날 때 그에 대한 그대의 반응에만 관심을 가지십시오.

질: 돌아다니고 싶어 하는 충동의 원인은 무엇입니까?

마: 아무 원인이 없습니다. 그대는 자신이 돌아다니고 있다는 꿈을 꾸고 있을 뿐입니다. 몇 년 지나지 않아, 그대가 인도에 머물렀던 것도 하나의 꿈으로 보일 것입니다. 그때는 어떤 다른 꿈을 꾸고 있겠지요. 꿈에서 꿈으로 이동하는 것은 그대가 아니며, 그 꿈들은 그대 앞에서 흘러가고 있고, 그대는 (그것을 지켜보는) 불변의 **주시자**라는 것을 깨달으십시오. 어떤 사건도 그대의 **진정한 존재**에 영향을 주지 않습니다. 이것이 **절대적 진리**입니다.

질: 신체적으로 돌아다니면서 내면적으로 제가 안정을 유지할 수 없습니까?
마: 그럴 수 있지요. 그러나 그것이 어떤 목적에 이바지합니까? 만일 그대가 진지하다면, 결국에는 돌아다니는 데 스스로 진력이 날 거라는 것과, 기력과 시간의 낭비를 후회하게 될 거라는 것을 알게 될 것입니다. 그대 자신을 발견하기 위해서는 단 한 걸음도 내디딜 필요가 없습니다.

질: 진아(atman)의 체험과 절대자(brahman)의 체험 간에 어떤 차이가 있습니까?
마: 절대자의 체험이란 있을 수 없습니다. 왜냐하면 그것은 모든 체험을 넘어서 있기 때문입니다. 반면에 자아는 모든 체험에서 '체험하는 요소'이며, 그래서 어느 면에서는 체험의 다수성을 뒷받침해 줍니다. 세상은 대단한 가치가 있는 사물들로 가득할지 모르나, 그것을 사줄 사람이 없으면 아무 가치가 없습니다. 절대자는 체험 가능한 모든 것을 포함하지만, 체험하는 자가 없으면 그것들은 아무것도 아닙니다. 그 체험을 가능케 하는 것이 절대자입니다. 그것을 실제적인 것으로 만드는 것은 진아입니다.

질: 우리는 체험들의 어떤 단계를 통해 절대자에 도달하지 않습니까? 우리는 가장 거친 체험에서 시작하여 가장 드높은 체험으로 끝납니다.
마: 그 체험에 대한 욕망 없이는 어떤 체험도 있을 수 없습니다. 욕망들 간에는 단계가 있을 수 있으나, 가장 고상한 욕망과 모든 욕망에서 벗어남 사이에는 건너야 할 하나의 심연이 있습니다. 비실재가 실재하는 것처럼 보일 수도 있으나, 그것은 찰나적입니다. 실재는 시간을 두려워하지 않습니다.

질: 비실재는 실재의 표현 아닙니까?
마: 어떻게 그럴 수 있습니까? 그것은 진리가 꿈들로 자신을 표현한다고 말하는 것과 같습니다. 실재에게 비실재란 없습니다. 그것이 실재하는 것처럼 보이는 것은 그대가 그렇게 믿기 때문일 뿐입니다. 그것을 의심해 보십시오. 그러면 그것은 사라집니다. 그대가 누군가와 사랑에 빠져 있을 때, 그대는 거기에 실재성을 부여합니다. 즉, 그대의 사랑은 이루지 못할 일이 없고 영원할 거라고 상상합니다. 그러다가 사랑이 끝나면, 그대는 "그것이 실재하는 줄 알았는데 그렇지 않았어"라고 말합니다. 찰나성이 비실재성에

대한 최선의 증거입니다. 시간과 공간 안에 한정되고 한 사람에게만 해당될 수 있는 것은 실재하지 않습니다. **실재**는 모두에게 영원히 있습니다.

다른 모든 것보다도 그대는 자신을 소중히 여깁니다. 그대는 자신의 존재를 그 무엇과도 바꾸려 하지 않겠지요. **존재하려는** 욕망은 모든 욕망 중에서 가장 강한 것이고, 그대의 **참된 성품**을 깨달을 때만 사라질 것입니다.

질: 비실재 안에도 일말의 실재성이 있습니다.

마: 예, 그대가 그것을 실재한다고 여김으로써 거기에 부여하는 실재성이지요. 그대 자신에게 확신을 주었으니, 그대가 그 확신에 구속됩니다. 해가 비치면 색채들이 나타납니다. 해가 지면 색채들이 사라집니다. 빛이 없으면 그 색채들이 어디 있습니까?

질: 그것은 이원성의 견지에서 생각하는 것입니다.

마: 모든 생각은 이원성 안에 있습니다. 단일성 안에서는 어떤 생각도 살아남지 못합니다.

70
신은 모든 욕망과 지식의 끝이다

마하라지: 그대들은 어디서 왔습니까? 무엇을 하러 왔습니까?

질문자: 저는 미국에서 왔고 제 친구는 아일랜드공화국에서 왔습니다. 저는 6개월쯤 전에 와서 아쉬람에서 아쉬람으로 옮겨 다녔습니다. 제 친구는 자기 나름대로 왔습니다.

마: 무엇을 보았습니까?

질: 저는 스리 라마나쉬람에 있었고, 리시케시에도 가 보았습니다. 스리 라마나 마하르쉬에 대한 당신의 견해가 어떤지 여쭈어 봐도 되겠습니까?

마: 우리는 둘 다 같은 태곳적 상태에 있습니다. 그러나 그대는 마하르쉬에

대해서 무엇을 압니까? 그대는 자신이 하나의 이름과 하나의 몸이라고 여기고, 따라서 그대가 지각하는 것은 모두 이름과 몸들입니다.

질: 만약 당신께서 마하르쉬님을 만나신다면 어떤 일이 일어나겠습니까?

마: 아마 우리는 상당히 즐거워하겠지요. 심지어 몇 마디 말을 주고받을 수도 있습니다.

질: 그러나 그분이 당신을 해탈한 사람으로 인정하겠습니까?

마: 물론이지요. 인간이 인간을 알아보듯이 **진인**은 **진인**을 알아봅니다. 그대는 그대가 체험해 보지 못한 것을 평가할 수 없습니다. 그대는 그대가 자기 자신이라고 생각하는 존재이고, 그대 자신을 '그대가 체험해 보지 못한 존재'라고는 생각하지 못합니다.

질: 제가 엔지니어가 되려면 공학을 배워야 합니다. 신이 되려면 무엇을 배워야 합니까?

마: 배운 것을 다 잊어버려야 합니다. 신은 모든 욕망과 지식의 끝입니다.

질: 신이 되려는 욕망을 포기하기만 하면 제가 신이 된다는 말씀이십니까?

마: 모든 욕망을 포기해야지요. 왜냐하면 무엇을 욕망함으로써 그대는 그 욕망들의 형태를 취하기 때문입니다. 어떤 욕망도 남지 않았을 때, 그대의 **본연적 상태**로 돌아갑니다.

질: 제가 완전함을 성취했다는 것을 어떻게 알게 됩니까?

마: 완전함은 그대가 알 수 없고, 그대는 불완전함만 알 수 있습니다. 앎이 있으려면 분리와 부조화가 있어야 합니다. 그대는 자신이 무엇이 아닌지는 알 수 있지만, 그대의 **진정한 존재**는 알 수 없습니다. 다만 본래의 그대가 될 수 있을 뿐입니다. 이 접근법 전체가 이해를 통한 길이고, 이해는 거짓을 거짓으로 보는 데 있습니다. 그러나 이해하려면 그대가 바깥에서 관찰해야 합니다.

질: 마야, 곧 환幻이라는 베단타적 개념은 **현현자**(현상계)에 해당됩니다. 따라서 **현현자**에 대한 우리의 지식은 신뢰할 수 없습니다. 그러나 **미현현자**에 대한 우리의 지식은 우리가 신뢰할 수 있어야 합니다.

마: 미현현자에 대한 어떤 지식도 있을 수 없습니다. 잠재적인 것은 알 수

없습니다. 실제적인 것만 알 수 있습니다.

질: '아는 자'가 왜 알려지지 않고 있어야 합니까?

마: '아는 자'는 '알려지는 것'을 압니다. 그대는 '아는 자'를 압니까? '아는 자'를 아는 자는 누구입니까? 그대는 **미현현자**를 알고 싶어 합니다. **현현자**는 그대가 안다고 말할 수 있습니까?

질: 저는 사물과 관념들, 그리고 그것들의 관계를 압니다. 그것이 저의 모든 경험의 총합입니다.

마: 모든?

질: 글쎄요, 모든 실제적 경험 말입니다. 일어나지 않은 일은 제가 알 수 없다는 것을 인정합니다.

마: 만약 **현현자**가 실제적 경험자들을 포함한 모든 실제적 경험들의 총합이라면, 그 합계의 얼마만큼을 그대가 알고 있습니까? 실로 아주 적은 일부겠지요. 그러면 그대가 아는 그 적은 것이 무엇입니까?

질: 저 자신과 관계되는 어떤 감각적 경험들입니다.

마: 그것조차도 아니지요. 그대는 자신이 반응한다는 것을 알 뿐입니다. 누가 무엇에 대해 반응하는지는 그대가 모릅니다. (경험의 대상과) 접촉하면 그대는 자기가 존재한다는 것—"내가 있다"를 압니다. "나는 이것이다", "나는 저것이다"라는 것은 상상한 것입니다.

질: 저는 **현현자**를 압니다. 왜냐하면 제가 거기에 참여하고 있으니까요. 그 안에서 저의 역할이 아주 작다는 것은 인정합니다. 하지만 그것은 그 전체만큼이나 실재합니다. 그리고 더 중요한 것은 제가 거기에 의미를 부여한다는 것입니다. 제가 없다면 세계는 어둡고 말이 없습니다.

마: 반딧불이 한 마리가 세상을 밝힌다고요! 그대는 세계에 의미를 부여하는 것이 아니라 (세계에서) 의미를 발견합니다. 그대 자신 속으로 깊이 뛰어들어, 모든 의미가 흘러나오는 근원을 발견하십시오. 확실히, (일체에) 의미를 부여할 수 있는 것(의미의 근원)은 피상적인 마음이 아닙니다.

질: 무엇이 저를 제한적이고 피상적인 것으로 만듭니까?

마: 전체는 열려 있고 이용 가능하지만, 그대가 그것을 받아들이려 하지 않

습니다. 그대는 그대가 자기 자신이라고 생각하는 그 작은 '사람'에 집착해 있습니다. 그대의 욕망은 협소하고 그대의 야망은 왜소합니다. 어쨌든 지각의 한 중심이 없다면, **현현자**가 어디 있겠습니까? 지각되지 않아도 **현현자**는 **미현현자**만큼이나 훌륭합니다. 그런데 그대가 그 '지각하는 점', 모든 차원들의 비차원적 근원입니다. 그대 자신을 그 전체로 아십시오.

질: 한 점이 어떻게 우주를 포함할 수 있습니까?

마: 한 점 안에는 무한한 우주가 들어갈 충분한 공간이 있습니다. 수용 능력의 부족은 없습니다. 자기한정(self-limitation)이 유일한 문제입니다. 그러나 그대는 자신에게서 도망칠 수 없습니다. 아무리 멀리 간다 해도 (결국) 그대 자신에게 돌아오고, 아무것도 아니면서 일체의 근원인 이 '점'을 이해할 필요성을 느끼게 됩니다.

질: 저는 요가 선생님을 찾아 인도에 왔는데, 아직도 찾고 있습니다.

마: 어떤 종류의 요가를 닦고 싶습니까? 얻음의 요가입니까, 포기의 요가입니까?

질: 그것은 결국 같은 지점에 이르지 않습니까?

마: 어떻게 그럴 수 있습니까? 전자는 (사람을) 노예로 만들고, 후자는 해방합니다. 동기가 극히 중요합니다. **자유**는 포기를 통해서 옵니다. 모든 소유는 속박입니다.

질: 제가 그것을 붙들 힘과 용기가 있는 것들을, 왜 포기해야 합니까? 그리고 만약 제가 힘이 없다면 어떻게 포기할 수 있습니까? 이 포기의 필요성이 이해되지 않습니다. 제가 어떤 것을 원하는데, 왜 그것을 추구하지 말아야 합니까? 포기는 약한 자들이나 하는 것입니다.

마: 포기할 지혜와 힘이 없다면 그대의 소유물들을 그저 바라보십시오. 바라보는 것만으로도 그것들이 불태워질 것입니다. 만약 그대가 자신의 마음 바깥에 서 있을 수 있으면, 소유물과 욕망의 완전한 포기야말로 그대가 할 수 있는 더없이 명백하게 합리적인 일임을 이내 발견하게 될 것입니다.

그대는 세계를 창조하고 나서 세계에 대해 걱정합니다. 이기적으로 되면 그대가 약해집니다. 그대가 자신은 욕망할 힘과 용기가 있다고 생각한다면,

그것은 그대가 젊고 경험이 없기 때문입니다. 욕망의 대상은 어김없이 그것을 얻는 수단을 파괴하고, 그런 다음 그 자체도 시들고 맙니다. 그것은 모두 최선을 위한 것입니다. 왜냐하면 그것은 모든 욕망을 마치 독毒을 피하듯 피하라고 가르치기 때문입니다.

질: 무욕은 어떻게 닦아야 합니까?

마: 닦을 필요가 없습니다. 어떤 포기 행위도 할 필요가 없습니다. 그저 그대의 마음을 (욕망의 대상들로부터) 돌려 버리십시오. 그거면 됩니다. 욕망이란, 마음을 하나의 관념에 고정하는 것에 불과합니다. 마음에 주의를 베풀지 않음으로써 마음이 그 틀을 벗어나게 하십시오.

질: 그게 전부입니까?

마: 예, 그게 전부지요. 욕망이나 두려움이 무엇이든, 그에 대해 숙고하지 마십시오. 그대 스스로 볼 수 있도록 노력하십시오. 여기저기서 잊어버릴 수도 있겠지만, 상관없습니다. 모든 욕망과 두려움을, 모든 반응을 무시해 버리는 것이 자동적으로 될 때까지, 그대가 하는 노력으로 돌아가십시오.

질: 어떻게 하면 우리가 감정 없이 살 수 있습니까?

마: 그대가 원하는 어떤 감정도 가져도 되지만 (그대의) 반응들, (상황에 의해) 유도되는 감정들을 조심하십시오. 전적으로 스스로 결정하고 내면의 지배를 받지, 외부의 지배를 받지 마십시오.

단지 더 나은 것을 얻기 위해 한 가지를 포기하는 것은 참된 **포기**가 아닙니다. 그것이 무가치함을 알기 때문에 포기하십시오. 계속 포기해 나가다 보면 자신이 **지성**과 **힘**, 그리고 다함없는 **사랑**과 **기쁨** 안에서 자연스럽게 성장해 가는 것을 발견할 것입니다.

질: 모든 욕망과 두려움을 포기하는 것을 왜 그렇게 강조하십니까? 그런 것들은 자연스러운 것 아닙니까?

마: 그렇지 않지요. 그것들은 전적으로 마음이 만든 것입니다. 그대에게는 아무것도 필요 없다는 것, 몸조차도 필요 없다는 것을 알려면 모든 것을 포기해야 합니다. 그대의 욕구들은 실재하지 않고, (그것을 추구하는) 그대의 노력들은 무의미합니다. 그대는 소유물들이 자신을 지켜준다고 생각합니다.

그러나 실제로는 그것이 그대를 취약하게 만듭니다. '이것'이나 '저것'으로 지칭될 수 있는 모든 것에서 떨어져 있는 그대 자신을 깨달으십시오. 어떠한 감각적 경험이나 언어적 구성물로도 그대에게는 도달할 수 없습니다. 그런 것들에서 돌아서십시오. (이것이나 저것으로) 행세하지 마십시오.

질: 당신의 말씀을 듣고 나면, 제가 무엇을 해야 합니까?

마: 듣기만 해서는 그대에게 별 도움이 되지 않겠지요. 그것을 명심하고, 그것을 숙고하고, 제가 그 말을 하게 만드는 그 마음 상태를 이해하도록 노력해야 합니다. 저는 **진리**에 입각해 이야기합니다. 손을 뻗어 그것을 받으십시오. **그대**는 스스로 자기라고 생각하는 그것이 아니라는 것을 제가 보증합니다. 그대 자신에 대해 그대가 가지고 있는 이미지는 기억들로부터 만들어지고, 순전히 우연적입니다.

질: 지금의 저는 저의 업業(karma)의 결과입니다.

마: 그대인 것처럼 보이는 것이 **그대**는 아닙니다. 업은 그대가 배워서 되뇌는 하나의 단어일 뿐입니다. 그대는 한 '사람'이었던 적이 없고, 결코 그럴 일도 없을 것입니다. 그대 자신을 한 '사람'으로 간주하지 마십시오. 그러나 그대 자신이 '아무개 씨'라는 데 대해 의심조차 하지 않는 한, 거의 가망이 없습니다. 그대가 눈을 뜨지 않겠다는데, 그대에게 무엇을 보여줄 수 있습니까?

질: 저는 업業이, 완성을 향해 저를 몰고 가는 어떤 불가사의한 힘이라고 생각합니다.

마: 그것은 사람들이 그대에게 한 이야기지요. 그대는 지금 여기에서, 이미 완전합니다. 완전해질 수 있는 것은 **그대가** 아닙니다. 그대는 그대가 아닌 것을 그대 자신으로 상상합니다. 그것을 그만두십시오. 무엇을 그만둘 것이냐가 중요한 게 아니라, 그치는 것이 중요합니다.

질: 업業이 저를 지금의 제가 되도록 강제하지 않았습니까?

마: 아무것도 (그대를) 강제하지 않습니다. (지금의) 그대는 그대가 자기 자신이라고 믿는 그것입니다. 믿기를 그만두십시오.

질: 여기서 당신께서는 당신의 자리에 앉아 저에게 말씀을 하고 계십니다.

(그렇게 하도록) 당신을 강제하는 것은 당신의 업業입니다.

마: 어떤 것도 저를 강제하지 않습니다. 저는 해야 할 일을 합니다. 그러나 그대는 너무 많은 불필요한 일들을 합니다. 그대가 잘 살펴보려 하지 않기 때문에 업業이 생겨납니다. 그대 자신의 고통에 대한 무관심이 그 업을 영속화합니다.

질: 예, 맞습니다. 무엇이 이 무관심을 종식시킬 수 있습니까?

마: 그 충동은 내면에서부터 **무집착**, 혹은 **자비심**의 한 파도로서 밀려와야 합니다.

질: 제가 이 충동을 중도에서 마중할 수 있겠습니까?

마: 물론이지요. 그대 자신의 상태를 보고, 세계의 상태를 보십시오.

질: 저희는 업業과 환생, 진화와 요가, 스승과 제자들에 대한 이야기를 들었습니다. 이 모든 지식을 가지고 무엇을 해야 합니까?

마: 그 모두를 뒤로 하십시오. 그것을 잊어버리십시오. 관념과 믿음들의 짐을 벗고 앞으로 나아가십시오. 모든 언어적 구조물, 모든 상대적 진리, 모든 구체적 대상들을 버리십시오. 절대자에는 **절대적 헌신**을 통해서만 도달할 수 있습니다. 어정쩡하게 하지 마십시오.

질: 저는 어떤 절대적 진리를 가지고 시작해야겠습니다. 그런 게 있습니까?

마: 예, 있지요. "내가 있다"는 느낌입니다. 그것을 가지고 시작하십시오.

질: 다른 어떤 것도 참되지 않군요?

마: 다른 모든 것은 참되지도 않고 거짓되지도 않습니다. 나타날 때는 실재하는 듯해도, 부정되면 사라집니다. 찰나적인 것은 하나의 불가사의입니다.

질: 저는 실재하는 것이 불가사의라고 생각했습니다.

마: 어떻게 그럴 수 있습니까? 실재하는 것(실재)은 단순하고, 열려 있고, 명료하고 친절하며, 아름답고 즐겁습니다. 그것은 모순들에서 완전히 벗어나 있습니다. 그것은 늘 새롭고, 늘 싱그럽고, 끝없이 창조적입니다. 존재와 비존재, 삶과 죽음, 이런 모든 구분이 그 안에 합일됩니다.

질: 모든 것이 거짓이라는 것은 인정할 수 있습니다. 하지만, 그렇다고 제 마음이 존재하지 않게 됩니까?

마: 마음은 그것이 생각하는 그것입니다. 마음을 참되게 만들려면 참되게 생각하십시오.

질: 만약 사물들의 형상이 겉모습에 불과하다면, **실재** 안에서 사물들이란 무엇입니까?

마: 실재 안에는 **지각**(perception)만 있습니다. '지각하는 자'와 '지각되는 것'은 개념적이고, '지각하기'라는 사실은 실제적입니다.

질: 절대자는 어디에 들어옵니까?

마: 절대자는 '지각하기'의 탄생지입니다. 그것이 **지각**을 가능케 합니다.

그러나 지나치게 분석해 봐야 그대가 얻는 것은 없습니다. 분석을 넘어서 있고 마음을 넘어서 있는, **존재의 핵심**이 그대 안에 있습니다. 행위 속에서만 그것을 알 수 있습니다. 일상생활에서 그것을 표현하십시오. 그러면 그것의 빛이 점점 더 밝아질 것입니다.

마음이 해야 할 기능은 무엇이 존재하지 않는지를 그대에게 말해주는 것입니다. 그러나 그대가 적극적인 앎(진아지)을 원한다면, 마음을 넘어서야 합니다.

질: 온 우주 안에서 가치 있는 단 한 가지가 있습니까?

마: 예, **사랑**의 힘이지요.

71
자기자각 안에서 그대 자신에 대해 배운다

질문자: 우리가 반복적으로 경험하는 일이지만, 제자들은 그들의 **스승**들에게 많은 해를 끼치기도 합니다. 그들은 스승의 바람을 고려하지도 않고 계획을 세우고 그것을 실행합니다. 결국 그 스승을 끝없이 걱정하게 하고 그의 제자들에게 쓰라림을 안겨줍니다.

마하라지: 그렇지요. 그런 일도 있습니다.

질: 스승이 그런 수모를 겪도록 강요하는 것은 누구입니까?

마: 스승은 기본적으로 욕망이 없습니다. 일어나는 일들을 바라보기는 하지만, 개입할 어떤 충동도 느끼지 않습니다. 그는 선택을 하지 않고, 결정을 하지 않습니다. 순수한 **주시자**로서, 진행되는 일을 지켜보면서 영향을 받지 않는 상태로 있습니다.

질: 그러나 그의 작업은 피해를 봅니다.

마: 승리는 늘 스승의 것이지요—결국에는. 스승은, 만약 제자들이 그의 말에서 배우지 못하면 그들 자신의 과오를 통해 배울 것이라는 것을 압니다. 내면적으로, 그는 침묵하면서 고요히 있습니다. 그에게는 (자신이) 별개의 한 사람이라는 느낌이 없습니다. 하찮은 계획들을 가진 그의 제자들을 포함하여 전 우주가 그의 것입니다. 특별히 그 무엇도 그에게 영향을 주지 못합니다. 혹은 같은 말이 되지만, 전 우주가 그에게 동등한 정도로 영향을 줍니다.

질: 스승의 **은총** 같은 것은 없습니까?

마: 스승의 **은총**은 항상적이고 보편적입니다. 어떤 사람에게는 베풀고 어떤 사람에게는 주지 않는 것이 아닙니다.

질: 그것은 저에게 개인적으로 어떻게 영향을 줍니까?

마: 그대의 마음이 **진리** 추구에 몰두하고 있는 것은 **스승**의 **은총**에 의해서이고, 그대가 **진리**를 발견하는 것도 **그**의 **은총**에 의해서입니다. 그것은 그대의 궁극적 이익을 향해 흔들림 없이 작용합니다. 또한 그것은 모두를 위한 것입니다.

질: 어떤 제자들은 준비되어 있고 성숙되어 있지만, 어떤 제자들은 그렇지 않습니다. 스승은 선택을 하고 결정을 내려야 하지 않습니까?

마: 스승은 **궁극자**를 알고 있고, 제자를 그쪽으로 사정없이 몰아갑니다. 제자는 장애들을 가득 안고 있는데, 그것을 스스로 극복해야 합니다. 스승은 제자의 삶에서 보이는 겉모습에 별 관심이 없습니다. 그것은 중력 작용과 같습니다. 열매가 떨어져야 합니다—더 이상 매달려 있을 수 없을 때는.

질: 만약 제자가 목표를 모른다면, 어떻게 장애들을 식별할 수 있겠습니까?
마: 목표는 스승이 제시하고 장애들은 제자가 발견합니다. 스승은 누구를 더 좋아하는 것이 없지만, 극복해야 할 장애들이 있는 사람들은 뒤처지는 것처럼 보입니다.

실제로는 제자가 스승과 다르지 않습니다. 그는 (스승과) 똑같은, 크기 없는 지각의 중심이자 행동하는 사랑입니다. 제자를 에워싸고 그를 한 '사람'으로 바꿔 놓는 것은, 그의 상상과 그 상상된 것과의 자기 동일시일 뿐입니다. 스승은 그 '사람'에게는 거의 관심이 없습니다. 그의 주의는 내면의 관찰자(주시자)에게 가 있습니다. 이해하고, 그럼으로써 그 '사람'을 제거해야 하는 것이 관찰자의 임무입니다. 스승에게는 은총이 있지만, 제자에게는 그 임무에 전념하는 자세가 있어야 합니다.

질: 그러나 그 '사람'은 제거되기를 원치 않습니다.
마: '사람'이란, 어떤 오해의 결과일 뿐입니다. 실제로는 그런 것이 없습니다. 감정·사고·행위들이 끝없이 이어지며 주시자 앞을 달려가면서, 두뇌 안에 흔적을 남기고 연속성의 환상을 창조합니다. 마음 안에서 일어나는 관찰자의 한 반영이 '나'라는 느낌을 창조하고, 그 사람은 외관상 독립적 존재성을 획득합니다. 실제로는 어떤 '사람'도 없고, 자신을 '나' 그리고 '내 것'과 동일시하는 관찰자만 있습니다. 스승은 그 관찰자에게 이렇게 말합니다. "그대는 이것이 아니다. 이것 안에는 그대의 것이 전혀 없다—관찰자와 그의 꿈 사이의 가교인 '내가 있다'라는 작은 점 외에는. '나는 이것이다, 나는 저것이다'는 꿈이지만, 순수한 '내가 있다' 그 위에 실재성의 도장이 찍혀 있다. 그대는 수많은 것들을 맛보았지만 그것들은 모두 무無로 돌아갔다. '내가 있다'는 느낌만이 지속되었다—변치 않고. 변화무쌍한 것들 가운데의 그 변함없는 것과 함께 머물러라. 그대가 그것을 넘어설 수 있을 때까지."

질: 그 넘어섬이 언제 일어나겠습니까?
마: 그대가 장애들을 제거하자마자 일어날 것입니다.
질: 어떤 장애 말입니까?

마: 거짓된 것에 대한 욕망과 참된 것에 대한 두려움이지요. '사람'으로서의 그대는 스승이 한 '사람'으로서의 그대에게 관심이 있을 거라고 상상합니다. 전혀 그렇지 않습니다. 스승에게 (사람'으로서의) 그대는 처치해야 할 귀찮은 물건이고, 하나의 방해물입니다. 그는 실제로, 의식 안의 한 요소로서의 그대(에고)를 제거하는 것을 목표로 합니다.

질: 만약 제가 제거되면 무엇이 남게 됩니까?

마: 아무것도 남지 않을 것이고, 모든 것이 남겠지요. 정체성의 느낌은 남겠지만, 더 이상 특정한 한 몸과의 동일시는 아닙니다. 존재-자각-사랑이 찬란하게 빛날 것입니다. 해방(해탈)이란 결코 그 '사람'의 해방이 아닙니다. 그것은 늘 그 '사람'으로부터의 해방입니다.

질: 그러면 그 '사람'의 흔적은 전혀 남지 않습니까?

마: 희미한 기억은 남습니다. 마치 어떤 꿈의 기억이나 아주 어릴 때의 기억같이 말입니다. 어쨌거나 기억할 것이 뭐가 있습니까? 대개는 우발적이고 무의미한, 사건들의 한 흐름이지요. 욕망과 두려움의 연속이며 얼빠진 실수들입니다. 기억할 만한 가치가 있는 게 있습니까? 그 '사람'이란, 그대를 감금하고 있는 하나의 껍질에 불과합니다. 그 껍질을 부수십시오.

질: 누구에게 그 껍질을 부수라고 말씀하십니까? 누가 그 껍질을 부숴야 합니까?

마: 기억과 자기 동일시의 속박을 부수십시오. 그러면 그 껍질이 저절로 부서질 것입니다. 자신이 지각하는 그 무엇이나 실재성을 부여하는 한 중심이 있습니다. 그대가 실재성의 근원이라는 것, 그대는 실재성을 얻는 것이 아니라 부여한다는 것, 그대는 어떤 지지물도 어떤 확인도 필요로 하지 않는다는 것을 이해하는 것이 그대에게 필요한 전부입니다. 사물들이 지금과 같이 존재하는 것은 그대가 그것들을 지금과 같이 받아들이기 때문입니다. 사물들을 받아들이기를 그만두십시오. 그러면 그것들은 해체됩니다. 그대가 욕망이나 두려움을 가지고 무엇을 생각하든, 그것은 마치 실재하는 것처럼 그대 앞에 나타납니다. 욕망이나 두려움 없이 그것을 바라보십시오. 그러면 그것은 실체를 상실합니다. 쾌락과 고통은 일시적입니다. 그에 대해

어떤 행동을 취하기보다, 그것을 무시하는 것이 더 간단하고 쉽습니다.

질: 만약 모든 것들이 종말에 이르게 된다면, 그것들이 애당초 왜 나타났습니까?

마: 창조는 바로 의식의 성품에 속합니다. 의식이 겉모습(현상계)을 야기합니다. 실재는 의식을 넘어서 있습니다.

질: 우리는 겉모습들을 의식하고 있는데, 어째서 그것들이 겉모습에 불과하다는 것을 의식하지 못합니까?

마: 마음이 실재를 은폐하면서도 그것을 모릅니다. 마음의 본질을 알려면 그대에게 지성, 곧 고요하고 초연한 자각 안에서 마음을 바라보는 능력이 있어야 합니다.

질: 제가 일체에 편재하는 의식의 성품을 가지고 있다면, 무지와 환상이 어떻게 저에게 일어날 수 있습니까?

마: 무지도 환상도 그대에게 일어난 적이 없습니다. 무지와 환상을 갖는다고 그대가 말하는 그 **자아**를 발견하십시오. 그러면 그대의 질문은 답변됩니다. 그대는 마치 자신이 **자아**를 알고 있고, 그것이 무지와 환상의 지배하에 있는 것을 보는 것처럼 이야기합니다. 그러나 사실 그대는 **자아**(진아)를 모르고 있고, 무지도 자각하지 못합니다. 어떻게 해서든 자각하십시오. 그러다 보면 **자아**에 이를 것이고, 그 안에 무지도 없고 망상도 없다는 것을 깨닫게 될 것입니다. 그것은 "해가 있다면 어둠이 어떻게 있을 수 있겠는가?"라고 말하는 것과 같습니다. 햇빛이 아무리 강해도 바위 밑에는 어둠이 있듯이, "나는 몸이다"라는 의식의 그늘 안에는 무지와 환상이 있을 수밖에 없습니다.

질: 그런데 몸 의식(body consciousness)은 왜 생겨났습니까?

마: '왜'라고 묻지 말고 '어떻게'라고 물으십시오. 그 자신을 자신의 창조물들과 동일시하는 것은 창조적 상상력의 성품에 속합니다. (동일시의 대상들에 대한) 주의를 꺼 버리면 언제라도 그것을 멈출 수 있습니다. 아니면 **탐구**를 통해서 그렇게 할 수도 있지요.

질: 창조는 **탐구** 이전에 옵니까?

71. 자기자각 안에서 그대 자신에 대해 배운다

마: 먼저 그대가 한 세계를 창조하고, 그런 다음 "내가 있다"가 한 '사람'이 되는데, 그는 여러 가지 이유로 행복하지 않습니다. 그가 행복을 찾아나서 한 스승을 만나면 스승은 이렇게 말합니다. "그대는 한 '사람'이 아니다. 그대가 누구인지를 발견하라." 그는 그것을 발견하고 넘어섭니다.

질: 왜 그가 처음부터 그렇게 하지 않습니까?

마: 그런 생각이 떠오르지 않았지요. 그 말을 해줄 누군가가 필요했습니다.

질: 그것으로 충분했습니까?

마: 충분했지요.

질: 왜 그것이 저의 경우에는 효과가 없습니까?

마: 그대는 저를 신뢰하지 않습니다.

질: 저의 믿음은 왜 약합니까?

마: 욕망과 두려움이 그대의 마음을 둔하게 만들었기 때문입니다. 그것을 좀 닦아 주어야 합니다.

질: 제 마음을 어떻게 깨끗하게 할 수 있습니까?

마: 그것을 사정없이 지켜보면 됩니다. 부주의는 (마음을) 흐릿하게 하고, 주의는 명료하게 합니다.

질: 인도의 스승들은 왜 무위無爲를 옹호합니까?

마: 대다수 사람들의 행위는 명백히 파괴적이지는 않다 할지라도, 무가치합니다. 그들은 욕망과 두려움에 지배되기 때문에 어떤 좋은 일도 하지 못합니다. 악을 그치는 것이 선을 행하는 것보다 먼저입니다. 그래서 한동안 모든 행위를 그만두고 자신의 충동과 그 동기들을 탐색하여, 자신의 삶에서 거짓된 모든 것을 발견하고 마음에서 모든 악을 추방할 필요가 있습니다. 그런 뒤에야 자신의 명백한 임무를 시작하면서 일을 재개해야 합니다. 물론 남을 도와줄 기회가 있으면 무슨 수를 써서라도 도와주되, 그것도 신속히 도와주십시오. 그대가 완전해질 때까지 남을 기다리게 하지 마십시오. 그러나 전문적인 선행가善行家가 되지는 마십시오.

질: 저는 (스승을 모시는) 제자들 가운데 선행가들이 너무 많다고 생각하지는 않습니다. 제가 만난 사람들 대부분은 그들 자신의 사소한 갈등에 너무 몰

두해 있습니다. 그들은 남들에 대한 인정이 없습니다.

마: 그런 자기중심주의는 일시적입니다. 그런 사람들에게 인내심을 가지십시오. 그들은 오랜 세월 동안 자기 자신을 제외한 모든 것에 주의를 기울였습니다. 그들로 하여금 기분전환 삼아 그들 자신을 향하게 하십시오.

질: 자기자각(self-awareness)의 결실은 무엇입니까?

마: 그대가 더 명민해집니다. 자각 안에서 그대는 배웁니다. 자기자각 안에서 그대는 자기 자신에 대해 배웁니다. 물론, 그대가 무엇이 아닌지를 배울 수 있을 뿐입니다. 그대가 무엇인지를 알려면 마음을 넘어서야 합니다.

질: 자각은 마음을 넘어서 있지 않습니까?

마: 자각은 마음이 그 자신을 넘어 실재 속으로 뻗어가는 지점입니다. 자각 안에서 그대는, 즐거운 것이 아니라 참된 것을 추구합니다.

질: 자각은 어떤 내적인 침묵의 상태, 어떤 정신적 공空의 상태를 가져오는 것 같습니다.

마: 그것은 그런대로 괜찮지만, 그것으로 충분하지는 않습니다. 그 안에서 우주가 마치 창공의 구름처럼 헤엄치는, 일체를 감싸는 공空을 느껴본 적이 있습니까?

질: 선생님, 먼저 제가 저 자신의 내적 공간을 잘 알게 해 주십시오.

마: 분리시키는 그 벽, "나는 몸이다"라는 관념을 허물어 버리십시오. 그러면 안과 밖이 하나가 될 것입니다.

질: 제가 죽어야 합니까?

마: 몸을 소멸하는 것은 의미가 없습니다. 그대를 속박하는 것은 감각적인 삶에 대한 집착입니다. 만약 그대가 내적인 공空을 완전히 체험할 수 있으면, 전체성 안으로의 폭발이 멀지 않을 것입니다.

질: 저 자신의 영적인 체험들은 계절(seasons)이 있습니다. 어떤 때는 기분이 좋다가도 그 다음에는 우울해집니다. 마치 엘리베이터보이처럼 올라갔다 내려갔다, 올라갔다 내려갔다 합니다.

마: 의식 안에서의 모든 변화는 "나는 몸이다"라는 관념에서 비롯됩니다. 이 관념을 탈피하면 마음이 안정됩니다. 특별히 어떤 것을 경험하는 데서

벗어난 순수한 존재가 있습니다. 그러나 그것을 깨달으려면 그대의 스승이 일러주는 대로 해야 합니다. 단순히 듣는 것만으로는—설사 그것을 기억한다 해도—충분치 않습니다. 그 말씀의 어느 한 마디도 남김없이 그대의 일상생활에 적용하려고 힘써 분투하지 않는다면, 아무 진보가 없다는 불평을 하지 마십시오. 진정한 모든 진보는 돌이킬 수 없습니다. 기복起伏이 있다는 것은, 그 가르침이 심장에 아로새겨지지 않았고, 행동으로 온전히 옮겨지지 않고 있다는 것을 보여줄 뿐입니다.

질: 저번에 당신께서는 저희들에게 업業 같은 것은 없다고 말씀하셨습니다. 하지만 저희들이 보기에는 모든 일에 어떤 원인이 있고, 그 모든 원인들의 총합을 업이라고 부를 수 있겠습니다.

마: 그대가 자신을 하나의 몸이라고 믿는 동안은, 모든 것에 원인이 있다고 하겠지요. 저는 사물들에 원인이 없다고 말하지는 않습니다. 각각의 사물은 무수한 원인들을 가지고 있습니다. 그것은 있는 그대로입니다. 왜냐하면 세계가 있는 그대로이기 때문입니다. 각각의 원인들이 가지를 쳐서 우주를 덮고 있습니다.

그대는 자신이 되기로 동의하는 어떤 것도 될 절대적인 자유가 있다는 것, 지금의 그대는 무지나 무관심 때문에 그렇게 보인다는 것을 깨달을 때, 그대는 얼마든지 반란을 일으키고 변화될 수 있습니다. 그대는 자신을 본래의 그대가 아닌 것이 되도록 허용합니다. 그러면서 자신이 본래의 그대가 아닌 것이 된 원인들을 찾고 있지요! 그것은 쓸데없는 탐색입니다. 완전하고 모든 인과를 넘어서 있는 그대의 **진정한 존재**에 대한 **무지** 외에는, 아무 원인이 없습니다. 일어나는 어떤 일에도 전 우주가 책임이 있는데, 그대가 바로 그 우주의 근원입니다.

질: 저는 제가 우주의 원인이라는 것에 대해서는 전혀 아는 바 없습니다.

마: 그대가 탐구하지 않기 때문입니다. 탐구하고, 내면에서 찾으십시오. 그러면 알게 됩니다.

질: 저와 같이 작은 한 점이 어떻게 방대한 우주를 창조합니까?

마: 그대가 "나는 몸이다"라는 바이러스에 감염되어 있을 때, 하나의 전체

우주가 돌연히 솟아납니다. 그러나 그것에 신물이 났을 때, 그대는 해탈에 대한 어떤 멋진 관념을 품고는 전혀 쓸데없는 행위들을 추구합니다. 집중을 하고, 명상을 하고, 마음과 몸을 고문하고, 온갖 불필요한 짓들을 하지만, 그 '사람'의 제거라는 핵심을 놓칩니다.

질: 처음에 우리는 한동안 기도를 하고 명상을 할 수도 있습니다. 그러다가 **자기탐구**를 할 준비가 됩니다.

마: 그렇게 믿는다면 그렇게 하십시오. 저에게는, (탐구를 뒤로 미루는) 모든 연기延期가 시간 낭비로 보입니다. 모든 준비단계를 건너뛰어 내면의 궁극적 탐색(자기탐구)으로 바로 나아가도 됩니다. 모든 요가 중에서 그것이 제일 간단하고 제일 빠릅니다.

72
순수하고 순일純一하고 초연한 것은 실재한다

마하라지: 그대는 다시 인도에 왔군요! 어디 있었고, 무엇을 보았습니까?
질문자: 스위스에서 왔습니다. 거기서는 깨달았다고 주장하는 어떤 비범한 사람과 같이 있었습니다. 그는 전생에 많은 요가를 했고, 이제는 사라져 버렸지만 많은 체험들을 했다고 합니다. 지금은 어떤 특별한 능력도, 어떤 지식도 주장하지 않습니다. 그에게서 유일하게 별난 점은 감각과 연관된 것입니다. 그는 '보는 자'를 '보이는 대상'과 분리할 수 없습니다. 예컨대 차가 자신에게 달려드는 것을 보면, 그는 차가 자기에게 달려드는지 자기가 차에 달려드는지 모릅니다. 그는 동시에 '보는 자'와 '보이는 대상' 둘 다인 것 같습니다. 그 둘이 하나가 됩니다. 무엇을 보든, 그는 (거기서) 그 자신을 봅니다. 제가 어떤 베단타적 질문을 하면 그는 이렇게 말합니다. "정말 답변을 못하겠군요. 저는 모릅니다. 제가 아는 것은, 제가 지각하는 모든 것과

의 이 이상한 동일성이 전부입니다. 그런데, 이런 것은 결코 예상하지 못했지요"라고 말입니다.

그는 대체로 겸손한 사람입니다. 그는 제자를 만들지 않고, 결코 단壇 위에 오르지 않습니다. 그는 자신의 이상한 상태에 대해 기꺼이 이야기하지만, 그게 전부입니다.

마: 이제 그는 자신이 무엇을 아는지 아는군요. 다른 모든 것은 끝났습니다. 최소한 그는 여전히 말을 합니다. 곧 말하는 것도 그만둘지 모르지요.

질: 그때는 그가 무엇을 하겠습니까?

마: 부동과 침묵은 행위가 없는 것이 아닙니다. 꽃은 허공을 향기로 채우고 촛불은 빛으로 채웁니다. 그것들은 아무 일도 하지 않지만, 단순히 존재하는 것만으로도 모든 것을 변화시킵니다. 우리는 촛불의 사진을 찍을 수는 있어도 그 빛은 찍지 못합니다. 그 인간, 그의 이름과 외모는 알 수 있어도 그의 감화력은 알 수 없습니다. 그의 존재 자체가 행위입니다.

질: 활동하는 것은 자연스럽지 않습니까?

마: 누구나 활동하고 싶어 하지만 그의 행위들은 어디서 비롯됩니까? 어떤 중심점도 없습니다. 각 행위가 끝없이 연속되면서 무의미하게, 그리고 고통스럽게, 또 다른 행위를 낳습니다. 일과 휴식의 번갈아듦이 없습니다. 먼저 모든 움직임이 탄생하는 불변의 중심을 발견하십시오. 수레바퀴가 굴대 주위를 돌듯이, 그대는 늘 중심의 굴대에 있어야지 주변에서 빙빙 돌면 안 됩니다.

질: 실제에서는 그것을 어떻게 해 나가야 합니까?

마: 욕망이나 두려움의 한 생각이나 감정이 그대의 마음에 다가올 때마다 그냥 그것에서 돌아서십시오.

질: 저의 생각과 감정들을 억압하면 어떤 반작용을 유발하게 될 것입니다.

마: 억압을 이야기하는 것이 아닙니다. 그냥 주의를 기울이지 마십시오.

질: 마음의 움직임을 억제하기 위한 노력을 경주해야 하지 않습니까?

마: 그것은 노력과 아무 관계가 없습니다. 그냥 돌아서서, 생각들을 바라보기보다는 생각들 사이를 보십시오. 그대가 어쩌다 군중 속을 걸어갈 때는,

마주치는 모든 사람과 싸우지 않습니다. 그냥 그들 사이로 길을 찾아갈 뿐이지요.

질: 만약 제가 마음을 제어하기 위해 의지를 사용한다면, 그것은 에고를 강화시킬 뿐입니다.

마: 물론이지요. 그대가 싸울 때, 그것은 싸움을 청하는 것입니다. 그러나 저항하지 않으면 어떤 저항도 만나지 않습니다. 그 게임을 하지 않아 버리면 거기서 빠져 나옵니다.

질: 제가 마음에서 벗어나는 데는 얼마나 오래 걸리겠습니까?

마: 그것은 천 년이 걸릴 수도 있지만 실제로는 전혀 시간을 요하지 않습니다. 그대에게 필요한 것은 아주 열심히 하는 것뿐입니다. 여기서는 의지가 곧 실행입니다. 그대가 진지하면 그것을 얻습니다. 결국 그것은 마음자세의 문제입니다. 그 무엇도 지금 여기서 그대가 **진인**이 되는 것을 막지 않습니다—두려움 말고는. 그대는 비인격적으로 되는 것, 비인격적인 존재를 두려워합니다. 그것은 모두 아주 쉬운 일입니다. 그대의 욕망과 두려움에서 돌아서고, 그것들이 창조하는 생각들에서 돌아서십시오. 그러면 단박에 그대의 **본연적 상태**에 있게 됩니다.

질: 마음을 재조건화하고, 변화시키고, 제거한다는 문제는 없습니까?

마: 절대로 없지요. 마음을 혼자 내버려 두십시오. 그거면 됩니다. 마음과 함께 가지 마십시오. 어쨌든 생각과 별개의 마음 같은 것은 없습니다. 생각들은 그대의 법칙이 아니라 그들 자신의 법칙에 복종하면서 오고 갑니다. 생각들이 그대를 지배하는 것은, 그대가 그것들에 관심이 있기 때문일 뿐입니다. 마음을 내버려 두라는 것은 정확히, **그리스도**가 "악에 저항하지 말라"고 말한 것과 같습니다. 악에 저항하면, 그것을 강화시킬 뿐입니다.

질: 예, 이제 알겠습니다. 제가 해야 할 일은 악의 존재성을 부인하는 것이 전부로군요. 그러면 그것은 희미해져서 사라집니다. 그러나 그것은 모종의 자기암시로 귀결되지 않습니까?

마: 그 자기암시가 지금 (그대에게서) 한창이지요. 그대가 자신을 한 '사람'으로 생각하면서 **선**과 **악** 사이에 끼여 있는 지금 말입니다. 제가 그대에게 하

라고 하는 것은, 그것을 끝내 버리고, 깨어나서 사물을 있는 그대로 보라는 것입니다.

스위스에서 그대의 그 특이한 친구와 함께 지낸 일에 대해서 보자면, 그대는 그와 어울려서 무엇을 얻었습니까?

질: 전혀 아무것도요. 그의 체험은 저에게 전혀 영향을 주지 못했습니다. 제가 이해한 한 가지는, 찾아다녀야 할 것이 아무것도 없다는 것입니다. 제가 어디를 가든 그 여정의 끝에는 아무것도 저를 기다리고 있지 않습니다. 발견은 이동 여행의 결과가 아닙니다.

마: 그렇지요. 그대는 얻거나 잃어버릴 수 있는 무엇과는 사뭇 별개입니다.

질: 당신께서는 그것을 무욕(vairagya)이나 포기라고 부르십니까?

마: 포기할 것이 없습니다. 획득하기를 그만두기만 하면 됩니다. 주기 위해서는 가져야 하고, 가지기 위해서는 취해야 합니다. 취하지 않는 것이 낫습니다. 그것이 포기를 실천하는 것보다 더 간단합니다. 포기는 '영적인' 자만이라는 위험한 형태를 가져옵니다.

달아 보기, 고르기, 선택하기, 교환하기—이것은 모두 어떤 '영적인' 시장에서의 쇼핑입니다. 거기서 그대의 사업은 무엇입니까? 어떤 거래를 성사시키려 합니까? 그대가 사업을 하려고 나서지 않았다면, 이 끝없는 선택의 근심이 무슨 소용 있습니까? 조바심을 내봐야 아무것도 얻는 것은 없습니다. 뭔가, 그대에게 필요한 것이 전혀 없다는 것을 그대가 보지 못하게 합니다. 그것을 찾아내어 그것이 거짓임을 확인하십시오. 그것은 어떤 독毒을 삼키고 나서 물에 대한 주체할 수 없는 갈망으로 고통 받는 것과 같습니다. 한량없이 마시느니, 왜 그 독을 제거하고 이 타는 듯한 갈증에서 벗어나지 않습니까?

질: 제가 에고를 제거해야겠지요!

마: "나는 시간과 공간 안에 있는 한 '사람'이다"라는 느낌이 독毒입니다. 어떻게 보면 시간 자체가 독입니다. 때가 되면 모든 것들이 끝나고 새로운 것들이 태어나며, 그것들도 다시 (시간에 의해) 삼켜집니다. 그대 자신을 시간과 동일시하지 말고, "그 다음은 뭐지, 그 다음은 뭐지?" 하면서 초조하게

묻지 마십시오. 시간에서 벗어나, 그것이 세계를 집어삼키는 것을 보십시오. "그래, 일체를 끝내버리는 것이 시간의 본성이구나. 그러라고 하지. 나하고는 상관이 없어. 나는 불에 타지도 않고, 연료를 모을 필요도 없다"고 말하십시오.

질: 주시자는 주시할 사물들 없이도 존재할 수 있습니까?

마: 늘 주시할 뭔가가 있습니다. 사물이 아니라면, 그것의 부재지요. **주시하기는 자연스럽고, 아무 문제가 없습니다. 문제는 과도한 관심이 자기 동일시로 이끈다는 것입니다.** 그대가 무엇에 몰두하든, 그대는 그것을 실재한다고 여깁니다.

질: "내가 있다"는 실재합니까, 실재하지 않습니까? "내가 있다"가 **주시자입니까? 주시자는 실재합니까, 실재하지 않습니까?**

마: 순수하고 순일하고 초연한 것은 실재합니다. 오염되고 혼합되고 의존적이고 찰나적인 것은 실재하지 않습니다. 말에 현혹되지 마십시오. 단어 하나가 여러 가지 의미, 심지어 서로 모순되는 의미를 전달할 수도 있습니다. 즐거운 것을 추구하고 불쾌한 것을 피하는 "내가 있다"는 거짓입니다. 쾌락과 고통을 서로 뗄 수 없는 것으로 보는 "내가 있다"는 올바르게 보는 것입니다. 자신이 지각하는 것에 말려들어 있는 주시자는 '사람'입니다. 동요하지 않고 영향 받지 않고 초연한 상태에 있는 주시자는 실재의 망루이자, **미현현자에 내재된 자각이 현현자와 접촉하는 점입니다.** 주시자 없이는 어떤 우주도 있을 수 없고, 우주 없이는 어떤 주시자도 있을 수 없습니다.

질: 시간은 세계를 소진시킵니다. 시간의 **주시자는 누구입니까?**

마: 시간을 넘어선 자―이름 붙일 수 없는 것이지요. 불타는 잉걸을 아주 빨리 빙빙 돌리면 마치 불타는 원처럼 보입니다. 그 움직임이 그치면 잉걸이 남습니다. 마찬가지로, 움직이고 있는 "내가 있다"가 세계를 창조합니다. 평안히 머무르는 "내가 있다"는 절대자가 됩니다. 그대는 회중전등을 들고 회랑을 걸어가는 사람과 같아서, 대들보 안에 있는 것만 볼 수 있습니다. 나머지는 어둠 속에 있습니다.

질: 만약 제가 세계를 투사한다면, 저는 그것을 바꿀 수도 있어야 합니다.

마: 물론 그럴 수 있지요. 그러나 자신을 세계와 동일시하기를 그치고, 넘어서야 합니다. 그럴 때, 파괴하고 재창조하는 힘을 갖게 됩니다.

질: 제가 원하는 것은 자유로워지는 것이 전부입니다.

마: 두 가지를 알아야 합니다. 즉, 무엇으로부터 자유로워져야 하는가와 무엇이 그대를 속박하고 있는가입니다.

질: 당신께서는 왜 우주를 절멸시키고 싶어 하십니까?

마: 저는 우주에 상관하지 않습니다. 있든 없든 마음대로 하라지요. 저는 저 자신을 아는 것으로 족합니다.

질: 만약 당신께서 세계를 넘어서 계시다면, 당신께서는 세상에 아무 소용이 없으십니다.

마: 없는 세계를 측은히 여기지 말고, 있는 자기를 측은히 여기십시오! 그대는 꿈에 몰입하여 그대의 **참된 자아**를 잊어버렸습니다.

질: 세계가 없다면 사랑도 있을 곳이 없습니다.

마: 정말 그렇지요. 이 모든 속성들—**존재, 의식, 사랑, 아름다움**은 세계 안에서 나타나는 **실재의 반영**反影들입니다. 실재가 없으면 반영도 없습니다.

질: 세계는 바람직한 사물과 사람들로 가득 차 있습니다. 어떻게 제가 세계가 존재하지 않는다고 생각할 수 있습니까?

마: 바람직한 것들은 (그것을) 바라는 사람들에게 맡겨두십시오. 그대의 욕망의 흐름을 '갖기'에서 '주기'로 바꾸십시오. 주고 싶어 하고 함께 나누고 싶어 하는 열정은 자연스럽게 그대의 마음에서 외부 세계의 관념을 씻어내 줄 것이고, 준다는 관념까지도 씻어내 줄 것입니다. 그러면 주기와 받기를 넘어선, **사랑의 순수한 광휘**만이 남을 것입니다.

질: 사랑 안에는 이원성, 곧 사랑하는 자와 사랑받는 자가 있어야 합니다.

마: 사랑 안에는 하나조차도 없는데, 어떻게 둘이 있을 수 있습니까? 사랑이란 분리하고 구분하기를 거부하는 것입니다. 그대가 단일성을 생각할 수 있으려면 먼저 이원성을 창조해야 합니다. 우리가 참으로 사랑할 때는 "나는 너를 사랑한다"고 말하지 않습니다. 사고 작용이 있는 곳에는 이원성도 있습니다.

질: 저는 무엇 때문에 자꾸만 인도로 오게 됩니까? 이곳의 생활비가 비교적 싸기 때문만은 아니겠지요? 인상들의 다채로움과 다양성도 아닐 것입니다. 더 중요한 어떤 요소가 있을 것이 분명합니다.

마: 영적인 측면도 있지요. 인도에서는 외적인 것과 내적인 것의 구분이 더 적습니다. 여기는 외적인 것 속에서 내적인 것을 표현하기가 더 쉽습니다. 통합이 더 쉽습니다. 사회도 그다지 억압적이지 않지요.

질: 예, 서양에서는 온통 **따마스**이고 **라자스**입니다. 인도에는 **사뜨와**가 더 많습니다. 조화와 균형 말입니다.

마: **구나**(gunas)를 넘어설 수 없습니까? 왜 **사뜨와**를 선택합니까? 어디에 있든 본래의 그대로서 존재하고, **구나**에 대해서는 걱정하지 마십시오.

질: 저는 그럴 힘이 없습니다.

마: 그것은 그대가 인도에서 별로 얻은 게 없다는 것을 보여줄 뿐입니다. 그대가 참으로 가지고 있는 것은 잃어버릴 수 없습니다. 그대가 자신의 **진아** 안에 잘 자리 잡고 있으면, 장소의 변경은 그에 영향을 주지 않습니다.

질: 인도에서는 영적인 삶이 쉽습니다. 서양에서는 그렇지 않습니다. 훨씬 많은 정도로 환경에 순응해야 합니다.

마: 그대 자신의 환경을 창조해 보지 그럽니까? 세계는 그대가 그것에 부여하는 만큼의 힘만 그대에 대해 가지고 있습니다. 반란을 일으키십시오. 이원성을 넘어서서, 동양과 서양에 차이를 두지 마십시오.

질: 아주 비非영적인 환경에 있을 때는 우리가 무엇을 할 수 있습니까?

마: 아무것도 하지 마십시오. 그대 자신이 되십시오. (그 환경에서) 벗어나 있으십시오. 그 너머를 보십시오.

질: 집에서 충돌이 있을지도 모릅니다. 부모님은 거의 이해하지 못합니다.

마: 그대의 참된 존재를 알면 그대에게 아무 문제도 없습니다. 부모님을 기쁘게 해드릴 수도 있고 안 그럴 수도 있고, 결혼을 할 수도 있고 안 할 수도 있고, 돈을 많이 벌 수도 있고 못 벌 수도 있지만, 그대에게는 모두 똑같습니다. 그저 환경에 따라 행동하되, 그러면서도 모든 상황에서 사실들과, 곧 **실재**와 밀접한 접촉을 유지하며 행동하십시오.

질: 그것은 아주 높은 상태 아닙니까?

마: 오, 아니지요. 그것은 정상적인 상태입니다. 그대가 그것을 높은 상태라고 부르는 것은 그것을 겁내기 때문입니다. 먼저 두려움에서 벗어나십시오. 겁내야 할 것은 아무것도 없다는 것을 아십시오. 두려움 없음이 지고자에 이르는 문입니다.

질: 아무리 노력해도 두려움이 없어지지 않습니다.

마: 두려움 없음(fearlessness)은, 겁낼 것이 아무것도 없다는 것을 알 때 저절로 옵니다. 그대는 군중이 많은 거리를 걸어갈 때 사람들을 그냥 지나칩니다. 어떤 사람들을 쳐다보기도 하고 어떤 사람들을 그냥 언뜻 보고 말기도 하지만 걸음을 멈추지 않습니다. 멈추는 것이 병목 현상을 야기합니다. 계속 움직이십시오! 이름과 형상들은 무시하고 그것들에 집착하지 마십시오. 그대의 집착이 그대의 속박입니다.

질: 어떤 사람이 제 뺨을 때리면 저는 어떻게 해야 합니까?

마: 그대의 인격에 따라 반응하겠지요. 타고난 인격이든 후천적 인격이든.

질: 과연 불가피합니까? 저는, 세계는, 지금 이런 상태로 있도록 운명지어져 있습니까?

마: 어떤 장신구를 다시 만들고 싶은 금세공인은 먼저 그것을 녹여서 형태 없는 금으로 만듭니다. 마찬가지로, 그대 자신의 원래 상태로 돌아가야만 하나의 새로운 이름과 형상이 나타날 수 있습니다. 갱생을 위해서는 죽음이 필수적입니다.

질: 당신께서는 늘 넘어서고, 초연하고, 홀로 있어야 할 필요성을 강조하십니다. '옳다'와 '그르다'는 말은 거의 사용하시지 않습니다. 왜 그렇습니까?

마: 자기 자신이 되는 것은 옳고, 되지 못하는 것은 그릅니다. 다른 모든 것은 조건적입니다. 그대는 그른 것에서 옳은 것을 구분하려고 열심인데, 그것은 그대가 행위의 어떤 토대를 필요로 하기 때문입니다. 그대는 늘 이런저런 일을 하려고 합니다. 그러나 어떤 가치 척도에 기초하여 어떤 결과를 목표하는, 개인적 동기를 가진 행위는 행위하지 않음만 못합니다. 왜냐하면 그 열매는 늘 쓰기 때문입니다.

질: 자각과 사랑은 똑같은 하나입니까?

마: 물론이지요. 자각은 동적이고, 사랑은 존재입니다. 자각은 **행동**하는 **사랑**입니다. 그 자체로 마음은 무수한 가능성을 현실화할 수 있지만, 그것이 사랑에 의해 유발되지 않으면 가치가 없습니다. **사랑**이 창조에 선행합니다. 사랑이 없으면 혼돈만 있습니다.

질: 자각 안에서 행위는 어디 있습니까?

마: 그대는 치유 불가능하게 조작적이군요! 움직임, 요동, 소란이 없으면 그대는 그것을 행위라고 부르지 않습니다. 혼돈은 움직임을 위한 움직임입니다. 참된 **행위**는 무엇을 바꿔놓지 않습니다. 그것은 변모시킵니다. 장소의 변화는 이동에 불과합니다. 가슴(심장)의 변화가 **행위**입니다. 기억해 두십시오—지각 가능한 그 무엇도 실재하지 않는다는 것을. 활동은 **행위**가 아닙니다. (참된) **행위**는 숨겨져 있고, 알려지지 않고, 알 수가 없습니다. 그 결실만을 알 수 있을 뿐이지요.

질: 신은 일체의 행위자(all-doer) 아닙니까?

마: 외부의 행위자를 왜 끌어들입니까? 세계는 그 자신으로부터 스스로를 재창조합니다. 그것은 찰나적인 것이 찰나적인 것을 낳는, 하나의 끝없는 과정입니다. 어떤 행위자가 있어야 한다고 그대가 생각하도록 만드는 것은 그대의 에고입니다. 그대는 자신의 이미지대로 하나의 신을 창조합니다. 그 이미지가 아무리 초라하다 해도 말입니다. 그대는 자기 마음의 필름을 통해 하나의 세계를 투사하고, 거기에 원인과 목적을 부여하기 위해 하나의 신도 투사합니다. 그것은 모두 상상입니다. 거기서 나오십시오.

질: 세계를 순전히 정신적인 것으로 보기가 얼마나 어려운지요! 세계의 구체적인 현실은 (그것이 실재한다고 믿을 만큼) 너무나 설득력 있게 보입니다.

마: 그것이 너무나 실재하는 것처럼 보인다는 것이 상상의 불가사의입니다. 그대는 미혼일 수도 있고 기혼일 수도 있고, 승려일 수도 있고 재가자일 수도 있지만, 그것은 핵심이 아닙니다. 그대는 자신의 상상의 노예입니까, 아닙니까? 그대가 어떤 결정을 내리든, 어떤 일을 하든, 그것은 어김없이 상상에, 곧 사실처럼 행세하는 가정假定에 기초하고 있습니다.

질: 저는 여기 당신 앞에 앉아 있습니다. 그것의 어느 부분이 상상입니까?

마: 그 전부지요. 공간과 시간조차도 상상적인 것입니다.

질: 그것은 제가 존재하지 않는다는 것을 뜻합니까?

마: 저 역시 존재하지 않습니다. 모든 존재물(existence)은 상상적입니다.

질: 존재(being)도 상상적입니까?

마: 모든 것을 채우면서 모든 것을 넘어서 있는 **순수한 존재**는 제한되어 있는 존재물이 아닙니다. 모든 제한은 상상적이며, 무제한적인 것만이 실재합니다.

질: 저를 보실 때, 무엇을 보십니까?

마: 저는 그대가 자기 자신이라고 상상하는 것을 봅니다.

질: 저와 같은 사람들은 많이 있습니다. 하지만 각자 서로 다릅니다.

마: 모든 투사물들의 총합이 이른바 **대환**大幻(*maha-maya*)입니다.

질: 그런데 당신께서 당신 자신을 보실 때는 무엇을 보십니까?

마: 그것은 제가 어떻게 보느냐에 달렸습니다. 마음을 통해서 볼 때는 무수한 사람들을 봅니다. 마음을 넘어서 볼 때는 **주시자**를 봅니다. **주시자** 너머에는 **공**空과 **침묵**의 무한한 강렬함이 있습니다.

질: 사람들을 어떻게 상대해야 합니까?

마: 왜 계획을 세우며, 뭐하려고 세웁니까? 그런 질문들은 걱정을 보여줍니다. 관계라는 것은 살아 있는 것입니다. 그대의 내적 자아와 평화롭게 지내십시오. 그러면 누구와도 평화롭게 지낼 수 있습니다.

그대는 일어나는 일의 주인이 아니라는 것, 순전히 전문적인 사항들을 제외하고는 그대가 미래를 제어할 수 없다는 것을 깨달으십시오. 인간관계는 계획할 수 없습니다. 그것은 너무나 풍부하고 다양합니다. 그저 이해심을 가지고 자비로울 것이며, 모든 자기추구(이기주의)에서 벗어나십시오.

질: 두말할 필요 없이, 저는 일어나는 일의 주인이 아닙니다. 오히려 그 노예입니다.

마: 주인도 되지 말고 노예도 되지 마십시오. 초연하게 있으십시오.

질: 그것은 행위의 회피를 의미합니까?

마: 행위는 피할 수 없습니다. 다른 모든 것과 같이, 그것은 일어납니다.

질: 저의 행위들은 분명히, 제가 통제할 수 있습니다.

마: 해 보십시오. 그대는 자신이 해야 할 일을 한다는 것을 금방 알게 될 것입니다.

질: 저는 제 의지에 따라 행위할 수 있습니다.

마: 행위하고 난 뒤에야 그대가 자신의 의지를 압니다.

질: 저는 제 욕망, 제가 한 선택, 제가 내린 결정들을 기억하고 그에 따라 행위합니다.

마: 그렇다면 그대가 아니라 그대의 기억이 결정하는 거지요.

질: 제가 들어설 곳은 어디입니까?

마: 그대는 그것(행위)에 주의를 기울임으로써 그것이 가능케 합니다.

질: 자유 의지 같은 것은 없습니까? 저는 마음대로 욕망할 수 없습니까?

마: 오, 아니지요. 그대는 욕망하도록 강제됩니다. 힌두교에는 자유 의지라는 관념 자체가 존재하지 않고, 따라서 그에 해당하는 단어가 없습니다. 의지는 약속이고, 고정이며, 속박입니다.

질: 저는 저의 한계들을 마음대로 선택할 수 있습니다.

마: 먼저 그대가 자유로워져야 하지요. 세계 안에서 자유로워지려면 세계로부터 자유로워져야 합니다. 그렇지 않으면 그대의 과거가 그대와 그대의 미래를 결정해 줍니다. 일어난 일과 일어나야 하는 일 사이에서 그대는 붙들려 있습니다. 그것을 운명이나 업業(karma)이라고 할 수는 있어도, 결코 자유라고는 할 수 없지요. 먼저 그대의 **참된 존재**로 돌아가십시오. 그런 다음 **사랑**의 심정에서 우러나 행위하십시오.

질: **현현자** 안에서는 무엇이 **미현현자**의 도장입니까?

마: 그런 것은 아무것도 없습니다. 그대가 **미현현자**의 도장을 찾기 시작하는 순간 **현현자**는 해체됩니다. 그대가 마음을 가지고 **미현현자**를 이해하려고 노력하면, 즉시 마음을 넘어서게 됩니다. 마치 나무 막대를 가지고 불을 들쑤시면 막대가 타듯이 말입니다. 마음을 사용하여 **미현현자**를 탐색하십시오. (알을 깨고 나오려고) 껍질을 쪼아대는 병아리같이 되십시오. 껍질 밖의 삶

에 대해 사색해 보는 것은 거의 소용이 없었겠지만, 껍질을 쪼아대면 안으로부터 껍질을 깨어 병아리가 해방됩니다. 마찬가지로, 탐구를 하면서 마음의 모순과 불합리성을 노출시켜, 안으로부터 마음을 깨트리십시오.

질: 껍질을 깨려는 열망은 어디서 나옵니까?

마: 미현현자에서 나옵니다.

73
마음의 죽음이 지혜의 탄생이다

질문자: 우리가 자신의 **참된 성품**을 깨닫기 전에, 먼저 한 '사람'일 필요가 있지 않습니까? 에고는 그 나름의 가치가 있지 않습니까?

마하라지: '사람'은 거의 쓸모가 없습니다. '사람'은 그 자신의 일에 깊이 개입되어 있고, 자신의 **참된 존재**에 대해 완전히 무지합니다. 주시하는 **의식**이 그 '사람'에게 작용하기 시작하는데, 그것('사람')이 주체이기보다 관찰의 대상이 되지 않으면 깨달음은 무망합니다. 깨달음을 '바람직하고 성취 가능한 것'으로 만드는 것은 주시자입니다.

질: 한 '사람'의 삶에서 그것이 주시자가 되는 시점이 옵니다.

마: 오, 아니지요. '사람'은 그 자체로 주시자가 되지 않습니다. 그것은 차디찬 양초가 시간이 지나면 불타기 시작할 것으로 기대하는 것과 같습니다. 자각의 불길이 건드려 주지 않으면, 그 '사람'은 **무지**의 어둠 속에 영원히 머물러 있을 수 있습니다.

질: 그 촛불을 누가 켭니까?

마: 스승이지요. 그의 말, 그의 **친존**親存(presence)입니다. 인도에서는 그것이 만트라(mantra)인 경우도 아주 흔합니다. 일단 양초에 불이 붙으면 그 불길이 양초를 태울 것입니다.

질: 왜 만트라가 그렇게 효과가 있습니까?

마: 만트라의 부단한 염송은 '사람'이 자신을 위해서는 하지 않는 일이지요. 수혜자는 그 '사람'이 아닙니다. 불에 타면서 양이 늘어나지 않는 양초처럼 말입니다.

질: '사람'이 스스로 그 자신을 자각하게 될 수도 있습니까?

마: 예, 많은 괴로움을 당한 결과로 가끔 그런 일이 일어나기도 합니다. 스승은 여러분을 끝없는 고통에서 구해주고 싶어 합니다. 그의 은총이 그와 같습니다. 발견할 수 있는 외적 스승이 없을 때조차도, 늘 참스승(sadguru), 즉 내면에서 이끌어주고 도와주는 내적 스승이 있습니다. '외적'이니 '내적'이니 하는 말들은 몸에 대해 상대적일 뿐입니다. 실재 안에서는 모두가 하나이며, 외적 존재란 내적 존재의 한 투사물일 뿐입니다. 자각은 마치 높은 차원에서 내려오듯 그렇게 옵니다.

질: 불꽃이 켜지기 전과 후는 어떤 차이가 있습니까?

마: 불꽃이 켜지기 전에는 그 차이를 지각할 주시자가 없습니다. '사람'이 의식하고 있을지는 모르나, 의식하고 있다는 것을 자각하지 못합니다. '사람'은 자신이 생각하고 느끼고 경험하는 것과 자신을 완전히 동일시합니다. '사람'의 안에 있는 어둠은 그 자신의 창조물입니다. 그 어둠을 의문시하면 어둠은 해소됩니다. 의문시하려는 그 욕망을 스승이 심어줍니다. 바꾸어 말해서, '사람'과 주시자의 차이는 자기 자신을 모르는 것과 아는 것의 차이와 같습니다. 의식 안에서 보이는 세계는, 조화성(sattva)이 있을 때는 의식의 성품으로 되게 되어 있습니다. 그러나 활동성(rajas)과 수동성(tamas)이 나타날 때는 그것들이 (시각을) 흐릿하게 하고 왜곡하여, 그대가 거짓(세계)을 실재하는 것으로 보게 됩니다.

질: 스승의 출현에 대해 스스로 준비하려면 '사람'은 무엇을 해야 합니까?

마: 준비되어 있으려는 욕망 자체가, 스승이 이미 왔고 불길이 점화된다는 것을 의미합니다. 그것은 우연히 들은 한 단어나 어느 책의 한 페이지일 수도 있습니다. 스승의 은총은 불가사의하게 작용합니다.

질: 자기준비 같은 것은 없습니까? 우리는 요가수행(yoga sadhana)에 대한 이

야기를 너무 많이 듣는데요?

마: 수행을 하는 것은 그 '사람'이 아닙니다. '사람'은 끝까지 소요를 일으키고 저항합니다. 그 '사람'에게, 곧 과거·현재·미래의 그 '사람'의 환幻 전체에 작용하는 것은 주시자입니다.

질: 당신께서 하시는 말씀이 참되다는 것을 우리는 어떻게 알 수 있습니까? 그것은 자기충족적이고 내적인 모순에서 벗어나 있기는 하지만, 그것이 부단한 반복에 의해 키워지고 풍부해진 비옥한 상상력의 산물이 아니라는 것을 어떻게 알 수 있습니까?

마: 진리의 증거는 그것을 듣는 자에게 미치는 효과에 있습니다.

질: (진리의) 말씀은 더없이 강력한 효과가 있을 수 있습니다. 말씀을 듣거나 염송하면 우리가 갖가지 무아경無我境을 체험할 수도 있습니다. 이처럼 말씀을 듣는 사람에게 체험들이 유발될 수는 있겠지만, 그것을 하나의 증거로 간주할 수는 없습니다.

마: 그 효과가 반드시 체험일 필요는 없습니다. 그것은 인격·동기에서, 사람들과의 관계에서, 그리고 우리의 자아에서 나타나는 변화일 수도 있습니다. 말이나 약품, 혹은 다른 어떤 감각적 혹은 정신적 수단에 의해 야기되는 무아경과 환영幻影들은 일시적이고 어중간합니다. 여기서 제가 말하는 진리는 움직일 수 없고 영구적입니다. 그리고 그 증거는 '듣는 자'의 안에, 그의 전 존재에서 일어나는 깊고 영구적인 변화에 있습니다. 그것은 그가 의심할 수 있는 어떤 것이 아닙니다. 그가 자신의 존재성을 의심한다면 모르겠지만, 그것은 생각할 수 없는 일이지요. 저의 체험이 그대 자신의 체험이 되는데, 그보다 더 나은 어떤 증거를 원합니까?

질: 체험하는 자가, 그의 체험의 증거입니다.

마: 그렇지요. 그러나 '체험하는 자'에게는 증거가 필요 없습니다. "내가 있다. 나는 내가 있다는 것을 안다"는 것이지요. 더 이상의 증거를 요구할 수는 없습니다.

질: 사물들에 대한 **참된 앎**이 있을 수 있습니까?

마: 상대적으로는—있지요. 절대적으로는—어떤 사물도 없습니다. 아무것

도 있지 않다는 것을 아는 것이, **참된 앎**입니다.

질: 상대적인 것과 절대적인 것 간의 연결고리는 무엇입니까?

마: 그 둘은 동일합니다.

질: 어떤 관점에서 그것이 동일합니까?

마: 말을 하고 있을 때, **침묵**이 있습니다. 상대적인 것이 끝나면 절대적인 것이 남습니다. 말이 있기 전의 **침묵**이 뒤에 오는 **침묵**과 다릅니까? 그 **침묵**은 하나이고, 그 **침묵** 없이는 말이 들릴 수 없었을 것입니다. 그것은 늘 있습니다—말의 뒤편에. 그대의 주의를 말에서 **침묵**으로 옮기십시오. 그러면 그것을 들을 것입니다. 마음은 체험을 갈망하고, 그에 대한 기억을 앎으로 여깁니다. 진인은 모든 체험을 넘어서 있고, 그의 기억은 과거가 비워져 있습니다. 그는 특별히 어떤 것과도 전적으로 무관합니다. 그러나 마음은 말로 표현하고 규정하기를 갈망하여, **실재**를 쥐어짜서 늘 어떤 언어적 형태로 만들려고 애씁니다. 마음은 모든 것에 대해 어떤 관념을 원합니다. 관념 없이는 마음도 없기 때문입니다. **실재**는 본질적으로 홀로이지만, 마음은 그것을 홀로 내버려두지 않으려 합니다. 그 대신 **실재**와 거래를 합니다. 그렇지만 그것이 마음이 할 수 있는 전부입니다. 즉, 비실재는 실재하지 않는다는 것을 발견하는 거지요.

질: 그리고 실재를 실재하는 것으로 보면서 말입니까?

마: 실재를 보는 그런 상태는 없습니다. 누가 무엇을 본다는 것입니까? 그대는 **실재**가 될 수 있을 뿐인데, 여하튼 그대가 바로 그것입니다. 문제는 심적인 것일 뿐입니다. 거짓된 관념들을 버리십시오. 그러면 됩니다. 참된 관념이 있을 필요가 없습니다. 그런 어떤 것도 없습니다.

질: 그러면 왜 저희에게 실재를 추구하라고 권하십니까?

마: 마음이 어떤 목적을 가져야 합니다. 마음에게 비실재에서 벗어나라고 권하기 위해, 그 보상으로 뭔가를 약속해 줍니다. 실제로는 아무 목적이 있을 필요가 없습니다. 거짓에서 벗어나는 것은 그 자체로 좋은 일이고, 그것은 아무런 보상을 바라지 않습니다. 그것은 깨끗한 것과 똑같습니다. 깨끗함이 그 자체의 보상입니다.

질: 자기앎(진아지)이 그 보상 아닙니까?

마: 자기앎이란 보상은 개인적 자아에서 벗어나는 것입니다. 그대는 '아는 자'를 알 수 없습니다. 그대가 곧 '아는 자'니까요. 안다는 사실이 '아는 자'를 증명해 줍니다. 다른 증거는 필요 없습니다. 알려지는 것을 아는 자는 우리가 알 수 없습니다. 빛이 색채들 속에서만 알려지는 것처럼, '아는 자'는 앎 속에서만 알려집니다.

질: '아는 자'는 하나의 추론일 뿐입니까?

마: 그대는 자신의 몸과 마음, 그리고 감정을 압니다. 그대는 하나의 추론일 뿐입니까?

질: 다른 사람들에게는 제가 하나의 추론이지만 저 자신에게는 아닙니다.

마: 저도 그렇습니다. 그대에게는 하나의 추론이지만 저 자신에게는 아닙니다. 저는 저 자신인 것으로써 저 자신을 압니다. 그대가 한 인간인 것으로써 자신이 인간인 줄 알듯이 말입니다. 그대는 자기가 인간이라는 것을 스스로 계속 상기하지 않습니다. 누가 그대의 인간성을 의문시할 때만 그것을 주장합니다. 마찬가지로, 저는 제가 모든 것임을 압니다. 제가 "나는 모든 것이다, 나는 모든 것이다"라고 계속 되뇔 필요는 없습니다. 그대가 저를 어떤 특수자, 한 '사람'으로 여길 때만 항변합니다. 그대가 언제나 한 인간이듯이, 저도 본래의 저입니다 — 언제나. 그게 뭐든 변함없이 그대인 것, 그것이 의심할 여지 없이 그대입니다.

질: 당신께서 진인이라는 것을 어떻게 아시느냐고 제가 여쭈면 당신께서는 이렇게 답변하십니다. "나는 내 안에서 욕망을 전혀 발견할 수 없다. 이것이 하나의 증거 아닌가?"라고 말입니다.

마: 설사 제가 욕망으로 가득 차 있다 해도, 저는 여전히 본래의 저였을 것입니다.

질: 저 자신도 욕망에 가득 차 있고 당신께서도 욕망에 가득 차 있다면, 무슨 차이가 있겠습니까?

마: 그대는 자신을 그대의 욕망과 동일시하여 그 욕망들의 노예가 됩니다. 저에게는 욕망도 다른 것들 중의 일부이고, 마음의 하늘에 떠 있는 구름들

에 지나지 않기 때문에, 그에 따라 행동해야 한다는 느낌이 들지 않습니다.

질: '아는 자'와 그의 앎은 하나입니까, 둘입니까?

마: 하나이자 둘이지요. '아는 자'는 미현현자이고, '알려지는 것'은 현현자입니다. '알려지는 것'은 늘 움직이고 있기 때문에 그것은 변하고, 그 자신의 형태가 없고, 거주처가 없습니다. '아는 자'는 모든 앎을 떠받치는 불변의 지지물입니다. 그 둘은 각기 서로를 필요로 하지만, 실재는 그 너머에 있습니다. 진인은 알려질 수 없습니다. 왜냐하면 알려질 자가 아무도 없기 때문입니다. 한 '사람'이 있을 때는 그에 대해 뭔가 말할 수 있겠지만, 특수자와의 자기 동일시가 전혀 없을 때는 무슨 말을 할 수 있습니까? 그대가 진인에게 어떤 말을 할 수는 있겠지요. 그의 반문은 늘 "그대는 누구에게 이야기하는가? 그런 사람은 없다"일 것입니다. 우주는 일체를 포함하기 때문에 우리가 그에 대해 아무 말도 할 수 없듯이, 진인에 대해서도 아무 말을 할 수 없습니다. 왜냐하면 그는 모든 것이고, 그러면서도 특별히 어떤 것도 아니기 때문입니다. 그림을 걸려면 걸어 둘 고리가 필요한데, 고리가 없으면 그림이 어디에 걸리겠습니까? 한 사물이 어디에 있다고 하려면 공간이 필요하고, 한 사건이 언제 일어났다고 하려면 시간이 필요하지만, 무시간적이고 무공간적인 것은 모든 취급을 불허합니다. 그것이 일체를 지각 가능하게 하지만 그 자체는 지각을 넘어서 있습니다. 마음은 마음을 넘어선 것을 알 수 없지만, 마음을 넘어선 것은 마음을 압니다. 진인은 탄생도 모르고 죽음도 모릅니다. 존재와 비존재가 그에게는 동일합니다.

질: 당신의 몸이 죽을 때, 당신께서는 남으십니다.

마: 아무것도 죽지 않지요. 몸은 그냥 상상된 것입니다. 그런 것은 없습니다.

질: 또 한 세기가 지나가기 전에, 당신께서는 당신 주위의 모든 것에 대해 죽어 있을 것입니다. 당신의 몸은 꽃들로 덮이고, 불에 타서 재가 뿌려질 것입니다. 그것이 우리의 경험일 것입니다. 당신의 경험은 어떻겠습니까?

마: 시간이 끝이 나겠지요. 이것이 큰 죽음(maha-mrityu), 곧 시간의 죽음이라는 것입니다.

73. 마음의 죽음이 지혜의 탄생이다

질: 그것은 우주와 그 내용물이 끝이 날 거라는 의미입니까?

마: 우주는 그대의 개인적 경험입니다. 그것이 어떻게 영향을 받겠습니까? 그대는 두 시간 동안 강연을 했을 수도 있는데, 강연이 끝났을 때 그것은 어디로 갔습니까? 그것은 강연의 시작과 중간과 끝이 모두 함께 그 안에 있는 **침묵** 속으로 합일되었습니다. (강연의) 시간이 멈추었습니다. 그 시간이 있었지만 더 이상은 없습니다. 한 평생 이야기를 한 뒤의 침묵과 한 평생 침묵한 뒤의 침묵은 동일한 **침묵**입니다. **불멸**이란 "내가 있다"는 느낌에서 벗어나는 것입니다. 하지만 그것은 소멸이 아닙니다. 오히려 그것은 그대가 생각할 수 있는 것보다 무한히 더 실재하고, 자각하며, 행복한 상태입니다. 다만 자아의식이 더 이상 존재하지 않을 뿐입니다.

질: 마음의 큰 **죽음**은 왜 몸의 '작은 죽음'과 동시에 일어나지 않습니까?

마: 일어나지 않지요! 그대는 마음의 번뇌에 한 번의 단절도 없이 일백 번 죽을 수도 있습니다. 아니면 몸을 지닌 채 마음만 죽을 수도 있습니다. 마음의 죽음이 지혜의 탄생입니다.

질: '사람'은 가고 주시자만 남습니다.

마: 누가 남아서 "내가 주시자다"라고 말하겠습니까? "내가 있다"가 없는데 주시자가 어디 있습니까? 그 무시간적 상태에서는 그대가 안전하게 머무를 자아가 없습니다.

짐 꾸러미를 나르는 사람이 그것을 잃어버리지 않을까 걱정합니다. 꾸러미를 의식하는 거지요. "내가 있다"는 느낌을 간직하고 있는 사람은 자기를 의식합니다. 진인은 아무것도 붙들지 않고, 의식한다고 말할 수도 없습니다. 그러면서도 의식하지 못하지도 않습니다. 그는 **자각**의 바로 심장입니다. 우리는 그를 **디감바라**(digambara), 곧 '공간으로 옷 입은 자', 모든 겉모습을 넘어선 **벌거벗은 자**라고 부릅니다. 그가 이러이러하게 존재한다고 말할 수 있는 이름과 형상은 없지만, 그는 참으로 있는 유일한 자입니다.

질: 그 말씀은 이해가 잘 안 됩니다.

마: 누가 이해할 수 있습니까? 마음은 한계가 있습니다. (진인의 역할은) 그대를 앎의 바로 변경邊境까지 데려다주어, 그대가 **미지자**未知者의 광대무변함

을 대면하게 해주는 것으로 충분합니다. 그 속으로 뛰어드는 것은 그대에게 달렸습니다.

질: 주시자는 어떻습니까? 그것은 실재합니까, 실재하지 않습니까?

마: 둘 다지요. (그것은) 환幻의 마지막 잔재이자 실재의 첫 자국입니다. "나는 주시자일 뿐이다"라고 말하는 것은 거짓이기도 하고 참이기도 합니다. 거짓인 것은 "내가 있다" 때문이고, 참인 것은 주시자 때문입니다. "주시하기(witnessing)가 있다"고 말하는 것이 낫습니다. "내가 있다"고 말하는 순간 전 우주가 그 창조자와 함께 생겨납니다.

질: 다른 질문을 하나 드리겠습니다. 우리는 '사람과 자아를 동생과 형의 두 형제로 관념할 수 있습니까? 동생은 말썽꾼이고 이기적인데다가 거칠고 들떠 있지만, 형은 영리하고 친절하며, 합리적이고 사려심이 있고, 욕망과 두려움을 가진 몸-의식에서 벗어나 있습니다. 형은 동생을 알지만 동생은 형을 모르는 채 자신이 전적으로 자기 것이라고 생각합니다. 스승이 와서 동생에게 말합니다. "너는 혼자가 아니다. 너는 아주 좋은 가문 출신인데, 네 형은 아주 뛰어난 사람으로, 지혜롭고 친절하고 너를 매우 사랑한다. 그를 기억하고, 그를 생각하고, 그를 발견하고, 그에게 봉사해라. 그러면 네가 그와 하나가 될 것이다." 자, 질문은 이겁니다. 우리 안에 두 가지, 즉 인격체(사람)와 개별자(자아), 거짓 자아와 참 자아가 있습니까, 아니면 그것은 하나의 비유일 뿐입니까?

마: 둘 다지요. 그것들은 둘로 보이지만, 탐구해 보면 하나라는 것을 알게 됩니다. 이원성(duality)은 그것을 의문시하지 않는 동안만 지속됩니다. 삼원성(trinity), 곧 마음·자아·영靈(vyakti, vyakta, avyakta)은 그것을 잘 살펴보면 일원성(unity-단일성)이 됩니다. 이것들은 경험하기의 방식, 곧 집착·무집착·초월의 양태일 뿐입니다.

질: 저희가 하나의 꿈과 같은 상태에 있다는 당신의 가정은 당신의 입장을 공격 불가능한 것으로 만듭니다. 저희가 어떤 반론을 제기해도 당신께서는 그 타당성을 그냥 부정해 버리십니다. 당신과는 토론을 못합니다!

마: 토론하려는 욕망도 욕망일 뿐입니다. 알려는 욕망, 힘을 가지려는 욕망,

심지어 존재하려는 욕망도 욕망일 뿐입니다. 누구나 **존재하려** 하고, 살아남으려 하고, 존속하려고 합니다. 누구도 자기 자신을 확신하지 못하기 때문입니다. 그러나 모두가 불멸(immortal)입니다. 그대는 자신을 몸으로 여김으로써 스스로를 필멸必滅(mortal)로 만듭니다.

질: 당신께서는 **자유**를 발견하셨으니 저에게 그것을 조금 주시지 않겠습니까?

마: 왜 조금입니까? 전부 가지십시오. 가지세요. 여기 있으니 갖기만 하면 됩니다. 그러나 그대는 **자유**를 두려워하지요!

질: 스와미 람다스(Swami Ramdas)[20]도 이와 비슷한 요청에 대처해야 했습니다. 몇 명의 헌신자들이 어느 날 그의 주위에 모여서 **해탈**을 달라고 했습니다. 람다스는 웃으면서 그 말을 듣고 있다가 갑자기 정색을 하고 이렇게 말했습니다. "여러분은 지금 여기서 그것을 가질 수 있습니다. 절대적이고 영구적인 **자유** 말입니다. 원하는 사람은 앞으로 나오십시오." 그러나 아무도 움직이지 않았습니다. 세 번이나 제안했지만, 아무도 받지 않았습니다. 그러자 그가 말했습니다. "제안을 이만 거두겠습니다."

마: 집착이 용기를 무너뜨립니다. 주는 자는 늘 베풀 준비가 되어 있지요. 그러나 받는 자가 없습니다. **자유**는 놓아버림을 뜻합니다. 사람들은 일체를 놓아버리고 싶어 하지 않습니다. 그들은 유한한 것이 무한한 것을 얻기 위한 대가이고, 죽음이 **불멸**을 얻기 위한 대가라는 것을 모릅니다. 영적인 성숙도는 일체를 놓아버릴 준비가 된 정도를 말합니다. 포기하는 것이 첫걸음입니다. 그러나 진정한 **포기**는 포기할 것이 아무것도 없다는 것을 깨닫는 데 있습니다. 왜냐하면 그 무엇도 그대의 것이 아니기 때문입니다. 그것은 깊은 잠과 같습니다. 그대는 잠이 들 때 침상을 포기하지 않습니다. 그냥 그것을 잊어버립니다.

---

20) *T.* 인도의 성자(1884~1963). 그의 아쉬람은 케랄라 주 깐한가드(Kanhangad)에 있다.

74
진리는 지금 여기에 있다

질문자: 저의 질문은, 진리의 증거는 무엇이냐 하는 것입니다. 모든 종교의 추종자들은—그 종교가 형이상학적이든 정치적이든, 철학적이든 윤리적이든 간에—그들의 진리가 유일한 진리이고 다른 모든 것은 거짓이라고 확신하면서, 그들 자신의 흔들릴 수 없는 확신을 진리의 증거로 여깁니다. "나는 확신한다. 그러니 그것은 참될 수밖에 없다"라는 것입니다. 제가 보기에는 어떤 철학이나 종교, 어떤 교의教義나 이념도, 그것이 아무리 완전하고 내적 모순에서 벗어나 있고 정서적으로 호소력 있다 할지라도, 그것 자신의 진리성에 대한 증거는 될 수 없습니다. 그것들은 사람들이 걸치는 옷과 같아서, 시대와 환경에 따라 변하고 유행의 흐름을 좇아갑니다.

그런데, 참되면서도 누군가의 확신에 의존하지 않는 어떤 종교나 철학이 있을 수 있습니까? 경전에도 의존하지 않는 것 말입니다. 왜냐하면 경전은 다시 그것에 대한 어떤 사람의 믿음에 의존하니까요. 누가 신뢰하는 것에 의존하지 않는, 주관적이지 않은 어떤 진리가 있습니까?

마하라지: 과학은 어떻습니까?

질: 과학은 순환적입니다. 과학은 시작하는 곳에서 끝납니다. 감각기관을 가지고서 말입니다. 과학은 경험을 다루는데, 경험은 주관적입니다. 두 사람이 똑같은 경험을 하는 법은 없습니다. 그들이 같은 언어로 그것을 표현한다 해도 그렇습니다.

마: 마음 너머에서 진리를 찾아야 합니다.

질: 선생님, 무아경은 충분히 경험해 보았습니다. 어떤 약(마약)으로도 그것을 싼 값에 신속히 유발할 수 있습니다. 호흡 수련이나 정신 수련에 의해 야기되는 고전적 삼매들이라 해도 별로 많이 다르지 않습니다. 산소 삼매와 이산화탄소 삼매, 그리고 어떤 언구나 일련의 생각을 암송하면 야기되는 자기유발적 삼매들이 있습니다. 단조로움은 마취 효과가 있습니다. 삼매가

아무리 굉장하다 해도, 저는 그것을 **진리**의 증거로 받아들일 수 없습니다.

마: **삼매**는 체험을 넘어서 있습니다. 그것은 성질 없는 상태입니다.

질: 체험이 없는 것은 부주의 때문입니다. 체험은 **주의**와 함께 다시 나타납니다. 눈을 감는다고 해서 빛이 없는 것은 아닙니다. 부정적인 상태들에 실재성을 인정해 준다고 해서 우리가 얻는 것은 별로 없습니다. 그 부정 자체가 하나의 긍정을 내포합니다.

마: 어느 면에서는 그대가 옳습니다. 그러나 그대는 자신이 염두에 두고 있는 **진리**가 무엇인지, 그리고 어떤 증거가 그대를 만족시킬 것인지 설명하지도 않고 **진리**의 증거를 요구하고 있다는 것을 모릅니까? 그대가 자신의 증거를 신뢰한다면, 어떤 것도 입증할 수 있습니다. 그러나 그대의 증거가 참되다는 것을 무엇이 입증해 주겠습니까? 저는 그대를 쉽게 몰아붙여, 그대는 자신이 존재한다는 것밖에 모른다는 것—곧, 그대야말로 그대가 어떤 것에 대해 가질 수 있는 유일한 증거라는 것을 인정하게 할 수 있습니다. 그러나 저는 단순한 존재(existence)를 **실재**와 동일시하지 않습니다. 존재는 일시적이고, 늘 시간과 공간 안에 있는 반면, **실재**는 불변이고 일체에 편재합니다.

질: 선생님, 저는 무엇이 **진리**이며, 무엇이 그것을 입증할 수 있는지 모릅니다. 제가 혼자 자력으로 해결하게 하지 마십시오. 저는 가진 것이 없습니다. 여기 계신 당신께서 **진리**를 아시는 분이지, 저는 아닙니다.

마: 그대는 (깨달은 사람의) 증언을 **진리**의 증거로 받아들이지 않습니다. 다른 사람들의 경험은 그대에게 아무 소용이 없습니다. 헤아릴 수 없이 많은 독립된 목격자(진인)들의 서로 부합되는 진술들에서 나온 모든 추론을 그대가 배척하니 말입니다. 그러니 그대를 만족시킬 증거가 무엇인지, 유효한 증거에 대한 그대의 기준은 무엇인지, 그대가 저에게 말해야 합니다.

질: 솔직히 저는 무엇이 증거가 되는지 모릅니다.

마: 그대 자신의 경험도 증거가 아니란 말입니까?

질: 저의 경험도 아니고 (저의) 존재조차도 아닙니다. 그것들은 제가 의식하고 있다는 것에 의존합니다.

마: 그러면 그대가 의식하고 있는 것은 무엇에 의존합니까?

질: 모르겠습니다. 전에는 저의 몸에 의존한다고 말했겠지만, 지금은 몸은 1차적인 것이 아니라 2차적인 것이어서 존재의 증거로 간주될 수 없다는 것을 알겠습니다.

마: 그대가 "나는 몸이다"라는 관념을 버린 것이 기쁘군요. 그것이 과오와 고통의 주된 원천입니다.

질: 지적으로는 내버렸어도 특수자, 곧 한 '사람'이라는 느낌이 저에게 여전히 있습니다. 저는 "내가 있다"고 말할 수 있지만, 제가 무엇인지는 말하지 못합니다. 저는 제가 존재한다는 것을 알지만, 무엇이 존재하는지를 모릅니다. 그것을 어떤 식으로 표현하든, 저는 미지자未知者와 대면하고 있습니다.

마: 그대의 존재 자체가 실재입니다.

질: 분명히, 우리는 같은 것을 이야기하고 있지 않습니다. 저는 어떤 추상적 존재가 아닙니다. 저는 한계가 있고 자신의 한계를 자각하는 한 '사람'입니다. 저는 하나의 사실이지만, 더없이 비실체적인 사실이 저입니다. 한 '사람'으로서의 저의 일시적 존재 위에 제가 건립할 수 있는 것은 아무것도 없습니다.

마: 그대의 말이 그대보다 더 지혜롭군요! 한 '사람'으로서 그대의 존재는 일시적입니다. 그러나 그대가 한 '사람'일 뿐입니까? '사람'이기는 합니까?

질: 어떻게 대답해야 합니까? 저의 존재의 느낌은 제가 있다는 것밖에 증명하지 못합니다. 그것은 저와 독립된 그 어떤 것도 증명해 주지 않습니다. 저는 상대적이고, 상대적인 것의 피조물이자 창조자입니다. 절대적 진리의 절대적 증거—그것이 무엇이며, 어디에 있습니까? 고작 "내가 있다"는 느낌이 실재의 증거가 될 수 있습니까?

마: 물론 아니지요. "내가 있다"와 "세계가 있다"는 연관되어 있고, 조건적입니다. 그것들은 이름과 형상들을 투사하는 마음의 습習에 기인합니다.

질: 이름과 형상과 관념과 확신들이지, 진리는 아닙니다. 당신께서 안 계셨다면 저는 진리를 포함한 모든 것의 상대성을 받아들였을 것이고, 가정假定들로써 살아가는 법을 배웠을 겁니다. 그러다가 당신을 만나서, 절대자는

제가 미칠 수 있는 곳에 있고 또한 극히 바람직한 것이라고 당신께서 말씀하시는 것을 듣습니다. 평안·지복·영원·불멸과 같은 말들이 저의 주의를 사로잡으면서, (저에게) 고통과 두려움에서 벗어나 보라고 합니다. 저의 타고난 본능인 쾌락 추구와 호기심이 발동하고, 저는 당신께서 열어 주신 영역을 탐험하기 시작합니다. 모든 것이 더없이 매혹적으로 보이고, 당연히 저는 묻습니다. "그것은 이룰 수 있는 것인가? 그것은 실재하는가?"라고 말입니다.

마: 그대는 마치 "설탕이 달다는 것을 증명해 주세요. 그래야 설탕을 갖겠어요"라고 말하는 어린아이와 같습니다. 단맛의 증거는 입 안에 있지, 설탕에 있지 않습니다. 설탕이 달다는 것을 알려면 그것을 맛보아야지, 다른 방법이 없습니다. 물론 그대는 "그것은 설탕입니까? 그 맛은 답니까?"라고 묻는 것으로 시작하여, 저의 보증을 받고서야 그것을 맛봅니다. 그제야 모든 의심이 사라지고, 그대의 앎은 직접적이고 흔들릴 수 없는 것이 됩니다. 저는 그대에게 저를 믿어 달라고 하지 않습니다. 그저 시작할 수 있을 만큼만 저를 신뢰해 보십시오. 내딛는 걸음마다 그 자체를 증명하거나 반증합니다. 그대는 진리의 증거가 진리에 선행하기를 원하는 것 같습니다. 그러면 그 증거의 증거는 무엇이겠습니까? 보세요, 그대는 소급 추론에 떨어집니다. 그것을 멈추려면, 증거 요구하기를 멈추고 잠시나마 어떤 것을 참된 것으로 받아들여야 합니다. 그것이 무엇이냐는 정말 중요하지 않습니다. 그것은 신일 수도 있고 저일 수도 있고, 아니면 그대 자신의 **진아**일 수도 있습니다. 각 경우마다, 그대는 알 수 없는 어떤 것, 또는 어떤 사람을 참되다고 받아들입니다. 이럴 때 그대가 한 순간이라도 자신이 받아들인 **진리**에 입각해서 행동하면, 금방 그 다음 단계로 옮겨가게 될 것입니다. 그것은 어둠 속에서 나무를 기어오르는 것과 같습니다. 앞의 가지 위에 올라선 뒤에야 다음 가지를 붙잡을 수 있지요. 과학에서는 그것을 실험적 접근법이라고 부릅니다. 우리가 하나의 이론을 증명하려면 우리보다 먼저 어떤 실험을 한 사람이 남겨 놓은 조작 지침에 따라 그 실험을 행합니다. 영적인 탐색에서는 그대가 해야 할 일련의 실험들을 **요가**라고 부릅니다.

질: 수많은 요가가 있는데, 어느 것을 골라야 합니까?

마: 물론 진인마다 자기가 성취한 길을 자신이 가장 익히 아는 길로서 제시하겠지요. 그러나 그들 대부분은 아주 유연해서 자신의 조언을 탐구자의 필요에 맞게 변용합니다. 모든 길이 그대를 마음의 정화로 이끌어 줍니다. 불순수한 마음은 진리에 대해 불투명하지만, 순수한 마음은 투명합니다. 진리는 순수한 마음을 통해서 쉽게, 그리고 명료하게 보입니다.

질: 죄송하지만, 제가 저의 어려움을 전달하지 못하는 것 같습니다. 저는 진리의 증거에 대해 여쭈고 있는데, 진리를 성취하는 방법들을 제시받고 있습니다. 제가 그 방법들을 따라하여 더없이 경이롭고 바람직한 어떤 상태를 성취한다면, 저의 상태가 참되다는 것을 어떻게 알게 됩니까? 모든 종교는 믿음으로 시작하며 어떤 황홀경을 약속합니다. 그 황홀경은 **실재**에 속합니까, 아니면 믿음의 산물입니까? 왜냐하면, 만약 그것이 (믿음에 의해) 유도된 상태라면 저는 그것과 무관할 것이기 때문입니다. "예수님이 너희의 **구세주**이니, 믿고 죄에서 구원 받으라"고 말하는 기독교를 예로 들겠습니다. 죄를 짓고 있는 기독교인에게 제가 "당신은 **그리스도**에 대한 믿음에도 불구하고, 왜 죄에서 구원받지 못하고 있습니까?"라고 물으면, 그는 "저의 믿음이 완전하지 못합니다"라고 대답합니다. 또다시 우리는, 완전한 믿음이 없으면 구원이 없고, 구원이 없으면 완전한 믿음이 없으며, 따라서 구원이 없다는 악순환에 빠집니다. 성취할 수 없는 조건들이 부과되고, 그런 다음 우리는 그것을 성취하지 못한다고 비난 받습니다.

마: 그대는 현재 그대의 생시 상태가 무지의 상태라는 것을 깨닫지 못하고 있습니다. 진리의 증거에 대한 그대의 질문은 **실재**에 대한 무지에서 생겨납니다. 그대는 **의식** 안에서, "내가 있다"의 점 위에서, 자신의 감각적이고 정신적인 상태들에 접촉하고 있지만, **실재**는 명상의 대상이 되지 않고, 접촉되지 않고, 경험되지 않습니다. 그대는 이원성을 너무나 당연한 것으로 여겨 그것을 알아차리지도 못하지만, 저에게는 다종다양성이 분리를 만들어내지 않습니다. 그대는 **실재**가 이름과 형상들과는 별개로 있다고 상상하는 반면, 저에게는 이름과 형상들이 **실재**의 늘 변하는 표현들이고, 그것과 별

개가 아닙니다. 그대는 **진리**의 증거를 요구하지만, 저에게는 모든 존재물(existence)이 그 증거입니다. 그대는 존재물을 존재(being)에서 분리하고 존재를 **실재**에서 분리하는 반면, 저에게는 그것이 모두 하나입니다. 그대가 그대의 생시 상태의 진리성을 아무리 확신한다 해도, 제가 저의 상태의 진리성을 이야기할 때처럼 그것이 영원불변이라고 주장하지는 못합니다. 하지만 저는 우리 사이에 아무 차이를 보지 않습니다. 그대는 사물들을 상상하고 있지만 저는 그러지 않는다는 것을 제외하면 말입니다.

질: 먼저 당신께서는 저에게 **진리**에 대해 질문할 자격이 없다 하시고, 그런 다음 제가 상상을 한다고 비난하시는군요! 당신께는 상상인 것이 저에게는 현실입니다.

마: 그대가 탐구할 때까지는 그렇지요. 저는 그대의 무엇도 비난하지 않습니다. 단지 지혜롭게 질문하라고 할 뿐입니다. 그대가 모르는 **진리**의 증거를 찾지 말고, 그대가 안다고 믿는 것에 대해 그대가 가진 증거들을 검토해 보십시오. 그러면 그대가 확실히 아는 것은 아무것도 없다는 것—전해 들은 것을 신뢰한다는 것을 발견할 것입니다. **진리**를 알려면 그대 자신의 체험을 통과해야 합니다.

질: 저는 **삼매**와 여타 무아경들을 죽도록 겁내고 있습니다. 그것들의 원인이 무엇이든 간에 말입니다. 음주, 흡연, 열병, 마약, 호흡, 노래하기, 몸 흔들기, 춤추기, 빙빙 돌기, 기도하기, 섹스나 단식, 만트라나 어떤 현기증 나는 멍한 상태는 저를 생시의 상태에서 떼어내어 어떤 체험, 낯설기 때문에 특이한 체험을 안겨줄 수 있습니다. 그러나 그 원인이 사라지면 그 결과도 해소되고, 어떤 기억만 남아 뇌리를 사로잡다가 희미해집니다.

모든 수단과 그 결과들은 관두기로 하지요. 결과들은 수단에 의해 구속되니 말입니다. 그 질문을 새로 하겠습니다. **진리**는 발견될 수 있습니까?

마: 그대가 찾으러 갈 수 있는 **진리**의 거주처는 어디입니까? 그리고 자신이 **진리**를 발견했다는 것을 그대는 어떻게 알겠습니까? 그것을 검증하기 위한 어떤 시금석을 가지고 갑니까? 그대는 '**진리**의 증거가 무엇인가'라는 최초의 질문으로 돌아와 있습니다. 그 질문 자체에 뭔가 잘못된 것이 있음

이 분명합니다. 그대가 그것을 계속 되풀이하는 경향이 있기 때문입니다. 진리의 증거들이 무엇인지를 왜 묻습니까? 그것은 그대가 **진리**를 직접 알지 못하고, (남에게) 속을지 모른다고 두려워하기 때문 아닙니까? 그대는 **진리**가 '진리'라는 이름을 붙이고 다니는 하나의 물건이고, 만약 그것이 진짜라면 그것을 가지고 있는 것이 유리하다고 상상합니다. 그래서 속는 것을 두려워합니다. 그대는 **진리**를 돈 주고 사려 하지만, 상인들을 신뢰하지 않습니다. 위조품과 모조품들을 겁내는 거지요.

질: 저는 속는 것을 두려워하지 않습니다. 저 자신을 속이는 것을 두려워합니다.

마: 그러나 그대는 자신의 참된 동기들을 모르는 바람에 스스로를 속이고 있습니다. 그대는 **진리**를 요구하지만, 사실은 안락을 추구하는 것에 불과합니다. 안락이 영원히 계속되기를 바라면서 말입니다. 그런데 그 무엇도, 어떤 마음의 상태도 영원히 지속될 수 없습니다. 시간과 공간 안에서는 늘 어떤 한계가 있습니다. 왜냐하면 시간과 공간 자체가 한정되어 있기 때문입니다. 그리고 무시간적인 것 안에서는 '영원히'라는 말이 아무 의미가 없습니다. '**진리의 증거**'도 마찬가지입니다. 비이원성의 영역에서는 일체가 완전하고, 그 자신의 증거이자 의미이며 목적입니다. 모두가 하나인 곳에서는 어떤 지지물도 필요 없습니다. 그대는 영원성이 **진리**의 증거이고, 더 오래 지속되는 것이 어떤 식으로든 더 참되다고 상상합니다. 시간이 **진리**의 척도가 됩니다. 그리고 시간은 마음 안에 있기 때문에, 마음이 중재자가 되어 자기 자신 안에서 **진리**의 증거를 찾습니다. 도무지 불가능하고 가망 없는 일이지요!

질: 선생님, 만약 당신께서 "아무것도 참되지 않고 모든 것은 상대적이다"라고 말씀하신다면, 저도 동의하겠습니다. 그러나 당신께서는 **진리, 실재, 완전지**가 있다고 주장하십니다. 그래서 여쭙니다. 그것이 무엇이며, 당신께서는 그것을 어떻게 아십니까? 그리고 무엇이 저에게 "그렇다, 마하라지님이 옳았다"라고 말하게 만들겠습니까?

마: 그대는 어떤 증거, 어떤 증언, 어떤 권위의 필요성을 붙들고 있습니다.

그대는 여전히, 진리는 누가 그것을 가리키면서 "보라, 여기 진리가 있다"고 그대에게 말해주어야 하는 거라고 상상합니다. 그것은 그렇지 않습니다. 진리는 어떤 노력의 결과, 어떤 길의 끝이 아닙니다. 그것은 지금 여기에, 그것에 대한 열망과 추구 자체 안에 들어 있습니다. 그것은 마음과 몸보다도 더 가까이 있고, "내가 있다"는 느낌보다도 더 가까이 있습니다. 그대가 그것을 보지 못하는 것은, 그대 자신에게서 너무 멀리 떨어진 곳을, 그대의 가장 깊은 내적 존재의 바깥을 바라보기 때문입니다. 그대는 진리를 대상화해 왔고 (진리에 대한) 자신의 표준적 증거와 기준을 고집하고 있지만, 그런 것은 사물과 생각들에나 해당됩니다.

질: 당신의 말씀에서 제가 이해할 수 있는 것은, 진리는 저를 넘어서 있고 저는 그것에 대해 이야기할 자격이 없다는 것이 전부입니다.

마: 그대는 자격이 있을 뿐 아니라, 그대가 진리 자체입니다. 다만 그대가 거짓된 것을 참된 것으로 착각할 뿐입니다.

질: 당신께서는 "진리의 증거를 요구하지 말라. 비진리만 상관하라"고 말씀하시는 것 같습니다.

마: 진리를 발견하는 것은 거짓된 것을 분간하는 데 있습니다. '없는 것(비실재)'은 그대가 알 수 있습니다. '있는 것(실재)'은 그대가 그것이 될 수 있을 뿐입니다. '앎'은 '알려지는 것'에 대해 상대적입니다. 어느 면에서 그것은 무지의 상대물입니다. 무지가 없는 곳에, 지知가 있을 필요가 어디 있습니까? 그것들 홀로는 무지도 지知도 존재성이 없습니다. 그것들은 마음의 상태일 뿐인데, 이 마음의 상태는 본질상 불변인 의식 안에서 움직임이 나타난 것일 뿐입니다.

질: 진리는 마음의 영역 안에 있습니까, 그 너머에 있습니까?

마: 어느 쪽도 아니면서 둘 다지요. 그것은 말로 표현할 수 없습니다.

질: 그것은 제가 늘 듣는 말입니다. 표현 불가능(anirvachanya)이라고요. 그것이 저를 더 지혜롭게 만들어주지는 않습니다.

마: 그것이 순전한 무지를 곧잘 은폐한다는 것은 사실입니다. 마음은 그 자신이 만들어 낸 조건들로 작동하며, 그 자신을 도저히 넘어설 수 없습니다.

감각적이지도 않고 정신적이지도 않은 것, 그러면서도 그것 없이는 감각적인 것도 정신적인 것도 존재할 수 없는 것은 그런 것들 안에 들어갈 수 없습니다. 마음은 한계가 있다는 것을 이해하십시오. 그것을 넘어서려면 **침묵**에 동의해야 합니다.

질: 행위가 진리의 증거라고 우리가 말할 수 있을까요? 그것이 말로는 표현되지 않는다 해도, (행위로) 보여줄 수는 있을지 모릅니다.

마: 행위도 아니고 불행위도 아닙니다. 그것은 둘 다를 넘어서 있습니다.

질: 어떤 사람이 "그래, 이것은 참되다"라고 말할 수 있기는 합니까? 아니면 거짓된 것을 부정하는 데 그칩니까? 바꾸어 말해서, 진리는 순수한 부정입니까? 아니면 그것이 (긍정적) 주장이 되는 순간이 옵니까?

마: 진리를 묘사할 수는 없으나, 체험할 수는 있습니다.

질: 체험은 주관적입니다. 공유할 수가 없습니다. 당신의 체험들은 저를 이 상태에 그냥 남겨둡니다.

마: 진리는 체험될 수 있지만 그것이 한갓 체험만은 아닙니다. 저는 그것을 알고 있고 그것을 전달해 줄 수도 있으나, 그대가 그에 대해 열려 있어야 합니다. 열려 있다는 것은 달리 아무것도 원치 않는다는 것을 의미합니다.

질: 저는 욕망과 두려움으로 가득 차 있습니다. 이것은 제가 **진리**를 알 자격이 없다는 의미입니까?

마: 진리는 선한 행동에 대한 보상이 아니고, 어떤 시험들을 통과한 데 대한 상償도 아닙니다. 진리를 생겨나게 할 수는 없습니다. 그것은 최초의 것이고, 태어나지 않은 것이고, 존재하는 모든 것의 태곳적 근원입니다. 그대는 자격이 있습니다. 왜냐하면 그대가 있기 때문입니다. 진리를 알 자격을 갖출 필요는 없습니다. 그것은 그대 자신의 것입니다. 쫓아감으로써 (오히려) 달아나는 것만 그만두십시오. 가만히 서서 **침묵**을 지키십시오.

질: 선생님, 만약 몸이 가만히 있고 마음이 침묵하기를 바라신다면, 그것을 어떻게 하는 건지 말씀해 주십시오. 저는 **자기자각** 속에서, 몸과 마음이 제가 통제할 수 없는 원인들에 의해 움직이는 것을 봅니다. 유전과 환경이 저를 절대적으로 지배합니다. 우주의 창조자인 그 강력한 "내가 있다"도 어

떤 마약에 의해 일시적으로 소멸될 수 있고, 독약 한 방울로 영구히 소멸될 수도 있습니다.

마: 또다시 그대는 자신을 몸이라고 여깁니다.

질: 제가 뼈와 살과 피로 된 이 몸을 제가 아니라고 부인한다 해도, 여전히 저는 생각과 감정, 기억과 상상으로 이루어진 **미세신**微細身(subtle body)을 가진 채 남습니다. 이런 것들도 제가 아니라고 부인한다 해도 저는 여전히 의식과 함께 남게 되고, 그 역시 일종의 몸입니다.

마: 정말 옳은 말이지만, 거기서 멈출 필요는 없습니다. 넘어서십시오. 의식도 그대가 아니고, 그 중심에 있는 "내가 있다"도 그대가 아닙니다. 그대의 **참된 존재**는 전적으로 무無자기의식적이며, 그것이 거친 몸이든, 미세한 몸이든, 초월적 몸이든, 그 어떤 것과의 자기 동일시에서도 완전히 벗어나 있습니다.

질: 저 자신이 넘어서 있다고 상상할 수는 있습니다. 그러나 저에게 어떤 증거가 있습니까? 제가 **있으려면**, 제가 어떤 사람이어야 합니다.

마: 오히려 그 반대지요. 그대가 **있으려면**, 그대가 누구도 아니어야 합니다. 그대 자신을 어떤 것, 혹은 어떤 사람이라고 생각하는 것이 곧 죽음이자 지옥입니다.

질: 저는 고대 이집트 사람들이 어떤 신비의식에 참가하여, 약물이나 주문呪文의 영향 하에 그들의 몸에서 빠져나와, 엎드려 있는 자기 자신의 형상 바깥에 서서 그것을 바라보는 체험을 실제로 할 수 있었다고 하는 이야기를 읽은 적이 있습니다. 이것은 그들에게 사후의 존재가 실재함을 납득시키고, 그들의 내면에 자신들의 궁극적 운명에 대한 깊은 관심을 불러일으켜서, 국가와 사원에 큰 이익이 되도록 하기 위한 것이었습니다. 몸을 소유하고 있는 그 '사람'과의 자기 동일시는 남아 있었습니다.

마: 마음이 생각들로 이루어지듯이 몸은 음식으로 이루어집니다. 그것들을 있는 그대로 보십시오. 무無동일시(non-identification)가 자연스럽고 자연발로적일 때가 해탈입니다. 그대가 무엇인지는 알 필요가 없습니다. 그대가 무엇이 아닌지를 아는 것으로 족합니다. 그대가 무엇인지는 결코 알 수 없을

것입니다. 왜냐하면 하나하나 발견해 나갈 때마다 정복해야 할 새로운 차원들이 드러나기 때문입니다. **미지자는 한계가 없습니다.**

질: 그것은 영원한 무지를 의미합니까?

마: 그것은 무지란 결코 없었다는 것을 의미합니다. 진리는 그 발견 속에 있지, 발견되는 것 속에 있지 않습니다. 그리고 발견에는 시작도 없고 끝도 없습니다. 한계들에 의문을 던지고, (그것을) 넘어서고, 외관상 불가능해 보이는 과제들에 도전하는 것—이것이 그 길입니다.

75
평안과 침묵 속에서 그대는 성장한다

질문자: 인도의 전통은 스승이 필수불가결하다는 것을 우리에게 말해줍니다. 무엇 때문에 스승이 필수불가결합니까? 아이에게 하나의 몸을 만들어주기 위해서는 엄마가 있어야 합니다. 그러나 영혼은 엄마가 주지 않습니다. 엄마의 역할은 한정되어 있습니다. 스승의 경우는 어떻습니까? 스승의 역할도 한정되어 있습니까? 그리고 만약 그렇다면 무엇에 한정됩니까? 아니면 그는 일반적으로, 심지어 절대적으로도 필수불가결합니까?

마하라지: 심장 안에서 평화롭게 무시간적으로 빛나고 있는, 가장 깊은 내면의 빛이 진정한 스승입니다. 다른 모든 존재들은 단지 길을 보여줄 뿐입니다.

질: 저는 내면의 스승에는 관심이 없고, 길을 보여주는 스승에게만 관심이 있습니다. 스승 없이는 요가에 접근할 수 없다고 믿는 사람들이 있습니다. 그들은 늘 적합한 스승을 찾아, 이 스승 저 스승 바꾸어 나갑니다. 그런 스승들이 무슨 가치가 있습니까?

마: 그들은 일시적이고 시간에 속박된 스승들입니다. 그런 이들은 모든 직

업 분야에서 발견됩니다. 어떤 지식이나 기술을 습득하는 데는 그들이 필요하지요.

질: 엄마는 한 생 동안만 엄마입니다. 태어날 때 시작하여 죽으면 끝납니다. 엄마는 영원하지 않습니다.

마: 마찬가지로, 시간에 속박된 스승은 영원하지 않습니다. 그가 자신의 목적을 달성하면 그 다음 사람에게 자리를 내줍니다. 그것은 아주 자연스러운 일이고, 거기에는 어떤 비난도 따르지 않습니다.

질: 각종 지식이나 기술에 대해 별개의 한 스승이 필요합니까?

마: 이런 문제에서는 어떤 원칙도 있을 수 없습니다. '외적인 것은 찰나적이고, 가장 내적인 것은 영구불변이다'라는 하나의 원칙 외에는 말입니다. 다만 겉모습과 활동 면에서는 그 원칙이 늘 새롭습니다.

질: 내적인 스승과 외적인 스승 간의 관계는 무엇입니까?

마: 외적인 스승은 내적인 스승을 대표하고, 내적인 스승은 외적인 스승을 받아들이지요—한동안은.

질: 노력은 누가 하는 것입니까?

마: 물론 제자가 하는 것이지요. 외적인 스승은 가르침을 주고, 내적인 스승은 힘을 보내줍니다. 경각심을 가지고 실천하는 것은 제자의 몫입니다. 제자에게 의지·지성·기력이 없으면 외적인 스승도 도리가 없습니다. 내적인 스승은 기회를 기다립니다. 둔감함과 그릇된 추구가 위기를 야기하고, 제자는 자신의 곤경을 깨닫게 됩니다. 어떤 충격을 기다리지 않는 사람이 현명합니다. 그것은 상당히 거칠 수도 있으니까요.

질: 그것은 하나의 위협입니까?

마: 위협이 아니라 경고지요. 내적인 스승은 비폭력에 구애되지 않습니다. 때에 따라 그는 상당히 난폭할 수 있어, 둔감하거나 비뚤어진 인격을 파괴할 정도까지 갈 수도 있습니다. 삶과 행복이 그러하듯, 고통과 죽음도 그의 작업 도구입니다. 비폭력이 통일적 법칙이 되는 것은 이원성 안에서일 뿐입니다.

질: 우리는 자신의 **자아**를 겁내야 합니까?

마: 겁낼 필요가 없지요. **자아**(진아)는 좋은 뜻을 지녔으니 말입니다. 그러나 그것을 진지하게 받아들여야 합니다. 그것은 주의와 복종을 요구합니다. 그것의 말을 경청하지 않으면, 그것이 설득에서 강제로 바뀝니다. 그것은 기다려 줄 수는 있어도 거부당하려 하지는 않을 것이기 때문입니다. 내적인 스승이든 외적인 스승이든, 어려움은 스승에게 있지 않습니다. 스승은 늘 찾을 수 있습니다. 없는 것은 성숙된 제자들입니다. 사람이 준비되어 있지 않은데 (스승이) 무엇을 할 수 있습니까?

질: (제자에게 필요한 것은) 준비되어 있는 것입니까, 기꺼이 수용하는(willing) 것입니까?

마: 둘 다지요. 그것은 결국 같은 것입니다. 인도에서 우리는 그것을 아디까리(adhikari-근기인)라고 부릅니다. 그것은 능력도 있고 자격도 있다는 뜻입니다.

질: 외적인 **스승**은 입문(diksha)을 시켜줄 수 있습니까?

마: 모든 종류의 입문을 다 시켜줄 수 있지만, 실재에의 입문은 내면에서부터 와야 합니다.

질: 궁극적 입문은 누가 해줍니까?

마: 그것은 **진아**가 해줍니다.

질: 제가 느끼기에 우리는 제자리에서 맴돌고 있는 것 같습니다. 어쨌든 저는 하나의 자아, 곧 현재의 경험적 자아만 알고 있습니다. 내적인, 혹은 더 높은 **자아**는 설명하고 격려하기 위해 생각해 낸 하나의 관념에 불과합니다. 우리는 그것이 독립된 존재성을 가지고 있다고 이야기하지만, 그렇지 않습니다.

마: 외적 자아와 내적 자아 둘 다 상상된 것입니다. 자신이 하나의 '나'라는 망념(妄念)은 그것을 치료하기 위한 또 하나의 '초월적 나'라는 망념을 필요로 합니다. 마치 한 가시를 빼려면 다른 가시가 필요하고, 한 독을 중화하려면 다른 독이 필요하듯이 말입니다. 모든 주장(긍정 명제)은 어떤 부정(부인)을 필요로 하지만, 이것은 첫 단계일 뿐입니다. 그 다음은 그 둘 다를 넘어서는 것입니다.

질: 저의 주의를 저 자신에게로 돌리기 위해, 그리고 저 자신에 대해 뭔가를 해야 할 긴박한 필요성을 환기시켜 주기 위해 외적인 **스승**이 필요하다는 것은 이해합니다. 그러나 제 내면의 어떤 깊은 변화라는 문제에 이르면 **스승**이 얼마나 무력한지도 이해합니다. 그러나 여기서 당신께서는 **참스승**, 곧 내적인 **스승**을 도입하십니다. 시작 없고, 불변이고, 존재의 뿌리이고, 늘 유효한 약속이고, 확실한 목표인 **스승** 말입니다. 그는 하나의 개념입니까, 하나의 실재입니까?

마: 그가 유일한 **실재**입니다. 다른 모든 것은 몸-관념(*deha-buddhi*)이 시간의 얼굴에 드리운 그림자입니다. 물론 그림자조차도 **실재**와 연관되어 있지만, 그림자는 저 혼자 실재하지 않습니다.

질: 저는 제가 아는 유일한 실재입니다. **참스승**은 제가 그를 생각하는 한에서 있습니다. **실재**를 그에게 옮겨서 제가 무엇을 얻습니까?

마: 그대의 손실이 그대의 이득입니다. 그림자를 그림자로만 보게 되면 그대가 그것을 따라가는 것을 그만둡니다. 그리고 뒤로 돌아서서 늘 있었던 해를 발견하지요—그대의 등 뒤에 있는!

질: 내적인 스승도 우리를 가르칩니까?

마: 그는 그대가 모든 겉모습 안의, 그리고 그것을 넘어선 영원불변의 **실재**-**의식**-**사랑**이라는 확신을 (그대에게) 안겨줍니다.

질: 확신만으로는 충분치 않습니다. 확실성이 있어야 합니다.

마: 맞습니다. 그러나 이 경우에는 확실성이 **용기**의 형태를 띱니다. 두려움이 완전히 사라집니다. 이 **두려움 없음**의 상태는 워낙 확연히 새로우면서도 자기 자신의 것으로 깊이 느껴지기 때문에, 그것을 부인할 수가 없습니다. 그것은 자기 자식을 사랑하는 것과 같습니다. 누가 그것을 의심할 수 있습니까?

질: 저희는 저희들의 영적인 노력에 진보가 있다는 이야기를 듣습니다. 당신께서는 어떤 진보를 염두에 두고 계십니까?

마: 그대가 진보를 넘어설 때, 무엇이 진보인지 알게 될 것입니다.

질: 무엇이 저희를 진보하게 합니까?

마: **침묵**이 주된 요인입니다. **평안**과 **침묵** 속에서 그대가 성장합니다.

질: 마음은 너무나 절대적으로 요동합니다. 그것을 가라앉히는 방법은 무엇입니까?

마: **스승**을 신뢰하십시오. 저 자신의 경우를 봅시다. 저의 **스승**님은 저에게, "내가 있다"는 느낌에 주의하고 달리 아무것에도 주의를 기울이지 말라고 명하셨지요. 저는 그냥 복종했습니다. 호흡이나 명상, 경전 공부 등 어떤 특별한 길도 따르지 않았습니다. 어떤 일이 있어도 저의 **주의**를 거기서 돌아서게 하여 "내가 있다"는 느낌과 함께 머무르곤 했습니다. 그것은 너무 단순하고, 심지어 어설프게 보일지도 모릅니다. 제가 그렇게 한 이유는 오직 **스승**님이 그렇게 하라고 하셨기 때문입니다. 그런데 효력이 있었지요! 복종은 모든 욕망과 두려움에 대한 강력한 용제溶劑입니다.

마음을 점하는 모든 것에서 그냥 돌아서십시오. 그대가 완수해야 하는 일이면 무슨 일이든 하되 새로운 임무는 피하십시오. (마음을) 비워두어 언제든지 쓸 수 있게 해두고, 청하지 않았어도 오는 일에 저항하지 마십시오.

결국 그대는 **붙듦 없음**(non-grasping)의 상태, 즐거운 **무집착**의 상태, 형언할 수 없으되 놀라울 정도로 실재하는, 내적 **편안함**과 **자유**의 상태에 도달합니다.

질: 어떤 **진리** 추구자가 열심히 자신의 **요가**를 닦으면, 그의 내적인 스승은 그를 인도하고 도와줍니까, 아니면 그 사람이 재주껏 하게 내버려두고 결과가 나오기를 기다리기만 합니까?

마: 모두 저절로 일어납니다. 추구자도 스승도, 아무것도 하지 않습니다. 일들은 일어나는 대로 일어납니다. 비난이나 칭찬은 나중에, (자기가) 행위자라는 느낌이 나타난 뒤에 할당됩니다.

질: 정말 이상하군요! 분명히 행위자가 행위보다 먼저 옵니다.

마: 그 반대지요. **행위**는 하나의 사실이고, 행위자는 개념에 불과합니다. 그대의 언어 자체가, **행위**는 확실한 반면 행위자는 수상쩍다는 것을 보여줍니다. 책임 떠넘기기는 인간에게 유별난 하나의 게임입니다. 어떤 일이 일어나는 데 필요한 요인들을 꼽자면 끝이 없다는 점을 감안할 때, 우리는

일체가 일체에 대해—아무리 멀리 떨어져 있어도—책임이 있다(원인이 된다)고밖에는 인정할 수 없습니다. 행위자 관념은 '나'와 '내 것'이라는 환상에서 태어난 하나의 신화입니다.

질: 그 환상이 얼마나 강력합니까!

마: 당연하지요. 실재에 기초하고 있으니까요.

질: 그 안에서는 무엇이 실재합니까?

마: 찾아내십시오. 실재하지 않는 모든 것을 식별하고 배제해서 말입니다.

질: 저는 영적인 노력에서 내적 자아의 역할을 잘 이해하지 못하고 있습니다. 그 노력을 누가 합니까? 외적 자아입니까, 내적 자아입니까?

마: 그대는 노력이니 내적, 외적이니 자아니 하는 등의 말을 고안하여 그것을 **실재** 위에 부가하려고 합니다. 일들은 있는 그대로 그냥 일어나지만, 우리는 그것을 우리의 언어 구조에 의해 설계된 하나의 패턴으로 조립하려 합니다. 이 습관이 워낙 강해서, 언어로 표현할 수 없는 것에는 우리가 실재성을 부인하는 경향이 있습니다. 말이란 우리가 반복하는 경험과 관행과 습관에 따라 결부되는 기호들에 불과하다는 것을, 우리는 아예 보지 않으려고 합니다.

질: 영적인 책들의 가치는 무엇입니까?

마: 그런 책들은 무지를 몰아내는 데 도움이 됩니다. 처음에는 그런 책들이 유용하지만 마지막에는 하나의 장애가 됩니다. 그것을 언제 내버릴지 알아야 합니다.

질: **아뜨마**(*atma*)와 **사뜨와**(*sattva*), 즉 **진아**와 우주적 조화성 간의 연관은 무엇입니까?

마: 해와 햇살 간의 연관과 같습니다. 조화와 아름다움, 이해와 애정은 모두 **실재**의 표현들입니다. 그것은 행동하는 **실재**이며, 물질에 대한 정신의 충격(impact)입니다. 따마스는 흐릿하게 만들고, 라자스는 왜곡하며, 사뜨와는 조화롭게 합니다. 사뜨와가 성숙되면서 모든 욕망과 두려움이 끝이 납니다. 진정한 존재는 왜곡되지 않은 마음 안에서 반사됩니다. 물질이 회복되고, 정신이 드러납니다. 그 둘이 하나로 보입니다. 그것들은 늘 하나였지만 불

완전한 마음이 그것을 둘로 보았습니다. 마음을 완전하게 하는 것이 인간의 과제인데, 왜냐하면 물질과 정신은 마음 안에서 만나기 때문입니다.

질: 저는 문 앞에 있는 사람같이 느껴집니다. 문이 열려 있다는 것은 알지만, 욕망과 두려움의 개들이 그 문을 지킵니다. 어떻게 해야 합니까?

마: 스승에게 복종하고 개들에게 용감히 맞서십시오. 마치 개들이 없는 것처럼 행동하십시오. 또다시 **복종**이 황금률(golden rule)입니다. **자유**는 **복종**에 의해 얻어집니다. 감옥에서 탈출하려면 자신의 탈옥을 위해 작업하는 사람들이 내린 지시에 두말없이 복종해야 합니다.

질: 듣기만 할 때는 스승의 말씀들이 별 힘이 없습니다. 그 말씀에 복종하려면 믿음을 가져야 합니다. 무엇이 그런 믿음을 창출합니까?

마: 때가 오면 믿음이 옵니다. 일체가 때가 되어야 옵니다. 스승은 늘 나누어 줄 준비가 되어 있지만, 받는 사람이 없습니다.

질: 그렇습니다. 스리 라마나 마하르쉬도 이렇게 말하곤 했습니다. "스승들은 많은데 제자들은 어디 있는가?"

마: 그래도, 때가 되면 모든 일이 일어납니다. 모두가 해낼 것이고, 단 하나의 영혼(*jiva*)도 낙오하지 않을 것입니다.

질: 저는 깨달음을 위한 지적인 이해를 얻는 것을 몹시 두려워합니다. 저는 **진리**를 알지도 못하면서 **진리**를 이야기할 수도 있고, 단 한 마디도 하지 않고서 제가 **진리**를 알 수도 있습니다.

저는 이런 대화들이 출판될 것으로 알고 있습니다. 독자들에 대한 그 영향은 어떠하겠습니까?

마: 주의 깊고 사려 깊은 독자에게서는 이런 대화들이 성숙하여 꽃이 피고 열매를 맺을 것입니다. **진리**에 기초한 말들은, 만약 충분히 검증되었다면 그 나름의 **힘**이 있습니다.

76
자신이 모른다는 것을 아는 것이 참된 지知이다

마하라지: 몸이 있습니다. 몸 안에는 하나의 관찰자가 있고, 바깥에는 관찰되는 하나의 세계가 있는 것같이 보입니다. 관찰자와 그의 관찰, 그리고 관찰되는 세계는 함께 나타나고 사라집니다. 그 모두의 너머에는 공空이 있습니다. 이 공空은 모두에게 하나입니다.

질문자: 당신의 말씀은 단순해 보이지만, 누구나 그렇게 말하지는 않을 것입니다. 그 세 가지와 그 너머의 공空을 말씀하시는 분은 당신, 오직 당신이십니다. 저는 세계만을 보는데, 이 세계는 모든 것을 포함합니다.

마: "내가 있다"도 말입니까?

질: "내가 있다"도요. "내가 있다"가 있는 것은 세계가 있기 때문입니다.

마: 그런데 세계가 있는 것은 "내가 있다"가 있기 때문이지요.

질: 예, 양쪽 다 됩니다. 저는 그 둘을 분리할 수 없고, 넘어설 수도 없습니다. 제가 무엇을 경험하지 않으면, 그것이 있다고 말할 수 없습니다. 제가 무엇을 경험하지 않기 때문에 그것이 없다고 말할 수 없듯이 말입니다. 당신께서 경험하시는 것은 무엇이기에, 그러한 확신을 가지고 말씀하실 수 있습니까?

마: 저는 있는 그대로의—무시간적이고, 무공간적이고, 무원인인—저 자신을 압니다. 그대는 지금 그렇듯이 다른 것들에 몰두해 있다 보니 모릅니다.

질: 저는 왜 그렇게 몰두해 있습니까?

마: 관심이 있기 때문입니다.

질: 무엇이 저를 관심 있게 만듭니까?

마: 고통에 대한 두려움, 쾌락에 대한 욕망이지요. 고통이 끝나는 것은 즐겁고, 쾌락이 끝나는 것은 고통스럽습니다. 그것들은 그냥 끝없이 이어지며 돌아갑니다. 그것을 넘어선 그대 자신을 발견할 때까지, 그 악순환을 탐구하십시오.

질: 저를 넘어서게 해줄 당신의 **은총**이 필요하지 않습니까?

마: 그대의 **내적 실재의 은총**이 무시간적으로 그대와 함께 합니다. 은총을 달라고 하는 것 자체가 그 징표입니다. 저의 **은총**에 대해서 걱정하지 말고 제가 하라고 한 것을 하십시오. 그것을 하는 것은 성실하다는 증거가 되지만, 은총을 기대하는 것은 그렇지 않습니다.

질: 무엇에 대해 성실해야 합니까?

마: 그대의 **주의의 장**場을 가로질러 가는 모든 것을 부지런히 탐색하십시오. 수행해 갈수록 그 장은 넓어질 것이고 탐색은 깊어질 것입니다. 그러다 보면 그것들이 자연발로적으로 되고 무한해집니다.

질: 깨달음을 수행의 결과로 만드시는 것 아닙니까? 수행은 신체적 존재(몸을 가진 삶)의 한계 내에서 이루어집니다. 어떻게 그것이 **한계 없는 것**을 산출할 수 있습니까?

마: 물론 **수행**과 **지혜**(깨달음) 간에는 어떤 인과적 연관도 있을 수 없습니다. 그러나 **지혜**의 장애들은 수행에 의해 깊이 영향을 받습니다.

질: 그런 장애들이 어떤 것입니까?

마: 그릇된 행위로 이끌어 심신의 낭비와 약화를 야기하는 그릇된 관념과 욕망들이지요. 거짓된 것을 발견하여 내버리면, **실재**가 마음 안으로 들어가는 것을 막는 것(장애)들이 제거됩니다.

질: 저는 마음의 두 가지 상태, 곧 "내가 있다"와 "세계가 있다"를 구별할 수 있습니다. 그것들은 함께 일어나고 가라앉습니다. 사람들은 "세계가 있으니까 내가 있다"고 말합니다. 당신께서는 "'내가 있다'가 있으니까 세계가 있다"고 말씀하시는 것 같습니다. 어느 쪽이 맞습니까?

마: 어느 쪽도 아닙니다. 그 둘은 똑같은 하나의 상태이고, 시간과 공간 안에 있습니다. 그 너머에 무시간적인 것이 있습니다.

질: 시간과 무시간적인 것 간의 연관은 무엇입니까?

마: **무시간적인 것**은 시간을 알지만 시간은 **무시간적인 것**을 모릅니다. 모든 의식은 시간 안에 있는데, 의식에게는 이 **무시간적인 것**이 의식하지 못하는 것처럼 보입니다. 하지만 의식을 가능케 하는 것이 바로 **그것**입니다. 빛은

어둠 속에서 빛납니다. 빛 속에서는 어둠이 보이지 않습니다. 아니면 그것을 다르게 표현할 수도 있지요. 끝없는 빛의 바다 안에서, 어둡고 한계가 있고 대비對比에 의해서 지각 가능한 의식의 구름들이 나타난다고 말입니다. 이것은 아주 단순한, 그러나 도저히 표현할 수 없는 어떤 것을 말로 표현해 보려는 시도에 불과합니다.

질: 말은 건너가기 위한 하나의 다리 구실을 해야 합니다.

마: 말은 마음의 상태를 가리키지, **실재**를 가리키지 않습니다. 강과 두 개의 강둑, 그것을 가로지르는 다리—이 모두는 마음 안에 있습니다. 말만으로는 그대가 마음을 넘어설 수 없습니다. **진리**에 대한 엄청난 열망, 혹은 **스승**에 대한 절대적 믿음이 있어야 합니다. 정말이지 어떤 목표도 없고, 그것에 도달하는 길도 없습니다. 그대가 길이고 목표이며, 그대 자신 외에는 달리 도달할 것이 아무것도 없습니다. 그대에게 필요한 것은 이해하는 것이 전부이고, 이해가 마음의 개화입니다. 나무는 오래가지만, 개화와 결실은 계절이 맞아야 합니다. 계절은 변해도 나무는 변하지 않습니다. 그대가 나무입니다. 그대는 과거에 무수한 가지와 잎을 길러냈고, 미래에도 길러낼 것입니다. 하지만 **그대는 남습니다.** (과거에) 있었거나 (미래에) 있을 것이 아니라 (지금) **있는** 것을 알아야 합니다. 그대의 욕망은 우주를 창조해내는 욕망입니다. 세계를 그대 자신의 창조물로 알고 자유로워지십시오.

질: 당신께서는 세계가 **사랑**의 자식(소산)이라고 말씀하십니다. 세계에 가득 찬 끔찍한 일들, 전쟁, 강제수용소, 비인간적 착취 등을 제가 알고 있는데, 어떻게 그것을 저 자신의 창조물이라고 인정할 수 있습니까? 제가 아무리 한계가 있다고는 해도, 그렇게 잔인한 세계를 창조했을 리가 없습니다.

마: 누구에게 이 잔인한 세계가 나타나는지를 발견하십시오. 그러면 왜 그것이 잔인하게 보이는지 알게 될 것입니다. 그대의 질문들은 더할 나위 없이 정당하지만, 세계가 누구의 것인지를 모른다면 아예 답변될 수 없습니다. 한 물건의 의미를 알아내려면 그것을 만든 사람에게 물어야 합니다. 저는 그대에게 이렇게 말합니다. "그대가 바로 그대가 사는 이 세계를 만든 사람이니, 그대만이 그것을 바꾸거나 도로 없앨 수 있다"고 말입니다.

질: 어떻게 제가 세계를 만들었다고 말씀하실 수 있습니까? 저는 세계를 거의 모릅니다.

마: 그대가 그대 자신을 알 때는, 세계 안에 그대가 알 수 없는 것은 아무 것도 없습니다. 그대는 자신을 몸이라고 생각하면서, 세계를 물질적 사물들의 한 집합으로 압니다. 그대 자신을 의식의 한 중심으로 알 때는, 세계가 마음의 바다로서 나타납니다. 실재 안에서 있는 그대로의 그대 자신을 알 때는, 세계를 그대 자신으로 알게 됩니다.

질: 모두 아주 아름답게 들리는 말씀이지만, 저의 질문에 답변이 되지는 않습니다. 세계에는 왜 그렇게 많은 고통이 있어야 합니까?

마: 관찰자로서만 초연하게 있으면 고통 받지 않겠지요. 그러면 세계를 하나의 연극, 실로 더없이 재미있는 하나의 연극으로 보게 될 것입니다.

질: 오, 아닙니다! 이 유희(lila) 이론은 갖지 않겠습니다. 고통은 너무나 예리하고 모든 것에 편재합니다. 고통의 광경을 재미있어하는 것은 그 무슨 도착증이란 말입니까! 얼마나 잔인한 신을 저에게 내놓으시는 겁니까!

마: 고통의 원인은 '지각하는 자'가 '지각되는 것'을 자신과 동일시하는 데 있습니다. 거기서 욕망이 생겨나고, 욕망과 함께, 결과를 생각하지 않는 맹목적 행위가 생겨납니다. 주위를 돌아보십시오. 그러면 고통은 인간이 만든 거라는 것을 알게 될 것입니다.

질: 인간이 자신의 슬픔만 창조한다면 당신의 말씀에 동의하겠습니다. 그러나 인간은 어리석게도 남들을 고통 받게 합니다. 꿈을 꾸는 사람은 자신의 사적인 악몽을 갖고, 그 자신 외에는 아무도 고통받지 않습니다. 그러나 남들의 삶을 망가뜨리는 것은 어떤 종류의 꿈입니까?

마: (그에 대한) 묘사들이 많지만 서로 모순됩니다. 실재는 단순합니다 — 모두가 **하나**이고, 조화가 영원한 법칙이며, 누구도 고통을 강요하지 않는다는 것입니다. 그대가 그것을 묘사하고 설명하려고 할 때만 그것을 말로 표현하지 못합니다.

질: 간디지(Gandhiji-간디의 존칭)께서 언젠가 저에게, **진아**는 비폭력(*ahimsa*)의 법칙에 구속되지 않는다고 말씀하신 것이 기억납니다. 진아는 자신의 표현

들(산 존재들)을 바로잡기 위해 그들에게 고통을 마음대로 부과할 수 있다는 겁니다.

마: 이원성의 수준에서는 그럴지도 모르나, **실재** 안에는 오직 **근원**, 그 자체로는 어둡지만 모든 것을 빛나게 하는 **근원**만 있습니다. 그것은 지각되지 않지만 지각이 일어나게 하고, 느껴지지 않지만 느낌이 일어나게 하며, 생각할 수 없지만 생각이 일어나게 합니다. 그것은 비존재이지만 존재를 낳습니다. 그것은 움직임의 움직일 수 없는 배경입니다. 그대가 일단 거기에 있으면, 도처에서 집에 있는 것입니다.

질: 만일 제가 그것이라면, 무엇이 저를 태어나게 합니까?

마: 이루지 못한 과거의 욕망들에 대한 기억이 에너지를 가두고, 그것이 한 '사람'으로서 그 자신을 현현합니다. 그 충전력이 고갈되면 그 '사람'은 죽습니다. 이루지 못한 욕망들은 다음 생으로 넘어갑니다. 몸과의 자기 동일시는 늘 새로운 욕망들을 창출하는데, 이 속박의 메커니즘을 명료하게 보지 못하면 거기에 끝이 없습니다. (그대를) 해방하는 것은 (이해의) **명료함**입니다. 욕망들의 원인과 결과를 명료하게 보지 못하면 욕망을 버리지 못하기 때문입니다. 같은 '사람'이 다시 태어난다는 것은 아닙니다. 그것은 죽고, 영원히 죽습니다. 그러나 그것의 기억들은 남고, 그 기억의 욕망과 두려움들도 남습니다. 그것들이 새로운 '사람'을 위한 에너지를 공급합니다. 실재는 거기에 참여하지 않지만, 거기에 빛을 베풀어 그것이 가능하게 합니다.

질: 제 어려움은 이것입니다. 제가 보기에 모든 경험은 그 나름의 실재성이 있습니다. 그것은 있습니다—경험되어서요. 제가 그것을 의문시하여 "그것이 누구에게 일어나는가, 관찰자는 누구인가?"라는 식으로 묻는 순간 그 경험은 끝나고, 제가 탐구할 수 있는 것은 그에 대한 기억이 전부입니다. 저는 살아 있는 순간을—즉, 지금을—도저히 탐색할 수 없습니다. 저의 **자각**은 과거에 대한 것이지 현재에 대한 것이 아닙니다. 제가 자각하고 있을 때, 저는 지금 안에 정말로 살고 있는 것이 아니라 과거 안에 살고 있을 뿐입니다. 현재에 대한 **자각**이 정말 있을 수 있습니까?

마: 그대가 묘사하는 것은 전혀 **자각**이 아니고, 그 경험에 대해 생각하는

것일 뿐입니다. '**참된 자각**(samvid)'은 그 주시되는 사건에 대해 조금도 뭘 어떻게 하려는 시도가 없는 순수한 주시하기의 상태입니다. (그 상태에서는) 그대의 생각과 감정, 말과 행동도 그 사건의 일부일 수 있지만, 그대는 모든 것을 **명료함**과 이해의 충만한 빛 안에서 무심하게 지켜봅니다. 그리고 일어나고 있는 일들을 정확하게 이해합니다. 왜냐하면 그것이 그대에게 영향을 미치지 않기 때문입니다. 그것은 냉정한 초연함의 자세처럼 보일지 모르지만, 실은 그렇지 않습니다. 그대가 일단 그 상태에 있게 되면, 그대가 보는 것들을 그 성품 여하에 관계없이 그대가 사랑한다는 것을 발견할 것입니다. 이 선택 없는 **사랑**이 **자각**의 시금석입니다. 만약 그것이 없다면, 그대는 어떤 개인적인 이유로 관심을 가지고 있는 데 불과합니다.

질: 고통과 쾌락이 있는 한, 관심이 있을 수밖에 없습니다.

마: 그리고 그대가 의식하고 있는 한, 고통과 쾌락이 있겠지요. **의식**의 수준에서는 고통과 쾌락에 맞서 싸울 수 없습니다. 그것들을 넘어서려면 **의식**을 넘어서야 하는데, 그것은 그대가 **의식**을, 그대 안에 있는 것이 아니라 그대에게 일어나는 어떤 것으로, 외적이고 낯설고 덧씌워진 어떤 것으로 바라볼 때만 가능합니다. 그러면 단박에 **의식**에서 벗어나, 참견할 것이 아무것도 없이 참으로 홀로가 됩니다. 그리고 그것이 그대의 **참된 상태**입니다. **의식**은 하나의 가려운 발진이어서 그대가 그것을 긁게 됩니다. 물론 의식 밖으로 나갈 수는 없는데, 왜냐하면 밖으로 나간다는 관념 자체가 의식 안에 있기 때문입니다. 그러나 그대의 **의식**을, 마치 그대가 계란껍질 속의 병아리처럼 그 안에 갇혀 있는 일종의 개인적이고 사적인 열병으로 보는 법을 배우면, 바로 이러한 마음가짐에서 그 껍질을 깨뜨릴 위기가 생겨날 것입니다.

질: 붓다는 삶이 고苦(suffering)라고 말했습니다.

마: 그것은 모든 의식은 고통스럽다는 의미로 한 말일 수밖에 없습니다. 고통스럽다는 것은 너무나 분명하지요.

질: 그러면 죽음이 해방을 가져다줍니까?

마: 자기 자신이 태어났다고 믿는 사람은 죽음을 몹시 두려워합니다. 반면

에, 그 자신을 참으로 아는 사람에게는 죽음이 하나의 행복한 사건입니다.

질: 힌두 전통에서 말하기를, 괴로움은 운명이 가져오며, 운명은 공덕에 따라 얻어진다고 합니다. 홍수와 지진, 전쟁과 혁명 등 자연적이거나 인위적인 저 엄청난 재난들을 보십시오. 사람은 각자 자신이 모르는 자신의 죄로 인해 고통 받는다고 감히 우리가 생각해도 되겠습니까? 고통 받는 수십억의 사람들, 그들은 모두 정당하게 벌을 받고 있는 범죄자들입니까?

마: 그대는 자신의 죄만으로 고통 받아야 합니까? 우리가 실제로 분리되어 있습니까? 이 방대한 **생명**의 바다에서 우리는 남들의 죄로 고통 받기도 하고, 우리의 죄로 남들을 고통 받게도 합니다. 물론 수지균형(인과응보)의 법칙이 최고로 지배하며, 결국 회계는 청산됩니다. 그러나 삶이 계속되는 동안은 우리가 서로 깊이 영향을 미칩니다.

질: 예, 시인이 말하듯이 "누구도 하나의 섬은 아니다"[21]라는 거지요.

마: 모든 경험의 배후에는 **진아**와, 그 경험에 대한 **진아**의 관심이 있습니다. 그것을 욕망이라 하든 사랑이라 하든, 말은 중요하지 않습니다.

질: 제가 고苦를 원할 수도 있습니까? 제가 일부러 고통을 청할 수 있습니까? 저는 푹신한 잠자리를 마련하여 하룻밤 푹 자려고 했다가 악몽을 만나 꿈속에서 몸을 뒤틀고 비명을 지르는 사람과 같지 않습니까? 분명히, 악몽을 산출하는 것은 그 사랑이 아닙니다.

마: 모든 고苦는 이기적인 고립에서, 배타성과 탐욕에서 비롯됩니다. 고苦의 원인을 알고 그것을 제거하면 고苦는 사라집니다.

질: 저는 제 슬픔의 원인들을 제거할 수 있을지 모르지만, 남들은 여전히 고통 받을 것입니다.

마: 고苦를 이해하려면 고통과 쾌락을 넘어서야 합니다. 그대 자신의 욕망과 두려움이, 그대가 남들을 이해하고 그에 따라 그들을 돕는 것을 가로막습니다. 실은 어떤 남들도 없고, 그대 자신을 돕는 것이 다른 모든 사람을 돕는 것입니다. 만일 인류의 고통을 진정으로 걱정한다면, 그대가 가지고

---

[21] T. "No man is an island." 존 던(John Donne, 1572~1631)의 산문 'Meditation 17'에 나오는 말이다.

있는 유일한 도움의 수단—곧 그대 자신을 완전하게 하십시오.

질: 당신께서는 제가 무소부재하고 전지전능한 이 세계의 창조자·유지자·파괴자라고 계속 말씀하십니다. 당신의 말씀을 곰곰이 생각하다 보면 이렇게 자문하게 됩니다. "어떻게 해서 내 세계에는 이렇게 많은 악이 있는가?"

마: 악도 없고 고苦도 없습니다. 살아 있는 기쁨이 이루 말할 수 없습니다. 보세요, 어떻게 일체가 삶에 매달리며, 그 존재(삶)가 얼마나 소중한지를.

질: 제 마음의 스크린 위에 상像들이 끝없이 이어지며 지나갑니다. 저에게는 영구적인 것이 아무것도 없습니다.

마: 그대 자신을 더 잘 보십시오. 스크린이 있는데, 그것은 변치 않습니다. 빛이 꾸준히 비추고 있습니다. 그 사이의 필름만 계속 돌아가면서 화면들이 나타나게 합니다. 그 필름을 운명(prarabdha-발현업)이라고 부를 수도 있겠지요.

질: 무엇이 운명을 창조합니까?

마: 무지가 '불가피한 일'(운명)의 원인입니다.

질: 무엇에 대한 무지입니까?

마: 1차적으로 그대 자신에 대한 **무지**입니다. 또한 사물들의 **참된 성품**과, 그것들의 인과因果에 대한 **무지**이기도 하지요. 그대는 이해하지 못한 채 주위를 둘러보면서 겉모습들을 **실재**로 착각합니다. 그대는 자신이 세계와 그대 자신을 안다고 믿습니다. 그러나 그대의 **무지**가 그대에게 "나는 안다"고 말하게 할 뿐입니다. 그대가 모른다는 것을 인정하는 것부터 시작하고, 거기서 출발하십시오.

그대가 **무지**를 끝내버리는 것보다 더 세계를 도울 수 있는 것은 아무것도 없습니다. 그러고 나면 세계를 도우려고 특별히 무엇도 할 필요가 없습니다. 그대의 존재 자체가 도움입니다. 행위를 하든 하지 않든 관계없이 말입니다.

질: 무지를 어떻게 알 수 있습니까? **무지**를 안다는 것은 지知를 전제합니다.

마: 정말 그렇지요. "나는 무지하다"는 인정 자체가 지知의 여명黎明입니다. 무지한 사람은 자신이 무지함을 모릅니다. 그대는 **무지**가 존재하지 않는다

고 말할 수 있습니다. 그것을 본 순간 더 이상 **무지**는 없기 때문입니다. 따라서 **무지**를 무의식이나 맹목盲目(눈 먼 상태)이라고 불러도 무방하겠지요. 그대가 주위에서, 그리고 내면에서 보는 모든 것은 그대가 알지 못하고 이해하지 못하는 것인데, 그대는 자신이 알지 못하고 이해하지 못한다는 것조차 모릅니다. 자신이 알지 못하고 이해하지 못한다는 것을 아는 것이 **참된 지**知, 겸허한 심성心性의 **지**知입니다.

질: 예, 그리스도도 "심령이 가난한 자는 복이 있나니···"라고 했습니다.

마: 그대 좋을 대로 표현하십시오. 사실 **지**知란 **무지**에 대한 **지**知일 뿐입니다. 자기가 모른다는 것을 아는 거지요.

질: 무지가 끝나기는 하겠습니까?

마: 모르는 게 뭐가 잘못입니까? 모든 것을 알 필요는 없습니다. 그대가 알 필요가 있는 것을 아는 것으로 족합니다. 나머지는 스스로 알아서 할 수 있습니다. 그것이 어떻게 하는지는 그대가 모르지만 말입니다. 중요한 것은 그대의 '무의식 영역'이 '의식 영역'에 대립하지 않는다는 것, 모든 수준에서 통합이 있다는 것입니다. 안다는 것은 그렇게 중요하지 않습니다.

질: 당신의 말씀은 심리학적으로는 옳습니다. 그러나 남들을 알고 세계를 안다는 문제에 이르면, 제가 모른다는 것을 안다고 해서 별 도움이 되지는 않습니다.

마: 그대가 내면적으로 통합되고 나면 외부적 지식은 자발적으로 그대에게 옵니다. 그대의 삶의 매순간, 그대가 알아야 할 필요가 있는 것은 알게 됩니다. 보편적 마음(찌다까쉬)의 바다 안에 모든 지식이 들어 있어서, 달라고만 하면 그대의 것입니다. 그 대부분은 그대가 결코 알 필요도 없겠지만, 어쨌든 그것은 그대의 것입니다.

　지知와 마찬가지로 **힘**도 그렇습니다.

　이루어져야 한다고 그대가 느끼는 어떤 일이든지 어김없이 일어납니다. 분명히, 신이 우주 경영이라는 이 업무를 돌보고 있습니다. 그러나 그는 도움을 좀 받는 것을 즐거워합니다. 돕는 자가 사심 없고 명민할 때는 우주의 모든 **힘**을 부릴 수 있게 됩니다.

질: 자연의 맹목적 힘들도 말입니까?

마: 맹목적 힘이란 없습니다. 의식이 힘입니다. 해야 할 필요가 있는 일을 자각하십시오. 그러면 그 일이 이루어질 것입니다. 오직 경각하고 있으면서 침묵하십시오. 그대가 목적지에 도달하고 나면 그대의 **참된 성품**을 알게 되고, 그대의 존재는 모두에게 하나의 축복이 됩니다. 그대는 모를 수도 있고 세상 사람들도 모르겠지만, 그 도움은 빛을 발합니다. 세상에는 모든 정치가와 자선가들을 다 합친 것보다 더 많은 **선**을 행하는 사람들이 있습니다. 그들은 어떤 의도나 (어떤 상황에 대한) 앎 없이, **빛과 평안**을 뿌려줍니다. 남들이 그들에게 그들이 일으킨 기적을 말해주면 그들도 놀랍니다. 하지만 그들은 어떤 것도 자신이 한 일로 여기지 않기 때문에, 자만하지도 않고 평판을 갈망하지도 않습니다. 그들은 자기 자신을 위해서는 어떤 것도, 심지어 남을 돕는 기쁨조차도 도무지 욕망할 수 없습니다. 신이 선하다는 것을 아는 그들은 평안한 상태에 있습니다.

77
'나'와 '내 것'은 거짓된 관념이다

질문자: 저는 제 가족과 소유물에 굉장히 집착하고 있습니다. 이 집착을 어떻게 정복할 수 있습니까?

마하라지: 그 집착은 '나'와 '내 것'이라는 느낌과 더불어 생겨납니다. 이 단어들의 참된 의미를 발견하십시오. 그러면 모든 속박에서 벗어날 것입니다. 그대는 시간 안에 펼쳐진 하나의 마음을 가지고 있습니다. 모든 일이 차례로 그대에게 일어나고, 그 기억이 남습니다. 거기에 잘못된 것은 없습니다. 문제가 생기는 것은 과거의 고통과 쾌락에 대한 기억이—이것은 모든 유기체의 삶에 필수적이지만—하나의 (무의식적) 반사(reflex)로 남아서 행동을

지배할 때뿐입니다. 이 반사는 '나'라는 형태를 취하여 몸과 마음을 자신의 목적에 사용하는데, 그것은 어김없이 쾌락을 추구하거나 고통에서 도망치려 합니다. 그대가 '나'를 있는 그대로, 곧 욕망과 두려움의 한 다발로 인식하고, '내 것'이라는 느낌을, 고통을 피하고 쾌락을 확보하기 위해 필요한 모든 사물과 사람들을 포괄하는 것으로 인식할 때, '나'와 '내 것'이 거짓된 관념이고 **실재** 안에 아무런 토대가 없다는 것을 알게 될 것입니다. 그것들은 마음이 창조한 것인데, 마음이 그것들을 참되다고 여기는 한 그들의 창조자를 지배합니다. 그러나 그것들을 의문시하면, 해체됩니다.

'나'와 '내 것'은 그 자체로는 아무 존재성이 없기에 어떤 지지물을 필요로 하는데, 그것을 몸에서 발견합니다. 몸이 그것들의 준거점이 됩니다. 그대가 '저의' 남편과 '저의' 자식들이라고 이야기할 때, 그것은 그 몸의 남편과 그 몸의 자식들을 의미합니다. 자신이 몸이라는 관념을 포기하고 "나는 누구인가?"라는 물음과 대면하십시오. 그러면 즉시 하나의 과정이 작동하기 시작하고, 그것이 **실재**를 도로 데려올 것입니다. 더 정확히는, 마음을 **실재**에게로 데려갈 것입니다. 다만 두려워해서는 안 됩니다.

질: 제가 무엇을 두려워하겠습니까?

마: **실재**가 드러나려면 '나'와 '내 것'이라는 관념이 사라져야 합니다. 그대가 놓아주면 그것들은 사라질 것입니다. 그러면 그대의 정상적이고 본연적인 상태가 다시 나타나는데, 그 상태에서는 그대가 몸도 아니고 마음도 아닙니다. '나'도 아니고 '내 것'도 아니며, 아예 다른 어떤 상태에 있게 됩니다. 그것이 곧 이것이나 저것이 됨이 없고, 특수한 혹은 일반적인 어떤 것과의 자기 동일시가 없는 순수한 존재의 자각입니다. 그 순수한 의식의 빛 안에는 아무것도, 심지어 아무것도 없다는 관념조차도 없습니다. 오직 빛만 있습니다.

질: 제가 사랑하는 사람들이 있습니다. 그들을 포기해야 합니까?

마: 그들을 붙들고 있던 것만 놓으십시오. 나머지는 그들에게 달렸습니다. 그들은 그대에 대한 관심을 잃을 수도 있고, 그렇지 않을 수도 있지요.

질: 그들이 어떻게 그럴 수 있겠습니까? 저 자신의 사람들 아닌가요?

마: 그들은 그대의 몸의 것이지, 그대 자신의 것은 아닙니다. 아니면 더 낫게 말해서, 그대 자신의 것이 아닌 사람은 아무도 없습니다.

질: 그러면 저의 소유물들은 어떻습니까?

마: '내 것'이 더 이상 존재하지 않는데, 그대의 소유물이 어디 있습니까?

질: 부디 말씀해 주십시오. '나'를 잃으면 제가 모든 것을 잃어야 합니까?

마: 그럴 수도 있고 그렇지 않을 수도 있습니다. 어느 쪽이든 그대에게는 마찬가지일 것입니다. 그대의 손실이 어떤 사람에게는 이득이 되겠지요. 그래도 그대는 신경 쓰지 않을 것입니다.

질: 만약 제가 상관하지 않으면, 모두를 잃어버리고 말 것입니다!

마: 일단 아무것도 갖지 않게 되면 그대에게 아무 문제가 없습니다.

질: 저에게 생존의 문제가 남습니다.

마: 그것은 몸의 문제인데, 몸은 먹고 마시고 잠을 잠으로써 그 문제를 해결하겠지요. 모두가 함께 나눈다면, 모두에게 충분할 만큼 있습니다.

질: 우리 사회는 함께 나누는 것이 아니라 혼자 갖는 데 기초해 있습니다.

마: 함께 나눔으로써 그대가 그것을 바꿔나가게 될 것입니다.

질: 함께 나누고 싶지 않은데요. 여하튼 저는 제 소유물에서 세금을 내고 있습니다.

마: 그것은 자발적인 나눔과는 다릅니다. 사회는 강제에 의해서는 변하지 않을 것입니다. 생각을 바꾸는 것이 필요합니다. 그 무엇도 그대의 것이 아니라는 것, 모든 것이 모두에게 속한다는 것을 이해하십시오. 그럴 때만 사회가 변할 것입니다.

질: 한 사람이 이해한다고 해서 세상이 많이 달라지지는 않을 겁니다.

마: 그대가 살고 있는 세상은 깊이 영향을 받을 것입니다. 그것은 건강하고 행복한 세상이 되어, 빛을 발하고 의사소통하며, 증대되고 확대될 것입니다. **진실된 마음**(true heart)의 힘은 엄청납니다.

질: 부디 좀 더 말씀해 주십시오.

마: 이야기하는 것이 저의 취미는 아닙니다. 어떤 때는 이야기를 하고, 어떤 때는 하지 않습니다. 제가 이야기를 하거나 하지 않는 것은 주어진 상

황의 일부이지, 저에게 달려 있지 않습니다. 이야기를 해야 할 상황이 있으면 저는 저 자신이 이야기하는 것을 듣습니다. 다른 어떤 상황에서는 저 자신이 이야기하는 것을 듣지 않을 수도 있습니다. 저에게는 다 마찬가지입니다. 제가 이야기를 하든 하지 않든, 저의 실체인 **존재의 빛**과 **사랑**은 영향을 받지 않고, 그것이 저의 통제를 받지도 않습니다. 그것들은 있고, 저는 그것들이 있다는 것을 압니다. 기쁜 **자각**이 있지만, 기뻐하는 사람은 아무도 없습니다. 물론 어떤 정체성의 느낌은 있으나 그것은 항존하는 스크린 위를 지나가는 일련의 화면들의 정체성과 같은, 어떤 기억 흐름의 정체성입니다. 빛과 스크린이 없으면 어떤 화면도 있을 수 없습니다. 영화가 스크린 위에서 벌어지는 빛의 놀이라는 것을 알면 영화가 실재한다는 관념에서 벗어납니다. 그대는 **진아**를 사랑하고 **진아**는 그대를 사랑한다는 것, 그리고 "내가 있다"는 느낌이 그대와 **진아** 사이의 연결고리—즉, 외관상의 다양성에도 불구하고 연속되는 정체성의 표지—라는 것을 이해하는 것이 그대가 해야 할 일의 전부입니다. "내가 있다"를 내적 자아와 외적 자아, **실재**와 겉모습 간의 사랑의 한 징표로 보십시오. 꿈에서는 '나'라는 느낌 외에 모든 것이 (생시와) 다르지만, 그 느낌이 있기 때문에 그대가 "나는 꿈을 꾸었다"고 말할 수 있습니다. 그와 같이 (생시 상태에서도) "내가 있다"는 느낌이 있기 때문에 그대는 이렇게 말할 수 있습니다. "나는 다시 나의 **진아**이다. 나는 아무것도 하지 않고, 아무 일도 나에게 일어나지 않는다. 나는 본래 그대로의 나이고 그 무엇도 나에게 영향을 미칠 수 없다. 나는 일체에 의존하고 있는 것처럼 보이지만, 실은 모든 것이 나에게 의존하고 있다."

질: 어떻게 당신께서는 아무것도 하지 않는다고 말씀하실 수 있습니까? 저에게 이야기를 하고 계시지 않습니까?

마: 저는 제가 이야기를 하고 있다는 느낌이 없습니다. 이야기가 진행되고 있다, 그뿐입니다.

질: 저는 이야기를 합니다.

마: 그대는 합니까? 그대는 자신이 이야기하는 것을 들으면서도 "내가 이야기한다"고 말하는군요.

질: 누구나 "내가 일한다, 내가 온다, 내가 간다"고 말합니다.

마: 저는 여러분의 언어 관습에 반대할 생각은 없지만, 그런 관습들이 **실재**를 왜곡하고 파괴합니다. 더 정확하게 말하는 방식은 "이야기함이 있다, 일함이 있다, 옴이 있다, 감이 있다"였을 것입니다. 어떤 일이 일어나려면 전 우주가 동시에 움직여야 합니다. 특정한 뭔가가 어떤 사건을 야기할 수 있다고 믿는 것은 잘못입니다. 원인 하나하나가 우주적입니다. 그대의 몸 자체도 전 우주가 그것의 창조와 생존에 기여하지 않는다면 존재하지 않을 것입니다. 저는 일들이 일어나는 그대로 일어난다는 것을 온전히 자각하고 있습니다. 왜냐하면 세계가 있는 그대로 있기 때문입니다. 제가 사건들의 흐름에 영향을 미치려면 어떤 새로운 요인을 세계에 도입해야 하는데, 그러한 요인은 저 자신, 곧 저의 안에 집중되어 있는 **사랑과 이해의 힘**일 수밖에 없습니다.

그 몸이 태어날 때, 온갖 종류의 일들이 그 몸에 일어나고 그대도 거기에 참여합니다. 왜냐하면 그대는 자신을 그 몸이라고 여기기 때문입니다. 그대는 영화관에서 영화를 보면서 울고 웃는 사람과 같습니다. 그는 자신이 자기 자리에 가만히 앉아 있을 뿐이고, 영화는 빛의 장난일 뿐이라는 것을 잘 알면서도 그렇게 합니다. 주의를 스크린에서 자기 자신에게로 옮기는 것으로도 그 마력은 충분히 깨트려집니다. 그 몸이 죽으면 그대가 지금 살고 있는 그런 삶—신체적·정신적 사건들의 연속—은 끝이 납니다. 그것은 바로 지금도 끝날 수 있습니다. 그 몸의 죽음을 기다릴 것도 없이 말입니다. 주의를 진아로 옮겨서 그것을 거기에 붙들어 두는 것으로 충분합니다. 모든 일은 마치 일체를 창조하고 작동하는 어떤 불가사의한 힘이 있는 것처럼 일어납니다. 그대는 그 작동자가 아니라 **관찰자**일 뿐이라는 것을 깨달으십시오. 그러면 **평안**에 머무르게 될 것입니다.

질: 그 힘은 저와 별개입니까?

마: 물론 그렇지 않지요. 그러나 그대가 초연한 **관찰자**가 되는 것부터 시작해야 합니다. 그럴 때만 보편적 **사랑인**(lover)이자 **행위가**(actor)로서의 그대의 충만한 **존재**를 깨닫게 될 것입니다. 그대가 특정한 한 인격의 고난에 말려

들어 있는 한, 그 너머의 아무것도 보지 못합니다. 그러나 궁극적으로 그대가 특수자도 아니고 **보편자**도 아니며, 그 둘을 넘어서 있다는 것을 알게 될 것입니다. 연필의 작은 필두筆頭가 무수한 그림을 그려내듯이, **자각의 크기 없는 점**이 방대한 우주의 내용들을 그려냅니다. 그 점을 찾아내어 자유로워지십시오.

질: 무엇으로부터 제가 이 세계를 창조합니까?

마: 그대 자신의 기억들로부터지요. **창조주로서의** 그대 자신을 모르는 한 그대의 세계는 제한적이고 반복적입니다. 과거와의 자기 동일시를 일단 넘어서면, 조화와 아름다움의 새로운 세계를 그대가 마음대로 창조할 수 있습니다. 아니면 그냥 가만히 있으십시오 — 존재와 비존재를 넘어서.

질: 만일 제가 기억들을 놓아버리면, 저에게 무엇이 남겠습니까?

마: 아무것도 남지 않겠지요.

질: 저는 두렵습니다.

마: 그대가 **자유**와 그것의 축복을 체험할 때까지는 두려울 것입니다. 물론 (이때에도) 어떤 기억들은 몸을 확인하고 인도하기 위해 필요하고 그런 기억들은 계속 남겠지만, 몸 그 자체에 대한 집착은 전혀 남지 않습니다. 몸은 더 이상 욕망이나 두려움의 근거가 되지 않습니다. 이 모든 것은 이해하고 실천하기가 그다지 어렵지 않지만, 그대가 관심을 가져야 합니다. 관심 없이는 아무것도 이룰 수 없습니다.

그대는 '기억들이 집착에 의해 한데 합쳐진 다발'이라는 것을 알았으면, 거기서 물러나 바깥에서 바라보십시오. 그러면 기억 아닌 어떤 것을 처음으로 지각할지 모릅니다. 그대는 자기 일에 바쁜 '아무개 씨'이기를 그치고, 마침내 평안해집니다. 세계에는 잘못된 것이 전혀 없고 그대만 잘못되어 있었으며, 이제 그것이 다 끝났다는 것을 깨닫습니다. 결코 다시는 그대가 **무지**에서 생겨난 욕망의 그물에 걸려들지 않을 것입니다.

78
모든 앎은 무지이다

질문자: 당신께서 깨달으신 방법을 말씀해 달라고 저희가 청해도 되겠습니까?

마하라지: 여하튼 저의 경우 그것은 아주 간단하고 쉬웠습니다. 제 스승님이 돌아가시기 전에 저에게 이렇게 말씀하셨지요. "정말이지 그대는 **지고의 실재**이다. 내 말을 의심하지 말고, 나를 불신하지 말라. 나는 그대에게 **진리**를 말해주는 것이다. 그에 따라서 행동하라"고 말입니다. 저는 그분의 말씀을 잊을 수 없었고, 잊지 않음으로써 깨달았습니다.

질: 그런데 실제로는 무엇을 하셨습니까?

마: 특별히 아무것도 하지 않았습니다. 저는 제 삶을 살면서 제가 하던 장사를 했고 제 가족을 돌보았습니다. 그러면서 남는 매순간을 **스승님**과 그분의 말씀을 그냥 기억하면서 보내곤 했습니다. 그분은 얼마 되지 않아 돌아가셨고, 저는 기억에 의지할 수밖에 없었습니다. 그걸로 충분했지요.

질: 그것은 당신 **스승님**의 은총과 힘이었음이 분명합니다.

마: 그분의 말씀은 진실했고, 그렇게 실현되었습니다. 참된 말들은 항상 실현됩니다. 제 **스승님**은 아무것도 하시지 않았지만, 그분의 말씀들은 진실했기 때문에 효력이 있었습니다. 제가 무엇을 하든, 그것은 내면에서 나왔습니다. 묻지 않아도 예기치 않게 말입니다.

질: 스승님께서 아무 역할도 맡지 않으면서 하나의 과정을 시발하셨군요?

마: 좋을 대로 표현하십시오. 일들은 일어나는 대로 일어납니다. 왜 그리고 어떻게 그런지 누가 말할 수 있겠습니까? 저는 아무것도 의도적으로 하지 않았습니다. 모두 저절로 왔지요—놓아버리고 싶다, 홀로 있고 싶다, 내면으로 들어가고 싶다는 욕망 말입니다.

질: 어떤 노력도 일절 하지 않으셨군요?

마: 아무것도요. 믿거나 말거나지만, 저는 깨닫고 싶어 하지도 않았습니다.

스승님은 저에게 제가 **지고자**라는 말씀만 하신 뒤에 돌아가셨습니다. 저는 그분을 도저히 믿지 않을 수 없었지요. 그 나머지는 저절로 일어났습니다. 저는 저 자신이 변하고 있다는 것을 알았고, 그것이 전부입니다. 사실을 말하자면, 저는 깜짝 놀랐습니다. 그러나 내면에서 당신의 말씀을 검증해 봐야겠다는 욕망이 일어났습니다. 그분이 절대 거짓말을 하셨을 리가 없다고 확신했기 때문에, 당신 말씀의 완전한 의미를 깨닫든지 아니면 죽어야겠다고 생각했습니다. 상당히 결의를 굳혔다고 느꼈지만, 어떻게 해야 할지는 몰랐습니다. 저는 스승님을 생각하면서 몇 시간씩 보내곤 했는데, 따져보지는 않고 그저 그분이 저에게 하신 말씀을 기억하기만 했습니다.

질: 그때 당신께 어떤 일이 일어났습니까? 당신께서 **지고자**라는 것을 어떻게 아셨습니까?

마: 아무도 저에게 와서 말해주지 않았습니다. 내면에서 그런 말을 듣지도 않았습니다. 사실 제가 몇 가지 이상한 체험들을 한 것은 노력을 하던 초기에만 그랬습니다. 빛을 보고, 목소리를 듣고, 신과 여신들을 만나 그들과 이야기를 나누는 그런 체험 말입니다. 한번은 스승님이 저에게 "그대가 **지고의 실재다**"라고 말씀하셨고, 저는 환영幻影과 무아경을 더 이상 경험하지 않게 되면서 아주 고요하고 단순해졌습니다. 저 자신이 점점 더 적게 욕망하고 적게 안다는 것을 발견했고, 그러다가 너무나 놀라워하면서 "나는 아무것도 모른다. 아무것도 원치 않는다"라고 말할 수 있게 되었지요.

질: 진짜로 욕망과 앎에서 벗어나신 겁니까, 아니면 스승님이 당신께 주신 이미지에 따라 **진인** 흉내를 내신 겁니까?

마: 저는 어떤 이미지도 받지 않았고, 그런 것을 갖고 있지도 않았습니다. 제 스승님은 저에게 무엇을 기대하라는 말씀은 결코 하시지 않았습니다.

질: (앞으로도) 더 많은 일들이 당신께 일어날지 모릅니다. 당신께서는 여정의 끝에 당도해 계십니까?

마: 어떤 여정도 결코 없었습니다. 저는 늘 있었듯이, 그렇게 있습니다.

질: 당신께서 도달하셨다고 생각되는 그 **지고의 실재**가 무엇이었습니까?

마: 속임수에서 벗어났다는 것, 그뿐입니다. 전에는 한 세계를 창조하여 거

기에 생명들을 살게 하곤 했지요—이제 더 이상 그런 일을 하지 않습니다.

질: 그러면 지금은 어디에 사십니까?

마: 존재와 비존재를 넘어선, 의식을 넘어선 공空 안입니다. 이 공空은 충만함이기도 하니, 저를 가엾게 여기지 마십시오. 그것은 어떤 사람이 "나는 내 일을 다 했다. 할 일이 아무것도 남지 않았다"고 말하는 것과 같습니다.

질: 당신께서는 당신의 깨달음에 어떤 날짜를 부여하고 계십니다. 그것은 그 날짜에 당신께 어떤 일이 실제 일어났다는 의미입니다. 무슨 일이 일어났습니까?

마: 마음이 사건들을 산출하던 것을 그쳤지요. 태곳적부터 끝없이 해오던 추구가 그쳤습니다. (이때부터) 저는 아무것도 원치 않았고, 아무것도 기대하지 않았고, 그 무엇도 제 것으로 받아들이지 않았습니다. 노력할 어떤 '나'도 남아 있지 않았습니다. 하나 남은 "내가 있다"조차 희미해져 버렸습니다. 제가 발견한 또 다른 점은, 제가 습관적으로 확신하던 모든 것을 상실했다는 것이었습니다. 그전에는 수많은 것들을 확신했지만, 지금은 아무것도 확신하지 않습니다. 그러나 모른다고 해서 제가 아무것도 잃어버리지는 않았다고 느낍니다. 왜냐하면 저의 모든 앎은 거짓이었기 때문입니다. 제가 모른다는 것은 그 자체로, 모든 앎은 무지이고, "나는 모른다"가 마음이 할 수 있는 단 하나의 참된 진술이라는 사실을 아는 것이었습니다. "나는 태어났다"라는 관념의 경우를 봅시다. 그대는 그것이 참이라고 여길지 모르지만, 그렇지 않습니다. 그대는 결코 태어나지 않았고 결코 죽지도 않을 것입니다. 태어났고 죽게 될 것은 그 관념이지 그대가 아닙니다. 그대는 자신을 그 관념과 동일시함으로써 필멸必滅의 존재가 되었습니다. 영화에서는 모든 것이 빛이듯이, 의식이 이 광대한 세계가 됩니다. 면밀히 살펴보십시오. 그러면 모든 이름과 형상들은 의식의 바다 위에 있는 찰나적 파도들에 불과하다는 것, 그리고 의식의 변형물들이 아니라 의식만이 '있다'고 말할 수 있다는 것을 알게 될 것입니다.

의식의 무변제無邊際 속에서 한 빛이 나타나는데, 이 하나의 작은 점이 재빨리 움직이면서 마치 종이 위에 글을 쓰는 펜처럼 형태들, 생각과 감정들,

78. 모든 앎은 무지이다

개념과 관념들을 그려냅니다. 그리고 자국을 남기는 잉크가 곧 기억입니다. 그대가 그 작은 점이고, 그대의 움직임에 의해 세계가 항상 재창조됩니다. 움직이기를 그치십시오. 그러면 아무 세계도 없을 것입니다. 내면을 바라보십시오. 그러면 그 빛의 점은, 광대무변한 빛이 몸 안에서 "내가 있다"는 느낌으로서 반사되는 것임을 발견할 것입니다. 빛만 있고, 다른 모든 것은 (겉모습으로서) 나타납니다.

질: 당신께서는 그 빛을 아십니까? 그것을 보신 적이 있습니까?

마: 마음에게는 그것이 어둠으로 나타납니다. 그것은 그것의 반사물들을 통해서만 알려질 수 있습니다. 모든 것은 햇빛 속에서 보이지요—햇빛을 제외하고는 말입니다.

질: 우리의 마음들도 그와 비슷하다고 이해해야 합니까?

마: 어떻게 그럴 수 있습니까? 그대는 그대 자신의 사적인 마음을 가지고 있는데, 그것은 기억들로 짜여 있고 욕망과 두려움에 의해 한데 합쳐진 것입니다. 저에게는 저 자신의 마음이 없습니다. 제가 알아야 할 필요가 있는 것은 우주가 제 앞에 갖다 줍니다. 제가 먹는 음식을 우주가 공급해 주듯이 말입니다.

질: 당신께서 아시고 싶은 것은 다 아십니까?

마: 저는 알고 싶은 것이 전혀 없습니다. 그러나 제가 알아야 할 필요가 있는 것은 알게 됩니다.

질: 그 앎은 내면에서 당신께 옵니까, 아니면 외부에서 옵니까?

마: 그것은 지금 해당되지 않습니다. 저의 안이 밖이고 밖이 안입니다. 저는 어느 순간에 필요한 지식을 그대에게서 얻을 수도 있지만, 그대는 저와 별개가 아닙니다.

질: 뚜리야(turiya), 곧 네 번째 상태라고 하는 것은 무엇입니까?

마: 세계를 그려내는 그 빛의 점이 되는 상태가 뚜리야입니다. 그리고 그 빛 자체가 되는 것이 뚜리야띠따(turiyatita)입니다. 그러나 실재가 이토록 가까이 있는데 그런 이름들이 무슨 소용 있습니까?

질: 당신의 상태에 어떤 진보가 있습니까? 어제의 당신 자신을 오늘의 당

신 자신과 비교할 때, 당신 자신이 변하고 있고 진보하고 있음을 발견하십니까? 실재에 대한 당신의 소견이 폭과 깊이에서 성장합니까?

마: 실재는 부동이지만 그러면서도 부단히 움직이고 있습니다. 그것은 힘찬 강과 같아서, 흐르면서도 여전히 있습니다—영원히 말입니다. 흐르는 것은 하상河床과 둑을 가진 강이 아니라 물이듯이, **사뜨와 구나**(sattva guna), 곧 우주적 조화성이 **따마스와 라자스**, 곧 어둠과 절망의 힘들에 대립하여 게임을 벌입니다. 사뜨와 안에서는 늘 변화와 진보가 있고, 라자스 안에서는 변화와 퇴보가 있다면, 따마스는 혼돈을 대표합니다. 이 세 가지 **구나**(Gunas)가 영원히 서로 대립하며 유희합니다. 그것은 하나의 사실이고, 사실에 대해서는 다툼이 있을 수 없습니다.

질: 따마스가 있으면 제가 늘 둔해지고, 라자스가 있으면 필사적일 수밖에 없습니까? 사뜨와는 어떻습니까?

마: 사뜨와는 그대의 **진정한 성품**의 광휘입니다. 마음과 그것의 많은 세계들 너머에서는 늘 그것을 발견할 수 있습니다. 그러나 만일 그대가 한 세계를 원한다면, 그 세 가지 **구나**를 분리할 수 없는 것으로, 곧 본질상 하나인데 외관상 별개로 나타나는 **물질-에너지-생명**으로 받아들여야 합니다. 이것들은 뒤섞여 흐릅니다—**의식** 안에서 말입니다. 시간과 공간 안에는 영원한 흐름이 있습니다. 탄생과 다시 죽음, 진보, 후퇴, 또 다른 진보, 또다시 후퇴—외관상 시작도 없고 끝도 없습니다. 실재는 무시간적이고 불변이고 몸이 없고 마음이 없는 **자각**이기에, 곧 **지복**입니다.

질: 당신의 말씀에 따르면 일체가 **의식**의 한 상태라는 것을 알겠습니다. 세계는 사물들로 가득 차 있는데, 모래 알갱이도 하나의 사물이고 행성도 하나의 사물입니다. 그것들은 **의식**과 어떻게 관련됩니까?

마: **의식**이 미치지 않는 곳에서 **물질**이 시작됩니다. 사물이란 우리가 (그 시점까지) 이해하지 못한 존재의 한 형태입니다. 그것은 변하지 않습니다. 늘 똑같지요. 그것은 그 자체로 독립해 있는 것처럼 보이는, 이상하고 낯선 어떤 것입니다. 물론 그것은 **찌뜨**(chit), 즉 **의식** 안에 있지만, 외관상의 불변성 때문에 바깥에 있는 것처럼 보입니다. 사물들의 토대는 기억 안에 있고,

기억이 없다면 어떤 인식도 없을 것입니다. 창조-성찰-배척, 곧 브라마-비슈누-시바(*Brahma-Vishnu-Shiva*)인데, 이것은 영원한 과정입니다. 모든 사물이 그 과정에 의해 지배됩니다.

질: 도피구가 없습니까?

마: 저는 그 도피구를 보여주는 것 외에 달리 어떤 일도 하지 않고 있습니다. 하나(One)가 셋을 포함하고 있다는 것, 그리고 그대가 그 하나라는 것을 이해하십시오. 그러면 세계 과정에서 벗어나게 될 것입니다.

질: 그때는 제 의식에 어떤 일이 일어납니까?

마: 창조의 단계 뒤에 검토와 성찰의 단계가 오고, 마지막으로 버림과 잊어버림의 단계가 옵니다. 의식은 남아 있지만 잠재적이고 고요한 상태입니다.

질: 정체성의 상태도 남습니까?

마: 정체성의 상태는 **실재** 안에 내재해 있고, 결코 희미해지지 않습니다. 그러나 정체성은 찰나적 인격(*vyakti*)도 아니고 업에 속박된 개인성(*vyakata*)도 아닙니다. 그것은 모든 자기 동일시가 거짓된 것으로 포기된 뒤에 남아 있는 것—순수한 의식, 곧 (자기가) '존재하는 혹은 존재할 수 있는 모든 것'으로 존재한다는 느낌입니다. 의식은 처음에 순수하고 끝에 순수하며, 그 사이에서는 창조의 근저에 있는 상상에 의해 오염됩니다. 그럼에도 의식은 언제나 같은 상태로 남아 있습니다. 그것을 있는 그대로 아는 것이 깨달음이고, 무시간적 평안입니다.

질: "내가 있다"는 느낌은 실재합니까, 실재하지 않습니까?

마: 둘 다지요. 우리가 "나는 이것이다, 나는 저것이다"라고 말할 때는 실재하지 않습니다. 우리가 "나는 이것도 아니고 저것도 아니다"라고 뜻으로 말할 때는 실재합니다.

'아는 자'는 '알려지는 것'과 함께 오고 가며, 찰나적입니다. 그러나 자기가 모른다는 것을 아는 그것, 기억과 기대에서 벗어나 있는 그것은 무시간적입니다.

질: "내가 있다" 그 자체가 **주시자**입니까, 아니면 그 둘은 별개입니까?

마: 하나가 없이는 다른 하나도 있을 수 없습니다. 하지만 그것들은 하나가

아닙니다. 그것은 꽃과 그 색깔과 같습니다. 꽃이 없으면 색깔이 없고, 색깔이 없으면 꽃은 보이지 않는 상태로 남습니다. 그 너머에는 꽃과 접촉하여 색깔을 창조하는 빛이 있습니다. 그대의 **참된 성품**은 순수한 빛의 성품일 뿐이라는 것, '지각되는 것'과 '지각하는 자' 둘 다 함께 오고 간다는 것을 깨달으십시오. 둘 다를 가능케 하면서도 그 어느 것도 아닌 것이 그대의 **진정한 존재**인데, 그것은 (그대가) 어떤 '이것'이나 '저것'으로 존재하는 것이 아니라 존재와 비존재에 대한 **순수한 자각**이라는 것을 뜻합니다. 자각이 그 자체에게로 향할 때, 그 느낌은 모른다는 느낌입니다. 그것이 바깥으로 향할 때는 알 수 있는 것들이 생겨납니다. "나는 나 자신을 안다"고 말하는 것은 용어상의 모순입니다. '알려지는' 것은 '나 자신'이 될 수 없기 때문입니다.

질: 만약 진아가 영원히 '알려지지 않는 것'이라면, **진아 깨달음**에서는 무엇을 깨닫습니까?

마: 알려지는 것은 '나'이거나 '내 것'일 수 없다는 것을 아는 것은 **해탈**이고도 남음이 있습니다. 일단의 기억과 습관을 가진 자기 동일시에서 벗어남, 존재의 무한한 영역과 그 다함없는 창조성 그리고 완전한 초월성에 대한 경이로움의 상태, 의식의 모든 양태(mode)가 환적幻的이고 찰나적임을 깨닫는 데서 생겨나는 절대적인 **무외**無畏가, 다함없는 깊은 **근원**에서 흘러나옵니다. 그 근원을 근원으로, 겉모습을 겉모습으로 알고, 자기 자신을 그 근원으로 아는 것이 **진아 깨달음**입니다.

질: 주시자는 어느 편에 있습니까? 그것은 실재합니까, 실재하지 않습니까?

마: 누구도 "나는 주시자다"라고 말할 수 없습니다. "내가 있다"는 늘 주시됩니다. 초연한 자각의 상태가 **주시자-의식**, 곧 '거울 마음'입니다. 그것은 자신의 대상과 함께 뜨고 지며, 그래서 그다지 **실재**가 아닙니다. 또 그것은 대상이 무엇이든 똑같은 것으로 남아 있고, 그래서 실재하기도 합니다. 그것은 **실재**와 비실재 양쪽에 가담하고, 따라서 그 둘 사이의 가교입니다.

질: 만약 모든 것이 "내가 있다"에게 일어날 뿐이라면, 또 "내가 있다"가 '알려지는 것'이고 '아는 자'이고 '앎' 그 자체라면, **주시자**는 무엇을 합니까?

그것은 무슨 쓸모가 있습니까?

마: 그것은 아무 일도 하지 않고, 전혀 어떤 쓸모도 없습니다.

질: 그러면 왜 우리가 그것에 대해 이야기합니까?

마: 그것이 있기 때문입니다. 다리(가교)는 한 가지 목적에만 봉사합니다. 즉, 건너가게 해주는 것이지요. 다리 위에는 우리가 집을 짓지 않습니다. "내가 있다"는 사물들을 바라보고, 주시자는 그것들을 투시합니다. 주시자는 사물을 있는 그대로 봅니다—실재하지 않는 찰나적인 것으로 말입니다. "내가 아니고, 내 것이 아니다"라고 말하는 것이 주시자의 임무입니다.

질: 그것은 미현현자(*nirguna*)를 대표하는 현현자(*saguna*)입니까?

마: 미현현자는 대표되지 않습니다. 현현된 그 무엇도 미현현자를 대표할 수 없습니다.

질: 그러면 왜 그것에 대해서 이야기하십니까?

마: 그것이 저의 출생지이기 때문입니다.

79
사람, 주시자, 지고자

질문자: 저희는 오랫동안 마약을 복용한 전력이 있는데, 주로 의식을 확장하는 종류의 약들이었습니다. 이런 마약들은 저희에게 높거나 낮은 다른 의식 상태들에 대한 체험을 안겨주었고, 또한 마약이란 신뢰할 수 없고 기껏해야 일시적이며, 최악의 경우에는 유기체와 인격을 파괴한다는 확신을 안겨주었습니다. 저희는 의식과 초월성을 계발할 수 있는 더 나은 수단들을 찾고 있습니다. 저희는 이렇게 추구하여 얻는 결실이 어렴풋한 기억과 무력한 후회로 화하지 않고, 저희에게 계속 머무르면서 저희의 삶을 풍요롭게 해주기를 바랍니다. 우리가 '영적인 것'이라고 할 때 그것이 자기탐색

과 계발을 의미한다면, 저희가 인도에 온 목적은 분명히 영적입니다. 즐거웠던 히피 단계를 뒤로 하고, 저희는 이제 진지하게 움직여 나가고 있습니다. 저희는 발견해야 할 **실재**가 있다는 것을 알지만, 그것을 발견하고 붙드는 법을 모릅니다. (실재가 있다는 것은 알고 있으니) 저희를 납득시키실 필요는 없고 지도만 해주시면 됩니다. 저희를 도와주실 수 있습니까?

마하라지: 그대들에게는 도움은 필요 없고 조언만 필요하군요. 그대들이 추구하는 것은 이미 그대들 안에 있습니다. 저 자신의 경우를 놓고 봅시다. 저는 **깨달음**을 얻기 위해 아무것도 하지 않았습니다. 제 **스승님**이 저에게 **실재**가 저의 내면에 있다고 말씀하셨고, 저는 내면을 살펴보고 그것을 발견했습니다. 정확히 **스승님**이 말씀해 주신 대로 말입니다. **실재**를 보는 것은 거울에서 자신의 얼굴을 보는 것만큼이나 단순합니다. 다만 그 거울이 맑고 참되어야 하지요. **실재**를 반사하려면, 욕망과 두려움에 의해 왜곡되지 않고, 관념과 의견에서 벗어나 있고, 모든 수준에서 맑은, 고요한 마음이 필요합니다. 맑고 고요하며, 경각해 있고 초연하십시오. 다른 모든 것은 저절로 일어날 것입니다.

질: 당신께서도 **진리**를 깨닫기 전에 마음을 맑고 고요하게 만드셨어야 했군요. 어떻게 그것을 하셨습니까?

마: 아무것도 하지 않았습니다. 그 일은 그냥 일어났습니다. 저는 가족의 의식주를 돌보면서, 제 삶을 살았습니다. 저의 **스승님**이 그렇게 하신 것도 아닙니다. 그것은 그냥 일어났습니다. 그분께서 그럴 거라고 말씀하신 대로 말입니다.

질: 일들은 그냥 일어나지 않습니다. 일체가 하나의 원인이 있어야 합니다.

마: 일어나는 모든 일이, 일어나는 모든 일의 원인입니다. 원인들은 무수합니다. 하나의 단일한 원인이 있다는 관념은 환상입니다.

질: 당신께서 뭔가 특별한 것을 하셨겠지요—어떤 명상이나 요가 같은 것 말입니다. 어떻게 깨달음이 저절로 일어날 거라고 말씀하실 수 있습니까?

마: 특별한 아무것도 하지 않았습니다. 그냥 제 삶을 살았을 뿐입니다.

질: 놀랍군요!

마: 저도 놀랐지요. 그러나 놀랄 게 뭐가 있었겠습니까? 제 **스승님의 말씀**이 실현되었습니다. 그래서 어떻다는 겁니까? 그분은 제가 저 자신을 아는 것보다 저를 더 잘 알고 계셨다, 그게 전부입니다. 왜 원인들을 찾습니까? 맨 처음에는 "내가 있다"는 느낌에 얼마간의 주의와 시간을 할애했지만, 처음에만 그랬지요. **스승님**이 돌아가시고 난 직후부터 저는 계속 살아갔습니다. 당신의 말씀은 진실로 입증되었습니다. 그게 전부입니다. 그것은 모두 단 하나의 과정입니다. 그대는 시간 안에서 사물들을 구분한 다음, 원인을 찾는 경향이 있습니다.

질: 지금 당신께서 하시는 일은 무엇입니까? 무엇을 하고 계십니까?

마: 그대는 **있음**(존재)과 **함**(행위)이 동일하다고 상상하는데, 그것은 그렇지 않습니다. 마음과 몸은 움직이고 변화하며 다른 마음과 몸들이 움직이고 변화하게 하기도 하는데, 그것을 **함**(doing), 곧 행위라고 합니다. 제가 볼 때 행위는 그 본질상 더 많은 행위를 만들어냅니다. 마치 불은 태우면 계속 타듯이 말입니다. 저는 행위하지도 않고 남들이 행위하게 하지도 않습니다. 저는 일어나는 일들을 무시간적으로 자각하고 있습니다.

질: 당신의 마음 안에서 그렇습니까, 다른 마음들 안에서도 그렇습니까?

마: 오직 하나의 마음이 있는데, 그것이 "나는 이것이다, 나는 저것이다, 이것은 내 것이다, 저것은 내 것이다"라는 관념들로 들끓고 있습니다. 저는 마음이 아니고, 결코 아니었고, 앞으로도 아닐 것입니다.

질: 마음은 어떻게 해서 생겨났습니까?

마: 세계는 물질·에너지·지성으로 이루어집니다. 이것들은 여러 가지 방식으로 **스스로**를 현현합니다. 욕망과 상상은 세계를 창조하고, 지성은 그 둘을 융화시키면서 조화와 평안의 느낌을 일으킵니다. 저에게는 그 모든 것이 일어나지만, 저는 자각하면서도 영향을 받지 않습니다.

질: 자각하면서 영향을 안 받으실 수는 없습니다. 거기에는 용어상의 모순이 있습니다. **지각**(perception)은 변화입니다. 일단 한 감각을 경험하신 이상, 기억은 당신을 이전의 상태로 돌아가게 내버려두지 않을 것입니다.

마: 예, 기억에 부가되는 것은 쉽게 지워질 수 없지요. 그러나 분명 지워질

수 있고, 사실 저는 늘 그렇게 하고 있습니다. 공중을 나는 새처럼 저는 발자취를 남기지 않습니다.

질: 주시자는 이름과 형상이 있습니까, 아니면 그것들을 넘어서 있습니까?
마: 주시자는 자각 안의 한 점에 불과합니다. 그것은 이름도 형상도 없습니다. 그것은 하나의 이슬방울에서 반사되는 햇빛과 같습니다. 이슬방울은 이름과 형상이 있지만 그 작은 빛의 점은 해에 의해서 만들어집니다. 그 물방울의 맑음과 부드러움은 (햇빛이 반사되기 위한) 하나의 필요조건이지만 그 자체로 충분하지는 않습니다. 마찬가지로, **실재**가 마음 안에서 반사되려면 마음의 명료함과 묵연함이 필요하지만 그 자체만으로는 충분하지 않습니다. 그 너머의 **실재**가 있어야 합니다. (충분조건인) **실재**는 무시간적으로 현존하기 때문에, 필요조건에 강조점이 두어집니다.

질: 마음이 맑고 고요한데도 반사가 나타나지 않을 수도 있습니까?
마: 운명을 고려해야지요. '무의식 영역(the unconscious)'은 운명의 손아귀에 들어 있는데, 사실 그것이 운명입니다. 우리는 기다려야 할 수도 있습니다. 그러나 운명의 손길이 아무리 무겁다 해도, 인내심과 자제력이 있으면 그것이 걷힐 수도 있습니다. **올곧음**과 **순수함**이 장애들을 제거하며, (그러면) **실재**에 대한 소견이 마음 안에 나타납니다.

질: 어떻게 하면 자제력을 얻습니까? 저는 마음이 너무 약합니다!
마: 먼저 그대는 스스로 자기 자신이라고 믿는 그 '사람'이 아니라는 것을 이해하십시오. 그대가 자기 자신이라고 믿는 것은 암시나 상상에 불과합니다. 그대에게는 부모가 없습니다. 그대는 태어나지 않았고, 죽지도 않을 것입니다. 제가 이렇게 말해줄 때 저를 신뢰하든지, 아니면 공부와 **탐구**로 그런 결론에 도달하십시오. 전적인 **믿음**의 길은 빠르고, 후자의 길은 느리지만 착실합니다. 둘 다 행위(실천행) 속에서 검증되어야 합니다. 자신이 참되다고 생각하는 바에 따라 행위하십시오. 이것이 진리에 이르는 길입니다.

질: 진리를 감당할 만한 근기根機와 운명은 같은 하나입니까?
마: 그렇지요, 둘 다 '무의식 영역' 안에 있습니다. 의식적으로 짓는 공덕은 허영에 불과합니다. 의식은 늘 장애들에 대한 것입니다. 아무 장애가 없을

때 그대는 그것을 넘어섭니다.

질: 제가 몸이 아니라는 것을 이해하면, 자제력에 필요한 인격의 힘을 얻겠습니까?

마: 자신이 몸도 아니고 마음도 아니라는 것을 알면 그것들에 의해 휘둘리지 않을 것입니다. 진리가 그대를 어디로 데려가든 그대는 그것을 따르게 될 것이고, 치러야 할 대가가 무엇이든 필요한 일을 하게 될 것입니다.

질: 행위가 진아 깨달음에 필수적입니까?

마: 깨달음을 위해서는 이해가 필수적입니다. 행위는 우연적일 뿐입니다. 안정된 이해를 가진 사람은 행위를 피하지 않겠지요. 행위는 (그대가 깨달은) 진리의 검증입니다.

질: 검증이 필요합니까?

마: 만약 그대 자신을 늘 검증하지 않으면 실재와 환상을 분간하지 못할 것입니다. 관찰과 면밀한 추리가 어느 정도 도움이 되지만, 실재는 역설적입니다. 자신의 생각과 감정, 말과 행동을 지켜보면서, 왜 그리고 어떻게 그렇게 되는지도 모르는 가운데 그대 안에서 일어나는 변화들에 놀라지 않는다면, 그대가 깨달았다는 것을 어떻게 압니까? 그것들이 진짜라는 것을 그대가 아는 것은, 정확히 말해서 그것들이 워낙 놀랍기 때문입니다. 예견하고 기대한 것들은 참될 경우가 드뭅니다.

질: '사람'은 어떻게 해서 생겨납니까?

마: 빛이 몸뚱이에 의해 차단될 때 그림자가 나타나는 것과 꼭 같이, 순수한 자기자각이 "나는 몸이다"라는 관념에 의해 방해 받을 때 '사람'이 일어납니다. 그리고 지형에 따라 그림자의 형태와 위치가 변하듯이, '사람'도 운명의 패턴에 따라 즐거워하고 괴로워하고, 휴식하고 힘들게 일하며, 발견하고 잃어버립니다. 몸이 더 이상 존재하지 않을 때는 '사람'도 완전히 사라져 돌아오지 않습니다. 오직 주시자와 큰 미지자未知者만 남습니다.

주시자는 "나는 안다"고 말하는 그것입니다. '사람'은 "나는 한다"고 말합니다. 그런데 "나는 안다"고 말하는 것이 참되지 않은 것은 아닙니다. 다만 한계가 있을 따름입니다. 그러나 "나는 한다"고 말하는 것은 아예 거짓입니다. 왜냐하면 '하는 자'가 아무도 없기 때문입니다. 자신이 행위자라는 관념을 포함하여, 모든 것은 저절로 일어납니다.

질: 그러면 행위란 무엇입니까?

마: 우주는 **행위**로 가득 차 있지만, 행위자는 없습니다. (우주에는) 작은 사람, 큰 사람, 아주 큰 사람 등 무수한 사람들이 있는데, 그들은 (행위와의) 동일시를 통해서 자기 자신이 행위한다고 상상하지만, 그것이 '행위의 세계(mahadakash)'가 하나의 단일한 전체라는 사실을 바꿔놓지는 못합니다. 그 안에서는 모든 것이 모든 것에 의존하고 영향을 미치는 그런 전체 말입니다. 별들은 우리에게 깊이 영향을 미치고 우리도 별들에 영향을 미칩니다. 행위에서 물러나서 의식으로 가고, 행위는 몸과 마음에 맡겨두십시오. 행위는 그들의 영역입니다. 순수한 **자각**으로 머무르십시오. 그러다 보면 **주시하기**조차 **지고자** 안에서 해소됩니다.

무거운 목재들로 가득 찬 빽빽한 밀림을 상상해 보십시오. 판자는 목재에서 만들어지고, 그 위에 글을 쓰는 작은 연필도 마찬가지입니다. 주시자는 그 글을 읽으면서, 연필과 판자는 밀림과 멀리 관련되어 있지만 그 글은 밀림과 무관하다는 것을 압니다. 그것은 전적으로 (판자 위에) 덧씌워진 것이고, 그 글이 사라진다고 해도 전혀 상관이 없습니다. 인격이 해체되면 마치 큰 짐이 떨어져 나간 것처럼 늘 큰 안도감이 뒤따릅니다.

질: 제가 **주시자**를 넘어선 상태에 있다고 말씀하실 때, 그렇게 말씀하실 수 있게 해주는 당신의 체험은 어떤 것입니까? 그것은 단지 **주시자**일 뿐인 단계와 어떻게 다릅니까?

마: 그것은 염색된 천을 빠는 것과 같습니다. 먼저 무늬가 엷어지고, 그 다음에 배경색이 엷어지고, 끝에 가서는 천이 보통의 흰색으로 됩니다. 인격은 **주시자**에게 자리를 내주고, 그 다음에는 **주시자**가 사라지며, 그러면 순수한 **자각**이 남습니다. 천은 처음에 흰색이었고 끝에도 흰색입니다. 무늬와 색상은 그냥 나타났을 뿐이지요—한동안.

질: 자각의 대상 없이도 자각이 있을 수 있습니까?

마: 어떤 대상을 가진 **자각**을 우리는 '주시하기'라고 불렀습니다. 욕망이나

두려움에 의해 야기된 대상과의 자기 동일시도 있을 때는, 그런 상태를 한 '사람'이라고 합니다. 실제로는 단 하나의 상태가 있을 뿐인데, 자기 동일시에 의해 왜곡되었을 때는 그것을 한 '사람'이라 하고, 존재의 느낌에 의해 채색되었을 때는 그것이 '주시자'이며, 색깔도 없고 한계도 없을 때는 그것을 **지고자**라고 합니다.

질: 제가 생각하기에 저는 늘 들떠 있고, 열망하고, 희망하고, 추구하고, 발견하고, 즐기고, 내버리고, 다시 추구합니다. 무엇이 저를 이렇게 들끓고 있도록 합니까?

마: 그대는 실은 모르는 가운데 그대 자신을 추구하고 있습니다. 그대는 사랑할 가치가 있는 것, 완벽하게 사랑스러운 것에 대한 사랑을 열망하고 있습니다. 다만 무지로 인해, 상대물과 모순들의 세계 안에서 그것을 찾고 있습니다. 내면에서 그것을 발견할 때, 그대의 추구가 끝날 것입니다.

질: 우리가 싸워야 하는 이 슬픈 세계가 늘 있을 것입니다.

마: (그럴 거라고) 예상하지 마십시오. 그대는 모릅니다. 모든 현현물이 상대물들 안에 있다는 것은 사실입니다. 쾌락과 고통, 선과 악, 높고 낮음, 진보와 퇴보, 휴식과 분투—그 모든 것은 함께 오고 갑니다. 그리고 한 세계가 있는 한, 그 세계의 모순들도 존재하겠지요. 완전한 조화의 시기, 지복과 아름다움의 시기들도 있을 수 있지만 한때일 뿐입니다. 완전한 것은 모든 완전함의 근원으로 돌아가고, 상대물들은 계속 활동합니다.

질: 어떻게 하면 제가 **완전함**에 도달할 수 있습니까?

마: **침묵**을 지키십시오. 세상에서 그대의 일을 하되, 내적으로 **침묵**을 지키십시오. 그러면 모든 것이 그대에게 올 것입니다. 깨달음을 위해 그대의 일에 의존하지 마십시오. 그것이 남들에게는 이익이 될지 모르지만 그대에게는 아닙니다. 마음 속에서 **고요함**을 유지하고, 심장 속에서 **침묵**을 유지해야 그대에게 희망이 있습니다. 깨달은 **사람**들은 아주 고요합니다.

80
자각

질문자: 진아를 깨닫는 데는 시간이 걸립니까, 아니면 시간은 깨닫는 데 도움이 되지 않습니까? 진아 깨달음은 시간문제일 뿐입니까, 아니면 그것은 시간 아닌 다른 요인들에 달려 있습니까?

마하라지: 모든 기다림은 부질없습니다. 우리의 문제를 해결하기 위해 시간에 의지하는 것은 자기기만입니다. 미래는 알아서 하게 내버려두면 과거를 반복할 뿐입니다. 변화는 지금에만 일어날 수 있지, 미래에는 결코 일어나지 않습니다.

질: 무엇이 변화를 일으킵니까?

마: 수정 같은 **명료함**으로 변화의 필요성을 보십시오. 이거면 됩니다.

질: 진아 깨달음은 물질 안에서 일어납니까, 그 너머에서 일어납니까? 그것은 몸과 마음에 의존해야 일어날 수 있는 하나의 체험 아닙니까?

마: 모든 체험은 환적幻的이고, 제한적이며, 일시적입니다. 체험에서 아무것도 기대하지 마십시오. **깨달음** 그 자체는 하나의 체험이 아닙니다. 단, 그것이 새로운 체험들의 어떤 차원으로 이끌어줄 수는 있지요. 하지만 그 새로운 체험들이 아무리 흥미롭다 해도 예전 체험들보다 더 실재하지는 않습니다. 단연코 깨달음은 하나의 새로운 체험이 아닙니다. 그것은 모든 체험 안에 있는 무시간적 요소의 발견입니다. 그것은 **자각**인데, 그것이 체험을 가능케 합니다. 모든 색깔 안에 있는 빛이 무색의 요소인 것과 같이 모든 체험 안에 **자각**이 존재하지만, 그것은 하나의 체험이 아닙니다.

질: 자각이 하나의 체험이 아니라면, 그것을 어떻게 깨달을 수 있습니까?

마: **자각**은 항상 있습니다. 그것은 깨달아질 필요가 없습니다. 마음의 셔터(shutter)를 여십시오. 그러면 마음이 빛으로 가득 넘치게 될 것입니다.

질: 물질이란 무엇입니까?

마: 그대가 이해하지 못하는 것이 물질입니다.

질: 과학은 물질을 이해합니다.

마: 과학은 우리의 무지의 한계선을 뒤로 밀어내고 있을 뿐입니다.

질: 그러면 **자연**은 무엇입니까?

마: 의식하는 경험들의 전체가 **자연**입니다. 의식하는 자아로서, 그대는 **자연**의 일부입니다. 자각으로서, 그대는 (자연을) 넘어서 있습니다. 자연을 의식으로만 보는 것이 자각입니다.

질: **자각**의 수준들이 있습니까?

마: 의식에는 수준들이 있지만 **자각**에는 그런 것이 없습니다. 그것은 한 덩어리이고, 동질적입니다. 마음 안에서 그것이 반사되는 것이 **사랑**이고, **이해**입니다. 이해에는 명료함(clarity)의 수준들이 있고, 사랑에는 강렬함의 수준들이 있지만, 그것들의 근원에는 수준이 없습니다. 그 **근원**은 단순하고 단일하지만 그것이 안겨주는 선물들은 무한합니다. 그 선물들을 **근원**으로 오인하지만 마십시오. 강이 아닌 **근원**으로서의 그대 자신을 깨달으십시오. 그러면 됩니다.

질: 저는 그 강이기도 합니다.

마: 물론 그렇지요. 하나의 "내가 있다"로서, 그대는 몸의 둑들 사이를 흐르는 강입니다. 그러나 **그대**는 그 근원이자 바다이며, (그 물이 증발하여 만들어지는) 하늘의 구름이기도 합니다. 생명과 의식이 있는 곳이면 어디든 그대가 있습니다. 가장 작은 것보다도 작고 가장 큰 것보다도 큰 **그대**는 있고, 다른 모든 것은 나타납니다.

질: 존재의 느낌과 살아 있음의 느낌―이것들은 같은 하나입니까, 아니면 다릅니까?

마: 공간 속의 정체성이 전자를 창조하고, 시간 속의 연속성이 후자를 창조합니다.

질: 당신께서는 언젠가 '보는 자', '봄', '보이는 것'은 단 하나이지 셋이 아니라고 말씀하셨습니다. 저에게는 그 셋이 별개입니다. 당신의 말씀을 의심하지는 않습니다. 단지 이해하지 못할 뿐입니다.

마: 면밀하게 살펴보십시오. 그러면 '보는 자'와 '보이는 것'은 '봄'이 있을

때만 나타난다는 것을 알게 될 것입니다. 그 둘은 '봄'의 속성들입니다. 그대가 "내가 이것을 보고 있다"고 말할 때, "내가 있다"와 '이것'은 '봄'과 함께 나타나지, 그 전에는 나타나지 않습니다. 그대는 보이지 않는 '이것'이나 보지 않는 "내가 있다"를 가질 수 없습니다.

질: 저는 "나는 보지 않는다"라고 말할 수 있습니다.

마: "내가 이것을 보고 있다"가 "나는 내가 보지 않음을 알고 있다" 혹은 "나는 어둠을 보고 있다"가 되었습니다. '봄'은 그대로 있습니다. '알려지는 것', '앎', '아는 자'의 삼원성에서, **앎**만이 하나의 사실입니다. "내가 있다"와 '이것'은 의심스러운 것입니다. 누가 압니까? 무엇을 압니까? **앎**(knowing)이 있다는 것 말고는 어떤 것도 확실하지 않습니다.

질: 왜 저는 '앎'은 확신하면서, '아는 자'를 확신하지 못합니까?

마: '앎'은 **존재**와 **사랑**을 수반하는 그대의 **참된 성품**의 한 반영입니다. '아는 자'와 '알려지는 것'은 마음에 의해 부가됩니다. 주체나 대상이 없는 곳에서 주체-대상의 이원성을 창조하는 것이 마음의 본성입니다.

질: 욕망과 두려움의 원인은 무엇입니까?

마: 명백히 과거의 고통과 쾌락에 대한 기억이지요. 거기에 무슨 대단한 신비는 없습니다. 갈등은 욕망과 두려움이 동일한 대상과 관계될 때만 일어납니다.

질: 어떻게 하면 기억을 끝낼 수 있습니까?

마: 그것은 필요하지도 않고 가능하지도 않습니다. 모든 것은 **의식** 안에서 일어난다는 것과, 그대가 **의식**의 뿌리요 근원이자 토대라는 것을 깨달으십시오. 세계는 일련의 경험들에 지나지 않는데, 그대는 그 경험들을 의식하게 하는 자이지만 그러면서도 모든 경험을 넘어서 있습니다. 그것은 열, 불길, 그리고 불타는 나무와 같습니다. 열은 불길을 유지하고, 불길은 나무를 태웁니다. 열이 없으면 불길도 연료도 없겠지요. 마찬가지로, **자각**이 없으면 **의식**도 없고, 물질을 의식의 한 탈것(몸)으로 변형시키는 생명력도 없을 것입니다.

질: 당신께서는 제가 없으면 세계도 없을 것이고, 세계와 세계에 대한 저의

앎은 동일하다고 주장하십니다. 과학은 아주 다른 결론에 도달했습니다. 즉, 세계는 구체적이고 연속적인 어떤 것으로 존재하는 반면, 저는 1차적으로 의식의 처소라기보다는, 개체와 종種으로서의 생존 메커니즘인 신경체계의 생물학적 진화의 한 부산물이라는 것입니다. 당신의 견해는 완전히 주관적인 견해인 반면, 과학은 모든 것을 객관적 용어로 묘사하려고 합니다. 이런 모순이 불가피합니까?

마: 그 혼동은 외관상의 것이고, 순전히 언어적입니다. 있는 것(실재)은, 있습니다. 그것은 주관적이지도 않고 객관적이지도 않습니다. 물질과 마음은 별개가 아니라 한 에너지의 측면들입니다. 마음을 물질의 한 기능으로 보면 그것은 과학이고, 물질을 마음의 산물로 보면 그것은 종교입니다.

질: 그러나 무엇이 참됩니까? 무엇이 먼저입니까, 마음입니까 물질입니까?

마: 어느 것도 먼저 오지 않습니다. 왜냐하면 어느 것도 홀로 나타나지 않기 때문입니다. 물질은 형상, 마음은 이름입니다. 그것들이 함께 세계를 만듭니다. (그것들에) 편재하면서 (그것들을) 초월하는 것이 실재, 곧 순수한 존재-자각-지복이며, 바로 그대의 본질입니다.

질: 제가 아는 것은 의식의 흐름, 즉 끝없는 사건들의 연속이 전부입니다. 시간의 강이 흐르면서 가차 없이 데려오고 데려갑니다. 미래를 과거로 변모시키는 과정이 늘 진행되고 있습니다.

마: 그대는 자신이 하는 말의 제물 아닙니까? 그대는 마치 자신은 정지해 있는 양 시간의 흐름에 대해 이야기합니다. 그러나 그대가 어제 목격한 사건들을 어떤 사람은 내일 볼지도 모릅니다. 움직이고 있는 것은 그대이지 시간이 아닙니다. 움직이기를 멈추십시오. 그러면 시간이 그칠 것입니다.

질: 그것이 무슨 뜻입니까? 시간이 그치다니요?

마: 과거와 미래가 영원한 지금 안에 합일될 것입니다.

질: 그러나 실제 경험에서는 그것이 무엇을 의미합니까? 당신께 시간이 그쳤다는 것을 당신께서는 어떻게 아십니까?

마: 그것은 과거와 미래가 더 이상 중요하지 않다는 의미일 수 있습니다. 그것은 또한 일어난 모든 일과 일어날 모든 일은 마음대로 읽어볼 수 있

는, 하나의 펼쳐진 책이 된다는 의미일 수 있습니다.

질: 저는 얼마간의 수련에 의해 접근할 수 있는 일종의 우주적 기억을 상상해 볼 수 있습니다. 그러나 미래를 우리가 어떻게 알 수 있습니까? 예상 못하는 일이 불가피하게 있을 것입니다.

마: 한 수준에서 예상 못하는 일이 더 높은 수준에서 보면 일어날 것이 확실할 수도 있습니다. 어쨌든 우리는 마음의 한계 안에 있습니다. 실제로는 어떤 일도 일어나지 않고, 과거도 없고 미래도 없습니다. 모두 (있는 듯이) 나타나 보이는 것이지 아무것도 없습니다.

질: 그것이 무슨 뜻입니까? 아무것도 없다니요? 당신께서 공백 상태로 되십니까, 아니면 잠이 드십니까? 아니면 당신께서 세계를 해체하여, 당신의 다음 번 생각이 깜박여 저희가 다시 소생할 때까지 저희들을 정지시켜 두시는 겁니까?

마: 오, 아니지요. 그것은 그렇게 나쁘지 않습니다. 마음과 물질, 이름과 형상들의 세계는 지속되지만, 저에게는 그것이 전혀 중요하지 않습니다. 그것은 하나의 그림자를 갖는 것과 같습니다. 그림자가 있지요—제가 어디를 가든 저를 따라다니지만, 저를 전혀 방해하지 않는. 그것은 욕망과 두려움에 의해 저와 관계되는 이름과 형상들의 세계가 아니라, 경험들의 세계로 남아 있습니다. 그 경험들은 굳이 말하자면 성질이 없는 순수한 경험입니다. 그것을 경험이라고 부르는 것은 더 나은 단어가 없기 때문입니다. 그것은 바다 표면의 파도들과 같아서, 항상 존재하지만 바다의 평화로운 힘에 영향을 주지는 않습니다.

질: 어떤 경험은 이름도 없고 형상도 없고 규정되지 않는 것일 수 있다는 말씀이십니까?

마: 처음에는 모든 경험이 그렇지요. 거기에 이름과 형상을 부여하고 그것을 다른 경험들로부터 분리하는 것은 기억에서 생겨난 욕망과 두려움일 뿐입니다.

그것(순수한 경험)은 의식적인 경험은 아닌데, 왜냐하면 다른 경험들과 대립하지 않기 때문입니다. 그래도 어쨌든 그것은 하나의 경험입니다.

질: 만약 그것이 의식적이지 않다면, 왜 그에 대해 이야기하십니까?
마: 그대의 경험들 대부분은 무의식적입니다. 의식적인 경험은 아주 적습니다. 그대는 그 사실을 자각하지 못합니다. 왜냐하면 그대에게는 의식적인 경험들만 중요하기 때문입니다. '무의식 영역'을 자각하십시오.
질: '무의식 영역'을 자각할 수 있습니까? 그것은 어떻게 하는 것입니까?
마: 욕망과 두려움이 (자각을) 가로막고 왜곡하는 요인입니다. 마음이 그것들에서 벗어났을 때, '무의식 영역'에 접근할 수 있습니다.
질: 그것은 '무의식 영역'이 의식적인 것으로 된다는 뜻입니까?
마: 오히려 그 반대지요. '의식 영역'이 '무의식 영역'과 하나가 됩니다. 어느 쪽에서 바라보든 그 구별은 사라집니다.
질: 뭐가 뭔지 모르겠습니다. 어떻게 자각하면서 무의식적일 수 있습니까?
마: 자각은 의식에 한정되지 않습니다. 그것은 존재하는 모든 것에 대한 것입니다. 의식은 이원성에 대한 것입니다. 자각에는 이원성이 없습니다. 그것은 순수한 인식의 단일한 한 덩어리입니다. 마찬가지로, 우리는 **순수한 존재와 순수한 창조**—이름도 없고 형상도 없고, 고요하되 절대적으로 실재하며, 강력하고 효과적인 그것들에 대해 이야기할 수 있습니다. 그것들이 묘사 불가능하다는 것은 그것들에 조금도 영향이 없습니다. 그것들은 무의식적이기는 해도 본질적입니다. '의식 영역(the conscious)'은 근본적으로 변할 수 없고, 수정될 수 있을 뿐입니다. 어떤 사물이든 변하려면 죽음을 통과해야 합니다. 즉, 불분명해져서 해체되는 과정을 겪어야 합니다. 금 장신구들을 다른 형태로 주조하려면 먼저 그것을 녹여야 합니다. 죽기를 거부하는 것은 다시 태어날 수 없습니다.
질: 몸의 죽음을 논외로 하면, 우리는 어떻게 죽습니까?
마: 물러남, 초연함, 놓아버림이 죽음입니다. 충만하게 살기 위해서는 죽음이 필수적입니다. 모든 끝은 새로운 시작을 만듭니다.

한편, 죽어 있는 것만이 죽을 수 있고, 살아 있는 것(생명)은 그렇지 않다는 것을 아십시오. 그대 안의 살아 있는 **그것**은 불멸입니다.
질: 욕망은 어디서 그 에너지를 끌어옵니까?

마: 그것은 자신의 이름과 형상을 기억에서 끌어옵니다. 그 에너지는 근원에서 흘러나옵니다.

질: 어떤 욕망들은 아예 그릇된 것입니다. 그릇된 욕망들이 어떻게 고상한 근원에서 흘러나올 수 있습니까?

마: 그 근원은 옳지도 않고 그르지도 않습니다. 욕망도 그 자체로는 옳지도 않고 그르지도 않습니다. 그것은 행복을 얻으려는 몸부림에 지나지 않습니다. 그대는 자신을 한 점의 몸과 동일시한 다음 길을 잃은 것처럼 느끼고, 이른바 행복이라고 하는 충만함과 완전함의 느낌을 필사적으로 찾습니다.

질: 제가 그것을 언제 잃어버렸습니까? 그것을 가져 본 적이 없습니다.

마: 오늘 아침 깨어나기 전에 그것을 가지고 있었지요. 그대의 의식을 넘어서십시오. 그러면 그것을 발견할 것입니다.

질: 어떻게 해야 제가 넘어설 수 있습니까?

마: 그대는 이미 그것을 알고 있습니다. 그것을 하십시오.

질: 그것은 당신께서 하시는 말씀이지요. 저는 그에 대해 전혀 모릅니다.

마: 하지만 저는 반복해서 말합니다—그대가 그것을 알고 있다고. 그것을 하십시오. 넘어서서, 그대의 정상적이고 자연스러운 **지고의 상태**로 돌아가십시오.

질: 뭐가 뭔지 모르겠습니다.

마: 눈에 티끌이 하나 있으면 그대는 자신이 눈이 멀었다고 생각합니다. 그것을 씻어내고 보십시오.

질: 보기는 봅니다! 그러나 어둠밖에 안 보입니다.

마: 그 티끌을 제거하십시오. 그러면 그대의 눈이 빛으로 가득 차서 넘치게 될 것입니다. 빛이 있습니다—기다리면서. 눈이 있습니다—준비된 상태로. 그대가 보는 어둠은 그 작은 티끌의 그림자에 불과합니다. 그것을 제거하고 그대의 **본연적 상태**로 돌아오십시오.

81
두려움의 근본 원인

마하라지: 그대는 어디 출신입니까?
질문자: 저는 미국 출신이지만 주로 유럽에 살고 있습니다. 인도에는 최근에 왔습니다. 리시케시에서는 아쉬람 두 군데에 있었습니다. 저는 명상과 호흡법을 배웠습니다.
마: 거기서 얼마나 있었습니까?
질: 한 군데서 8일, 또 한 군데서 6일간 있었습니다. 거기서는 별로 즐겁지 않아서 떠났습니다. 그 다음 3주 동안은 티베트 라마들과 함께 있었습니다. 그러나 그분들은 모두 진언眞言과 의식儀式에 여념이 없었습니다.
마: 그러면 그 모든 것의 최종 결과는 무엇입니까?
질: 확실히 기력이 늘었습니다. 그러나 리시케시로 떠나기 전에 남인도 뿌두꼬따이(Pudukkotai)에 있는 자연요법요양소에서 단식과 절식節食(dieting)을 좀 했습니다. 그것이 저에게 굉장한 도움이 되었습니다.
마: 어쩌면 기력이 증대된 것은 건강이 더 좋아졌기 때문이겠지요.
질: 잘은 모르겠습니다. 그러나 이런 모든 노력의 결과로 제 몸 안의 여러 곳에서 어떤 불기운이 일어나기 시작했고, 아무 소리가 나지 않던 곳에서 찬송 소리와 목소리들이 들렸습니다.
마: 그러면 지금은 무엇을 추구하고 있습니까?
질: 글쎄요, 우리는 모두 무엇을 추구하고 있습니까? 어떤 진리, 어떤 내적인 확실성, 어떤 진정한 행복이지요. **진아 깨달음**의 여러 교파에서 **자각**에 대해 하도 많은 이야기를 하고 있어서, 우리는 **자각** 자체가 **지고의 실재**인 듯한 인상을 받게 됩니다. 과연 그렇습니까? 몸은 두뇌가 보살피고 두뇌는 의식에 의해서 빛을 받는데, **자각**이 의식을 지켜본다고 합니다. **자각** 너머에 뭔가가 있습니까?
마: 그대는 자신이 자각하고 있다는 것을 어떻게 압니까?

질: 저는 제가 있다는 것을 느낍니다. 달리 그것을 표현하지 못하겠습니다.

마: 두뇌에서부터 의식을 거쳐 자각에 이르기까지 그대가 그것을 주의 깊게 따라가면, 이원성의 느낌이 지속되고 있다는 것을 발견합니다. 자각을 넘어서면 비이원성의 상태가 있는데, 거기서는 아무 인식이 없고 순수한 존재(pure being)가 있을 뿐입니다. 만일 특정한 어떤 것으로 있는 것을 그대가 '존재'라고 한다면, 우리는 그 순수한 존재를 비존재(non-being)라고 부를 수도 있겠지요.

질: 당신께서 순수한 존재라고 하시는 것은 보편적 존재, 즉 일체의 것으로 있음(being everything)입니까?

마: '일체의 것'은 특수한 것들의 한 집결을 의미합니다. 순수한 존재에서는 특수자라는 관념 자체가 없습니다.

질: 순수한 존재와 특수한 존재 간에 어떤 관계가 있기는 합니까?

마: 존재하는 것과 단지 존재하는 것처럼 보이는 것 사이에 무슨 관계가 있을 수 있습니까? 바다와 파도들 간에 어떤 관계가 있습니까? 실재는 비실재가 나타날 수 있게 하고, 그것을 사라지게 합니다. 찰나적인 순간들의 연속이 시간이라는 환상을 창조하지만, 순수한 존재라는 무시간적 실재는 움직이지 않습니다. 왜냐하면 모든 움직임은 움직이지 않는 배경을 필요로 하기 때문입니다. 그것은 그 자체가 배경입니다. 그대가 자신 안에서 그것을 발견하고 나면, 자신이 그 독립적 존재—곧, 모든 구분과 분리에서 독립해 있는 존재—를 결코 잃어버린 적이 없다는 것을 압니다. 그러나 의식 안에서 그것을 찾지는 마십시오. 의식 안에서는 그것을 찾지 못할 것입니다. 어디서도 찾지 마십시오. 왜냐하면 그 무엇도 그것을 포함할 수 없기 때문입니다. 반대로 그것은 일체를 포함하며 일체를 현현합니다. 그것은 모든 것을 보이게 하면서도 그 자신은 보이지 않는 햇빛과 같습니다.

질: 선생님, 실재는 의식 안에서 발견될 수 없다고 하시는 당신의 말씀이 저에게 무슨 소용 있습니까? 달리 어디서 그것을 찾아야 합니까? 그것을 어떻게 이해하십니까?

마: 아주 간단하지요. 만약 제가 그대의 입이 가진 맛은 무엇이냐고 물으

면, 그대가 할 수 있는 것은 "그것은 달지도 않고 쓰지도 않고, 시지도 않고 새콤하지도 않습니다"라고 말하는 것이 전부이겠지요. 그것은 그런 모든 맛들이 존재하지 않을 때 남아 있는 것입니다. 마찬가지로, 모든 구별과 반응이 더 이상 존재하지 않을 때 남아 있는 것이 **실재**입니다―단순하고 견고한.

질: 제가 이해하는 것은, 제가 시작 없는 환幻에 사로잡혀 있다는 것이 전부입니다. 그리고 저는 그것이 어떻게 끝날 수 있는지 모릅니다. 만약 그럴 수 있었다면 오래 전에 끝나 버렸겠지요. 저는 과거에 많은 기회를 가지고 있었을 것이 분명하고, 미래에도 역시 그럴 것입니다. (과거에) 일어날 수 없었던 일은 (미래에도) 일어날 수 없습니다. 설사 일어난다 해도 지속될 수 없을 것입니다. 무수한 수백만 년의 세월이 지난 뒤에 우리가 처해 있는 이 암담한 상태 자체가, 기껏해야 우리가 궁극적으로 소멸될 거라는 보증, 아니면―더 안 좋은 것이지만―끝없고 무의미한 되풀이가 계속될 위험성을 안고 있습니다.

마: 그대의 현재의 상태가 시작도 없고 끝도 없다는 어떤 증거를 가지고 있습니까? 태어나기 전에 그대는 어떠했습니까? 죽은 뒤의 그대는 어떠하겠습니까? 그리고 그대의 현재 상태에 대해, 얼마나 많이 알고 있습니까? 그대는 오늘 아침 잠에서 깨기 전에 자신의 상태가 어떠했는지조차도 모릅니다. 그대는 자신의 현재 상태에 대해 아주 조금밖에 모르면서, 모든 시간과 모든 장소에 대해 거기서 결론을 끌어냅니다. 그대는 단지 꿈을 꾸고 있으면서 자신의 꿈이 영원하리라고 상상하는 것인지도 모릅니다.

질: 그것을 꿈이라고 부른다 해서 상황이 달라지지는 않습니다. 제 질문을 되풀이하겠습니다. 지나간 영겁의 세월도 성취해 주지 못한 어떤 희망이 아직 남아 있습니까? 저의 미래가 과거와 왜 다르겠습니까?

마: 그대는 열이 오른 상태에서 하나의 과거와 미래를 투사하고 그것이 실재한다고 여깁니다. 사실 그대는 자신의 현재 순간밖에 모릅니다. 상상적인 과거와 미래를 문제 삼지 말고, 왜 지금 있는 것을 탐구하지 않습니까? 그대의 현재 상태는 시작이 없는 것도 아니고 끝이 없는 것도 아닙니다. 그

것은 순식간에 끝납니다. 그것이 오는 곳과 사라지는 곳을 주의 깊게 지켜보십시오. 그 이면의 **무시간적 실재**를 이내 발견하게 될 것입니다.

질: 왜 그전에는 제가 그렇게 하지 않았습니까?

마: 모든 파도는 바다로 가라앉듯이, 모든 순간은 그것의 **근원**으로 돌아갑니다. 깨달음이란 그 **근원**을 발견하여 거기에 머무르는 것입니다.

질: 누가 발견합니까?

마: 마음이 발견하지요.

질: 그것이 해답들을 발견합니까?

마: 자신이 물음들 없이 남아 있다는 것, 아무 해답도 필요 없다는 것을 발견합니다.

질: 태어난다는 것은 하나의 사실입니다. 죽는다는 것도 하나의 사실입니다. 이 사실들이 주시자에게는 어떻게 보입니까?

마: 한 아이가 태어났고, 한 어른이 죽었다―시간의 흐름 속에서 일어나는 사건들일 뿐이지요.

질: 주시자에게도 어떤 진보가 있습니까? 자각은 진화합니까?

마: 보이는 대상은 **자각의 빛**이 거기에 초점이 맞추어질 때 많은 변화를 겪을 수 있습니다. 그러나 변하는 것은 그 대상이지 **빛**은 아닙니다. 햇빛 속에서 식물들이 자라지만 해는 자라지 않습니다. 몸도 **주시자**도 그 자체로는 움직임이 없지만, 마음 안에서 합쳐지면 (한 '사람'으로서) 움직이는 것처럼 보입니다.

질: 예, 움직이고 변하는 것은 "내가 있다"일 뿐이라는 것을 알겠습니다. "내가 있다"가 필요하기는 합니까?

마: 누가 그것을 필요로 합니까? 그것은 있습니다―지금. 그것은 시작이 있었으니 끝도 있겠지요.

질: "내가 있다"가 사라지면 무엇이 남습니까?

마: 오고 가지 않는 것이 남습니다. 완전함을 향한 진보와 진화라는 관념들을 만들어내는 것은 늘 욕심 많은 마음입니다. 그것은 교란하면서 질서를 이야기하고, 파괴하면서 안전을 추구합니다.

질: 운명에, **카르마**(karma)에 진보가 있습니까?

마: 카르마란 소진되지 않은 에너지들, 즉 충족되지 않은 욕망과 이해되지 못한 두려움의 한 저장고에 불과합니다. 이 저장고는 새로운 욕망과 두려움에 의해 부단히 다시 채워집니다. 그러나 영원히 그럴 필요는 없습니다. 두려움의 근본 원인인 그대 자신으로부터의 소외와, 욕망의 근본 원인인 **진아**에 대한 열망을 이해하십시오. 그러면 그대의 **카르마**가 하나의 꿈처럼 해소될 것입니다. 땅과 하늘 사이에서 삶은 계속됩니다. (카르마로 인해) 아무것도 영향을 받지 않고, 오직 몸들만 성장하고 쇠퇴합니다.

질: '사람'과 **주시자** 간에, 그 관계는 무엇입니까?

마: 그 둘은 하나이기 때문에, 그들 간에는 아무 관계도 있을 수 없습니다. 분리하지 말고, 관계를 찾지 마십시오.

질: 보는 자와 보이는 대상이 하나라면, 분리는 어떻게 일어났습니까?

마: 이름과 형상들은 그 본성상 별개이고 다양한데, 그대는 거기에 매혹되어 본연적인 것을 구분하고 하나인 것을 분리합니다. 세계는 풍부한 다양성을 가졌지만, 그대가 낯설어 하고 겁을 먹는 것은 (자신이 세계 안에 있다는) 착각 때문입니다. 위험에 빠져 있는 것은 그 몸이지 **그대**가 아닙니다.

질: 기본적인 생물학적 걱정, 즉 도피 본능이 여러 가지 형태를 취하여 저의 생각과 감정을 왜곡한다는 것은 알겠습니다. 그런데 이 걱정이 어떻게 해서 생겨났습니까?

마: 그것은 "나는 몸이다"라는 관념에 의해 야기된 하나의 정신 상태입니다. 그것은 그 반대 관념인 "나는 몸이 아니다"라는 관념으로 제거할 수 있습니다. 그 두 가지 관념 다 거짓되지만, 후자가 전자를 제거합니다. 어떤 관념도 그대의 것이 아니고, 그것들은 모두 바깥에서 온다는 것을 깨달으십시오. 그대 스스로 그것을 모두 생각해 내고, 스스로 그대의 명상의 대상이 되어야 합니다. 그대 자신을 이해하려는 노력이 요가입니다. 한 사람의 요기가 되어 거기에 정성을 쏟고, 숙고하고, 놀라워하고, 탐색하십시오. 그러다 보면 오류의 근원과 그 오류를 넘어선 **진리**에 도달할 것입니다.

질: 명상에서는, 누가 명상합니까? '사람'입니까, **주시자**입니까?

마: 명상이란 의식의 더 높은 상태들 속으로 뚫고 들어가서 결국 그것을 넘어서려는 하나의 의도적 노력입니다. **명상의 기술**은 **주의**의 초점을 점점 더 미세한 수준으로 옮겨가면서 지나온 수준에 대한 장악을 놓치지 않는 기술입니다. 어느 면에서 그것은 죽음을 제어하고 있는 것과 같습니다. 우리는 가장 낮은 수준들에서 시작합니다. 사회적 환경, 관습과 습관들에서 시작하여 물리적 여건, 몸의 자세와 호흡, 이어서 감각기관, 그 기관들의 감각과 지각들, 그리고 마음, 그 생각과 감정들로 나아갑니다. 그러다 보면 인격의 전체 메커니즘이 이해되고 확고하게 보유됩니다. **명상의 최종적 상태**에 도달하면 정체성의 느낌이 "나는 아무개다"를 넘어서고, "이렇게 내가 있다"를 넘어서고, "나는 **주시자**일 뿐이다"를 넘어서고, "있다"를 넘어서고, 모든 관념을 넘어서서, 비인격적으로 인격적인 **순수한 존재** 속으로 들어갑니다. 그러나 **명상**을 할 때는 다부져야 합니다. 그것은 절대 파트타임으로 하는 일이 아닙니다. 그대의 관심사와 활동을 그대에게 필요한 것과 그대의 부양가족이 최소한으로 필요로 하는 것에 한정하십시오. 모든 기력과 시간을 아껴두었다가, 그대의 마음이 주위에 건립한 벽을 허무는 데 쓰십시오. 정말이지, 그렇게 한 것을 후회하지 않을 것입니다.

질: 저의 체험이 보편적이라는 것을 어떻게 알게 됩니까?

마: 명상의 끝에 가면 모든 것을 직접 알게 되고, 전혀 어떤 증거도 필요치 않습니다. 바다의 모든 물방울은 바닷물 맛이 나듯이, 매 순간은 **영원의 맛**이 납니다. 규정과 묘사들은 더 탐색해 나가기 위한 유용한 동기로서 자기 자리를 점하고 있겠지만, 그것들을 넘어서 부정적인 용어로밖에는 규정할 수 없고 묘사할 수 없는 것 속으로 나아가야 합니다.

어쨌든 보편성과 영원성조차도 개념에 지나지 않으며, 장소와 시간에 속박되어 있다는 것의 상대물입니다. **실재**는 하나의 개념이 아니고 어떤 개념의 현현도 아닙니다. 그것은 개념들과 무관합니다. 그대의 마음에 주의를 기울여 마음의 왜곡과 불순함을 제거하십시오. 일단 그대 자신의 **진아**를 맛보면, 그것을 도처에서 언제 어느 때나 발견하게 될 것입니다. 따라서 그대가 거기에 도달한다는 것이 매우 중요합니다. 일단 알게 되면, 그것을 결코 놓치지 않게 될 것입니다.

그러나 강렬하고 때로 힘겹기까지 한 **명상**을 통해, 스스로 그 기회를 만들어야 합니다.

질: 정확히 제가 어떻게 하기를 바라십니까?

마: 그대의 온 정성과 마음을 기울여 "내가 있다"에 대해, 그것이 무엇인지, 왜 그런지, 그것의 **근원**, 그것의 **생명**, 그것의 의미는 무엇인지를 숙고(탐구)하십시오. 그것은 우물을 파는 것과 흡사합니다. 생명을 주는 샘에 도달할 때까지, 물 아닌 모든 것을 배제해야 합니다.

질: 제가 올바른 방향으로 나아가고 있다는 것을 어떻게 알겠습니까?

마: 집중도, 명료함, 그 과업에 대한 헌신의 정도가 강해지는 것으로써 알 수 있습니다.

질: 저희 유럽인들은 침묵을 지키기가 아주 어렵다고 느낍니다. 세상이 저희들에게 너무 버겁습니다.

마: 오, 아니지요. 그대들 역시 꿈을 꾸는 사람들입니다. 우리는 꿈들의 내용에서만 다를 뿐입니다. 그대들은 미래 속에서 완전함을 추구합니다. 우리는 지금 안에서 그것을 발견하는 데 전념합니다. 한계가 있는 것들만 완전하게 만들어갈 수 있습니다. 한계가 없는 것은 이미 완전합니다. 그대는 완전하지만 다만 그것을 모를 뿐입니다. 그대 자신을 아는 법을 배우십시오. 그러면 놀라운 것들을 발견할 것입니다.

그대가 필요로 하는 모든 것은 이미 그대의 내면에 있으니, 존경과 사랑을 가지고 그대의 **자아**(진아)에 다가가기만 하면 됩니다. 자기비난과 자기불신은 중대한 오류입니다. 그대가 부단히 고통에서 도피하고 쾌락을 추구하는 것은 그대가 **자아**에 대해 가지고 있는 사랑의 한 징표입니다. 제가 그대에게 간곡히 부탁하는 것은, 그대의 **자아**에 대한 사랑을 완전하게 하라는 것뿐입니다. 그대 자신의 어떤 권리도 부정하지 마십시오. 그대의 **자아**에 무한성과 영원성을 부여하고, 그대가 그런 것들(필요하다고 느낀 것들)을 필요로 하지 않으며, 그것들을 넘어서 있다는 것을 발견하십시오.

82
절대적 완전함은 지금 여기에 있다

질문자: (동파키스탄에서) 전쟁이 벌어지고 있습니다. 전쟁에 대한 당신의 견해는 무엇입니까?

마하라지: 이런저런 장소에서, 이런저런 방식으로 전쟁은 늘 벌어지고 있습니다. 아무 전쟁이 없는 때가 있었습니까? 어떤 사람들은 그것이 신의 뜻이라고 말하고, 어떤 사람들은 그것이 신의 유희라고 말합니다. 그것은 전쟁이란 불가피한 것이고, 아무도 책임이 없다고 말하는 또 하나의 방식입니다.

질: 그러나 당신 자신의 견해는 무엇입니까?

마: 왜 저에게 견해를 강요합니까? 저에게는 저 자신의 것이라고 할 어떤 견해도 없습니다.

질: 분명히 누군가는 이 끔찍하고 지각없는 살육에 대해 책임이 있습니다. 왜 사람들은 그렇게 쉽게 서로를 죽입니까?

마: 내면에서 범인을 찾아보십시오. '나'와 '내 것'이라는 관념이 모든 갈등의 뿌리입니다. 거기서 벗어나십시오. 그러면 갈등에서 벗어날 것입니다.

질: 제가 갈등에서 벗어난들 뭐 하겠습니까? 전쟁에는 아무 영향을 주지 못할 것입니다. 만일 제가 전쟁의 원인이라면 저는 언제든지 죽을 준비가 되어 있습니다. 하지만 저 같은 사람 천 명이 사라진다고 해서 전쟁이 끝나지 않을 것은 당연지사입니다. 전쟁들은 제가 태어날 때 시작된 것이 아니고, 제가 죽어도 끝나지 않을 것입니다. 저는 책임이 없습니다. 누가 책임이 있습니까?

마: 반목과 투쟁은 존재(existence-삶)의 일부입니다. 존재에 대해 누가 책임이 있느냐고 왜 묻지 않습니까?

질: 왜 존재와 갈등이 불가분이라고 말씀하십니까? 반목 없이는 존재가 있을 수 없습니까? 제가 저 자신이기 위해 남들과 싸울 필요는 없습니다.

마: 그대는 별개의 한 몸-마음, 곧 특정한 이름과 형상으로서의 자신의 생존을 위해 늘 남들과 싸우고 있습니다. 그대가 살기 위해서는 죽여야 합니다. 그대는 잉태된 순간부터 그대의 환경과 전쟁을 시작했습니다—서로를 절멸시키는 무자비한 전쟁을, 죽음이 그대를 해방할 때까지 말입니다.

질: 제 질문은 아직 답변되지 않았습니다. 당신께서는 제가 알고 있는 것—삶과 그 슬픔에 대해서 묘사하실 뿐입니다. 그러나 누가 책임이 있는지에 대해서는 말씀하시지 않는군요. 제가 다그쳐 여쭈면 당신께서는 신이나 카르마, 아니면 저 자신의 탐욕과 두려움에 탓을 돌리시는데, 그것은 더 많은 질문을 낳을 뿐입니다. 최종적 답변을 주십시오.

마: 최종적 답변은 "아무것도 없다"는 것입니다. 모든 것은 **보편적 의식**의 장場 안에서 일시적으로 나타난 겉모습입니다. 이름과 형상으로서의 연속성은 하나의 정신적 구성물일 뿐이고, 쉽게 몰아낼 수 있습니다.

질: 저는 목전의 것, 찰나적인 것, 나타난 것에 대해 여쭈고 있습니다. 여기에 군인들에게 살해된 한 아이의 사진이 있습니다. 그것은 하나의 사실입니다—우리를 노려보는 사실요. 그것을 부인하지 못하실 겁니다. 그럼 이 아이의 죽음에 대해서 누가 책임이 있습니까?

마: 누구도 아니면서 우리 모두이기도 하지요. 세계는 그것이 포함하고 있는 모든 것인데, 각 사물은 다른 모든 것에 영향을 미칩니다. 우리 모두가 그 아이를 죽이고, 우리 모두가 그 아이와 함께 죽습니다. 각 사건은 무수한 원인이 있고 무수한 결과를 가져옵니다. 그것을 하나하나 따져 봐야 아무 소용없고, 그 무엇도 원인 추적이 불가능합니다.

질: 인도 분들은 **카르마**와 **과보**果報를 이야기합니다.

마: 그것은 하나의 거친 어림셈에 불과합니다. 실제로는 우리 모두가 서로의 **창조주**이고 서로의 피조물이며, 서로의 부담을 야기하고 서로의 부담을 짊어져 줍니다.

질: 그러니까 무고한 자가 죄 지은 자를 위해 고통 받는군요?

마: 무지 속에서 우리는 무고하고, 행위 속에서 우리는 죄인입니다. 우리는 모르기 때문에 죄를 짓고, 이해하지 못하기 때문에 고통 받습니다. 우리의

유일한 희망은 멈추고, 바라보고, 이해하고, 기억의 함정에서 빠져나오는 것입니다. 왜냐하면 기억이 상상을 먹여 살리고, 상상이 욕망과 두려움을 낳기 때문입니다.

질: 저는 대체 왜 상상을 합니까?

마: 의식의 빛이 기억의 필름을 통과하면서 그대의 두뇌 위에 그림들을 투사합니다. 그대의 두뇌가 결함 있고 무질서한 상태에 있기 때문에, 그대가 지각하는 것들이 왜곡되고, 좋고 싫음의 감정으로 채색됩니다. 그대의 사고를 질서 있게 하고, 감정적 색채(emotional overtones)에서 벗어나게 하십시오. 그러면 사람과 사물들을 있는 그대로, **명료함과 자비**(charity)를 가지고 보게 될 것입니다.

탄생, 삶, 죽음에 대한 주시자는 똑같은 하나입니다. 그것은 고통의 주시자이자 사랑의 주시자입니다. 왜냐하면 한계와 분리 속의 존재(삶)가 슬프기는 하지만, 우리가 그것을 사랑하기 때문입니다. 우리는 그것을 사랑하면서 동시에 미워합니다. 우리는 싸우고 생명과 재산을 죽이거나 파괴하지만, 다정하고 자기희생적이기도 합니다. 아이를 자애롭게 양육하는가 하면 아이를 고아로 만들기도 하지요. 우리의 삶은 모순들로 가득 차 있습니다. 하지만 우리는 삶에 집착합니다. 만물의 근저에 이 집착이 있습니다. 그렇지만 그것은 전적으로 피상적입니다. 우리는 온 힘을 다해 어떤 사물이나 사람을 붙들지만 다음 순간 그것을 잊어버립니다. 마치 아이가 진흙 떡을 빚은 다음 태평스럽게 내버리듯이 말입니다. 그 진흙 떡에 손을 대 보십시오. 아이는 화를 내며 소리를 지를 것입니다. 그러나 아이의 주의를 딴 데로 가게 하면 그것을 잊어버립니다. 우리의 삶이 지금이기 때문에 그에 대한 사랑도 지금입니다. 우리는 다양성을, 곧 고통과 쾌락의 유희를 사랑하며, (서로 다른 것들의) 대비에 의해 매혹됩니다. 그러자면 우리에게 상대물들(opposites)이 필요하고, 그것들이 외관상 분리되어 있어야 합니다. 우리는 한동안 그것을 즐기다가, 싫증이 나면 **순수한 존재의 평안과 침묵**을 갈망합니다. **우주적 심장**(cosmic heart)이 끊임없이 뛰고 있습니다. 저는 **주시자**이면서 그 **심장**이기도 합니다.

질: 그림은 제가 볼 수 있습니다만, 화가는 누구입니까? 이 끔찍한, 그러면서도 사랑스러운 경험에 대해 누가 책임이 있습니까?

마: 화가는 그 그림 안에 있습니다. 그대가 화가를 그림에서 분리하고 나서 그를 찾습니다. 분리하지 말고 거짓된 질문을 하지 마십시오. 사물들은 있는 그대로이고, 특별히 누구도 책임이 없습니다. 개인적 책임이라는 관념은 주체성(agency-대상을 변화시키는 작용력)의 환상에서 나옵니다. "누군가 그것을 한 것이 틀림없다. 누군가가 책임이 있다"는 환상 말입니다. 법률과 관습의 틀을 가진 지금 이러한 사회는 별개의 책임성 있는 한 인격이 있다는 관념에 기초해 있지만, 이것이 한 사회가 취할 수 있는 유일한 형태는 아닙니다. 분리의 느낌이 약하고 책임이 분산되어 있는 다른 형태들도 있을 수 있습니다.

질: 인격의 느낌이 약한 개인이라고요—그는 **진아 깨달음**에 더 가까이 있습니까?

마: 어린아이의 경우를 봅시다. "내가 있다"는 느낌은 아직 형성되지 않았고, 인격은 초보적입니다. **진아지**(self-knowledge)의 장애가 적기는 하나 **자각**의 힘과 명료함, 그 폭과 깊이가 없습니다. 세월이 가면서 **자각**은 더 강해지겠지만, 잠재적인 인격도 드러나서 그것을 가리고 복잡하게 할 것입니다. 나무가 단단할수록 불길이 뜨겁듯이, 인격이 강하면 강할수록 그것이 소멸됨으로써 나오는 빛은 더 밝습니다.

질: 당신께는 아무 문제가 없습니까?

마: 저에게도 문제가 있지요. 그대에게 이미 말했습니다. (세간에) 있다는 것, 하나의 이름과 형상을 가지고 존재한다는 것은 고통스럽지만, 저는 그것을 사랑합니다.

질: 그러나 당신께서는 일체를 사랑하십니다!

마: 존재계(existence) 안에는 일체가 들어 있습니다. 저의 성품 자체가 사랑하는 것입니다. 고통스러운 것조차 사랑스럽습니다.

질: 그렇다고 해서 그것이 덜 고통스러워지지는 않습니다. 왜 무한자 안에 머무르시지 않습니까?

마: 저를 존재계 속으로 데려오는 것은 탐험의 본능, 미지의 것에 대한 사랑입니다. '있음(being)' 속에서 평안을 추구하는 것이 '됨(becoming-변화하는 삶)'의 본성에 속하듯이, '됨' 속에서 모험을 보는 것은 '있음'의 본성에 속합니다. '있음'과 '됨'이 번갈아드는 것은 불가피하지만, 저의 집은 그 너머에 있습니다.

질: 당신의 집은 신 안에 있습니까?

마: 한 신을 사랑하고 숭배하는 것도 무지입니다. 저의 집은 모든 관념을 넘어서 있습니다. 그것이 아무리 드높은 관념이라 해도 말입니다.

질: 그러나 신은 하나의 관념이 아닙니다! 존재 너머의 실재입니다.

마: 그대 좋을 대로 어떤 단어를 사용해도 좋습니다. 그대가 무엇을 생각하든, 저는 그것을 넘어서 있습니다.

질: 일단 당신의 집을 아셨는데, 왜 그 안에 머무르지 않으십니까? 무엇이 당신을 거기서 데려나옵니까?

마: 신체적 존재(감각적 삶)에 대한 사랑에서 우리는 태어나며, 일단 태어나면 운명에 말려듭니다. 운명은 '됨'과 불가분입니다. 그대는 특수자(개별적 인격)가 되고자 하는 욕망 때문에 모든 개인적 과거와 미래를 지닌 한 '사람'이 됩니다. 어떤 위대한 인간을 보십시오. 얼마나 놀라운 인간이었습니까! 그렇지만 그의 생애는 얼마나 힘겨웠고, 그 결실은 얼마나 제한적입니까! 인간의 인격이란 얼마나 전적으로 의존적이며, 그것의 세계는 얼마나 무관심합니까! 하지만 우리는 그것을 사랑하고, 별로 중요하지 않은데도 그것을 보호합니다.

질: 전쟁이 벌어져 혼란이 발생했는데 누가 당신께 급식소를 맡아달라고 합니다. 필요한 물자는 제공되고, 당신께서 그 일을 해내시기만 하면 되는 문제입니다. 그것을 거절하시겠습니까?

마: 일을 하는 것과 하지 않는 것이 저에게는 똑같은 하나입니다. 그 일을 맡을 수도 있고 맡지 않을 수도 있겠지요. 저보다 그런 일을 더 잘 해낼 수 있는 조건을 갖춘 다른 사람들—예컨대 직업적인 급식업자들이 있을지도 모릅니다. 그러나 저의 견해는 다릅니다. 저는 죽음을 하나의 재난으

로 보지 않습니다. 아이가 태어난다고 해서 제가 기뻐하지 않듯이 말입니다. 그 아이는 고생길에 들어섰지만 죽은 자는 거기서 벗어났습니다. 삶에 대한 집착은 슬픔에 대한 집착입니다. 우리는 우리에게 고통을 안겨주는 것을 사랑합니다. 우리의 본성이 그와 같습니다.

저에게는 죽음의 순간이 공포의 순간이 아니라 환희의 순간이 될 것입니다. 태어날 때는 울었지만, 웃으면서 죽을 것입니다.

질: 죽음의 순간에 의식에서의 변화는 어떤 것입니까?

마: 어떤 변화를 기대합니까? 필름의 영사가 끝나면 모든 것이 영사를 시작될 때와 같은 상태로 남습니다. 그대가 태어나기 전의 상태는 죽은 뒤의 상태이기도 했지요―만일 그대가 기억한다면 말입니다.

질: 저는 아무것도 기억하지 못합니다.

마: 전혀 시도해 보지 않았기 때문입니다. 그것은 마음의 파장을 맞추는 문제일 뿐입니다. 물론 수련이 필요하지요.

질: 왜 당신께서는 사회사업에 참여하지 않으십니까?

마: 그런데 저는 늘 (그 일 외에) 달리 아무 일도 하지 않고 있지요! 그런데 그대는 제가 어떤 사회사업을 하기를 원합니까? 잡동사니 일은 제 몫이 아닙니다. 저의 입장은 분명합니다. 분배하기 위해 생산하고, 자기가 먹기 전에 남을 먹이며, 자기가 갖기 전에 남에게 베풀고, 자신을 생각하기 전에 남들을 생각하는 것입니다. 나눔(sharing)에 기초한 비이기적 사회만이, 안정되고 행복할 수 있습니다. 이것이 유일한 실제적인 해법입니다. 만약 그것을 원치 않는다면―싸우십시오.

질: 그것은 모두 구나의 문제입니다. 따마스와 라자스가 지배하는 곳에는 전쟁이 있을 수밖에 없습니다. 사뜨와가 지배하는 곳에는 평화가 있겠지요.

마: 그것을 그대 좋을 대로 어떤 식으로 표현하든, 결국 같은 말입니다. 사회는 동기들 위에 건립됩니다. 그 토대에 선의를 집어넣으십시오. 그러면 전문적인 사회사업가들이 필요하지 않을 것입니다.

질: 세계는 나아지고 있습니다.

마: 세계는 항상 나아질 시간이 있었지만 아직 나아지지 않았습니다. 미래

에 무슨 희망이 있습니까? 물론 **사뜨와**가 득세하는 조화와 평안의 시대도 있었고 앞으로도 있겠지요. 그러나 사물은 그 자신의 완전함에 의해 파괴됩니다. 완전한 사회는 필시 정적靜的일 수밖에 없고, 따라서 정체되고 쇠퇴합니다. 산꼭대기부터는 모든 길이 아래로 향합니다. 사회는 사람과 같습니다. 그것들은 태어나고, 상대적 완전함의 어느 지점까지 성장했다가 쇠퇴하여 죽습니다.

질: 쇠퇴하지 않는 절대적 **완전함**의 상태는 없습니까?

마: 시작이 있는 것은 무엇이든 끝이 있을 수밖에 없습니다. 무시간적인 것 안에서는 모든 것이 지금 여기에서 완전합니다.

질: 그러나 우리도 때가 되면 무시간적인 것에 도달하겠습니까?

마: 때가 되면 우리는 출발점으로 돌아갈 것입니다. 공간이 우리를 공간 밖으로 데려다줄 수 없듯이, 시간은 우리를 시간 밖으로 데려다줄 수 없습니다. 기다려서 그대가 얻는 것은 더 기다리는 것뿐입니다. 절대적 **완전함**은 지금 여기에 있지, 가깝거나 먼 어떤 미래에 있지 않습니다. 비결은 지금 여기에서의 **행위**에 있습니다. 그대를 그대 자신에게 눈멀게 하는 것은 그대의 행동입니다. 그대가 자기 자신이라고 생각하는 모든 것을 배격하고, 마치 그대가 절대적으로 완전한 것처럼 행동하십시오—완전함에 대한 그대의 관념이 무엇이든 간에 말입니다. 그대에게 필요한 것은 **용기**뿐입니다.

질: 그런 **용기**를 어디서 발견합니까?

마: 물론 그대 자신의 안에서지요. 내면을 보십시오.

질: 당신의 **은총**이 도움이 될 것입니다.

마: 저의 **은총**이 지금 그대에게 말하고 있지요—내면을 보라고 말입니다. 그대에게 필요한 모든 것을 그대는 가지고 있습니다. 그것을 사용하십시오. 그대가 아는 한 최선을 다해서 행동하고, 자신이 해야 한다고 생각하는 것을 하십시오. 실수를 겁내지 마십시오. 실수는 언제든지 고칠 수 있고, 오직 의도가 중요합니다. 사물들이 취하는 형태는 그대가 마음대로 할 수 없지만, 그대가 하는 행위들의 동기는 그대가 마음먹기 나름입니다.

질: 불완전함에서 나온 행위가 어떻게 **완전함**에 이르게 해줄 수 있습니까?

마: 행위가 완전함에 이르게 해주지는 않습니다. 완전함이 행위 속에서 표현되는 거지요. 그대가 자신의 표현들로써 그대 자신을 판단하는 한, 그 표현들에 최대한 주의를 기울이십시오. 그대 자신의 존재(being)를 깨달으면 그대의 행동이 완전해질 것입니다 — 자연발로적으로.

질: 제가 무시간적으로 완전하다면, 제가 대체 왜 태어났습니까? 이 삶의 목적은 무엇입니까?

마: 그것은 "금을 장신구로 만들어서 무슨 이익이 있느냐?"고 묻는 것과 같습니다. 그 장신구는 금의 색깔과 아름다움을 얻지만, 금이 더 풍부해지지는 않습니다. 마찬가지로, 행위에서 표현되는 실재는 그 행위를 의미 있게 그리고 아름답게 해줍니다.

질: 실재는 자신의 표현들을 통해서 무엇을 얻습니까?

마: 그것이 무엇을 얻을 수 있느냐고요? 전혀 아무것도 얻지 않지요. 그러나 그 자신을 표현하고, 그 자신을 긍정하고, 어려움을 극복하는 것이 **사랑**의 성품에 속합니다. 세계는 '**행동하는 사랑**'이라는 것을 이해하고 나면 세계를 사뭇 달리 보게 될 것입니다. 그러나 먼저 (삶의) 괴로움에 대한 그대의 견해가 변해야 합니다. 괴로움은 1차적으로 '주의를 기울여 달라는 요청'이며, 그것 자체가 **사랑**의 한 움직임입니다. 행복 이상으로 **사랑**은 성장을, 즉 **의식과 존재**의 확대와 심화를 원합니다. 그것을 가로막는 것은 무엇이든 고통의 한 원인이 되며, **사랑**은 고통을 회피하지 않습니다. **사뜨와**, 곧 올바름과 질서 있는 발전을 위해 일하는 에너지를 좌절시키면 안 됩니다. 그것은 방해를 받으면 그 자신을 향해 돌아서서 파괴적으로 됩니다. **사랑**을 억제하고 괴로움이 퍼져나가게 할 때는 늘 전쟁을 피할 수 없게 됩니다. 이웃들의 슬픔에 대한 우리의 무관심이, 괴로움을 우리의 문 앞으로 데려옵니다.

83
참된 스승

질문자: 저번에 당신의 **깨달음**의 바탕에는 당신의 **스승님**에 대한 신뢰가 있었다고 말씀하셨습니다. 그분이 당신께, 당신은 이미 **절대적 실재**이며 더 해야 할 일이 아무것도 없다고 보증해 주셨습니다. 당신께서는 그분을 신뢰하셨고, 긴장하지도 않고 애쓰지도 않으면서 그 신뢰를 견지하셨습니다. 이제 저의 질문은 이것입니다. 스승님에 대한 신뢰가 없었더라도 당신께서 깨달으셨겠습니까? 어쨌든 당신의 마음이 신뢰를 하든 않든, '본래의 당신'이 당신이시니까요. 만약 의심이 있었다면 그것이 그 스승님의 말씀의 작용을 방해하여, 그 말씀들이 작동하지 못하게 했을까요?

마하라지: 맞는 말입니다. 그 말씀이 작동하지 않았겠지요―한동안은.

질: 그러면 그 스승님의 말씀 안에 있는 에너지 혹은 힘은 어떻게 됩니까?

마: 그것은 드러나지 않은 채 잠재되어 있겠지요. 그러나 그 질문 전체가 어떤 오해에 기초하고 있습니다. 스승, 제자, 그들 간의 사랑과 신뢰, 이런 것은 단 하나의 사실이지, 그렇게 많은 독립적 사실들이 아닙니다. 그 각각이 다른 것의 부분입니다. 사랑과 신뢰 없이는 스승도 제자도 없고 그들 간의 관계도 없었을 것입니다. 그것은 전등을 켜기 위해 스위치를 누르는 것과 같습니다. 우리가 빛을 밝힐 수 있는 것은 전등, 전선, 스위치, 변압기, 송전선 그리고 발전소가 하나의 단일한 전체를 이루고 있기 때문입니다. 어느 한 요소라도 없으면 빛이 들어오지 않겠지요. 분리할 수 없는 것을 분리해서는 안 됩니다. 말이 사실들을 창조하지는 않습니다. 말은 사실들을 묘사하거나 왜곡하지요. 사실은 늘 비언어적입니다.

질: 아직 이해가 잘 안 됩니다. 스승의 말씀이 이루어지지 않을 수도 있습니까? 아니면 그것은 어김없이 참되다는 것이 밝혀질까요?

마: 깨달은 사람의 말은 그 목적을 결코 빗나가지 않습니다. 그 말들은 적

합한 조건들이 갖추어질 때를 기다리는데, 그것은 어느 정도 시간이 걸릴 수 있고, 또 그것이 자연스럽습니다. 씨를 뿌리는 철이 있고 수확하는 철이 있기 때문입니다. 그러나 **스승**의 말은 사멸할 수 없는 씨앗입니다. 물론 그 **스승**은 진정한 **스승**이어야 하지요. 몸과 마음을 넘어서 있고, 의식 자체를 넘어서 있고, 공간과 시간을 넘어서 있고, 이원성과 단일성을 넘어서 있고, 이해와 묘사를 넘어서 있는 **스승** 말입니다. 많은 책을 읽어서 할 이야기가 많은 훌륭한 사람들은 그대에게 유용한 것을 많이 가르칠 수 있겠지만, 그들은 그 말이 어김없이 실현되는 진정한 **스승**은 아닙니다. 그들도 그대에게 그대가 **궁극적 실재**라고 말해줄 수는 있겠지만, 그래서 어떻다는 겁니까?

질: 그렇기는 하나, 만약 어떤 이유로 제가 그들을 신뢰하고 그들에게 복종한다면 저는 실패자가 되겠습니까?

마: 만일 그대가 신뢰하고 복종할 수 있다면, 곧 그대의 진정한 **스승**을 발견할 것입니다. 더 정확히는 그 **스승**이 그대를 발견하겠지요.

질: 진아를 아는 사람은 모두 **스승**이 됩니까, 아니면 남들을 실재로 데려다주지는 못해도 **실재**를 아는 자가 될 수 있습니까?

마: 그대가 가르치는 내용을 그대가 알고 있다면, 그대는 아는 것을 가르칠 수 있습니다. 여기서 깨달은 자의 지위와 가르치는 자의 지위는 하나입니다. 그러나 **절대적 실재**는 그 둘을 넘어서 있습니다. 자칭 **스승**들도 성숙도와 노력을 이야기하고 공덕과 성취, 운명과 은총을 이야기할 수 있지만, 이런 것들은 모두 정신적 구성물, 즉 거기에 몰두한 마음의 투사물에 불과합니다. 그들은 남을 도와주기는커녕 장애합니다.

질: 누구를 따르고 누구를 불신해야 할지, 어떻게 알아낼 수 있습니까?

마: 확신이 올 때까지는 모두를 불신하십시오. 참된 **스승**은 결코 그대에게 수모를 주지 않을 것이고, 그대 자신에게서 그대를 소외시키지 않을 것입니다. 그는 그대에게 내재된 **완전함**이라는 사실로 그대를 부단히 도로 데려가면서, 그대에게 내면을 추구하도록 격려해 줄 것입니다. 그는 그대에게 아무것도 필요하지 않다는 것, 심지어 (스승인) 자신도 필요치 않다는 것을 알고 있고, 결코 지치지 않고 그대에게 그것을 상기시킵니다. 그러나 자칭

스승은 제자들에게보다 자기 자신에게 더 관심이 많습니다.

질: 당신께서는 실재가, 실재에 대한 지知와 가르침을 넘어서 있다고 말씀하셨습니다. 실재에 대한 지知가 지고자 자체이고, 가르침은 그것을 성취했다는 증거 아닙니까?

마: 실재 혹은 진아에 대한 지知는 마음의 한 상태입니다. 남을 가르치는 것은 이원성 안에서의 한 움직임이지요. 그런 것들(지知와 가르침)은 마음에만 관계될 뿐입니다. 사뜨와도 하나의 구나(*Guna*)이기는 마찬가지입니다.

질: 그러면 무엇이 진짜입니까?

마: 깨닫고 깨닫지 못한 것은 마음이라는 것을 아는 사람, 무지와 지知가 마음의 상태라는 것을 아는 사람, 그런 이가 진짜입니다. 누가 그대에게 자갈과 섞여 있는 다이아몬드를 주면, 그대는 다이아몬드를 보지 못할 수도 있고 그것을 발견할 수도 있습니다. 중요한 것은 보는 것입니다. 보는 능력이 없다면 자갈의 회색과 다이아몬드의 아름다움이 어디 있습니까? '알려지는 것'은 하나의 형상일 뿐이고, '앎'은 하나의 이름일 뿐이며, '아는 자'는 마음의 한 상태일 뿐입니다. 실재는 그 너머에 있습니다.

질: 분명 대상적 지식이나 사물들에 대한 관념과 진아지는 똑같은 하나가 아닙니다. 전자는 두뇌를 필요로 하지만 후자는 그렇지 않습니다.

마: 논의의 목적을 위해서 그대는 단어들을 배열하고 거기에 의미를 부여할 수 있습니다. 그러나 모든 지知는 무지의 한 형태라는 사실은 남습니다. 가장 정확한 지도라 해도 종이일 뿐입니다. 모든 지知는 기억 안에 있습니다. 그것은 인식일 뿐이지만, 실재는 아는 자와 알려지는 것의 이원성을 넘어서 있습니다.

질: 그러면 실재는 무엇에 의해 알려집니까?

마: 그대의 언어가 얼마나 오해를 유도하는지 모릅니다! 그대는 무의식적으로, 실재도 앎을 통해서 접근 가능하다고 가정합니다. 그런 다음 그대는 실재를 넘어선 어떤 '실재를 아는 자'를 도입하겠지요! 실재가 존재하기 위해 그것이 알려질 필요는 없다는 것을 이해하십시오. 무지와 지知는 마음 안에 있지, 실재 안에 있지 않습니다.

질: 실재에 대한 지知 같은 것은 없다면, 제가 거기에 어떻게 도달합니까?
마: 이미 그대에게 있는 것을 찾아 손을 뻗칠 필요는 없습니다. 손을 뻗치는 자체가 그것을 놓치게 합니다. 그것을 발견하지 못했다는 관념을 포기하고, 마음에 속하는 모든 것을 없애버려서 그냥 그것이 지금 여기에서 직접적 지각의 초점 안에 들어오게 하십시오.

질: 사라질 수 있는 것이 모두 사라지면 무엇이 남습니까?
마: **공**空이 남고, **자각**이 남고, 의식하는 **존재**의 순수한 **빛**이 남습니다. 그것은 방에서 가구를 다 치워버리면 무엇이 남느냐고 묻는 것과 같습니다. 더없이 사용하기 좋은 방이 남지요. 그리고 벽마저 허물어 버리면, 공간이 남습니다. 공간과 시간 너머에는 **실재**의 **여기와 지금**이 있습니다.

질: 주시자도 남습니까?
마: 의식이 있는 한 주시자도 있습니다. 둘은 함께 나타나고 사라집니다.

질: 주시자도 찰나적이라면, 왜 그에게 그렇게 많은 중요성을 부여합니까?
마: 알려지는 것의 마력(미혹시키는 힘), 즉 지각 가능한 것만이 실재한다는 환상을 깨뜨리기 위해서입니다.

질: 지각은 1차적이고 주시자는 2차적입니다.
마: 그것이 문제의 핵심입니다. 외부 세계만 실재한다고 믿는 한 그대는 그 노예로 머물러 있습니다. 자유로워지려면 그대의 주의가 "내가 있다", 곧 주시자에게로 향해져야 합니다. 물론 '아는 자'와 '알려지는 것'은 하나이고 둘이 아니지만, '알려지는 것'의 마력을 깨뜨리려면 '아는 자'를 전면에 가져와야 합니다. 어느 것도 1차적이지는 않고, 둘 다 기억 안의 반영들입니다. 늘 새롭고 늘 지금이며, 말로 옮길 수 없고, 마음보다 더 빠른, 형언할 수 없는 체험에 대한 기억 말입니다.

질: 선생님, 저는 **해탈**을 구해 이 **스승** 저 **스승** 찾아다니고 있는 비천한 구도자입니다. 제 마음은 욕망으로 불타고 두려움으로 얼어붙어 병들었습니다. 저의 세월은 고통으로 붉고 권태로 잿빛인 채 쏜살같이 지나갑니다. 나이는 들어가고 건강은 쇠퇴하여, 저의 미래는 어둡고 두렵습니다. 이런 식이라면 저는 슬픔 속에서 살다가 절망 속에서 죽을 것입니다. 저에게 어떤

희망이 있습니까? 아니면 제가 너무 늦게 찾아왔습니까?

마: 그대에게는 아무 잘못된 것이 없지만, 그대가 자신에 대해 가지고 있는 관념들은 모조리 잘못되었습니다. 욕망하고 두려워하고 고통 받는 것은 그대가 아니라, 환경과 영향에 의해 그대의 몸이라는 토대 위에 건립된 그 '사람'입니다. 그대는 그 '사람'이 아닙니다. 이것을 그대의 마음 안에 분명하게 확립하여 결코 시야에서 놓치지 말아야 합니다. 보통은 오랜 **수행** (sadhana), 즉 다년간의 고행과 명상이 필요하지요.

질: 제 마음은 약하고 동요합니다. 저는 **수행**을 할 힘도 끈기도 가지고 있지 못합니다. 저의 경우는 희망이 없습니다.

마: 어느 면에서 그대의 경우는 더없이 유망한 경우입니다. 수행의 한 대안이 있는데, 그것은 (스승에 대한) 신뢰입니다. 추구했는데도 성과가 없어 확신을 가질 수 없다면, 제가 발견한 것을 이용하십시오. 그것을 정말 그대와 공유하고 싶으니 말입니다. 저는 그대가 결코 **실재**에서 멀어진 적이 없고, 지금도 그렇지 않고, 앞으로도 그렇지 않을 거라는 것, 그대는 지금 여기에서 충만한 **완전함**이라는 것, 그리고 그 무엇도 그대가 물려받은 유산, 곧 본래의 그대를 그대에게서 빼앗아 갈 수 없다는 것을, 더없이 명료하게 통찰할 수 있습니다. 그대는 결코 저와 다르지 않고, 단지 그대가 그것을 모를 뿐입니다. 그대는 본래의 그대를 모르고, 따라서 그대가 아닌 것을 그대 자신이라고 상상합니다. 그래서 욕망과 두려움, 짓누르는 절망을 가지고 있습니다. 그리고 (거기서) 도망치기 위해 무의미한 활동을 합니다.

그냥 저를 신뢰하고, 저를 신뢰하면서 살아가십시오. 저는 그대를 오도하지 않을 것입니다. 그대는 **지고의 실재**로서, 세계와 그 **창조주**를 넘어서 있고, **의식**과 그 **주시자**를 넘어서 있고, 모든 주장(긍정)과 부인(부정)을 넘어서 있습니다. 그것을 기억하고, 그것을 생각하고, 그에 기초하여 행위하십시오. 모든 분리감을 내버리고, 만물 안에서 그대 자신을 보고, 그에 따라 행위하십시오. 행위와 함께 **지복**이 올 것이고, **지복**과 함께 **확신**이 올 것입니다. 어쨌든 그대는 슬퍼하기 때문에 그대 자신을 의심합니다. 본연적이고, 자연발생적이고, 지속적인 행복을 상상해 볼 수 없습니다. 그것은 존재하거나 존재하지 않거나, 둘 중 하나입니다. 그러나 그대가 어떤 외적 원인도 필요 없는 **평안·사랑·행복**을 체험하기 시작하면, 모든 의심이 해소될 것입니다. 그저 제가 말한 것을 꽉 붙들고 그에 따라 살아가십시오.

질: 저에게 기억에 의해 살아가라는 말씀이십니까?

마: 여하튼 그대는 기억에 의해 살아가고 있습니다. 저는 단지 그대에게, 제가 말한 것에 대한 기억으로 낡은 기억들을 대체하라는 것입니다. 그대가 낡은 기억들에 따라 행동해 왔듯이, 새로운 기억에 기초해 행위하십시오. 두려워하지 마십시오. 한동안 낡은 것과 새로운 것 사이에 갈등이 있을 수밖에 없지만, 새로운 쪽에 단호히 그대 자신을 두면 그 갈등은 곧 종식될 것이고, 그대 자신으로 있는 애씀 없는 상태, 곧 환상에서 생겨난 욕망과 두려움에 속지 않는 상태를 깨닫게 될 것입니다.

질: 많은 **스승들**은 (제자들에게) 은총의 증표를 주는 관행이 있습니다. 그들이 머리에 쓰던 천, 지팡이, 탁발 그릇, 법복 같은 것 말입니다. 그렇게 해서 제자들에게 **진아 깨달음**을 전수하거나 그들이 **진아 깨달음**을 이루었음을 인가해 줍니다. 저는 그런 관행이 무슨 가치가 있는지 모르겠습니다. 전수되는 것은 **진아 깨달음**이 아니라 자만심입니다. 비위만 잔뜩 맞춰주는 진실하지 않은 말을 듣는다고 해서 대체 무슨 소용이 있습니까? 당신께서는 저에게 많은 자칭 **스승들**을 조심하라고 하시고, 다른 한편으로는 당신을 신뢰하라고 하십니다. 왜 당신께서는 예외라고 주장하십니까?

마: 저를 신뢰해 달라고 하지는 않습니다. 제가 한 말을 신뢰하고, 그것을 기억하십시오. 저는 저의 행복이 아니라 그대의 행복을 원합니다. 그대와 그대의 **참된 존재** 사이에 거리를 설정하고 그들 자신이 중개자가 되겠다고 하는 사람들을 신뢰하지 마십시오. 저는 그런 어떤 짓도 하지 않습니다. 저는 어떤 약속조차도 하지 않습니다. 단지 이렇게 말합니다. "만일 그대가 제 말을 신뢰한다면 그것을 시험해 보십시오. 그러면 그것이 얼마나 절대적으로 참된지를 그대 스스로 발견할 것입니다." 그렇게 해 보기도 전에 증거를 요구한다면, 저는 이렇게 말할 수 있을 뿐이지요. "제가 그 증거입니다. 저는 정말 제 **스승님**의 말씀을 신뢰하고 그것을 마음속에 간직했고, 그

분이 옳았다는 것, 즉 제가 바로 일체를 포용하면서 일체를 초월하는 **무한한 실재**였고, (지금도) **그것**이고 (앞으로도) **그것**일 거라는 것을 발견했습니다" 라고 말입니다.

그대의 말대로, 그대는 오랜 수행을 할 시간도 없고 기력도 없습니다. 저는 그대에게 하나의 대안을 제시합니다. 제 말을 신뢰하고 받아들여 새롭게 살아가든지, 아니면 슬픔 속에서 살다가 죽든지 하십시오.

질: 그 말씀은 믿기 어려울 만큼 좋아 보입니다.

마: 그 조언이 단순하다고 해서 우습게 알지 마십시오. 순진무구하고 단순한 것을 신뢰할 만한 용기를 가진 사람은 극소수입니다. 그대는 자기 마음의 죄수라는 것, 그대는 스스로 창조한 하나의 상상적 세계 안에 살고 있다는 것을 아는 것이 **지혜**의 여명입니다. 그 세계에서 아무것도 원치 않고, 그것을 몽땅 내버릴 준비가 되어 있는 것이 **성실성**입니다. 참된 절망에서 나온 그런 **성실성**이 있어야 그대가 저를 신뢰할 수 있습니다.

질: 저는 충분히 고통 받지 않았습니까?

마: 고통은 그대를 둔하게 만들어, 그것이 얼마나 엄청난지 보지 못하게 했습니다. 그대가 맨 먼저 해야 할 일은 그대의 안과 주위에 있는 슬픔을 보는 것이고, 그 다음은 해탈을 강렬히 열망하는 것입니다. 그 열망의 강렬함 자체가 그대를 인도할 것이고, 다른 인도자는 필요 없습니다.

질: 고통은 저를 둔하게, 심지어 고통 자체에도 무관심하게 만들었습니다.

마: 어쩌면 그대를 둔하게 만든 것은 슬픔이 아니라 쾌락이었겠지요. 탐구해 보십시오.

질: 원인이 무엇이든, 저는 둔합니다. 저는 의지도 없고 기력도 없습니다.

마: 오, 아니지요. 첫걸음을 떼기에 충분한 의지와 기력이 있습니다. 그리고 매 걸음마다 그 다음을 위한 충분한 기력이 생겨날 것입니다. 기력은 확신과 함께 오고, 확신은 경험과 함께 옵니다.

질: 스승을 바꾸는 것이 옳습니까?

마: 왜 안 바꾼단 말입니까? 스승들은 이정표와 같습니다. 한 스승에서 다른 스승으로 옮겨가는 것은 자연스럽습니다. 스승마다 그대에게 방향과 거

리를 말해주겠지만, **참스승**(sadguru), 곧 영원한 **스승**은 길 그 자체입니다. 그 길이 곧 목표라는 것, 그리고 그대는 어떤 목표에 도달하기 위해서가 아니라 그 길의 아름다움과 지혜를 즐기기 위해 늘 그 길 위에 있다는 것을 깨닫고 나면, 삶은 (살아내야 할) 하나의 과업이기를 그치고 자연스럽고 단순해져서, 그 자체 하나의 황홀경이 됩니다.

질: 그러니까 예배하고, 기도하고, **요가**를 닦을 필요가 없군요?

마: 매일 조금씩 청소하고, 빨래하고, 목욕하는 거야 아무 해로울 것이 없지요. **자기자각**은 매 단계마다 해야 할 필요가 있는 일을 그대에게 일러줍니다. 할 일을 다 하고 나면 마음이 고요한 상태로 머무릅니다.

　지금 그대는 생시의 상태에, 이름과 형상, 기쁨과 슬픔을 가진 한 '사람'으로서 있습니다. 그 '사람'은 그대가 태어나기 전에는 없었고, 그대가 죽고 난 뒤에도 없을 것입니다. 그 '사람'을 그 아닌 어떤 것으로 만들려고 그와 싸우지 말고, 생시의 상태를 넘어서서 그 개인의 삶을 아주 떠나 버리는 것이 어떻습니까? 그것은 그 '사람'의 소멸을 의미하지 않습니다. 그 '사람'을 올바른 시각에서 본다는 의미일 뿐입니다.

질: 한 가지 질문을 더 드리겠습니다. 태어나기 전에는 제가 **실재의 순수한 존재**와 하나라고 말씀하셨습니다. 만약 그렇다면, 제가 태어나야 한다고 누가 결정했습니까?

마: 실제로는 그대가 결코 태어나지 않았고 결코 죽지도 않을 것입니다. 그러나 지금 그대는 자신이 하나의 몸이라고, 혹은 하나의 몸을 가지고 있다고 상상하면서, 무엇이 이 상태를 야기했느냐고 묻습니다. 환幻의 한계 내에서 그 답변은 이렇습니다. 즉, 기억에서 생겨난 욕망이 그대를 하나의 몸에게로 끌어당기고, 그대에게 자신이 그 몸과 하나라고 생각하게 만듭니다. 그러나 이것은 상대적 관점에서만 진실입니다. 사실은 어떤 몸도 없고, 그 몸을 포함하는 세계도 없습니다. 어떤 정신적 상태, 꿈과 같은 상태가 있을 뿐인데, 그 실재성을 의문시하면 그것을 쉽게 물리칠 수 있습니다.

질: 당신께서 돌아가신 뒤에 다시 오시겠습니까? 제가 충분히 오래 살면 당신을 다시 만나 뵙게 되겠습니까?

마: 그대에게는 그 몸이 실재하지만, 저에게는 몸이 없습니다. 그대가 보는 저는 그대의 상상 속에서만 존재합니다. 만약 그대가 저를 필요로 한다면 분명히 저를 다시 보겠지요. 그것은 저에게 영향을 주지 않습니다. 마치 해가 일출이나 일몰에 의해 영향을 받지 않듯이 말입니다. 해는 영향을 받지 않기 때문에, 필요할 때는 틀림없이 있습니다.

그대는 지식에 몰두해 있지만, 저는 그렇지 않습니다. 그대에게 아는 것을 갈구하게 만드는 그런 불안감이 저에게는 없습니다. 아이가 호기심이 있듯이 저도 호기심이 있습니다. 그러나 제가 지식 속에서 피난처를 찾게 만드는 그런 어떤 걱정도 없습니다. 따라서 저는 제가 다시 태어날지, 세계가 얼마나 오래 지속될지에 대해 관심이 없습니다. 그런 것은 두려움에서 나온 질문들입니다.

84
그대의 목표가 그대의 스승이다

질문자: 자칭 스승들은 많이 있으나, 진정한 스승은 아주 드물다고 말씀하셨습니다. 자신이 깨달았다고 생각하는 많은 (자칭) **진인**들이 있지만, 그들이 가진 것은 책에서 얻은 지식과 자기 자신에 대한 높은 평가가 전부입니다. 때로는 그들이 감명을 주고, 매혹하기도 하지만, 제자들을 끌어당겨 그들이 쓸데없는 수행에 시간을 낭비하게 만듭니다. 몇 년이 지나 그 제자가 자신을 평가해 보면 달라진 점이 없다는 것을 발견합니다. 제자가 **스승**에게 불평하면, 그가 충분히 열심히 노력하지 않았다는, 늘 듣는 질책을 듣습니다. 그 제자의 가슴에 믿음과 사랑이 부족하다는 데 탓을 돌리지만, 실제로는 제자들을 받아들여 그들의 희망을 부추기지 말았어야 할 그 **스승** 탓입니다. 그런 **스승**들로부터 자기 자신을 어떻게 보호해야 합니까?

마하라지: 왜 남들을 그토록 걱정합니까? 누가 스승이든, 만일 그가 가슴이 순수하고 좋은 신념으로 행동한다면 자기 제자들에게 어떤 해도 끼치지 않을 것입니다. 아무 진보가 없다 해도 잘못은 제자들에게, 즉 그들의 게으름과 자기절제 부족에 있습니다. 반면에 만약 제자가 진지하고, 영리하면서도 열의를 가지고 수행에 전념한다면, 그는 더 자격 있는 스승을 만나게 되어 있고, 그 스승이 그를 더욱 진보시켜 줄 것입니다. 그대의 질문은 세 가지 그릇된 가정에서 흘러나옵니다. 그것은 우리가 남들을 걱정할 필요가 있다는 것, 우리가 남을 평가할 수 있다는 것, 그리고 제자의 진보는 그 스승의 임무이자 책임이라는 것입니다. 실은 스승의 임무는 가르치고 격려하는 것뿐이고, 제자가 자기 자신에 대해 전적으로 책임을 져야 합니다.

질: 저희가 듣기로는 스승에 대한 전적인 순복順服(surrender-내맡김)으로 충분하며, 그 나머지는 스승이 해줄 것이라고 합니다.

마: 물론 전적으로 순복하고, 자신의 과거·현재·미래에 대한, 그리고 자신의 신체적·영적인 안전과 지위에 대한 모든 걱정을 놓아버린다면, 사랑과 아름다움으로 충만한 새로운 삶이 열립니다. 그렇게 되면 스승은 중요하지 않습니다. 제자가 자기방어의 껍질을 부숴버렸기 때문입니다. 완전한 자기순복(self-surrender)은 그 자체로 해탈입니다.

질: 제자와 스승 둘 다 자격이 없을 때는 어떻게 되겠습니까?

마: 결국에는 다 잘 되겠지요. 어쨌든 두 사람의 진정한 자아는 그들이 한동안 벌이는 코미디에 의해 영향을 받지 않습니다. 그들은 정신을 차리고 성숙하여 더 높은 수준의 관계로 옮아갈 것입니다.

질: 아니면 헤어질 수도 있습니다.

마: 예, 헤어질 수도 있지요. 어쨌든 어떤 관계도 영원하지 않습니다. 이원성은 일시적 상태입니다.

질: 제가 당신을 만나 뵌 것은 우연입니까? 그리고 또 다른 우연에 의해 우리는 헤어져 다시는 만나지 못하게 될까요? 아니면 제가 당신을 만나 뵌 것은 어떤 우주적 패턴의 일부이고, 우리의 삶이라는 큰 드라마의 한 단편입니까?

마: 실재하는 것은 의미가 있고, 의미 있는 것은 **실재**와 관계됩니다. 우리의 관계가 그대와 저에게 의미가 있다면, 그것은 우연한 일일 수 없습니다. 과거가 현재에 영향을 주는 만큼이나 미래도 현재에 영향을 줍니다.

질: 누가 진정한 **성자**이고 누가 진정한 **성자**가 아닌지 제가 어떻게 알아낼 수 있습니까?

마: 그대가 그 사람의 심장 속을 분명하게 통찰할 수 없다면 알아낼 수 없지요. 겉모습에는 속기 마련입니다. 분명하게 보려면 그대의 마음이 순수하고 집착이 없어야 합니다. 그대가 자기 자신을 잘 알지 못한다면, 다른 사람을 어떻게 알 수 있습니까? 그리고 그대가 자신을 알 때는, 그대가 곧 그 다른 사람입니다.

　남들은 한동안 내버려두고 그대 자신을 점검하십시오. 그대는 자기 자신에 대해 모르는 것이 너무 많습니다. 그대는 무엇이고, 누구이며, 어떻게 해서 태어나게 되었고, 지금 무엇을 하고 있고, 왜 하며, 어디로 가고 있습니까? 그대의 삶, 그대의 죽음, 그대의 미래가 가지고 있는 의미와 목적은 무엇입니까? 그대에게 과거가 있습니까? 그대에게 미래가 있습니까? 그대의 전 존재가 행복과 평안을 얻으려고 몸부림치고 있는데, 어떻게 해서 번뇌와 슬픔 속에 살게 되었습니까? 이런 것은 중대한 문제이고, 제일 먼저 관심을 두어야 합니다. 누가 **진인**이고 누가 **진인**이 아닌지 발견할 필요도 없고, 그럴 시간도 없습니다.

질: 제 스승을 올바르게 선택해야 합니다.

마: 올바른 인간이 되십시오. 그러면 올바른 **스승**이 분명히 그대를 발견할 것입니다.

질: 올바른 **스승**을 어떻게 찾느냐는 제 질문에는 답변하지 않으시는군요?

마: 그대의 질문에 답변했습니다. **스승**을 찾지 말고 생각하지도 마십시오. 그대의 목표를 **스승**으로 삼으십시오. 어쨌든 **스승**은 어떤 목적에 도달하기 위한 하나의 수단일 뿐, 목적 자체는 아닙니다. 그대에게는 **스승**이 중요한 게 아니라 그대가 **스승**에게서 기대하는 것이 중요하군요. 자, 그대는 무엇을 기대합니까?

질: 그분의 **은총**으로 저는 행복해지고, 힘도 강해지고, 평안해질 것입니다.

마: 그 무슨 야망입니까! 시간과 공간 안에 제한되어 있는 '사람', 곧 한갓 몸-마음이고, 탄생과 죽음 사이의 고통의 한 헐떡임에 불과한 것이 어떻게 행복해질 수 있습니까? 그것이 일어나는 조건 자체가 행복을 불가능하게 만듭니다. **평안·힘·행복**, 이런 것들은 결코 개인적인 상태가 아니며, 누구도 '내 평안', '내 힘'이라고 말할 수 없습니다. 왜냐하면 '내 것'은 배타성을 의미하고, 배타성은 취약하고 불안정하기 때문입니다.

질: 저는 저의 조건 지워진 존재만 알 뿐입니다. 달리 아무것도 없습니다.

마: 분명, 그렇게는 말할 수 없지요. 깊은 잠 속에서는 그대가 조건 지워져 있지 않습니다. 그대는 얼마나 쉽게 그리고 기꺼이 잠들 준비가 되어 있고, 잠들었을 때는 얼마나 평안하고, 자유롭고, 행복합니까!

질: 저는 그에 대해 아무것도 모릅니다.

마: 소극적으로 표현해 보십시오. 잠들었을 때 그대는 고통이 없고, 속박되어 있지도 않고, 들떠 있지도 않습니다.

질: 무슨 말씀인지 알겠습니다. 깨어 있을 때는 제가 있다는 것을 알지만, 제가 행복하지는 않습니다. 잠 속에도 제가 있는데, 행복하지만 그것을 모릅니다. 저에게 필요한 것은 제가 자유롭고 행복하다는 것을 아는 것뿐입니다.

마: 정말 그렇지요. 그러면 내면으로 들어가서 '생시-잠(waking sleep)'의 상태로 비유할 만한 어떤 상태, 그대 자신을 자각하지만 세계를 자각하지 못하는 상태로 들어가십시오. 그 상태에서는 털끝만큼의 의심도 없이, 그대가 자기 **존재**의 근저에서 행복하고 자유롭다는 것을 알 것입니다. 단 하나 문제가 있다면, 그대가 체험에 탐닉해 있고 (과거의 체험에 대한) 자신의 기억을 소중하게 여긴다는 것입니다. 실제로는 그 반대입니다. 기억되는 것은 결코 실재하지 않고, 실재하는 것은 지금 있습니다.

질: 이 모든 것을 언어상으로는 이해합니다만, 그것이 저 자신의 일부가 되지는 않습니다. 그것은 바라볼 하나의 그림으로 제 마음 속에 남아 있습니다. 그 그림에 생기를 불어넣는 것이 **스승**의 임무 아닙니까?

마: 또다시 그 반대입니다. 그 그림은 살아 있고, 죽어 있는 것은 마음입니다. 마음이 언어와 이미지로 구성되듯이 마음속의 모든 반영물도 그렇습니다. 마음이 언어적 표현(규정과 묘사들)으로 **실재**를 은폐하고 나서 불평을 합니다. 그대는 자신에게 기적을 일으켜 줄 스승이 필요하다고 말하지만, 그것은 말장난에 불과합니다. 스승과 제자는 양초와 그 불꽃처럼 하나의 단일한 사안입니다. 제자가 성실하지 않으면 제자라고 할 수 없습니다. 그리고 어떤 **스승**이 온통 **사랑**이어서 (제자들에게) 자기를 내주지 않는다면, 그는 스승이라고 할 수 없습니다. **실재**만이 실재성(제자의 깨달음)을 낳지, 거짓은 그러지 못합니다.

질: 제가 거짓되다는 것을 알겠습니다. 누가 저를 참되게 만들어 주겠습니까?

마: 그대가 한 말 자체가 그렇게 해주겠지요. "제가 거짓되다는 것을 알겠습니다"라는 문장 안에, **해탈**을 위해 그대에게 필요한 모든 것이 포함되어 있습니다. 그것을 숙고하고, 그 속으로 깊이 들어가서 그 뿌리에 도달하십시오. 그러면 그것이 작동할 것입니다. 힘은 그 말에 있지, '사람' 안에 있지 않습니다.

질: 그 말씀을 완전히 이해하지는 못하겠습니다. 한편으로 당신께서는 스승이 필요하다고 말씀하시고, 다른 한편으로 스승은 조언을 해줄 수 있을 뿐이고 노력은 제가 해야 한다고 말씀하십니다. 부디 분명하게 말씀해 주십시오. 스승 없이도 제가 **진아**를 깨달을 수 있습니까, 아니면 **참된 스승**을 발견하는 것이 필수적입니까?

마: 더 필수적인 것은 참된 제자를 발견하는 것입니다. 정말이지, 참된 제자는 아주 드뭅니다. 그런 제자는 자신의 **진아**를 발견하여 금방 **스승**의 필요성을 넘어서기 때문입니다. (한 스승에게서) 그대가 얻는 조언이 지식에서만 나오는 것인지, 유효한 체험에서 나오는 것인지 파악하려고 애쓰면서 시간을 낭비하지 마십시오. 그저 그 조언을 충실히 따르십시오. 살다 보면 다른 스승을 만나게 될 것입니다. 만약 다른 스승이 필요하다면 말입니다. 아니면 모든 외부의 인도를 뿌리치고 그대 자신의 **빛**에 자신을 맡겨두십시오.

중요한 것은 스승이라는 인격이 아니라 그 가르침이라는 것을 이해하는 것이 매우 중요합니다. 그대는 편지 한 통을 받고 웃거나 울 수 있는데, 그대를 웃기고 울리는 것은 우편배달부가 아닙니다. 스승은 그대의 **진정한 자아**에 대한 희소식을 말해주고, 거기로 돌아가는 길을 그대에게 일러줄 뿐입니다. 어느 면에서 스승은 진아의 메신저입니다. 메신저들은 많이 있겠지만 메시지는 하나입니다. 즉, "본래의 그대가 되라(Be what you are)"는 것입니다. 혹은 그것을 달리 표현해 볼 수도 있겠지요. "그대 자신을 깨닫기 전에는 그대의 **진정한** 스승을 알 수 없다"고 말입니다. 그대가 깨달으면, 모든 스승들이 그대의 **깨달음**에 기여했다는 것을 알게 됩니다. 그대의 **깨달음**이 바로 그대의 스승이 진짜였다는 증거입니다. 따라서 스승을 있는 그대로 받아들이고, 스승이 그대에게 말해주는 것을 성실과 열의를 다해서 하십시오. 그리고 혹시 뭔가가 잘못되면 그대의 가슴(심장)이 경고해 줄 거라는 것을 믿으십시오. 만약 의심이 들기 시작하면 그 의심과 싸우지 마십시오. 의심 없는 것을 붙들고, 의심스러운 것은 내버려 두십시오.

질: 저에게는 스승이 한 분 계신데, 저는 그분을 아주 사랑합니다. 그러나 그분이 저의 **참된** 스승인지는 모르겠습니다.

마: 그대 자신을 지켜보십시오. 그대 자신이 변하고 있고 성장하고 있는 것이 보인다면, 그것은 그대가 사람을 제대로 만났다는 것을 뜻합니다. 그는 아름다울 수도 있고 못생겼을 수도 있고, 쾌활할 수도 있고 찌푸려 있을 수도 있고, 그대의 비위를 맞추어 줄 수도 있고 꾸짖을 수도 있겠지만, 내적 성장이라는 단 하나의 핵심적 사실 외에는 아무것도 중요하지 않습니다. 만약 내적으로 성장하지 않는다면 글쎄요, 그는 그대의 친구일 수는 있어도 스승은 아니겠지요.

질: 어느 정도 교육을 받은 한 유럽인을 만나서 어느 **스승**과 그의 가르침에 대해 이야기했더니 그의 반응은, "그런 엉터리를 가르친다면 그 사람은 미친 것이 분명하네요"라는 것이었습니다. 그에게 뭐라고 말해야 합니까?

마: 그를 그 자신에게 데려다주십시오. 그가 자기 자신을 얼마나 모르고 있는지, 그 자신에 대한 가장 터무니없는 진술을 어떻게 성스러운 진리로

착각하고 있는지를 그에게 보여주십시오. 그는 (남들로부터) 자신이 그 몸이고, 태어났고, 죽을 것이고, 부모가 있고, 해야 할 일이 있다는 등의 말을 들으면서, 남들이 좋아하는 것을 좋아하고 남들이 두려워하는 것을 두려워하는 법을 배웁니다. 전적으로 유전과 환경의 피조물인 그는, 기억에 의해 살아가고 습관에 의해 행위합니다. 그 자신이 누구인지, 자신의 참된 관심사가 무엇인지를 모른 채 거짓된 목표들을 추구하면서 늘 좌절합니다. 그의 삶과 죽음은 무의미하고, 고통스럽고, 출구가 없어 보입니다. (이런 점들을 말해주고) 그런 다음 그에게 말해주십시오. 그가 쉽게 접근할 수 있는 출구가 하나 있는데, 그것은 다른 관념들로 개종하는 것이 아니라 모든 관념과 삶의 패턴에서 해방되는 것이라고 말입니다. 스승들과 제자들에 대해서는 말하지 마십시오. 그런 사고방식은 그에게 맞지 않습니다. 그의 길은 내적인 길입니다. 즉, 그는 내적인 충동에 의해 움직이고 내적인 빛에 의해 인도됩니다. (관념과 삶의 패턴들에 대해) 반란을 일으키도록 유도하면 그도 반응할 것입니다. 아무개가 깨달은 사람이고 스승으로 삼을 만하다고 권하려 하지 마십시오. 그 자신을 신뢰하지 못하는 한, 그는 남을 신뢰할 수 없습니다. 그리고 자신이 경험해 보면 확신이 오겠지요.

질: (그의 반응이) 얼마나 이상한지요! 저는 스승 없는 삶을 생각할 수도 없는데 말입니다.

마: 그것은 기질의 문제입니다. 그대도 옳습니다. 그대에게는, 신에 대한 찬가를 부르는 것으로 족합니다. 깨달음을 욕망할 필요도 없고 어떤 수행을 할 필요도 없습니다. 신의 이름이 그대에게 필요한 음식의 전부입니다. 그것을 먹고 사십시오.

질: 몇 개의 단어를 이렇게 부단히 염하는 것은 일종의 미친 짓 아닙니까?

마: 미친 짓이지요. 그러나 의도적인 미친 짓입니다. 무엇을 계속 되풀이하는 것은 모두 **따마스**지만, 신의 이름을 염하는 것은 드높은 목적이 있기 때문에 **사뜨와-따마스**(sattva-tamas)입니다. **사뜨와**의 존재로 인해 **따마스**는 소진될 것이고, 완전한 무욕·무집착·포기·초연함·불변성의 형태를 취하게 될 것입니다. **따마스**가 확고한 기반이 되어 그 위에서 하나의 통합된 삶을

살 수 있습니다.

질: 불변하는 것—그것은 죽습니까?

마: 죽는 것은 '변하는 것'입니다. 불변하는 것은 살지도 않고 죽지도 않습니다. 그것은 삶과 죽음의 무시간적 주시자입니다. 그것을 죽어 있다고 할 수는 없습니다. 왜냐하면 그것은 자각하기 때문입니다. 또 그것을 살아 있다고 할 수도 없습니다. 왜냐하면 그것은 변하지 않기 때문입니다. 그것은 그대의 녹음기와 꼭 마찬가지입니다. 그것은 녹음을 하고 재생을 하는데, 모두 제 스스로 합니다. 그대는 들을 뿐입니다. 마찬가지로, 저는 일어나는 모든 일을 지켜봅니다. 제가 그대에게 이야기하는 것을 포함해서 말입니다. 제가 이야기를 하는 것이 아니라 말들이 제 마음 속에서 나타나고, 그러면 그것이 말해지는 것을 제가 듣습니다.

질: 누구의 경우나 다 그렇지 않습니까?

마: 누가 아니라고 했습니까? 그러나 그대는 자신이 생각하고 자신이 말한다고 주장하는 반면, 저에게는 생각하기가 있고, 말하기가 있습니다.

질: 두 가지 경우를 생각할 수 있습니다. 제가 스승을 발견했거나, 아니면 발견하지 못했거나입니다. 각 경우에 어떻게 하는 것이 올바릅니까?

마: 그대에게 스승이 없는 때는 결코 없습니다. 스승은 그대의 심장 속에 무시간적으로 존재하기 때문입니다. 때로는 스승이 자신을 외부적으로 나타내어 그대의 삶 속에서 그대를 끌어올리고 개혁하는 요소, 곧 어머니·아내·선생님으로서 그대에게 다가옵니다. 아니면 그는 올바름과 완전함을 향한 내적 충동으로서 남아 있습니다. 그대가 해야 할 일은 스승에게 복종하고, 그가 말해주는 것을 하는 것뿐입니다. 스승이 그대에게서 바라는 것은 단순합니다. 자기자각, 자기제어, 자기순복을 배우라는 것이지요. 그것은 힘겨운 것으로 보일 수도 있지만, 그대가 성실하다면 별로 어렵지 않습니다. 성실하지 않으면 사실상 불가능하지요. 성실성이 필요충분조건입니다. 일체가 성실성에 항복합니다.

질: 무엇이 우리를 성실하게 만듭니까?

마: 자비심(compassion)이 성실성의 토대입니다. 그대 자신과 남들의 괴로움

에서 나온, 그대 자신과 남들에 대한 **자비심** 말입니다.

질: 성실해지려면 괴로움을 겪어야 합니까?

마: 예전에 **붓다**가 그랬듯이 그대가 다른 사람들의 슬픔에 민감하게 반응한다면, 그럴 필요가 없지요. 그러나 그대가 무정하고 연민이 없다면, 그대 자신이 괴로워야 그런 불가피한 질문들을 하게 될 것입니다.

질: 저는 괴로워하고 있지만 충분치는 않습니다. 삶이 즐겁지는 않아도 견딜 만합니다. 약간의 쾌락들이 저의 작은 고통들을 보상해 주고 있고, 대체로 저는 제가 아는 대다수 사람들보다 형편이 낫습니다. 저의 상태가 위태롭다는 것, 언제든지 재난이 닥쳐올 수 있다는 것은 알고 있습니다. 제가 **진리**를 향한 길로 나서려면 어떤 위기를 기다려야 합니까?

마: 자신의 상태가 얼마나 취약한지를 안 순간, 그대는 이미 경각심을 갖습니다. 이제 계속 경각심을 가지고, 주의를 기울이고, 질문하고, 탐색하여 마음과 몸에 대한 자신의 오류를 발견하고, 그것을 내버리십시오.

질: 그 에너지는 어디서 와야 합니까? 저는 마치 불타는 집 안에서 몸이 마비된 사람 같습니다.

마: 몸이 마비된 사람들도 가끔 위험한 순간에는 다리가 움직이는 것을 발견하지요! 그러나 그대는 마비된 것이 아니고 그렇게 상상할 뿐입니다. 첫걸음을 내디디십시오. 그러면 그대의 길을 걷게 될 것입니다.

질: 저는 몸에 대한 집착이 너무 강해서 제가 몸이라는 관념을 도저히 놓아버리지 못할 것 같습니다. 몸이 지속되는 한 그 관념이 저에게 달라붙을 것입니다. 살아 있는 동안에는 어떤 깨달음도 불가능하다고 주장하는 사람들이 있는데, 그들에게 동의하고 싶은 심정입니다.

마: 동의하거나 이의하기 전에 왜 그 몸이라는 관념 자체를 탐구해 보지 않습니까? 마음이 몸 안에서 나타납니까, 아니면 몸이 마음 안에서 나타납니까? 분명 "나는 몸이다"라는 관념을 생각하는 마음이 있어야 합니다. 마음이 없는 몸은 '내 몸'이 아닙니다. 마음이 정지되어 있을 때는 '내 몸'이 어김없이 부존재합니다. 마음이 생각과 감정에 깊이 몰두해 있을 때도 몸이 존재하지 않습니다. 몸은 마음에 의존하고 마음은 **의식**에, 그리고 **의식**

은 **자각**에 의존하고 있고, 그 반대는 아니라는 것을 깨닫게 되면, (몸이) 죽을 때까지 **진아** 깨달음을 기다리고 있어야 하느냐는 그대의 질문은 답변이 됩니다. 먼저 "나는 몸이다"라는 관념에서 벗어나야 **진아**를 깨닫게 된다는 것은 아닙니다. 단연코 그 반대지요. 그대가 거짓에 매달리는 것은 진실을 모르기 때문입니다. 완전함이 아니라 **성실성**이 **진아** 깨달음의 전제조건입니다. 덕과 힘들은 깨달음의 앞에 오는 것이 아니라 깨달음과 함께 옵니다.

85
"내가 있다": 모든 체험의 토대

질문자: 제가 들어 보니 당신께서는 당신 자신에 대해 "나는 무시간적이고, 속성들을 넘어서 불변이다" 등의 말씀을 하십니다. 그런 것들을 어떻게 아십니까? 그리고 무슨 근거로 그런 말씀들을 하실 수 있습니까?

마하라지: 저는 "내가 있다"가 일어나기 전의 상태를 묘사하려고 하는 것뿐이지만, 그 상태 자체는 마음과 그 마음의 언어를 넘어서 있기에, 묘사할 수가 없습니다.

질: "내가 있다"는 모든 체험의 토대입니다. 당신께서 묘사하려고 하시는 것도 제한적이고 일시적인 하나의 체험일 것이 분명합니다. 당신께서는 당신 자신을 불변이라고 말씀하십니다. 저는 그 단어의 소리를 듣고 그 사전적 의미를 기억하지만, 불변인 체험은 제가 가지고 있지 않습니다. 어떻게 하면 그 장벽을 뚫고 들어가서, 불변이 된다는 것이 무엇을 의미하는지를 개인적으로, 내밀하게, 알 수 있습니까?

마: 그 단어 자체가 가교입니다. 그것을 기억하고, 그것을 생각하고, 그것을 탐험하고, 그것 주위를 돌고, 그것을 모든 방향에서 바라보고, 진지한 인내심을 가지고 그것 속으로 뛰어드십시오. 홀연히 마음이 그 단어에서

떨어져 나와 그 단어 너머의 **실재** 쪽으로 방향을 바꿀 때까지, 모든 지체와 실망스러운 일들을 감내하십시오. 그것은 이름만 아는 어떤 사람을 찾으려고 하는 것과 같습니다. 여기저기 수소문하다 보면 어느 날 그 사람이 그대에게 나타나고, 그 이름은 현실이 됩니다. 단어들은 가치가 있습니다. 왜냐하면 단어와 그 단어의 의미 사이에는 연결고리가 있어서, 만약 우리가 그 단어를 열심히 탐구하면 그 개념을 가로질러 그 뿌리에 있는 체험 속으로 들어가기 때문입니다. 사실은, 단어들을 넘어서려는 그런 거듭된 시도가 이른바 **명상**이라는 것입니다. 수행이란 언어적인 것에서 비언어적인 것으로 넘어가려는 끈질긴 시도일 뿐입니다. 그 과업은 희망이 없는 것처럼 보이다가 홀연히 모든 것이 분명하고 단순해지며, 너무나 놀라우리만치 쉬워집니다. 그러나 그대가 현재의 생활방식에 관심을 두고 있는 한, '알려지지 않는 것(미지자)' 속으로의 마지막 뛰어들기를 회피하겠지요.

질: '알려지지 않는 것'이 왜 저의 관심을 끌어야 합니까? '알려지지 않는 것'이 무슨 소용 있습니까?

마: 전혀 아무 소용 없지요. 그러나 그대를 '알려지는 것'의 좁은 한계 내에 가두어 두고 있는 것이 무엇인지는 알 가치가 있습니다. '알려지는 것'에 대한 온전하고 정확한 지식이 그대를 '알려지지 않는 것'에게로 데려다줍니다. 효용과 이익의 견지에서 그것을 생각할 수는 없습니다. 모든 자기걱정, 모든 이기적 고려의 범위를 넘어서, 침묵하며 초연하게 있는 것이 **해탈**의 피해갈 수 없는 조건입니다. 그대는 그것을 죽음이라고 할지 모르지만, 저에게는 그것이 가장 의미 있고 강렬하게 살아 있습니다. 왜냐하면 저는 **생명**과 그 전체성과 충만함에서 ― 밀도 · 의미성 · 조화성에서 ― 하나이기 때문입니다. 더 이상 그대는 무엇을 원합니까?

질: 물론 더 이상 아무것도 필요 없습니다. 그러나 당신께서는 '알 수 있는 것'에 대해서 말씀하고 계십니다.

마: '알 수 없는 것'에 대해서는 **침묵**만이 이야기합니다. 마음은 그것이 아는 것에 대해서만 이야기할 수 있습니다. '알 수 있는 것'을 부지런히 탐구하면 그것은 해체되고 '알 수 없는 것'만 남습니다. 그러나 상상과 관심이 한 번만

깜박이면 '알 수 없는 것'은 희미해지고, '알려지는 것'이 전면에 나섭니다. '알려지는 것', '변하는 것'은 그대가 그와 함께 살아가는 것이고, '변할 수 없는 것'은 그대에게 아무 소용이 없습니다. '변할 수 있는 것'에 신물이 나서 '변할 수 없는 것'을 그리워할 때만 그대가 방향을 전환하여, 마음의 수준에서 볼 때 공空과 어둠으로 묘사될 수 있는 것(실재) 속으로 진입할 준비가 됩니다. 왜냐하면 마음은 내용과 다양성을 갈망하는 반면, **실재**는 마음이 보기에 내용이 없고 변함이 없기 때문입니다.

질: 저에게는 그것이 죽음처럼 보입니다.

마: 죽음이지요. 그것은 또한 일체에 편재하고, 일체를 정복하며, 말할 수 없이 강렬합니다. 보통의 두뇌라면 어떤 두뇌도 그것을 견디지 못하고 파열될 것입니다. 그래서 **수행**을 해야 할 절대적 필요가 있습니다. 지성적이고 영적인 한 개체로서의 생존을 위해서는 몸의 순수성과 마음의 명료성, 생활상의 비폭력과 사심 없음(selflessness)이 필수적입니다.

질: 실재 안에도 개체들이 있습니까?

마: 정체성이 **실재**이고 **실재**가 정체성입니다. 실재는 무형의 덩어리나 무언의 혼돈이 아닙니다. 그것은 강력하고, 자각하며, 지복스럽습니다. 그에 비하면 그대의 삶은 태양 앞의 촛불과 같습니다.

질: 신과 당신 스승님의 은총에 의해 당신께서는 모든 욕망과 두려움을 잃어버리고 부동不動의 상태에 도달하셨습니다. 제 질문은 간단합니다―당신의 상태가 부동이라는 것을 어떻게 아십니까?

마: '변할 수 있는 것'에 대해서만 우리가 생각할 수 있고 이야기할 수 있습니다. '변할 수 없는 것'은 **침묵** 속에서 깨달을 수 있을 뿐입니다. 일단 깨닫고 나면 그것은 '변할 수 있는 것'에 깊이 영향을 미치겠지만, 그 자체는 영향을 받지 않고 그대로 남습니다.

질: 당신께서 **주시자**라는 것을 어떻게 아십니까?

마: 저는 모르고, 제가 있습니다. 제가 있는데, 왜냐하면 무엇이든 그것이 존재하려면 (저에 의해) 주시되어야 하기 때문입니다.

질: 전해들은 말로도 (어떤 사물의) 존재를 받아들일 수 있습니다.

마: 하지만 결국 한 사람의 직접적인 목격자가 필요하게 됩니다. (그대가) 몸소 실제로 목격하지는 않는다 하더라도, (직접적인 목격자의) 주시하기가 최소한 가능하고 현실성이 있어야 합니다. 직접 경험이 최종적 증거입니다.

질: 경험은 결함이 있을 수 있고 우리를 오도誤導할 수 있습니다.

마: 정말 그렇지요. 그러나 하나의 경험이라는 사실은 그렇지 않습니다. 그것이 어떤 경험이든, 참이든 거짓이든, 하나의 경험이 일어난다는 사실은 부정할 수 없습니다. 그것이 그 자신의 증거입니다. 그대 자신을 면밀히 지켜보십시오. 그러면 **의식**의 내용이 무엇이든, 그에 대한 **주시하기**는 그 내용에 의존하지 않는다는 것을 알 것입니다. **자각**은 그 자체로 있고, 그 사건과 함께 변하지 않습니다. 사건은 즐거울 수도 있고 언짢을 수도 있고, 사소할 수도 있고 중요할 수도 있지만, **자각**은 동일합니다. 순수한 자각의 특유한 성품, 곧 자의식의 흔적이 조금도 없는 그것의 본연적 자기정체성(self-identity)에 주목하고, 그 뿌리로 나아가십시오. 그러면 **자각**이 그대의 **참된 성품**이라는 것과, 그대가 자각하는 그 무엇도 그대 자신의 것이라고 부를 수 없다는 것을 이내 깨달을 것입니다.

질: 의식과 그 내용은 같은 하나 아닙니까?

마: 의식은 하늘의 구름과 같고, 물방울들은 그 내용입니다. 구름이 보이려면 해가 필요하고, 의식은 자각 안에서 초점이 맞추어질 필요가 있습니다.

질: 자각은 의식의 한 형태 아닙니까?

마: 좋아함과 싫어함 없이 그 내용을 볼 때는 그것에 대한 의식이 자각입니다. 그러나 의식 안에서 반사되는 **자각**과, 의식을 넘어선 **순수한 자각** 간에는 여전히 차이가 있습니다. **반사된 자각**, 곧 "나는 자각하고 있다"라는 느낌이 **주시자**인 반면, **순수한 자각**은 실재의 본질입니다. 하나의 물방울에서 반사되는 햇빛도 분명히 해가 반사된 것이지만, 해 자체는 아닙니다. 의식 안에서 **주시자**로서 **반사된 자각**과 **순수한 자각** 간에는 하나의 간격이 있는데, 마음은 그 간격을 결코 넘지 못합니다.

질: 그것은 우리가 그것을 바라보는 방식에 달려있지 않습니까? 마음은 차이가 있다고 말합니다. 가슴은 아무 차이가 없다고 말합니다.

마: 물론 아무 차이가 없지요. **실재**는 비실재 안에서 **실재**를 봅니다. 비실재를 창조하는 것은 마음이고, 거짓을 거짓으로 보는 것도 마음입니다.

질: 실재에 대한 체험은 거짓을 거짓으로 보고 난 다음에 온다는 것을 이해했습니다.

마: 실재에 대한 체험 같은 것은 없습니다. 실재는 체험을 넘어서 있습니다. 모든 체험은 마음 안에 있지요. 실재가 되어야 실재를 압니다.

질: 만약 실재가 말과 마음을 넘어서 있다면, 왜 우리는 그에 대해 이렇게 많은 말을 합니까?

마: 물론 그것의 기쁨을 위해서지요. 실재는 위없는 **지복**입니다. 그것에 대해서 이야기하는 것조차 행복입니다.

질: 저는 당신께서 '흔들릴 수 없고 지복스러운 것'(실재)에 대해 이야기하시는 것을 듣고 있습니다. 그런 단어들을 사용하실 때 당신의 마음 속에는 무엇이 있습니까?

마: 제 마음 속에는 아무것도 없습니다. 그대가 그 단어들을 듣듯이, 저도 그것을 듣습니다. 일체를 일어나게 하는 힘이 그것들을 일어나게 합니다.

질: 그러나 말씀하시는 분은 당신이지, 제가 아닙니다.

마: 바로 그것이 그대에게 보이는 모습이지요. 제가 보기에는, 두 개의 몸-마음들이 기호적 소음들을 교환하고 있습니다. 실제로는 어떤 일도 일어나지 않습니다.

질: 들어보십시오, 선생님. 제가 당신을 찾아뵙는 것은 제가 곤경에 처해 있기 때문입니다. 저는 제가 이해하지 못하는 세상에서 길을 잃은 가엾은 한 영혼입니다. 저는 제가 성장하고 자식을 낳고 죽기를 바라는 **어머니 자연**(Mother Nature)을 두려워합니다. 이 모든 일(생명 과정)의 의미와 목적에 대해서 물어보면 그녀는 대답을 하지 않습니다. 제가 당신을 찾아온 것은 당신께서 친절하고 지혜로우시다는 말을 들었기 때문입니다. 당신께서는 '변할 수 있는 것'은 거짓이며 찰나적이라고 이야기하시는데, 그것은 제가 이해할 수 있습니다. 그러나 **불변인 것**에 대해 이야기하실 때는 뭐가 뭔지 모르겠다는 느낌입니다. "이것도 아니고 저것도 아니며, 앎을 넘어서 있고,

아무 소용이 없다"—왜 이런 모든 이야기를 하십니까? 그것은 존재합니까, 아니면 '변할 수 있는 것'의 언어적 상대물인 하나의 개념일 뿐입니까?

마: 그것은 있습니다. 그것만이 있지요. 그러나 그대의 현재 상태에서 그것은 그대에게 아무 소용이 없습니다. 그대가 사막에서 목말라 죽어가는 꿈을 꾸고 있을 때, 침상 곁에 있는 한 컵의 물이 아무 소용없듯이 말입니다. 그대가 무슨 꿈을 꾸고 있든, 저는 그대를 깨우려고 애쓰고 있습니다.

질: 제가 꿈을 꾸고 있고, 곧 깨어날 거라고는 부디 말씀하지 마십시오. 저도 그랬으면 좋겠습니다. 그러나 저는 깨어 있고, 고통을 받고 있습니다. 당신께서는 고통 없는 상태를 말씀하시지만, 저의 지금 상태에서는 그것을 가질 수 없다고 덧붙이시는군요. 길을 잃은 느낌입니다.

마: 길을 잃었다고 느끼지 마십시오. 저는 단지, 그대가 불변의 지복스러운 것을 발견하려면 가변적이고 고통스러운 것에 대한 집착을 놓아버려야 한다고 말할 뿐입니다. 그대는 자신의 행복에 관심이 있고, 저는 그런 것은 없다고 그대에게 말하고 있습니다. 행복은 결코 그대 자신의 것이었던 적이 없고, 그것은 '나'가 없는 곳에 있습니다. 그것이 그대가 미칠 수 없는 곳에 있다는 말은 아닙니다. 그대 자신을 넘어서 손을 뻗치기만 하면 됩니다. 그러면 그것을 발견할 것입니다.

질: 만약 제가 저 자신을 넘어서야 한다면, 왜 제가 애당초 "내가 있다"는 관념을 얻었습니까?

마: 마음은 하나의 원을 그릴 중심("내가 있다")을 필요로 합니다. 그 원은 점점 커질 수 있는데, 그것이 커질 때마다 "내가 있다"는 느낌에 어떤 변화가 있을 것입니다. 자기 자신을 장악하고 있는 사람, 즉 요기는 하나의 나선형을 그리겠지만, 그 나선이 아무리 커도 중심은 그대로 있겠지요. 그러다가 그 일 전체가 거짓이라는 것을 알고, 포기하는 날이 옵니다. 더 이상 그 중심점은 없고, 우주가 중심이 됩니다.

질: 예, 그럴 수도 있겠지요. 그러나 저는 이제 무엇을 해야 합니까?

마: 그대의 늘 변하는 삶을 부지런히 지켜보고, 그대의 행위 이면의 동기들을 깊이 탐색하십시오. 그러면 이내 그대를 둘러싸고 있던 거품을 터뜨

리게 될 것입니다. 병아리가 자라려면 계란껍질이 필요하지만 그 껍질이 깨져야 할 날이 옵니다. 그것이 깨지지 않으면 고통과 죽음이 있겠지요.

질: 제가 요가를 하지 않으면 죽을 운명이라는 뜻으로 하시는 말씀입니까?

마: 그대를 구하러 올 스승이 있습니다. 그 동안에는 그대의 삶의 흐름을 지켜보는 데 만족하십시오. 만약 그대의 지켜봄이 깊고 안정되어 늘 근원을 향해 있으면 그것은 점차 그 흐름을 거슬러 오르다가 홀연히 그 근원이 될 것입니다. 그대의 마음이 아니라 **자각**을 가동하십시오. 마음은 이 과업에 적합한 도구가 아닙니다. 무시간적인 것에는 무시간적인 것으로써만 도달할 수 있습니다. 그대의 몸과 마음은 둘 다 시간에 지배됩니다. **자각**만이 바로 지금도 무시간적입니다. **자각** 속에서 그대는 사실들과 마주하는데, 실재는 사실들을 좋아합니다.

질: 당신께서는 저를 접수하시려고 전적으로 저의 **자각**에 의존하시지, **스승**과 신에게는 의존하지 않으십니다.

마: 신은 그 몸과 마음을 주고, 스승은 그것들을 사용하는 법을 보여줍니다. 그러나 근원으로 돌아가는 것은 그대 자신이 해야 할 일입니다.

질: 신이 저를 창조했으니 그분이 저를 돌봐주겠지요.

마: 무수한 **신**들이 있는데, 각자 자신의 우주 안에 있습니다. 그들은 영원히 창조하고 재창조합니다. 그들이 그대를 구해주기를 기다리려고 합니까? 그대의 구원을 위해 필요한 것은 이미 그대의 손길이 미치는 범위 안에 있습니다. 그것을 사용하십시오. 그대가 알고 있는 것을 그 끝까지 탐구하십시오. 그러면 그대의 **존재** 안의 알려지지 않은 층들에까지 도달하게 될 것입니다. 그리고 더 멀리 나아가십시오. 그러면 예기치 않은 것이 그대 안에서 폭발하여 모든 것을 분쇄해 버릴 것입니다.

질: 그것은 죽음을 의미합니까?

마: 삶을 의미하지요—마침내.

86
알려지지 않는 것이 실재의 집이다

질문자: 스승은 누구이며, 위없는 스승은 누구입니까?

마하라지: 그대의 의식 안에서 일어나는 모든 것이 그대의 스승입니다. 그리고 의식을 넘어서 있는 순수한 자각이 위없는 스승입니다.

질: 저의 스승님은 스리 바바지(Sri Babaji)22)입니다. 그분에 대한 당신의 견해는 어떻습니까?

마: 무슨 그런 질문을! 봄베이의 허공에게 뿌나(Poona-뿌네)의 허공에 대한 견해를 묻는군요. 이름들은 달라도 허공은 다르지 않습니다. '바바지'란 단어는 하나의 주소에 불과합니다. 그 주소에 누가 살고 있습니까? 그대는 자신에게 문제가 있을 때 질문을 합니다. 누가 문제를 야기하는지, 그리고 누구에게 야기하는지 탐구하십시오.

질: 저는 누구나 깨달아야 할 의무가 있다고 알고 있습니다. 그것은 그의 임무입니까, 아니면 그의 운명입니까?

마: 깨달음이란 그대가 한 '사람'이 아니라는 사실을 깨닫는 것입니다. 따라서 그것은 사라질 운명을 가진 그 '사람'의 임무일 수 없습니다. 그것의 운명('사람'의 사라짐)이, 자신을 '사람'이라고 상상하는 자의 임무입니다. 그가 누구인지를 발견하십시오. 그러면 그 상상된 '사람'은 해소됩니다. **자유란 어떤 것에서 벗어나는 것입니다. 그대는 무엇에서 벗어나야 합니까?** 말할 것도 없이, 그대가 자기 자신이라고 여기는 그 '사람'에게서 벗어나야 합니다. 왜냐하면 그대가 자신에 대해 가지고 있는 관념이 그대를 속박 상태에 묶어두고 있기 때문입니다.

질: 그 '사람'을 어떻게 제거합니까?

마: 결의에 의해서지요. 그것이 사라져야 한다는 것을 이해하고, 그것이 사

---

22) *T.* 마하라슈트라 주 쉬르디(Shirdi)에 살았던 성자 사이 바바(Sai Baba, 1856~1918)를 가리킨다. 쉬르디는 뿌네와 인접한 아마드나가르 군에 있다.

라지기를 바라십시오. 그대가 열심히 하면 그것은 사라질 것입니다. 어떤 사람이, 누군가가, 그대는 **순수한 의식**이지 몸-마음이 아니라고 말해줄 것입니다. 그것을 가능한 일로 받아들이고 열심히 탐구하십시오. 과연 그렇다는 것을, 즉 그대는 공간과 시간에 속박된 한 '사람'이 아니라는 것을 발견할지 모릅니다. 그것이 가져올 차이를 한번 생각해 보십시오!

질: 제가 한 '사람'이 아니라면, 저는 무엇입니까?

마: 젖은 천은 젖어 있는 동안은 다르게 보이고 감촉이나 냄새도 다릅니다. 마르면 다시 정상적인 천입니다. 물기가 천을 떠났으니 그것이 젖어 있었다는 것을 누가 알겠습니까? 그대의 **진정한 성품**은 외관상 '그대'로 보이는 것과는 다릅니다. (자신이) 한 '사람'이라는 관념을 포기하십시오. 그거면 됩니다. 여하튼 본래의 그대가 될 필요는 없습니다. 본래의 그대라는 정체성이 있고, 그 위에 덧씌워진 '사람'이 있습니다. 그대가 아는 것은 그 '사람'이 전부이고, 한 '사람'이 아닌 그 정체성은 그대가 모릅니다. 왜냐하면 그대는 (그 '사람'을) 결코 의심해 보지 않았고, 스스로에게 "나는 누구인가?"라는 핵심적 질문을 결코 해보지 않았기 때문입니다. 그 정체성은 그 '사람'에 대한 **주시자**이고, 수행이란 피상적이고 변화무쌍한 그 '사람'으로부터 불변이고 늘 존재하는 **주시자**로 강조점을 옮기는 것입니다.

질: "나는 누구인가?"라는 질문에 제가 별로 끌리지 않는 것은 왜 그렇습니까? 저는 **성자**들과의 달콤한 어울림에 시간을 보내는 것을 더 좋아합니다.

마: 그대 자신의 **존재** 안에 안주하는 것도 성스러운 어울림(삿상)입니다. 만일 그대에게 괴로움과 괴로움에서의 해방이란 문제가 없다면 **자기탐구**를 하는 데 필요한 기력과 끈기를 발견하지 못하겠지요. 위기를 (인위적으로) 만들어낼 수는 없습니다. 그것은 진짜여야 합니다.

질: 진짜 위기는 어떻게 일어납니까?

마: 그것은 매순간 일어나지만 그대가 충분히 경각하고 있지 않습니다. 이웃 사람의 얼굴에 드리운 그림자, 광대하게 도처에 널린 존재(삶)의 슬픔은 그대의 삶 속에 늘 있는 요소이지만, 그대가 주목하지 않습니다. 그대는 고통 받고 남들이 고통 받는 것도 보지만, 그대가 반응하지 않습니다.

질: 당신 말씀이 옳지만 그에 대해 제가 어떻게 할 수 있습니까? 상황이 실로 그렇습니다. 제가 무력하고 둔한 것도 그 상황의 일부입니다.

마: 그만하면 훌륭하지요. 그대 자신을 꾸준히 바라보십시오—그것으로 충분합니다. 그대를 감금하는 문이 그대를 석방하는 문이기도 합니다. "내가 있다"가 그 문입니다. 그 문이 열릴 때까지 그 앞을 떠나지 마십시오. 사실 그 문은 열려 있지만, 그대가 문 앞에 있지 않은 것뿐입니다. 그대는 존재하지 않는, (그림으로) 그려진 문 앞에서 기다리고 있는데, 그것은 결코 열리지 않을 것입니다.

질: 저희들 중 많은 사람들은 한때 어느 정도 마약을 했습니다. 사람들이 저희들에게 의식의 더 높은 수준을 뚫고 들어가려면 마약을 하라고 했습니다. 어떤 이들은 같은 목적으로 섹스를 넘칠 만큼 하라고 조언하기도 했습니다. 이 문제에서 당신의 견해는 어떻습니까?

마: 의심할 바 없이, 그대의 두뇌에 영향을 줄 수 있는 마약은 마음에도 영향을 줄 수 있고, 그것이 보증하는 온갖 이상한 체험들을 안겨줄 수 있습니다. 그러나 이 세상에 태어나서, 오지 않거나 지속되지 않는 행복을 찾으며 슬픔과 두려움 속에서 살아간다고 하는 이 더없이 유별난 경험을 그대에게 안겨준 마약(무지)에 비해, 그 모든 마약이 다 뭐란 말입니까? 이 마약의 본질을 탐구하여 그 해독제를 발견해야 합니다.

탄생, 삶, 죽음—이것들은 하나입니다. 무엇이 그것들을 야기했는지 알아내십시오. 태어나기 전에 그대는 이미 마약에 취해 있었습니다. 그것이 어떤 종류의 마약이었습니까? 그대는 온갖 질병에서 그대 자신을 치유할 수 있을지 모르지만, 만약 여전히 이 **원초적 마약**의 기운 아래 있다면 피상적인 치유들이 무슨 소용 있습니까?

질: 환생을 야기하는 것은 **카르마** 아닙니까?

마: 그 이름은 바꾸어도 무방하지만 그 사실은 남습니다. 그대가 **카르마**니 운명이니 하는 그 마약이 무엇입니까? 그것이 그대에게, 그대가 아닌 것을 그대 자신으로 믿게 만들었습니다. 그것이 무엇이며, 그대는 거기서 벗어날 수 있습니까? 더 나아가기 전에 최소한 하나의 작업이론(작업가설)으로서, 그

대인 것처럼 보이는 것은 **그대**가 아니라는 것, 그대는 어떤 마약 기운 아래 있다는 것을 받아들여야 합니다. 그럴 때만 그 증상들을 검사하고 그것들의 공통 원인을 찾아볼 충동과 인내심을 갖게 될 것입니다. 한 스승이 그대에게 해줄 수 있는 말은 이것이 전부입니다. "이 보시오, 선생. 그대는 자기 자신에 대해 상당히 착각하고 있소. 그대는 스스로 자기 자신이라고 생각하는 그 '사람'이 아니오." 아무도 믿지 말고, 그대 자신조차 믿지 마십시오. 살아 흐르는 물(생명의 강)과 **진리**의 바위에 도달할 때까지, 모든 가정假定을 탐색하고, 발견하고, 제거하고, 배격하십시오. 그 마약에서 벗어날 때까지는 그대의 모든 종교와 학문, 기도와 요가들이 그대에게 아무 소용 없습니다. 왜냐하면 그런 것들은 어떤 착각에 기초해 있어, 그 착각을 강화하기 때문입니다. 그러나 그대가 몸도 마음도 아니고, 그것들의 **주시자도** 아니고, 그것들을 완전히 넘어서 있다는 관념을 고수하면, 그대의 마음이 **명료함** 속에서 성장할 것이고, 그대의 욕망은 **순수함** 속에서, 그대의 행위들은 **자비** 속에서 성장할 것이며, 그 내적인 정수精髓가 그대를 다른 한 세계로, **진리**와 두려움 없는 **사랑**의 세계로 데려갈 것입니다. 감정과 사고의 낡은 습관들에 저항하고, 그대 자신에게 계속 "아니, 그렇지 않아, 그럴 리가 없어. 나는 이렇지 않아, 나에게는 그것이 필요 없어, 나는 그것을 원치 않아"라고 이야기하십시오. 그러면 오류와 절망의 전체 구조가 붕괴하고, 그 토대가 자유롭게 새로운 삶을 준비하게 될 날이 분명히 올 것입니다. 결국 그대 자신에 대한 그대의 모든 선입견들은 생시의 시간과, 부분적으로는 꿈을 꾸는 시간 동안에만 있을 뿐, 잠 속에서는 모두 치워지고 잊힌다는 것을 기억해야 합니다. 그것은 그대의 생시의 삶이 그대 자신에게조차 얼마나 중요하지 않은지, 그저 누워서 눈만 감는 것으로도 그것을 끝내 버릴 수 있다는 것을 보여줍니다. 그대는 잠이 들 때마다 깨어날 거라는 최소한의 보장도 없이, 그러면서도 그 위험을 감수하면서 잠이 듭니다.

질: 당신께서 주무실 때는 의식하십니까, 못하십니까?
마: 저는 의식하고 있지만, 제가 특정한 한 '사람'이라고 의식하지는 않습니다.

질: 진아 깨달음의 체험을 저희들에게 맛보여 주실 수 있습니까?

마: 그 전부를 가지십시오! 여기 있으니 달라고만 하십시오. 그러나 여러분은 달라고 하지 않습니다. 달라고 할 때에도 (막상 주면) 갖지 않습니다. 무엇이 갖지 못하게 막는지 알아내십시오.

질: 무엇이 가로막는지 압니다. 저의 에고입니다.

마: 그러면 그대의 에고와 씨름하십시오 — 저는 내버려두고. 그대가 마음 안에 갇혀 있는 한, 저의 상태는 그대의 이해 범위를 넘어서 있습니다.

질: 더 이상 드릴 질문이 없군요.

마: 그대가 정말로 자신의 에고와 전쟁을 하고 있었다면 더 많은 질문을 했겠지요. 질문들이 부족한 것은 그대가 정말로 관심을 가지고 있지는 않기 때문입니다. 지금은 그대가 '쾌락-고통 원리', 곧 에고에 의해 움직이고 있습니다. 그대는 에고와 동행하고 있지, 그것과 싸우고 있지 않습니다. 그대는 자신이 개인적 고려사항들에 의해 얼마나 전적으로 지배되고 있는지 조차 자각하지 못합니다. 인간은 늘 그 자신에 대해서 반란을 일으키고 있어야 합니다. 에고는 비뚤어진 거울처럼 (본래의 그대를) 좁아들게 하고 왜곡하기 때문입니다. 그것은 모든 폭군들 중에서 최악이며, 그대를 절대적으로 지배합니다.

질: '나'가 없을 때는 누가 벗어납니까?

마: 세계가 아주 귀찮은 한 존재로부터 벗어납니다. 아주 좋은 일이지요.

질: 누구에게 좋은 일입니까?

마: 모두에게 좋은 일입니다. 그것(에고)은 거리를 가로질러 늘어놓은 밧줄과 같아서 교통을 정체시킵니다. 그것을 감아 들이면, 필요할 때 유용한 정체성으로서만 존재합니다. 에고-자아(ego-self)에서 벗어나는 것이 **자기탐구의 결실**입니다.

질: 저 자신이 더없이 불만스러웠던 적이 있습니다. 이제는 저의 **스승님**을 만났고, 저 자신을 그분께 완전히 내맡기고 나니 평안합니다.

마: 그대 자신의 일상생활을 지켜보면, 아무것도 내맡기지 않았다는 것을 발견할 것입니다. 그대는 단지 '내맡김'(순복)이라는 말을 자신의 어휘록에

추가하고 나서, 스승을 그대의 문제들을 토로하는 구실로 삼았습니다. 진정한 순복은 스승이 하라고 하지 않으면 아무것도 하지 않는 것을 뜻합니다. 그대는 말하자면 옆으로 비켜서서 스승이 그대의 삶을 대신 살도록 합니다. 그대는 그냥 지켜보면서, 그대에게는 해결할 수 없을 것같이 보였던 문제들을 스승이 얼마나 쉽게 해결하는지 놀라워합니다.

질: 저는 여기 앉아서 이 방을 보고, 사람들을 봅니다. 그리고 당신도 봅니다. 당신 쪽에서는 그것이 어떻게 보입니까? 당신께서는 무엇을 보십니까?

마: 아무것도 보지 않습니다. 저도 바라보지만, 판단들을 걸치고 있는 이미지들을 창조한다는 의미에서 보지는 않습니다. 저는 묘사하지 않고 평가하지도 않습니다. 저도 바라보고 그대를 보지만, 어떤 태도나 견해도 제 시야를 가리지 않습니다. 그리고 시선을 돌리면, 제 마음은 어떤 기억도 뒤에 남아 어른거리게 하지 않습니다. 그것은 다음에 올 인상印象을 위해 자유롭고도 싱그럽게 남아 있습니다.

질: 여기서 당신을 바라보고 있을 때, 저는 이 사건이 어느 공간과 시간에 있다고 특정하지 못합니다. 지금 일어나고 있는 지혜의 전달에는 뭔가 영원하고 보편적인 것이 있습니다. 만 년 전이든 후든 아무 차이가 없습니다. 이 사건 자체가 무시간적입니다.

마: 인간은 세월이 가도 많이 변하지 않습니다. 인간의 문제들은 똑같이 남아 있고 똑같은 해답을 요구합니다. 그대가 말하는 지혜의 전달을 그대가 의식하고 있다는 것은, 지혜가 아직 전달되지 않았다는 것을 보여줍니다. 그대가 그것을 가지면, 더 이상 그것을 의식하지 않습니다. 진정으로 그대 자신인 것을 그대는 의식하지 못하고 있습니다. 그대가 의식하고 있는 것은 그대도 아니고 그대의 것도 아닙니다. 그대가 가진 것은 **지각의 힘**이지, 그대가 지각하는 그것이 아닙니다. '의식 영역'을 그 인간의 전부라고 여기는 것은 오류입니다. 인간은 '무의식 영역'이고 '의식 영역'이자 '초의식 영역'이기도 하지만, 그대는 그 인간이 아닙니다. 영화의 스크린과 빛은 물론이고 보는 힘도 그대의 것이지만, 그 화면은 그대가 아닙니다.

질: 저는 스승을 찾아야 합니까, 아니면 제가 발견한 사람이 누구이든 그와

함께 있을까요?

마: 그 질문 자체가 아직 스승을 발견하지 못했다는 것을 보여줍니다. 그대가 깨닫지 못하는 한, 스승에서 스승으로 옮겨가겠지만, 그대 자신을 발견하면 그 탐색은 끝날 것입니다. 스승은 하나의 이정표입니다. 그대가 길을 가고 있을 때는 수많은 이정표를 지나가게 됩니다. 목적지에 당도했을 때는 마지막 이정표만 중요했습니다. 실은 모든 이정표가 그 당시에는 중요했지만, 이제는 어느 것도 중요하지 않습니다.

질: 당신께서는 스승을 전혀 중요시하지 않으시는 것 같습니다. 스승이 여러 사건들 중의 한 사건에 지나지 않습니다.

마: 모든 사건이 기여하지만 어느 것도 결정적이지는 않습니다. 길 위에서는 매 걸음이 그대를 목적지에 도달할 수 있게 도와주며, 어느 한 걸음도 다른 걸음만큼이나 결정적입니다. 한 걸음씩 걸어야 하고, 어느 한 걸음도 빼놓을 수 없기 때문입니다. 만약 어느 걸음을 걷지 않겠다고 하면 그 자리에서 멈추고 말지요!

질: 모두가 스승의 영광을 칭송하는데, 당신께서는 그를 하나의 이정표에 비유하십니다. 우리는 스승이 필요하지 않습니까?

마: 우리는 이정표가 필요하지 않습니까? 그렇기도 하고 그렇지 않기도 하지요. 우리가 (길을) 확신하지 못하면 필요하고, 길을 알면 필요하지 않습니다. 일단 우리가 우리 자신을 확신하게 되면 스승은 더 이상 필요치 않습니다. 어떤 전문적인 의미에서 필요한 경우를 제외하면 말입니다. 그대의 마음은 결국 하나의 도구이고, 그것을 사용하는 법을 알아야 합니다. 그대가 몸의 사용법들을 배우듯이, 마음을 사용하는 법을 알아야 합니다.

질: 제 마음을 사용하는 법을 배워서 제가 무엇을 얻습니까?

마: 욕망과 두려움에서 벗어남을 얻는데, 이 욕망과 두려움은 전적으로 마음을 잘못 사용하는 데서 옵니다. 단순히 마음으로 알고 있는 것만으로는 충분치 않습니다. '알려지는 것'은 우발적이고, '알려지지 않는 것'이 실재의 집입니다. '알려지는 것' 안에서 사는 것은 속박이고, '알려지지 않는 것' 안에서 사는 것이 해탈입니다.

질: 모든 영적인 수행은 개인적 자아를 없애는 데 있다고 알고 있습니다. 그런 수행은 강철 같은 결의와 가차 없는 실천을 요구합니다. 그런 공부를 해내기 위한 올곧음과 에너지를 어디서 발견합니까?

마: 현자들과 친교하는 가운데서 발견합니다.

질: 누가 지혜롭고 누가 단순히 영리할 뿐인지 어떻게 압니까?

마: 그대의 동기가 순수하다면, 그대가 **진리** 외에는 다른 어떤 것도 추구하지 않는다면, 올바른 사람들을 발견할 것입니다. 그들을 발견하기는 쉽지만, 어려운 일은 그들을 신뢰하고 그들의 조언과 지도指導를 최대한 이용하는 것입니다.

질: 생시의 상태가 잠보다 영적인 수행에 더 중요합니까?

마: 대체로 우리는 생시의 상태에 너무 많은 중요성을 부여합니다. 잠이 없이는 생시의 상태가 있을 수 없겠지요. 잠을 못자면 우리가 미치거나 죽습니다. 명백히 '무의식 영역'에 의존하고 있는 생시의 **의식**에 왜 그렇게 많은 중요성을 부여합니까? 우리의 영적인 수행에서는 '의식 영역'뿐만 아니라 '무의식 영역'도 보살펴야 합니다.

질: '무의식 영역'을 어떻게 돌봅니까?

마: "내가 있다"를 **자각**의 초점 안에 유지하고, 그대가 **있다**는 것을 기억하며, 그대 자신을 끊임없이 지켜보십시오. 그러면 그대가 특별히 무슨 노력을 하지 않아도 '무의식 영역'이 '의식 영역' 속으로 흘러들 것입니다. 잘못된 욕망과 두려움, 거짓된 관념, 사회적 금지 등은 '무의식 영역'이 '의식 영역'과 자유롭게 상호 작용하는 것을 가로막고 방해합니다. 일단 자유롭게 서로 섞이게 되면 그 둘은 하나가 되고, 그 하나는 모두가 됩니다. '사람'은 주시자 속으로 합일되고 주시자는 자각 속으로, 자각은 순수한 존재 속으로 합일되지만, 그러면서도 정체성은 상실되지 않고 그 한계들만 상실됩니다. 그것은 변형되어 **진정한 자아**, **참스승**(sadguru), **영원한 벗**이자 인도자로 됩니다. 숭배(예배 행위)로는 거기에 접근할 수 없습니다. 어떤 외부적 활동도 내적 자아에 도달하지 못합니다. 숭배와 기도는 표면에만 남아 있습니다. 더 깊이 들어가려면 **명상**이 필수적이고, 잠·꿈·생시의 상태를 넘어서려는 노

력이 있어야 합니다. 처음에는 그런 시도가 불규칙적으로 되지만, 그것이 더 자주 되풀이되다가 규칙적으로 되고, 그런 다음 지속적이고도 강렬해져서 마침내 모든 장애들이 정복됩니다.

질: 무엇에 대한 장애들입니까?

마: 자기잊기(에고 놓아버리기)에 대한 장애들이지요.

질: 숭배와 기도가 효과가 없다면, 당신께서는 왜 매일 노래와 음악으로 당신 스승님의 상(像)을 숭배하십니까!

마: 그것을 원하는 사람들이 그렇게 하지요. 저는 간섭할 이유가 없습니다.

질: 그런데 당신께서도 거기에 참여하십니다.

마: 예, 그렇게 보입니다. 그러나 저에 대해 왜 그렇게 신경 씁니까? 그대의 모든 주의를 "나를 의식하고 있게 하는 그것은 무엇인가?"라는 물음에 기울이십시오. 그러다 보면 그대의 마음이 그 물음 자체가 되어, 달리 어떤 것도 생각할 수 없게 됩니다.

질: 누구나 다 저에게 명상을 하라고 권합니다. 저는 명상에는 아무 재미를 못 느끼고, 다른 많은 것에 관심이 있습니다. 어떤 것은 제가 아주 원하고 마음도 거기로 쏠립니다. 명상도 해보려고 하지만, 썩 마지못해 하는 편입니다. 저는 어떻게 해야 합니까?

마: 스스로에게 "그것은 모두 누구에게 일어나는가?"라고 물으십시오. 일체를 내면으로 들어가는 기회로 활용하십시오. 자각의 치열함 속에서 장애들을 불태워 그대의 길을 비추십시오. 어쩌다 무엇을 욕망하거나 두려워하게 되더라도, 그릇된 것이고 사라져야 하는 것은 그 욕망이나 두려움이 아니라 욕망하거나 두려워하는 그 사람입니다. 욕망이나 두려움과 싸워봤자 아무 소용없습니다. 그것은 완벽하게 자연스럽고 정당한 것일 수도 있습니다. 욕망과 두려움에 지배되는 그 '사람'이, 과거에 저지른 과오나 미래에 저지를 과오의 원인입니다. 이 '사람'을 주의 깊게 조사하여 그것의 거짓됨을 발견하면, 그대에 대한 그것의 지배력이 끝날 것입니다. 어쨌든 그것은 그대가 잠이 들 때마다 가라앉습니다. 깊은 잠 속에서 그대는 자신을 의식하는 한 '사람'이 아니지만, 그럼에도 그대는 살아 있습니다. 그대가 살아 있

고 의식하고는 있으나 더 이상 자기를 의식하지 못할 때, 그대는 더 이상 한 '사람'이 아닙니다. 생시의 시간 동안 그대는 마치 무대 위에서 하나의 역을 연기하는 것처럼 하고 있지만, 연극이 끝나면 그대는 무엇입니까? 본래의 그대입니다. 연극이 끝나면 연극이 시작되기 전과 같은 본래의 그대로서 남습니다. 그대 자신을 삶이라는 무대 위에서 공연하는 자로 바라보십시오. 그 공연은 빼어날 수도 있고 어설플 수도 있지만, 그대는 그 연극 안에 있지 않고 그것을 지켜볼 뿐입니다. 물론 관심과 공감을 가지고 지켜보지만, 그 연극이―삶이―진행되는 동안 자신이 지켜보기만 한다는 것을 내내 염두에 두고 있습니다.

질: 당신께서는 언제나 실재의 인식적 측면을 강조하십니다. 애정은 거의 언급하지 않으시고, 의지는 결코 언급하지 않으시는군요?

마: 의지, 애정, 지복, 노력하기와 향유하기는 인격체(에고-자아)로 너무나 깊이 물들어 있어서 신뢰할 수가 없습니다. 여정을 막 출발할 때 필요한 (노선과 목적지의) 명료한 이해와 (심신의) 정화는 **자각**만이 제공할 수 있습니다. 사랑과 의지에게도 자기 차례가 돌아오겠지만, 그 토대가 준비되어야 합니다. **자각의 해가 먼저 떠야 다른 모든 것이 뒤를 따릅니다.**

87
마음을 고요히 하라, 그러면 발견할 것이다

질문자: 언젠가 저는 이상한 체험을 했습니다. 제가 없었고 세계도 없었고, 오직―안과 밖으로―빛과 광대한 평안이 있었습니다. 이것이 4일간 지속되고 나서, 일상적 의식으로 돌아왔습니다.

이제 제가 아는 것은 건축 중인 건물을 덮고 가리는 하나의 비계飛階가 전부라는 느낌이 듭니다. 건축가, 설계, 도면, 목적―이런 것은 제가 하나도 모릅니다. 어떤 활동이 진행되고 있고, 어떤 일들이 일어나고 있습니다. 그것이 제가 말할 수 있는 전부입니다. 저는 그 비계인데, 아주 취약하고 얼마 못 가는 것입니다. 건물이 다 지어지면 그 비계는 철거되고 제거될 것입니다. "내가 있다"와 "나는 무엇인가?"가 전혀 중요하지 않습니다. 왜냐하면 일단 건물이 지어지면 '나'가 당연히 사라질 것이고, 그 자체에 대해서는 답변해야 할 어떤 질문도 남지 않을 테니까 말입니다.

마하라지: 그대는 이 모든 것을 자각하지 못합니까? 자각이라는 사실이 상수인자常數因子 아닙니까?

질: 저의 영구성과 정체성의 느낌은 기억에서 비롯되는데, 이 기억은 아주 덧없고 신뢰할 수 없습니다. 최근에 있었던 일조차도 제가 기억하는 것이 얼마나 적은지 모릅니다! 한평생을 살았지만, 지금 저에게 남은 것이 무엇입니까? 한 다발의 사건들이고, 고작해야 하나의 단편소설입니다.

마: 이 모든 것은 그대의 의식 안에서 일어납니다.

질: 안과 밖입니다. 낮에는 안이고, 밤에는 밖입니다. 의식이 전부는 아닙니다. 수많은 일들이 그 범위 너머에서 일어납니다. 제가 의식하지 못하는 것들은 존재하지 않는다고 말하는 것은 완전히 잘못입니다.

마: 그대가 하는 말은 논리적이지만, 실은 그대는 자신의 의식 안에 있는 것만 압니다. 의식하는 체험의 바깥에 존재한다고 그대가 주장하는 것은, 그대가 추론한 것입니다.

질: 추론한 것일지는 모르나, 그래도 그것은 감각적인 것보다 더 실재적입니다.

마: 조심하십시오. 그대가 이야기를 시작하는 순간 그대는 하나의 언어적 우주를 창조합니다. 단어·관념·개념·추상물들이 서로 얽히고 서로 의존하며, 더없이 경이롭게 서로를 산출하고 지지하고 설명하는, 그러면서도 모두 본질이나 실체가 없는, 순전한 마음의 창조물로서의 한 우주 말입니다. 말은 말을 창조하지만, **실재**는 말이 없습니다.

질: 당신께서 말씀하실 때, 저는 듣습니다. 그것은 (제 마음의 창조물이 아니라) 하나의 사실 아닙니까?

마: 그대가 듣는다는 것은 하나의 사실입니다. 그대가 듣는 것(내용)은—아니지요. 사실은 경험될 수 있고, 그런 의미에서 그 말의 소리와 그것이 야기하는 마음의 파문들은 그대가 경험합니다. 그 이면에 다른 실체는 없습니다. 그것의 의미는 순전히 관습적이고, 기억해야 하는 것입니다. 언어란 연습하지 않으면 쉽게 잊힐 수 있습니다.

질: 말에 아무 실체가 없다면, 우리가 왜 굳이 이야기를 합니까?

마: 그것들은 사람들 간의 의사소통이라는 한정된 목적에 이바지합니다. 말은 사실을 전달해 주지는 않고, 사실을 가리켜 줍니다. 그대가 일단 그 '사람'을 넘어서면 아무 말이 필요 없습니다.

질: 무엇이 저를 '사람' 너머로 데려다줄 수 있습니까? 의식을 어떻게 넘어설 수 있습니까?

마: 말과 질문들은 마음에서 나오고, 그대를 거기에 붙들어 둡니다. 마음을 넘어서려면 말없이 침묵해야 합니다. **평안과 침묵, 침묵과 평안**—이것이 바로 넘어서는 길입니다. 질문하기를 그치십시오.

질: 질문하기를 그치고 나면 저는 무엇을 해야 합니까?

마: 기다리며 지켜보는 것 외에 그대가 무엇을 할 수 있습니까?

질: 무엇을 기다려야 합니까?

마: 그대의 존재의 중심이 **의식** 속으로 떠오르는 것입니다. 잠·꿈·생시의 세 가지 상태는 모두 **의식** 안에, 곧 **현현자** 안에 있습니다. 이른바 **의식**도 현현될 것입니다—때가 되면 말이지요. 의식을 아예 넘어선 곳에는 **미현현자**가 있습니다. 그리고 모든 것을 넘어선, 그리고 일체에 편재하는 **존재**라는 **심장**이 있습니다—**현현-미현현, 현현-미현현**(*saguna-nirguna*)으로 꾸준히 뛰는 **심장** 말입니다.

질: 언어적 수준에서는 모두 타당하게 들립니다. 저는 자신을 **존재의 씨앗**, **의식** 안의 한 점으로서 그려볼 수 있는데, 이때 저의 "내가 있다"는 느낌은 나타나고 사라지기를 번갈아하면서 맥동합니다. 그러나 그것을 하나의 사실로서 깨닫고, 넘어서서, 변함없고 말이 없는 **실재** 안으로 들어가려면 어떻게 해야 합니까?

마: 그대는 아무것도 할 수 없습니다. 시간이 일으킨 것은 시간이 거두어갈 것입니다.

질: 그러면 왜 요가를 닦고 **실재**를 추구하라는 이런 모든 권유를 하십니까? 그런 권유를 들으면 제가 힘을 받는 것 같고 책임도 느끼지만, 사실 모든 일을 하는 것은 시간입니다.

마: 그것이 **요가**의 끝이지요—독립성을 깨닫는 것 말입니다. 일어나는 모든 일은 마음 안에서 마음에게 일어나지, "내가 있다"의 근원에게 일어나지는 않습니다. 모든 일은 저절로 (그것을 운명이라 하든 신의 의지라 하든, 아니면 단지 우발적 사건이라 하든) 일어난다는 것을 깨닫게 되면, 그대는 **주시자**로서만 머무르면서 이해하고 즐기지만, 동요되지는 않습니다.

질: 말을 아예 신뢰하지 않아 버리면 저의 상태는 어떻게 되겠습니까?

마: 신뢰할 시절이 있고 신뢰하지 않을 시절이 있습니다. 그 시절들이 알아서 하게 하지, 왜 걱정합니까?

질: 어떻게 하다 보니 저는 제 주위에서 일어나는 일에 책임이 있다고 느낍니다.

마: 그대가 바꿀 수 있는 것에 대해서만 그대에게 책임이 있지요. 그대가 바꿀 수 있는 것은 그대의 마음가짐이 전부입니다. 거기에 그대의 책임이 있습니다.

질: 저에게 남들의 슬픔에 무관심한 채 있으라고 조언하시는군요!

마: 그대가 무관심하지 않은 것도 아니지요. 인류의 모든 괴로움도 그대가 다음 끼니의 식사를 즐기지 못하게 하지는 않습니다. **주시자**는 무관심하지 않습니다. 그는 이해심과 자비심의 충만함입니다. **주시자**로서만 그대가 남을 도울 수 있습니다.

질: 평생 동안 저는 말을 먹고 살았습니다. 제가 듣고 읽은 말들은 수십억 마디에 이릅니다. 그것이 저에게 이익을 주었습니까? 전혀 아닙니다!

마: 마음은 언어를 형성하고 언어는 마음을 형성합니다. 둘 다 도구이니 그것을 사용하되, 잘못 사용하지는 마십시오. 말들은 그대를 그 자체의 한계까지만 데려다줄 수 있습니다. 넘어서려면 그것을 버려야 합니다. 말없는

주시자로서만 머무르십시오.

질: 제가 어떻게 할 수 있습니까? 세상이 저를 몹시 동요시킵니다.

마: 그것은 그대가 자기 자신을, 세상에 의해 영향을 받을 만큼 충분히 크다고 생각하기 때문입니다. 그것은 그렇지 않습니다. 그대는 너무 작아서 그 무엇도 그대를 포착할 수 없습니다. 걸려드는 것은 그대의 마음이지 그대가 아닙니다. 있는 그대로의 그대 자신을 아십시오—크기가 없고 무시간적인 의식 안의 한 점에 불과한 것으로 말입니다. 그대는 연필의 필두筆頭와 같습니다. 그대와 접촉하기만 해도 마음은 세계에 대한 자신의 그림을 그립니다. 그대는 단일하고 단순한데, 그 그림은 복잡하고 광범위합니다. 그 그림에 오도誤導되지 말고, 그 그림 안의 어디에나 있는 그 작은 점을 자각하고 있으십시오.

있는 것은 없어질 수 있고, 없는 것은 생겨날 수 있습니다. 그러나 있지도 않고 없지도 않지만, 있음과 없음이 그에 의존하는 그것은 (그 무엇도) 건드릴 수 없습니다. 그대 자신을 욕망과 두려움의 원인으로—다만 그 자체는 그 두 가지에서 벗어나 있는 것으로—아십시오.

질: 제가 어떻게 두려움의 원인입니까?

마: 모든 것이 그대에게 달려 있습니다. 세계가 존재하는 것은 그대의 동의에 의해서입니다. 세계의 실재성에 대한 그대의 믿음을 철회하십시오. 그러면 그것은 하나의 꿈처럼 해소될 것입니다. 시간은 산들도 무너뜨릴 수 있는데, 시간의 무시간적 근원인 그대야 그 훨씬 이상이지요. 왜냐하면 기억과 기대 없이는 시간이 있을 수 없기 때문입니다.

질: "내가 있다"가 궁극자입니까?

마: "내가 있다"고 말할 수 있기 이전에, 그 말을 할 그대가 있어야 합니다. 존재(being)는 자기를 의식할 필요가 없습니다. 그대는 (자신이) 존재한다는 것을 알 필요가 없지만, 알기 위해서는 그대가 있어야 합니다.

질: 선생님, 저는 말의 바다에 빠져 익사하고 있습니다! 모든 것은 단어들이 어떻게 조합되느냐에 달려 있다는 것은 알겠습니다만, 단어들을 의미 있게 조합할 누군가가 있어야 합니다. 단어들을 되는 대로 끌어내는 것으

로는 『라마야나』와 『마하바라타』, 그리고 『바가바따(Bhagavata)』23)가 결코 산출될 수 없었을 것입니다. 우연발생론은 유지될 수 없습니다. 의미 있는 것의 기원은 그 너머에 있어야 합니다. 혼돈에서 질서를 창조하는 그 힘은 무엇입니까? 살아 있음은 존재함 이상이고, 의식은 살아 있음 이상입니다. 그 '의식하는, 살아 있는 존재'는 누구입니까?

마: 그대의 질문이 그 답을 포함하고 있습니다. 한 '의식하는, 살아 있는 존재'가, 한 '의식하는, 살아 있는 존재'입니다. 그 단어들은 더없이 적합하지만 그대는 그 완전한 의미를 파악하지 못하고 있습니다. 존재, 살아 있는, 의식하는, 이런 말들의 의미 속으로 깊이 들어가십시오. 그러면 질문을 해도 답변을 놓치면서 제자리를 맴도는 것을 멈추게 될 것입니다. 그대 자신에 대해서는 그대가 유효한 질문을 할 수 없다는 것을 이해하십시오. 왜냐하면 그대는 자신이 누구에 대해서 묻고 있는지 모르기 때문입니다. "나는 누구인가?"라는 물음에서 그 '나'를 모르니, 그 물음은 "나는 내가 '나'라고 한 말이 무슨 의미인지 모른다"는 말로 나타낼 수 있습니다. 그대가 무엇인지는 그대가 알아내야 합니다. 저는 그대가 무엇이 아닌지만 말해줄 수 있습니다. 그대는 세계에 속하지도 않고, 세계 안에 있지도 않습니다. 세계는 없고 그대만 있습니다. 그대가 상상 속에서 마치 하나의 꿈처럼 세계를 창조합니다. 그대가 꿈을 그대 자신에게서 분리할 수 없듯이, 그대 자신과 독립된 외부의 세계도 가질 수 없습니다. 그대가 독립되어 있지, 세계가 그런 것은 아닙니다. 그대 자신이 창조한 세계를 두려워하지 마십시오. 하나의 꿈 속에서 행복과 **실재**를 찾는 것을 그만두십시오. 그러면 깨어날 것입니다. 모든 '왜'와 '어떻게'를 알 필요는 없습니다. 질문에는 끝이 없습니다. 모든 욕망을 내버리고 그대의 마음을 고요하게 유지하십시오. 그러면 발견할 것입니다.

---

23) *T.* 크리슈나의 일대기 등을 담고 있는 경전. 『바가바따 뿌라나』라고도 한다.

88
마음에 의한 앎은 참된 앎이 아니다

질문자: 당신께서는 생시·꿈·잠의 세 가지 상태를 저희들과 똑같이 경험하십니까, 아니면 다르게 경험하십니까?

마하라지: 세 가지 상태 모두 저에게는 잠입니다. 저의 생시 상태는 그것들을 넘어서 있습니다. 제가 여러분을 바라보면, 여러분은 모두 잠이 들어 있으면서 여러분 자신의 말들을 꿈꾸고 있습니다. 저는 자각하고 있습니다. 저는 아무것도 상상하지 않기 때문입니다. 그것은 잠의 일종일 뿐인 **삼매**(*samadhi*)가 아닙니다. 그것은 마음에 의해 영향 받지 않고, 과거와 미래에서 벗어나 있는 하나의 상태일 뿐입니다. 여러분의 경우에 그것은 욕망과 두려움, 기억과 희망에 의해 왜곡되지만, 저의 경우에는 그것이 있는 그대로입니다—정상적이지요. 한 '사람'이라는 것은 잠들어 있다는 것입니다.

질: 몸과 순수한 자각 사이에는 '내적기관(*antahkarana*)', '**미세신**微細身(*subtle body*)' 혹은 '**정신체**精神體(*mental body*)'가 자리하고 있습니다. 그 이름이야 무엇이든 상관없지만 말입니다. 빙빙 도는 거울이 햇빛을 가지각색의 줄무늬와 색깔들의 무늬로 바꾸어 놓듯이, **미세신**은 빛나는 **진아**의 단순한 빛을 다양화된 세계로 바꾸어 놓습니다. 이와 같이 저는 당신의 가르침을 이해했습니다. 제가 이해할 수 없는 것은, 이 **미세신**이 맨 처음에 어떻게 일어났느냐는 것입니다.

마: 그것은 "내가 있다"는 관념이 일어나면서 창조됩니다. 그 둘은 하나입니다.

질: 그 "내가 있다"는 어떻게 나타났습니까?

마: 그대의 세계 안에서는 일체가 하나의 시작과 하나의 끝이 있어야 합니다. 그렇지 않으면, 그대는 그것을 영원하다고 합니다. 제가 보기에는 시작이나 끝 같은 것이 없습니다. 그런 것들은 모두 시간과 관련됩니다. 무시간적 존재는 전적으로 지금 안에 있습니다.

질: 내적기관, 곧 '미세신'은 실재합니까, 실재하지 않습니까?

마: 그것은 일시적입니다. (한 사람에게) 현존할 때는 실재하고, 끝나면 실재하지 않습니다.

질: 어떤 종류의 실재성입니까? 그것은 일시적입니까?

마: 경험적, 실제적, 혹은 사실적이라고 해도 되겠지요. 그것은 부인할 수 없는 지금 여기에서의 즉각적인 경험의 실재성입니다. 그 묘사와 의미를 문제 삼을 수는 있어도, 그 사건 자체는 문제 삼을 수 없습니다. 존재와 비존재는 번갈아들며, 그것들의 실재성은 일시적입니다. 불변의 **실재**는 공간과 시간을 넘어서 있습니다. 존재와 비존재의 찰나성을 깨닫고 그 둘에서 벗어나십시오.

질: 사물들은 일시적일 수 있지만, 그것들은 엄연히 우리와 함께 있고 끝없이 반복됩니다.

마: 욕망들이 강해서입니다. 반복을 야기하는 것은 욕망입니다. 욕망이 없으면 되풀이는 없습니다.

질: 두려움은 어떻습니까?

마: 욕망은 과거에 대한 것이고, 두려움은 미래에 대한 것입니다. 과거의 고통에 대한 기억과 그것이 되풀이될 것에 대한 두려움이 그대로 하여금 미래에 대해 걱정하게 만듭니다.

질: '알려지지 않는 것'에 대한 두려움도 있습니다.

마: 고통 받은 적 없는 자(주시자)는 두려워하지 않습니다.

질: 우리는 두려워하도록 운명지어졌습니까?

마: 우리가 두려움을 바라보고 그것을 개인적 존재(한 개인의 삶)의 그림자로 받아들일 수 있을 때까지는, 개인들로서 우리는 두려워하게 되어 있습니다. 모든 개인적 방정식들을 내버리십시오. 그러면 두려움에서 벗어날 것입니다. 그것은 어렵지 않습니다. **무욕**은 욕망이 거짓임을 인지할 때 저절로 찾아옵니다. 욕망과 싸울 필요는 없습니다. 궁극적으로 그것은 행복을 얻으려는 충동인데, 슬픔이 있는 한 그것은 자연스럽습니다. 다만 그대가 욕망하는 것 안에는 행복이 없다는 것을 아십시오.

질: 우리는 쾌락에 그런대로 안주합니다.

마: 모든 쾌락은 고통에 싸여 있습니다. 고통 없이는 쾌락을 가질 수 없다는 것을 그대는 이내 알게 됩니다.

질: 경험하는 자와 그의 경험이 있습니다. 무엇이 그 둘 간의 연관을 창조했습니까?

마: 어떤 것도 그것을 창조하지 않았습니다. 그 둘은 하나입니다.

질: 어딘가 함정이 있다는 느낌이 들지만 어딘지는 모르겠습니다.

마: 그 함정은 그대의 마음 속에 있는데, 그 마음은 이원성이 없는 곳에서 이원성을 보겠다고 고집합니다.

질: 당신의 말씀을 듣고 있으면 제 마음은 모두 지금 안에 있고, 저는 아무 질문도 없는 저 자신을 발견하고 놀랍니다.

마: 놀랄 때만 그대가 **실재**를 알 수 있습니다.

질: 걱정과 두려움의 원인이 기억이라는 것은 이해하겠습니다. 기억을 끝내는 수단은 무엇입니까?

마: 수단을 이야기하지 마십시오. 아무 수단도 없습니다. 그대가 거짓으로 보는 것은 (자연히) 해소됩니다. 탐구하면 해소되는 것이 바로 **환**幻의 본질입니다. 탐구하십시오. 그거면 됩니다. 거짓을 파괴할 수는 없습니다. 왜냐하면 그대가 늘 그것을 창조하고 있기 때문입니다. 거기서 물러나고, 그것을 무시하고, 넘어서십시오. 그러면 그것이 사라질 것입니다.

질: 그리스도도 악을 무시하고 아이같이 되라고 이야기합니다.

마: 실재는 모두에게 공통됩니다. 거짓만이 개인적입니다.

질: 제가 수행자들(sadhakas)을 지켜보면서 그들이 신봉하며 살아가는 이론들을 조사해 보면, 그들은 물질적 갈망을 '영적인' 야망으로 대체했을 뿐이라는 것을 발견합니다. 당신께서 저희들에게 하시는 말씀을 놓고 보면, '영적'이라는 말과 '야망'이라는 말은 양립 불가능한 것으로 보입니다. 만약 '영성'이 야망에서 벗어남을 뜻한다면, 무엇이 그 구도자를 계속 자극하겠습니까? 요가들은 해탈에 대한 욕망이 필수적이라고 말합니다. 그것은 최고 형태의 야망 아닙니까?

마: 야망은 개인적이고, 해탈은 개인적인 것(인격체)에서 해방되는 것입니다. 해탈 안에는 야망의 주체와 대상 둘 다 더는 존재하지 않습니다. 성실성은 자기 노력의 열매에 대한 열망이 아닙니다. 그것은 거짓되고 비본질적이고 개인적인 것에서 멀어지는, 관심의 내적 이동의 한 표현입니다.

질: 저번에 당신께서 말씀하시기를, **깨달음을** 얻기 전에는 우리가 완전함을 꿈도 꿀 수 없는데, 왜냐하면 모든 완전함의 근원은 **진아**이지 마음이 아니기 때문이라고 하셨습니다. 덕의 탁월함이 해탈에 필수적인 것이 아니라면, 무엇이 필수적입니까?

마: 해탈은 어떤 수단을 솜씨 좋게 사용한 결과도 아니고, 환경의 결과도 아닙니다. 그것은 인과적 과정을 넘어서 있습니다. 그 무엇도 그것을 강제할 수 없고, 그 무엇도 그것을 가로막을 수 없습니다.

질: 그러면 왜 우리는 지금 여기서 자유롭지 못합니까?

마: 그러나 우리는 '지금 여기에서' 자유롭습니다. 마음이 속박을 상상하는 것일 뿐입니다.

질: 무엇이 상상을 종식시키겠습니까?

마: 왜 그것을 종식시키고 싶어 합니까? 일단 그대의 마음과 그것의 기적적인 능력들을 알고, 그것을 중독시킨 것―별개의 고립된 한 '사람'이라는 관념―을 제거하게 되면, 마음이 그것과 잘 어울리는 사물들 사이에서 알아서 자기 일을 하게 내버려두십시오. 마음을 그 자신의 자리에 두어 그 자신의 일을 하게 하는 것이 마음의 해방입니다.

질: 마음이 하는 일은 무엇입니까?

마: 마음은 가슴(심장)의 아내이고, 세계는 그들의 집입니다―밝고 행복하게 유지해야 할.

질: 해탈을 방해하는 것이 없다면, 왜 그것이 지금 여기서 일어나지 않는지 저는 아직 이해하지 못했습니다.

마: 그대의 해탈을 방해하는 것은 아무것도 없고, 그것은 지금 여기서 일어날 수 있습니다. 그대가 다른 것들에 관심이 더 많지만 않다면 말입니다. 그런데 그대는 자신의 관심과 싸울 수 없습니다. 그것과 동행해야 하고, 그

것을 꿰뚫어 보아야 하고, 그것이 단순히 판단과 평가의 착오임이 저절로 드러나는 것을 지켜보아야 합니다.

질: 어떤 위대하고 성스러운 분을 찾아가서 함께 머무르는 것이 저에게 도움이 되지 않겠습니까?

마: 위대하고 성스러운 사람들은 늘 그대가 접근할 수 있는 범위 내에 있지만, 그대가 그들을 알아보지 못합니다. 누가 위대하고 성스러운지 그대가 어떻게 알겠습니까? 전해들은 이야기로? 이런 문제에서 그대가 남들을, 심지어 자기 자신조차 신뢰할 수 있습니까? 의심의 그림자를 넘어서 스스로 납득하려면, 남들의 추천 이상이, 심지어 일시적 황홀경 이상이 필요합니다. 어떤 위대하고 성스러운 사람을 만나고도 오랫동안 자신의 행운을 모를 수도 있습니다. 위대한 사람의 어린 아들은 여러 해 동안 자기 아버지의 위대함을 모를 것입니다. 위대함을 알아보려면 그대가 성장해야 하고, 성스러움을 알아보려면 그대의 심장을 정화해야 합니다. 아니면 시간과 돈을 헛되이 쓰고도 삶이 그대에게 베푸는 것을 놓칠 것입니다. 그대의 친구들 중에도 좋은 사람들이 있습니다. 그들에게서 많은 것을 배울 수 있지요. 성자들을 쫓아다니는 것은 그대가 벌이는 또 하나의 게임일 뿐입니다. 그러느니 그대 자신을 기억하고 그대의 일상생활을 가차 없이 지켜보십시오. 성실하십시오. 그러면 부주의와 상상의 속박을 끊는 데 실패하지 않을 것입니다.

질: 오로지 저 혼자서 분투하기를 바라십니까?

마: 그대는 결코 혼자가 아닙니다. 늘 더없이 충실하게 그대에게 봉사하는 힘들과 (스승들의 보이지 않는) **친존**(presences)이 있습니다. 그대는 그것을 자각할 수도 있고 못할 수도 있지만, 그럼에도 그것들은 실재하며 작용하고 있습니다. 모든 것이 **그대의 마음 안**에 있다는 것과 **그대는 마음을 넘어서 있**다는 것, 그대는 참으로 혼자라는 것을 깨달을 때, 그때는 모든 것이 **그대**입니다.

질: **전지**全知(omniscience)란 무엇입니까? 신은 전지합니까? 당신께서는 전지하십니까? 우리는 **보편적 주시자**(universal witness)란 표현을 듣습니다. 그것

은 무슨 뜻입니까? 진아眞我 깨달음은 전지의 의미를 내포합니까? 아니면 그것은 전문화된 수련의 문제입니까?

마: 지知에 대한 모든 관심을 잃어버리면 전지全知를 얻게 됩니다. 그것은 오류 없는 행위를 위해, 알아야 할 필요가 있는 것을 적절한 순간에 아는 재능일 뿐입니다. 어쨌든 행위를 위해서는 지知가 필요한데, 만약 그대가 의식을 끌어들이지 않고도 올바르게, 자연발로적으로 행위한다면, 그럴수록 더 좋습니다.

질: 제가 다른 사람의 마음을 알 수 있습니까?

마: 먼저 그대 자신의 마음을 아십시오. 그것은 전 우주를 포함하고도 자리가 남으니까요!

질: 당신의 작업이론은, 생시의 상태는 기본적으로 꿈이나 꿈 없는 잠과 다르지 않다는 것인 듯합니다. 세 가지 상태는 본질적으로 몸과의 그릇된 자기 동일시의 한 경우라는 것입니다. 어쩌면 그것이 맞겠지만, 제가 느끼기에는 그것이 전체 진리는 아닙니다.

마: 진리를 알려고 하지 마십시오. 왜냐하면 마음이 아는 것은 참된 앎이 아니기 때문입니다. 그러나 '참되지 않은 것'은 그대가 알 수 있고, 거짓에서 해방되는 데는 그것으로 충분합니다. 그대가 '참된 것'을 안다는 생각은 위험합니다. 그것이 그대를 마음 안에 가둬 놓기 때문입니다. 그대가 모를 때는 자유롭게 탐구할 수 있습니다. 그리고 탐구 없이는 어떤 구원도 있을 수 없습니다. 왜냐하면 무無탐구가 속박의 주된 원인이기 때문입니다.

질: 당신께서는 세계라는 환幻이 "내가 있다"는 느낌과 함께 시작된다고 말씀하시지만, 제가 "내가 있다"는 느낌의 기원에 대해서 여쭈어 보면 그것은 기원이 없다고 대답하십니다. 탐구해 보면 그것이 해소되기 때문이라는 것입니다. 세계가 그 위에 건립될 만큼 견고한 것이 단순히 환幻일 수는 없습니다. "내가 있다"는 제가 의식하는 유일한 불변의 요소입니다. 그것이 어떻게 거짓일 수 있습니까?

마: "내가 있다"는 느낌이 거짓이 아니라 그대가 자기 자신이라고 생각하는 그것(몸·마음 등)이 거짓입니다. 저는 털끝만큼의 의심의 그림자도 없이, 그

대가 자기 자신이라고 생각하는 그것은 그대가 아니라는 것을 볼 수 있습니다. 논리적이든 아니든, 명백한 것은 부정할 수 없습니다. 그대는 자신이 의식하는 그 무엇도 아닙니다. 그대의 마음 속에 건립해 둔 구조물을 부지런히 철거하는 데 전념하십시오. 마음이 저지른 일은 마음이 돌이켜 놓아야 합니다.

질: 마음이든 마음이 아니든, 현재의 순간은 부정할 수 없습니다. 지금 있는 것은, 있습니다. 겉모습을 문제 삼을 수는 있어도 그 사실을 문제 삼을 수는 없습니다. 그 사실의 뿌리에는 무엇이 있습니까?

마: "내가 있다"는, 모든 겉모습과, 우리가 삶이라고 부르는 연속적인 사건들 속의 영원한 연관성의 근저에 자리 잡고 있습니다. 그러나 저는 "내가 있다"를 넘어서 있습니다.

질: 제가 보기에 깨달은 분들은 그들의 상태를 자신들의 종교에서 빌려 온 용어들로 묘사합니다. 당신께서는 힌두이시다 보니 **브라마**, **비슈누**, **시바**에 대해 이야기하시고, 힌두적 접근법들과 이미지를 사용하십니다. 당신의 말씀들 이면의 체험은 어떤 것인지 부디 저희에게 말씀해 주시겠습니까? 그 말씀들은 어떤 **실재**를 가리킵니까?

마: 그것은 제가 이야기하는 방식이고, 제가 배워서 사용하는 언어입니다.

질: 그러나 그 언어 이면에 있는 것은 무엇입니까?

마: 그것을 부정하는 것 외에 제가 어떻게 그것을 말로 표현할 수 있겠습니까? 그래서 저는 무시간, 무공간, 무원인 같은 단어들을 사용합니다. 이것들도 단어이지만, 의미가 비어 있기 때문에 저의 목적에 부합합니다.

질: 그 단어들이 의미가 없다면 왜 그런 단어들을 사용하십니까?

마: 단어들이 해당될 수 없는 곳에서 그대가 단어들을 원하기 때문입니다.

질: 무슨 말씀인지 알겠습니다. 또다시 당신께서는 저에게서 저의 질문을 빼앗아 버리셨군요!

89
영적인 삶에서의 진보

질문자: 저희 두 사람(여성)은 영국 출신이고 인도를 방문 중입니다. 저희는 요가에 대해 별로 아는 것이 없고, 여기 온 것은 인도인의 삶에서는 영적인 스승들이 중요한 역할을 한다고 들었기 때문입니다.

마하라지: 잘 왔습니다. 여기서 그대들이 새로 발견할 것은 아무것도 없습니다. 우리가 하고 있는 일은 무시간적입니다. 그것은 만 년 전에도 똑같았고, 지금부터 만 년 뒤에도 똑같을 것입니다. 세기世紀들이 흐르지만 인간의 문제는 변하지 않습니다. **괴로움**과 괴로움의 종식이라는 문제 말입니다.

질: 일전에 일곱 명의 외국 젊은이들이 나타나서 며칠 밤 잠잘 곳을 물었습니다. 그들은 봄베이에서 강연을 하고 있는 그들의 **스승**을 찾아온 거였습니다. 제가 그분을 만나보았는데―아주 쾌활해 보이는 젊은 분이더군요―겉보기에 아주 사무적이고 능률적이었지만, 그분의 주위에는 평안과 침묵의 분위기가 있었습니다. 그분의 가르침은 행위 요가(*karma Yoga*), 즉 사심 없는 일, 스승에 대한 봉사 등을 강조하는 전통적 가르침입니다. 『기타』와 마찬가지로 그분은 사심 없는 일을 하면 구원을 얻을 것이라고 말합니다. 그분은 야심적인 계획들로 가득한데, 여러 나라에서 영적인 센터들을 창설할 일꾼들을 훈련시키는 것입니다. 그분은 그들에게 권한을 줄 뿐 아니라, 자신의 이름으로 그 일을 할 수 있는 힘을 주는 것 같습니다.

마: 예, 힘의 전달 같은 그런 것이 있습니다.

질: 제가 그들과 함께 있을 때, 저는 남의 눈에 띄지 않게 되어간다는 이상한 느낌이 들었습니다. 그 헌신자들은 그들의 **스승**에게 순복하면서 저도 순복시키더군요! 제가 그들을 위해 한 일은 모두 그들의 **스승**의 일이었고, 저는 단지 하나의 도구로서밖에는 고려되지 않았습니다. 저는 좌우로 트는 수도꼭지에 불과했습니다. 전혀 어떤 개인적 관계도 없었습니다. 그들은 저를 자기네 신앙으로 개종시키려고 조금 시도하다가, 저항을 느끼자 이내

저를 그냥 자신들의 주의의 장場에서 놓아버렸습니다. 그들은 자기들끼리도 그다지 관계를 맺고 있지 않는 것 같았습니다. 그들을 결속시키는 것은 그들의 스승에 대한 공통의 관심입니다. 저는 그것이 상당히 차갑고 거의 비인간적이라고 보았습니다. 자신을 신의 손 안에 있는 하나의 도구로 여기는 것은 그렇다 치더라도, '모든 것이 신'이기 때문에 전혀 어떤 주의와 배려도 받지 못한다는 것은 잔인함에 가까운 무관심에 이를 수 있습니다. 어쨌든 모든 전쟁은 '신의 이름으로' 벌어집니다. 인류의 전 역사가 '성전'들의 연속입니다. 전쟁에서만큼 우리가 비인격적인 때는 결코 없습니다.

마: 주장하는 것, 저항하는 것은 존재하려는 의지(will to be) 안에 들어 있습니다. 존재하려는 의지를 없애버리면 무엇이 남습니까? 존재와 비존재는 공간과 시간 안에서의 어떤 것과 관계됩니다. 곧 여기와 지금, 거기와 그때인데, 이것들은 다시 마음 안에 있습니다. 마음은 이리저리 짐작해 보기를 즐깁니다. 그래서 늘 확신이 없고, 걱정이 많고, 가만히 있지 못합니다. 그대는 어떤 신, 혹은 스승의 단순한 도구로 간주되는 것에 화를 내면서 한 사람으로 취급되어야 한다고 주장합니다. 왜냐하면 그대는 자신의 존재성을 확신하지 못하고, 한 인격의 안락과 보장을 포기하고 싶지 않기 때문입니다. 그대는 그대가 자기 자신이라고 생각하는 그것이 아닐 수도 있지만, 그것이 그대에게 연속성을 부여하고, 그대의 미래는 현재 속으로 흘러들어 별 충격 없이 과거가 됩니다. 인간적 존재성을 부정 당하는 것은 무서운 일이지만, 그것과 직접 대면하고 그대가 생명 전체와 동일하다는 것을 발견해야 합니다. 그러면 누가 누구에게 이용된다는 문제가 더 이상 존재하지 않습니다.

질: 제가 받은 주목은, 그들이 저를 자기네 종교로 개종시키려고 한 번 시도한 것이 전부였습니다. 제가 저항하자 그들은 저에 대한 모든 관심을 잃어버렸습니다.

마: 개종을 한다거나 우연한 일로 제자가 되는 것은 아닙니다. (스승과 제자 간에는) 보통 옛적부터 다생多生을 통해 유지되고 사랑과 신뢰로써 꽃피어 온 어떤 오랜 인연이 있습니다. 그것이 없으면 제자가 될 수 없지요.

질: 당신께서는 어떻게 해서 스승이 되기로 결심하셨습니까?

마: 저는 그렇게 불리는 바람에 스승이 되었습니다. 제가 누구이기에 가르치며, 누구를 가르칩니까? 본래 저인 것이 바로 그대이고, 본래 그대인 것—그것이 저입니다. "내가 있다"는 우리 모두에게 공통됩니다. "내가 있다" 너머에는 빛과 사랑의 무변제無邊際가 있습니다. 우리가 그것을 보지 못하는 것은 우리가 딴 데를 보기 때문입니다. 저는 하늘을 가리킬 수 있을 뿐이고, 별을 보는 것은 그대 자신이 할 일입니다. 어떤 사람들은 별을 보기까지 시간이 더 걸리고, 어떤 사람들은 시간이 적게 걸립니다. 그것은 그들의 시각의 명료함과 탐색에서의 성실성 여하에 달렸습니다. 이 두 가지는 그들 자신의 것일 수밖에 없지요—저는 격려만 해줄 수 있습니다.

질: 제가 제자가 되면 무엇을 해야 합니까?

마: 각 스승에게는, 보통 자기 스승의 가르침과 그 자신이 깨달은 방도에 따라 구성된 자기 나름의 방법이 있고, 자기 나름의 용어들도 있습니다. 그를 안에서 그 제자의 인격에 따른 조정이 이루어집니다. 제자에게는 생각하고 탐구할 최대한의 자유를 주고, (의문 나는 것을) 실컷 질문하라고 격려해 줍니다. 제자는 자기 스승의 지위와 능력을 절대적으로 확신하고 있어야 합니다. 안 그러면 그의 믿음이 절대적이지 않을 것이고, 그의 행위도 완전하지 않을 것입니다. 그대를 넘어서 그대를 절대자에게 데려다주는 것은 그대 안의 절대자입니다. 절대적 진실, 사랑, 사심 없음(selflessness)이 진아 깨달음에서 결정적인 요소입니다. 성실성이 있으면 이런 것들에 도달할 수 있습니다.

질: 제자가 되려면 자기 가족과 소유물을 포기해야 한다고 알고 있습니다.

마: 그것은 스승에 따라 다릅니다. 어떤 이들은 자신의 성숙한 제자들이 고행자와 은둔자가 되기를 기대하지만, 어떤 이들은 가정생활과 임무 수행을 권장합니다. 그들 대부분은 모범적인 가정생활을 출가보다 더 어려운 것으로, 더 성숙하고 더 균형 잡힌 인격에 적합한 것으로 봅니다. 초기 단계에는 사원 생활의 규율이 권장될 수도 있습니다. 그래서 힌두 문화에서는 25세 이하의 학생들이 승려들처럼—청빈·순결·순종 속에서—살게 함으로써

그들에게 결혼 생활의 곤경과 유혹을 마주할 수 있는 인격을 형성할 기회를 줍니다.

질: 이 방에 계신 분들은 누구입니까? 당신의 제자분들입니까?

마: 그들에게 물어보십시오. 어떤 사람이 제자가 된다는 것은 언어적 수준에서가 아니라 그의 존재의 말없는 깊이에서입니다. 그대가 선택한다고 해서 제자가 되는 것은 아닙니다. 그것은 자기 의지보다는 다분히 운명의 문제입니다. 스승이 누구냐는 별로 중요하지 않습니다. 그들은 모두 그대가 잘 되기를 바라니까요. 중요한 것은 제자입니다—그의 **정직성**과 **성실성** 말입니다. 올바른 제자는 늘 올바른 스승을 찾아낼 것입니다.

질: 유능하고 자애로운 스승 밑에서 진리 탐구에 전념하는 삶의 아름다움과 복됨을 제가 보고 느낄 수 있습니다. 유감스럽게도 저희들은 영국으로 돌아가야 합니다.

마: (공간적) 거리는 중요하지 않습니다. 그대의 욕망들이 강하고 진실하면, 그것이 그대의 삶을 만들어 나가면서 스스로 성취될 것입니다. 그대의 씨앗을 뿌리고 그것을 계절에 맡겨두십시오.

질: 영적인 삶에서 진보의 표지標識는 무엇입니까?

마: 모든 걱정에서 벗어남, 편안함과 기쁨의 느낌, 내면의 깊은 평안과 외부의 넘치는 에너지입니다.

질: 당신께서는 어떻게 그것을 얻으셨습니까?

마: 저는 그것을 모두 제 **스승님**의 성스러운 **친존**에서 얻었습니다. 제가 자력으로 한 것은 아무것도 없지요. 그분이 저에게 침묵하라고 말씀하셨고, 저는 제가 할 수 있는 최대한 그렇게 했습니다.

질: 당신의 **친존**도 그분의 **친존**만큼 강력합니까?

마: 제가 어떻게 알겠습니까? 저에게는 그분의 **친존**이 유일한 **친존**입니다. 그대가 저와 함께 있으면, 그분과 함께 있는 것입니다.

질: 어느 스승이나 자기 스승 덕분이라고 합니다. 출발점은 어디입니까?

마: 우주에는 **깨달음**—그리고 해탈을 위해서 작용하는 어떤 힘이 있습니다. 우리는 그것을 **사다시바**(Sadashiva)라고 부르는데, 그는 사람들의 심장

안에 늘 존재합니다. 그것이 단일화 요소(unifying factor)입니다. 단일성은 해방합니다. 자유는 (일체를) 하나로 만듭니다. 궁극적으로는 그 어떤 것도 '내 것'이나 '네 것'이 아닙니다. 일체가 '우리 것'입니다. 그대 자신과 그냥 하나가 되십시오. 그러면 모든 것과 하나가 될 것이고, 전 우주 안에서 편안히 있게 될 것입니다.

질: "내가 있다"는 느낌에만 안주하고 있으면 그 모든 영광이 찾아올 거라는 말씀이십니까?

마: 단순한 것이 확실하지, 복잡한 것은 그렇지 않습니다. 어찌 된 셈인지 사람들은 단순한 것, 쉬운 것, 언제든지 쓸 수 있는 것을 신뢰하지 않습니다. 왜 제가 말한 것을 우직하게 시험해 보지 않습니까? 그 느낌은 아주 사소하고 대수롭지 않아 보일지 모르지만, 거대한 나무로 자라나는 하나의 씨앗과 같습니다. 그대 자신에게 기회를 한번 주어 보십시오!

질: 제가 보니 아주 많은 분들이 여기 앉아 있습니다—말없이요. 이분들은 뭐 하러 왔습니까?

마: 그들 자신을 만나기 위해서입니다. 집에 있으면 세상이 그들에게 너무 버겁지요. 여기서는 아무것도 그들을 방해하지 않습니다. 그들은 일상의 걱정거리들과 작별하고, 자기 안의 본질적인 것과 접촉할 기회를 갖습니다.

질: 자기자각을 훈련하는 과정은 어떤 것입니까?

마: 훈련할 필요가 없습니다. 자각은 늘 그대와 함께합니다. 외적인 것에 그대가 기울이는 것과 똑같은 주의를 내면적인 것에 돌리십시오. 어떤 새로운, 혹은 특별한 종류의 자각도 필요치 않습니다.

질: 당신께서는 사람들을 개인적으로 도와주십니까?

마: 사람들이 자신의 문제를 의논하기 위해서 오기는 합니다. 외관상 그들은 어떤 도움을 얻습니다. 그렇지 않으면 오지 않겠지요.

질: 사람들과 나누시는 대담들이 늘 공적입니까, 아니면 사적으로 말씀하시기도 하십니까?

마: 그것은 그들의 바람에 따릅니다. 개인적으로 저는 공적 대화와 사적 대화를 구분하지 않습니다.

질: 당신을 늘 만나 뵐 수 있습니까, 아니면 하시는 다른 일이 있습니까?
마: 저는 늘 접근 가능하지만, 오전과 늦은 오후 시간이 가장 편리합니다.
질: 그 어떤 일도 영적인 스승의 일보다 높지 않다고 저는 알고 있습니다.
마: (어떤 일이든) 동기가 지극히 중요하지요.

90
그대 자신의 진아에 내맡겨라

질문자: 저는 미국에서 태어났고, 지난 14개월간은 스리 라마나쉬람에서 보냈습니다. 이제 어머니가 기다리고 있는 미국으로 돌아가는 일입니다.
마하라지: 그대의 계획은 무엇입니까?
질: 간호사 자격을 딸 수도 있고, 아니면 그냥 결혼해서 아이를 낳을지도 모릅니다.
마: 무엇 때문에 결혼이 하고 싶습니까?
질: 영적인 가정을 만드는 것이 제가 생각할 수 있는 최고 형태의 사회봉사입니다. 그러나 물론, 삶이 다른 형태를 취할 수도 있겠지요. 어떤 일이 닥쳐오든 저는 마음의 준비가 되어 있습니다.
마: 스리 라마나쉬람에 머무른 그 14개월, 그것은 그대에게 무엇을 안겨주었습니까? 지금 그대는 그곳에 도착했을 때의 그대와 어떻게 다릅니까?
질: 더 이상 두렵지 않습니다. 저는 다소의 평안을 발견했습니다.
마: 그것은 어떤 종류의 평안입니까? 그대가 원하는 것을 갖는 평안입니까, 아니면 그대가 갖지 않은 것을 원하지 않는 평안입니까?
질: 둘 다 조금씩이라고 믿습니다. 그것은 결코 쉽지 않았습니다. 그 아쉬람은 아주 평화로운 곳인데도 저는 내면적으로 고뇌하고 있었습니다.
마: 내적인 것과 외적인 것의 구분은 마음 안에만 있을 뿐이라는 것을 깨

달으면 더 이상 두렵지 않지요.

질: 그런 깨달음은 저와 함께 오고 갑니다. 저는 아직 절대적 **완전함**의 불변성에 도달하지 못했습니다.

마: 그럼 그렇게 믿는 한, 그대가 하던 **수행**을 계속하여 (자신이) 완전하지 않다는 그릇된 관념을 몰아내야 합니다. **수행**이 덧씌움(super-impositions)[24]을 제거합니다. 그대 자신을 시공 안의 한 점보다도 작은 것, 너무 작아서 자를 수도 없고 너무 단명해서 죽일 수도 없는 어떤 것으로 깨달을 때, 그럴 때, 오직 그럴 때만 모든 두려움이 사라집니다. 그대가 바늘 끝보다 더 작으면 바늘이 그대를 찌를 수 없습니다—그대가 바늘을 찌르지요!

질: 예, 바로 그것이 제가 가끔 느끼는 겁니다—끄떡없다는 것 말입니다. 저는 겁이 없는 것 이상입니다. 겁 없음 그 자체죠.

마: 그 아쉬람에는 어떻게 해서 가게 되었습니까?

질: 저는 불행한 연애를 했고, 지옥 같은 고통을 겪었습니다. 술도 마약도 저에게는 도움이 되지 못했습니다. 그렇게 헤매던 중 요가에 관한 책을 몇 권 만났습니다. 이 책 저 책, 이런저런 실마리를 따라가다가 라마나쉬람에 가게 되었습니다.

마: 똑같은 비극이 다시 일어난다면, 그대의 현재 마음 상태를 감안할 때 그전만큼 고통을 겪겠습니까?

질: 아닙니다. 다시는 그런 고통을 겪지 않겠습니다. 자살해 버릴 겁니다.

마: 그러니까 그대는 죽는 것을 겁내지 않는군요!

질: 죽음 자체가 아니라 죽는 것을 겁냅니다. 저는 죽는 과정이 고통스럽고 추하다고 생각합니다.

마: 그대가 어떻게 압니까? 죽음이 그래야 할 필요는 없지요. 그것이 아름답고 평화로울 수도 있습니다. 죽음은 몸에 일어나는 것이지 그대에게 일어나는 것이 아니라는 것을 알게 되면, 자기 몸이 마치 버린 옷처럼 떨어져 나가는 것을 그냥 지켜보게 됩니다.

---

24) *T.* 진아 위에 덧씌워져 진아를 가리는 것들. 몸, 마음, 이름, 지위 등 자기와 동일시되는 것들을 말한다. 밧줄과 뱀의 비유(231쪽)에서, 뱀은 밧줄 위에 덧씌워진 환이다.

질: 저는 죽음에 대한 저의 공포가 걱정 때문이지 지식 때문이 아니라는 것을 아주 잘 알고 있습니다.

마: 매초마다 인간들이 죽는데, 죽는 일의 공포와 고뇌가 구름처럼 세상 위에 떠돌고 있습니다. 그대 역시 두려워한다고 해서 이상할 것은 없습니다. 그러나 몸만 죽지 기억의 연속성과 그 안에서 반사되는 "내가 있다"는 느낌은 죽지 않는다는 것을 알게 되면, 더 이상 두렵지 않습니다.

질: 글쎄요, 죽어 봐야 알겠습니다.

마: **주의**를 기울이십시오. 그러면 탄생과 죽음이 하나라는 것, 삶은 존재와 비존재 사이에서 맥동한다는 것, 그리고 **완전함**을 위해서는 삶과 죽음이 서로를 필요로 한다는 것을 발견하게 될 것입니다. 그대는 죽기 위해서 태어나고, 다시 태어나기 위해서 죽습니다.

질: 무집착이 그 과정을 멈추게 하지 않습니까?

마: 무집착이 있으면 두려움은 사라지지만, 그 사실은 사라지지 않지요.

질: 제가 다시 태어나도록 강제될 거라고요? 너무 무섭습니다!

마: 어떤 강제도 없습니다. 그대가 원하는 것을 얻는 거지요. 그대 자신이 계획을 세우고 그것을 실행하는 것입니다.

질: 우리가 우리 자신에게 고통 받도록 운명 지웁니까?

마: 우리는 **탐구**를 통해서 성장하는데, 탐구하려면 경험이 필요합니다. 우리는 자신이 이해하지 못한 것을 되풀이하는 경향이 있습니다. 우리가 민감하고 총명하면 고통받을 필요가 없습니다. 고통은 **주의**를 기울여 달라는 요청이고, 부주의함에 대한 벌입니다. 명민하고 자비로운 행위가 유일한 치유책입니다.

질: 제가 고통받는 것을 다시는 용납하지 않겠다는 것(자살하겠다는 것)은 제가 지성 면에서 성장했기 때문입니다. 자살에 무슨 잘못이 있습니까?

마: 그것이 문제를 해결해 준다면 아무 잘못도 없지요. 만약 해결해 주지 못한다면 어떻게 합니까? 고통스럽고 치유 불가능한 질병이나 견딜 수 없는 재난 같은 외부적 요인들로 야기되는 고통은 무슨 구실이 될지 모르지만, **지혜**와 **자비**가 없을 때의 자살은 도움이 될 수 없습니다. 어리석은 죽

음은 어리석음이 다시 태어난다는 것을 의미합니다. 게다가 (자살로써 초래할) 업業(karma)의 문제를 고려해야 합니다. (고통을) 감내하는 것이 보통은 가장 지혜로운 길입니다.

질: 고통이 아무리 예리하고 절망적이라 해도 그것을 감내해야 합니까?

마: 감내와 무력한 고뇌는 별개입니다. 감내는 의미가 있고 결실이 있지만, 고뇌는 쓸모가 없습니다.

질: 업業을 왜 걱정해야 합니까? 어쨌든 그것은 스스로 알아서 합니다.

마: 우리의 업業 대부분은 집합적입니다. 우리는 남들의 죄로 인해 고통 받고, 남들도 우리의 죄로 고통 받습니다. 인류는 하나입니다. 이 사실을 모른다고 해서 그것이 바뀌지는 않습니다. 남들의 고통에 대한 우리의 무관심이 없었다면 우리는 훨씬 더 행복한 사람들일 수 있었겠지요.

질: 저는 훨씬 더 반응성이 좋아졌다고 생각합니다.

마: 좋습니다. 그렇게 말할 때 그대는 무엇을 염두에 두고 있습니까? 한 여성의 몸 안에 든, 반응성 좋은 '사람'으로서의 그대 자신입니까?

질: 하나의 몸이 있고, 자비심이 있고, 기억이 있고, 다수의 사물과 마음자세들이 있습니다. 이것들을 한데 합쳐서 한 '사람'이라고 부를 수 있겠지요.

마: "내가 있다"는 관념을 포함해서인가요?

질: "내가 있다"는 한 '사람'을 구성하는 많은 것을 담고 있는 하나의 바구니와 같습니다.

마: 더 정확히, 그것은 그 바구니를 엮는 버들가지입니다. 그대가 자신을 한 여자로 생각할 때, 그것은 그대가 한 여자라는 의미입니까, 아니면 그대의 몸이 여성의 몸으로 묘사된다는 의미입니까?

질: 그것은 제 기분에 달렸습니다. 어떤 때는 저 자신을 **자각**의 한 중심일 뿐이라고 느낍니다.

마: 혹은 **자각**의 대양이지요. 그러나 그대가 남자도 아니고 여자도 아닌, 환경과 여건에 따라 일어나는 우발적인 것이 아닌 순간들도 있습니까?

질: 예, 있지만 그에 대해서는 말씀드리기가 쑥스럽습니다.

마: 우리가 기대할 수 있는 것은 어떤 암시뿐입니다. 더 이상 말하지 않아

도 됩니다.

질: 당신의 친존에서 담배를 피워도 되겠습니까? 진인 앞에서 담배를 피우는 것은 관습이 아니고, 여자에게는 더욱 그렇다는 것은 알고 있습니다.

마: 얼마든지 피우십시오. 아무도 상관하지 않습니다. 우리는 이해합니다.

질: 저는 마음을 좀 가라앉혀야 할 것 같습니다.

마: 미국인과 유럽인들은 그런 경우가 아주 흔합니다. 한동안 수행을 하고 나면 그들은 에너지가 충전되어 미친 듯이 배출구를 찾습니다. 공동체를 조직하고, 요가 선생이 되고, 결혼을 하고, 책을 쓰고, 뭐든 다 하지요. 침묵을 지키면서 자신의 에너지를 내면으로 돌려, 그 다함없는 에너지의 근원을 발견하고 그것을 제어하는 기술을 배우는 것을 제외하고는 말입니다.

질: 이제 저는 돌아가서 아주 활동적인 삶을 살고 싶다는 것을 시인합니다. 에너지가 넘친다고 느끼니까요.

마: 그대 자신을 그 몸과 마음이라고 여기지 않는 한, 하고 싶은 일을 해도 됩니다. 그것은 실제로 몸과 그에 수반되는 모든 것을 포기한다는 문제라기보다, 자신이 몸이 아니라는 하나의 명료한 이해, 어떤 초연함과 정서적 불개입의 느낌입니다.

질: 무슨 말씀인지 알겠습니다. 약 4년 전에 저는 물질적인 것을 거부하는 시기를 한 번 거쳤습니다. 옷도 사 입지 않았고, 가장 단순한 음식을 먹고, 맨 판자 위에서 잠을 자곤 했습니다. 중요한 것은 실제적인 불편함을 감수하는 것이 아니라 궁핍 상태를 받아들이는 것입니다. 이제 저는 삶이 다가오는 대로 그것을 반기고, 삶이 베푸는 모든 것을 사랑하는 것이 최선의 삶이라는 것을 깨달았습니다. 무엇이 다가오든 기쁜 마음으로 받아들이고, 그것을 최대한 활용하겠습니다. 제가 몇 명의 자녀에게 생명과 참된 교양을 베풀어주는 것 이상은 아무것도 할 수 없다 해도, 그거면 충분합니다. 모든 아이에게 마음이 쏠리기는 하지만, 모두에게 제 손길이 미칠 수는 없으니까요.

마: 남자-여자를 의식할 때만 그대가 유부녀이고 엄마입니다. 그대 자신을 몸이라고 여기지 않을 때는, 그 몸의 가정생활이 아무리 강렬하고 재미있

다 해도 그것은 단지 마음이라는 스크린 위의 한 연극으로 보일 뿐이고, 자각의 빛만이 유일한 실재일 것입니다.

질: 왜 자각을 유일하게 실재하는 것이라고 주장하십니까? 자각의 대상도 그것이 지속되는 동안은 실재하지 않습니까?

마: 그러나 그것은 지속되지 않지요! 일시적 실재성은 2차적입니다. 그것은 무시간적인 것에 의존합니다.

질: 연속적인, 혹은 영구적이라는 뜻입니까?

마: 존재(세간적 삶) 안에는 어떤 연속성도 있을 수 없습니다. 연속성이란 과거·현재·미래 속에서의 동일성을 의미하는데, 그런 어떤 동일성도 가능하지 않습니다. 왜냐하면 동일시의 수단 자체가 변동하고 변하기 때문입니다. 연속성·영구성, 이런 것은 기억에 의해 창조된 환상들이고, 어떤 패턴도 있을 수 없는 곳에서의 한 패턴(개인적 영혼)의 정신적 투사물에 불과합니다. 일시적이다 영구적이다, 몸이다 마음이다, 남자다 여자다, 그런 모든 관념을 버리십시오. 무엇이 남습니까? 모든 분리를 포기했을 때, 그대의 마음 상태는 어떻습니까? 구분들을 포기하라는 이야기는 아닙니다. 구분이 없으면 어떤 현상계도 있을 수 없기 때문입니다.

질: 분리하지 않을 때, 저는 즐겁고 평안합니다. 그러나 왠지 자꾸만 갈피를 못 잡고 외적인 것들에서 행복을 추구하기 시작합니다. 저의 내적인 평안이 왜 안정적이지 않은지, 이해할 수 없습니다.

마: 평안이란 것도 결국 마음의 한 상태입니다.

질: 마음 너머에 **침묵**이 있습니다. 그에 대해서는 아무 할 말이 없습니다.

마: 그렇지요, **침묵**에 대한 모든 이야기는 소음에 지나지 않습니다.

질: 왜 우리는 자기 자신의 본연적이고 자연발로적인 행복을 맛본 뒤에도 세속적인 행복을 추구합니까?

마: 마음이 몸에 봉사하는 데 몰두해 있으면 행복을 잃습니다. 그것을 되찾으려고 마음은 쾌락을 추구합니다. 행복해지려는 충동은 올바르지만 그것을 확보하는 수단이 기만적이고, 신뢰할 수 없고, 참된 행복을 파괴합니다.

질: 쾌락은 늘 그릇된 것입니까?

마: 몸과 마음을 올바른 상태에서 사용하는 것은 강렬하게 즐겁습니다. 쾌락을 찾는 것이 그릇된 일입니다. 그대 자신을 행복하게 만들려 하지 말고, 오히려 행복에 대한 그대의 추구 자체를 의문시하십시오. 그대가 행복해지기를 원하는 것은 그대가 행복하지 않기 때문입니다. 왜 불행한지 그 이유를 알아내십시오. 그대가 행복하지 않기 때문에 쾌락에서 행복을 찾습니다. 쾌락은 고통을 가져오고, 그래서 그대는 그것을 세속적이라고 부릅니다. 그러면 그대는 고통 없는 다른 어떤 쾌락을 열망하는데, 그것을 그대는 신성한 쾌락이라고 합니다. 실은 쾌락은 고통의 유예에 지나지 않습니다. 행복은 세속적이기도 하고 비세속적이기도 하며, 일어나는 모든 일의 안에도 있고 너머에도 있습니다. 구분하지 말고, 분리할 수 없는 것을 분리하지 말고, 그대 자신을 삶에서 소외시키지 마십시오.

질: 이제 제가 당신을 얼마나 잘 이해하는지 모릅니다! 제가 라마나쉬람에서 체류하기 전에는 양심의 학대를 받아서 늘 저 자신을 심판하고 있었습니다. 지금은 완전히 이완되어, 저 자신을 있는 그대로 온전히 받아들입니다. 미국에 돌아가면 삶을 다가오는 대로, **바가반**(라마나 마하르쉬)의 은총으로 받아들이고, 단 것과 함께 쓴 것도 즐기렵니다. 이것은 제가 그 아쉬람에서 배운 것 중의 하나입니다. **바가반**을 신뢰한다는 것 말입니다. 전에는 제가 이렇지 않았습니다. 신뢰할 수 없었거든요.

마: 바가반을 신뢰하는 것이 그대 자신을 신뢰하는 것입니다. 어떤 일이 일어나든, 그것은 그대에게, 그대에 의해, 그대를 통해 일어난다는 것, 그대가 바로 그대가 지각하는 모든 것의 창조자이고 향유자이며 파괴자라는 것을 자각하십시오. 그러면 두렵지 않을 것입니다. 두렵지 않으면 불행하지 않을 것이고, 행복을 추구하지도 않겠지요.

그대의 마음이라는 거울 안에서 온갖 그림들이 나타나고 사라집니다. 그 그림들이 전적으로 그대 자신의 창조물이라는 것을 알고, 그것들이 오고 가는 것을 말없이 지켜보고, 경각하고 있되, 동요되지 마십시오. 이런 말없는 관찰의 태도가 바로 요가의 토대입니다. 그대가 그 그림을 보지만, 그대는 그 그림이 아닙니다.

질: 제가 보기에는 죽음에 대한 생각이 저를 겁에 질리게 합니다. 왜냐하면 저는 다시 태어나고 싶지 않으니까요. 그 누구도 (저를 다시 태어나게) 강제하지 않는다는 것은 알지만, 충족되지 못한 욕망들의 압력이 엄청나서, 제가 저항할 수 없을지 모릅니다.

마: 저항의 문제는 생기지 않습니다. 태어나고 다시 태어나는 것은 그대가 아닙니다. 그것은 일어나게 하고, 그것이 일어나는 것을 지켜보십시오.

질: 그렇다면 대체 왜 걱정하겠습니까?

마: 그러나 그대는 걱정하지요! 그리고 그 그림이 그대 자신의 진리, 사랑, 아름다움의 느낌과 충돌하는 한 걱정하게 될 것입니다. 조화와 평안을 바라는 욕망은 근절될 수 없습니다. 그러나 그것이 충족되고 나면 그 걱정은 사라지고, 신체적 삶은 힘들일 것이 없게 되어 주의注意의 수준 아래서 이루어집니다. 그렇게 되면, 몸 안에 있음에도 그대는 태어나지 않습니다. 몸을 갖든 몸이 없든 그대에게는 똑같습니다. 그리고 어떤 일도 그대에게 일어날 수 없는 지점에 도달합니다. 몸이 없으면 죽임을 당할 수 없습니다. 소유물이 없으면 빼앗길 수 없고, 마음이 없으면 속을 수 없습니다. 욕망이나 두려움이 들러붙을 데가 없지요. 어떤 변화도 그대에게 일어날 수 없다면, 달리 무엇이 문제 되겠습니까?

질: 왠지 저는 죽는다는 생각을 좋아하지 않습니다.

마: 그것은 그대가 너무 젊기 때문입니다. 그대 자신에 대해 더 많이 알수록 덜 두렵습니다. 물론 죽는 괴로움은 바라보기에 결코 유쾌하지 않지만, 죽어가는 사람은 (자신을) 거의 의식하지 못합니다.

질: 그는 의식으로 돌아갑니까?

마: 그것은 잠과 아주 흡사합니다. 한동안 그 '사람'은 (의식의) 초점을 벗어나 있다가 다시 돌아옵니다.

질: 같은 사람이 말입니까?

마: '사람'은 환경의 피조물이어서 반드시 환경과 함께 변합니다. 마치 불꽃이 연료와 함께 변하듯이 말입니다. 그 과정만 시간과 공간을 창조하면서 계속 진행됩니다.

질: 뭐, 신께서 저를 돌봐주시겠지요. 일체를 그분께 맡겨버릴 수 있습니다.

마: 신에 대한 믿음조차도 그 길의 한 단계일 뿐입니다. 궁극적으로 그대는 모든 것을 내버립니다. 너무 단순해서 그것을 표현할 말이 전혀 없는 그런 어떤 것에 그대가 도달하기 때문입니다.

질: 저는 막 시작하고 있습니다. 처음에는 저에게 아무 믿음도, 아무 신뢰도 없었습니다. 저는 일들을 일어나게 하는 것이 두려웠습니다. 세상은 아주 위험하고 적대적인 곳처럼 보였습니다. 이제는 최소한 스승이나 신을 신뢰한다고 이야기할 수 있습니다. 제가 성장하게 해주십시오. 저를 몰아대지 마십시오. 저 자신의 페이스대로 나아가게 해 주십시오.

마: 얼마든지 나아가십시오. 그러나 그대는 그러지 않지요. 여전히 남자와 여자, 늙고 젊음, 삶과 죽음이라는 관념에 걸려 있습니다. 계속 나아가서 넘어서십시오. 인식된 것은 초월된 것입니다.

질: 선생님, 제가 어디를 가든 사람들은 저의 결점을 찾는 것을 자신들의 임무로 여기고 저를 자극합니다. 저는 이런 영적인 복 짓기에 신물이 났습니다. 저의 현재에 무슨 잘못이 있기에 어떤 미래에게 그것이 희생되어야 합니까? 아무리 찬란한 미래라 해도 말입니다. 당신께서는 **실재가 '지금'** 안에 있다고 말씀하십니다. 저는 저의 '지금'을 사랑합니다. 그것을 원합니다. 저의 위상과 그것의 미래에 대해 계속 걱정하고 싶지 않습니다. 더 많은 것과 더 좋은 것을 쫓아가고 싶지 않습니다. 제가 가진 것을 사랑하게 해 주십시오.

마: 정말 옳은 말입니다. 그렇게 하십시오. 다만 정직하십시오. 그대가 사랑하는 것을 그냥 사랑할 것이지, 애쓰거나 긴장하지 마십시오.

질: 그것이 제가 스승에 대한 순복이라고 하는 것입니다.

마: (스승을) 왜 외부화합니까? 일체가 그것의 한 표현인, 그대 자신의 **진아**에 순복하십시오.

91
쾌락과 행복

질문자: 제 친구 한 명은 25살쯤 되는 젊은이인데, (의사에게서) 불치의 심장병에 걸렸다는 말을 들었습니다. 그가 저에게 편지로 말하기를, 자기는 천천히 죽기보다 자살을 선호한다고 했습니다. 저는 답장에서, 서양의학으로 불치인 병이 다른 어떤 방법으로 치유될 수도 있다고 했습니다. 사람 몸 안에는 거의 즉각적인 변화를 가져올 수 있는 요가적 힘들이 있고, 단식을 반복해도 기적에 가까운 효과를 본다고 말입니다. 저는 그에게 죽기를 서두르지 말고 다른 접근법들을 한번 시험해 보라고 했습니다.

봄베이에서 멀지 않은 곳에 어떤 기적적 능력을 가진 요기가 살고 있습니다. 그는 몸을 지배하는 생명기운들을 제어하는 것을 전문으로 해 왔습니다. 저는 그의 제자 몇 사람을 만났고, 그들을 통해 제 친구의 편지와 사진을 그 요기에게 보냈습니다. 어떤 일이 일어날지 두고 봐야지요.

마하라지: 예. 기적은 종종 일어납니다. 그러나 살려는 의지가 있어야 합니다. 그것이 없으면 기적은 일어나지 않을 것입니다.

질: 그런 욕망을 심어줄 수도 있습니까?

마: 피상적인 욕망이야, 그렇지요. 그러나 오래 못 갈 것입니다. 근본적으로는 누구도 남에게 살도록 강제하지 못합니다. 게다가 자살이 인정받고 존경받는 지위를 갖는 그런 문화들도 있었습니다.

질: 우리의 자연적 수명을 다 살아내는 것은 의무적이지 않습니까?

마: 자연적이고, 자연발로적으로, 쉽게라면—그렇지요. 그러나 질병과 고통은 자연적이지 않습니다. 무엇이 찾아오든 흔들림 없이 감내하는 것은 고매한 덕이지만, 의미 없는 고통과 치욕을 거부하는 것도 위엄이 있습니다.

질: 저는 어느 **싯다**(*siddha*-도인)가 쓴 책을 한 권 받았습니다. 그 책에서 그는 자신이 한 이상하고 놀랍기까지 한 체험들을 많이 묘사합니다. 그에 따르면, 우리가 참된 수행자의 길을 가다 보면 자신의 **스승**을 만나게 되고,

그에게 몸, 마음과 가슴을 내맡기게 된다고 합니다. 이때부터는 그 스승이 맡아서 제자의 삶에서 가장 사소한 사건까지 책임져 주며, 결국 두 사람이 하나가 된다고 합니다. 우리는 그것을 '동일화를 통한 깨달음'이라고 부를 수 있겠지요. 제자는 자신이 제어할 수도 없고 저항할 수도 없는 어떤 힘에 의해 접수되어, 마치 폭풍에 휘날리는 나뭇잎같이 무력하다고 느낍니다. 그가 미치거나 죽지 않도록 안전하게 지켜주는 것은 스승의 사랑과 힘에 대한 그의 믿음뿐입니다.

마: 모든 스승은 그 자신의 체험에 따라서 가르칩니다. 체험은 믿음에 의해 형성되고 믿음은 체험에 의해 형성됩니다. 심지어 스승도 제자에 의해, 제자 자신의 이미지에 따라 형성됩니다. 스승을 위대하게 만드는 것은 제자입니다. 일단 스승을 안팎에서 작용하는 해탈력의 행사자로 보게 되면, 오롯한 순복이 자연스러워지고 쉬워집니다. 고통에 사로잡힌 사람이 외과의사의 손에 자신을 완전히 맡기듯이, 제자도 거리낌 없이 스승에게 자신을 맡깁니다. 도움이 절실히 필요하다고 느낄 때 도움을 청하는 것은 아주 자연스러운 일입니다. 그러나 스승이 아무리 힘이 있다 해도, 자신의 의지를 제자에게 부과하면 안 됩니다. 한편, 스승을 불신하고 주저하는 제자는 (해탈을) 성취하지 못한 채로 남게 되어 있지만, 그것은 스승의 잘못이 아닙니다.

질: 그럴 때는 어떻게 됩니까?

마: 다른 모든 것이 실패할 때는 삶이 가르쳐줍니다. 그러나 삶의 교훈은 오랜 시간이 걸려 찾아옵니다. 신뢰하고 복종하면 많은 지체와 곤란을 면할 수 있습니다. 그러나 그런 신뢰는 무관심과 들뜸이 **명료함**과 **평안**에 자리를 내줄 때만 찾아옵니다. 자신을 낮게 평가하는 사람은 자기 자신도 신뢰하지 못하고, 달리 누구도 신뢰하지 못할 것입니다. 그래서 처음에는 스승이 제자에게 그의 높은 출신 내력(존재의 근원)과 고귀한 성품(진아), 그리고 영광스러운 운명(깨달음)을 납득시켜 주려고 최선을 다합니다. 스승은 자신의 체험뿐 아니라 어떤 성자들의 체험을 들려주어, 제자에게 그 자신과 그의 무한한 가능성에 대한 자신감을 심어줍니다. 자신감과 스승에 대한 신뢰가 합쳐질 때, 제자의 인격과 삶에서 신속하고도 심원한 변화가 일어날 수 있

습니다.

질: 저는 변하기를 원치 않을지도 모릅니다. 저의 삶은 지금 이대로도 충분히 좋습니다.

마: 그렇게 말하는 것은 그대가 사는 삶이 얼마나 고통스러운지 깨닫지 못했기 때문입니다. 그대는 막대사탕을 입에 물고 잠이 든 아이와 같습니다. 그대가 전적으로 자기중심적이면 한동안 행복하다고 느낄지 모르지만, 사람들의 얼굴을 잘 살펴보기만 해도 괴로움이 얼마나 보편적인지 알 수 있습니다. 그대 자신의 행복조차도 아주 취약하고 얼마 가지 못하는 것이어서, 은행 파산이나 위궤양에 의해 좌우됩니다. 그것은 두 가지 슬픔 사이의 한 순간의 유예, 하나의 틈새에 불과합니다. 진정한 행복은 취약하지 않습니다. 왜냐하면 그것은 환경에 의존하지 않기 때문입니다.

질: 당신 자신의 체험으로 하시는 말씀입니까? 당신께서도 불행하십니까?

마: 저는 어떤 개인적인 문제도 없습니다. 그러나 세상은 공포와 갈망 사이에서 짓눌린 삶을 사는 중생들로 가득 차 있습니다. 그들은 도살장으로 내몰리는 소들과 같습니다. 태평스럽고 즐겁게 이리 뛰고 저리 뛰지만, 한 시간도 되지 않아 죽어서 껍질이 벗겨지는 소들 말입니다.

그대는 행복하다고 말합니다. 정말 행복합니까, 아니면 그렇다고 자신을 설득시키려 하는 것에 불과합니까? 두려움 없이 그대 자신을 바라보십시오. 그러면 그대의 행복이 여건과 환경에 달려 있고, 따라서 그것은 일시적인 것일 뿐 진짜가 아님을 즉시 깨달을 것입니다. 진정한 행복은 내면에서 흘러나옵니다.

질: 당신의 행복이 저에게 무슨 소용 있습니까? 그것이 저를 행복하게 해주지는 않습니다.

마: 달라고만 하면 그것 전부, 그리고 그 이상을 가질 수 있습니다. 그러나 그대는 달라고 하지 않습니다. 원하는 것 같지 않군요.

질: 왜 그렇게 말씀하십니까? 저는 정말 행복해지고 싶습니다.

마: 그대는 쾌락에 꽤 만족하고 있습니다. 행복이 들어설 자리가 없습니다. 그대의 잔을 비우고 깨끗이 하십시오. 그러지 않고는 채워질 수 없습니다.

남들은 그대에게 쾌락을 줄 수는 있어도 결코 행복을 주지는 못합니다.

질: 즐거운 사건들이 연달아 일어나는 것만으로도 족합니다.

마: 그것은 곧 끝나지요. 재난이 아니면 고통 속에서 말입니다. 결국 요가가 내면의 지속적인 행복을 찾는 것 아니고 무엇입니까?

질: 동양을 위한 말씀만 하시는군요. 서양은 여건이 달라 당신께서 하시는 말씀이 해당되지 않습니다.

마: 슬픔과 두려움에는 동양도 서양도 없습니다. 그 문제는 보편적이지요—괴로움과 괴로움의 종식 말입니다. 괴로움의 원인은 의존성이고, 독립성이 치유책입니다. 요가는 자기이해自己理解를 통한 자기해방의 학學이자 기술입니다.

질: 저는 요가에 맞지 않는다고 생각됩니다.

마: 달리 어떤 것에 맞습니까? 그대의 모든 가고 옴, 쾌락 추구하기, 사랑하고 미워하기—그 모든 것이, 그대가 스스로 부과하거나 받아들인 한계들에 맞서 그대가 투쟁함을 보여줍니다. 그대는 무지 속에서 과오를 범하고 자신과 남들에게 고통을 안겨주지만, 그 충동이 엄연히 있고 그것은 부정할 수 없습니다. 탄생·행복·죽음을 추구하는 바로 그 충동이 이해와 해방(해탈)을 추구할 것입니다. 그것은 (배에 실은) 솜 화물 속에서 일어나는 불꽃과 같습니다. 그대는 그것을 모를 수도 있지만, 조만간 그 배는 화염으로 폭발할 것입니다. 해탈은 자연적 과정이고, 결국은 피할 수 없습니다. 그러나 그것을 지금 속으로 가져오는 것은 그대가 능히 할 수 있는 일입니다.

질: 그러면 세상에는 해탈한 사람들이 왜 그렇게 적습니까?

마: 한 숲에서 어느 시점에 꽃이 만개한 나무는 몇 그루밖에 되지 않지만, 모든 나무에게 차례가 돌아갈 것입니다.

조만간 그대의 신체적·정신적 자원은 끝이 날 것입니다. 그때는 어떻게 하겠습니까? 절망? 좋습니다. 절망하십시오. 절망하기에도 지친 나머지 질문을 하기 시작하겠지요. 그 순간 그대는 의식적인 요가를 하기에 적합해집니다.

질: 이런 모든 추구와 숙고(내관)는 더없이 부자연스럽게 느껴집니다.

마: 그대의 자연스러움이란 태생적인 불구자의 자연스러움입니다. 그대는 그것을 자각하지 못할지 모르지만, 그렇다고 해서 정상이 되는 것은 아닙니다. 자연스럽다거나 정상적이라는 것이 무슨 의미인지를 그대는 모르고, 그대가 모른다는 것도 모릅니다.

현재 그대는 떠돌고 있고, 따라서 위험한 상태입니다. 떠돌이에게는 언제 어느 순간 무슨 일이 일어날지 모르니까요. 정신을 차리고 자신의 상황을 살펴보는 것이 나을 것입니다. 그대가 **있**다는 것은, 그대가 압니다. 그대가 무엇인지는, 그대가 모릅니다. 그대가 무엇인지를 알아내십시오.

질: 세상에는 왜 이렇게 많은 괴로움이 있습니까?
마: 이기심이 괴로움의 원인입니다. 다른 어떤 원인도 없습니다.
질: 괴로움은 (인간의) 한계 안에 내재해 있다는 것을 제가 이해했습니다.
마: 차이와 구분이 슬픔의 원인은 아닙니다. 다양성 속의 단일성은 자연스럽고 좋습니다. 별개성과 자기추구(이기주의)가 있을 때만 진짜 괴로움이 세상에 나타납니다.

92
"나는 몸이다"라는 관념을 넘어서라

질문자: 저희는 헛된 것을 추구하며 쫓아다니는 짐승들과 비슷한데, 그런 추구에 끝이 없는 것 같습니다. 출구가 있습니까?
마하라지: 많은 길들이 그대에게 제시되겠지만, 그것들은 그대를 이리저리 데리고 다니다가 출발점으로 도로 데려갈 뿐입니다. 그대의 문제들은 그대의 생시 상태에서만 존재한다는 것, 그것이 아무리 고통스럽다 해도 그대가 잠이 들면 그것을 모조리 잊어버릴 수 있다는 것을 먼저 깨달으십시오. 깨어 있을 때는 그대가 의식하고 있지만, 잠이 들었을 때는 살아 있기만

할 뿐입니다. 의식과 생명—이 둘을 신이라고 해도 무방합니다. 그러나 그대는 그 둘을 넘어서 있고, 신을 넘어서 있고, 존재와 비존재를 넘어서 있습니다. 모든 것이면서 모든 것을 넘어서 있는 그대 자신을 깨닫지 못하게 가로막는 것은, 기억에 기초한 마음입니다. 그대가 그것을 신뢰하는 한 그것은 그대에게 지배력을 갖습니다. 마음과 투쟁하지 말고 그냥 그것을 무시하십시오. 거기에 주의를 베풀지 않으면 그것은 점점 느려지다가 자신의 작동 메커니즘을 드러낼 것입니다. 그대가 마음의 본질과 목적을 알고 나면, 그것이 상상적 문제들을 만들어내는 것을 용납하지 않을 것입니다.

질: 분명, 모든 문제가 상상적인 것은 아닙니다. 진짜 문제들도 있습니다.

마: 마음이 만들어내지 않은 어떤 문제들이 있을 수 있습니까? 삶과 죽음은 문제를 만들어내지 않습니다. 고통과 쾌락은 오고 가고, 경험되고, 잊힙니다. 좋아하고 싫어하는 감정으로 채색된 기억과 기대가, 무엇을 성취한다거나 회피한다는 문제들을 만들어냅니다. **진리**와 **사랑**이 인간의 **진정한 성품**이며, 마음과 가슴은 그것을 표현하는 수단입니다.

질: 마음을 어떻게 제어할 수 있습니까? 그리고 자신이 무엇을 원하는지를 모르는 가슴은요?

마: 그것들은 어둠 속에서는 일할 수 없습니다. 그것들이 올바르게 기능하려면 순수한 자각의 빛이 필요합니다. 그것을 제어하려고 아무리 노력해도 그것들이 기억의 명령을 따르게 만드는 데 그칠 것입니다. 기억은 좋은 하인이지만 나쁜 주인이기도 합니다. 그것은 발견을 여지없이 가로막습니다. **실재** 안에는 노력이 들어설 곳이 없습니다. 몸과의 자기 동일시에서 비롯된 이기심이 주된 문제이고, 다른 모든 문제들의 원인입니다. 그리고 이기심은 노력으로 없앨 수 없고, 그 원인과 결과에 대한 명료한 통찰로써만 없앨 수 있습니다. 노력은 양립 불가능한 욕망들 간에 갈등이 있다는 징표입니다. 그 욕망들을 있는 그대로 보아야 합니다. 그럴 때에만 그것이 해소됩니다.

질: 그러면 무엇이 남습니까?

마: '변할 수 없는 것'이 남지요. 큰 **평안**, 깊은 **침묵**, **실재**의 숨은 **아름다움**이 남습니다. 말을 통해 그것을 전달할 수는 없지만, 그것은 그대가 스스로

체험해 주기를 기다리고 있습니다.

질: 우리가 깨달음을 얻기에 적합한 그릇이 되어야 하지 않습니까? 우리의 본성은 철두철미 동물입니다. 그것이 정복되지 않는다면 어떻게 우리가 실재가 밝아오기를 바랄 수 있겠습니까?

마: 동물적인 면은 내버려두십시오. 그러라지요. 그냥 본래의 그대를 기억하십시오. 그날 일어나는 모든 사건을 이용하여, **주시자로서의** 그대가 없으면 동물도 없고 신도 없다는 것을 자신에게 상기시키십시오. 그대가 그 둘 다이고, 존재하는 모든 것의 본질이자 본체라는 것을 이해하고, 그 이해 안에 확고히 머무르십시오.

질: 이해만으로 족합니까? 더 구체적인 증거들이 필요하지 않습니까?

마: 그대의 이해가 그 증거들의 타당성을 판정하겠지요. 그러나 그대 자신의 **존재** 이상으로 더 구체적인 어떤 증거가 필요합니까? 어디를 가든 그대 자신을 발견하십시오. 시간적으로 아무리 멀리 나가도, 그대가 있습니다.

질: 명백히, 저는 일체에 편재하지 않고 영원하지 않습니다. 저는 지금 여기에 있을 뿐입니다.

마: 그만하면 훌륭하지요. '여기'가 도처이고, '지금'이 항상입니다. "나는 몸이다"라는 관념을 넘어서십시오. 그러면 공간과 시간이 그대의 안에 있지, 그대가 공간과 시간 안에 있는 것이 아님을 발견할 것입니다. 일단 이것을 이해하면 **깨달음**의 주된 장애는 제거됩니다.

질: 이해를 넘어서 있는 **깨달음**이란 무엇입니까?

마: 호랑이가 우글거리는 밀림이 있는데, 그대가 튼튼한 철장 안에 들어 있다고 생각해 보십시오. 그대는 자신이 철장에 의해 잘 보호되고 있다는 것을 알기 때문에 호랑이들을 겁 없이 지켜봅니다. 그런 다음 그대는 호랑이들이 우리 안에 들어 있고, 그대 자신은 정글 속을 배회하는 것을 발견합니다. 마지막은, 철장이 사라지고 그대가 호랑이들을 타고 다니지요!

질: 저는 최근 봄베이에서 열린 단체 명상 모임에 참석하여 참가자들의 열광과 방종함을 목격했습니다. 사람들은 왜 그런 걸 좋아합니까?

마: 그런 것은 모두, 자극적인 사건을 찾는 사람들의 비위를 맞추는 들뜬

마음이 만들어낸 것입니다. 그 중의 어떤 것들은 무의식 속에 억압된 기억과 열망들을 토해내는 데 도움이 되고, 그런 한에서는 위안을 줍니다. 그러나 궁극적으로 그 수련자를 이전 상태에 머무르게 하거나, 아니면 더 악화시킵니다.

질: 저는 최근에 한 요기가 자신의 명상 체험에 대해 쓴 책을 한 권 읽었습니다. 그것은 환영幻影과 소리, 색채와 음률로 가득 차 있는데, 상당한 과시이고 더없이 굉장한 오락거리더군요. 결국 그것들은 다 사라지고 전적인 '두려움 없음'의 느낌만 남았다고 합니다. 이런 모든 체험을 털끝 하나 다치지 않고 겪어낸 사람이, 아무것도 겁낼 필요가 없다는 것은 놀라울 것도 없지만요! 하지만 이런 책이 저에게 무슨 소용이 있을까 싶었습니다.

마: 그대의 마음에 들지 않았으니 아마 소용이 없겠지요. 다른 사람들은 좋은 인상을 받을 수도 있습니다. 사람마다 다르니까요. 그러나 모두가 그들 자신의 **존재**라는 사실과 직면합니다. "내가 있다"는 궁극적 사실이고, "나는 누구인가?"는 궁극적 물음인데, 누구나 그 답을 발견해야 합니다.

질: (누구에게나) 같은 답입니까?

마: 본질에서는 같지만, 표현에서는 다양하지요.

구도자마다 자기에게 맞는 방법을 받아들이거나 고안하여 그것을 얼마간의 성실성과 노력으로 자기 자신에게 적용하고, 자신의 기질과 기대에 따른 성과를 얻어서 그것을 언어의 틀에 넣어 찍어내며, 그것을 하나의 체계로 건립하여 전통을 확립한 다음, 다른 사람들을 자신의 '요가 종파'에 받아들이기 시작합니다. 그것은 모두 기억과 상상 위에서 건립됩니다. 그런 어떤 종파도 무가치하지는 않지만 그렇다고 불가결하지도 않습니다. 각 종파에서 우리는, 진보하고 싶다는 모든 욕망을 내버려야만 더 이상의 진보가 가능한 그런 지점까지는 진보할 수 있습니다. 그런 다음 모든 종파가 포기되고, 모든 노력이 그치게 됩니다. 홀로 어둠 속에 있으면서, 무지와 두려움을 영원히 끝내버리는 마지막 단계를 밟게 됩니다.

그러나 **참된 스승**은 자신의 제자를 어떤 규정된 관념·감정·행동의 틀 속에 가두지 않을 것입니다. 오히려 그는 제자에게, 모든 관념과 정해진 행동 패턴에서 벗어나고, 정신 차려 성실하게 정진하며, 삶이 어디로 데려가든 삶과 함께 나아가면서, 향유하거나 괴로워하지 않고, 이해하고 배울 필요가 있다는 것을 인내심 있게 보여줄 것입니다.

올바른 스승 밑에서 제자는 기억하고 복종하는 법이 아니라 '배우는 법'을 배웁니다. **샷상**(satsang), 곧 고귀한 사람들과의 친교는 (사람을) 형성하는 것이 아니라 해방합니다. 그대를 의존적으로 만드는 모든 것을 조심하십시오. 소위 '스승에 대한 순복들'의 대부분은 비극은 아닐지라도 실망으로 끝납니다. 다행히 진지한 구도자는 조만간 거기서 벗어날 것이고, 그 경험을 통해 더 현명해질 것입니다.

질: 분명 **자기순복**(self-surrender)은 그 나름의 가치가 있습니다.

마: 자기순복이란 모든 자기걱정을 (스승에게) 내놓는 것입니다. 그것을 (의식적으로) 행할 수는 없고, 그대가 자신의 **참된 성품**을 깨달을 때 그것이 일어납니다. 말로 하는 **자기순복**은 설사 감정을 수반한다 해도 별 가치가 없고, 긴장을 받으면 무너집니다. 기껏해야 그것은 하나의 열망을 보여주지, 실제적 사실을 보여주지는 않습니다.

질: 『리그베다』에는 **쁘라냐**(Pragna-깨달은 지혜)와 **쁘라나**(Prana-생기)의 결혼으로 이루어지는 **아디 요가**(adhi yoga), 곧 **원초적 요가**에 대한 언급이 있는데, 그것은 제가 이해하기로 지혜와 삶을 결합하는 것을 뜻합니다. 그것은 **다르마**(Dharma)와 **카르마**(Karma), 즉 올바름과 행위의 결합도 의미한다고 할 수 있겠습니까?

마: 그렇지요. 단, '올바름'이 우리의 **참된 성품**과의 조화를 뜻하고, '행위'가 비이기적이고 욕망 없는 행위만을 뜻한다면 말입니다.

아디 요가에서는 삶 자체가 스승이고, 마음은 제자입니다. 마음은 삶의 시중을 들지, 명령을 내리지 않습니다. 삶은 자연스럽게 애씀 없이 흐르고, 마음은 그것의 평탄한 흐름을 막는 장애물들을 제거합니다.

질: 삶은 본질상 반복적이지 않습니까? 삶을 따라가다 보면 정체停滯되지 않겠습니까?

마: 삶은 그 자체로 무한히 창조적입니다. 씨앗 하나가 때가 되면 숲을 이

룹니다. 마음은 산림관리자와 같아서, **존재**의 무한한 생명 충동을 보호하고 조절합니다.

질: 그것을 삶에 대한 마음의 봉사로 본다면, 아디 요가는 완벽한 민주주의입니다. 누구나 자기가 가진 최선의 능력과 지식으로 삶을 영위하는 데 전념하며, 누구나 같은 스승의 제자입니다.

마: 그렇게 말할 수 있겠지요. 그럴 수도 있습니다―잠재적으로는. 그러나 삶을 사랑하고 신뢰하면서 정성과 열의를 기울이지 않는다면, **요가**를 이야기하는 것도 공상일 것입니다. 요가는 의식 안의 한 움직임, 행동하는 **자각**입니다.

질: 언젠가 바위 사이로 흐르는 산간 계류溪流를 지켜보았는데, 바위에서마다, 그 바위의 형태와 크기에 따라 물이 요동치는 모습이 달랐습니다. 각 개인도 몸 위의 한갓 요동(commotion)에 불과한 반면, **생명**은 하나이고 영원하지 않습니까?

마: 그 요동과 물은 별개가 아닙니다. 그 어지러운 움직임이 그대에게 물을 자각하게 만듭니다. 의식은 늘 움직임에 대한, 변화에 대한 **의식**입니다. 불변의 **의식** 같은 것은 없습니다. 불변성은 **의식**을 즉시 쓸어가 버립니다. 외적인 혹은 내적인 감각을 박탈당한 사람은 공백 상태가 되거나, 아니면 의식과 무의식을 넘어서, 탄생도 없고 죽음도 없는 상태 속으로 들어갑니다. 정신과 물질이 합쳐질 때만 **의식**이 태어납니다.

질: 그것들은 하나입니까, 둘입니까?

마: 그것은 그대가 사용하는 말에 달렸습니다. 하나이거나, 둘이거나, 셋이지요. 탐구해 보면 셋이 둘이 되고, 둘이 하나가 됩니다. 얼굴-거울-상像의 비유를 들어봅시다. 그 중의 어느 둘도 세 번째 것을 전제하며, 그 세 번째 것이 그 둘을 결합시킵니다. 그대는 **수행** 속에서, 그 셋을 둘로 보다가 마침내 그 둘이 하나임을 깨닫습니다.

그대가 세계에 몰두해 있는 한, 그대 자신을 알 수 없습니다. 그대 자신을 알려면 주의를 세계로부터 돌려 내면으로 향하게 하십시오.

질: 저는 세계를 파괴할 수 없습니다.

마: 그럴 필요는 없습니다. 그대가 보는 것이 (실제로) '존재하는 것'이 아니라는 것만 이해하십시오. 탐구해 보면 겉모습들이 해소될 것이고, 저변의 실재가 표면으로 나올 것입니다. 집에서 나오려고 집에 불을 지를 필요는 없습니다. 그냥 걸어 나오면 됩니다. 우리가 자유롭게 출입할 수 없을 때만 집이 하나의 감옥이 됩니다. 저는 의식을 쉽게 그리고 자연스럽게 출입할 수 있고, 그래서 저에게는 세계가 하나의 집이지 감옥이 아닙니다.

질: 그런데 궁극적으로 세계가 있습니까, 아니면 아무 세계도 없습니까?

마: 그대가 보는 것(세계)은 그대 자신에 지나지 않습니다. 그대가 그것을 뭐라고 부르든, 그것이 그 사실을 바꾸어 놓지는 않습니다. 운명의 필름을 통해 그대 자신의 빛이 스크린 위에 화면을 그려냅니다. 그대는 관객이고 빛이며, 화면이자 스크린입니다. 운명(prarabdha)의 필름조차 그대가 스스로 고르고 스스로 부과한 것입니다. 그 정신(바탕에 깔린 기분)은 하나의 유희이며, 장애들을 극복하는 것을 즐깁니다. 그 과업이 힘들면 힘들수록 그의 진아 깨달음은 더 깊고 더 넓습니다.

93
인간은 행위자가 아니다

질문자: 저는 인생의 시작부터 어떤 불완전함의 느낌에 쫓기며 살아 왔습니다. 초등학교에서 대학까지 다니고, 직장을 얻고, 결혼을 하고, 부유함을 얻기까지, 그 다음 것은 분명히 저에게 평안을 줄 거라고 생각했지만, 어떤 평안도 없었습니다. 뭔가 성취하지 못했다는 이 느낌이 해가 가면서 계속 커지고 있습니다.

마하라지: 몸이 있고 그 몸과의 동일성 느낌이 있는 한, 좌절은 불가피합니다. 그대 자신이 몸과는 전적으로 이질적이고 다르다는 것을 알 때만, "나

는 몸이다"라는 관념과 불가분인 두려움과 갈망의 혼합 상태에서 벗어나 휴식하게 될 것입니다. 단순히 두려움을 가라앉히고 욕망을 충족시키는 것만으로는 그대가 도피하고 싶은 그 공허감을 없애지 못할 것입니다. 자기앎(진아지)만이 그대를 도와줄 수 있습니다. 제가 자기앎이라고 하는 것은 '그대가 아닌 것'이 무엇인지를 온전히 아는 것입니다. 그런 앎은 성취할 수 있고 최종적이지만, '그대가 무엇인가'라는 것을 발견하는 일에는 끝이 있을 수 없습니다. 발견하면 할수록 발견해야 할 것이 더 많이 남아 있습니다.

질: 그러자면 우리는 다른 부모에게서 태어나고, 다른 학교를 다니고, 다른 사회에서 살아야 합니다.

마: 그대의 환경은 바꿀 수 없어도, 그대의 마음가짐은 바꿀 수 있습니다. 비본질적인 것에 집착할 필요는 없습니다. 필요한 것만이 '좋은' 것입니다. 본질적인 것에만 평안이 있습니다.

질: 제가 추구하는 것은 진리이지 평안이 아닙니다.

마: 그대가 평안하지 않으면 진리를 볼 수 없습니다. 고요한 마음은 올바른 지각에 필수적이고, 올바른 지각은 진아 깨달음을 얻는 데 필요합니다.

질: 저는 할 일이 너무 많습니다. 도무지 마음을 고요하게 할 겨를이 없습니다.

마: 그것은 자신이 행위자라는 환상 때문입니다. 실제로는 일들이 그대에 의해 이루어지는 것이 아니라 '그대에게' 이루어집니다.

질: 일들이 일어나게 그냥 내버려두면, 그 일들이 저의 방식대로 일어날 거라고 어떻게 확신할 수 있겠습니까? 분명히 그 일들을 제 욕망에 맞춰 가야 합니다.

마: 그대의 욕망은 그것의 성취나 불성취와 함께, 그대에게 그냥 일어납니다. 어느 쪽도 그대가 변화시킬 수 없습니다. 그대는 자신이 노력하고, 애쓰고, 분투한다고 믿을지 모르지만, 그것도 그 일의 결과를 포함하여 모두 그냥 일어날 뿐입니다. 그 어떤 일도 그대가 하는 것이 아니고, 그대를 위한 것도 아닙니다. 모든 것이 영화의 스크린 위에 나타나는 화면 안에 있고, 그대가 자기 자신이라고 여기는 것, 즉 그 '사람'을 포함해 그 무엇도

(필름을 영사하는) 빛 안에 들어 있지 않습니다. 그대는 그 빛일 뿐입니다.

질: 만일 제가 빛일 뿐이라면, 왜 그것을 잊어버리게 되었습니까?

마: 잊어버리지 않았지요. 그대가 잊어버렸다가 다시 기억하는 것들이 그 스크린 위의 화면 속에 있습니다. 그대가 호랑이인 꿈을 꾸고 있다고 해서 사람이기를 그치는 법은 결코 없습니다. 마찬가지로, 그대는 스크린 위의 한 화면으로 나타나면서 그것과 하나가 되는 순수한 빛입니다.

질: 모든 일은 (그냥) 일어나는데, 제가 왜 걱정을 해야 합니까?

마: 바로 그거지요. 자유란 걱정에서 벗어나는 것입니다. 결과에 대해 그대가 영향을 미칠 수 없다는 것을 깨달았으면, 그대의 욕망과 두려움에 전혀 주의를 기울이지 마십시오. 그냥 그것들이 오고 가라 하십시오. 그런 것들에 관심과 주의라는 자양분을 베풀지 마십시오.

질: 일어나는 일들에서 저의 주의를 돌린다면, 저는 무엇으로 먹고 살아야 합니까?

마: 또다시 그것은 "만약 제가 꿈꾸기를 그치면 어떻게 해야 합니까?"라고 묻는 거나 같습니다. 멈추어서 바라보십시오. "그 다음은 뭐지?" 하며 걱정할 필요가 없습니다. 늘 그 다음이 있습니다. 생명은 시작하지도 않고 끝나지도 않습니다. 그것은 움직일 수 없으면서도 움직이고, 일시적이면서도 지속됩니다. 무수한 화면들이 빛에 의해 투사된다 해도, 그 빛은 다함이 없습니다. 그와 같이 생명은 한껏 모든 형태를 취했다가, 그 형태가 무너지면 자신의 근원으로 돌아갑니다.

질: 생명이 그렇게 경이롭다면, 무지가 어떻게 일어날 수 있었습니까?

마: 그대는 환자를 본 적도 없으면서 질병을 치료하고 싶어 하는군요! 무지에 대해서 묻기 전에 누가 무지한지를 왜 먼저 묻지 않습니까? 자신이 무지하다고 말할 때, 그대는 자신의 생각과 감정의 실제적 상태 위에 '무지'라는 개념을 자신이 덧씌웠다는 것을 모릅니다. 생각과 감정들이 일어나는 대로 그것을 조사해 보고, 거기에 온전한 주의(attention)를 기울이십시오. 그러면 무지 같은 것은 아무것도 없고, 오직 부주의가 있을 뿐이라는 것을 발견할 것입니다. 그대를 걱정하게 만드는 것에 주의를 기울이십시오. 그거

면 됩니다. 어쨌든 걱정은 정신적 고통인데, 고통은 어김없이, **주의를 기울여 달라는 요청**입니다. 주의를 기울이는 순간 그 요청은 사라지고, **무지**라는 문제는 해소됩니다. 그대의 질문에 대한 어떤 답변을 기다리지 말고, 누가 그 질문을 하고 있고, 무엇 때문에 그 질문을 하는지를 알아내십시오. 그 질문을 하는 것은 두려움과 고통에 의해 자극받은 마음이라는 것을 이내 알게 될 것입니다. 그런데 두려움 안에는 기억과 기대, 곧 과거와 미래가 있습니다. **주의**는 그대를 현재로, 곧 지금으로 다시 데려오는데, 지금 안에서의 **현존**(presence-'내가 있음')은 늘 바로 곁에 있는 상태인데도 그대가 좀처럼 알아차리지 못합니다.

질: 수행을 단순한 주의로 만들어버리시는군요. 다른 스승들은 어떻게 해서 완결적이고, 어렵고, 시간이 걸리는 과정들을 가르칩니까?

마: 스승들은 보통 그들 자신이 목표에 도달할 때 사용한 수행법들을 가르칩니다. 그들의 목표가 무엇이었든 간에 말입니다. 이것은 지극히 당연합니다. 왜냐하면 자기가 한 수행법은 친숙히 알고 있으니까요. 저는 "내가 있다"는 느낌에 **주의를 기울이라고** 배웠고, 그것이 굉장히 효과적이라는 것을 알았습니다. 그래서 그에 대해 완전한 확신을 가지고 이야기할 수 있습니다. 그러나 사람들은 흔히 워낙 잘못 다루어서 비뚤어지고 약해진 몸과 두뇌와 마음을 가지고 오기 때문에, 형상 없는 **주의**라는 상태가 그들에게는 벅찹니다. 그런 경우에는 그들의 성실성을 표현하는 더 단순한 것이 적합합니다. 어떤 만트라(mantra)를 염하거나 어떤 사진(스승의 사진)을 응시하면 그들의 몸과 마음이 더 깊고 더 직접적인 탐색을 할 수 있게 준비됩니다. 결국 **성실성**이 불가결하고도 핵심적인 요소입니다. 수행이란 하나의 그릇일 뿐이고 **성실성**으로 그것을 가장자리까지 가득 채워야 하는데, **성실성**은 **행동하는 사랑**일 뿐입니다. 왜냐하면 **사랑** 없이는 아무것도 이루어질 수 없기 때문입니다.

질: 우리는 우리 자신만을 사랑합니다.

마: 만약 그렇다면 훌륭하겠지요! 지혜롭게 그대의 **자아**를 사랑하십시오. 그러면 완전함의 정상頂上에 도달할 것입니다. 누구나 자신의 몸을 사랑하

지만, 자신의 **진정한 존재**를 사랑하는 사람은 거의 없습니다.

질: 저의 **진정한 존재**에게 저의 **사랑**이 필요합니까?

마: 그대의 **진정한 존재**는 **사랑** 그 자체이고, 그대의 많은 사랑들은 그 순간의 상황에 따른 그 반사물입니다.

질: 우리는 이기적이어서 자기사랑(self-love)밖에 모릅니다.

마: 시작으로서는 그만하면 훌륭하지요. 얼마든지 그대 자신이 잘 되기를 기원하십시오. 잘 생각해 보고, 그대에게 무엇이 정말 이익인지 깊이 가늠해 보고, 그것을 위해 열심히 노력하십시오. **실재**가 그대의 유일한 이익임을 금방 발견하게 될 것입니다.

질: 하지만 왜 많은 **스승**들이 복잡하고 어려운 수행법들을 가르치는지 이해할 수 없습니다. 그분들은 그러지 않아야 하지 않습니까?

마: 무엇을 하느냐가 아니라 무엇을 그만하느냐가 중요합니다. 수행을 시작하는 사람들은 너무 의욕적이고 들떠 있어서, **수행**을 계속 붙들고 나가려면 아주 바빠야 합니다. 그들에게는 몰입할 수 있는 일과가 좋습니다. 그러다가 얼마 지나면 차분해져서 노력에서 벗어나게 됩니다. **평안**과 **침묵** 속에서 '나'라는 껍질이 해소되고 안과 밖이 하나가 됩니다. 진정한 **수행**은 애씀이 없는 것입니다.

질: 저는 가끔 허공 자체가 제 몸이라는 느낌이 듭니다.

마: "나는 이 몸이다"라는 환상에 속박되어 있을 때는 그대가 공간의 한 점이자 시간의 한 순간에 지나지 않습니다. 몸과의 자기 동일시가 더 이상 존재하지 않을 때는 모든 공간과 시간이 그대의 마음 안에 있습니다. 그 마음은 **의식** 안의 한 물결에 불과하고, **의식**은 성품 안에서 반사된 **자각**입니다. 자각과 물질은 순수한 존재의 능동적 측면과 수동적 측면인데, 순수한 존재는 그 둘의 안에 있고 동시에 그 둘을 넘어서 있습니다. 공간과 시간은 **보편적 존재**(universal existence-찌다까쉬, 곧 의식)의 몸과 마음입니다. 제 느낌으로는 공간과 시간 안에서 일어나는 모든 일은 저에게 일어나고, 모든 경험은 저의 경험이며, 모든 형상은 저의 형상입니다. 제가 저 자신이라고 여기는 것은 저의 몸이 되고, 그 몸에 일어나는 모든 일은 저의 마음이 됩니

다. 그러나 우주의 근저에는 공간과 시간, 여기와 지금을 넘어선 **순수한 자각**이 있습니다. 그것이 그대의 **진정한 존재**라는 것을 알고 그에 따라 행위하십시오.

질: 제가 무엇을 저 자신이라고 여기는가가 행위에서 무슨 차이를 가져오겠습니까? 행위들은 환경에 따라 그냥 일어납니다.

마: 환경과 여건은 무지한 자들을 지배하지요. 실재를 아는 자는 강제당하지 않습니다. 그가 복종하는 유일한 법칙은 **사랑**의 법칙입니다.

94
그대는 공간과 시간을 넘어서 있다

질문자: 당신께서는 제가 결코 태어나지 않았고 결코 죽지도 않을 것이라고 계속 말씀하십니다. 만약 그렇다면 제가 이 세계를, 태어났고 반드시 죽을 세계로 보는 것은 어째서입니까?

마하라지: 그대가 그렇게 믿는 것은, 명백히 태어나고 죽는 그 몸이 자기라고 하는 자신의 믿음을 한 번도 의심해 보지 않았기 때문입니다. 살아 있는 동안 그 몸이 워낙 완전히 (그대의) 주의를 끌고 매혹시켜, 그대는 자신의 **진정한 성품**을 좀처럼 지각하지 못합니다. 그것은 바다의 표면을 보면서 그 밑의 광대한 바다를 완전히 잊어버리는 것과 같습니다. 세계란 마음의 표면일 뿐이고, 마음은 무한합니다. 이른바 생각이란 마음 안의 물결들일 뿐입니다. 마음이 고요할 때는 그것이 **실재**를 반사합니다. 마음이 철두철미하게 움직임이 없을 때는, 그것이 해소되고 **실재**만 남습니다. 이 **실재**는 아주 구체적이고, 아주 실제적이고, 마음과 물질보다 훨씬 더 실체감이 있어서, 그에 비하면 다이아몬드조차도 버터처럼 부드럽습니다. 이 압도적인 실제성(actuality)은 이 세계를 꿈같고, 안개 같고, 별 상관없는 것으로 만듭니다.

질: 그토록 많은 괴로움이 있는 이 세계를, 어떻게 별 상관없는 것으로 보실 수 있습니까? 그 무슨 무정함입니까!

마: 무정한 것은 그대이지 제가 아닙니다. 그대의 세계가 그토록 괴로움으로 가득 차 있다면, 그 세계를 어떻게 해보십시오. 탐욕과 나태를 통해 거기에 (괴로움을) 부가하지 마십시오. 저는 그대의 꿈같은 세계에 속박되지 않습니다. 저의 세계에는 괴로움의 씨앗인 욕망과 두려움이 뿌려지지 않아서, 괴로움이 자라지 않습니다. 저의 세계는 서로 파괴적인 불일치가 있는 상대물들에서 벗어나 있고 **조화로움**이 지배하며, 그 **평안**은 바위 같습니다. 이 **평안**과 **침묵**이 저의 몸입니다.

질: 당신의 말씀은 **붓다**의 '**법신**法身(dharmakaya)'을 생각나게 합니다.

마: 그럴 수도 있지요. 우리는 용어를 가지고 옆길로 빠질 필요가 없습니다. 그대 자신이라고 생각하는 그 사람을, 그저 그대가 자신의 마음 안에서 지각하는 그 세계의 일부로 보고, 그 마음을 바깥에서 바라보십시오. 왜냐하면 **그대는 마음이 아니기 때문입니다**. 어쨌든 그대의 유일한 문제는, 그대가 지각하는 그 어떤 것과도 자신을 열심히 동일시한다는 것입니다. 이 습習을 포기하고, **그대는** 그대가 지각하는 그것이 아니라는 것을 기억하며, 경각한 초연함의 힘을 사용하십시오. 살아 있는 모든 것 안에서 그대 자신을 보십시오. 그러면 그대의 행동이 그대의 소견(vision)을 표현하게 될 것입니다. 이 세계 안에는 그대가 자신의 것이라고 부를 만한 어떤 것도 없다는 것을 깨닫게 되면, 그것을 바깥에서 바라보게 됩니다. 마치 무대 위의 연극이나 스크린 위의 영화를 감탄하면서 즐겨도, 실제로는 동요하지 않으면서 바라보듯이 말입니다. 그대 자신을 실체가 있고 견고한 어떤 것, 곧 시간과 공간 안에 실제로 존재하는 단명하고 취약한 것들 중의 하나라고 상상하는 한, 자연히 그대는 생존하고 증식하려고 열망하게 될 것입니다. 그러나 그대 자신을 공간과 시간을 넘어선—곧, 지금 여기라는 '점'에서만 공간과 시간에 접촉하고, 그 외에는 일체에 편재하고, 일체를 포함하고, 접근할 수 없고, 침범할 수 없고, 손상할 수 없는—존재로 알 때는, 더 이상 두려워하지 않게 될 것입니다. 있는 그대로의 그대 자신을 아십시오. 두려

움에 대해서는 달리 아무런 치유책이 없습니다.

이런 식으로 생각하고 느끼는 법을 배워야 합니다. 그러지 않으면 그대가 욕망과 두려움, 얻고 잃음, 성장과 쇠퇴라는 개인적 수준에 무한정 머무르게 될 것입니다. 개인적인 문제는 그 자체의 수준에서는 해결될 수 없습니다. 살려는 욕망 자체가 죽음의 전령(messenger)입니다. 행복해지려는 열망이 슬픔의 윤곽이듯이 말입니다. 세계는 고통과 두려움, 근심과 절망의 바다입니다. 쾌락은 (바다 속의) 고기들같이 수도 적고 재빠르며, 좀처럼 다가오지도 않고, 왔다가 금방 가버립니다. 지성이 낮은 인간은 모든 증거에도 불구하고 자신은 예외이며, 세계가 자신에게 행복을 안겨주어야 한다고 믿습니다. 그러나 세계는 그것이 가지고 있지 않은 것을 줄 수 없습니다. 그것은 철저히 실재하지 않기 때문에, 진정한 **행복**을 얻는 데는 아무 소용이 없습니다. 그렇지 않을 도리가 없지요. 우리가 **실재**를 추구하는 것은, 비실재와 함께할 때 우리가 불행하기 때문입니다. **행복**은 우리의 **진정한 성품**이며, 우리는 그것을 발견할 때까지 결코 휴식하지 못할 것입니다. 그러나 어디서 그것을 찾아야 할지는 우리가 거의 알지 못합니다. 세계는 **실재**를 잘못 본 것에 지나지 않고 (그 실체는) 외관상의 그 모습이 아니라는 것을 일단 이해하고 나면, 그에 대한 집착에서 벗어납니다. 그대의 **진정한 존재**와 양립할 수 있는 것만이 그대를 행복하게 해줄 수 있고, 그대가 지각하는 세계는 행복을 명백히 부인하는 것입니다.

아주 고요히 침묵을 지키면서 마음의 표면에 다가오는 것을 지켜보십시오. 알려진 것을 거부하고 이제까지 알려지지 않은 것을 반긴 다음, 다시 그것을 거부하십시오. 그리하여 그대는 어떤 **지**知도 없고 오직 **존재**(being)만이 있는, 그리고 **존재** 자체가 **지**知인 그런 상태에 도달합니다. **존재**에 의해서 아는 것이 **직접지**입니다. 그것은 '보는 자'와 '보이는 것'의 동일성에 기초해 있습니다. 간접지는 감각과 기억, '지각하는 자'와 '지각 대상'의 근접성에 기초하고, 그 둘 사이의 대비에 국한됩니다. 행복도 마찬가지입니다. 보통 그대는 슬퍼야만 기쁨을 알고, 기뻐야만 슬픔을 압니다. **참된 행복**은 무無원인이고, 그것은 자극이 없다고 해도 사라질 수 없습니다. 그것은 슬픔의 상대물이 아니라 모든 슬픔과 괴로움을 포함합니다.

질: 수많은 괴로움 사이에서 어떻게 우리가 행복하게 있을 수 있습니까?

마: 그럴 수밖에 없지요—내적인 **행복**은 압도적으로 실재하니까요. 하늘의 해와 같이, 그 표현들은 구름에 가려질지 모르지만, 그것이 결코 없는 것은 아닙니다.

질: 우리가 곤란에 처해 있을 때는 불행하게 되어 있습니다.

마: 두려움이 유일한 곤란입니다. 그대 자신이 독립해 있다고 아십시오. 그러면 두려움과 그 그림자들에서 벗어나게 될 것입니다.

질: 행복과 쾌락의 차이는 무엇입니까?

마: 쾌락은 사물들에 의존하지만, 행복은 그렇지 않습니다.

질: 만약 행복이 독립적이라면 왜 우리가 항상 행복하지는 않습니까?

마: 우리를 행복하게 해줄 것들이 필요하다고 믿는 한, 우리는 그것이 없으면 자신이 비참할 수밖에 없다고 믿게 됩니다. 마음은 늘 자신의 믿음에 따라 그 자신을 형성합니다. 그래서 행복을 얻기 위해 자극을 받을 필요가 없다는 것, 오히려 쾌락은 주의를 분산시키는 것이고 귀찮은 요소임을 스스로 납득하는 것이 중요합니다. 왜냐하면 쾌락은 "우리가 행복하기 위해서는 무엇을 갖거나 무엇을 해야 할 필요가 있다"는 그릇된 확신을 키워줄 뿐이기 때문입니다. 실은 그와 정반대인데도 말입니다.

그런데 대체 왜 행복을 이야기합니까? 그대는 불행할 때 외에는 행복에 대해 생각하지 않습니다. "지금 나는 행복하다"고 말하는 사람은 두 가지 슬픔, 즉 과거와 미래 사이에 있는 것입니다. 이 행복은 고통에서 잠시 벗어난 데서 온 흥분 상태에 불과합니다. **진정한 행복**은 전적으로 비非자의식적입니다. 그것은 "나에게는 아무 잘못된 것이 없다. 나는 아무것도 걱정할 것이 없다"와 같이 소극적인 말로 가장 잘 표현됩니다. 결국 모든 **수행**의 궁극적 목적은, 이 확신이 언어적인 것에 그치지 않고 실제적이며 항존하는 체험에 기초하게 되는 지점에 도달하는 것입니다.

질: 어떤 체험 말입니까?

마: 기억과 기대에 의해 어지러워지지 않은, 텅 비어 있는 체험이지요. 그

것은 열린 공간들의 행복, 젊다는 행복, 일을 하고, 발견하고, 모험을 할 수 있는 모든 시간과 정력을 갖는 행복과 같습니다.

질: 발견해야 할 무엇이 남아 있습니까?

마: 바깥의 우주와 내면의 **무변제**입니다. 실재 안에, 신의 큰 마음과 심장 안에 있는 그것들 말입니다. 또한 존재의 의미와 목적, 괴로움의 비밀, 무지에서 삶(생명)을 구원하는 것 등이지요.

질: 만약 행복하다는 것이 두려움과 걱정에서 벗어나는 것과 같다면, 곤란이 없는 것이 행복의 원인이라고 말할 수 있지 않습니까?

마: 부재의 상태, 비존재의 상태는 하나의 원인이 될 수 없습니다. 원인의 관념에는 한 원인이 먼저 존재한다는 의미가 함축되어 있습니다. 그 안에 아무것도 존재하지 않는 그대의 **본연적 상태**는 '됨'(변화)의 한 원인이 될 수 없습니다. 그 원인들은 기억이라고 하는 위대하고 신비한 힘 속에 숨겨져 있습니다. 그러나 그대의 **참된 집**은 무無 안에, 모든 내용이 비어 있는 공空 안에 있습니다.

질: 공空과 무無 — 얼마나 무서운지요!

마: 그대가 잠이 들 때, 그대는 더없이 신나게 그것을 대면하지요! 깨어 있는 잠(wakeful sleep)의 상태를 스스로 발견하십시오. 그러면 그것이 그대의 **진정한 상태**와 사뭇 조화를 이루고 있다는 것을 발견할 것입니다. 말은 관념을 안겨줄 뿐이고, 관념은 그 체험이 아닙니다. 제가 말할 수 있는 것은 **참된 행복**에는 원인이 없고, 원인이 없는 것은 움직임이 없다는 것뿐입니다. 그것은 **행복**이 쾌락으로서 지각될 수 있다는 뜻은 아닙니다. 지각될 수 있는 것은 고통과 쾌락이고, 슬픔에서 벗어난 상태는 소극적으로만 묘사될 수 있습니다. 그것을 직접 알려면, 인과성과 시간의 압제壓制에 중독된 마음을 넘어서야 합니다.

질: 만약 **행복**은 의식하지 못하고 **의식**은 행복하지 않다면, 그 둘 사이의 연관성은 무엇입니까?

마: 의식은 여건과 환경의 산물이기 때문에 그것들에 의존하고, 그것들과 함께 변합니다. 독립적이고, 창조되지 않았고, 무시간적이고 불변인 것, 그

러면서도 늘 새롭고 싱그러운 것은 마음을 넘어서 있습니다. 마음이 그것을 생각하면, 마음은 해소되고 **행복**만이 남습니다.

질: 모든 것이 사라지면 무無가 남습니다.

마: '유有' 없이 어떻게 '무無'가 있을 수 있습니까? 무無란 하나의 관념일 뿐이고, 그것은 어떤 것에 대한 기억에 의존합니다. 순수한 존재는, 규정될 수 있고 묘사될 수 있는 존재(existence)로부터 사뭇 독립해 있습니다.

질: 부디 말씀해 주십시오. 마음 너머에서는 **의식**이 지속됩니까, 아니면 그것은 마음과 함께 끝나버립니까?

마: 의식은 오고 가고, 자각은 변함없이 빛을 발합니다.

질: 자각 안에서는 누가 자각합니까?

마: 한 '사람'이 있는 곳에는 **의식**도 있습니다. "내가 있다", 마음, 의식은 같은 상태를 의미합니다. 그대가 "나는 자각하고 있다"고 말한다면, 그것은 "나는 자각하고 있음에 대해 생각하는 것을 의식하고 있다"는 의미일 뿐입니다. 자각 안에는 "내가 있다"가 없습니다.

질: 주시하기는 어떻습니까?

마: 주시하기는 마음을 주시하는 것입니다. 주시자는 주시되는 것과 동행합니다. 비이원성의 상태에서는 모든 분리가 사라집니다.

질: 당신께서는 어떻습니까? 자각 안에서 존속하십니까?

마: 그 '사람', 곧 "나는 이 몸, 이 마음, 이 기억의 연쇄, 이 욕망과 두려움들의 다발이다"라는 것은 사라지지만, 정체성이라고 부를 수 있을 어떤 것(진아)은 남습니다. 그것이 저를, 필요할 때 한 '사람'이 될 수 있게 합니다. **사랑**은 그 자신에게 필요한 것들을 창조하는데, 심지어 한 '사람'이 되게도 합니다.

질: 실재는 존재-의식-지복으로서 스스로를 드러낸다고 합니다. 그것들은 절대적입니까, 상대적입니까?

마: 그것들은 서로 상대적이고, 서로에 의존합니다. 실재는 자신의 표현들로부터 독립해 있습니다.

질: 실재와 그 표현들의 관계는 무엇입니까?

마: 무관계입니다. 실재 안에서는 모든 것이 실재하며 동일합니다. 우리가 표현하듯이, 사구나(saguna)와 니르구나(nirguna)는 빠라브라만(Parabrahman) 안에서 하나입니다. 오직 지고자가 있을 뿐입니다. 움직이고 있으면 사구나이고, 움직이지 않으면 그것이 니르구나입니다. 그러나 움직이거나 움직이지 않는 것은 마음일 뿐입니다. 실재는 그 너머에 있고, 그대는 그 너머에 있습니다. 지각할 수 있거나 관념할 수 있는 그 어떤 것도 그대일 수 없다는 것을 일단 이해하고 나면, 상상에서 벗어납니다. 진아 깨달음을 얻으려면, 일체를 욕망에서 생겨난 상상으로 볼 필요가 있습니다. 우리는 주의가 부족하여 실재를 잃어버리고, 상상이 지나쳐서 비실재를 창조합니다.

이런 것들(이런 문제들)에 온 정성과 마음을 쏟고 그것을 거듭해서 숙고해야 합니다. 그것은 음식을 만드는 것과 같습니다. 한동안 불에 얹어 두어야 음식이 됩니다.

질: 저는 운명의 지배, 카르마의 지배를 당하고 있지 않습니까? 그에 맞서 제가 무엇을 할 수 있습니까? 지금의 저와 제가 하는 일은 예정되어 있습니다. 저의 소위 자유 선택이라는 것조차 예정되어 있습니다. 단지 제가 그것을 자각하지 못한 채 저 자신을 자유롭다고 상상하는 것뿐입니다.

마: 역시나 그 모든 것은 그대가 그것을 어떻게 보느냐에 달려 있습니다. 무지는 하나의 열병과 같아서, 있지도 않은 헛것을 그대가 보게 만듭니다. 카르마는 신이 정해 놓은 처리방안입니다. 그것을 반기고, 그 지시를 충실히 따르십시오. 그러면 그대가 좋아질 것입니다. 환자는 회복되면 병원을 떠납니다. 즉시 선택과 행동의 자유를 달라고 고집해 봐야 회복만 늦어질 뿐입니다. 그대의 운명을 받아들이고 그것을 성취하십시오. 이것이 운명에서 자유로워지는 첩경입니다. 사랑과 그 사랑이 강제하는 것들(사람들을 돕는 일)에서 벗어나는 것은 아니어도 말입니다. 욕망과 두려움에서 행위하는 것은 속박이고, (보편적인) 사랑에서 우러나 행위하는 것은 자유입니다.

95
삶을 오는 대로 받아들여라

질문자: 저는 작년에 여기 왔는데, 이제 다시 당신 앞에 와 있습니다. 무엇이 저를 오게 하는지 정말 모르겠습니다만, 왠지 당신을 잊을 수 없습니다.

마하라지: 어떤 사람들은 잊어버리고, 어떤 사람들은 잊지 않지요. 각자의 운명에 따라서 말입니다. 그대가 그렇게 부르고 싶으면, 그것을 우연이라고 불러도 되겠지요.

질: 우연과 운명 간에는 기본적인 차이가 있습니다.

마: 그대의 마음 안에서만 그렇지요. 사실 우리는 무엇이 무엇의 원인이 되는지 모릅니다. 운명이란 우리의 무지를 은폐하기 위한 하나의 포괄적 단어입니다. 우연이란 단어도 마찬가지입니다.

질: 원인과 그 결과들을 모르는데 자유가 있을 수 있습니까?

마: 원인과 결과는 수효와 다양성에서 무한합니다. 모든 사물이 모든 사물에 영향을 미칩니다. 이 우주 안에서, 하나가 변할 때는 모든 것이 변합니다. 그래서 인간이 그 자신을 변화시키면 세계를 변화시키는 큰 힘이 나오는 것입니다.

질: 당신 자신의 말씀에 따르면, 당신께서는 스승님의 은총에 의해 약 40년 전에 근본적으로 변하셨습니다. 하지만 세계는 예전에 그러했던 것과 같은 상태로 남아 있습니다.

마: 저의 세계는 완전히 변했습니다. 그대의 세계는 똑같은 상태로 남아 있는데, 그것은 그대가 변하지 않았기 때문입니다.

질: 당신의 변화가 저에게 영향을 미치지 않은 것은 어째서입니까?

마: 우리 사이에 아무 교감이 없었기 때문입니다. 그대 자신을 저와 별개로 생각하지 마십시오. 그러면 우리는 즉시 공통적인 상태를 공유하게 될 것입니다.

질: 저는 미국에 재산이 좀 있는데, 그것을 팔아 히말라야에 땅을 좀 살까

합니다. 거기에 집을 한 채 지어 정원을 꾸미고, 소 두세 마리를 사서 조용하게 살렵니다. 사람들은 저에게, 재산과 고요함은 양립할 수 없다고 하면서, 제가 곧 공무원들, 이웃 사람들, 도둑들 때문에 문제에 봉착할 거라고 말합니다. 그것을 피할 수 없습니까?

마: 아무리 잘한다 해도, 방문객들이 끊임없이 찾아와 그대의 거처를 출입이 자유로운 게스트하우스로 만들어 버릴 것은 예상해야겠지요. 그대의 삶을 되어 가는 대로 받아들이고, 집으로 돌아가서 아내를 사랑과 배려로 보살피는 것이 더 낫습니다. 달리 누구도 그대를 필요로 하지 않습니다. 영광을 꿈꾸면 더 많은 곤경에 처하게 될 것입니다.

질: 제가 추구하는 것은 영광이 아닙니다. 저는 실재를 추구합니다.

마: 그렇게 하려면 잘 정돈되고 조용한 삶, 마음의 평화, 그리고 엄청난 성실성이 필요합니다. 매순간 그대에게 원치 않게 닥쳐오는 그 어떤 일도 신으로부터 오는 것인데, 그것을 최대한 활용하면 분명히 그대에게 도움이 될 것입니다. 그대가 상상과 욕망 때문에 얻으려고 분투하는 것들이 그대에게 문제를 안겨주고 있을 뿐입니다.

질: 운명은 은총과 동일합니까?

마: 두말할 필요가 없지요. 삶을 오는 대로 받아들이십시오. 그러면 그것이 하나의 축복이라는 것을 알게 될 것입니다.

질: 저 자신의 삶은 받아들일 수 있습니다. 남들이 살기를 강요당하는 그런 삶은 제가 어떻게 받아들일 수 있습니까?

마: 여하튼 그대는 그것을 받아들이고 있습니다. 남들의 슬픔이 그대의 즐거움을 방해하지는 않으니 말입니다. 그대가 진정 자비롭다면, 오래 전에 모든 자기걱정을 버리고 진정으로 남을 도울 수 있는 단 하나의 상태로 들어갔겠지요.

질: 만약 저에게 큰 집과 충분한 땅이 있다면 아쉬람을 하나 창설할지도 모릅니다. 개인 방들이 있고, 대중 명상회당, 매점, 도서관, 사무실 등이 있는 그런 아쉬람 말입니다.

마: 아쉬람은 만들어지는 것이 아니라 자연히 생겨납니다. 그대는 아쉬람을

시작할 수도 없고 막을 수도 없습니다. 마치 강물을 시작하게 할 수도 없고 멈추게 할 수도 없듯이 말입니다. 하나의 아쉬람이 창설되어 성공하는 데는 너무나 많은 요인들이 개입되는데, 그대의 내적 성숙도는 그 중의 하나일 뿐입니다. 물론 그대가 자신의 **진정한 존재**를 모른다면, 그대가 하는 모든 일이 무無로 돌아갈 수밖에 없겠지요. 한 사람의 **스승** 흉내를 냈다가는 무사하지 못합니다. 모든 위선은 재난으로 끝날 것입니다.

질: **성자**가 되기도 전에 **성자**인 것처럼 행동하는 것은 무엇이 나쁩니까?
마: 성자다움을 연습하는 것은 하나의 수행이지요. 그것은 전혀 문제가 없습니다. 단, 잘났다고 주장하지 않으면 말입니다.
질: 시도해 보지도 않고 제가 아쉬람을 설립할 수 있을지 여부를 어떻게 알겠습니까?
마: 그대가 자신을 한 '사람'으로, 곧 삶의 흐름과 별개이고, 그 자신의 의지를 가지고 그 자신의 목표를 추구하는 하나의 몸과 마음으로 여기는 한, 그대는 표면에 살고 있을 뿐이고, 그대가 무엇을 하든 그것은 오래가지 않고, 별 가치가 없고, 허영의 불길을 지피는 지푸라기에 지나지 않게 될 것입니다. 그대가 (자신의) 진가를 제시한 뒤에야 뭔가 실질적인 것을 기대할 수 있습니다. 그대의 가치는 어떤 것입니까?
질: 어떤 척도로 제가 그것을 측정할까요?
마: 그대의 마음에 든 내용을 바라보십시오. 그대는 자신이 생각하는 그 대상입니다. 그대는 대부분의 시간 동안 그대 자신의 하찮은 '사람'과 그것의 일상적 욕구를 돌보느라고 분주하지 않습니까?

　정규적인 **명상**의 가치는, 일과日課의 단조로움에서 그대를 벗어나게 해주고, 그대가 자신이라고 믿는 것은 **그대가 아니라는 것**을 그대에게 상기시켜 주는 데 있습니다. 그러나 그것을 기억한다 해도 충분하지 않습니다. 확신에 실천이 뒤따라야 합니다. 상세한 유언장을 작성해 놓고도 죽지 않겠다고 하는 부자처럼 되지 마십시오.
질: 점진성이 삶의 법칙 아닙니까?
마: 오, 아니지요. 준비만 점진적이지 변화 자체는 돌발적이고 완전합니다.

점진적 변화는 그대를 **의식하는 존재**(conscious being)의 새로운 수준으로 데려다주지 않습니다. 놓아버릴 **용기**가 필요합니다.

질: 저에게 부족한 것은 용기라는 것을 시인합니다.

마: 그것은 그대가 충분히 확신하지 못하기 때문입니다. 완전한 **확신**은 욕망과 용기 둘 다를 낳습니다. 그리고 **명상**은 이해를 통해서 믿음을 성취하는 기술입니다. **명상**에서는 그대가 받은 가르침을 모든 측면에서 되풀이해서 숙고하는데, 그러다 보면 **명료함**에서 자신감이 생겨나고, 자신감과 함께 행위가 따릅니다. **확신**과 **행위**는 불가분입니다. **확신**에 **행위**가 뒤따르지 않는다면 그대가 확신하는 바를 검토해 볼 것이지, 용기가 없다고 자신을 비난하지 마십시오. 자기비하를 해서 얻을 것은 아무것도 없습니다. **명료함**과 정서적 동의가 없다면 의지가 무슨 소용 있습니까?

질: 정서적 동의(emotional assent)라고 하시는 것은 어떤 의미입니까? 저의 욕망에 반해서 행위하면 안 됩니까?

마: 그대는 자신의 욕망에 반해서 행위하지 않겠지요. **명료함**(지혜)만으로는 충분하지 않습니다. 에너지는 **사랑**(자비)에서 옵니다. 행위하려면 사랑해야 합니다. 그대의 사랑이 어떤 형태와 대상을 취하든 간에 말입니다. **명료함**과 **자비**가 없는 용기는 파괴적입니다. 서로 싸우는 사람들은 놀라울 정도로 용기 있는 경우가 많지만, 그래서 뭐하겠습니까?

질: 제가 원하는 것은 평화롭게 살 수 있는 정원 안의 집 한 채가 전부라는 것을 저는 아주 분명하게 알고 있습니다. 왜 저의 욕망에 기초하여 행위하면 안 됩니까?

마: 얼마든지 행위하십시오. 그러나 피할 수 없고 예기치 못한 일들이 일어난다는 것을 잊지 마십시오. 비가 오지 않으면 그대의 정원 식물들은 번성하지 않겠지요. 모험을 하려면 용기가 필요합니다.

질: 용기를 내려면 시간이 필요합니다. 저를 독촉하지 마십시오. 제가 행위를 할 만큼 성숙하게 해주십시오.

마: 그런 접근법 전체가 잘못입니다. 연기한 행위는 포기한 행위입니다. 다른 행위를 위한 다른 기회들이 있을 수 있겠지만, 현재의 순간은 놓쳐버린

것입니다―돌이킬 수 없이 놓친 거지요. 모든 준비는 미래를 위한 것입니다. 현재에 대해서는 그대가 준비할 수 없습니다.

질: 미래를 준비하는 것이 뭐가 잘못입니까?

마: 지금 안에서 행위하는 데는 준비가 별 도움이 되지 않습니다. **명료함**은 지금이고, **행위**도 지금입니다. 준비하고 있어야겠다고 생각하는 것이 **행위**를 방해합니다. 그리고 **행위**가 **실재**의 시금석입니다.

질: 우리가 확신 없이 행위할 때도 말입니까?

마: 그대는 행위 없이 살 수 없는데 각 행위의 이면에는 어떤 두려움이나 욕망이 있습니다. 궁극적으로 그대가 하는 모든 일은, 세계가 실재하며 그대 자신과 독립해 있다는 확신에 기초합니다. 만일 그 반대의 확신을 가지고 있다면 그대의 행위가 사뭇 달랐겠지요.

질: 저의 확신에는 아무 잘못된 것이 없습니다. 저의 행위들은 환경에 의해 형성됩니다.

마: 바꾸어 말해서, 그대는 그 환경과, 그대가 살고 있는 세계의 실재성을 확신하고 있습니다. 세계를 그 **근원**에까지 추적해 보십시오. 그러면 세계가 있기 전에 **그대**가 있었고, 세계가 더 이상 존재하지 않을 때도 **그대는** 남는다는 것을 발견할 것입니다. 그대의 **무시간적 존재**(timeless being)를 발견하십시오. 그러면 그대의 행위가 그것을 증언할 것입니다. 그것을 발견했습니까?

질: 아니요, 발견하지 못했습니다.

마: 그러면 달리 그대가 해야 할 일이 무엇입니까? 분명, 이것이 가장 시급한 과제입니다. 일체를 놓아버리고, (무엇에 의해) 지지받지 않고 규정되지 않는 상태로 남아 있지 않으면, 그대 자신을 모든 것에서 독립해 있다고 볼 수 없습니다. 일단 그대 자신을 알고 나면, 그대가 무엇을 하느냐는 중요하지 않습니다. 그러나 그대의 독립성을 깨달으려면 그대가 의존하고 있던 모든 것을 놓아버림으로써 그것을 시험해 봐야 합니다. 깨달은 **사람**은 절대의 수준에서 살고 있습니다. 그의 **사랑·지혜·용기**는 완전하고, 그에게는 상대적인 것이 전혀 없습니다. 따라서 그는 더 엄중한 시험들로 그 자

신을 증명하고 더 힘겨운 시련들을 겪어냅니다. 시험하는 자, 시험되는 것, 그리고 시험을 위한 상황 설정은 모두 내면에 있습니다. 그것은 어느 누구도 관여할 수 없는 하나의 내적인 드라마입니다.

질: 십자가형, 죽음, 그리고 부활—우리는 친숙한 토대 위에 있군요! 저는 거기에 대해서 끝없이 책을 읽고, 말을 듣고, 이야기를 했지만, 저 자신은 그렇게 하지 못합니다.

마: **침묵**을 지키면서 동요되지 마십시오. 그러면 **지혜와 힘**이 저절로 올 것입니다. (그런 것을) 동경할 필요는 없습니다. 가슴과 마음의 **침묵** 속에서 기다리십시오. 침묵하기는 아주 쉽지만, 흔연함(willingness-기꺼이 그러겠다는 자세)이 드뭅니다. 여러분은 하룻밤 사이에 초인超人이 되고 싶어 합니다. 야망 없이, 최소한의 욕망도 없이, 노출되고, 취약하고, 보호받지 않고, 불확실한 채로 홀로 머무르고, 삶에 대해 완전히 열려 있어서 삶을 일어나는 대로 반기며, 물질적인 것이든 아니면 소위 영적인 것이든, 모든 것이 그대에게 쾌락이나 이익을 안겨주어야 한다는 이기적 확신 없이 머무르십시오.

질: 저는 당신의 말씀에 반응합니다만, 그것을 어떻게 해야 하는지 도무지 모르겠습니다.

마: 만약 그것을 어떻게 하는지 알면 그대가 그렇게 하지 않겠지요. 모든 시도를 버리고, 그냥 **있으십시오**(Just be). 애쓰지 말고, 분투하지 말고, 모든 지지물을 놓아버린 채, 맹목적인 '존재의 느낌'을 꽉 붙들면서, 다른 모든 것을 떨쳐버리십시오. 그거면 충분합니다.

질: 그 떨쳐버리기를 어떻게 합니까? 떨쳐버릴수록 그것이 표면으로 더 올라옵니다.

마: 주의를 기울이지 말고 사물들이 오고 가게 하십시오. 욕망과 생각들도 사물입니다. 그것들을 무시하십시오. 아득한 옛적부터 사건들의 먼지가 그대의 마음이라는 맑은 거울을 뒤덮어 왔기 때문에, 그대는 기억들밖에 보지 못합니다. 먼지가 앉을 겨를이 없이 그것을 털어버리십시오. 그러면 예전의 층들이 드러날 것이고, 결국 마음의 **참된 성품**을 발견하게 됩니다. 그것은 모두 아주 간단하고 비교적 쉬운 일입니다. 성실하고 인내심을 가지

십시오. 그거면 됩니다. **무욕, 무집착,** 욕망과 두려움에서 벗어나기, 모든 자기걱정에서 벗어나기, 기억과 기대에서 벗어난 단순한 **자각**—이것이 바로 발견이 일어날 수 있는 마음의 상태입니다. 결국 **해탈**이란 (참된 성품을) 발견할 **자유**에 지나지 않습니다.

96
기억과 기대를 내버려라

질문자: 저는 태생이 미국인이고, 작년에 마디아프라데시 주의 한 아쉬람에서 요가의 여러 측면을 공부했습니다. 저희는 선생님을 한 분 모셨는데, 그분의 스승은 위대한 시바난다 사라스와띠25)의 제자로 멍거(Monghyr-비하르 주의 도시)에 계십니다. 저는 라마나쉬람에서도 체류했습니다. 봄베이에 있는 동안은 고엔까26)라는 분이 운영하는 버마식 명상의 집중 과정을 이수했습니다. 하지만 평안을 발견하지 못했습니다. 자제력과 일상적 규율에서는 진보한 것이 있지만, 그게 전부입니다. 정확히 무엇이 무엇을 야기했는지 모르겠습니다. 저는 성지들을 많이 방문했습니다. 각 성지가 저에게 어떤 작용을 했는지는 모르겠습니다.

마하라지: 조만간 좋은 결과가 나오겠지요. 스리 라마나쉬람에서는 가르침을 좀 받았습니까?

질: 예, 영국인 몇 분이 가르쳐 주었고, 지知 요가(*jnana yoga*)를 따르는 인도인 한 분도—거기에 영구 거주하는 분입니다만—가르침을 주었습니다.

마: 그대의 계획은 무엇입니까?

---

25) *T.* Sivananda Saraswati(1887~1963). 인도의 성자. 리시케시에 그의 아쉬람이 있다. 그의 제자로서 멍거에 '비하르 요가스쿨'을 연 사람은 Satyananda Saraswati였다.
26) *T. S. N.* Goenka(1924~2013). 버마 출신의 인도 명상가. 위빠사나 수행법을 가르쳤다.

질: 저는 비자 문제 때문에 미국으로 돌아가야 합니다. 이학사理學士 과정을 마치면 자연요법을 공부해서 그것을 제 직업으로 할 생각입니다.

마: 좋은 직업인 것은 분명하지요.

질: 어떤 대가를 치러서라도 요가의 길을 추구하는 것은 어떤 위험이 있습니까?

마: 집에 불이 났을 때 성냥개비가 위험합니까? 실재에 대한 탐구는 모든 과업 중에서 가장 위험합니다. 그것은 그대가 살고 있는 세계를 파괴할 테니까요. 그러나 그대의 동기가 진리와 생명에 대한 사랑이라면, 겁낼 필요가 없습니다.

질: 저는 저 자신의 마음을 겁냅니다. 너무 불안정하거든요!

마: 그대의 마음이라는 거울 안에서 상像들이 나타나고 사라집니다. 거울은 그대로 남아 있습니다. 움직이는 것 속의 움직이지 않는 것, 변하는 것 속에서 변치 않는 것을 구분해 내는 법을 배우십시오. 그러다 보면, 모든 차별상差別相은 겉모습에서만 있을 뿐 단일성(oneness)이 하나의 사실이라는 것을 깨닫게 됩니다. 이 기본적인 동일성은—그것을 신, 브라만 혹은 (우주의) 모체[쁘라끄리띠]라고 해도 무방한데, 말은 별로 중요하지 않고—'모두가 하나'라는 깨달음일 뿐입니다. 직접적인 체험에서 나온 자신감으로 "내가 세계다, 세계는 나 자신이다"라고 말할 수 있게 되면, 한편으로는 욕망과 두려움에서 벗어나고, 다른 한편으로는 세계에 대해서 전적으로 책임을 지게 됩니다. 인류의 부조리한 슬픔이 그대의 유일한 관심사가 됩니다.

질: 그러니까 진인조차도 문제를 가지고 있군요!

마: 예. 그러나 그 문제들은 더 이상 그 자신이 만들어낸 것이 아닙니다. 그의 고통은 죄의식에 의해 중독되지 않습니다. 남들의 죄로 고통 받는 데는 아무 잘못된 것이 없습니다. 그대의 기독교도 여기에 기초해 있습니다.

질: 모든 고통은 자기가 만들어낸 것 아닙니까?

마: 그렇지요. 고통을 만들어내는 별개의 자아가 있는 한 말입니다. 결국 그대는 어떤 죄도, 어떤 범죄도, 어떤 응보도 없고, 오직 끝없이 변모하는 삶만이 있다는 것을 압니다. 개인적인 '나'가 해체되면 개인적 고통도 사라

집니다. 남는 것은 크나큰 **자비**의 슬픔, 불필요한 고통에 대한 혐오입니다.

질: 전체적인 틀(모두가 하나인 세계) 안에서 불필요한 것도 있습니까?

마: 그 무엇도 불필요하지 않고 그 무엇도 불가피하지 않습니다. 습관과 정욕이 눈을 가리고 (우리를) 오도합니다. 자비로운 **자각**은 (문제를) 치유하고 회복시킵니다. 우리가 할 수 있는 것은 아무것도 없습니다. 일들이 그 본성에 따라 일어나게 내버려둘 수 있을 뿐입니다.

질: 완전한 수동성을 옹호하시는 겁니까?

마: **명료함**과 **자비**가 행위입니다. **사랑**은 게으르지 않고 **명료함**은 (해야 할 일을) 지시합니다. 행위에 대해서는 그대가 걱정할 필요가 없으니, 그대의 마음과 가슴을 돌보십시오. 어리석음과 이기심이 유일한 악입니다.

질: 어느 쪽이 더 낫습니까? 신의 이름을 **염송**念誦하는 것입니까, 아니면 명상입니까?

마: **염송**(repetition)은 그대의 호흡을 안정시켜 줄 것입니다. 깊고 고요한 호흡을 하면 활력이 증진되는데, 그것이 두뇌에 영향을 주면서, 마음이 순수해지고, 안정되고, 명상을 하기에 적합해지는 데 도움을 줄 것입니다. 활력 없이는 거의 아무것도 할 수 없습니다. 그래서 그것을 보호하고 증진하는 것이 중요합니다. 자세와 호흡은 요가의 일부입니다. (요가를 하려면) 몸이 건강하고 잘 제어되어 있어야 하기 때문입니다. 그러나 몸에 너무 집중하는 것은 그 본래의 목적에 반합니다. 시작 단계에서 1차적인 것은 마음이기 때문입니다. 마음이 쉬어져서 **내적인 허공**(chidakash)을 더 이상 어지럽히지 않을 때 몸은 새로운 의미를 획득하며, (이때) 몸의 변모가 필요해지고 또한 가능해집니다.

질: 저는 인도 전역을 돌아다니면서 많은 **스승**들을 만났고, 몇 가지 **요가**를 조금씩 배웠습니다. 이것저것 다 맛보는 것도 괜찮습니까?

마: 아니지요, 그것은 하나의 입문일 뿐입니다. 그대 자신의 길을 발견하도록 도와줄 사람을 만나게 될 것입니다.

질: 저는 저 자신이 고르는 **스승**은 저의 진짜 **스승**일 수 없다고 느낍니다. 진짜 **스승**이려면 예기치 않게 다가와야 하고 저항할 수 없어야 합니다.

마: 예상하지 않는 것이 최선이지요. 그대가 반응하는 방식이 결정적입니다.

질: 저는 제가 하는 반응들의 주인입니까?

마: 지금 그대가 닦는 분별과 무욕이 적당한 때가 오면 결실을 맺겠지요. 뿌리가 건강하고 물을 잘 주면 그 열매도 달게 마련입니다. 순수하고, 경각해 있고, 늘 준비되어 있으십시오.

질: 난행難行과 고행은 어떤 소용이 있습니까?

마: 삶의 온갖 풍상을 맞이하는 것은 고행이고도 남지요! 곤경을 창안할 필요는 없습니다. 삶이 무엇을 안겨주든 쾌활하게 맞이하는 것이 그대에게 필요한 고행의 전부입니다.

질: 희생은 어떻습니까?

마: 그대가 가진 모든 것을, 필요로 하는 누구와도 기꺼이 즐겁게 함께 나누십시오. 자해적인 잔인한 일들을 창안하지 마십시오.

질: 자기순복(self-surrender)이 무엇입니까?

마: 오는 것을 받아들이십시오.

질: 저는 혼자 힘으로 해나가기에 너무 약하다고 느낍니다. 저에게는 어떤 스승과의, 그리고 훌륭한 사람들과의 성스러운 어울림이 필요합니다. 평정심은 저에게 벅찹니다. 오는 것을 오는 대로 받아들인다는 것이 저를 겁나게 합니다. 제가 미국으로 돌아갈 생각을 하면 끔찍합니다.

마: 돌아가서 그대의 기회들을 최대한 활용하십시오. 먼저 이학사 학위를 따십시오. 자연요법 공부를 하러 인도에는 언제든지 돌아올 수 있으니 말입니다.

질: 저는 미국에서 갖게 될 기회들을 잘 자각하고 있습니다. 저를 겁나게 하는 것은 외로움입니다.

마: 그대는 늘 그대 자신의 **진아**와 벗하고 있습니다. 외롭다고 느낄 필요가 없습니다. 그것과 떨어지면 설사 인도에 있다 해도 외롭게 느낄 것입니다. 모든 행복은 **진아**를 기쁘게 하는 데서 옵니다. 미국으로 돌아간 뒤에는 그 것을 기쁘게 하고, 그대의 심장 안에 있는 찬란한 **실재**에게 어울리지 않을

어떤 일도 하지 마십시오. 그러면 행복해질 것이고, 행복한 상태로 머무를 것입니다. 그러나 **진아**를 추구해야 하고, 그것을 발견하고 나면 그것을 지켜가야 합니다.

질: 완전히 홀로 있는 것은 어떤 이익이 있습니까?

마: 그것은 그대의 기질 나름입니다. 경각심을 가지고 친근하게, 남들과 함께 그리고 남들을 위해 일하면서, 홀로 있을 때보다 더 한껏 성장하십시오. 홀로 있으면 그대가 둔해지거나 아니면 마음의 끝없는 잡담(잡념)에 끌려 다니게 될지도 모릅니다. (억지로 하는) 노력을 통해 자신이 변할 수 있다고 생각하지 마십시오. 폭력은 설사 그것이 난행이나 고행과 같이 그대 자신에게 가하는 것이라 할지라도, 아무 성과 없는 것으로 남을 것입니다.

질: 누가 깨달았고 누가 깨닫지 못했는지 알아낼 방법은 없습니까?

마: 그대의 유일한 증거는 그대 자신 안에 있습니다. 만약 자신이 금으로 변하고 있는 것을 발견한다면 그대가 현자의 돌27)을 만졌다는 징표겠지요. 그 사람과 함께 있으면서 그대에게 어떤 일이 일어나는지 지켜보십시오. 남들에게 묻지 마십시오. 그들이 섬기는 사람은 그대의 **스승**이 아닐지 모릅니다. 스승은 그의 본질에서는 보편적일지 모르나, 그의 표현에서는 그렇지 않습니다. 그는 화난 것처럼 보이거나, 탐욕스럽게 보이거나, 자신의 아쉬움이나 가족에 대해 너무 걱정하는 것처럼 보일 수도 있습니다. 그대는 겉모습을 보고 오해할 수도 있지만, 남들은 그렇지 않습니다.

질: 안팎으로 모든 면에서 완벽하기를 기대할 권리는 저에게 없습니까?

마: 내적으로는 있지요. 그러나 (스승의) 외적인 완벽함은 환경에, 곧 그 몸의 개인적이고 사회적인 상태, 기타 무수한 요인들에 달려 있습니다.

질: **진인**(gnani)을 발견하여 그에게서 **진지**眞知(gnana)를 얻는 기술을 배우라는 말을 들었는데, 이제는 그 접근법 전체가 그릇되었고, 저는 **진인**을 알아볼 수도 없고 적절한 수단으로 **진지**를 정복할 수도 없다고 하는 말씀을 듣는군요. 다 너무 헷갈립니다!

---

27) T. philosopher's stone. 중세의 연금술에서, 비卑금속을 금으로 바꾸는 힘이 있다고 믿어진 물질. 여기서는 범부를 성인으로 만들어주는 스승을 이 돌에 비유한 것이다.

마: 그 모두 그대가 **실재**를 완전히 잘못 이해하고 있기 때문입니다. 그대의 마음은 평가하고 획득하는 습관에 빠져 있어서, 비교 불가능하고 획득 불가능한 것들이 그대 자신의 심장 속에서 그대가 인지認知해 주기를 무시간적으로 기다리고 있다는 것을 인정하지 않겠지요. 그대가 해야 할 일은 모든 기억과 기대를 내버리는 것뿐입니다. 그저 완전한 **적나라함**(nakedness)과 무無 안에서 그대 자신을 준비시켜 두고 있으십시오.

질: 그 내버림을 누가 해야 합니까?

마: 신이 하겠지요. 내버려질 필요가 있다는 것만 아십시오. 저항하지 말고, 그대가 자기 자신이라고 여기는 그 '사람'을 꽉 붙들지 마십시오. 그대는 자신을 한 '사람'이라고 상상하기 때문에, **진인**도 한 '사람'이라고, 단지 그는 어딘가 다르고, 그대보다 더 많이 알고 더 능력이 있다고 여깁니다. 진인은 영원히 의식하면서 행복하다고 말할 수도 있겠지만, 그것은 전체 **진리**를 표현하는 것과는 거리가 멉니다. 규정하는 말과 묘사하는 말들을 신뢰하지 마십시오. 그런 것은 (사람을) 터무니없이 오도합니다.

질: 만일 무엇을 어떻게 하라는 이야기를 듣지 못하면, 저는 길을 잃은 느낌이 듭니다.

마: 얼마든지 길을 잃었다고 느끼십시오! 스스로 유능하고 자신 있다고 느끼는 한, **실재**는 그대가 가닿을 수 없는 곳에 있습니다. 내적인 모험을 하나의 생활방식으로 받아들이지 않으면, 발견이 다가오지 않을 것입니다.

질: 무엇을 발견한다는 것입니까?

마: 그대의 **존재**의 중심이지요. 모든 방향, 모든 수단과 목적을 벗어난.

질: 모든 것이 되고, 모든 것을 알고, 모든 것을 가지라고요?

마: 아무것도 되지 말고, 아무것도 알지 말고, 아무것도 갖지 마십시오. 이것이 살 만한 가치가 있는 유일한 삶이고, 가질 만한 가치가 있는 유일한 행복입니다.

질: 그 목표가 저의 이해 범위를 넘는다는 것은 제가 시인할지도 모릅니다. 최소한 그 길을 저에게 알려주십시오.

마: 그대가 자신의 길을 발견해야 합니다. 스스로 그것을 발견하지 않으면

그것은 그대 자신의 길이 아닐 것이고, 그대는 아무것도 얻지 못할 것입니다. 그대가 발견한 그대의 **진리**를 열심히 살고, 적으나마 그대가 이해한 것에 기초해 행위하십시오. 그대를 끝까지 데려다주는 것은 **성실성**이지, 영리함이 아닐 것입니다—그대 자신의 영리함이든 남의 영리함이든.

질: 저는 실수를 두려워합니다. 수많은 것들을 시도해 보았지만, 거기서 아무것도 나오지 않았습니다.

마: 그대는 (그 모든 일에) 자기 자신을 너무 적게 내놓았습니다. 호기심이 있었을 뿐, 성실하지 않았습니다.

질: 저는 그 이상은 뭘 모릅니다.

마: 최소한 그 정도는 아는 거지요. 그런 것들이 피상적이라는 것을 안다면, 그대가 경험하는 것에 아무 가치도 부여하지 말고 그것이 끝나는 대로 잊어버리십시오. 깨끗하고 사심 없는 삶을 사십시오. 그거면 됩니다.

질: 도덕성이 그렇게 중요합니까?

마: 속이지 말고, 상처 주지 말라—중요하지 않습니까? 무엇보다도 그대에게는 내적인 **평안**이 필요한데, 그것은 안과 밖의 조화를 요구합니다. 그대가 믿는 것을 행하고, 그대가 행하는 것을 믿으십시오. 다른 모든 것은 기력과 시간의 낭비입니다.

97
마음과 세계는 별개가 아니다

질문자: 여기에는 **성자**들 몇 분의 초상이 있는 것을 볼 수 있는데, 이분들은 당신의 영적인 **스승**들이라고 하더군요. 이분들이 누구며, 모두 어떻게 시작되었습니까?

마하라지: 우리는 총칭하여 '나브나트(*Navnath*)'['아홉 스승들']로 불립니다. 전설

에 따르면, 우리의 첫 번째 스승은 브라마·비슈누·시바 삼위일체의 위대한 화신인 리쉬 닷따뜨레야(Rishi Dattatreya)였습니다. '아홉 스승들'도 신화적 인물들입니다.

질: 그분들의 가르침의 특색은 무엇입니까?

마: 이론과 실제에서의 단순함이지요.

질: 어떻게 하면 나브나트의 일원이 됩니까? 입문(initiation)이나 계승에 의해서입니까?

마: 어느 것도 아닙니다. 나브나트 빠람빠라(Navnath Parampara), 곧 '아홉 스승의 전통'은 하나의 강과 같습니다. 그것은 실재의 바다로 흘러들며, 누구든지 거기에 들어서는 사람은 그 강물에 실려 갑니다.

질: 그것은 그 전통에 속한 어떤 살아 있는 스승에 의해 받아들여지는 것을 의미합니까?

마: 자신의 마음을 "내가 있다"에 집중하는 수행을 하는 사람들은 같은 수행법을 따라서 성공한 다른 사람들과 관련된다고 느낄 수도 있겠지요. 그들은 그러한 자신들의 유대감을 말로 표현하기로 마음먹고, 스스로를 '나브나트'라고 부를 수도 있습니다. 그러면 자신도 하나의 확립된 전통 소속이라는 즐거움을 갖게 됩니다.

질: 그렇게 가담하면 그들이 어떤 식으로든 이익을 얻습니까?

마: 삿상(satsang)—'성자들과의 어울림'—의 범주는 시간이 가면서 수적으로 확장됩니다.

질: 그럼으로써 그들은, 그러지 않았으면 접근하지 못했을 힘과 은총의 근원을 붙잡게 됩니까?

마: 힘과 은총은 모두에게 열려 있고, 요청만 하면 됩니다. 스스로에게 특정한 이름을 부여한다고 해서 도움이 되지는 않습니다. 그대 자신을 아무 이름으로나 부르십시오. 그대 자신을 강렬하게 자각하고 있는 한, 진아지를 가로막는 누적된 장애들은 쓸려 나가게 되어 있습니다.

질: 만약 제가 당신의 가르침을 좋아하여 당신의 지도를 받아들인다면, 저도 자신을 나브나트의 일원이라고 부를 수 있습니까?

마: 말에 중독된 그대의 마음을 즐겁게 해주십시오! 그러나 그 명칭을 쓴다고 해서 그대가 변하지는 않을 것입니다. 기껏해야 (그 이름에 걸맞게) 처신을 잘해야 한다는 것을 그것이 상기시켜 줄 수는 있겠지요. 스승들과 제자들의 한 계보가 있는데, 제자들은 더 많은 제자들을 훈련시키고, 그렇게 해서 그 법맥이 유지됩니다. 그러나 전통의 그 연속성은 비공식적이고 임의적입니다. 그것은 가문의 이름과 같지만, 여기서 그 가문은 영적인 가문입니다.

질: 그 삼쁘라다야(Sampradaya-계보)에 가담하려면 깨달아야 합니까?

마: 나브나트 삼쁘라다야(Navnath Sampradaya)는 하나의 전통, 곧 가르침과 수행의 한 방식일 뿐입니다. 그것은 의식의 어떤 수준을 의미하지 않습니다. 그대가 나브나트 삼쁘라다야의 한 스승을 그대의 스승으로 받아들이면, 그의 삼쁘라다야에 가담하는 것입니다. 보통 그대는 그의 은총의 한 표시를 받습니다. 한 번의 바라봄, 접촉, 혹은 한 마디의 말, 때로는 생생한 꿈이나 강한 기억 등이지요. 때로는 인격과 행동에서 나타나는 의미심장하고 신속한 변화가 은총의 유일한 표지입니다.

질: 저는 이제 몇 년 동안 당신을 알고 지냈고, 당신을 정기적으로 찾아뵙고 있습니다. 당신에 대한 생각이 결코 제 마음과 멀리 있지 않습니다. 그러면 저는 당신의 삼쁘라다야에 속합니까?

마: 그대의 소속 여부는 그대 자신의 느낌과 확신의 문제입니다. 어쨌든 그것은 모두 언어적이고 공식적인 것입니다. 실제로는 스승도 없고 제자도 없고, 이론도 없고 실천도 없고, 무지도 없고 깨달음도 없습니다. 그것은 모두 그대가 무엇을 그대 자신으로 여기느냐에 달렸습니다. 그대 자신을 올바르게 아십시오. 자기앎(진아지)을 대신할 것은 아무것도 없습니다.

질: 제가 저 자신을 올바르게 안다는 어떤 증거를 갖게 되겠습니까?

마: 아무 증거도 필요 없습니다. 그 체험은 독특하고 명백합니다. 그것은 장애들이 어느 정도 제거되었을 때 홀연히 그대에게 밝아올 것입니다. 그것은 해진 밧줄이 끊어지는 것과 같습니다. 그대가 해야 할 일은 그 가닥들을 끊는 것입니다. 그러면 밧줄이 끊어지게 되어 있습니다. 그것이 연기될 수는 있어도, 막아지지는 않습니다.

질: 저는 당신께서 인과성을 부정하시는 데 혼란을 느낍니다. 그것은 있는 그대로의 세계에 대해서 아무도 책임이 없다는 의미입니까?

마: 책임이라는 관념은 그대의 마음 속에 있습니다. 그대는 일어나는 모든 일에 대해 어떤 사물이나 사람이 단독으로 책임이 있어야 한다고 생각합니다. 다양한 우주와 단일한 원인 사이에는 모순이 있습니다. 어느 한쪽은 거짓일 수밖에 없습니다. 아니면 둘 다 거짓이든지. 제가 보기에 그것은 모두 백일몽입니다. 관념들에는 아무 실재성(현실성)이 없습니다. 사실은, 그대 없이는 우주도 그 원인도 생겨날 수 없었을 것입니다.

질: 제가 우주의 피조물인지 창조주인지, 잘 모르겠습니다.

마: "내가 있다"는 것은 항존하는 사실인 반면, "나는 창조된다"는 것은 하나의 관념입니다. 신도 우주도 그대에게 와서 그들이 그대를 창조했다고 말한 적이 없습니다. 인과성의 관념에 사로잡힌 마음이 창조를 발명하고 나서 "창조주는 누구인가?" 하고 의심합니다. 마음 자체가 **창조주**입니다. 그러나 이마저도 그다지 참되지는 않습니다. 왜냐하면 창조되는 것과 창조주는 하나이기 때문입니다. 마음과 세계는 별개가 아닙니다. 그대가 세계라고 생각하는 그것은 바로 그대 자신의 마음이라는 것을 이해하십시오.

질: 마음의 너머, 혹은 바깥에 어떤 세계가 있습니까?

마: 모든 공간과 시간은 마음 안에 있습니다. 마음을 넘어선 세계를 그대가 어디서 찾아내겠습니까? 마음의 많은 수준들이 있고, 각 수준이 그 나름의 버전을 투사하지만, 모두가 마음 안에 있고 마음에 의해 창조됩니다.

질: 죄(sin)에 대한 당신의 견해는 무엇입니까? 죄인, 즉 내적 혹은 외적인 법을 위반하는 사람을 어떻게 보십니까? 그가 변하기를 바라십니까, 아니면 그냥 그를 가엾게 여기십니까? 아니면, 그가 지은 죄 때문에 그에게 무관심하십니까?

마: 저는 어떤 죄도, 어떤 죄인도 알지 못합니다. 그대의 구분과 평가는 저를 구속하지 않습니다. 누구나 자신의 성품에 따라서 행동합니다. 그것은 피할 도리가 없고, 그것을 후회할 필요도 없습니다.

질: 남들이 고통 받습니다.

마: 생명은 생명을 먹고 삽니다. **자연**에서는 그 과정이 강제적이고, 사회에서는 그것이 임의적일 수밖에 없습니다. 희생 없이는 어떤 삶도 있을 수 없습니다. 죄인은 희생하기를 거부하고 죽음을 자초합니다. 그것은 그냥 그런 것이고, 그렇다고 해서 비난하거나 동정할 어떤 이유도 되지 않습니다.

질: 분명 당신께서도 죄에 빠져 있는 사람을 보시면 최소한 자비심을 느끼십니다.

마: 예, 저는 제가 그 사람이고, 그의 죄가 저의 죄라고 느낍니다.

질: 좋습니다. 그러면 그 다음은 무엇입니까?

마: 제가 그 사람과 하나가 됨으로써 그도 저와 하나가 됩니다. 그것은 의식적인 과정은 아니고, 전적으로 제 스스로 일어납니다. 우리 중의 누구도 그것을 피할 수 없습니다. 변화가 필요한 것은 어떻든 변화하겠지요. 자기 자신을 지금 여기에 있는 자로 아는 걸로 충분합니다. 자신의 마음에 대한 강렬하고 체계적인 **탐구**가 곧 **요가**입니다.

질: 죄로 인해 형성된 운명의 사슬은 어떻게 합니까?

마: 죄의 어머니인 **무지**가 해소되면, 다시 죄를 범하게 강제하는 힘인 운명도 사라집니다.

질: 안겨주어야 할 응보가 있습니다.

마: 무지가 끝이 나면서 모든 것이 끝납니다. 그때는 사물들이 있는 그대로 보이고, 그 사물들이 훌륭합니다.

질: 만약 어떤 죄인, 즉 법 위반자가 당신 앞에 와서 당신의 은총을 구한다면, 당신의 반응은 어떻겠습니까?

마: 그 사람은 자신이 구하는 것을 얻겠지요.

질: 아주 나쁜 사람인데도 말입니까?

마: 저는 어떤 나쁜 사람도 알지 못하고, 저 자신을 알 뿐입니다. 저는 어떤 성자도 어떤 죄인도 보지 않고, 살아 있는 존재들만 봅니다. 저는 **은총**을 나누어주지 않습니다. 그대가 이미 같은 양을 가지고 있지 않은 것으로서 제가 주거나 주지 않을 수 있는 그 무엇도 없습니다. 그저 그대의 **부**富를 자각하고 그것을 최대한 활용하십시오. 그대가 저의 은총이 필요하다고

생각하는 한, 그것을 달라고 저의 집 문 앞에 오겠지요.

제가 그대에게 은총을 달라고 하는 것도 그만큼이나 말이 안 될 것입니다. 우리는 별개가 아니고, 실재는 (우리 모두에게) 공통됩니다.

질: 한 어머니가 당신께 와서 딱한 사정을 이야기합니다. 자기 외아들이 마약과 섹스에 빠져서 점점 나빠져 가고 있다고 말입니다. 그녀가 당신의 은총을 구합니다. 당신의 반응은 어떻겠습니까?

마: 아마 저는, 그녀에게 모든 일이 잘 될 거라고 저 자신이 말해주는 것을 듣겠지요.

질: 그뿐입니까?

마: 그뿐입니다. 더 이상 무엇을 기대합니까?

질: 그러나 그 여자의 아들이 변하겠습니까?

마: 변할 수도 있고 변하지 않을 수도 있습니다.

질: 당신의 주위에 모여들고 여러 해 동안 당신을 알고 지내는 사람들은, 당신께서 "잘 될 것이다"라고 말씀하시면 어김없이 말씀하신 대로 된다고 주장합니다.

마: 차라리 그 자식을 구한 것은 그 어머니의 마음이라고 말하는 것이 낫습니다. 모든 일에는 무수한 원인이 있습니다.

질: 자기 자신을 위해서 아무것도 원치 않는 사람은 전능하다고 합니다. 전 우주를 부릴 수 있다는 것입니다.

마: 그렇게 믿으면 그에 따라 행동하십시오. 모든 개인적 욕망을 내버리고, 그렇게 해서 아껴둔 힘을 세계를 변화시키는 데 사용하십시오!

질: 모든 붓다들과 리쉬들(Rishis)도 세계를 변화시키는 데 성공하지 못했습니다.

마: 세계는 변화시킴에 굴하지 않습니다. 그 본질상 세계는 고통스럽고 찰나적입니다. 그것을 있는 그대로 보고, 그대 자신에게서 모든 욕망과 두려움을 떨쳐버리십시오. 세계가 그대를 붙잡아 구속하지 않을 때, 세계는 기쁨과 아름다움의 거주처가 됩니다. 그대가 세계에서 벗어나 있을 때만, 세계 안에서 행복할 수 있습니다.

질: 무엇이 옳고 무엇이 그릅니까?

마: 일반적으로, 괴로움을 야기하는 것은 그르고 그것을 제거하는 것은 옳습니다. 몸과 마음은 한계가 있고, 따라서 취약합니다. 그것들은 보호가 필요한데, 그것이 두려움을 야기합니다. 그대가 자신을 그것들과 동일시하는 한, 그대는 고통 받을 수밖에 없습니다. 그대의 독립성을 깨닫고 행복한 상태로 머무르십시오. 정말이지, 이것이 **행복**의 **비결**입니다. 자신이 사물과 사람들에 의존하고 있다고 믿는 것은 그대의 **참된 성품**에 대한 무지에서 비롯됩니다. 그대가 행복하기 위해서는 **진아** 외에 아무것도 필요치 않다는 것을 아는 것이 지혜입니다.

질: 무엇이 먼저입니까? 존재입니까, 욕망입니까?

마: 의식 안에서 **존재**가 일어나는 것과 함께, 그대의 마음 안에서는 자신이 무엇이며, 무엇이어야 한다는 관념들이 일어납니다. 이것이 욕망과 행위를 낳고, **됨**(becoming)의 과정이 시작됩니다. 됨에는 외관상 시작도 없고 끝도 없습니다. 그것은 매순간 다시 시작하기 때문입니다. 상상과 욕망이 그치면 **됨**이 그치고, 이것이나 저것으로 존재함이 **순수한 존재** 안으로 합일되는데, 이 **순수한 존재**는 묘사할 수 없고 오직 체험할 수 있을 뿐입니다.

세계가 그대에게 너무나 압도적으로 실재하는 것처럼 보이는 것은, 그대가 늘 세계를 생각하기 때문입니다. 세계를 그만 생각하십시오. 그러면 그것은 희미한 안개 속으로 사라질 것입니다. (세계를 의식적으로) 잊어버릴 필요는 없습니다. 욕망과 두려움이 끝이 나면 속박도 끝나니까요. 속박을 야기하는 것은 정서적 개입, 즉 이른바 인격과 기질이라고 하는, 무엇을 좋아하고 싫어하는 (마음의) 패턴입니다.

질: 욕망과 두려움이 없다면 행위를 위한 어떤 동기가 있습니까?

마: 아무것도 없지요. 만약 **삶**, **올바름**, **아름다움**에 대한 **사랑**을 충분한 동기로 고려하지 않는다면 말입니다.

욕망과 두려움에서 벗어나는 것을 겁내지 마십시오. 그것은 그대에게, 그대가 아는 모든 것과 너무나 다른 삶을 살 수 있게 해줍니다. 그것은 너무나 더 강렬하고 재미있어서, 진실로 그대는 모든 것을 잃음으로써 모든 것을 얻게 됩니다.

질: 당신의 영적인 계보를 **리쉬 닷따뜨레야**로부터 꼽으시니, 저희들은 당신과 당신의 모든 선대 **스승**들이 그 리쉬의 환생이라고 믿어도 됩니까?

마: 그대 좋을 대로 뭐든 믿어도 되겠지요. 그리고 그대의 믿음에 따라서 행위하면 그 열매를 얻게 될 것입니다. 그러나 저에게는 그런 것이 전혀 중요하지 않습니다. 저는 있는 그대로의 저이고, 저에게는 그걸로 충분합니다. 누가 아무리 훌륭하다 해도, 저는 자신을 그 사람과 동일시할 마음이 없습니다. 그리고 저는 신화를 현실로 여길 필요도 느끼지 못합니다. 저는 무지와, 무지에서 벗어나는 것에만 관심이 있습니다. 스승에게 어울리는 임무는 제자들의 가슴과 마음에서 **무지**를 몰아내는 것입니다. 일단 제자가 이해했으면, 그것을 확인하는 행위는 그에게 달렸습니다. 누구도 남을 위해 행위할 수 없습니다. 그리고 그가 올바르게 행위하지 않는다면, 그것은 그가 아직 이해하지 못했고, 스승의 일도 끝나지 않았다는 것을 의미할 뿐입니다.

질: 희망이 없는 사람들도 더러 있을 것이 분명한데요?

마: 누구도 희망이 없지 않습니다. 장애들은 극복될 수 있습니다. 삶이 고쳐줄 수 없는 것은 죽음이 끝을 내 주겠지만, 스승은 실패할 수 없습니다.

질: 무슨 근거로 그렇게 장담하십니까?

마: 스승과 그 사람의 내적 실체는 실은 하나이고, 같은 목표를 향해 협동합니다―마음의 해방과 구원 말입니다. 그들은 실패할 수 없습니다. 그들은 자신들을 가로막는 바로 그 바위들을 가지고 다리를 건설합니다. 의식이 **존재**(being)의 전부는 아닙니다. 인간이 훨씬 더 협동적일 수 있는 다른 수준(차원)들도 있습니다. 스승은 모든 수준에 익숙하고, 그의 에너지와 인내심은 다함이 없습니다.

질: 당신께서는 제가 꿈을 꾸고 있으며, 이제는 제가 깨어나야 할 때라고 계속 말씀하십니다. 저의 꿈속에서 저에게 오신 마하라지께서 저를 깨우는 데 성공하지 못하신 것은 어찌된 일입니까? 당신께서는 계속 다그치고 상기시키지만, 그 꿈은 계속됩니다.

마: 그것은 자신이 꿈을 꾸고 있다는 것을 그대가 진정으로 이해하지 못했기 때문입니다. 이것이 속박의 본질입니다—즉, **실재**와 비실재를 뒤섞는 것입니다. 그대의 현재 상태에서 "내가 있다"는 느낌만이 **실재**를 가리키고, "나는 무엇이다"와 "나는 어떠하다"는 것은 운명이나 우연에 의해 부가된 환상입니다.

질: 그 꿈은 언제 시작되었습니까?

마: 그것은 시작이 없는 것처럼 보이지만, 사실 그것은 지금일 뿐입니다. 순간순간 그대는 꿈을 갱신하고 있습니다. 일단 자신이 꿈을 꾸고 있다는 것을 보고 나면 그대가 깨어나겠지요. 그러나 그대는 보지 않습니다. 왜냐하면 그 꿈이 지속되기를 바라기 때문입니다. 그 꿈이 끝나기를 온 가슴과 마음으로 열망하면서, 어떤 대가도 기꺼이 치르려고 하는 날이 올 것입니다. 그 대가란 **무욕**과 **무집착**일 것이고, 그 꿈 자체에 대한 흥미를 잃는 것입니다.

질: 제가 얼마나 무력한지 모릅니다. 존재(existence-삶)의 꿈이 계속되는 한 저는 그것이 지속되기를 바랍니다. 제가 그것이 지속되기를 바라는 한, 그 꿈은 계속되겠지요.

마: 그것이 지속되기를 바라는 것이 불가피한 것은 아닙니다. 그대의 상태를 명료하게 보십시오. 그대의 **명료함** 자체가 그대를 해방할 것입니다.

질: 제가 당신과 함께 있는 한, 당신께서 말씀하시는 모든 것이 아주 명백해 보입니다. 그러나 당신에게서 떨어져 있자마자 저는 들뜨고 걱정이 되어 쫓아다닙니다.

마: 저에게서 떨어져 있을 필요가 없습니다—적어도 그대의 마음속으로는. 그러나 그대의 마음은 세계의 복지를 추구하고 있지요!

질: 세계가 문제들로 가득하니, 제 마음도 그런 문제들로 가득한 것이 놀랄 것도 없습니다.

마: 세계에 문제가 없던 적이 있었습니까? 그대가 한 '사람'인 것은 남들에 대한 폭력에 의존합니다. 그대의 몸 자체가 하나의 전장戰場이어서, 죽은 것과 죽어가는 것들로 가득합니다. 존재(삶)는 폭력의 의미를 내포합니다.

질: 하나의 몸으로서는—그렇습니다. 한 인간으로서는—절대 그렇지 않습니다. 인류에게는 비폭력이 삶의 법칙이고, 폭력은 죽음의 법칙입니다.

마: 자연에는 비폭력이 거의 없지요.

질: 신과 자연은 인간적이지 않고, 인도적일 필요가 없습니다. 저는 인간에만 관심이 있습니다. 인간이려면 제가 절대적으로 자비로워야 합니다.

마: 방어해야 할 자아가 있는 한 그대는 폭력적일 수밖에 없다는 것을 자각합니까?

질: 자각합니다. 참으로 인간적이려면 저에게 자아가 없어야 합니다. 제가 이기적인 한 저는 인간 이하이고, 하나의 원인(原人, humanoid)일 뿐입니다.

마: 그러니까, 우리는 모두 인간 이하이고 소수의 사람만 인간적이군요. 소수든 다수든, 우리를 인간적으로 만드는 것은 또다시 '**명료함과 자비**'입니다. 인간 이하인 사람들—'원인(原人)들'—은 **따마스**와 **라자스**에 의해 지배되고, 인간은 **사뜨와**에 의해 지배됩니다. **명료함과 자비**는 **사뜨와**인데, 왜냐하면 그것이 마음과 행위에 영향을 주기 때문입니다. 그러나 실재는 **사뜨와**를 넘어서 있습니다. 제가 그대를 알고 지낸 이후로, 그대는 늘 세계를 도우려고 애쓰는 것처럼 보입니다. 얼마나 많이 도와주었습니까?

질: 조금도 돕지 못했습니다. 세계도 변하지 않았고 저도 변하지 않았습니다. 그러나 세계는 고통 받고 있고, 저도 그와 함께 고통 받고 있습니다. 고통에 대항해 싸우는 것은 하나의 자연적 반응입니다. 그런데 문명과 문화, 철학과 종교가 고통에 맞선 하나의 반란 아니고 무엇입니까? 악과 악의 종식—그것이 당신 자신의 주된 관심사 아닙니까? 그것을 무지라고 하셔도 무방하지만, 결국 마찬가지입니다.

마: 글쎄요, 말은 중요하지 않고, 그대가 바로 지금 어떤 형상을 취하고 있느냐도 중요하지 않습니다. 이름과 형상들은 끊임없이 변합니다. 그대 자신이 변화무쌍한 마음에 대한 불변의 **주시자**라는 것을 아십시오. 그거면 충분합니다.

98
자기 동일시에서 벗어나기

마하라지: 그대는 마룻바닥에 앉을 수 있습니까? 방석이 필요합니까? 질문할 어떤 것들이 있습니까? 질문할 필요가 있다는 것은 아니고, 침묵하고 있어도 됩니다. 있는 것, 그냥 있는 것이 중요합니다. 무엇을 물을 필요도 없고 무엇을 할 필요도 없습니다. 외관상 그렇게 게으른 시간 보내기 방식은 인도에서는 높이 평가됩니다. 그것은 "다음은 뭐지?"에 대한 과도한 집착에서 그대가 한동안 벗어나 있다는 의미입니다. 그대가 서두르지 않고 마음이 걱정에서 벗어나 있으면 그 마음은 고요해지는데, 그 **침묵** 속에서 보통은 너무나 섬세하고 미세해서 지각되지 않는 뭔가가 들릴지 모릅니다. 마음이 열려 있고 고요해야 볼 수 있습니다. 여기서 우리가 하려고 하는 일은, 실재하는 것을 이해하기에 적합한 상태로 우리의 마음을 가져가는 것입니다.

질문자: 걱정을 잘라내 버리는 법을 우리는 어떻게 배웁니까?

마: 그대의 걱정들에 대해 걱정할 필요가 없습니다. 그냥 있으십시오(Just be). 고요히 있으려고 애쓰지 마십시오. '고요히 있음'을, 수행逐行해야 할 어떤 과업으로 삼지 마십시오. '고요히 있음'에 대해 불안해하지 말고, '행복하게 있음'에 대해 비참해하지 마십시오. 그저 그대가 있고, 자각하고 있다는 것만 자각하십시오. "그래, 내가 있다. 다음은 뭐지?"라고 말하지 마십시오. "내가 있다" 안에는 어떤 '다음'도 없습니다. 그것은 하나의 무시간적 상태입니다.

질: 만약 그것이 하나의 무시간적 상태라면, 어떻게든 그것이 스스로 드러나겠지요.

마: 그대는 무시간적으로 본래의 그대이지만, 그것을 알고 그에 따라 행위하지 못한다면 그것이 그대에게 무슨 소용 있습니까? 그대의 동냥 그릇이 순금으로 되어 있다 할지라도, 그것을 모르는 한 그대는 가난뱅이입니다.

그대의 내적인 가치를 알아야 하고, 그것을 신뢰하고, 매일 욕망과 두려움을 희생 제물로 바치면서 그것을 표현해야 합니다.

질: 제가 저 자신을 알면, 욕망하고 두려워하지 않겠습니까?

마: 새로운 소견에도 불구하고 한동안은 마음의 습쩔이 남아 있겠지요. 알고 있는 과거를 그리워하고 아직 모르는 미래를 두려워하는 습관 말입니다. 이런 것들이 마음의 습쩔일 뿐이라는 것을 알 때, 그것을 넘어설 수 있습니다. 그대 자신에 대한 온갖 관념을 가지고 있는 한, 그대는 이런 관념들의 안개를 통해 그대 자신을 압니다. 있는 그대로의 그대 자신을 알려면 모든 관념을 포기하십시오. 순수한 물의 맛은 그대가 상상할 수 없습니다. 모든 맛내기를 버려야만 그것을 발견할 수 있습니다.

그대가 현재의 생활방식에 관심을 가지고 있는 한, 그 방식을 버리지 않겠지요. 친숙한 것에 매달려 있는 한 (새로운) 발견이 다가올 수 없습니다. 그대의 삶이 가진 엄청난 슬픔을 온전히 깨닫고 거기에 대해 반기를 들 때만, 어떤 출구가 발견될 수 있습니다.

질: 저는 이제 인도의 '영원한 삶'의 비밀이 이런 존재의 차원들에 있다는 것을 알겠습니다. 이런 차원들에 대해서는 인도가 늘 보호자였습니다.

마: 그것은 하나의 공개된 비밀이고, 그것을 기꺼이 공유할 준비가 되어 있는 사람들이 늘 있었지요. 스승들은 많이 있지만 두려움 없는 제자들은 아주 적습니다.

질: 저는 아주 기꺼이 배우고 싶습니다.

마: 말을 배우는 것으로는 충분치 않습니다. 이론만 알 수도 있지만 비인격체이자 존재·사랑·지복의 무제약적 중심으로서의 그대 자신에 대한 실제적 체험이 없으면, 한갓 언어적 지식만으로는 아무것도 산출하지 못합니다.

질: 그러면 저는 어떻게 해야 합니까?

마: 있으려고, 오직 있으려고만 애쓰십시오. 가장 중요한 단어는 '애쓴다'는 것입니다. 매일 충분한 시간을 할애하여 고요히 앉아서, 그저 온갖 부가물과 망상을 가지고 있는 그 인격을 넘어서려고 애쓰고, 그저 애쓰십시오. 어떻게 하느냐고 묻지 마십시오. 그것은 설명할 수 없습니다. 그저 성공할 때

까지 계속 애쓰십시오. 꾸준히 해나가면 실패란 있을 수 없습니다. 극히 중요한 것은 **진지함**과 **성실성**입니다. 그대는 지금의 그대인 그 '사람'에 대해 정말 신물이 나 있어야 합니다. '기억과 습관들의 다발'과의 이 불필요한 자기 동일시에서 벗어날 절박한 필요성을 이제 인식하십시오. 불필요한 것들에 대한 이런 꾸준한 저항이 성공의 비결입니다.

어쨌든 그대는 삶의 매순간 본래의 그대이지만, 아마 잠에서 깨어날 때 말고는 결코 그것을 의식하지 못할 것입니다. 그대에게 필요한 것은―하나의 언어적 진술로서가 아니라 항존하는 사실로서의―**존재**를 자각하는 것이 전부입니다. 그대가 **있다**는 **자각**은 본래의 그대에 대해 눈을 뜨게 해줄 것입니다. 그것은 아주 단순합니다. 무엇보다도 먼저, 그대 자신과의 부단한 접촉을 확립하고, 늘 그대 자신과 함께하십시오. **자기자각**(self-awareness) 속으로 모든 축복이 흘러듭니다. 관찰의, 곧 의도적 인식의 한 중심으로 시작하여, **행동하는 사랑**의 한 중심으로 성장하십시오. "내가 있다"는, 거대한 나무로 성장할 하나의 작은 씨앗입니다. 아주 자연스럽게, 노력한 흔적 없이 성장할 나무 말입니다.

질: 저는 저 자신에게서 너무 많은 악을 봅니다. 그것을 변화시켜야 하지 않습니까?

마: 악은 부주의의 그림자입니다. 자기자각의 빛 안에서, 그것은 시들고 떨어져 나갈 것입니다.

다른 사람에 대한 모든 의존은 부질없습니다. 남들이 줄 수 있는 것은 남들이 가져가 버릴 것이기 때문입니다. 처음부터 그대 자신의 것만이 마지막에도 그대 자신의 것으로 남아 있을 것입니다. 내면의 인도引導 외에는 어떤 인도도 받아들이지 말고, 받아들인다 해도 모든 기억을 걸러내십시오. 왜냐하면 기억들이 그대를 오도할 테니까요. 수단과 방법들을 잘 모른다고 해도, 침묵을 지키고 내면을 바라보십시오. 그러면 분명히 인도를 받게 될 것입니다. 다음 단계가 무엇일지 몰라 막막해하는 일은 결코 없을 것입니다. 문제는 그대가 그것을 회피할지 모른다는 것입니다. 스승은 그대에게 용기를 주기 위해 존재합니다. 왜냐하면 그는 경험해 보았고 성공했기 때문입니다. 그러나 그대 자신의 **자각**, 그대 자신의 노력을 통해서 그대가 발견하는 것만이 그대에게 영구적으로 쓸모가 있을 것입니다.

기억하십시오. 그대가 지각하는 그 무엇도 그대 자신의 것이 아니라는 것을 말입니다. 바깥에서는 가치 있는 그 무엇도 그대에게 올 수 없습니다. 실제로 쓸모 있고 깨우침을 주는 것은 그대 자신의 느낌과 이해뿐입니다. 남에게서 들었거나 책에서 읽은 말들은 그대의 마음 속에 상像들을 만들어 낼 뿐이고, 그대는 어떤 심상心像(mental image)이 아닙니다. 그대는 그 상像 이면에 그리고 너머에 있는, 지각하고 행위하는 힘입니다.

질: 당신께서는 저에게, 이기주의(egoism)가 될 만큼 자기중심적으로 되라고 조언하시는 것처럼 보입니다. 다른 사람들에 대한 저의 관심에도 굴복하면 안 됩니까?

마: 남들에 대한 그대의 관심은 이기적이고, 자기관심적이고, 자기지향적입니다. 그대는 사람으로서의 남들에게 관심이 있는 것이 아니라, 그들이 그대 자신에 대한 그대의 상像을 풍부하게 하고 고상하게 해주는 한에서만 관심이 있습니다. 그리고 이기심의 궁극은 자기 자신의 몸을 보호하고, 보존하고, 증식하는 것만 보살피는 것입니다. 제가 몸이라고 할 때 그것은 그대의 이름과 형상에 관계되는 모든 것—그대의 가족, 부족, 나라, 인종 등을 뜻합니다. 자신의 이름과 형상에 집착하는 것이 이기심입니다. 자기가 몸도 아니고 마음도 아니라는 것을 아는 사람은 이기적으로 될 수 없습니다. 그가 이기적으로 추구할 것이 아무것도 없기 때문입니다. 아니면, 그는 자신이 만나는 모든 사람을 위해 평등하게 '이기적'이라고 말할 수도 있겠지요. 모두의 행복이 그 자신의 행복이니 말입니다. "나는 세계이고, 세계는 나 자신이다"라는 느낌이 아주 자연스러워지는데, 일단 그것이 확립되면 이기적으로 될 길이 아예 없습니다. 이기적이라는 것은 전체에 대립하는 일부를 위해 탐내고, 획득하고, 축적하는 것을 의미합니다.

질: 우리는 상속이나 결혼, 혹은 그냥 행운으로 얻은 많은 소유물을 가진 부자일 수도 있습니다.

마: 꽉 붙들지 않으면 그것이 그대에게서 사라져버릴 수도 있지요.

질: 당신의 현재 상태에서 당신께서는 다른 사람을 한 '사람'으로서 사랑하실 수 있습니까?

마: 제가 그 다른 사람이고, 그 다른 사람이 저 자신입니다. 이름과 형상에서는 우리가 서로 다르지만, 어떤 분리도 없습니다. 존재의 뿌리에서 우리는 하나입니다.

질: 사람들 사이에 사랑이 있을 때는 언제나 그렇지 않습니까?

마: 그렇지요. 그러나 그들은 그것을 의식하지 못합니다. 그들은 (서로에게) 매력을 느끼지만 그 이유를 모릅니다.

질: 사랑은 왜 선택적입니까?

마: 사랑이 선택적인 것이 아니라 욕망이 선택적입니다. **사랑** 안에서는 낯선 사람이 없습니다. 이기심의 중심이 더 이상 존재하지 않을 때는, 쾌락에 대한 모든 욕망과 고통에 대한 모든 두려움이 사라집니다. 그러면 더 이상 행복해지는 데 관심이 없습니다. 행복 너머에, 영원한 **근원**에서 나오는 순수한 강렬함, 다함없는 에너지, 베풂의 희열이 있습니다.

질: 옳고 그름의 문제를 저 스스로 푸는 것으로 시작해야 하지 않습니까?

마: 즐거운 것을 사람들은 좋다고 하고, 고통스러운 것을 사람들은 나쁘다고 하지요.

질: 예, 저희 범부들의 경우가 바로 그렇습니다. 그러나 단일성의 수준에 계신 당신의 경우는 어떻습니까? 당신께는 무엇이 좋고 무엇이 나쁩니까?

마: 괴로움을 증가시키는 것은 나쁘고, 그것을 제거하는 것은 좋습니다.

질: 그러니까 당신께서는 괴로움 자체에는 선善이 없다고 보시는군요. 괴로움을 선하고 고상하다고 보는 종교들도 있습니다.

마: 카르마, 곧 운명은 자비로운 어떤 법칙, 곧 균형·조화·통일을 향하는 우주적 추세의 한 표현입니다. 매순간, 지금 무슨 일이 일어나든 그것은 최선을 위한 것입니다. 그것이 고통스럽고 추악하게 보일 수도 있고, 쓰라리고 무의미한 괴로움으로 보일 수도 있지만, 과거와 미래를 고려할 때, 그것은 최선을 위한 것입니다. 재난적 상황을 벗어나기 위한 유일한 길로서 말입니다.

질: 우리는 자기 자신의 죄에 대해서만 고통을 받습니까?

마: 우리는 우리가 자기 자신이라고 생각하는 것과 함께 고통을 받습니다. 만약 그대가 인류와 하나라고 느낀다면, 인류와 함께 고통 받습니다.

질: 그런데 당신께서는 우주와 하나라고 주장하시니, 당신의 괴로움에는 시간과 공간의 한계가 없군요!

마: (세계 안에) 있는 것이 곧 고통 받는 것입니다. '나'의 자기 동일시 범위가 좁을수록, 욕망과 두려움에 기인하는 고통은 더 격심합니다.

질: 기독교는 괴로움을, (영혼을) 정화해 주고 고상하게 해주는 과정으로 받아들이는 반면, 힌두교는 그것을 혐오스럽게 바라봅니다.

마: 기독교는 말을 조합하는 한 방식이고, 힌두교도 마찬가지입니다. 실재는 말의 이면에 그리고 너머에 있고, 소통 불가능하며, 직접적으로 체험되고, 마음에 미치는 효과 면에서 폭발적입니다. 달리 아무것도 원치 않을 때 그것이 쉽게 얻어집니다. 비실재는 상상에 의해 창조되고, 욕망에 의해 영구화됩니다.

질: 필요하고도 유익한 어떤 괴로움도 있을 수 없습니까?

마: 우발적이거나 부수적인 고통은 불가피하고 찰나적이지만, 의도적으로 가하는 고통은 최선의 의도로 가한 것조차도 무의미하고 잔인하지요.

질: 당신께서는 범죄를 처벌하지 않으시겠군요?

마: 형벌은 합법화된 범죄에 지나지 않습니다. 보복보다 예방에 기초한 사회에서는 범죄가 아주 적을 것입니다. 소수의 예외들은 불건강한 마음과 몸이 저지른 범죄로서 의학적으로 처리되겠지요.

질: 당신께는 종교가 거의 필요 없는 것 같습니다.

마: 종교가 무엇입니까? 하늘의 구름 하나입니다. 저는 하늘에 살고 있지, 수많은 언어들로 조합된 구름 속에 살고 있지 않습니다. 군더더기 말들을 제거하고 나면 무엇이 남습니까? 진리가 남습니다. 저의 집은 변할 수 없는 것 안에 있는데, 그것은 상대물들 간의 부단한 조정과 통합의 한 상태로 보입니다. 사람들은 그런 상태가 실제로 존재한다는 것, 그것이 나타나는 것을 가로막는 장애물들, 그리고 그것을 일단 지각했을 때 그것을 의식 안

에 안정시켜서 이해와 삶 간에 아무 충돌이 없게 하는 기술을 배우기 위해 여기 옵니다. 그 상태 자체는 마음을 넘어서 있고, 배울 필요가 없습니다. 마음은 장애들에 초점을 맞출 수 있을 뿐입니다. 장애를 장애로 바라보는 것은 (그것을 제거하는 데) 효과가 있습니다. 왜냐하면 그것은 마음이 마음에 작용하는 것이기 때문입니다. 처음부터 시작하십시오. 즉, 그대가 있다는 사실에 주의를 기울이십시오. 어느 때에도 그대는 "나는 없었다"고 말하지 못합니다. 그대가 할 수 있는 말은 "기억이 나지 않는다"가 전부입니다. 기억이 얼마나 신뢰할 수 없는 것인지는 그대가 압니다. 그대가 사소한 개인적 문제들에 사로잡혀 본래의 그대를 잊어버렸다는 것을 받아들이고, '알려지는 것'(지각 대상들)을 (관심 범위에서) 제거함으로써 그 잃어버린 기억을 되살리도록 노력하십시오. (그럴 때) 어떤 일이 일어날지는 그대에게 말해줄 수 없고, 그것은 바람직하지도 않습니다. 기대가 환상을 창조할 테니까요. 그 내적 탐색에서는 예기치 않은 것들이 불가피하게 일어나고, 그 발견은 어김없이 모든 상상을 넘어섭니다. 태어나지 않은 아기는 마음 속에 어떤 유효한 상像을 형성할 수 있는 자료가 없기 때문에 태어난 뒤의 삶을 알 수 없듯이, 마음은 "이건 아니다, 저건 아니다"라고 부정하는 것 외에는 비실재의 견지에서 실재를 생각할 수 없습니다. 비실재를 실재로 받아들이는 것이 장애입니다. 거짓인 것을 거짓으로 보고 거짓인 것을 내버리면 실재가 출현합니다. 완전한 명료함, 무한한 사랑, 완전한 무외無畏의 상태들—이런 것들은 현재로서는 말에 지나지 않고 아무 색깔이 없는 윤곽일 뿐이지만, '있을 수 있는 것'을 암시합니다. 그대는 어떤 수술을 받아서 앞을 보기를 기대하는 장님과 같습니다—단, 그대가 그 수술을 회피하지 않을 때 말이지요! 제가 있는 이 상태에서는 말이 전혀 중요하지 않습니다. 말에 대한 어떤 애착도 없습니다. 사실들만 중요합니다.

질: 말이 없으면 종교가 있을 수 없습니다.

마: 기록된 종교들은 군더더기 말들의 무더기에 지나지 않습니다. 종교들은 행위 속에서, 말없는 행위 속에서 그 진면목을 보여줍니다. 사람이 무엇을 믿는지를 알려면 그가 어떻게 행위하는지 지켜보십시오. 대다수 사람들에

게는 자신의 몸과 마음에 봉사하는 것이 그들의 종교입니다. 그들은 많은 종교적 관념들을 가지고 있을지 모르나, 그에 기초해 행위하지는 않습니다. 그들은 그것을 가지고 놀고, 그것을 아주 좋아할 때도 많지만, 그에 기초해 행위하지는 않을 것입니다.

질: 의사소통을 위해서는 말이 필요합니다.

마: 정보 교환을 위해서는, 그렇지요. 그러나 사람들 간의 진정한 의사소통은 말로 되지 않습니다. 관계를 확립하고 유지하기 위해서는 직접적 행위로 표출되는 **애정 어린 자각**(affectionate awareness)이 필요합니다. 무엇을 말하느냐가 아니라 무엇을 행하느냐가 중요합니다. 말은 마음이 만들어내고, 마음의 수준에서만 의미가 있습니다. '빵'이란 말은 그대가 그것을 먹을 수도 없고 그걸로 살아갈 수도 없습니다. 그것은 하나의 관념을 전달할 뿐이고, 실제로 그것을 먹을 때만 의미를 획득합니다. 같은 의미에서 저는 그대에게, **정상 상태**(Normal State)라는 것은 언어적인 것이 아니라고 말하고 있습니다. 저는 그것을 행위로 표현되는 **지혜로운 사랑**이라고 말할 수도 있지만, 그대가 그것을 그 충만함과 아름다움 속에서 체험하지 못한다면 이런 말들이 별 의미를 전달하지 못합니다.

　말의 효용은 제한적인데, 우리는 거기에 아무 한계를 두지 않다 보니 재앙 직전까지 다가갑니다. 우리의 고상한 관념들은 천박한 행동에 의해서 멋지게 균형이 잡힙니다. 우리는 **신·진리·사랑**을 이야기하지만, 직접적인 체험 대신 (언어적) 규정들을 갖습니다. 우리는 행위를 확대하고 심화하는 대신, 우리의 규정들을 다듬습니다. 그리고 우리가 무엇을 규정할 수 있는지 안다고 상상하지요!

질: 말을 통하는 것 외에, 체험을 어떻게 전달할 수 있습니까?

마: 체험은 말을 통해서 전달할 수 없습니다. 그것은 행위(실천 수행)와 함께 옵니다. 체험이 강렬한 사람은 자신감과 용기를 발산합니다. 그러면 남들도 행위하고, 행위에서 나오는 체험을 얻을 것입니다. 구두 가르침도 쓸모는 있는데, 그것은 마음이 스스로 자신의 축적물들을 피하도록 준비시켜 줍니다.

정신적 성숙이 어느 수준에 도달하면 외적인 그 무엇도 아무 가치가 없고, 가슴(심장)이 모든 것을 포기할 준비가 됩니다. 그럴 때 **실재**가 기회를 포착하여 그것을 장악합니다. 만약 지체되는 일이 있다면, 그것은 마음이 (자신의 장애나 축적물들을) 기꺼이 보거나 버리지 않으려고 할 때 일어납니다.

질: 우리는 그토록 완전히 홀로입니까?

마: 오, 아니지요. 홀로가 아닙니다. 가진 자들은 베풀 수 있습니다. 그리고 그렇게 베푸는 이들이 많지요. 이 세계 자체가 (실재를 깨달은 자들의) 자애로운 희생에 의해 유지되는 최상의 선물입니다. 그러나 그것을 제대로 받을 수 있는, 지혜롭고 겸손한 사람들이 너무나 적습니다. "구하라, 그러면 얻을 것이다"는 영원한 법칙입니다.

수많은 말들을 그대가 배웠고, 수많은 것을 그대가 이야기했습니다. 그대는 일체를 알지만, 정작 그대 자신을 모릅니다. 진아는 말을 통해서 알 수 없기 때문입니다. 직접적인 통찰만이 그것을 드러내줄 것입니다. 내면을 바라보고, 내면을 탐색하십시오.

질: 말을 버리기는 아주 어렵습니다. 우리의 정신적 삶은 한 줄기 끊임없는 말의 흐름입니다.

마: 그것은 쉽거나 어려운 문제가 아닙니다. 그대에게 대안은 없습니다. 노력하거나, 노력하지 않는 것이지요. 그것은 그대에게 달렸습니다.

질: 저는 여러 번 시도해 보았지만 실패했습니다.

마: 다시 시도하십시오. 계속 노력해 나가면 어떤 일이 일어날지 모릅니다. 그러나 노력하지 않으면 정체됩니다. 그대는 모든 적절한 단어들을 알고, 경전을 인용하고, 뛰어나게 토론을 잘 할 수도 있지만, 그럼에도 하나의 뼛자루(뼈를 담은 가죽자루, 곧 육신)로 머무를 수 있습니다. 아니면 남의 눈에 띄지 않고 비천한, 아예 하찮은 사람일 수도 있지만, 그럼에도 애정 어린 친절과 깊은 지혜로 빛날 수도 있습니다.

99
지각되는 것은 지각하는 자일 수 없다

질문자: 저는 수련해 볼 수 있는 다양한 요가들을 탐색하며 여기저기 옮겨 다녔는데, 어느 것이 저에게 가장 잘 맞는지 판단할 수 없었습니다. 적절한 조언을 좀 해주시면 감사하겠습니다. 현재로서는 이런 모든 탐색의 결과로, 진리를 발견하겠다는 생각이 그냥 지겨워졌습니다. 그것은 저에게 불필요하고도 번거로운 일로 보입니다. 삶은 지금 이대로 향유할 만한데, 그것을 더 개선해야 할 필요가 있는지 모르겠습니다.

마하라지: 얼마든지 그렇게 만족하고 있어도 됩니다. 그러나 과연 그럴 수 있습니까? 젊음, 정력, 돈―모두가 생각보다 빨리 흘러가 버릴 것입니다. 지금까지 회피해 왔던 슬픔이 그대를 쫓아올 것입니다. 괴로움을 넘어서고 싶다면, 그것을 도중에서 마중해 끌어안아야 합니다. 그대의 습관과 애착들을 포기하고, 단순하고 건전한 삶을 살며, 살아 있는 존재에게 상처를 주지 마십시오. 이것이 요가의 토대입니다. 실재를 발견하려면 가장 사소한 일상의 행위에서 진실해야 합니다. 진리 탐구에서는 어떤 속임수도 있을 수 없습니다. 그대는 자신의 삶이 향유할 만하다고 말합니다. 그럴지도 모르지요―현재로서는. 그러나 누가 그것을 향유합니까?

질: 저는 '향유하는 자'도, '향유되는 것'도 모른다는 것을 고백합니다. 저는 '향유(enjoyment)'만 알 뿐입니다.

마: 정말 그렇지요. 그러나 향유는 마음의 한 상태이고, 오고 갑니다. 그것이 무상하다는 것 자체가 그것을 지각 가능케 합니다. 불변인 것은 그대가 의식할 수 없습니다. 모든 의식은 변화에 대한 의식입니다. 그러나 변화에 대한 지각 자체―그것은 어떤 불변의 배경을 필요로 하지 않습니까?

질: 전혀 그렇지 않습니다. 직전 상태에 대한 기억이 현재 상태의 실제성과 비교되어, 변화가 일어났다는 것을 경험하게 해 줍니다.

마: 기억되는 것과 실제인 것 사이에는 순간순간 관찰될 수 있는 한 가지

기본적인 차이가 있지요. 실제인 것은 어느 한 순간에도 기억되지 않습니다. 그 둘 사이에는 밀도뿐 아니라 본질상의 차이가 있습니다. 실제인 것은 엄연히 실제입니다. 어떤 의지력이나 상상으로도 그 둘을 서로 바꾸어 놓을 수 없습니다. 자, 실제인 것에 이 독특한 성질을 부여하는 것은 무엇입니까?

질: 실제인 것은 실재하는 반면, 기억되는 것에는 아주 많은 불확실성이 있습니다.

마: 정말 그렇지요. 그런데 왜 그렇습니까? 한 순간 전에는 (현재) 기억되는 것도 실제였고, 한 순간에 실제인 것도 기억되는 것으로 되겠지요. 실제인 것을 독특하게 만드는 것은 무엇입니까? 명백히 그것은, 그대가 현존하고 있다는 느낌입니다. 기억과 예상에서는 그것이 관찰 대상인 한 마음 상태라는 명료한 느낌이 있는 반면, 실제인 것에서는 그 느낌이 1차적으로, 현존하고 있고 자각하고 있다는 느낌입니다.

질: 예, 알겠습니다. 실제인 것과 기억되는 것이 차이 나게 하는 것은 **자각**입니다. 과거나 미래에 대해서는 제가 생각할 수 있지만, 지금 안에서는 제가 현존합니다.

마: 그대는 어디를 가든, 지금 여기라는 느낌을 늘 가지고 다닙니다. 그것은 그대가 공간과 시간에서 독립해 있다는 것, 공간과 시간이 그대 안에 있지 그대가 그 안에 있지는 않다는 것을 의미합니다. 그대가 유한성의 느낌을 갖는 것은 몸과의 자기 동일시 때문인데, 그 몸은 당연히 공간과 시간 안에 한정되어 있지요. 실은 그대는 무한하고 영원합니다.

질: 이 무한하고 영원한 저의 **자아**를, 저는 어떻게 알 수 있습니까?

마: 그대가 알고 싶어 하는 **자아**, 그것이 어떤 두 번째 자아입니까? 그대는 다수의 자아들로 이루어져 있습니까? 분명히 단 하나의 **자아**가 있고, 그대가 그 **자아**(진아)입니다. 그대인 그 자아가 존재하는 유일한 **자아**입니다. 그대 자신에 대한 그릇된 관념들을 제거하고 내버리십시오. 그러면 거기에 그것이 온통 찬란한 모습으로 있습니다. 진아지를 가로막는 것은 그대의 마음일 뿐입니다.

질: 마음을 제가 어떻게 없앨 수 있습니까? 그런데 마음 없는 삶이 인간의 수준에서 도대체 가능하기는 합니까?

마: 마음 같은 것은 없습니다. 관념들이 있고, 그 중의 어떤 것들은 그릇된 것입니다. 그릇된 관념들을 내버리십시오. 왜냐하면 그것들은 거짓이고, 그대가 그대 자신을 보지 못하게 가로막기 때문입니다.

질: 어떤 관념들이 그릇되고 어떤 관념들이 참됩니까?

마: 주장(긍정)들은 보통 그릇되고, 부인(부정)들은 옳습니다.

질: 일체를 부인해서는 우리가 살아갈 수 없습니다!

마: 부인함으로써만 우리가 살 수 있습니다. 주장은 속박입니다. 의문시하고 부인하는 것이 필요합니다. 그것이 반란의 본질이고, 반란 없이는 어떤 자유도 있을 수 없습니다.

찾아야 할 어떤 두 번째 **자아**나 더 높은 **자아**도 없습니다. 그대가 바로 최고의 **자아**입니다. 그대의 자아에 대해 가지고 있는 거짓된 관념들을 포기하기만 하십시오. 믿음과 이성이 공히 그대에게 말해줍니다. 즉, 그대는 그 몸이 아니고, 그 몸의 욕망과 두려움도 아니고, 환적인 관념들을 가진 그 마음도 아니고, 사회가 그대에게 강요하는 역할, 곧 그대는 이래야 한다고 남들이 기대하는 그 '사람'도 아니라는 것을 말입니다. 거짓된 것을 포기하십시오. 그러면 **참된 것**이 저절로 드러날 것입니다.

그대는 자신의 **자아**(진아)를 알고 싶다고 말합니다. 그대가 그대의 **자아**입니다. 그대는 본래의 그대 아닌 그 무엇일 수도 없습니다. 앎(knowing)이 있음(being)과 별개입니까? 그대가 마음을 가지고 알 수 있는 그 무엇도 그 마음의 것이지 그대가 아닙니다. 그대 자신에 대해서는 "내가 있다, 나는 자각한다, 나는 그것을 좋아한다"고 말할 수 있을 뿐입니다.

질: 저는 살아 있는 것이 하나의 고통스러운 상태라고 봅니다.

마: 그대는 살아 있을 수 없지요. 그대가 **삶 자체**니까 말입니다. 고통 받는 것은 그대가 자기 자신이라고 생각하는 그 '사람'이지 그대가 아닙니다. 자각 안에서 그것을 해소하십시오. 그것은 기억과 습관의 한 다발에 불과합니다. 비실재에 대한 **자각**에서부터 그대의 **진정한 성품**에 대한 **자각**에 이르

기까지는 하나의 간극이 있지만, 그대가 일단 **순수한** 자각의 기술에 숙달되고 나면 그것을 쉽게 건널 수 있습니다.

질: 제가 아는 것은 제가 저 자신을 모른다는 것이 전부입니다.

마: 그대 자신을 모른다는 것을 그대는 어떻게 압니까? 그대의 직접적인 통찰은 그대가 먼저 그대 자신을 안다는 것을 말해줍니다. 왜냐하면 그 무엇도, 그것의 존재를 경험하는 그대가 있지 않고는 그대에게 존재하지 않기 때문입니다. 그대가 자신의 **자아**를 모른다고 상상하는 것은, 자신의 **자아**를 묘사할 수 없기 때문입니다. 그대는 늘 "나는 내가 있다는 것을 안다"고 말할 수 있고, "나는 없다"는 진술은 참되지 않다고 거부할 것입니다. 그러나 묘사될 수 있는 그 무엇도 그대 자신일 수 없고, 본래의 그대는 묘사될 수 없습니다. 자기규정이나 자기묘사를 하려는 어떤 시도도 함이 없이 그대 자신으로 있음으로써만 그대의 **자아**를 알 수 있습니다. 그대는 지각 가능한 혹은 인식 가능한 그 무엇도 아니라는 것, **의식의 장場** 안에 나타나는 그 무엇도 그대의 **자아**일 수 없다는 것을 일단 이해하고 나면, 모든 자기 동일시를 근절하는 일에 그대가 전념하게 될 것입니다. 그것이 그대의 **자아**에 대한 더 깊은 **깨달음**으로 그대를 데려다줄 수 있는 유일한 길이기 때문입니다. 그대는 말 그대로 물리침에 의해서 진보합니다—이것은 진짜 로켓이지요. 그대가 몸 안에도 있지 않고 마음 안에도 있지 않다는 것을 알되, 그 둘을 자각하는 것은 이미 **진아**지입니다.

질: 제가 몸도 아니고 마음도 아니라면, 제가 그것들을 어떻게 자각합니까? 저 자신에게 상당히 낯선 것을 제가 어떻게 지각할 수 있습니까?

마: "그 무엇도 내가 아니다"가 첫 단계입니다. "일체가 나다"가 그 다음입니다. 둘 다 "하나의 세계가 있다"는 관념에 매달려 있습니다. 이것도 포기했을 때, 그대가 '본래의 그대'로 남습니다—비이원적 **진아**로 말입니다. 그대는 지금 여기서 **그것**이지만, 자신의 **자아**에 대한 그릇된 관념들에 의해 그대의 시야가 차단됩니다.

질: 어쨌든 저는 제가 있고, (과거에) 있었고, (미래에) 있게 될 거라는 것을 시인합니다. 적어도 태어나서부터 죽을 때까지는 말입니다. 저는 지금 여기,

저의 존재에 대해서는 아무 의심이 없습니다. 그러나 그것은 충분치 않다고 봅니다. 저의 삶은 안과 밖의 조화에서 오는 기쁨이 없습니다. 만약 저 홀로 있고 세계는 하나의 투사물에 불과하다면, 부조화가 왜 있습니까?

마: 그대가 부조화를 창조한 다음 불평을 하는군요! 욕망하고 두려워하면서 그대 자신을 그대의 감정들과 동일시할 때, 그대는 슬픔과 속박을 창조합니다. 그대가 **사랑**과 **지혜**로 창조하면서 그대의 창조물들에 대해 초연한 상태에 있을 때, 그 결과는 **조화**와 **평안**입니다. 그러나 그대의 마음 상태가 어떠하든, 그것이 그대에게 어떤 식으로 영향을 줍니까? 그대의 마음과의 자기 동일시가 그대를 행복하거나 불행하게 만들 뿐입니다. 마음에 속박된 노예 상태에 반기를 들고, 그 속박을 그대가 자초한 것으로 보아 그 집착과 혐오의 사슬을 끊으십시오. **자유**라는 그대의 목표를 늘 명심하십시오. 그러다 보면 언젠가, 그대가 이미 자유롭다는 것, **자유**란 고통스러운 노력에 의해 먼 미래에 얻을 수 있는 어떤 것이 아니라, 영구히 그대 자신의 것이어서 사용하기만 하면 된다는 것을 깨닫게 될 것입니다! **해방**(해탈)은 어떤 획득물이 아니라 **용기**의 문제입니다. 그대가 이미 자유롭다고 믿고, 그에 기초해 행위할 수 있는 **용기** 말입니다.

질: 만일 제가 저 좋을 대로 하면, 고통을 받아야 할 것입니다.

마: 그렇다 할지라도 그대는 자유롭습니다. 그대의 행위의 결과는 그대가 살고 있는 사회와 그 사회의 관습에 달려 있겠지요.

질: 제가 무분별하게 행위할지도 모릅니다.

마: **용기**와 함께 **지혜**와 **자비**, 그리고 행위의 기술(art of action)이 나타날 것입니다. 무엇을 해야 할지를 알게 될 것이고, 그대가 하는 무슨 일이든 모두에게 이익이 될 것입니다.

질: 저 자신의 다양한 측면들이 서로 전쟁을 하고 있어서 저의 내면에는 아무 평화가 없습니다. 자유와 용기, 지혜와 자비가 어디에 있습니까? 저의 행위들은 그 간극만 벌려놓을 뿐인데, 그 간극에 제가 존재합니다.

마: 그것이 그런 것은 모두, 그대가 자신을 어떤 사람, 혹은 어떤 것으로 여기기 때문입니다. 멈추고, 바라보고, 탐구하고, 올바른 질문을 하여 올바

른 결론에 이르고, 그에 기초해 행위할 용기를 가지고, 어떤 일이 일어나는지 보십시오. 첫 단계들로 인해 그대 머리 위로 지붕이 무너질지 모르지만, 이내 그 소동은 정리되고 평안과 기쁨이 있게 될 것입니다. 그대는 자기 자신에 대해 수많은 것을 알고 있으나, 그 '아는 자'를 그대는 모릅니다. 그대가 누구인지, '알려지는 것'을 '아는 자'가 누구인지를 알아내십시오. 부지런히 내면을 바라보고, '지각되는 것'은 '지각하는 자'일 수 없다는 것을 기억해야 한다는 것을 기억하십시오. 그대가 무엇을 보고, 듣고, 생각하든, 그대는 일어나는 그 일이 아니라, 그 일이 일어나는 사람이라는 것을 기억하십시오. "내가 있다"는 느낌을 깊이 파고드십시오. 그러면 그 지각하는 중심이, 세계를 비추는 빛만큼이나 보편적(우주적)이라는 것을 분명히 발견할 것입니다. 우주 안에서 일어나는 모든 일은 그대에게, 곧 말없는 주시자에게 일어납니다. 다른 한편, 이루어지는 어떤 일도 그대에 의해, 곧 '**보편적이고 다함없는 에너지**'에 의해 이루어집니다.

질: 제가 말없는 **주시자**일 뿐 아니라 **보편적 에너지**라는 이야기를 듣는 것은 분명히 아주 기분 좋은 일입니다. 그러나 하나의 언어적 진술에서 **직접지**로 제가 어떻게 건너갈 수 있습니까? 듣는 것이 아는 것은 아닙니다.

마: 무엇을 직접, 비언어적으로 알기 전에, '아는 자'를 알아야 합니다. 이제까지 그대는 마음을 '아는 자'로 여겼지만, 그것은 실로 그렇지 않습니다. 마음은 이미지와 관념들로 그대를 틀어막는데, 그것들은 기억 안에 상흔을 남깁니다. 그대는 '기억하기'를 앎으로 여깁니다. **참된 앎**은 항상 싱그럽고, 새롭고, 예기치 않은 것입니다. 그것은 내면에서 솟아오릅니다. 그대가 본래의 그대를 알 때, 그대는 또한 '그대가 아는 것'(앎)이기도 합니다. **앎**과 **있음** 사이에 아무 간격이 없습니다.

질: 저는 마음을 가지고 마음을 탐구할 수 있을 뿐입니다.

마: 얼마든지 마음을 사용하여 그대의 마음을 아십시오. 그것은 완벽하게 정당하고, 또한 마음을 넘어서기 위한 최선의 준비과정입니다. **있음·앎·즐김**은 그대 자신의 것입니다. 먼저 그대 자신의 **존재**(있음)를 깨달으십시오. 이것은 쉽습니다. 왜냐하면 "내가 있다"는 느낌은 늘 그대와 함께하기 때문

입니다. 그런 다음 '알려지는 것'과 별개의, '아는 자'로서의 그대 자신을 만나십시오. 일단 **순수한 존재**로서의 그대 자신을 알면, **자유의 황홀경**이 그대 자신의 것입니다.

질: 이것은 무슨 요가입니까?

마: 왜 걱정합니까? 그대가 여기 오는 것은 그대가 아는 자신의 삶, 즉 그대의 몸과 마음의 삶에 그대가 불만을 느끼기 때문입니다. 그대는 그것들을 제어하고 어떤 이상理想에 맞도록 조정하여 그런 삶을 개선하려고 노력할 수도 있고, 아니면 자기 동일시의 매듭을 아주 끊어버리고, 몸과 마음을, 그대를 전혀 구속함이 없이 일어나는 어떤 일로 바라볼 수도 있습니다.

질: 절제와 규율의 길을 **라자 요가**(raja yoga)라 부르고, 무집착의 길을 **지知요가**(gnana yoga)라고 부를까요? 그리고 어떤 이상理想에 대한 숭배는 **헌신요가**(bhakti yoga)라고요?

마: 그렇게 부르고 싶으면 부르십시오. 단어들은 가리켜 보이지만, 설명해 주지 않습니다. 제가 가르치는 것은 '이해를 통한 **해탈**'이라고 하는, 예로부터의 단순한 길입니다. 그대 자신의 마음을 이해하십시오. 그러면 그대에 대한 마음의 장악이 끊어질 것입니다. 마음은 (사물을) 오해하며, 오해가 마음 자체의 성품입니다. 올바른 이해가 유일한 치유책인데, 그것을 뭐라고 불러도 상관없습니다. 그것은 최초의 수단이자 최후의 수단이기도 합니다. 왜냐하면 그것은 마음을 있는 그대로 다루기 때문입니다.

그대가 하는 그 무엇도 그대를 변화시키지 않을 것입니다. 그대는 어떤 변화도 필요하지 않으니까요. 그대의 몸이나 마음을 변화시킬지는 모르나, 변한 것은 늘 그대 자신이 아니라 그대에게 외적인 어떤 것입니다. 대체 왜 변하려고 애씁니까? 그대의 몸도 마음도, 심지어 그대의 **의식**도 그대 자신이 아니라는 것을 단번에 아주 깨닫고, **의식과 무의식**을 넘어선 그대의 **참된 성품** 안에서 홀로 서십시오. 어떤 노력으로도 거기에 이를 수 없고, 오직 이해의 **명료함**으로써만 이를 수 있습니다. 그대의 오해들을 추적하여 그것을 내버리십시오. 그거면 됩니다. 찾고 발견할 것이 아무것도 없습니다. 왜냐하면 아무것도 잃어버리지 않았기 때문입니다. 긴장을 풀고 "내가 있다"를 지켜보십시오. **실재는** 바로 그 뒤에 있습니다. **침묵을 지키고, 고요히 있으십시오.** 그것이 나타날 것입니다. 더 정확히는, 그것이 그대를 끌어들일 것입니다.

질: 먼저 제가 제 몸과 마음을 없애버려야 하지 않습니까?

마: 없애지 못하지요. 왜냐하면 그런 관념 자체가 그대를 그것들에 속박시키기 때문입니다. 그저 이해하고 무시해 버리십시오.

질: 무시할 수가 없습니다. 저는 통합되어 있지 않으니까요.

마: 그대가 완전히 통합되어 있다고, 즉 그대의 생각과 행위가 완전히 조화를 이루고 있다고 상상하십시오. (통합되어 있지 않다는) 그런 생각이 그대에게 어떻게 도움이 되겠습니까? 그것은 그대에게 몸이나 마음을 그대 자신으로 착각하는 데서 벗어나게 해주지 않을 것입니다. 몸과 마음을 '그대가 아닌 것'으로 올바르게 보십시오. 그거면 됩니다.

질: 제가 잊기 위해서 기억하기를 바라시는군요!

마: 예, 그렇게 보이지요. 하지만 희망이 없지 않습니다. 그대는 할 수 있습니다. 그저 진지하게 해 보십시오. 그대의 맹목적 모색은 전도가 아주 유망합니다. 탐색하는 것 자체가 발견하는 것입니다. 실패할 수가 없지요.

질: 우리는 해체되어 있기 때문에 고통 받습니다.

마: 우리의 생각과 행위들이 욕망과 두려움에 의해 유발되는 한, 우리는 고통 받을 것입니다. 욕망과 두려움이 부질없음을 아십시오. 그러면 그것들이 야기하는 위험과 혼란이 가라앉을 것입니다. 그대 자신을 개혁하려 애쓰지 말고, 그저 모든 변화가 부질없음을 아십시오. 변화무쌍한 것은 끊임없이 변하는 반면, **변치 않는 것**은 기다리고 있습니다. 변화무쌍한 것이 그대를 **변치 않는 것**에로 데려다줄 거라고 기대하지 마십시오. 그런 일은 결코 일어날 수 없습니다. 변한다는 관념 자체가 거짓이라는 것을 보고 그것을 내버릴 때, **변치 않는 것**이 그 진면목을 드러낼 수 있습니다.

질: 어디를 가도, 제가 심원하게 변한 뒤에야 **실재를** 볼 수 있을 거라는 이야기를 듣습니다. 의도적으로 스스로에게 부과하는 이 변화의 과정을 요가라고 합니다.

마: 모든 변화는 마음에만 영향을 줍니다. 본래의 그대가 되려면 마음을 넘어서 그대 자신의 존재 속으로 들어가야 합니다. 그대가 뒤로하는 마음이 어떤 것이냐는 중요하지 않습니다. 단, 그대가 마음을 영원히 뒤로한다면 말입니다. 이 역시 진아 깨달음 없이는 가능하지 않습니다.

질: 무엇이 먼저 옵니까? 마음 내버리기입니까, 진아 깨달음입니까?

마: 진아 깨달음이 단연 먼저 옵니다. 마음은 그 자체로 스스로를 넘어서지 못합니다. 그것이 폭발해야 합니다.

질: 폭발하기 전에 탐색을 하지 않아도요?

마: 그 폭발력은 실재에서 옵니다. 그러나 그에 대비해 그대의 마음을 준비시켜 두는 것이 좋겠지요. 두려움이 그것을 언제든 지연시킬 수 있고, 그러면 다음 기회가 올 때까지 기다려야 합니다.

질: 저는 늘 기회가 있다고 생각했습니다.

마: 이론상으로는 그렇지요. 실제상으로는, 진아 깨달음에 필요한 모든 요소들이 현존하는 어떤 상황이 발생해야 합니다. 그렇다고 낙담할 필요는 없습니다. "내가 있다"는 사실에 몰두하다 보면 이내 또 다른 기회가 생겨날 테니까요. 왜냐하면 마음가짐이 기회를 끌어오기 때문입니다. 그대가 아는 것은 모두 간접적인 앎입니다. "내가 있다"만이 직접적인 앎이고, 아무 증거가 필요 없습니다. 그것을 꾸준히 견지하십시오.

100
이해는 자유로 이끈다

질문자: 세계 여러 나라에서 수사관들은, 그들의 피해자(피의자)들로부터 자백을 받아내고, 또한 필요하다면 그의 인격도 바꿔 놓는 것을 목표로, 어떤 관행을 따릅니다. 신중하게 선택한 신체적·도덕적 박탈과 설득에 의해, 예

전의 인격이 허물어지고, 그 대신 새로운 인격이 확립됩니다. 조사 받는 사람이 자기가 국가의 적이고 조국의 배반자라는 말을 하도 많이 반복해서 듣다 보면 내면에서 뭔가가 허물어져, 자신이 배반자이고 반역자이며 완전히 비열한 사람이어서, 가장 혹독한 처벌을 받아도 된다고 완전히 확신하며 느끼기 시작하는 날이 옵니다. 이런 과정이 '세뇌'라는 것입니다.

저는 종교적·요가적 행법들이 '세뇌'와 아주 비슷하다는 생각이 들었습니다. 신체적·정신적 박탈, 독방 감금, 강력한 죄의식, 절망이, 그리고 속죄와 개종, 자기 자신에 대한 새로운 이미지 채용과 그 이미지의 인격화를 통해 도피하려는 욕망이 있다는 점이 서로 같습니다. "신은 선하다. 스승은 아신다. 믿음이 나를 구원할 것이다"라는 정해진 언구들을 반복하는 것도 같습니다. 소위 요가적 혹은 종교적 행법에서도 같은 메커니즘이 작동합니다. 마음을 어떤 특정한 관념에 집중시켜 다른 모든 관념을 몰아내는데, 집중은 엄격한 규율과 고통스러운 고행에 의해 강력하게 강화됩니다. 삶과 행복에서 비싼 대가가 지불되고, 따라서 그 반대급부로 우리가 얻는 것이 아주 중요한 것처럼 보입니다. 사전 계획된 이런 개종은, 뻔히 드러나 있든 숨겨져 있든, 종교적이든 정치적이든, 윤리적이든 사회적이든, 진정하고 지속적인 것처럼 보일지 모르나, 거기에 어떤 인위성의 느낌이 있습니다.

마하라지: 정말 맞는 말입니다. 수많은 역경을 겪다 보면 마음이 제자리를 벗어나 무력해집니다. 마음의 상태가 위태로워져서, 그것이 무엇을 하든 더 깊은 속박으로 끝납니다.

질: 그러면 왜 수행법들(sadhanas)이 제시됩니까?

마: 만일 엄청난 노력을 하지 않으면, 노력으로 그대가 아무것도 얻지 못한다는 것을 납득하지 못하겠지요. 자아는 워낙 자신감에 차 있어서, 완전히 기가 꺾이지 않으면 포기하지 않을 것입니다. 한갓 언어적 확신으로는 충분하지 않습니다. 엄연한 사실들만이 자기상像(self-image)이 전혀 아무것도 아님을 보여줄 수 있습니다.

질: 세뇌자는 저를 몰아붙여 미치게 만들고, 스승은 저를 몰아붙여 건전하게 만듭니다. 몰아붙인다는 것은 비슷합니다. 하지만 동기와 목적은 전혀

다릅니다. 유사점들은 있지만, 아마 언어적인 것뿐이겠지요.

마: 고통 받도록 유도하거나 강제하는 것은 그 안에 폭력을 내포하고 있고, 폭력의 열매는 달콤할 수 없습니다.

불가피하게 고통스러운 어떤 삶의 상황들이 있는데, 그것을 의연히 헤쳐 나가야 합니다. 또한 의도적이었든 부주의로 인해서든, 그대가 야기한 어떤 상황들도 있습니다. 그래도 그런 상황에서 교훈을 배워야만 그것을 되풀이하지 않게 됩니다.

질: 우리는 고통 받아 봐야만 고통을 극복하는 법을 배우는 것 같습니다.

마: 고통은 견뎌내야 합니다. 고통을 극복한다는 그런 것은 없고, 어떤 훈련도 필요 없습니다. 미래를 위한 훈련, 마음가짐의 계발은 두려움의 한 징표입니다.

질: 제가 일단 고통에 직면하는 법을 알면 거기서 벗어나서 그것을 두려워하지 않게 되고, 따라서 행복합니다. 이것이 죄수에게 일어나는 일입니다. 죄수는 자신의 형벌을 정당하고 적절한 것으로 받아들이고, 교도소 당국이나 국가와 평화롭게 지냅니다. 모든 종교들은 받아들임과 순복을 설교하는 것 말고는 달리 아무것도 하지 않습니다. 우리는 자신에게 죄가 있음을 시인하고, 세상의 모든 악에 대해 책임을 느끼며, 우리 자신을 그 악들의 유일한 원인으로 지목하라고 권유 받습니다. 저의 문제는, 수행(sadhana)의 경우 신체적 제약이 없다는 것을 제외하고는 세뇌와 수행 간에 많은 차이점을 보지 못하겠다는 것입니다. 강제적 암시의 요소는 양쪽에 다 있습니다.

마: 그대가 말했듯이 그 유사점들은 피상적입니다. 그에 대해 같은 이야기를 계속할 필요는 없습니다.

질: 선생님, 그 유사점들은 피상적이지 않습니다. 인간은 복잡한 존재여서, 동시에 기소자도 되고 피고인도 되고, 판사・교도소장・사형집행인도 될 수 있습니다. '자발적인' 수행에 막상 자발적인 면은 별로 없습니다. 우리는 자신의 이해와 통제를 넘어서는 힘들에 의해 움직입니다. 저는 저의 정신적 신진대사를 신체적 신진대사만큼이나 거의 바꿀 수 없습니다. 고통스러운 장기간의 노력―즉, 요가로써 바꾸지 않는다면 말입니다. 제가 여쭈는 것

은, 마하라지께서는 **요가**가 폭력의 의미를 내포한다고 보는 저의 견해에 동의하시느냐는 것뿐입니다.

마: 그대가 설명했듯이 **요가**가 폭력을 의미한다는 데는 동의하지만, 저는 어떤 형태의 폭력도 결코 옹호하지 않습니다. 저의 길은 전적으로 비폭력적입니다. 제가 '비폭력적'이라고 하는 말의 의미는 정확히 말 그대로입니다. 그것이 무엇인지는 그대 스스로 알아내십시오. 저는 그것이 비폭력적이라고 말할 뿐입니다.

질: 저는 단어들을 오용하지는 않습니다. 어떤 스승이 저에게 여생 동안 하루에 16시간씩 명상하라고 하면, 저는 저 자신에 대한 극도의 폭력 없이는 그렇게 할 수 없습니다. 그런 스승은 옳습니까, 그릅니까?

마: 그대가 그렇게 하고 싶지 않다면, 아무도 그대에게 16시간씩 명상하라고 강요하지 않습니다. 그것은 "그대 자신과 함께 머무르고, 남들 사이에서 길을 잃지 말라"고 그대에게 말해주는 하나의 방식일 뿐입니다. 스승은 기다려 주겠지만, (그대의) 마음은 인내심이 없지요.

폭력적인 것은 **스승**이 아니라 마음인데, 마음은 그 자신의 폭력도 두려워합니다. 마음에서 나온 것은 상대적입니다. 그것을 하나의 절대물로 만드는 것은 잘못입니다.

질: 만일 제가 수동적으로 있으면 아무것도 변하지 않을 것입니다. 그러나 능동적이면 제가 폭력적일 수밖에 없습니다. 메마르지도 않고 폭력적이지도 않은 것으로서 제가 할 수 있는 것은 무엇입니까?

마: 물론, 폭력적이지도 않고 메마르지도 않으면서도 극히 효과적인 하나의 길이 있지요. 그저 있는 그대로의 그대 자신을 바라보고, 있는 그대로의 그대 자신을 보고, 있는 그대로의 그대 자신을 받아들이고, 본래의 그대 속으로 더욱 더 깊이 들어가십시오. 폭력과 비폭력은 남들에 대한 그대의 태도를 묘사합니다. 그 자신과 관계되는 자아는 폭력적이지도 않고 비폭력적이지도 않습니다. 그것은 자신을 자각하거나 자각하지 못하거나 둘 중 하나입니다. 만약 그것이 그 자신을 안다면(자각한다면), 그것이 하는 모든 일은 옳을 것이고, 모른다면 그것이 하는 모든 일은 그릇될 것입니다.

질: 제가 있는 그대로의 저 자신을 안다는 것은 무슨 의미로 하신 말씀입니까?

마: 마음 이전에 내가 있습니다. "내가 있다"는 마음속의 한 생각이 아닙니다. 마음은 '나'에게 일어나지만, '나'는 마음에게 일어나지 않습니다. 그리고 시간과 공간은 마음 안에 있기 때문에, '나'는 시간과 공간을 넘어서 있고, 영원하며, 무소부재합니다.

질: 진담이십니까? 정말로 당신께서는 도처에, 그리고 언제나 존재하신다는 말씀이십니까?

마: 예, 그렇지요. 저에게는 그것이 명백합니다. 마치 활동의 자유가 그대에게 명백하듯이 말입니다. 나무가 원숭이에게 이렇게 말한다고 상상해 보십시오. "너는 정말로 여기저기 옮겨 다닐 수 있다는 말이냐?" 그러면 원숭이가 말합니다. "암, 그렇지."

질: 당신께서는 인과성에서 벗어나 있기도 하십니까? 기적을 일으키실 수 있습니까?

마: 세계 자체가 하나의 기적입니다. 저는 기적들을 넘어서 있습니다. 저는 절대적으로 정상입니다. 저에게는 일체가, 일어나야 하는 대로 일어납니다. 저는 창조계에 간섭하지 않습니다. 기적들 중 가장 위대한 기적이 늘 일어나고 있는데, 사소한 기적들이 저에게 무슨 소용 있습니까? 그대가 무엇을 보든, 그대가 보는 것은 늘 그대 자신의 **존재**입니다. 그대 자신 속으로 더욱 더 깊이 들어가고, 내면을 추구하십시오. **자기발견** 안에는 폭력도 없고 비폭력도 없습니다. 거짓을 파괴하는 것은 폭력이 아닙니다.

질: 제가 **자기탐구**를 닦거나, 아니면 그렇게 하는 것이 어떤 식으로든 저에게 이익이 있을 거라고 생각하면서 내면으로 들어갈 때, 저는 여전히 본래의 저로부터 도피하고 있습니다.

마: 정말 그렇지요. 참된 **탐구**는 항상 어떤 것 속으로 들어가는 탐구이지, 어떤 것에서 나오는 탐구가 아닙니다. 내가 무엇을 어떻게 얻거나 피해야 하는지를 물을 때, 나는 진정으로 탐구하고 있는 것이 아닙니다. 어떤 것을 알려면 내가 그것을 받아들여야 합니다 — 전적으로.

질: 예, 신을 알려면 제가 신을 받아들여야 합니다—얼마나 무서운지요!

마: 신을 받아들일 수 있으려면 그 전에 그대 자신을 받아들여야 하는데, 그것이 훨씬 더 무섭지요. 자기 받아들임(self-acceptance)의 첫 단계들은 전혀 유쾌하지 않습니다. 그대가 보는 것들이 즐거운 광경이 아니기 때문입니다. 더 나아가려면 모든 용기를 다 내야 합니다. 도움이 되는 것은 **침묵**입니다. 그대 자신을 완전한 **침묵** 속에서 바라보고, 자신을 묘사하지 마십시오. 그대가 자신이라고 믿는 그 존재를 바라보며, 기억하십시오—그대는 그대가 보는 그것이 아니라는 것을 말입니다. "이것은 내가 아니다. 나는 무엇인가?"가 **자기탐구**의 움직임입니다. 해탈에 이르는 다른 어떤 수단도 없고, (다른) 모든 수단들은 (해탈을) 연기시킵니다. 그대가 아닌 것을 단호히 배격하십시오. 그러다 보면, **진정한 자아**가 그 찬란한 **무**無(nothingness), 즉 '어떤 것도 아님(not-a-thingness)'의 모습으로 나타납니다.

질: 세계는 급격하고도 중대한 변화들을 겪고 있습니다. 우리는 미국에서 그것을 아주 명료하게 볼 수 있습니다. 다만 그런 변화들이 다른 나라들에서 일어나기는 하지만 말입니다. 한편으로는 범죄가 증가하고 있고, 다른 한편으로는 진정한 성스러움이 더 많아지고 있습니다. 공동체들이 형성되고 있는데, 그 중의 어떤 곳들은 아주 높은 수준의 올곧음(integrity)과 검소함(austerity)에 도달해 있습니다. 그것은 마치 악惡이 그 자신의 성공으로 인해 자신을 파괴하고 있는 것처럼 보입니다. 불이 자신의 연료를 소모하듯이 말입니다. 반면에 **선**善은 생명과 같이, 그 자신을 영구히 지속시킵니다.

마: 그대가 사건들을 선과 악으로 나누는 한에서는 그 말이 옳습니다. 사실 선은 악이 되고, 악은 그 자신을 성취함으로써 선이 됩니다.

질: 사랑은 어떻습니까?

마: 그것이 정욕(lust)으로 변하면, 그것도 파괴적으로 됩니다.

질: 정욕이란 무엇입니까?

마: '기억하기—상상하기—기대하기'입니다. 그것은 감각적이고 언어적입니다. 탐닉의 한 형태지요.

질: 브라마짜리야(brahmacharya)[금욕]가 요가에서 필수적입니까?

마: 억제와 억압의 삶은 요가가 아닙니다. 마음이 욕망에서 벗어나 이완되어야 합니다. 그것은 결의決意와 함께 오는 것이 아니라 이해와 함께 오는데, 결의는 기억의 또 다른 형태일 뿐입니다. 이해하는 마음은 욕망과 두려움에서 벗어나 있습니다.

질: 어떻게 하면 저 자신으로 하여금 이해하게 만들 수 있습니까?

마: 명상을 하면 되는데, 그것은 주의를 기울인다는 뜻입니다. 그대의 문제를 온전히 자각하고, 그것을 모든 측면에서 바라보며, 그것이 그대의 삶에 어떻게 영향을 미치는지 지켜보십시오. 그런 다음 그것을 내버려두십시오. 그 이상은 그대가 할 수 없습니다.

질: 그것이 저를 자유롭게 해주겠습니까?

마: 그대는 그대가 이해한 것에서는 자유롭습니다. 자유의 외부적 표현들이 나타나는 데는 시간이 걸릴 수 있지만, 그 표현들도 이미 있습니다. 완전함을 기대하지 마십시오. 현상계에 완전함이란 없습니다. 세부사항들은 충돌하기 마련입니다. 어떤 문제도 완전히 해결되지는 않지만, 그대는 거기서 물러나 그 문제가 작동하지 않는 수준까지 도달할 수 있습니다.

101
진인은 취하지도 않고 지니지도 않는다

질문자: 진인은 어떤 일을 해야 할 필요가 있을 때, 어떻게 그 일을 진행합니까? 계획을 세우고, 세부사항을 결정하고, 그것을 집행합니까?

마하라지: 진인은 어떤 상황을 충분히 이해하며, 무엇이 필요한지를 금방 압니다. 그거면 됩니다. 나머지는 저절로 일어나고, 대부분은 의식하지 못하는 사이에 이루어집니다. 존재하는 모든 것과 진인의 동일성이 워낙 완전하기 때문에, 그가 우주에 반응하는 대로 우주도 그에게 반응합니다. 그

는 일단 어떤 상황이 (그에게) 인식되었으면, 사건들이 적절히 반응하면서 움직일 거라는 것을 더없이 확신합니다. 범부는 개인적 문제에 관심이 있기 때문에 자신의 위험과 승산을 중요시하는 반면, **진인**은 초연한 상태로 있고, 모든 일은 일어나야 하는 대로 일어날 거라는 것을 확신합니다. 그리고 무슨 일이 일어나느냐는 별로 중요하지 않습니다. 궁극적으로, 균형과 조화로 돌아가는 것이 불가피하기 때문입니다. 사물들의 핵심에는 **평안**이 있습니다.

질: 저는 인격이 하나의 환幻이며, 정체성을 잃지 않고 경각해 있는 무집착이 우리가 **실재**와 접촉하는 점이라고 이해하고 있습니다. 부디 저에게 말씀해 주시겠습니까? 지금 이 순간 당신께서는 한 '사람'이신지요, 아니면 자기를 자각하는 정체성(진아)이신지요?

마: 둘 다지요. 그러나 **진정한 자아**는, 그 '사람'에 의해 제공되는 용어들을 가지고, "나는 무엇이 아니다"라는 말로써밖에는 묘사할 수 없습니다. 그대가 '사람'에 대해 이야기할 수 있는 모든 것은 **진아**가 아니고, **진아**에 대해서는 그대가 아무 말도 할 수 없습니다. 이 **진아**는 지금 그러하고, (과거에) 그럴 수 있었고, (앞으로) 그래야 할 그 '사람'을 가리키지 않을 것입니다. 모든 속성들은 개인적입니다. 실재는 모든 속성을 넘어서 있습니다.

질: 당신께서는 어떤 때는 **진아**이시고 어떤 때는 '사람'이십니까?

마: 어떻게 그럴 수 있습니까? 그 '사람'이란 다른 사람들에게 저로 보이는 것입니다. 저 자신에게는 제가 무한한 **의식**의 **무변제**인데, 그 안에서 무수한 사람들이 끝없이 이어지며 나타나고 사라집니다.

질: 어떻게 해서, 당신께서는 사뭇 환적幻的인 그 '사람'이 저희들에게는 실재하는 것처럼 보입니까?

마: 그대, 곧 진아는 모든 **존재·의식·기쁨**의 뿌리여서, 그대가 지각하는 모든 것에 그대의 실재성을 부여합니다. 이 실재성의 부여는, 다른 때가 아니라 지금 안에서 어김없이 일어나고 있습니다. 왜냐하면 과거와 미래는 마음 안에 있을 뿐이기 때문입니다. '**존재**(being)'는 지금에만 해당됩니다.

질: 영원성도 끝이 없지 않습니까?

마: 시간은 제한되어 있기는 해도 끝이 없고, 영원성은 지금이라는 찰나적 순간에 있습니다. 우리가 영원을 그리워하는 것은, 마음이 과거와 미래 사이에서 항상 왔다 갔다 하기 때문입니다. 마음은 멈추어서 지금에 집중하지 않으려고 합니다. 만일 (지금에 집중하기에 대한) 관심이 일어나면, 그것이 비교적 쉽게 이루어질 수 있습니다.

질: 무엇이 관심을 불러일으킵니까?

마: **성실성**, 곧 성숙의 표지標識지요.

질: 그러면 성숙은 어떻게 일어납니까?

마: 그대의 마음을 맑고 깨끗하게 유지하고, 그대의 삶을 그것이 일어나는 대로 매순간 온전히 자각하면서 살아가고, 욕망과 두려움이 일어나기 무섭게 그것을 조사하여 해소하면 됩니다.

질: 그런 집중이 가능하기는 합니까?

마: 해 보십시오. 한 번에 한 걸음을 내딛기는 쉽습니다. **성실성**에서 에너지가 흘러나옵니다.

질: 저는 충분히 성실하지 않다고 느낍니다.

마: 자기배신은 심각한 문제입니다. 그것은 암처럼 마음을 녹슬게 합니다. 그 치유법은 **명료함**과 생각의 **올곧음**에 있습니다. 자신이 환幻의 세계에 살고 있다는 것을 이해하고, 그 환幻들을 조사하여 그 뿌리를 드러내십시오. 그렇게 하려는 시도 자체가 그대를 성실하게 만들어줄 것입니다. 왜냐하면 올바른 노력 안에 **지복**이 있기 때문입니다.

질: 그것이 저를 어디로 이끌어 주겠습니까?

마: 그 자신의 완성으로 이끌지 않으면 그것이 그대를 어디로 이끌어 줄 수 있습니까? 일단 그대가 지금 안에 잘 자리 잡으면 달리 아무데도 가야 할 곳이 없습니다. 무시간적으로 본래의 그대인 것을, 그대가 영원히 표현합니다.

질: 당신께서는 하나이십니까, 다수이십니까?

마: 저는 하나이지만 다수로 나타납니다.

질: 하나가 대체 왜 나타납니까?

마: 존재한다는 것, 그리고 의식한다는 것은 좋은 일입니다.

질: 삶은 슬픕니다.

마: 무지가 슬픔을 야기합니다. 이해(知)에는 행복이 뒤따릅니다.

질: 무지는 왜 고통스러워야 합니까?

마: 무지가 모든 욕망과 두려움의 근저에 있는데, 이 욕망과 두려움은 고통스러운 상태이고 끝없는 과오의 원천입니다.

질: 깨달았다고 생각되는 사람들이 울고 웃는 것을 본 적이 있습니다. 그것은 그들이 욕망과 두려움에서 벗어나지 못했음을 보여주지 않습니까?

마: 그들은 환경에 따라서 울고 웃을 수도 있지만, 내면적으로는 냉정하고 명료하여 그들 자신의 자연발로적 반응들을 초연하게 지켜봅니다. 겉모습만 봐서는 오해하기 쉽고, 진인들의 경우에는 더욱 그렇습니다.

질: 저는 당신이 이해되지 않습니다.

마: 마음은 이해할 수 없습니다. 마음은 (대상을) 취하고 지니도록 훈련받는 반면, **진인**은 취하지도 않고 지니지도 않기 때문입니다.

질: 제가 붙드는 것을 당신께서는 붙들지 않으시는군요?

마: 그대는 기억들의 한 피조물이고, 적어도 그대 자신을 그렇게 상상합니다. 저는 아예 상상되지 않습니다. 저는 본래의 저이며, 어떠한 신체적·정신적 상태와도 동일시될 수 없습니다.

질: 사고가 한번 나면 당신의 평정심이 무너지겠지요.

마: 이상한 사실은 그런다고 그게 무너지지 않는다는 것입니다. 저 자신도 놀라겠지만, 저는 있는 그대로의 저로 남습니다—일어나는 모든 일에 대해 경각하고 있는 **순수한 자각**으로서 말입니다.

질: 죽음의 순간에도 말입니까?

마: 몸이 죽는다는 것이 저에게 무엇입니까?

질: 세계와 접촉하시려면 몸이 필요하지 않으십니까?

마: 저에게는 세계가 필요 없고, 저는 세계 안에 있지도 않습니다. 그대가 생각하는 세계는 그대 자신의 마음 안에 있습니다. 저는 그대의 눈과 마음을 통해 그것을 볼 수 있지만, 그것이 기억들의 한 투사물이라는 것을 온

전히 자각하고 있습니다. 그것은 **자각**의 점에서만 **실재**에 의해 접촉되는데, **자각**은 지금에만 있을 수 있습니다.

질: 우리 사이의 유일한 차이는, 저는 저의 **진아**를 모른다고 계속 말하고 있는 반면, 당신께서는 그것을 잘 안다고 주장하신다는 점입니다. 우리 사이에 다른 어떤 차이가 있습니까?

마: 우리 사이에는 어떤 차이도 없고, 저는 저 자신을 안다고 말할 수도 없습니다. 저는 제가 묘사 불가능하고, 규정 불가능하다는 것을 압니다. 마음이 미칠 수 있는 가장 먼 곳 너머에 어떤 **광대함**(무변제)이 있습니다. 그 광대함이 저의 집이고, 그 광대함이 저 자신입니다. 그리고 그 광대함은 사랑이기도 합니다.

질: 당신께서는 도처에서 **사랑**을 보시지만, 저는 증오와 고통을 봅니다. 인류의 역사는 개인적이든 집단적이든, 살인의 역사입니다. 다른 어떤 산 존재도 죽이기를 그토록 즐겨하지는 않습니다.

마: 만일 그대가 그 동기들을 탐색해 보면 사랑을 발견할 것입니다 ─ 자기 자신과 자기 자신의 것에 대한 사랑 말입니다. 사람들은 자기가 사랑한다고 상상하는 것을 위해서 싸웁니다.

질: 그들이 그것을 위해 죽어도 좋다고 할 때는, 분명 그들의 사랑이 진짜이고도 남음이 있겠습니다.

마: **사랑**은 한계가 없습니다. 소수의 사람에게 한정된 사랑은 **사랑**이라고 부를 수 없지요.

질: 그런 무제한적 **사랑**을 알고 계십니까?

마: 예, 알고 있습니다.

질: 그것은 어떻게 느껴지십니까?

마: 모든 것이 사랑받고, 사랑스럽습니다. 아무것도 제외되지 않습니다.

질: 못생긴 사람과 범죄자도 말입니까?

마: 모두가 저의 **의식** 안에 있고, 모두가 저 **자신**입니다. 좋아함과 싫어함을 통해 자기 자신을 분할하는 것은 미친 짓입니다. 저는 그 둘 다를 넘어서 있습니다. 저는 소외되어 있지 않습니다.

질: 좋아함과 싫어함에서 벗어났다는 것은 무관심의 한 상태입니다.

마: 처음에는 그렇게 보이고 느껴질 수도 있지요. 그러한 무관심을 꾸준히 견지하십시오. 그러면 그것이 일체에 편재하고 일체를 끌어안는 **사랑**으로 만개할 것입니다.

질: 저는 마음이 한 송이 꽃이자 하나의 불길이 되는 그런 순간들이 있지만, 그 순간들이 지속되지 않고 삶은 일상의 회색빛으로 되돌아갑니다.

마: 구체적인 것을 다룰 때는 비연속성이 법칙입니다. 연속적인 것은 우리가 경험할 수 없는데, 이는 그것이 경계가 없기 때문입니다. 의식은 변천, 즉 한 사물이나 상태가 끝이 나고 다른 것이 시작될 때, 변화에 변화가 뒤따른다는 의미를 내포합니다. **경계선이 없는 것**(무한한 것)은 통상적인 의미에서 '경험'될 수 없습니다. 그대는 모르는 결에 그것이 될 수 있을 뿐이지만, 그것이 무엇이 아닌지는 알 수 있습니다. 그것은 분명히, 늘 움직이고 있는 의식의 전체 내용은 아닙니다.

질: **움직이지 않는 것**(부동자, 실재)을 우리가 알 수 없다면, 그것을 깨닫는다는 것의 의미와 목적은 무엇입니까?

마: 움직이지 않는 것을 깨닫는다는 것은 움직이지 않게 된다는 의미입니다. 그리고 그 목적은 살아 있는 모든 것을 이익 되게 하는 것입니다.

질: 삶은 움직임입니다. 불가동성不可動性(immobility)이란 죽음입니다. 죽음이 삶에 무슨 소용이 있습니까?

마: 저는 불가동성이 아니라 부동성不動性(immovability)을 이야기하고 있습니다. (이 상태에서) 그대는 **올바름**(도덕) 안에서 부동不動이 됩니다. 모든 사물을 바로잡는 하나의 **힘**이 됩니다. 그것은 열렬한 외향적 활동을 의미할 수도 있고 그렇지 않을 수도 있지만, 마음은 깊고 고요한 상태로 머무릅니다.

질: 제가 제 마음을 지켜보면 그것은 늘 변하고 있어서, 이런저런 기분들이 무한히 다양하게 이어지고 있는 것을 발견하는 반면, 당신께서는 쾌활한 자비로움이라는 똑같은 기분 상태에 영구히 머물러 계신 것 같습니다.

마: 기분들은 마음 속에 있고, 중요하지 않습니다. 내면으로 들어가서 넘어서십시오. 그대의 **의식**의 내용에 더 이상 매혹되지 마십시오. 그대의 **참된**

존재의 깊숙한 층들에 도달하면, 마음의 표층 놀이(surface-play)는 그대에게 거의 영향을 주지 못한다는 것을 발견할 것입니다.

질: 그렇다 해도 놀이는 있겠군요?

마: 고요한 마음은 죽은 마음이 아닙니다.

질: 의식은 늘 움직이고 있습니다. 그것은 관찰 가능한 하나의 사실입니다. '부동의 의식'이란 하나의 모순입니다. 당신께서 고요한 마음을 이야기하실 때, 그것이 무엇입니까? 마음은 의식과 동일하지 않습니까?

마: 우리는 단어들이 맥락에 따라 여러 가지 방식으로 사용된다는 것을 기억해야 합니다. 사실은, '의식 영역'과 '무의식 영역' 간에 거의 차이가 없다는 것입니다. 그것들은 본질적으로 동일합니다. 생시의 상태는 주시자가 있다는 점에서 깊은 잠과 다릅니다. 자각의 한 줄기 빛이 우리 마음의 일부를 비추고, 그 일부가 우리의 꿈 의식이나 생시 의식으로 되지만, 한편 자각은 주시자로서 나타납니다. 주시자는 보통 의식만을 압니다. 수행이란 주시자가 먼저 자신의 '의식 영역'을 향해 돌아선 다음, 그 자신의 자각 안에서 그 자신을 향하는 것입니다. 자기자각이 요가입니다.

질: 만일 자각이 일체에 편재해 있다면, 장님도 일단 깨달으면 볼 수 있습니까?

마: 그대는 감각과 자각을 뒤섞고 있습니다. 진인은 그 자신을 있는 그대로 압니다. (만일 그가 장님이라면) 자신의 몸이 불구라는 것과, 자신의 마음이 일정 범위의 감각적 지각을 할 수 없다는 것도 압니다. 그러나 그는, 시력을 사용할 수 있다 해도 영향을 받지 않고, 시력이 없다 해도 영향을 받지 않습니다.

질: 저의 질문은 한결 특수합니다. 한 장님이 진인이 되면 그의 시력이 회복되겠습니까, 되지 않겠습니까?

마: 그의 눈과 두뇌가 어떤 혁신을 겪지 않는 한, 그가 어떻게 볼 수 있겠습니까?

질: 그러나 그 눈과 두뇌가 혁신을 겪겠습니까?

마: 그럴 수도 있고 그렇지 않을 수도 있지요. 그것은 모두 운명과 은총에

달려 있습니다. 그러나 **진인**은 어떤 형태의 자발적이고 비감각적인 지각을 구사하는데, 그것으로 감각기관의 매개 없이 사물들을 직접 알게 됩니다. 그는 지각적인 것과 개념적인 것을 넘어서 있고, 시간과 공간, 이름과 형상의 범주들을 넘어서 있습니다. 그는 지각되는 것도 아니고 지각하는 자도 아니며, 지각을 가능케 하는 단순하고 보편적인 요소입니다. 실재는 의식 안에 있지만, 그것은 **의식**도 아니고 그 내용 중의 어느 것도 아닙니다.

질: 무엇이 거짓입니까? 세계입니까, 아니면 그에 대한 저의 지知입니까?

마: 그대의 지知 바깥에 세계가 있습니까? 그대는 그대가 아는 것을 넘어설 수 있습니까? 그대는 마음을 넘어선 어떤 세계를 가정해 볼 수 있겠지만, 그것은 증명되지 않고 증명할 수도 없는 하나의 개념으로 남을 것입니다. 그대의 경험이 그대의 증거인데, 그것은 그대에게만 유효합니다. 다른 사람이라고 해 봐야 그는 그대의 경험 속에서 나타나는 만큼만 실재할 뿐인데, 달리 누가 그대의 경험을 가질 수 있습니까?

질: 저는 그렇게 가망 없이 홀로입니까?

마: 그대는 (지금) 한 '사람'으로 있습니다. 그대의 **진정한 존재** 안에서는 그대가 **전체**입니다.

질: 당신께서는 제가 **의식** 안에 가지고 있는 세계의 일부이십니까, 아니면 독립해 계십니까?

마: 그대가 보는 것은 그대의 것이고, 제가 보는 것은 저의 것입니다. 그 둘은 공통되는 것이 거의 없습니다.

질: 우리를 결합시키는 어떤 공통인자가 있을 것이 분명합니다.

마: 그 공통인자를 발견하려면 그대가 모든 구분을 내버려야 합니다. **보편자**만이 공통됩니다.

질: 제가 굉장히 이상하게 생각하는 것은, 당신께서는 제가 저의 기억들의 산물에 불과하고 형편없이 제한되어 있다고 말씀하시지만, 저는 하나의 방대하고 풍부한 세계를 창조하는데, 그 안에 당신과 당신의 가르침을 포함한 일체가 들어 있다는 것입니다. 이 방대함이 어떻게 창조되어 저의 왜소함 안에 들어 있는지, 이해하기 어렵습니다. 아마 당신께서는 저에게 전체

진리를 말씀해 주시겠지만, 제가 그 작은 일부만 이해하는 것이겠지요.

마: 하지만 그것은 사실이지요. 작은 것이 전체를 투사하지만, 그것이 전체를 포함하지는 못합니다. 그대의 세계가 아무리 대단하고 완전하다 해도, 그것은 자기 모순적이고, 찰나적이며, 모조리 환幻입니다.

질: 그것이 환幻일지는 모르지만 그래도 경이롭습니다. 제가 보고, 듣고, 만지고, 냄새 맡고, 맛보고, 생각하고 느끼며, 기억하고 상상할 때, 저는 저의 기적적인 창조성에 깜짝 놀라지 않을 수 없습니다. 현미경이나 망원경을 들여다보면 놀라운 것들이 보이는데, 이때 저는 하나의 원자를 추적하거나 별들의 속삭임을 듣습니다. 제가 이 모든 것의 유일한 **창조주**라면, 저는 실로 신이로군요! 그러나 제가 신이라면, 왜 저 자신에게 이토록 왜소하고 무력하게 보입니까?

마: 그대가 신이지만, 그대는 그것을 모르고 있습니다.

질: 만일 제가 신이라면, 제가 창조하는 세계가 참되어야 합니다.

마: 그것은 본질상 참되지만 겉모습에서는 그렇지 않습니다. 욕망과 두려움에서 벗어나십시오. 그러면 즉시 그대의 시야가 맑아질 것이고, 모든 사물을 있는 그대로 보게 될 것입니다. 아니면 **사또구나**(satoguna-사뜨와)가 세계를 창조하고, **따모구나**(tamoguna-따마스)가 그것을 가리며, **라조구나**(rajoguna-라자스)가 왜곡한다고 말할 수도 있겠지요.

질: 그런 말씀은 저에게 별로 많은 것을 설명해 주지 않습니다. 왜냐하면 **구나**(gunas)가 무엇이냐고 제가 여쭈면, 그 답변은 창조하는 것, 가리는 것, 왜곡하는 것이 될 테니까요. 이 사실은 남습니다. 즉, 믿을 수 없는 어떤 일이 저에게 일어났는데, 무슨 일이 어떻게, 왜 일어났는지 제가 모른다는 것입니다.

마: 어쨌든 놀라움이 **지혜**의 여명黎明입니다. 꾸준히 일관되게 놀라워하는 것이 **수행**입니다.

질: 저는 제가 이해하지 못하는 세계 안에 있고, 따라서 그 세계를 두려워합니다. 이것은 누구나 경험하는 것입니다.

마: 그대는 자신을 세계에서 분리해 왔고, 그래서 세계가 그대를 고통스럽

게 하고 무섭게 합니다. 그대의 과오를 발견하고 두려움에서 벗어나십시오.

질: 저에게 세계를 포기하라고 요구하십니다만, 저는 세계 안에서 행복해지고 싶습니다.

마: 그대가 불가능한 것을 달라고 하면, 누가 그대를 도와줄 수 있습니까? 한계가 있는 것은 번갈아 고통스럽고 즐겁게 되어 있습니다. 만약 그대가 침범할 수 없고 변화시킬 수도 없는 진정한 행복을 추구한다면, 고통과 쾌락이 있는 이 세계를 뒤로해야 합니다.

질: 어떻게 해야 그렇게 됩니까?

마: 단순한 몸의 출가(출가하여 승려가 되는 것)는 성실성의 한 표지일 뿐이고, 성실성만으로는 해탈할 수 없습니다. 경각된 지각력(alert perceptivity), 열성적 탐구, 깊은 탐색과 함께 오는 이해가 있어야 합니다. 죄와 슬픔에서 구원 받으려면 가차 없이 노력해야 합니다.

질: 죄란 무엇입니까?

마: 그대를 속박하는 모든 것입니다.

부록 1
니사르가 요가

스리 니사르가닷따 마하라지의 소박한 거처에서는, 전등 불빛과 거리의 교통 소음만 없다면, 우리가 인간 역사의 어느 시기에 사는지도 모를 것이다. 그의 작은 방에는 어떤 무시간성의 분위기가 있고, 논의되는 주제들도 무시간적이다—즉, 모든 시대에 타당한 것이다. 그 주제들을 설명하고 검토하는 방식 역시 무시간적이어서, 세기世紀와 천년기(millenia)와 유가(yugas- 네 주기로 구분하는 우주의 큰 시간적 범주)들이 떨어져 나가고, 우리는 아득히 오래된 것이면서도 영원히 새로운 문제들을 다룬다.

여기서 벌어지는 논의와 주어지는 가르침은 1만 년 전에도 똑같았을 것이고, 앞으로 1만 년 뒤에도 똑같을 것이다. 자신이 의식하고 있다는 사실에 대해 궁금해 하면서 그 원인과 목표를 탐구하는, 의식하는 존재들이 늘 있을 것이다. "나는 어디서 왔는가? 나는 누구인가? 나는 어디로 가는가?" 이런 물음들은 시작도 없고 끝도 없다. 그런데 그 해답을 아는 것이 아주 중요하다. 시간 안에도 있고 무시간성 안에도 있는 자기 자신에 대한 완전한 이해 없이는, 삶이란 것이 우리가 모르는 힘들에 의해, 우리가 이해할 수 없는 목적을 위해 우리에게 부과된 하나의 꿈에 지나지 않기 때문이다.

마하라지는 학식을 갖춘 사람이 아니다. 그의 소박한 마라티어 이면에 박식함이란 없다. 그는 전거典據들을 인용하지 않고 경전들을 거의 언급하지 않는다. 놀라우리만치 풍요로운 인도의 영적인 유산이, 드러나기보다는 드러나지 않게 그에게 내재해 있다. 그의 주위에는 어떤 부유한 아쉬람도 건립되지 않았고, 그의 추종자들 대다수는 이따금 한 시간이라도 그와 함께 보내는 기회를 소중히 여기는, 하천한 노동 계층 사람들이다.

단순함과 겸허함이 그의 삶과 가르침의 주조主調인데, 물리적으로나 내면적으로나 그는 결코 더 높은 자리를 차지하지 않는다. 그가 이야기하는 존재의 본질을, 그는 자신에게서 보는 것만큼이나 분명하게 남들에게서도 본다. 자신은 그것을 자각하는데 남들은 아직 그러지 못한다는 것을 그도 인정하지만, 이런 차이는 일시적이며 별로 중요하지 않다. 마음과, 항상 변하는 마음의 내용에는 중요할지 모르지만 말이다. 그의 요가(수행 체계)에 대해서 물어보면 그는 자신이 내놓을 것이 아무것도 없으며, 자신이 설할 어떤 체계도, 어떤 신학, 우주론, 심리학 혹은 철학도 없다고 말한다. 그는 그 자신과 청문자聽聞者들의 **진정한 성품**을 알며, 그것을 가리켜 보인다. 청문자가 그것을 보지 못하는 이유는, 그 분명한 것을 단순하게, 직접적으로 볼 수 없기 때문이다. 그 사람이 아는 모든 것은, 자기 마음을 가지고 감각기관의 자극을 받아서 아는 것이다. 마음 그 자체가 하나의 감각기관이라는 것을 그는 의심조차 해보지 않는다.

마하라지의 니사르가 요가(Nisarga Yoga),1) 곧 '자연' 요가는 당혹스러울 만큼 단순하다. 즉, '모든 것이 되는 마음'이 그 자신의 존재를 인지하고 관통해야 한다는 것이다. 이것이나 저것으로 여기나 저기, 그때나 지금 존재하는 것으로서가 아니라, 그냥 무시간적 존재로서 말이다.

이 무시간적 **존재**는 생명과 의식 양자의 근원이다. 시간·공간·인과의 면에서 그것은 무無원인의 원인이기에 전능全能하며, 시작이 없고 끝이 없이 항상 존재한다는 의미에서 일체에 편재하고 영원하다. 무원인이므로 그것은 자유롭고, 일체에 편재하므로 그것은 알며, 나뉘지 않았으므로 그것은 행복하다. 그것은 살고, 사랑하며, 우주를 형성하고 재형성하는 끝없는 즐거움을 갖는다. 모든 사람이 그것을 가지고 있고 모든 사람이 그것이지만, 모두가 그들 자신을 있는 그대로 알지는 못한다. 따라서 그들은 자신의 몸이 갖는 이름과 형상, 그리고 자신의 **의식**의 내용을 자기와 동일시한다.

자신의 실체에 대한 이런 오해를 교정하려면, 자신의 마음이 움직이는

---

1) 니사르가(nisarga): 자연적(본연적) 상태, 타고난 성향.

방식을 완전히 지각하면서 그것을 자기발견의 도구로 전환하는 것이 유일한 방법이다. 마음은 원래 생물학적 생존을 위한 투쟁의 한 도구였다. 그래서 **자연**을 정복하기 위해 **자연**의 법칙과 방식들을 배워야 했다. 마음은 그것을 배웠고, 또 배우고 있다. 왜냐하면 마음과 **자연**이 손을 맞잡고 일하면 삶을 더 높은 수준으로 올려놓을 수 있기 때문이다. 그러나 그 과정에서 마음은 상징적 사고와 의사소통의 기술, 언어의 기술과 기능을 습득했다. 말이 중요해졌다. 관념과 추상들이 **실재**의 한 외양을 얻었고, 개념적인 것이 실재하는 것을 대체했다. 그 결과, 인간은 이제 말이 득시글대고 말에 지배되는 하나의 언어적 세계에 살고 있다.

말할 필요도 없이, 사물과 사람들을 다루는 데는 말이 굉장히 유용하다. 그러나 말은 전적으로 상징적인, 따라서 비실재적인 세계 안에 우리를 살게 만든다. 이 언어적 마음의 감옥을 부수고 나와 **실재**로 들어가려면, 우리의 초점을 말에서부터 그것이 가리키는 것, 곧 그 사물 자체로 옮길 수 있어야 한다.

가장 흔히 쓰이는 말이면서 감정과 관념이 더없이 풍부하게 들어 있는 말이 '나'라는 것이다. 마음은 그 안에 일체 모든 것을—몸은 물론 **절대자**까지—집어넣으려는 경향이 있다. 실제상 그것은 직접적이고 즉각적이며 엄청나게 중요한 어떤 체험을 가리켜 보이는 하나의 지시물(pointer)이다. **있**다는 것, 그리고 자기가 **있**다는 것을 아는 것은 더없이 중요하다. 그리고 어떤 사물이 관심의 대상이 되려면, 그것이—모든 욕망과 두려움의 초점인—우리의 의식하는 존재(existence-삶)와 관련되어야 한다. 왜냐하면 모든 욕망의 궁극적 목표는 이 존재의 느낌을 향상시키고 강화하는 반면, 모든 두려움은 본질상 자기소멸에 대한 두려움이기 때문이다.

너무나 실재하고 활력 있는 '나'라는 느낌을 파고들어 그것의 근원에 도달하려는 것이 **니사르가 요가**의 핵심이다. '나'라는 느낌은 지속적이지 않으므로, 그것이 흘러나오고 되돌아가는 근원이 있을 것이 틀림없다. 의식하는 존재(conscious being)의 이 무시간적 **근원**을 **마하라지**는 **자성**自性(self-nature), **자기존재**(self-being), **진정한 성품**(*swarupa*)이라고 부른다.

그 자기존재와 자신의 위없는 동일성을 깨닫는 방법들에 대해서 마하라지는 특유의 유보적 입장을 보인다. 그는 각자 자기 나름대로 실재에 도달하는 길이 있으며, 어떤 일반 원칙도 없다고 말한다. 그러나 어떤 길로 실재에 도달하든, 실재로 들어가는 출입구는 누구에게나 "내가 있다"는 느낌이다. 이 "내가 있다"의 온전한 의미를 이해하고 그것을 넘어 그 근원으로 나아감으로써, 우리는 원초적인 것이면서 궁극적인 것이기도 한 지고의 상태를 깨달을 수 있다. 시작과 끝의 차이는 마음 속에 있을 뿐이다. 마음이 어둡거나 요동치고 있으면 그 근원이 지각되지 않는다. 마음이 맑고 빛나면 그것은 그 근원의 충실한 한 반영물이 된다. 그 근원은 늘 똑같다—즉, 어둠과 빛을 넘어서 있고, 삶과 죽음을 넘어서 있으며, 의식과 무의식을 넘어서 있다.

"내가 있다"는 느낌을 이와 같이 궁구窮究하는 것이 간단하고, 쉽고, 자연스러운 요가, 즉 니사르가 요가이다. 여기에는 어떤 비밀성도 없고, 어떤 의존성도 없다. 어떤 준비도, 어떤 입문도 필요치 않다. 의식하는 한 존재로서의 자신의 존재성 자체가 궁금하고, 그 자신의 근원을 발견하려고 진지하게 원하는 사람은 누구든지, 항상 존재하는 이 "내가 있다"는 느낌을 붙잡아, 부지런히 끈기 있게 그것을 궁구해볼 수 있다. 그러다 보면 마음을 가리는 구름들이 사라지고, 존재의 심장이 온통 찬란한 모습으로 보인다.

니사르가 요가를 꾸준히 해나가서 그 결실에 이르게 되면, 우리는 자신이 늘 무의식적으로, 수동적으로 해 오던 일에서 의식적이고 활동적으로 된다. 한 덩어리의 금과 금으로 만든 멋진 장신구 사이에는 본질상 아무 차이가 없고, 형태의 차이만 있다. 삶은 지속되지만 그것은 자연발생적이고 자유로우며, 의미 있고 행복하다.

마하라지는 이 자연스럽고 자연발생적인 상태를 더없이 선명하게 묘사하지만, 장님으로 태어난 사람이 빛과 색채를 그려볼 수 없듯이, 깨닫지 못한 마음은 그런 묘사에 의미를 부여하지 못한다. 담담한 행복, 다정한 무집착, 사물들과 존재의 무시간성과 무원인성—이런 말들이 모두 이상하게 들리고, 아무 반응도 일으키지 못한다. 직감적으로 우리는 이런 말들이 깊은 의미를 지니고 있다고 느끼고, 그 말들이 우리의 내면에서—앞으로 일어날 일들의 전조로서—'형언할 수 없는 것'에 대한 어떤 이상한 열망을 유발하기까지 하지만, 그것이 전부이다. **마하라지**가 표현하듯이, 말은 지시물로서 방향을 보여주지만, 우리와 함께 가 주지는 않을 것이다. **진리**는 성실한 행위(수행)의 열매이며, 말은 단지 길을 가리켜 보일 뿐이다.

모리스 프리드먼

부록 2
아홉 스승의 전통

힌두교는 무수한 종파, 교리, 숭배 체계를 포괄하며, 그 대부분의 기원은 너무 오래되어 알 수 없다. 훗날 나바나트 삼쁘라다야(Navanath Sampradaya-'아홉 스승의 전통')로 알려진 **나트 삼쁘라다야**(Nath Sampradaya)도 그 중 하나다. 어떤 학자들은 이 분파가 신화적 존재인 **리쉬 닷따뜨레야**(Rishi Dattatreya)의 가르침과 더불어 시작되었다고 보는데, 그는 성스러운 3신神인 **브라마·비슈누·시바**의 결합 화신으로 믿어진다. 이 전설적인 인물의 독특한 영적 성취에 대해서는 『바가바따 뿌라나(Bhagavata Purana)』와 『마하바라타』에서 언급하고 있고, 몇몇 후기 우파니샤드에서도 이야기하고 있다. 또 어떤 이들은 이 분파가 **하타 요가**의 한 곁가지라고 보기도 한다.

그 기원이 무엇이든, **나트 삼쁘라다야**의 가르침은 수 세기를 거치면서 미로같이 복잡해졌고, 인도의 여러 지역에서 서로 다른 형태를 취했다. **삼쁘라다야**의 어떤 스승들은 **헌신**(bhakti)을 강조했고, 어떤 스승들은 **지**知(jnana)를, 또 어떤 스승들은 **요가**, 즉 '궁극자와의 결합'을 강조했다. 우리는 14세기에 위대한 하타요기 스와뜨마라마 스와미(Svatmarama Swami)가 "견해들이 많은 데서 오는 어둠"을 탄식하면서, 그것을 몰아내기 위해 그의 유명한 저작 『하타요가쁘라디삐까(Hathayogapradipika)』의 불을 밝혔다는 것을 발견한다.1)

몇몇 학식 있는 주석가들에 따르면, **나트 구루들**(Nath Gurus)은 전 창조계

---

1) T. 하타 요가의 고전으로 꼽히는 이 책의 제목은 "하타 요가의 등불"이라는 뜻이다. 인용된 구절은 『하타요가쁘라디삐까』, I.3에 나온다. 이어서 이 저작에서는 하타 요가의 달인으로, 뒤에 나오는 마뜨시옌드라나트와 고라끄나트를 포함한 33명을 열거하고 있다(I, 5~8).

가 신적인 원리인 나다(nada)[소리]와 물리적 원리인 빈두(bindu)[빛]에서 생겨 나며, 이 두 가지 원리가 방출되어 나오는 지고의 실재가 시바라고 설한다. 그들에 따르면 해탈이란, 영혼이 라야(laya-해체), 곧 인간의 에고인 '나'라는 느낌의 해체 과정을 통해 시바 안으로 합일되는 것이다.

그러나 나트 구루들도 그들의 헌신자들에 대한 일상적 가르침에서는, 학자들이 그들의 가르침에서 발견한 형이상학을 좀처럼 언급하지 않았다. 사실 그들의 접근법은 전적으로 비非형이상학적이었고, 단순하고 직접적이었다. 성가聖歌와 헌가獻歌 찬송과 신상神像들에 대한 숭배가 이 종파의 전통적 특색이기는 하나, 그 가르침에서는 우리가 지고의 실재를 심장 안에서만 깨달을 수 있다는 것을 강조한다.

나트 삼쁘라다야는 먼 과거 어느 때에 이 종파의 추종자들이 그들의 초기 스승 아홉 분을 자기들의 교의를 대표하는 모범으로 고르면서 나바나트 삼쁘라다야로 알려지게 되었다. 그러나 이 아홉 스승들의 이름에 관해서는 의견이 일치하지 않는데, 가장 널리 받아들여지는 명단은 다음과 같다.[2]

1. 마쯔시옌드라나트(Matsyendranath)
2. 고라끄나트(Goraknath).
3. 잘란다르나트(Jalandharnath)
4. 깐띠나트(Kantinath).
5. 가히니나트(Gahininath)
6. 바르뜨리나트(Bhartrinath)
7. 레바나나트(Revananath)
8. 짜르빠트나트(Charpatnath)
9. 나가나트(Naganath)

이 아홉 스승 중 가히니나트와 레바나나트는 스리 니사르가닷따 마하라지의 출신지인 마하라슈트라 주를 포함한 인도 남부 지역에서 많은 추종자를 거느렸다. 레바나나트는 자신의 하위 종파를 창설하고 까다싯다(Kadasiddha)

---

[2] T. 이 '아홉 스승'은 단일한 계보라기보다, 널리 '나트 구루'로 알려진 저명한 스승들을 추린 것이다. 이 중 고라끄나트(11세기 경)는 마쯔시옌드라나트(10세기 경)의 제자이고, 가히니나트, 바르뜨리나트, 짜르빠뜨나트는 고라끄나트의 제자로 알려져 있다. 깐띠나트는 까니프나트(Kanifnath) 혹은 까니파나트(Kanifanath)의 오기로 생각되며, 고라끄나트와 동시대인인 잘란다르나트의 제자이다. 이 스승들에 대한 많은 정보가 전설에 기초해 있고, 불확실하다.

를 수제자 겸 후계자로 선정했다고 한다.3) 까다싯다는 링가장감 마하라지(Lingajangam Maharaj)와 **바우사헵 마하라지**(Bhausaheb Maharaj)를 입문시키고, 그들에게 아쉬람을 맡겨 자신의 가르침을 전파하도록 했다.4) 바우사헵 마하라지는 훗날 그 전통 안에서 **인쩨게리 삼쁘라다야**(Inchegeri Sampradaya)5)로 알려지는 새로운 운동을 창설했다. 그의 제자들 중에는 **암부라오 마하라지**(Amburao Maharaj), **기리말레쉬와르 마하라지**(Girimalleshwar Maharaj), **싯다라메쉬와르 마하라지**(Siddharameshwar Majaraj) 그리고 저명한 철학자인 **라나데**(R. D. Ranade) 박사가 있었다. 스리 니사르가닷따 마하라지는 싯다라메쉬와르 마하라지의 직제자이자 후계자이다.

여기서는 스리 니사르가닷따 마하라지가 나바나트 삼쁘라다야의 인쩨게리 지파支派의 현재 구루이기는 하나, 그 자신의 종파를 포함한 여러 종파나 숭배 체계, 교의 등에 대해서 별 중요성을 부여하지 않는 듯이 보인다는 점을 말해 둘 수 있겠다. 나바나트 삼쁘라다야에 가입하기를 원한 질문자에게 한 답변에서 그는 이렇게 말했다.

"나바나트 삼쁘라다야는 하나의 전통, 곧 가르침과 수행의 한 방식일 뿐입니다. 그것은 의식의 어떤 수준을 의미하지 않습니다. 만약 그대가 나바나트 삼쁘라다야의 한 스승을 그대의 스승으로 받아들이면 그의 삼쁘라다야에 가입하는 것입니다···. 그대의 소속 여부는 그대 자신의 느낌과 확신의 문제입니다. 어쨌든 그것은 모두 언어적이고 공

---

3) *T.* 레바나나트의 생존 연대는 12세기로 추정된다. 여기서는 까다싯다의 스승으로 이야기되지만, 라나데 박사에 따르면 레바나나트 자신이 까다싯다(=까드싯데스와르)라고 불렸다. 그는 마하라슈트라 주 싯다기리(Siddhagiri)에 그의 사원을 창설했고, 이후 이 사원의 법통 계승자에게는 까드싯데스와르라는 칭호가 누대에 걸쳐 세습되었다. 링가장감 마하라지(1790~1885)의 스승인 '까다싯다'는 제22대 까드싯데스와르로서, 레바나나트와는 시대적으로 멀리 떨어져 있다.
4) *T.* 이 부분 서술도 정확하지 않다. 링가장감 마하라지는 싯다기리에서 자신의 스승 까다싯다를 만난 것으로 보이지만, 그곳의 아쉬람을 물려받은 게 아니라 까르나따까 주에 있는 자신의 고향 님바르기(Nimbargi)에서 수행하고 가르침을 폈다. 그의 제자 바우사헵 마하라지(1843~1914)는 님바르기에서 링가장감 마하라지에게 입문하고, 거기서 가까운 인쩨게리에서 가르쳤다.
5) *T.* 인쩨기리 삼쁘라다야(Inchagiri Sampradaya)로도 불린다. 여기에는 'Inchegeri'로 나왔으나, 현재의 공식 지명은 인쩨게리(Inchageri)이다. 님바르기와 인쩨게리는 까르나따까 주에 속하지만 마하라슈트라 주와 인접한 지역이어서, 이 계보 스승들의 교화 범위는 두 주에 걸쳐 있다.

식적인 것입니다. 실제로는 스승도 없고 제자도 없고, 이론도 없고 실제도 없고, 무지도 없고 깨달음도 없습니다. 그것은 모두 그대가 무엇을 그대 자신으로 여기느냐에 달렸습니다. 그대 자신을 올바르게 아십시오. 자기앎을 대신할 것은 아무것도 없습니다."

나트 삼쁘라다야의 가르침은 구도자에게 해탈에 이르는 왕도王道, 즉 헌신·지知·행위·명상(요가)의 네 가지 길 모두가 그 안에서 하나가 되는 길을 제공한다. 시바의 화현이라고 말해지는 아디나트 바이라바(Adinath Bhairava)는 『나트릴라므리따(Nathlilamrita)』라는 제목의 그가 쓴 성인전聖人傳6)에서, 나트 종파가 보여준 길이 모든 길 중에서 가장 우수하며, 해탈로 직접 이끈다고 주장한다.

---

6) *T.* 아디나트 바이라바는 가히니나트 계보의 후대 스승이다. 그는 1834년에 나트 종파 스승들의 전기를 27개 장 5,493연으로 서술한 『나트 릴라므리뜨(Nath Leelamrit)』를 저술했다.

부록 2: 아홉 스승의 전통   669

용어 해설

개아個我(jiva)	개인적 영혼. 베단타에 따르면 jiva는 자기(atman)를 몸, 감각기관, 마음 등과 그릇되게 동일시한 결과 생겨난다. atman과 행위자 관념이 합쳐진 것이 jiva이다.
개인성(Vyaktitva)	몸과의 자기 동일시(self-identification). 또한, 그에 기초한 인격(personality). [152]
개인적 의식(Chitta)	개인 안에서 작용하는 마음. 대상들과의 관계 속에서 변동하는 마음의 측면. Chitta는 의식의 성품을 가지고 있고, 비물질적이지만 물질에 의해 영향을 받는다. 그래서 이것은 의식과 물질, 곧 **뿌루샤**와 **쁘라끄리띠**의 산물로 묘사될 수 있다. 내적기관의 하나로서의 chitta는 흔히 '기억'으로도 번역된다. [146]
공空(Akash)	허공. 공간. 에테르(ether)로서의 하늘. [125, 362, 368]
구나(Gunas)	우주의 물질적 바탕(Prakriti)이 가지는 세 가지 성질. 순수성/조화성인 **사뜨와**(sattva), 활동성/들뜸인 **라자스**(rajas), 비활동성/나태성인 **따마스**(tamas)가 그것이다. [40, 127, 441, 491, 659]
근기인(Adhikari)	구도자로서의 요건들을 갖추어 성숙된 사람. [467]
기억(Smarana)	듣거나 공부한 가르침을 잊지 않고 마음속에 간직하는 것. [138]
길(Marga)	영적인 목표를 성취하기 위한 노선. 흔히 지知의 길, 헌신의 길, 요가의 길, 행위의 길의 네 가지 길이 있다고 이야기된다. [136]
깨어 있는 잠(Jagrat-Sushupti)	생시-잠. 생시의 자각과 깊은 잠의 고요함을 겸한 경각 상태. 완전한 자각 속에서 생각의 근원으로 나아갔을 때 도달하는 완전한 고요함의 경계. [281, 535, 603]

내적기관(Antahkarana)	사고(manas), 지성(buddhi), 기억(chitta), 에고(aham-kara)를 포함하는 넓은 의미의 마음. 정신(psyche). [30, 98, 205, 405, 563]
네띠-네띠(Neti-Neti)	"이건 아니다, 이건 아니다." 궁극적 진리에 도달하기 위해, 세계를 이루는 이름과 형상들(nama-rupa)을 하나 하나 부정해 나가는 분석적 과정. [111, 403]
니르구나(Nirguna)	속성(guna)이 없는 것. 조건 지워지지 않은 것. 즉, 미현현의 절대적 실재. 미현현자. [145, 494, 605]
니사르가 요가(Nisarga Yoga)	자연 요가. 삶의 조건을 자연스럽게 받아들이고 주변과 조화를 이루어 살아가면서 하는 수행. 분별과 무욕을 토대로 자각을 견지하는 삶 자체가 니사르가 요가이다. [139, 228, 662]
대환大幻(Maha-Maya)	큰 환幻(Great Illusion)으로서의 마야. 마야는 실재를 은폐하는 환幻의 힘이며, 그 본성은 기만하는 것이다. 마야는 마음의 모든 투사물들의 총합이다. [444]
디감바라(Digambara)	벌거벗은 자. 문자적으로, '허공으로 옷 입은 자.' [452]
따뜨-사뜨(Tat-Sat)	"그것이 진리다"(tat-그것, sat-진리, 존재, 실재). 신성한 언구로는 '옴 따뜨 사뜨(Om Tat Sat)'인데, 여기서 세 단어 모두 브라만을 가리킨다. [146]
따마스(Tamas)	불활성, 나태성, 무기력 또는 수동성. 사뜨와, 라자스와 함께 세 가지 구나의 하나. [40, 100, 188, 447, 538]
뚜리야(Turiya)	네 번째 상태. 영혼이 브라만과 하나가 되는 최상의 자각 상태. [97, 103, 168, 374, 496]
뚜리야띠따(Turiyatita)	최상의 자각을 넘어선 빠라브라만의 상태. [374, 490]
라자스(Rajas)	활동성, 운동성, 들뜸, 에너지. 세 가지 구나(gunas) 중 하나. [40, 101, 188, 447]
마하다까쉬(Mahadakash)	존재계라는 큰 무변제. 물질과 에너지의 '대상적 우주'. 무수한 행위들이 벌어지는 장이므로, '행위의 세계'이기도 하다. [41, 88, 99, 108, 321, 499]
만트라(Mantra)	진언眞言. 계속 반복하여 염하면 특수한 효과가 있는 일련의 언구. [213, 112, 375, 446, 597]
몸-관념(Deha-buddhi)	"나는 몸이다"라는 관념. 즉, 자신을 몸(deha)과 동일시하는 관념. [468]

무욕(Vairagya)	세속적 욕망이 없음. 실재하지 않고 찰나적인 것에 대한 무관심. 쾌락의 대상들에 마음이 끌리지 않는 상태. [129, 152, 160, 323, 394-5, 438]
무위無爲(Nivritti)	마음이 밖으로 나가지 않음으로써 활동이 쉬어지는 것. '밖으로 나가는 길(pravritti)'에 대해 '되돌아오는 길.' [124, 144, 188]
물러남(Uparati)	자신이 행위자라는 느낌에 기초한 행위 의지의 포기. 베단타에서 수행자의 6가지 요건 중 하나. 그 6가지는 평정(sama), 자제(dama), 포기(uparati), 인내(titiksha), 믿음(sraddha), 평등심(samadhana)이다. [152]
바잔(Bhajan)	헌가 찬송. 헌가를 부르면서 하는 예배 의식. 기도. 마하라지 계보에서는 하루 세 번 또는 네 번의 정해진 시간에 바잔을 한다. [362]
바탕(Adhar)	현상계가 출현할 수 있는 토대. 지지물. [148]
발현업發現業(Prarabdha)	무수한 과거생에 집적된 누적업累積業(sanchita karma) 중에서 현생에 발현되는 부분. 운명. [341, 479, 594]
분별(Viveka)	참과 거짓, 실재와 비실재에 대한 올바른 분별. 마음의 이면에 감추어진 영적인 의식의 한 표현이며, 무욕으로 이끈다. [129, 152, 160, 323, 394-5]
브라마(Brahma)	힌두 3신의 하나. 우주의 창조주. [122, 328, 492]
브라마스미(Brahmasmi)	"(나는) 브라만이다". 이 연구에서 '이다(asmi)'는 "내가 있다"는 자기존재의 순수한 자각을 나타내며, 따라서 순수한 의식, 곧 뿌루샤(Purusha)의 표현이다. 이 순수한 의식이 물질과 관계하면, 순수한 "내가 있다"가 "나는 이것이다, 또는 저것이다", "나는 아무개다"가 된다. [147]
브라마짜리야(Brahmacharya)	힌두 전통의 인생단계에서, 경전 공부 등을 하는 독신 학습기. 또는 그 시기의 금욕 상태. 넓은 의미에서는 성적 탐닉을 포함한 감각적 쾌락의 절제를 의미한다. [650]
브라만(Brahman)	지고의(궁극의) 실재. 절대자. 그 특징은 존재(sat), 의식(chit), 지복(ananda)이다. 샹까라짜리야에 따르면 브라만에게는 다섯 가지 국면, 즉 우주적 자아인 히라냐가

	르바(*Hiranyagarbha*), 화신(Avatar) 형상의 인격신 이스와라(*Ishvara*), 개인적 영혼인 지바(*Jiva*), 사멸될 수 있는 자연인 쁘라끄리띠(*Prakriti*), 창조력 샥띠(*Shakti*)가 있다. [66, 111, 419]
비슈누(*Vishnu*)	힌두 3신의 하나. 우주의 유지주維持主. [492]
비약따(*Vyakta*)	인격체(the personal). 현현된 세계. 진화된 자연. 본서에서는 자아, 내적 자아, 개인성, 주시자, 관찰자, 자각, 진아로도 번역된다. [97, 100, 110, 128, 155, 168, 191, 297, 321, 327, 370-1, 453]
비약띠(*Vyakti*)	범부가 '나'라고 아는 '사람'. 개인적 인격. 외적 자아. [97, 110, 128, 139, 155, 191, 297]
빠라브라만(*Parabrahman*)	지고의 실재. 빠라마뜨만이라고도 한다. [65, 329]
빠라마까쉬(*Paramakash*)	큰 무변제인 무시간, 무공간의 실재. 순수한 존재. 절대자. [41-2, 88, 95, 108, 113, 124, 321, 383]
뿌루샤(*Purusha*)	우주적 영靈. 물질(*prakriti*)의 모든 현현물에 의식을 부여하는 우주의 영원한 능동인能動因(efficient cause). 뿌루샤가 물질 안에 속박되는 것은 무수한 욕망을 일으키는 마음의 상相(*Chitta-vrittis*)에서 생겨난 '나'라는 의식 때문이다. [145, 335]
뿌자(*Puja*)	예공禮供. 신에 대한 예배 의식儀式. [363]
쁘라끄리띠(*Prakriti*)	우주적 원질原質 혹은 바탕(Cosmic Substance). 현상적 존재의, 원초적인 무원인의 원인. 이것은 형상이 없고, 한계가 없고, 움직이지 않고, 영원하고, 일체에 편재하는 것이며, '아비약따'로도 불린다. [145, 335, 613]
쁘라나(*Prana*)	생기. 생명기운. 생명원리(vital principle). [98-9, 592]
쁘라냐(*Pragna*)	완전의식. 순수한 자각. 절대지. *prajna*로도 쓴다. *prajna*는 무無자기의식적인 지知, 고차적 의식을 나타낸다. [66, 98, 592]
쁘레마까쉬(*Premakash*)	무한한 사랑이라는 측면에서의 브라만. 이것은 찌다까쉬(*Chidakash*)의 다른 이름이지만, 지知의 측면이 아니라 사랑(*Prema*)의 측면에 중점을 둔 것이다. 우주적 심장. 사랑은 심장을 통한 진아의 표현이다. [108]
사구나(*Saguna*)	속성(*guna*)이 있는 것. 세 가지 구나와 더불어 현현한

	상태로서의 브라만. 현현자. 사랑·자비 등의 성질을 가지고 있다고 생각되는 절대자. [128, 134, 136, 145, 230, 494, 559, 605]
사다시바(Sadashiva)	해탈을 얻도록 '은총을 베푸는 자'로서의 시바. 신의 다섯 가지 행위(창조·유지·파괴·은폐·은총) 중 다섯 번째 측면. [573]
사두(Sadhu)	고행자. 진아를 깨달은 사람을 뜻하기도 한다. [376]
사뜨(Sat)	존재. 궁극적 원리, 곧 실재의 존재적 측면. 의식, 지복과 합쳐서 사뜨-찌뜨-아난다로 지칭된다. [136]
사뜨와(Sattva)	존재의 참된 본질로서의 조화성. 순수성. 세 가지 구나의 하나. [40, 101, 170, 188, 298, 322, 338, 441, 470, 491, 521-3, 538, 627, 659]
삼매三昧(Samadhi)	초의식적·명상적 몰입 상태. 수행자(sadhaka)가 명상(sandhya)의 대상과 하나가 되고, 무제약적 지복을 성취하는 요가의 한 행법. 삼매는 여러 가지로 분류되지만, 크게 다음 두 가지가 있다. 1) 유상삼매有相三昧(savikalpa samadhi): 이원적으로 어떤 감각 대상을 관觀하는 삼매. 2) 무상삼매無相三昧(nirvikalpa samadhi): 모든 의심, 모든 이름과 형상을 넘어선 삼매. [69, 252, 321, 367-8, 455-6, 563]
삿상(Satsang)	'성스러운 어울림'. 깨달은 진인 혹은 성자와의 교제. 보통은, 성자의 친존에서 그를 친견하거나 가르침을 듣는 일을 가리킨다. [348, 361, 379, 592, 619]
삿찌다난다(Sacchitananda)	존재-의식-지복(사뜨-찌뜨-아난다). 세 가지 속성이 절대적 완전성에 도달한 상태의 궁극적 원리. [100]
상습常習(Samskara)	마음의 인상, 기억. 원습原習(vasana), 즉 잔여인상이라고도 한다. [98]
성찰省察(Manana)	듣거나 공부한 가르침을 명상하는 것. [138]
소함(Soham)	"내가 그다." 자아가 곧 절대자임을 선언하는 말. [147]
수행修行(Sadhana)	깨달음 혹은 해탈을 성취하기 위한 노력, 또는 그 수단으로 사용되는 명상, 염송 등의 행법. [133, 182, 242, 253, 395, 528, 646-7]
스승(Guru)	영적인 스승. 엄밀히는 깨달은 스승만을 의미한다.

시바(Shiva)	시바. 힌두 3신의 하나. 우주의 파괴주破壞主. '시바'는 '상서로운, 길상스러운'의 뜻이다. 파괴는 창조에 선행하므로, 시바의 우주 파괴는 길상스러운 행위이다. 또한 시바는 인간의 에고를 파괴하는 원리이기도 하다. [132, 492, 569, 619, 667]
실재의 체험(Sadanubhava)	영원한 실재(Sat)에 대한 체험. [416]
싯다(Siddha)	달인. 깨달은 사람. 완전함을 성취한 사람. [584]
아디 요가(Adhi Yoga)	원초적 요가. 지고의 요가. [139-40, 592-3]
아뜨마(Atma)	진아(아뜨만). Atma는 쁘라끄리띠(Prakriti)의 세 가지 구나(Gunas)를 넘어서 있다. [235, 470]
아비약따(Avyakta)	미현현자(the Unmanifested). 비인격체(the impersonal). 절대자. 지고자. 지고아. 영靈으로도 번역된다. [95, 97, 100, 168, 191, 297, 321, 327, 371, 453]
아힌사(Ahimsa/Ahinsa)	비폭력. 불해不害. 생각·말·행위로 남을 해하지 않기. (Ahimsa는 Ahinsa로 발음된다.) [192, 476]
업業/카르마(Karma)	행위. 특히 선하거나 악한 행위. 업業에는 누적업累積業 (sanchita)[다생에 축적된 업], 발현업發現業(prarabdha)[현생에 발현되는 업], 미래업未來業(agami)[현생에 지어 내생에 열매를 맺는 업]의 세 가지가 있다. 발현업은 '운명'으로도 이야기된다. [52, 141, 190, 297, 385, 425-6, 445, 512-3, 517, 550, 578, 592, 605, 632]
연쇄자아(Sutratma)	마치 하나의 실(sutra)에 꿰인 듯 연결되어 있는 자아 (atma). Sutratma는 신지학 등에서 사용되는 용어로, 환생하는 존재가 각 생에 형성한 성격적 특성이 여러 생에 걸쳐 이어진다고 본 개념이다. [297]
열반涅槃(Nirvana)	생사윤회의 원인인 에고의 집착과 욕망이 최종적으로 소멸한 상태. 물질적 현상계에서 해방되어 지고의 실재와 하나가 된 것. 해탈과 같다. [141]
열반자涅槃者(Nirvani)	열반을 성취한 사람. 해탈자. [338]
요가(Yoga)	빠딴잘리(Patanjali)가 창설한 힌두 철학체계로, 개인아 (jivatman)가 지고아(Paramatman)와 결합될 수 있는 수단을 가르친다. 그러나 본서에서 마하라지는 깨달음을 추구하는 수행 일반의 의미로 이 단어를 사용한다.

요가 실패자(yoga bhrashta)	수행의 높은 상태에서 전락한 사람. [154]
요가학교(Yogakshetra)	세계가 곧 수행 도량道場이라는 의미이다. *Kshetra*의 본래 뜻은 '들판'으로, 철학적으로는 사람의 몸을 가리킨다. [137, 350]
요기(*Yogi*)	요가를 닦는 사람. 요가 수행자.
유위有爲(*Pravritti*)	세간에서의 활동. 세간적 삶에 대한 애호. 이것은 활동을 추구하여 '밖으로 나가는 길'이다. [124, 144]
유희遊戱(*Lila*)	신의 유희(divine play)로 본 우주. *Lila*는 브라만의 절대적 진리를 나타내지 않는다. [135, 475]
의식(*Chetana*)	지각력 또는 지성으로 나타나는 내적 원리. 혹은 내적인 깨어남(inner awakening). 이에 대해, **우주적·보편적 의식**은 찌뜨(*Chit*)로 표기된다. [98-9]
절대적 진리(*Paramartha*)	드높은 진리. [230]
지知(*Gnana*)	특히 명상에서 얻은 고차적인 지知. 대개 '*Jnana*'로 철자된다. 만물이 브라만 안에서 하나라는 앎. 진지眞知.
지복至福(*Ananda*)	삼매 등의 영적인 상태에서 느끼는 행복감(bliss).
지성(*buddhi*)	마음 안에서 실재가 반사되는 것. 즉, 실재의 반사된 빛. 이것은 마음이 현상계 안의 대상들을 지각할 수 있는 기능('분별지성')이다. 지성이 마음이라는 매개물을 통해 기능하는 한, 순수한 의식을 알 수 없다. [84-5]
진아-헌신(*Atma-bhakti*)	진아, 곧 지고자에 대한 사랑 또는 숭배. [369]
진인眞人(*Gnani/Jnani*)	지知를 가진 자. 지자知者. 현자. 특히 깨달은 자. 때로는, 지知 수행자를 뜻하기도 한다. [63, 145, 148, 220, 334, 339, 616]
진정한 성품(*Swarupa*)	자기 자신의 본래적 성품, 또는 진정한 형상. 따라서 이것은 진아를 가리키는 다른 용어이다. [42, 45, 83, 85, 107, 155, 305, 380, 663]
찌다까쉬(*Chidakash*)	의식의 무변제無邊際. 보편적 의식(무한한 지知) 측면의 브라만. 우주적·보편적 마음, 순수한 자각, 내적인 허공. [41, 88, 108, 113, 124, 321, 383, 614]
찌뜨(*Chit*)	보편적 의식. [325, 491]
참된 자각(*Samvid*)	대상에 대한 어떤 분별도 없는 순수한 주시하기, 혹은 무심한 자각. [477]

참스승(Sadguru)	절대자를 완전히 깨달은 스승. 궁극적 스승. 내면의 진아로서 우리를 늘 인도하고 있는 내적인 스승을 뜻하기도 한다. [83, 347, 447, 531, 555]
천상天上(Swarga)	신들이 주재하는 천상 세계. [411]
청문聽聞(Shravana)	스승의 가르침을 듣거나, 경전을 공부하여 진리를 이해하는 것. [138]
큰 말씀(Mahavakya)	최고의 베단타적 진리를 표현하는 우파니샤드의 다음 네 가지 말씀 중 하나. [66, 146] 1) "완전의식이 브라만이다(Prajnanam Brahma)". 2) "나는 브라만이다(Aham Brahmasmi)". 3) "그대가 그것이다(Tat Tvam asi)". 4) "이 진아가 브라만이다(Ayam Atma Brahma)".
큰 원리(Maha tattva)	지고의 의식. [344]
큰 일꾼(Mahakarta)	마음은 늘 이런저런 일에 몰두하여 분주하므로, 마음 자체가 큰 행위자(great doer)이다. [124]
큰 죽음(Maha-mrityu)	시간과 공간의 최종적 해체. 모든 창조계의 큰 죽음. [451]
포기(Tyaga)	행위의 열매를 포기하기. 즉, 자기 행위가 가져올 결과, 특히 좋은 과보에 대한 집착을 놓아버리기. [82, 137]
해탈(Moksha)	세간적 삶, 곧 생사윤회에서 벗어나 자유로워지는 것. 본서에서 '자유'는 대개 이 해탈(liberation)을 뜻한다.
해탈욕구(Moksha-Sankalpa)	거짓에서 벗어나려는 결의. [370]
해탈의 열망(Mumukshutva)	해탈을 얻고 싶다는 강한 내적 충동. [152]
향유享有(Bhoga)	세간적 기쁨과 슬픔을 경험하는 것. 향유(enjoyment)는 이전 행위의 열매(결과)를 맛보는 것이다. [136, 138, 143-4]
향유자(Bhogi)	세간적 기쁨과 슬픔의 경험자. 본서에서 향유자는 요기, 곧 '수행에 전념하는 사람'에 상대되는 의미이다.
헌신(Bhakti)	신이나 스승을 정성스러운 마음으로 섬기는 일. 또는 그런 마음자세. 신심. Bhakta는 헌신자(devotee)이다.
화신(Avatar)	신이 인간으로 지상에 화현한 존재. 흔히, 비슈누의 화신으로 라마와 크리슈나를 든다. [159, 168]

옮긴이의 말

이 책은 깊은 숙독과 성찰을 요한다. 예리한 독자라면 도처에서 보석같이 반짝이는 **지혜**의 진수를 발견할 것이다. 이는 철학을 넘어선 지고의 논변이며, 문학을 넘어선 경이로운 서술에 속한다. 무엇보다도 이것은 언어를 초월하는 언어의 마지막 운동이자 마음을 융해하는 마음 이전의 힘으로서, 우리를 자기존재의 중심, 혹은 전 우주가 그 안에서 소멸되는 **의식**의 근저로 끌어당기는 **실재**의 강력한 자장磁場이다. 여기서 **니사르가닷따 마하라지**의 천언만어千言萬語는 빛의 물결로 우리의 심장에 쏟아지는데, 순수한 영혼의 소유자라면 그로 인한 자기 내면의 변모를 능히 감지할 수 있을 것이다. 세간의 상식을 파괴하는 이 사자후는, 모든 관념과 상상을 무화無化함으로써 우리의 마음을 해체하고, 우리가 건립한 세계의 기반을 허문다. 그러면서 그것은 우리를 있는 그대로의 우리 자신에게로 되돌려놓는다—지금 여기, "내가 있다"는 자명한 **의식**에게로, 시공을 넘어선 단 하나의 **실재**인 **진아**에게로.

우리는 이 책에서 논의하는 개념들이 철학이나 과학의 그것과는 다르다는 것을 이해해야 한다. 여기서는, 우리가 마음으로 생각해 낸—그것이 과학적 분석이든 철학적 사색이든—모든 관념은 거짓이라는 것, 이 세계는 마음의 투사물이며 본질적으로 실재하지 않는다는 것, 마음으로는 궁극의 **실재**에 결코 도달할 수 없다는 것을 기본적 인식으로 한다. 따라서 현상계나 마음에 대한 분석 대신, 시간과 공간이라는 범주 안에서 몸과 마음, 생각과 감정, 욕망과 두려움을 가지고 행위하며 살아가는 '**사람**(vyakti)', 그것을 지켜보는 의식인 '**주시자**(vyakta)', 그리고 그것을 넘어선 '**절대자**(avyakta)'

를 매우 평이한 개념과 논리로써 이야기한다. 이는 **마하라지**의 모든 논의가 우리 자신의 **참된 존재의 깨달음**이라고 하는 궁극적 목표에 초점이 맞춰져 있는 당연한 결과이며, 따라서 이 책은 인간과 세계에 대한 고도의 통찰을 담고 있으면서도 '이론적' 학문과는 거리가 멀다. 사실 여기서는 '나'와 별개의 어떤 존재나 사물에 대한 개념도 심각하게 취급되지 않는다. 예컨대 신이라는 개념은 주로 세계의 질서나 행위의 주체와 같은 현상적 문제들에 대한 편의상의 설명을 위해 도입되며, 존재의 본질적 측면에서는 '**실재**'라는 단어가 훨씬 포괄적으로 사용된다. **자아와 실재**에 관한 심원한 **진리**를 말하는 우파니샤드적 지혜가, 여기서 20세기 구도자들의 지식과 경험으로 재구성된 질문들을 만나 새로운 모습으로 선보이는데, 그 논지의 철저함, 표현의 명료함, 의미의 심오함은 우리의 전 존재를 충격한다.

니사르가닷따 마하라지는 다른 **진인**들과 마찬가지로, 인간의 삶이 고통으로 점철되어 죽음으로 끝나는 것은 근본적으로 **자기존재**에 대한 무지 때문이라는 것을 당연히 확인하지만, **실재**의 단일성을 강조하고 **실재**의 세계를 개인의 환적幻的 세계와 대비하면서 역동적으로 묘사한다는 점에서 뚜렷한 개성을 보인다. 그의 가르침은 기성의 관념을 타파하는 면에서 때로는 급진적이다. 예컨대 그는 모든 것이 '무無원인'이라고 명확히 선언한다. 고대 인도의 전통이나 **붓다**의 가르침에서 우리는 '인과因果'와 '업業'의 법칙을 배우는데, 그것은 자칫 모든 사물은 하나의 특정한 원인이 있으며, 모든 행위는 어떤 특정한 결과에 대해 책임이 있다는 도식으로 이해될 수도 있다. 그러나 **마하라지**는 우주 안의 모든 사건은 무수한 원인이 있으므로 어느 것도 다른 어떤 것의 독립적 원인이라고 볼 수 없다고 잘라 말한다. 왜냐하면 모든 사물이 전 우주와 연관되어 있어, 한 사건의 발생에도 전 우주가 관계하기 때문이다. 인과의 법칙은 시간과 공간 내에서 사건들이 특정한 사물들의 인과적 연관 속에서 발생한다는 가정에 입각한 것이지만, 인과의 무한 연쇄와 시공의 비실재성을 통찰한 **진인**의 관점은 그것을 넘어선다. 인과론은 중생들의 선업을 증장하는 효용이 있기는 하나, 완전한 **깨달음**의 견지에서는 **업業** 자체가 실재하지 않는다. 따라서 우주 내의 사건들을 바라볼 때는, 에고적 관점에서 원인과 결과를 따지기보다 만물의 전 우주적 상호 영향관계를 이해하고 조건들(인연)의 흐름을 잘 살펴야 할 것이다.

더 중요한 것은 우리에게 우주(세계)란 과연 무엇이며, 우리의 실체는 무엇인가라는 것이다. 마하라지는 "'나는 무엇인가?'가 모든 철학과 심리학의 가장 근본적 의문"이라고 말한다. 철학적 측면에서 **마하라지**는 비이원적 베단타 전통에 입각해 있는데, '밧줄과 뱀의 비유'로 요약되는 **실재**와 **환**幻의 대비, **지**知와 무지, 해탈과 속박 등에 관한 설명이 그 예이다. 그러나 그는 인도의 영적 전통을 가르침의 이론적 도구로 삼을 뿐, 그의 직접적 메시지들은 전통적인 경전에 결코 의지하지 않는다. 그보다는 철저히 자신의 체험에 입각하여 **실재**의 진리를 다각도로 설하는 데 주력한다. 수행법으로는 "내가 있다"는 존재의 자각을 진아 깨달음에 이르는 첩경으로 제시하는데, 이것은 그가 이 **자각**의 수행을 통해 **의식**의 실체를 철저히 규명하고 **절대적 실재**에 도달했기 때문이다. 그의 가르침은 '자기자각'을 설한다는 점에서 그보다 한 세대 가량 앞서는 **라마나 마하르쉬**의 가르침과 궤를 같이한다. 다만 **마하르쉬**가 "내가 있다"와 함께 "나는 누구인가?"라는 물음을 **자기탐구**의 표어로 내걸었다면, 마하라지는 "내가 있다"는 느낌에 대한 **자각**을 더 강조하고 "나는 누구인가?"는 다소 부수적으로 설명하고 있다.

그러면 "내가 있다"의 **자각** 수행은 실제로 어떻게 하는 것이며, 이것과 "나는 누구인가?"의 **자기탐구**는 어떤 관계가 있는가? "내가 있다"는 **자각**의 행법에 대해서는 책 곳곳에 마하라지의 지침들이 있다. 예컨대 그는 이렇게 말한다. "'그대가 있다'는 확실한 느낌을 의식의 초점 안에 꾸준히 유지하십시오. 그것과 함께 있고, 그것과 함께 놀고, 그것을 숙고하고, 그것을 깊이 파고드십시오." "내가 있다"는 느낌을 확보하는 쉬운 방법의 하나는 지금 여기 있는 나의 '몸'을 하나의 전체로서 자각하는 것('전신자각')이다. 그러나 **마하라지**가 설하는 자각은 더 본질적이다. 그는 마음 혹은 **의식**에 대한 **자각**을 말하면서, 자각을 "의식 전체, 마음 전체에 대한 직접적인 통찰"로 규정한다. 그것은 "전체로서의 **의식**을 인지하는 것"이다. 따라서 그것은 의식하는 우리의 **존재** 전반을 주의력으로 충만시키는, 혹은 **주의**의 장場 안에 붙들어 두는 '전 존재 자각'이라고 할 수 있다. 이것은 나의 **존재**를 하나의 대상으로 관한다기보다 '**존재** 자체로 깨어 있는 것'이다. 이때 '나'는 인식의 대상이자 주체여서 처음부터 둘이 아니다(따라서 자각은 비이원적 수행이다). 그 **자각** 속에서 **자기존재**에 대한 근원적 의문이 떠오를 때, 그것이 "나는 누구인가?"라는 **탐구**이다. 사실 이 물음은 **자각** 속에 본질적으로 내재해 있다. 자기자각과 자기탐구는 분리할 수 없고, "나는 누구인가?"라는 물음은 그 **자각**에서 자연히 유출된다. 따라서 "내가 있다"가 곧 "나는 누구인가?"이고, 자각이 곧 **탐구**이다. 이는 **자기존재**에 대한 내적 **비춤**이라는 점에서 선가禪家의 묵조선과 다르지 않고, 내적 **탐구**라는 점에서 화두선과 다르지 않다. 이 행법은 묵조를 기초로 한 화두요, 화두를 겸비한 묵조인 셈이다.

비이원적 베단타 전통의 정수인 이 "내가 있다"는 **자각**의 수행법은 지난 세기에 **라마나 마하르쉬**와 **니사르가닷따 마하라지**를 통해 세계적으로 널리 알려졌다. 우리는 이것을 인도의 큰 **스승**들이 인류에게 선사한 최상의 수행법으로 보아도 될 것이다. 이것은 특별한 신체적 수련이나 경전 지식을 요하지 않고, 우리가 **자기**를 자각하는 법을 알면 우리의 삶 자체가 그대로 **수행**이 되기 때문이다. "내가 있다"는 느낌은 모든 지각과 행위의 기반이고, 변화무쌍한 마음의 상태와 무관하게 늘 동일하게 유지되는 우리의 보편적 존재성이다. 따라서 우리는 늘 "내가 있다" 속에 있고, 나의 **존재**는 "내가 있다" 외에 아무것도 아니다. 이 "내가 있다"야말로 궁극의 **실재**로부터 우리의 현재 **의식** 속에 들어와 있는 자명한 **진리**이며, 이 존재의 자각과 함께 우리는 다른 어떤 전문적 수행법도 빌리지 않고 지금 여기 있는 실재에 직접 동참하게 된다. 또한 그 **자각**은 "나는 누구인가?"라는 탐구를 통해 내면으로 더욱 집중된다. **마하라지**는 두 명제를 요약하여, "'내가 있다'는 궁극적 사실이고, '나는 누구인가?'는 궁극적 물음"이라고 말한다.

"내가 있다"는 **마하라지**의 핵심 명제이지만, 그는 이 말을 문맥에 따라 달리 사용하고 있다는 데 주의해야 한다. 보통의 경우 그가 말하는 "내가 있다"는 느낌은 내적 자아의 자각적 측면, 곧 '**주시자-의식**'으로 이해된다. 그러나 그는 이것을 외적 자아의 자기 인식, 즉 에고 의식을 뜻하는 말로도 사용한다. 그는 이것을 "마음 속의 한 관념" 혹은 "하나의 거짓된 중심"이라고 표현한다. 이것은 하나의 몸을 가진 인격을 '나'인 '사람'으로 인식할 때의 "내가 있다"이다. 이 자아의식은 주시자를 넘어 실재에까지 이어져 있다. 마하라지는 말한다. "'나는 나 자신이다'가 가면, '나는 모든 것이다'가 옵니다. '나는 모든 것이다'가 가면, '내가 있다'가 옵니다. '내가 있다'마저도 가면 실재만이 있고, 그 안에서 각자의 '내가 있다'가 보존되며 영예로워집니다." 이 마지막 단계에서 주시자로서의 "내가 있다"는 사라지고, 일체를 포괄하는 유일한 실재만이 남는다. 이것은 모든 몸과 마음, 모든 세계와 모든 관계들을 아우르는 가장 완전한 의미에서의 '나', 곧 '나'를 넘어선 '진아'이며, 이를 그는 '빠라브라만', '미현현자', '절대자', '지고아' 등으로 부른다.

마하라지의 용어들 중에는 라마나 마하르쉬의 용어와 다른 의미로 사용되는 것들이 있는데, '의식'과 '삼매'가 대표적이다. 마하르쉬는 '의식'을 실재와 거의 동의어로 사용할 때가 많은데(이 두 가지를 구별하는 경우도 있다), 이는 실재의 '자각' 측면을 의식이라는 하나의 개념으로 표현한 것이다. 반면에 마하라지는 의식을 자각보다 한 단계 낮은 개념으로 규정하며, 영원한 자각으로서의 실재로 이어지는 의식의 단계를 설한다. 물론 의식 안에도 자각이 존재하지만, 마하라지는 "의식을 넘어선 순수한 자각"은 실재의 본질인 반면, "의식 안에서 반사되는 자각"은 주시자라고 분명하게 구분한다. 자각의 수행은 이 주시자의 단계이다. 한편 '삼매'의 경우, 마하라지는 그것을 "마음의 한 상태"로 규정하면서 진인은 삼매의 체험도 넘어서 있다고 말한다. 마하르쉬는 삼매를 유상삼매, 합일무상삼매, 본연무상삼매로 구분하고 진인의 상태는 본연무상삼매라고 했다. 여기서 차이점은 삼매라는 개념의 적용범위가 다르다는 데 있다. 즉, 마하라지는 마하르쉬가 말하는 유상삼매와 합일무상삼매를 '삼매'라는 하나의 단어로 지칭한 반면, 마하르쉬는 진인의 상태를 포함한 세 가지로 삼매를 구분한 것이다. 본연무상삼매는 이름이 삼매일 뿐, 실은 진인에게서 구현되는 실재의 상태 그 자체를 가리킨다.

궁극의 실재, 곧 빠라브라만은 아득히 멀리 있는 신비의 세계가 아니라 바로 지금 여기에 있다고 마하라지는 선언한다. 다만 우리는 현상계의 꿈에 빠져 목전에 현존하는 이 **실재**를 전혀 보지 못하고 있을 뿐이다. 밧줄 토막을 뱀으로 착각하면 실재하는 밧줄은 보이지 않고 환幻인 뱀만 보인다. 그 뱀이 그것을 보는 자의 착각에서 생겨나듯이, 이 세계도 그것을 보는 '사람'의 무지한 마음에서 투사된다. **마하라지**는 개인이 창조한 이런 세계를 "그대의 사적인 꿈 세계"라고 부르며, 자신은 그 안에 존재하지 않는다고 말한다. 질문자가 보는 **마하라지**의 몸은 질문자의 꿈 세계 안에 나타난 꿈의 형상일 뿐, **실재**인 **마하라지** 자신에게는 어떤 몸도 없는 것이다! 진인은 일체에 편재하는 무한하고 영원한 **실재**이며, 어떠한 언어적 규정, 감각적 지각으로도 그를 포착할 수 없다. 따라서 그는 신조차도 넘어서 있다. 신들의 우주 창조를 **마하라지**가 "아이들 몇 명이 재미로 놀이를 벌이는" 것에 비유한 것도 그 때문이다. 진인의 관점에서는 모든 세계가 우리의 의식이 창조하는 내적 범주일 뿐이며, 신이란 **실재**의 바탕 위에서 세계를 현출하는 "의식의 총합"에 지나지 않는다. 그래서 **마하라지**는 선언한다. "그대는 자기 마음의 필름을 통해 하나의 세계를 투사하고, 거기에 원인과 목적을 부여하기 위해 하나의 신도 투사합니다. 그것은 모두 상상입니다." 그럼에도 이 상상은 우리에게 심각한 현실이며, 우리는 모든 상상과 개념을 넘어선 **절대**의 상태로 깨어나기 위해서 부단히 몸부림치고 있다. 구도자들의 의식적인 **수행**은 물론이고, 모든 존재들의 **삶** 자체가 그런 몸부림의 과정이다.

 신과 진인들의 출현, 나아가 이 세계가 애초에 창조되는 과정은 여전히 신비에 속하지만, 세계의 존재 목적이 혼란이나 고통, 혹은 삶과 죽음 그 자체에 있지 않음은 분명하다. 세계는 무한한 **에너지**의 흐름으로 볼 수 있는데, 이는 세계가 무한한 역동성과 창조성을 내포한 **생명**의 한 표현임을 말해준다. "다함없는 **가능성**"이자 **생명**으로서의 **실재**는 세계를 통해, 세계 속에서 부단히 자신의 **자비**와 창조성을 표현하며, **마하라지**는 이것을 '**사랑**'이라고 말한다. **실재**의 세계에서는 "사랑이 유일한 법칙"이고, **실재**를 대표하는 진인의 성품은 모든 존재들에게 **사랑**을 베푸는 것이다. 실재의 본질인 이 **사랑**은 성장과 쇠퇴, 삶과 죽음을 반복하는 현상적 변화를 넘어 우리의 내면에 깊이 자리 잡고 있다. 이 **사랑**이 움직일 때 그것이 곧 **자각**이며, 이 움직임은 혼돈과 무질서를 조화와 질서로 바꾸는 창조의 계기이다. 그래서 마하라지는 자각을 "**행동하는 사랑**"이라고 규정한다. 이것은, "내가 있다"는 내면의 **자각**을 붙드는 우리의 **수행** 자체가 진정한 **창조**의 길이며, 모든 존재들의 행복을 위한 더없이 큰 **사랑**임을 말해준다.

　마하라지의 이 어록은 비이원론(Advaita) 경전들의 핵심을 총괄하면서 명료하게 실재의 경지를 드러냄으로써, 옛 경전들을 탁월하게 갱신했다고 하겠다. 이는 아득한 옛적부터 가장 지혜로운 사람들이 추구하고 발견해 온 영원한 **진리**의 현대적 서술이며, 합리적 이해력의 소유자라면 어떤 이의도 제기하기 어렵다고 느낄 것이다. 이것은 머리로 생각해 낸 사상이나 철학이 아니라 실재의 자연발로적 자기표현이기 때문이다. 이에 대해 '**진리의 증거**'를 요구하는 것은 부질없는 일이다. 왜냐하면 **진리**는 그 증거를 요구하는 마음 자체를 넘어서 있고, "체험하는 자에게는 증거가 필요 없기" 때문이다. 그래서 **마하라지**는 "비이원성의 영역에서는 일체가 완전하고, 그 자신의 증거"라고 말한다. 그 증거의 한 언어적 표현이 여기에 있다.

　이 책은 전편이 문답으로만 이루어져 있는데, 다양한 수준과 방식의 질문들이 폭넓고 심오한 답변들을 끌어내는 데 기여하고 있다. 라마나 마하르쉬의 제자이기도 했던 영역자 모리스 프리드먼이 직접 많은 질문을 했고, 다른 질문자들도 진지하고 집요하게 질문을 던진다. 그러나 **마하라지**의 답변은 언제나 달인의 솜씨 그것이며, 그의 심원한 지혜 앞에서 에고의 문제들은 베어지고 그릇된 관념들은 소각된다. **마하라지**의 말씀을 따라가는 우리도 그렇게 베어지고, 욕망과 집착들이 불태워지기를! 그리하여 에고가 스러지고 무지가 소멸되기를! 우리 모두 **지금 여기** 있는 존재의 **자각**을 통해서 **의식**의 저변을 뚫고 들어가 **진아 깨달음**을 열고, **생명**과 **지혜**와 **사랑**으로 충만하기를! 이 가르침이 **진리**를 추구하는 이들에게 더없는 길잡이가 되어 많은 사람들을 **참된 지**知와 **자유**로 안내해 줄 것임을 확신하면서, 위대한 스승 마하라지를 만나는 기쁨을 독자 여러분과 함께하고자 한다.

옮긴이 씀